자본주의와 행정법 (1)

· 이계수 ·

비판 행정법 입문

박영사

“이 저역서는 2024년도 건국대학교 KU학술연구비 지원에 의한 저역서임”

머리말

『자본주의와 행정법』을 세상에 내놓는다. 이 제목은 오랫동안 필자의 머릿속을 맴돌았다. 국순옥 선생님의 『자본주의와 헌법』이 무의식의 지층에 가라앉아 있었기 때문일지도 모르겠다. 부제로 정한 "비판 행정법 입문"에서 비판의 의미는 자명하다. 칸트가 『순수이성비판』 서문에서 말한 그 비판이다. 실제로 이 교과서가 그 정신에 충실했는지는 장담할 수 없다. 그러나 노력은 해보았다.

15년 전에 썼던 낡은 책—강경선/이계수, 『행정법1』, 방송대학교출판부, 2008—을 다시 펼치며 이를 다듬기 시작한 때가 2023년 가을이었다. 건국대학교 법학전문대학원의 행정법 수업교재로 사용하기 위해서였다. 종강 후 자타의 평가를 종합해보니 기존의 책을 본격적으로 개편해야 한다는 결론이 나왔다. 그러나 학기 중에는 강의준비와 학사업무에 머리와 손발이 묶여 진척이 없었다. 그러다가 2024년 9월부터 1년간 연구년을 맞이하여 오롯이 개편작업에 시간을 쓸 수 있었다.

이 책의 제목은 『자본주의와 행정법』이다. 그래서 한국 행정법령과 판례해설에만 초점을 맞출 수 없었다. 자본주의 비교행정법이라는 관점을 취했기 때문이다. 비교행정법이라고는 하나, 필자의 전문 연구 영역이 독일법이므로, 인용한 문헌, 사례·판례의 상당부분은 독일 행정법(학)에서 취했다. 필자의 능력 밖에 놓여 있는 프랑스 행정법, 미국 행정법 문헌의 이용은 최소한에 그쳤다. 미리 양해를 구한다.

제1권과 제2권을 분권한 이유에 대해서도 한마디 해야겠다. 필자는 교과서가 벽돌책이 되는 것을 경계했다. 특히, 입문적 역할을 할 책은 분량으로 독자들을 질겁하게 해서는 안 된다. 이런 마음으로 가볍게 시작한 일이었는데, 내용을 보완하다보니 원고는 점점 더 무겁고 두꺼워졌다. 그래서 일단 나누었다. 나누고 보니, 결과적으로 제1권은 '입문의 입문'의 성격을 더욱더 강하게 띠게 되었다. (행정)법 비전공자가 혹은 법학의 초심자가 이 책을 읽으면 어떤 마음일까를 계속 생각하면서 작업했기 때문이다. 모쪼록 『자본주의와 행정법 (1)』이 법학개론의 교재로도 활용될 수 있기를 바란다. 제2권은 행정법총론을 본격적으로 다룬다. 제1권에 비해 전문적인 설명이 상대적으로 더 많다. 어쨌건 법학교재로서의 역할을 이 책들이 감당해야 하기 때문이다. 앞으로 이 두 권을 개정할 기회가 생긴다면, 작업은 '따로 또 같이' 할 생각이다. 각 권이 가진 개성과 특징을 더욱더 선명하게 부각하는 쪽으로 보완도 해보려고 한다. 그러므로 분권은 앞으로의 개정작업까지 염두에 둔 포석이다.

포르스토프(Forsthoff)는 자신의 『행정법1』 제10판 서문에서 이렇게 말한다. 교과서가 교과서 다우려면 무엇보다 읽히는 책이 되어야 한다. 가독성을 놓치지 말라는 얘기다. 교과서(Lehrbuch)와 '핸드북'(Handbuch)을 혼동하지 말라는 말도 한다. 세세한 사항까지 모두 다 서술하느라 정작 도그마틱적 구상이 무엇인지 알기 어렵게 만드는 일은 피해야 한다는 의미다. 그러려면 당연히 쟁점의 엄격한 선정이 필요하다. 실정법을 도그마틱적 구상 안에서 서술하는 것이 교과서의 과제인 것은 맞지만, 그렇다고 해서 자신의 학문적 신념을 '지배적 견해/통설/공통의견'(communis opinio)에 끼워 맞추고 싶지는 않았다는 말도 덧붙인다. 맞는 말이다. "지배적 견해는 지배계급의 견해이다"(Die herrschende Meinung ist die Meinung der Herrschenden)라는 경구를 늘 마음에 새기고 있는 필자에게 더더욱 와닿는 조언들이다. 초고를 모두 완성한 뒤 포르스토프의 서문을 다시 읽었을 때, 아 이 머리말이 이 책 『자본주의와 행정법』의 집필의도와 관점을 상당부분 설명해주고 있구나 하는 안도감을 느꼈다.

무릇 책은 저자와 그가 속한 학문공동체의 공동작품이라고 믿는다. 지금은 모두 작고하신 서원우, 김동희, 최송화 교수님의 학은에 감사드린다. 구순이 넘은 연세에도 행정법학을 향한 일생 구도자의 길을 묵묵히 걷고 계신 김철용 교수님께 존경의 마음을 바친다. 제일 먼저 이 원고를 읽어준 김학진 박사님, 필자의 글쓰기를 언제나 응원해주는 김종서 교수님, 아주 오래전부터 출간을 독려해준 김정환 교수/변호사님, 일반독자 혹은 수험생의 입장에서 원고를 검토해준 조제희 변호사님, 송지우 변호사님, 미국 행정법 파트를 꼼꼼히 검토해준 정인영 박사님께 고마운 마음을 전한다. 2022년 세상을 떠난, 나의 선생이자 친구 그리고 동지였던 마틴 쿠차(Prof. Dr. Martin Kutscha)를 기억하며 머리말을 마친다.

2025년 8월 15일
이계수

“시민사회론에서 중요한 것은 어떤 사상이 올바르고 그른가의 문제가 아니다. 각각의 설명방식이 얼마나 많은 통찰을 불러일으키고 있는지, 또한 그것들이 얼마만큼 유효하게 우리를 행동으로 이끌 것인지가 정말로 중요한 것이다.”

(Michael Edwards, *Civil Society,* 2004)

1권 - 차례

01. 서장 1

1.1. 행정법, 어떻게 공부할 것인가? 1

1.1.1. 체계적 학습 혹은 연구를 위한 가이드-민법공부의 중요성 1

1.1.2. 행정법 이면(裏面)의 정치적 분배 투쟁을 인식하기 8

1.1.3. 법학을 공부하는 "정신의 세 변화에 대하여" 9

1.2. 법령과 판례를 읽는 방법 17

1.2.1. 법 언어의 세 가지 특징 17

1.2.2. 행정법령을 읽는 법 23

1.2.3. 판결문을 비판적으로 읽는 법 27

1.3. 이 책의 구성과 특징 31

제1편

행정법의 기초

02. 자본주의와 행정법 45

2.1. 자본주의 국가와 행정법 45

2.1.1. 왜 자본주의와 행정법인가? 45

2.1.2. 자본주의란 무엇인가? 52

2.2. 자본주의 행정법의 유형에 관한 고찰 54

2.2.1. 자본주의 국가론 각론으로서의 행정법학 54

2.2.2. 복지 자본주의의 세 가지 세계와 행정법의 해석 58

2.3. 자본주의 행정법의 유형론 각론-독일 행정법과 미국 행정법 61
2.3.1. 독일 행정법과 미국 행정법의 비교 61
2.3.2. 미국 행정법의 특수성 68
2.2.3. 독일 행정법과 미국 행정법의 장단점 74

03. 행정법 및 행정법학의 논리적 구조 86
3.1. 행정법(학)의 구성 86
3.1.1. 행정을 규율하는 행정법의 체계 86
3.1.2. 행정법의 세 영역 89
3.1.3. 행정조직법(공무원법, 공물법) 91
3.1.4. 재무행정법 98
3.1.5. 일반행정법과 특별행정법-양자의 관계, 참조영역이론, 특수이익의 제어 101
3.2. 행정행위, 공권, 행정의 법률적합성 109
3.2.1. 행정행위 혹은 행정처분 109
3.2.2. 법률상 이익 · 공권 혹은 취소소송의 원고적격 111
3.2.3. 행정의 법률적합성 혹은 행정소송 본안에서의 위법성 심사 116
3.3. 보론-행정사건의 흐름도 117
3.3.1. 법적 수단의 선택 117
3.3.2. 본안전 주장 121
3.3.3. 본안상 주장 123
3.3.4. 판결 이후의 대응방안 125

04. 행정과 시민, 행정법과 민사법 136
4.1. 행정법의 논리 136
4.1.1. 행정을 법적으로 규율하는 자는 누구인가? 136
4.1.2. 시민적-자유주의적 행정법 비판 142
4.1.3. 행정법의 존재의의와 행정의 정의(定義) 146
4.1.4. 사인 간 이해관계의 조정자로서의 행정과 행정법 154

4.2. 행정법과 민사법 157
4.2.1. 행정규제의 준수와 사법상의 책임관계 157
4.2.2. 행정법규와 민사거래 163

05. 행정법의 기본원리 173
5.1. 권력분립원리, 법치국가원리 173
5.1.1. 기본원리의 의의, 근거, 원리 상호 간의 서열 173
5.1.2. 권력분립원리 176
5.1.3. 법치국가원리 180
5.2. 사회국가원리, 민주주의원리 183
5.2.1. 사회국가원리 183
5.2.2. 민주주의원리 186

제2편
행정과 법

06. 행정법의 법원(法源) 205
6.1. 법원의 의의와 종류 205
6.1.1. 공법학과 법원 논쟁-법원 논쟁의 정치적 의의 205
6.1.2. 법원의 종류 208
6.1.3. 혁신자치체와 자주조례의 독자적 규제가능성 219
6.1.4. 관습법의 현대적 의의 225
6.2. 법원 상호 간의 관계 232
6.2.1. 법원 상호 간 관계론의 규범적 성격과 정치적 성격 232
6.2.2. 상위법 우위의 원칙 233
6.2.3. 신법 우선의 원칙, 특별법 우선의 원칙 235
6.2.4. 규범충돌시 누가 어떻게 판단하는가-법령심사 및 적용배제권 241

07. 행정상 법의 일반원칙 254
7.1. 행정상 법의 일반원칙의 정치적 맥락 254
7.1.1. 행정법에 왜 법의 일반원칙이 통용되는가? 254
7.1.2. 행정상 법의 일반원칙의 제한적 쓸모 260
7.2. 공익의 원칙, 평등의 원칙 261
7.2.1. 공익의 원칙 261
7.2.2. 평등의 원칙, 행정의 자기구속원칙과 '차별금지법' 263
7.3. 비례원칙 267
7.3.1. 의의와 연원 267
7.3.2. 내용 및 적용영역 269
7.4. 신뢰보호원칙 271
7.4.1. 의의, 연원, 근거 271
7.4.2. 적용요건 274
7.4.3. 적용영역 277

08. 법률의 유보 285
8.1. 법치행정원리와 법률의 유보 285
8.1.1. '주관적 권리국가'와 법률의 유보의 정치적 의미 285
8.1.2. 법률의 유보에서 "법률"의 의미 288
8.2. 법률의 유보론의 전개 291
8.2.1. 침익행정과 급부행정의 구별 291
8.2.2. 법률적 근거를 필요로 하는 행정작용의 범위 298
8.2.3. 특별권력관계론의 해체 305
8.2.4. 학교행정영역에서의 법률유보의 확대 307

09. 법적 규율의 밀도(1)-'법규명령의 지배'와 그에 대한 통제 318
9.1. 자본주의국가와 행정입법 318
9.1.1. 행정입법 '현상'의 헌정사적, 정치적 의의 318
9.1.2. 일상화된 예외상태와 시행령 통치 322
9.2. 법률의 유보와 위임입법의 한계론 325
9.2.1. 중요사항유보설과 법적 규율의 밀도 325
9.2.2. 수권법률의 합헌성 · 수임명령의 적법성 및 그 법적 효과 326
9.3. 법규명령에 대한 통제 332
9.3.1. 법규명령에 대한 통제의 유형 332
9.3.2. 법규명령에 대한 사법적(司法的) 통제 334

10. 법적 규율의 밀도(2)-재량과 판단여지 342
10.1. 재량의 이해 342
10.1.1. 재량문제의 체계적 이해 342
10.1.2. 법률로부터의 해방과 구속을 반복해온 행정-독일 재량행위론의 역사 344
10.1.3. 재량행위론의 비교법적 시각 348
10.2. 기속행위와 재량행위, 판단여지 350
10.2.1. 재량행위의 개념 350
10.2.2. 기속행위와 재량행위를 구분하는 기준 353
10.2.3. 재량하자이론 354
10.2.4. 재량불심리 원칙의 극복과 재량행위에 대한 심사방식 357

2권 - 차례

제3편
행정상 법률관계와 그 내용

11. 국가법인설과 행정상 법률관계

11.1. 프랑스 행정법의 보편성과 특수성

11.2. 국가법인설과 독일행정법

11.3. 행정상 법률관계

12. 내부관계와 행정규칙의 법리

12.1. 내부관계와 외부관계

12.2. 행정규칙의 법리

13. 행정법관계의 내용-공권과 공의무

13.1. 공권을 둘러싼 논의들

13.2. 공권과 반사적 이익에 관하여

제4편
행정의 행위형식들-행정행위를 중심으로

14. 행정행위와 행정의 행위형식론

14.1. 행정행위

14.2. 일반처분의 문제

14.3. 행정행위와 처분, 그리고 행정의 행위형식론

15. 행정행위의 종류-자본주의 행정법에서 행정행위의 역할

15.1. 행정행위의 종류

15.2. 허가, 특허, 인가의 법리

16. 행정행위의 부관-행정규제권한의 '편의적' 사용

16.1. 행정행위의 부관의 의의

16.2. 행정행위의 부관의 법리

17. 행정행위의 하자

17.1. 행정행위의 성립과 발효, 적법성과 유효성

17.2. 행정행위의 무효와 취소

17.3. 선결문제와 하자의 승계

18. 행정행위의 폐지

18.1. 행정행위의 폐지와 그 체계적 관계

18.2. 직권취소와 철회의 법리

19. 행정행위 이외의 행위형식

19.1. 공법상 계약

19.2. 사실행위와 행정지도

19.3. 행정계획

제5편
행정절차법제와 국가책임의 법리

20. 행정절차와 행정정보

20.1. 절차적 정의의 '정치적 대가'

20.2. 행정절차법의 이해

20.3. 정보공개와 개인정보보호

21. 행정상 강제집행

21.1. 행정상 강제집행 개관

21.2. 행정대집행법의 이해

22. 국가책임의 법리

22.1. 국가책임의 의의와 범위

22.2. 공법상 결과제거청구권

22.3. 공법상 사무관리와 부당이득

23. 국가배상법의 쟁점

23.1. 불법행위법의 목적, 역사, 국가배상책임의 규범구조

23.2. 국가배상법 제2조 책임

23.3. 국가배상법 제5조 책임

24. 손실보상법의 쟁점

24.1. 행정상 손실보상의 의의, 근거

24.2. 공용수용의 요건으로서의 공공필요와 '사회화'

24.3. 행정상 손실보상의 기준과 내용, 보상의 방법

주요 참고문헌 약어

곽윤직/김재형, 민법총칙, 제9판, 박영사, 2013 – 곽윤직/김재형, 민법총칙.

김도창, 일반행정법론(상), 청운사, 1988 – 김도창, 일반행정법론(상).

김도창, 일반행정법론(하), 청운사, 1989 – 김도창, 일반행정법론(하).

김동희/최계영, 행정법 Ⅰ, 박영사, 2023 – 김동희/최계영, 2023.

김유환, 현대행정법, 박영사, 2024 – 김유환, 2024.

김중권, 국민중심 행정법, 법문사, 2025 – 김중권, 2025.

김철용, 행정법, 고시계, 2024 – 김철용, 2024.

박균성, 행정법강의, 박영사, 2021 – 박균성, 2021.

박정훈, 행정법의 체계와 방법론, 박영사, 2005 – 박정훈, 행정법의 체계와 방법론.

정하중/김광수, 행정법개론, 법문사, 2023 – 정하중/김광수, 2023.

Carl Schmitt, Verfassungslehre, Duncker & Humblot, 1927(1993) – Carl Schmitt, Verfassungslehre.

Ekkehart Stein, Ekkehart Stein, Verfassungsrecht, 15 Auflage, Mohr Siebeck, 1995 – Ekkehart Stein, Verfassungsrecht.

Ernst Forsthoff, Lehrbuch des Verwaltugnsrechts. Erster Band: Allgemeiner Teil, 10. Auflage, C. H. Beck, 1973 – Ernst Forsthoff, Lehrbuch.

Hartmut Maurer/Chritian Waldhoff, Allgemeines Verwaltungsrecht, 19. Auflage, C. H. Beck, 2017 – Maurer/Waldhoff.

Heiko Faber, Verwaltungsrecht, 4. Auflage, Paul Siebeck, 1995 – Heiko Faber, Verwaltungsrecht.

Helge Sodan/Jan Ziekow, Grundkurs Öffentliches Recht, 10. Auflage, C. H. Beck, 2023 – Sodan/Ziekow, Grundkurs.

Walter Jellinek, Verwaltungsrecht, Verlag von Julius Springer, 1931 – Walter Jellinek, Verwaltungsrecht.

01

서장

1.1. 행정법, 어떻게 공부할 것인가?

1.1.1. 체계적 학습 혹은 연구를 위한 가이드 - 민법공부의 중요성

모든 공부가 그러하듯 행정법 공부도 두서(頭緖)있게 해야 한다. 체계적 공부라고 해도 좋겠다. 체계 혹은 시스템이란 말은 따지고 보면 사실 매우 복합적인 의미를 갖고 있다. 다만 여기서 '체계'란 말은 우리 법학에도 중대한 영향을 준 독일법학이 말하는 그 판덱텐－개념법학의 체계를 지칭한다.[1] 이 교재 자체가 독일행정법학을 모델로 하기 때문에 체계에 대한 인식, 체계적 공부는 중요하다. 이미 한두 번 공부해 본 경험에 비추어 행정법이 어렵다고 느끼는 사람이라면 먼저 자신이 행정법 체계를 제대로 알고 있는지부터 다시 한번 되돌아볼 필요가 있다.

독일인들이 판덱텐－개념법학의 체계를 만든 건 19세기이다. 당시 독일에는 정치적으로 강력한 부르주아계급(네덜란드, 영국, 프랑스)도, 정치적 혁명(프랑스)도 없었다. 영국은 부르주아 계급을 중심으로 안정된 헌정(憲政)과 그것에서 도출된 커먼로의 법

---

1) 판덱텐이란 원래 그리스어 pandectae '모든 것을 포괄하는 것'의 독일어형이다. 로마 유스티니아누스법전(시민법대전, Corpus Iuris Civilis)의 일부를 이루는 〈학설휘찬, Digesta〉의 그리스어인 판덱타이(pandectae)에서 유래한다. 통상 '판덱텐법학'이라고 하면 사비니가 이끄는 로마니스텐의 사법학에 의해, 주로 판덱텐의 법문 해석을 통해 추진되었던 사법학을 총칭한다. 그 대표적 저술형식이 '판덱텐법 교과서'였기 때문에 이 호칭이 사용되었다. 명칭의 유래, 판덱텐법 교과서, 이 법학의 특징 등은 다음을 참고할 것. 가츠다 아리츠네 외 편저, 문준영/성중모/조지만 번역, 개설서양법제사, 민속원, 2020, 378쪽 이하.

문화를, 프랑스는 이성적 자연법에 기초하여 새로운 법문화를 발전시키고 있었지만, 독일에는 그런 게 없었다. 게다가 독일은 분열되어 있었다. 19세기 독일의 법학자가 체계에 집착한 것은 이 '나라' 자체가 '체계'가 없었기 때문이다. 그들에게는 분열된 법상황을 통일하고 프랑스 혁명 등 외부의 정치적 영향을 차단하면서 실용적 기능을 수행할 새로운 체계를 만들어내는 것이 과제로 주어졌다. 사비니에서 출발하여 푸흐타(사법학자)와 게르버(사법학에서 출발하여 공법학의 기초를 닦음) 그리고 라반트와 게오르크 옐리네크에 이르는 근 100년의 학문공동체는 이 역할을 충실히 수행했고, 이로써 독일만의 체계를 완성했다.[2] 이 체계가 후발자본주의 독일의 이른바 '선진국 따라잡기'에도 밑거름이 되었다.

이 체계는 국제적으로도 높은 평가를 받았다. 특히 일본, 한국처럼 자본주의 후발주자들에게 매우 매력적이었다. 일일이 사례를 검토하고 그로부터 귀납적으로 결론을 이끌어내는 영국 법학과 비교하자면, '닥치고' 학습하고 논리적으로 적용하면 되는 독일 법학은 쓸모있는 지식체계였다. 이 체계를 기반으로 한, (그 어떤 정치적 논의도, 사회경제적 맥락에 관한 설명도 없는 교과서와 그것에 담긴) 형식주의 법학이 독일과 일본 그리고 한국의 법학자를 '속성으로' 길러냈다. 그들은 자본주의 발전에 공헌한 기능적 지식인이었고 지금도 그러하다.[3] 이 보편적－비정치적, 탈이데올로기적인 개념법학 혹은 개념법학의 체계가 어떤 문제를 안고 있는지는 여기서 더 이상 자세히 다루지는 않겠다. 다만, 체계를 대하는 이 교재의 관점만 얘기해두는 것으로 만족하겠다. 그것은 한마디로 '체계와 함께(with) 그리고 체계에 맞서서(against) 행정법하기'이다. 이 책에서 필자는 종종 미국 행정법을 언급하지만, 기본적으로 독일 행정법의 체계를

---

2) 프랑스에서는 콩세유데타의 설립과 대학의 공법 강좌 개설이 근대 공법학의 발전을 촉진하였으나, 독일에서는 사정이 조금 달랐다. 혁명을 체험하지 않았고 제도적 개혁이 늦은 독일에서 공법학은 사법학(私法學)의 이론적-방법론적 영향 아래 탄생하였다. 가츠다 아리츠네 외 편저, 문준영/성중모/조지만 번역, 위의 책, 398쪽. 1848년 혁명의 실패 이후 보수화된 독일 공법학을 주도한 게르버(Karl von Gerber)-라반트(Paul Laband) '학파'의 출발점은 사법학적 방법론이었다. 이 방법론의 기원을 쫓아가다 보면 혁명 이후의 프랑스 법학의 영향을 역사주의의 관점에서 차단하려고 한, 개념법학의 창시자라고 할 수 있는 사비니(Savigny)를 만나게 된다. 존 헨리 메리언/로헬리오 페레스 페르드모, 김희균 옮김, 대륙법전통, 61-62, 65-66, 118, 122쪽 참고. 자세한 것은 11.2.1.에서 다룬다.

3) Heinz Wagner, *Die politische Pandektistik,* Berlin Verlag, 1985, 11-16쪽 참고. 반면, 미국 법학, 특히 법현실주의(legal realism)를 채용한 법학은 법형식주의와 형이상학적 법개념에 대한 회의주의를 드러냈다. 양현아, "미국 법현실주의(Legal Realism)의 현재적 함의", 법학연구 제32권 제2호, 2022, 59-68쪽.

염두에 두고 설명을 이어나갈 것이다. 다만, 필자는 이 체계를 무비판적으로 수용하지는 않으려 하므로 위와 같은 관점을 제시한 것이다.

> 법학 교과서에는 정의와 개념, 의의와 의미가 넘쳐난다. 행정법교과서라고 예외는 아니다. 예컨대 "행정법이란 행정을 규율하는 국내공법이다"라고 하는 것은 행정법의 정의이다. 여기에 사용된 행정, 규율, 국내, 공법이라는 하는 단어는 모두 특별한 의미를 갖는 개념이다. 한편 언제나 논의의 실익을 따지는 법학에서는 의미보다는 의의라는 말을 선호한다. 의의는 실익이 가미된 의미로 보아도 무방하다.
>
> 그런데 정의, 개념, 의의는 결코 가치중립적이지 않다. 대륙식 개념법학에서 개념은 써먹으려고 만드는 도구가 아니라 진리 그 자체다.[4] 개념법학은 실정법을 분석해서 공통적인 것을 모아 개념화, 체계화를 한 것이기는 하지만 실정법을 들여다 볼 때 그게 금방 눈에 띄는 것은 아니다. 개념 그 자체는 학자들의 창작품이기 때문이다. 법학자들은 나름대로 개념을 만들어 실정법을 설명하고자 한다. 그래서 '개념'법학이다. 법학에서 개념은 필요하다. 문제는 그 개념에 지나친 의미를 부여한다는 데 있다. 그리고 그 개념들을 연결해서 체계를 만들어내는 일에 몰두한다.[5] 개념법학은 방법론으로 주로 형식논리를 이용하며, 법과 관련이 없는 것은 법학 그 자체에서 제외한다.[6] 그렇다면 개념들을 통해 만들고자 했던 체계, 진리, 논리는 무엇일까? 개념법학은 행정법 공부를 처음 시작하는 이들에게 어떤 "진리"를 설파하는고 있는가? 그 체계는 사실과 역사적 맥락을 어떻게 감추고 있을까? 이것은 사실과 역사적 맥락을 강조하며, '진리뒤에 숨은 이데올로기를 드러내며',[7] "사회문제해결을 위해 법만 바라보고 있어서는 답이 없"으므로, "법학자도 공공정책에 관해 목소리를 내야"[8] 한다고 믿는 필자가 이 교재를 통해 던지고 싶은 질문들이다. 그 답을 여러분과 함께 계속 찾아나갈 수 있기를 바란다.

이미 보았듯이, 19세기 독일에서 이 체계를 처음 만든 이들은 민법학자들이었다. 민법의 기초 개념과 그 해석은 물론이고 1900년부터 시행된 독일 민법(BGB)과 이를 해

---

4) 존 헨리 메리언/로헬리오 페레스 페르드모, 김희균 옮김, 대륙법 전통, 120쪽.
5) 존 헨리 메리언/로헬리오 페레스 페르드모, 김희균 옮김, 위의 책, 121쪽.
6) 존 헨리 메리언/로헬리오 페레스 페르드모, 김희균 옮김, 위의 책, 122쪽.
7) "이데올로기나 사상으로부터 자유로운 법학을 추구해왔지만, 그 속내를 들여다보면 개념법학은 이데올로기에서 자유롭지 못하다. 그것 역시 시대적 산물이고, 정확히 말하면 19세기 후반 유럽자유주의의 풍토 속에서 태어난 사상이기 때문이다." 존 헨리 메리언/로헬리오 페레스 페르드모, 김희균 옮김, 위의 책, 123쪽.
8) 존 헨리 메리언/로헬리오 페레스 페르드모, 김희균 옮김, 위의 책, 124쪽.

석한 민법교과서들도 모두 판덱텐 체계에 기초해 있다. 이 체계는 법학의 거의 모든 영역에서 관철되고 있다. 민법전은 총론(총칙)과 각론으로 구성되어 있다. 나아가 각론 안의 개별법 영역도 다시 총론과 각론으로 나뉜다. 채권총론과 채권각론처럼 말이다. 형법도 또한 같다. 형법전을 펼치면 총칙과 각칙으로 짜여진 체계가 등장한다.[9] 그래서 형법총론, 형법각론이라고 한다. 행정법도 마찬가지다. 요즈음은 이런 표현을 덜 쓰는 경향이 있지만 - 그 이유는 후술한다 - 행정법총론, 행정법각론이라는 체계가 존재한다.

그러니 이제부터 공부하게 될 체계적 행정법학의 출발점은 민법학이라는 사실을 우선 염두에 두자. '권리와 의무', '법적 주체 = 법인격', '법률관계', '의사표시', '법률행위의 부관'과 같은 **민법의 기초개념**들은 물론이고, 계약과 소유권 그리고 불법행위(사무관리, 부당이득)의 법리들은 행정법을 이해하는데도 아주 중요하다. 예컨대 독일에는 프랑스와 달리 유의미하게 평가할 만한 공소유권이 존재하지 않는다. 그 점에서 국가도, 공법상의 제약을 받는 "사적 소유권자"에 불과하다고 본다. 따라서 독일 공물법(公物法)의 출발점은 민법상의 소유권이다.[10] 현행 공물법도 대체로 독일법의 입장을 따르고 있는 것으로 평가된다.

곽윤직 교수의 민법교과서, 특히 민법총칙의 목차를 보면 그 밖에 찬찬히 읽어보고 익혀야 할 기본개념, 원리들이 계속해서 등장한다. 신의성실과 권리남용금지원칙을 정한 민법 제2조의 규정은 일반법원리적 규정으로 공법에도 적용된다.[11] 법인론은 민법뿐만 아니라 형법(법인의 형사책임능력), 행정법(공법상의 사단법인 등)에도 아주 중요한 기초법리를 제공한다. 그뿐인가? 민법(총칙)에는 모든 법에 기초가 되는 기술적 규정들도 적지 않게 등장한다. 이것들은 일반원리적 규정에 해당하지는 않지만, 기술적 약속으로서 의미가 있다. 의사표시의 효력발생(의사표시의 효력발생시기, 공시송달 등), 시효와 제척기간 같은 것들이다.[12] 개별 행정법령은 민법의 이 규정들을 변

9) 독일 형법전(Strafgesetzbuch)도 총칙/총론(Allgemeiner Teil)과 각칙/각론(Besonderer Teil)로 크게 구분되어 있다.

10) Maurer/Waldhoff, 64쪽(3장 42번).

11) 김도창, 일반행정법론(상), 236쪽. 「행정기본법」 제11조 제2항은 권한남용금지원칙을 명문화하였다. 신의성실원칙에 관해서는 후술한다(7.1.1.).

12) 이것이 민법총칙(총론) · 형법총론과 행정법총론의 차이이다. 정확히 말하면 독일 법학에는 민법총론, 형법총론에 대응하는 행정법총론이란 개념이 존재하지 않는다. 독일 행정법학은 일반행정법론과 특별행정법론으로 체계화되어 있고, 이 일반행정법론에는 행정법 전체에 걸친 일반원리적 규정만 등장한다. 자세한 것은 후술한다(3.1.4).

형하기도 하지만, 그것들의 기술적 의미는 대동소이하다.[13] 그래서 행정법 '총론'은 민법규정을 행정법에 보충적으로 적용하는 문제도 쟁점으로 다루고 있다("행정법관계에 대한 사법규정의 적용"). 행정법에는 규율되지 않은 빈틈이 여전히 많지만, 민법은 대체로 모든 상황을 빠짐없이 규율하고 있기 때문이다.[14]

무엇보다도 민법은 '자본주의법'의 기본원리를 밝히고 있고(자본주의법의 '꽃'으로서의 민법), 고전적 민법학은 이것에 기초하여 소유권의 보호, 계약의 자유 법리를 중심에 놓고 시민 상호 간의 '법률관계'를 설명한다. 이 고전적 민법학에 영향을 받은 고전적 행정법학은 소유권의 보호, 영업의 자유 법리를 중심에 놓고 국가와 **시민** - 행정법 교과서들은 시민이라는 말보다는 (처분 혹은 결정의) 상대방 혹은 수범자(Adressat)라는 다소 중립적이고 형식적인 용어를 쓴다. 이런 표현은 행정처분을 받는 자가 국민·주민처럼 선거권·피선거권을 가진 국적 보유자든, 「출입국관리법」에 의해 규율되는 외국인·난민이든 상관없이 사용할 수 있는 장점이 있다. 그런데도 이 교재는 이 용어들 대신 시민이라는 말을 널리 사용하였는데, 이것이 '자본주의와 행정법'이라는 주제를 드러내는 데 더욱더 적합하다고 생각하기 때문이다. 물론 행정법이 지배계급과 피지배계급에게 각각 어떻게 작용하는지를 살펴보려면 시민보다는 계급이라는 말을 사용하는 것이 맞다. 그러나 법학에서 계급 개념의 사용은 극도로 자제되거나 금기시되고 있다 - 간의 '법률관계'를 설명한다. 이때 중요한 개념적 도구로 등장하는 것이 공권, 즉 주관적-개인적 공권(das subjektiv-öffentliche Recht)이다. 이것은 국가와 시민 간의 관계에서 인정되는 사인의 권리이고, 이 권리의 실질은 민법학에서 말하는 사인의 권리와 같다. 권리주장의 상대방만 사인이 아닌 국가 또는 지방자치단체로 다를 뿐이다.

이처럼 행정법, 특히 독일 행정법은 철저히 민법의 체계와 원리 위에서, 국가와 시민의 법률관계를 자유주의 이념에 맞게 구체화한다. 이것은 민법이든 행정법이든 **소유적 개인주의**(possesive individualismus)에 기초해 있음을 잘 보여준다.[15] 자본주의 하에서는 민법이든 행정법이든 자유와 소유권의 보장을 제1의 목표로 하며, 예외적 사안에서만 자유를 제한한다.

---

13) 사법상 법률관계든 공법상 법률관계든 국가 및 지방자치단체와 관련되는 법률관계에서 금전채권의 소멸시효는 5년임이 원칙이다. 「국가재정법」 제96조, 「지방재정법」 제82조. 반면, 민사상 일반채권의 소멸시효는 10년이다(민법 제162조).

14) Maurer/Waldhoff, 64-70쪽(3장 42-55번).

15) 마르틴 크릴레, 국순옥 옮김, 헌법학입문, 종로서적, 1983, 246쪽 이하 참고.

민법이라고 해서 언제나 사익과 관련되고, 소유권과 자유를 '오로지' 보장하는 역할만 하는 것은 아니다. 소유권 행사를 제한하고 자유와 권리 상호 간의 조정에서 중요한 역할을 담당하는 것도 민법이다(예컨대 독일의 사회적 임대차법). 민법의 비영리법인 규정은 공익법인, 즉 공익을 추구하는 비영리법인을 규율한다. '공익법인'은 민법상 재단법인이나 사단법인으로서 사회 일반의 이익에 이바지하기 위하여 학자금·장학금 또는 연구비의 보조나 지급, 학술, 자선에 관한 사업을 목적으로 하는 비영리법인을 말한다.[16] 민법 제32조에서 예시하고 있는 비영리사업(학술, 종교, 자선, 기예, 사교 등) 중 특히 학술과 자선사업은 헌법 제22조, 제31조, 제34조에 따라 국가의 보호와 지원이 필요한 사업이다. 이를 국민이 직접 법인을 설립하여 담당하는 경우 국가는 각종 보조금을 지급하거나 「조세제한특례법」에 의거 세금을 감면하는 등 혜택을 부여한다.[17] 반면, 공법, 즉 행정법이라고 해서 언제나 공익실현을 제1의 목표로 삼는 것도 아니다. '공익사업'의 근거가 되어주는 각종 토지'공법'들은 얼마나 공익적인가?[18] 그러니 공법=공익(관련), 사법=사익(관련)으로 보는 '**이익설**'이 딱히 맞지 않을 수 있는 것이다.

사정이 이러하니, 민법은 자유의 보장이고, 행정법은 자유에 대한 규제라든가, 혹은 민법의 기초는 사익 혹은 소유적 개인주의이지만, 행정법의 기초는 공익 혹은 공동체주의라는 식의 설명은 타당하지 않으며 오해를 불러일으킨다.[19] 한국 민법(학)과 행정법(학)은 둘 다 19세기 자유주의 이데올로기를 구체화한 자본주의법(학)일 뿐이다. 민법은 대등한 관계를 규율하지만, 행정법은 지배복종관계를 규율한다는 말도 반만 맞다. 오랫동안 가족법(친족·상속법) 규정은 가족 내에서의 아버지의 지배와 사회적 수준에서의 여성에 대한 남성의 지배를 유지하는 데 복무해왔다.[20] 공법과 사법의 구별기준으로서의 **종속설**(**복종설**)이 비판받은 이유도 이런 맥락과 무관하지 않다.

16) 「공익법인의 설립·운영에 관한 법률」 제1조, 제2조.

17) 김철용, 2024, 923쪽.

18) "공익(die **öffentlichen Interesssen**)은 한 번에 확정되는 것이 아니라, 시대의 변화에 따라 바뀌며, 또한 시대별로 자주 논쟁의 대상이 된다. 특히 요즘과 같은 다원주의적 국가체제에서는 무엇이 공익이며, 이익충돌시 각 이익에 어느 정도의 비중이 주어지는지가 언제나 논란이 되고 있다." Maurer/Waldhoff, 5쪽(1장 10번). 마우러/발트호프는 공익이 복수명사라는 점을 강조한다.

19) 김도창 교수는 사법관계는 "이기적·개인적 관계"이지만 공법관계는 "공익을 위한 지배복종관계이며, 이타적·사회적·윤리적 관계"라고 한다. 아주 낡은 이분법이다. 김도창, 일반행정법론(상), 234쪽.

20) 이종영, 성적 지배와 그 양식들, 새물결, 2001, 64쪽 참고. 1898년에 시행된 일본 메이지 민법 하에서의 가족법, 빌헬름 라이히가 『성혁명』에서 인용하는 러시아 차르 지배체제 하에서의 가족관계 법령에 대해서는 이종영, 위의 책, 112-114쪽.

그러므로 '민법은 이렇고 행정법은 저렇다'라는 식으로 단순하게 접근하지 말아야 한다. 민법과 행정법의 고정된 실체라는 것은 없다. 고전적 민법(학)이 있는가 하면, 이를 수정하는 **사회적 민법**(학)이 있다. 고전적 행정법(학)이 있는가 하면, 근대적 민법원리의 수정에 민법과 함께 협력하는 사회적 행정법(학)이 있을 뿐이다. 오토 폰 기르케(1841–1921)는 1889년에 행한 "민법/사법의 사회적 과제"(Die soziale Aufgabe des Privatrechts)라는 제목의 한 강연에서 앞으로 제정될 독일 민법전이 초래할 세상에 대한 어두운 예감 아래, 민법전에 "한 방울의 사회주의의 기름부음"이 필요하다고 말했다. 사회적 민법(soziales Privatrecht)을 기대했던 그는 이렇게 말하기도 한다. "우리의 민법은 더 사회적으로 될 수도 있고, 그렇지 않을 수도 있다." 기르케의 주장에도 불구하고, 민법에 사회(주의)적 기름부음을 할 수 있는지를 둘러싸고는 현재도 논쟁되고 있다.[21]

그러니 존재하는 것은 '시장과 민법의 우위를 법적으로 신성시하거나'[22] 관료적 공공성과 공법의 우위를 정당화하는 어떤 이데올로기 뿐이다, 혹은 공법과 사법의 융합을 통해 이윤을 최대화하려는 어떤 실체적 힘이 존재할 뿐이라고 말하는 것이 옳다. "법은 전쟁이 벌어지는 장소이자 전쟁의 수단이다."[23] 이처럼 민법과 행정법을 바라볼 때는 '역사적 변화, 세계관적 평가에 따라 달라지는 이 둘의 가치 관계와 서열을 이해하고',[24] 특정 민법 혹은 행정법 조문, 이론과 판례가 취하는 정치적 입장을 정확히 파악하는 일이 중요하다. "국가가 사법적인 형식의 활동을 한다고 하여, 공법적 규제에 관한 전망을 흐려서는 안 될" 뿐만 아니라 이런 "공권력의 사법으로의 도피"가 책임회피 수단으로 남용되지 않도록 견제해야 한다.[25] 공법과 사법의 범주적 구분이 '테크노 봉건주의'라는 새로운 현실 하에서 어떤 민주주의적 기능을 수행할 수 있을지도 고민해야 한다.[26] 이러기 위해서라도 우선은 고전적 민법과 민법학의 체계, 그것이 구사하는 개념과 법리를 정확히 이해해야 한다. 이것이 (고전적) 행정법 공부의 출발점이다.

---

21) Johann Braun, *Einführung in die Rechtswissenschaft,* Tübingen, 1997, 240쪽.

22) 피에르 다르도 외, 정기헌 옮김, 내전, 대중혐오, 법치 – 신자유주의는 어떻게 지배하는가, 원더박스, 2024, 46쪽 참고.

23) 피에르 다르도 외, 정기헌 옮김, 위의 책, 265쪽.

24) 라드브루흐, 윤재왕 옮김, 법철학, 박영사, 2021, 209쪽.

25) 강지은, "공법과 사법의 교착에 관한 시론적 고찰", 행정법연구 제67호, 2022, 51, 59쪽.

26) 테크노 봉건주의에 관해서는 5.2.2.를 참고할 것.

반면, 민법과 달리, 도그마틱, 즉 해석학의 측면에서 보면, 형법의 선행학습은 행정법 공부와 직결되지 않는다. 형법과 관련하여 행정법이 관심을 갖는 쟁점은 몇 안 되기 때문이다. 형법지식은 행정행위의 공정력과 형사재판 문제라든가 형사벌과 행정벌의 관계 등에서 일부 유용하고 경찰행정법의 공부에도 도움이 되지만(인과관계론 등), 대체로 그걸 몰라도 행정법 공부와는 크게 관련이 없다. 다만, 행정행위의 공정력과 형사재판이라는 쟁점은 국가의 명령(특히 위법한 명령)을 거부하는 상대방 혹은 공무원을 강제하기 위해 형사처벌의 가능성을 넓힐 수 있는가 하는 문제로 접근하면 단박에 공법의 핵심적 주제로 뛰어오른다. 한편, 행정형벌은 행정강제와 같은 행정의 실효성 확보수단이 제대로 정비되어 있지 않은 한국의 행정실무 - 독일과 달리 행정집행법과 같은 '일반법'이 없다[27] - 에서 과도하게 운영되고 있지만, 이런 실무상의 난점을 논외로 한다면, 이 쟁점을 이해하기 위해 특별히 형법지식이 필요한 것은 아니므로 형법을 잘 모른다고 해서 행정법 공부에 방해가 되는 것은 아니다. 민법 지식의 부족이 행정법 공부에 상당한 지장을 줄 수 있는 것과는 비교되는 부분이다.

1.1.2. 행정법 이면(裏面)의 정치적 분배 투쟁을 인식하기

민법과 행정법의 '긴밀한' 관계를 생각하다 보면, 행정법은 민법의 특별법에 불과한 것이 아닌가 하는 의문도 들 수 있다. 실제로 과거에는 그렇다고 본 견해도 있었다. 그러나 행정법령의 역할이 점차 증대하는 현실을 고려할 때 이런 견해를 유보없이 지지하기는 어렵다. 행정법은 민법에 대해 **독자성**을 갖는다고 보아야 한다. 물론 그 독자성은 상대적 독자성에 불과하다. 상대적이나마 독자적인 이유는 민법, 형법과 비교할 때 확실히 행정법이 정치 및 경제적 이익과 더욱더 밀접한 관계를 맺고 있기 때문이다. 이는 행정법령이 특정 경제 분야를 경쟁에서 보호하는 사례 또는 기업의 대규모 개발 프로젝트가 시민 혹은 주민의 반대에도 불구하고 관청의 허가를 받거나 관철되는 사안을 보면 잘 알 수 있다. 물론 그 반대도 가능하다. 행정청이 여론의 압력을 받아 기업의 활동에 태클을 걸 수도 있다.

행정법에는 입법자가 명시적으로 행정청의 전문적이고 또한 항상 정치적이기도 한 평가에 맡기는, 결정의 여지(Entscheidungsspielraum)라는 특별한 개념이 존재한다.

---

27) 독일에는 연방법인 행정집행법(das Verwaltungs-Vollstreckungsgesetz) 외에 주마다 별도의 행정집행법이 있다.

결정, 즉 법효과의 결정 및 선택의 영역에서 나타나는 행정의 판단권을 **재량**이라고 한다. 나아가 정치적으로 격전이 벌어지는 영역에서는 **법률요건 부분**에 모호한 표현들이 등장한다. 예컨대 환경법의 위상은 입법자가 말하는 "유해한 환경영향"이 무엇인가에 달려있다. 혹은 경제법은 시장지배적 지위를 발생시키는 기업 결합을 금지한다. 그러나 독점규제관청은 이러한 결합이 "공공의 우월한 이익에 의거하여" 정당화되는 경우, 신청에 따라 결합을 허가한다.[28] 행정법은 이러한 일반조항을 **불확정개념**이라고 한다. 독일의 실무는 불확정개념은 재량과 달리 법 개념이므로 법원이 심사할 수 있다고 하고, 실제로 "최종 결정"을 법원이 하는 경우도 많지만, 잘 들여다보면 이익집단이 (전문가라는 지위를 이용해) 불확정개념을 최종적으로 해석하는 경우도 적지 않다. 이런 불확정개념과 재량은 그 개념에 자신들이 원하는 내용을 집어넣을 수 있고 재량을 해석할 수 있는 힘을 가진 자들에게 "정치적 프리미엄"을 제공한다.[29] 그 힘의 보유자는 행정일 수도 있고, 불확정개념의 구체화에 영향력을 행사할 수 있는 전문가, 나아가 그 전문가를 통해 행정의 재량선택의 방향을 좌지우지할 수 있는 기업일 수도 있다.

행정법은 드러내 놓고(재량) 혹은 은폐된 형태로(불확정개념) 둘 중 하나의 당파 및 이익을 지지하지만, 말로는 "공익", "공공의 이익", "공공복리"를 앞세운다. 행정법에서의 이익 투쟁은 정치적 분배를 둘러싼 투쟁이지만, 행정법을 처음 배우는 이가 이것을 바로 인식하기란 거의 불가능하다. 특히 행정"법"은 이러한 인식을 어렵게 만드는 여러 특별한 외형을 띄고 우리 앞에 등장한다. 행정행위의 부관을 공부하면서, 이 쟁점의 이면에 있는 정치적 분배를 둘러싼 투쟁을 곧바로 읽어낼 수 있을까? 어렵다. 그래도 언젠가는 가능할 것이라는 믿음을 갖고 차근차근 공부해보자. 법학을 공부할 때 가져야 할 다음과 같은 세 가지 정신을 염두에 두고서 말이다.

1.1.3. 법학을 공부하는 "정신의 세 변화에 대하여"

『차라투스트라는 이렇게 말했다』에서 니체는 "정신의 세 변화에 대하여"(Von den drei Verwandlungen) 설파했다. 그의 논지에 따라 법학 공부를 위한 자세를 얘기해보고 싶다.

법학 공부에는 낙타의 정신이 필요하다. 읽어도 읽어도 끝이 없는 두꺼운 교과서를 독파해낼 수 있어야 한다. 학설, 이론, 판례의 높은 산을 묵묵히 올라가는, 그러

---

28) Heiko Faber, *Verwaltungsrecht*, 3-4쪽.

29) 카를 슈미트, 김도균 옮김, 합법성과 정당성, 도서출판 길, 2016, 60쪽 참고.

나 가야 할 방향은 알고 가는, 낙타와 같은 **인내하는 정신**, **복종하는 정신**이 필요하다. 법학 공부에는 견뎌내야 할 무거운 짐이 허다하다.[30)]

법학 공부에는 사자의 정신이 필요하다. 끝도 보이지 않는 법의 사막에 나타난 거대한 용은 '너는 외워야 해! 모든 이론은 이미 만들어져 있어. 교과서가 바로 그것이야. 너는 외우기만 하면 돼'라고 말한다. 이때 사자의 정신은 "너는 해야 한다"에 맞서 "나는 원한다"라고 말한다. 법 공부에 왜 사자가 필요한가? "짊어지는 짐승, 체념하고 외경(畏敬)하는 짐승에게는 무엇이 부족한 것인가?" 그것은 "자유를 창출하고 의무 앞에서도 신성한 부정을 할 수 있기 위해서"이다. 사자는 **부정의 정신**이기도 하다. 기존의 가치와 싸워 깨부수고, 나는 이렇게 한다고 선언하는 것, 이것이 사자의 일이다. 교과서와 그것이 대변하는 가치를 맹종하는 것이 아니라 자기 생각을 분명히 정립하고, 통설을 반박해나가야 한다.

다수설 혹은 통설이란 무엇일까? 마르크스는 통설, 즉 "지배적 견해는 지배계급의 견해"라고 말했다. 통설을 집필하는 교과서 저자들은 '선출되지 않은 해석 권력'을 행사한다.[31)] 독자들이 교과서의 설명을 비판 없이 읽고, 생각 없이 암기한다면 그 권력의 힘은 점점 더 세진다. 나는 이 책을 읽는 독자들이 그런 힘에서 벗어나 행정법 이론이나 학설, 판례를 비판적으로 읽어낼 수 있는 단초를 찾아낼 수 있기를 바란다.

교과서라고 해서 그냥 믿고 읽기보다는, 해석의 논리적 모순을 찾아내기 위해 노력해야 한다. 법은 하나의 네트워크 같은 것이다. 형법과 민법의 해석은 연결되어 있다.[32)] 또한 동일한 사실관계를 민법과 행정법이 다르게 평가하거나,[33)] '위법' 개념을 민법과 행정법이 다르게 해석하기도 한다. 그런 평가와 해석이 드러내는 논리적 모순을 간파해내야 한다.

그러려면 먼저 질문하는 힘부터 키워야 한다. 그렇다고 해서 행정법 공부를 막 시작한 여러분에게 처음부터 많은 걸 요구할 수는 없다. 모든 것을 회의(懷疑)하라고

---

30) 학설은 학계 내에서 '지배적 지위'를 얻게 되면 이론으로 격상된다. 그러다가 그 지위를 상실하면 다시 하나의 학설로 전락한다. 이러한 변동과정을 토마스 쿤은 패러다임의 변화로 설명했다. 그러나 법학교과서들은 학설과 이론을 구분없이 사용할 때가 많다.

31) 요즘 교과서들은 판례를 신봉한다. 교과서의 이런 서술태도로 인해 판례의 저자인 법원은 예전보다 더 강력한 해석권력을 행사한다.

32) 1980년 이후 독일 형법학자들 사이에서 논쟁거리였던 이른바 셀프 주유 후 '도주' 사례는 민법의 소유권 이전 법리와 연동해서 풀지 않으면 해결할 수 없다. 자세한 것은 Uwe Wesel, *Fast alles, was recht ist: Jura für Nichtjuristen,* Eichborn Verlag, 1996, 194-198쪽.

33) 3.2.2.에서 설명하는 인인(隣人)관계 사례를 볼 것.

말할 참도 아니다. 우선은 어떤 개념이나 설명이 "'어디에 쓸모가 있는가'를, 자기가 믿는 모든 것에 대해 '왜'를 발견할 줄 아는 것으로 충분하다."[34]

마르틴 크릴레는 법 해석에서 왜라는 질문은 대상의 구체적·역사적·정치적 측면을 이해하게 하며, 법 세계의 두 요소인 당위와 존재를 매개해 준다고 지적했다.[35] 당위와 존재를 매개한다는 말은 쉽게 말해, 현실이 어떻기에 그와 같은 법규범이 만들어졌는가, 또는 거꾸로 이런 법규범으로 혹은 법 해석으로 현실을 '통제'할 수 있는가를 묻고 답한다는 것을 의미한다.[36] 인공지능 시대에는 이러한 메타인지가 더더욱 중요해진다.

이렇게 말하니 질문만 하면 답이 곧 나올 것 같은 느낌도 든다. 그러나 꼭 그런 것은 아니다. 어쩌면 크릴레의 설명은 무엇을 물어도 대답이 준비되어 있었던 '고전적' 교과서 시대의 얘기처럼 들린다. 질문은 무성하나 대답은 없다. 이 책을 쓰고 있는 나도 답을 모르는 질문을 많이 갖고 있다. 그럼에도 불구하고 질문을 이어간다. 이것이 행정법을 비판적으로 공부하는 길이라고 믿기 때문이다. 그리고 이것이 탈근대 혹은 '**포스트모던**' 행정법 교재 작업의 출발점이라고 생각한다. 왜 탈근대를 말하는가? 행정법 해석의 밑바탕이 되어 주었던, 공통하는 이익을 전제로 하고, 그 바탕 위에서 거래를 통해 타협한다는 생각 - 이것을 어려운 말로 이익형량이라고 한다 - 이 더 이상 불가능한 시대가 되고 있기 때문이다. 특히 1991년 탈냉전 이후의 상황은 로버트 달이 『다원제, *Polyarchy*』(1971)에서 묘사한 이익집단다원주의(interest group pluralism) 모델이 더 이상 통용되기 어렵다는 것을 여실히 보여주고 있다. 그동안 억압되어 왔던 성적·종교적·민족적 아이덴티티 등을 가진 마이너리티 집단에 의한 인정욕구가 분출하면서 '공통하는 이익의 거래에 의한 타협'의 여지는 사라지고 있다. 낙태 문제만 생각해도 이것은 타협이 불가능한 도덕적 가치의 전면적 충돌을 드러낸다.[37] 그렇다면 이제 행정법학은 선불리 공통이익을 전제하면서 곧장 이익형량으로 달려가

---

34) 이어지는 문장에서 루소를 다음과 같이 말한다. "다시 말하지만 내 목적은 그(에밀-필자)에게 지식을 가르쳐주는 것이 아니라 필요할 때 그것을 획득하는 방법을 가르쳐주고 지식의 가치를 정확하게 가늠하도록 하는 것이며, 특히 그가 진실을 사랑하도록 하는 일이다. 그러한 방법으로는 진전이 아주 느리다. 하지만 절대로 헛된 진전은 있을 수 없다." 장 자크 루소, 김중현 옮김, 에밀, 한길사, 2003, 371쪽. 『에밀』 제3편에 나오는 이 대목은 호기심에서 막 연구를 시작하는 '소년기'에 대한 묘사이다.

35) 마르틴 크릴레, 국순옥 옮김, 헌법학 입문, 종로서적, 1983, viii쪽.

36) Hans Peter Bull, *Allgemeines Verwaltungsrecht mit Verwaltungslehre,* C. F. Müller, 2015, 2쪽.

37) 吉良貴之 外, "〈法と科学〉の日米比較行政法政策論", 年報 科学·技術·社会 第26巻, 2017, 74쪽 참고. 또한 낸시 프레이저/악셀 호네트 지음, 김원식/문성훈 옮김, 분배냐, 인정이냐? 사월의책, 2014 참고.

는 '결과법학'이 아니라, 당장에 거래가능하거나 합의가능한 공통이익은 부재한다는 사실을 받아들이고, 낙관할 수 없는 미래를 전제로 가치의 충돌을 유예하거나 완화시키는 '과정의 법학'으로 전환/변환(tranform)할 태세도 갖추어야 한다.

이게 가능하려면 세상을 다르게 볼 수 있고 다르게 감각할 수 있어야 한다.[38] 세상을 다르게 보고 느낄 수 있어야 당장의 현실적이고 주류적인 결론에 쉽게 동조하지 않을 수 있다. 나아가 중앙집권의 구조와 법리를 떠받치는 관료가 아니라 '시골'과 시민과 인간-특히 권력에서 배제된 시민으로서의 노동자, 여성, 청소년, 장애인, 지역민 그리고 축출된 인간으로서의 외국인, 무국적자-이 자기 몫을 주장할 수 있는 사회와 그런 이들에게 마이크를 쥐어주는 행정법을 만들어내는 과정에 참여할 수 있다. "한국에서 정치는 늘 중앙권력이 문제고, 중앙정치가 바뀌면 우리네 삶도 달라질 것이라는 강한 믿음이 있다. 나는 그런 믿음들이 모여 지역 정치를 무능과 부패 속에 방치하고 있다고 생각한다. 그리고 당연하지만 어떤 이들은 이런 상태를 의도하거나 이용한다."[39] 이런 상태를 바꾸려면 행정법과 행정법학도 달라져야 한다.

오늘날처럼 신자유주의가 지배적인 사조(思潮)가 된 시대에 관료가 무슨 힘이 있는가? 그들과 맞서는 것이 의미가 있는가 하는 질문도 제기될 수 있다. 그러나 신자유주의야말로 더욱더 관료주의적이어서, 전면적 관료화(total bureaucratization)가 얘기될 정도라고 말하는 사람도 있음을 상기하자.[40] 시장이 자본의 뜻대로 돌아가게 만들려면 더 많은 관료와 규칙(rule)이 필요하다. 자본에게 유리하게 규제를 바꾸려면 더 많은 서류작업이 필요하다. 자본의 지배는 그냥 실현되지 않는다. 관료와 자본의 유착을 통해 자본은 자유화하고 노동은 통제하는, 자본에게는 유연하고, 노동에게 경직된 신자유주의 국가를 필요로 한다. "영국의 자유주의는 국가 관료제의 약화로 이어지지 않았다. 오히려 정확히 그 반대였다. 자율적인 개인들 사이의 자유로운 거래 세상이라는 자유주의적 꿈을 실현시켜줄 법원 서기, 관청의 호적 담당자, 감시원, 공증인 그리고 경찰 공무원들의 숫자가 끊임없이 늘어났다. 자유로운 시장경제를 유지하기 위해 프랑스 루이 14세의 절대왕정 때보다 1천배나 더 많은 서류작업이 필요

38) 최근 법학의 영역에서도 정념과 감정을 중시하는 해석이 나오는 것은 공리주의 법학이 실증적으로 파악하기 어려운, 인정(승인)을 요구하는 마이너리티 집단의 가치 투쟁이 늘어나고 있기 때문이다. 이런 현상은 정치학의 영역에서도 동일하게 나타난다. 吉良貴之 外, 위의 글, 75쪽.

39) 양미, 너무나 정치적인 시골살이-망해가는 세계에서 더 나은 삶을 지어내기 위하여, 동녘, 2024, 253쪽.

40) 데이비드 그레이버, 김영배 옮김, 관료제 유토피아, 메디치, 2016, 37쪽.

해진 것이다."[41] "잘 작동하는 국가 없이 잘 작동하는 시장 경제의 건설은 불가능하다."[42] 그 국가의 핵심이 관료주의이고, 행정법의 과제가 이 관료주의권력(관료권력이 아니다!)과의 대결이라면, 이 법을 공부하는 사람들도 그 싸움에 동참해야 하지 않을까?

니체는 그런데 사자조차 할 수 없는 이런 태세전환 혹은 싸움을 어린아이가 해낼 수 있다고 말한다. 어떻게? 어린아이는 "**아무 거리낌이 없는**", "거룩한 긍정"의 정신이요, "**창조의 정신**"을 갖고 있다. 어린아이는 무심하게 '논다'.[43] 아무것도 부정할 필요 없이 자기 안에서 분출해 나오는 창조력에 몸을 맡긴다. 인류학자이자 오큐파이 운동 활동가이기도 했던 데이비드 그레이버는 관료제에 대한 아주 창의적인 비판서인 『관료제 유토피아』에서 놀이의 중요성을 강조한다. 『호모 루덴스』의 저자인 호이징가는 시합(game)과 놀이(play)를 같은 것으로 가정하지만 그레이버는 규칙 유토피아 안에서 진행되는 시합과 달리 놀이는 순수하게 즉흥적이며, 창조적 에너지의 근원이 된다고 본다. 그러나 이런 예측불가능한 놀이에 대한 공포를 느낄 때 사람들은 규칙(rule)을 통해 관리하려는 관료제를 선호하게 되고 그것에 포섭된다고 말한다. 여기서 벗어나는 길이 바로 놀이이고, 칼 슈미트적 의미의 법, 규칙을 뛰어넘는 주권의 회복이라고 설명한다.[44]

놀이를 하면서 새로운 규칙을 만들어내는 바로 그 창의력이 관료주의적 사고를 깨뜨린다. 놀이하는 아이는 맹목적으로 규정을 앞세우는 관료의 대척점에 서 있다. 어린아이는 "더 아는 데에만, 자신이 아직 모르는 것을 아는 데에만 전념"[45]하는 존재가 아니라, "주위에 있는 것을 보고, 듣고, 관찰하고, 반복하고, 실수하고, 자신의 오류를 교정하면서 스스로 배우"[46]는 자이기 때문이다. 창의적 행정에게도 이것이 필요하고, 행정법과 행정법학은 그 근거와 한계가 되어주어야 한다. 행정은 입법자가 일반적–

---

41) 데이비드 그레이버, 김영배 옮김, 위의 책, 25쪽.

42) 장하준 지음, 이종태·황해선 옮김, 국가의 역할, 부키, 2006, 134쪽.

43) 니체가 "아무 거리낌이 없는" 어린아이의 정신을 강조한 까닭은 '지배적 도덕'은 바로 '지배계급의 도덕'임을 간파했기 때문이다. 그렇다면 어린아이의 정신만이 그런 '노예 도덕'을 놀이라는 '위반'을 통해 깨뜨릴 수 있을 것이다. 밀 또한 『자유론, 1859』에서 "우월한 계급이 존재하는 곳이라면 어디에서건, 그 나라 도덕의 많은 부분은 그 계급 이익과 계급 우월성의 감정으로부터 도출된다"고 말했다. 존 스튜어트 밀, 김형철 옮김, 자유론, 서광사, 2008, 25쪽.

44) 데이비드 그레이버, 김영배 옮김, 관료제 유토피아, 메디치, 2016, 276쪽 이하. 관료제 유토피아의 원제는 규칙의 유토피아(The utopia of rules)이다.

45) 자크 랑시에르, 양창렬 옮김, 해방된 관객, 현실문화, 2016, 19쪽.

46) 자크 랑시에르, 양창렬 옮김, 위의 책, 18쪽.

추상적으로 규율한 것을 현실에서 구체적으로 실행한다. 그런데 그 실행은 "현재에 발을 딛고 서 있으면서도, 미래 지향적인 적극적 형성작용"이어야 할 때가 많다. 이걸 하려면 당연히 "창의적으로 활동할 수 있고 또한 해야 한다." "현재의 법적 한계와 정부의 지침에 구속되기는 하겠지만", 행정은 "자신이 이니셔티브를 쥐고, 자신의 고유한 상상력에 따라(nach eigenen Vorstellungen) 활동"[47]할 줄도 알아야 한다.

용산참사 11주기였던 2020년 1월 20일, 국토교통부 · 서울시 · 영등포구가 '영등포 쪽방촌 주거환경 개선 및 도시정비를 위한 공공주택사업 추진계획'을 발표했을 때, 정부 주거정책에 오랫동안 비판적인 목소리를 내온 최은영 한국도시연구소 소장조차도 "적극행정이라고 하기에는 무모해 보일 정도의 누군가의 고뇌에 찬 결단으로 이루어진 것이 틀림없는, 나의 상상력 밖에 있는 창의적 해법"이라고 평가했다.[48] 전국의 쪽방촌 중 어느 지역을, 어떤 방식으로 개선하고 정비할 것인가를 결정하는 것은 "법률로부터 자유롭게"(gesetzesfrei) 관료들이 결정할 수 있는 영역이다.[49] 문제는 그들이 이것을 적극적으로 하지 않는다는 점에 있다. 기존의 행정법과 그 해석이 이것을 가로막고 있다면, 그 한계를 새롭게 설정하고 헤쳐나갈 지혜를 행정법학이 제공해야 한다.

이런 말을 하면 통설과 판례는 그건 어린아이 같은 생각이라고 비판할지도 모르겠다. 그러나 어린아이 같은 생각, **"법적 상상력과 공상"**[50]이 새로운 세계를 만들어 낼 수 있다. "실증주의의 극복 이후 우리는 법률에서 말하는 실정적 표현, 그것만이 법의 전부는 아니라는 사실을 알고 있다. 법은 문화현상, 그것도 객관적 문화자산의 일부가 되는 문화현상이다."[51] 전적으로 실정법에만 의존해서는 문화현상으로서의 법을 제대로 해석해낼 수 없다.[52] 가령 "건설부장관이 택지개발예정지구를 지정함에 있어 미리 관계중앙행정기관의 장과 협의를 하라고" 법률에서 정하고 있을 뿐, 그런 협의를 거치지 않은 지구지정의 법적 효력에 관해서는 침묵하고 있을 때, 이 조항을 어떻게 해석해야 할까? 이것을 논리만으로 해결할 수 있을까? 19세기 독일처럼 독임제(獨任制)장관이나 중앙행정기관이 모두 국왕의 손발로 움직였던 '문화'에서라면 해

47) Maurer/Waldhoff, 5쪽(1장 11번).

48) 조문영 엮음, 빈곤의 인류학 연구팀 지음, 동자동, 당신이 살 권리, 글항아리, 2023, 39쪽.

49) Maurer/Waldhoff, 11쪽(1장 27번) 참고.

50) 이계수, "법적 상상력과 공상의 사용법에 대하여 - 마사 누스바움의 『시적 정의』의 경우 - ", 민주법학 제61호, 2016, 135-167쪽.

51) Ernst Forsthoff, *Lehrbuch*, 164쪽.

52) Ernst Forsthoff, *Lehrbuch*, 164-165쪽 참고.

당 협의는 국가내부에서 이루어지는 – 따라서 대외적 효력이 없는 내부법의 문제에 머무르는[53)] – 단순한 자문의 의미 이상이 되기 어려울 것이다.[54)] 반면, 연방국가라고 하더라도 독일과 다른 방식으로 작동하는 미국처럼,[55)] 행정부 내 권한의 상호존중과 권력분립이 상대적으로 강한 문화에서는 다른 해석도 가능할 것이다.

문화현상으로서의 법을 공부할 때는 왜 이 사안은 이렇게, 저 사안은 저렇게 해결되었는가를 때로는 순진하게, 때로는 거리낌없이 물어야 한다. 이런 어린아이의 정신, 기계적 규범과 통념을 감각적으로 거부하며, 자기 안에서 솟아나오는 '오답'을 두려워하지 않는 영혼이 필요하다. 물론 당장에는 이 어린아이 같은 생각이 내놓은 답이 '정답'으로 인정받지 못해 힘들 수도 있다. 그러나 답을 찾기 위해 '실수하고, 자신의 오류를 교정하면서 스스로 배우는 자'는 결국 자기 법학을 완성할 수 있다. 왜냐하면 법학은 훌륭한 풀이과정을 정답보다도 더 중요시하는 학문이기 때문이다.[56)] 게다가 행정법은 법전과 체계 속에 꽉 붙들어 매여 있는 민법, 형법과 달리, "서로 아귀가 안 맞는 무수히 많은 법률들로" 구성되어 있다.[57)] 이런 행정법의 풀이를 상식과 논리에 입각한 이론이성만으로 끝낼 수는 없다. 규범의 '역사적 – 정치적 컨텍스트'를 생각하며 상상력과 공상을 동원할 줄 아는 **실천이성**(praktische Vernunft)이 없으면 행정법의 해석은 공허해질 수 있다.[58)]

가령 법규명령과 행정규칙을 구분하는 기준으로 전통적으로 '법규성'(Rechtssatzcharakter)을 들어왔다. 그런데 이론이성의 관점에서 보면 '왜 도로교통법령은 법규이지만, 공무원의 직무 및 직무 외 행동과 관련한 일반적 지시(명령)는 법규가 아닌지'를 설명하기 어렵다. 만약 이런 구분을 진지하게 받아들인다면 공무원에 대한 직무명령은 법적으로 중요하지 않다고 말해야 할지도 모르겠다. 그런데 '공무원의 직무에 관한 형법규정들'을 생각하면, 당연히 이건 말이 안 된다. 그래서 그와 같은 직무상 지시(직무명령)는 통상의 행정규칙이

53) Ernst Forsthoff, *Lehrbuch*, 208쪽.

54) 대법원 2000. 10. 13. 선고 99두653 판결의 결론도 그러하다.

55) 이에 관해서는 후술한다(2.3.2.).

56) 시험에서 탈락한 사람이 시험결과를 행정소송으로 다툴 수 있는가 하는 문제가 검토될 때("시험법에서의 판단여지"), "적어도 법학시험에서는 원칙적으로 결과가 아니라 수험자가 문제를 과제에 적합하게 다루었으며, 논리적으로 설득력 있는 결론을 도출했는지"가 중요하다. Maurer/Waldhoff, 165쪽(7장 43번).

57) Walter Jellinek, *Verwaltungsrecht,* 153쪽.

58) Ernst Forsthoff, *Lehrbuch,* 132쪽 참고.

법적 의무가 아니라 행정의무만을 그 내용으로 하듯이, 법적 의무가 아니라 직무상의 의무만을 담고 있다는 식으로 설명해보기도 하지만, 켈젠은 이런 식으로 법규범 및 비법규범을 구분하는 통설적 견해는 넌센스 같은 기괴한(grotesk) 결론일 뿐이라고 비판했다. 켈젠의 논리를 순수 이론적 논리로 반박하기는 쉽지 않다. 이를 반박할 수 있는 논리는 결국 위에서 말한 실천이성으로부터 도출해낼 수밖에 없다.[59]

사자의 정신이 개별 사례에서 통설적 해석이 드러내는 논리적 모순을 최대한 깨뜨리려 한다면, 어린아이의 정신은 해석의 프레임 자체를 바꾸려 한다. 나는 이것이 법학의 핵심 개념들인 '소유와 자유'에 대한 완전히 새로운 해석과 연결될 수 있다고 생각한다. 행정법에서부터 이 공고한 부르주아 법학의 핵심성채를 깨어나가보자!

다만, 니체는 정신의 이 세 상태의 변화를 단계적 변화나 순차적 이행으로 생각하지 않았다. 오히려 정신의 그때 그때의 선택이라고 생각했다. 정신 속에는 낙타에 대한 지향과 사자에 대한 지향 그리고 아이에 대한 지향이 늘 공존한다.[60] 법학 공부도 그러하다. 낙타처럼 짐을 지고 인내하는 자세를 언제나 견지해야 한다. 때로는 사자처럼 기존의 가치와 싸워 깨부수는 정신도 필요하다. 또한 어느 순간에는 자본주의적 소유를 둘러싼 통념을 망각하며 "새로운 시작, 놀이"를 해보아야 한다. "모든 신들은 죽었다. 이제 우리는 위버멘쉬가 살기를 바란다."[61] 니체가 그러했듯이 우리는 기존의 권위와 가치관을 통렬하게 비판하고, 천진난만하게 새롭게 시작해야 한다. 공부를 위해 짊어진 짐을 낙타처럼 견뎌낼 수 있다면 감히 도전해볼 만한 일이다. 이 책은 그런 "놀이"의 동반자가 되었으면 한다.

---

59) Ernst Forsthoff, *Lehrbuch,* 132-133쪽.

60) 백승영 번역 주해, 차라투스트라는 이렇게 말했다, 사색의 숲, 2022, 44쪽 각주 43번.

61) 백승영 번역 주해, 위의 책, 161쪽.

1.2. 법령과 판례를 읽는 방법

1.2.1. 법 언어의 세 가지 특징

말은 이렇게 했지만, 사실 막상 행정법교과서를 펼치면 그것을 끝까지 읽어내기가 만만치 않다. 법서를 읽는데 어려움을 겪는 이유는 여럿 있지만 그 중 첫 번째 어려움은 언어와 문장의 난해함에서 온다. 법의 언어 혹은 법률가의 언어는 또한 모호하다. 여기에 하나만 더 보태면 법 언어는 이데올로기적이다. 언어의 이데올로기성을 인식하지 못하면 지배적 견해에 쉽사리 빨려들어간다. 이 난해성, 모호성, 이데올로기성을 법 언어의 세 가지 특징이라고 한다.[62]

첫째, 법의 언어는 어렵다. "어려운 한자어와 일본식 한자어, 어려운 전문용어"[63]가 많아서 그렇기도 하지만, 일상에서 사용하는 의미와는 다르게 단어를 사용하는 경우도 적지 않기 때문이다. 심지어 입법자조차도 헷갈려하는 경우가 있다. 인가와 허가가 그렇다. 이 개념의 해석을 두고는 민법학자와 행정법학 사이에서도 불일치가 있다.[64] 법률, 법령, 법규(Rechtssatz)라는 말도 교과서에 수시로 등장한다. 법률과 법령은 어떻게 다른지 알 것 같은데 법령과 법규를 구분하는 건 초학자(初學者)에게 쉽지 않은 일이다. 이걸 두고 키케로처럼 이렇게 말할 수도 있다. "법률가들은 간혹 단일한 지식에 근거한 내용을 한정 없이 세분하는 버릇이 있다네. 그것은 사람을 혼란에 빠뜨리려는 의도일수도 있는데, 그렇게 함으로써 자기들이 좀더 많은 것을 알고 있고 또 좀더 어려운 것을 알고 있는 것처럼 보이려는 것이겠지."[65] 그러나 법학과 법실무에서 개념의 구분은 대부분 '투쟁'(Kampf)와 연결되어 있다. 그것이 권리 혹은 지위를 위한 투쟁이든, 분배를 위한 투쟁이든, 아니면 이데올로기적 투쟁이든 말이다. 법학자들은 이런 현실을 애써 '실익'이라는 무미건조한 단어 하나로 퉁치려 하겠지만 말이다.

"법규" 개념은 입헌군주제 하에서 처음 등장했지만, 이후 헌정사가 변화하면서 그 의미도 달라졌기에, 그것을 이해하는 일이 쉽지 않다. **법규**는 통상 다음의 네 가지

62) Uwe Wesel, 앞의 책, 13쪽.

63) 법제처, 알기 쉬운 법령용어 정비기준, 제3판, 2009, 13쪽.

64) 이원우, "허가·특허·예외적 승인의 법적 성질 및 구별", 행정작용법(김동희교수정년기념논문집), 박영사, 2005, 121쪽 각주 3번.

65) 키케로, 성염 옮김, 법률론, 한길사, 2021, 162쪽.

중 하나의 의미로 사용되어 왔다. ① 법규범 그 자체, ② 법규범(Recht)의 내용이 명제, 즉 문장(Satz)의 형태로 표현된 것(Rechtssatz), ③ 성문법상의 여러 규정(Schrift), ④ 국민의 권리를 제한하거나 국민에게 의무를 부과하는 것을 내용으로 하는 법규범이 그것이다.[66] 이 중 행정법 교과서에 가장 빈번히 그리고 중요하게 등장하는 것이 ④이다. 법규를 이런 의미로 사용하기 시작한 것은 100년도 더 되었다. 19세기 말에 안쉬츠(Anschütz)가 이렇게 정리한 이래,[67] 법규개념은 '자유와 재산에 대한 모든 침해'를 포착하여, 이에 대한 규율을 오로지 의회입법자의 관할사항으로 만들기 위한 '목적의식적 창조물'(Zweckschöpfung)의 역할을 '훌륭히' 감당해왔다(이른바 **법률의 법규창조력**).[68] 행정입법 중 국민에게 권리를 제한하거나 국민에게 의무를 부과하는 것, 즉 대외적 구속력 있는 법규범을 '법규'명령이라고 보는 견해가 지금도 행정법교과서의 주류적 해석으로 자리하고 있다. 그러나 ④번 법규개념이 19세기 특수독일적, 시간적·사회적 상황 하에서 형성된 이상, 이후 헌정질서의 변화와 함께 법규개념이 ①②③ 등으로 변화한 것도 충분히 예상가능한 일이었다.

이런 의문도 든다. '법앞의 평등'과 '법률앞의 평등'의 차이를 인식하는 것이 그렇게 중요한가? 헌법에 등장하는 "법률로"와 "법률로써"라는 표현의 차이는 무엇인가?[69] 또한 (입법) 재량과 (입법자의) 형성의 자유(Gestaltungsfreiheit)는 같은 말인가, 다른 말인가? '행정부와 집행부'(독일 기본법 제1조 제3항 참조)는 또 어떤가?[70] **구체적, 추상적,**

---

66) 김철용, 2024, 74쪽.

67) Gerhard Anschütz, *Die gegenwärtigen Theorien über den Begriff der gesetzgebenden Gewalt und den Umfang des königlichen Verordnungsrechts nach preußischem Staatsrecht,* 2. Aufl., 1901, Neudruck 1971, 169쪽 이하.

68) Ernst Forsthoff, *Lehrbuch,* 133쪽.

69) 현행 헌법은 다수의 조문에서 "**법률로** 정한다"고 하고 있지만, 딱 세 군데에서 "법률로써 보호한다"(제22조 2항), "법률로써 하되"(제23조 제3항), "**법률로써** 제한할 수 있으며"(제37조 제2항)라고 하고 있다. 이 중에서 제23조는 제1항에서 "그 내용과 한계는 법률로 정한다."고 하여, "법률로"와 "법률로써"를 구분해서 사용한다. 이 세 개의 조문 중 제일 중요한 것은 제37조 제2항이다. '법률로써'는 '(직접) 법률로+법률에 근거하여'라는 의미이다. 그러므로 기본권을 "법률로써 제한"한다는 말은 법률에 의하여, 그리고 법률에 근거하여 제한한다는 뜻이다. 황동혁, "헌법 제37조 제2항의 '법률로써'의 의미", 지방자치법연구 제20권 3호, 2020, 119쪽도 같은 취지이다. "법률로써" 및 제37조 제2항의 의의에 관한 저자의 해석은 제8장 더공부해보기/생각해보기/토론하기 2번을 참고할 것.

70) 정부(Regierung)와 행정(Verwaltung)을 합친 개념이 집행이라고 보면 무난하다. 다만, 독일 기본법 제1조 제3항이 행정부에서 집행부로 바뀐 계기는 1955년 독일의 재무장화, 즉 군대도입이었다. 그러므로 집행부는 행정부 더하기 군대의 의미이기도 하다.

개별적, **일반적**, **주관적**, **객관적**이라는 용어도 마찬가지다. 법에서 추상적이라는 표현을 쓸 때 그것은 일상의 의미와는 사뭇 다르다. 독일어 abstrakt의 어원은 라틴어 abstrahere이다. 이 말은 풀어내다, 떼내다, 분리하다는 뜻이다. 독일 민법에는 '추상성의 원칙'(das Abstraktionsprinzip)이라는 게 있다(제929조). 소유권의 취득은 매매계약의 효력이나 매매대금의 지급과는 무관하다. 이 독일법의 논리는 물권행위의 독자성을 긍정하고 그 추상성도 긍정하는 형식주의로 귀결되는데 이로써 거래의 안전을 도모하려고 한다. 이 추상성의 원칙이라는 게 우리 민법상 물권행위의 무인성(無因性) 이론에 해당한다. 법에서 추상 혹은 추상적이라는 말은 이런 것이다. '어떤 구체적이고 특정한 사안과 분리되어 있다.' 이런 의미로 추상적 규율, 추상적 위험, 추상적 규범통제 같은 개념을 이해하면 된다. 그냥 쉽게 말해 추상적이란 특정한 사안이 아니라는 뜻이다.

"대통령은 법률에서 구체적으로 범위를 정하여 위임받은 사항에 관하여 대통령령을 발할 수 있다"(헌법 제75조)는 법조문도 있다. 경찰이 어떠한 경찰작용(처분 등)을 하기 위해서는 구체적 위험이 존재해야 한다. 구체적 위험이란 구체적인, 즉 시간과 장소에 따라서 확정된 또는 확정될 수 있는 상황으로부터 성립하는 위험을 말한다.[71] 반면 추상적 위험은 특정한 행위 혹은 상태를 일반적으로 고찰했을 때 손해가 발생할 충분한 개연성이 있다는 결론에 도달하게 되는 경우에 존재한다.[72] 추상적 위험을 방지하기 위한 수단은 일반적·추상적 조치, 즉 법규명령의 제정이다.[73]

개별적 혹은 개인적이라는 용어도 (행정)법에서는 특정의 사람, 특정 가능한 사람을 뜻하는 말로 사용한다. 이기적 환경소송이라는 표현도 있는데, 이때 이기적이라는 말을 도덕적으로 이해할 것이 아니라 '자기 권리와 이익의 침해를 방어하기 위하여'라는 정도의 의미로 받아들여야 한다. 일반적이라는 말도 불특정 다수의 사람 모두를 의미하는 용어로 이해하면 된다.

국가배상법 파트를 공부하다보면 과실의 객관화 혹은 "과실관념의 객관화"[74]와 같은 설명도 나오는데, 여기서 객관이라는 말은 어떤 의미로 사용된 것일까? 가령 레옹 뒤기는 이렇게 말한다. "사람들은 가끔 '주관적' 책임을 대체하는 '객관적 책임'에 대

---

71) 서정범, "제3편 경찰행정법", 김철용 편, 특별행정법, 박영사, 2022, 310쪽.

72) 서정범, 위의 글, 309쪽.

73) Dieter Kugelmann, 서정범/박병욱 옮김, 독일경찰법, 세창출판사, 2015, 149쪽.

74) 헌법재판소 2020. 3. 26. 선고 2016헌바55 등(병합) 결정.

하여 이야기한다. 나는 책임에 대해 객관적·주관적이라고 표현하는 것을 그다지 좋아하지 않는다. 나 자신이 자주 이런 형용사를 꽤 자주 사용하지만, 바로 그래서 이 표현이 남용되지 않기를 바라는 것이다. (…) 객관적 책임은 권리침해에 근거한 책임이 아니라 위험에 근거한 책임이다."[75] 그렇다면 이것은 주관적인 과실 여부를 따지지 않고 객관적으로 위험하면 책임을 질 수 있다는 의미로 해석할 수 있다.[76]

주관적(권리), 객관적(법)이라는 말의 의미와 용법도 처음에는 생소할 수밖에 없다.[77] 이런 것을 그냥 넘어가지 말고 정확하게 알아야 한다. 법 언어의 특수성을 잘 간파하고, 처음 나온 용어나 개념이 있으면 그것이 행정법에서는 어떤 의미로 사용되는지를 먼저 이해하려고 노력할 필요가 있다.

둘째, 법의 언어는 모호하다. 특히 실정 행정법령에는 상황에 따라 각각 다르게 해석·결정될 수 있는 고무줄 같은 표현들이 많다. 모호한 표현은 행정법령의 특색이라고까지 말해도 좋다. '법령'의 모호성은 법집행자의 자의적인 판단을 낳을 수 있어 견제되어야 하지만, 행정의 임기응변성을 보장하기 위해 불가피한 면도 있다. 법령을 최대한 자세하게 규정함으로써 불확정개념이나 재량을 줄여나가야 하지만, 행정이 담당하는 기능의 성격상 행정청의 판단권을 존중해주어야 할 사안도 적지 않으므로 모호성이라는 징표를 완전히 없애기는 쉽지 않다. 자세한 얘기는 재량과 불확정개념 파트에서 더 해보기로 하자.

셋째, 법언어는 이데올로기적이다. 이데올로기로서의 법언어는 계급사회의 기반이 되는 (행정)법의 착취적 성격을 은폐하는 기능을 하지만, 그것만이 다는 아니다. 법언어들이 수행하는 기능에서 확인할 수 있듯, 그것들은 구체적 현실을 규율하는 힘도 갖는다.[78] 일제강점기하 제국주의국가 일본이 자행한 전쟁책임을 보상이 아니라 배상으로 접근해야 한다는 주장[79]이 보여주듯이 '정확한' 법률용어의 선택은 단지

---

75) 레옹 뒤기, 이광윤 옮김, 일반 공법학 강의, 민음사, 1995, 255쪽(번역은 필자가 수정).

76) 포르스토프의 국가책임법론도 이 위험책임(die Gefährdungshaftung)을 주된 기둥으로 한다. Ernst Forsthoff, *Lehrbuch*, 359쪽 이하.

77) 주관적 권리, 객관적 법의 의미는 뒤에서 다시 자세하게 설명하겠다. 제6장을 볼 것. 특히 생각해보기/토론하기 2번의 설명을 참고할 것.

78) 법언어의 이데올로기성은 알튀세르가 말한 '이데올로기적 국가장치'(ISA) 개념과 연결된다.

79) 배상과 보상은 때로는 그 명확한 구분이 쉽지 않을 때가 있다. 예컨대 형사배상청구권이 아니고 왜 형사보상청구권이어야 하는가? 형사보상청구권의 기원(起源) 및 그에 대한 평가는 23.1.3.의 설명을 참고할 것.

개념의 형식적 엄밀성만을 위한 것이 아니라 법률의 실체적 내용과 연결되어 있다. 가령 「성폭력범죄의처벌등에관한특례법」 등에서 사용되고 있는 "성적 수치심"이라는 표현을 "성적 불쾌감"으로 바꾸는 일은 왜 그리 어려운가? 반대론자들은 이렇게 개정하면 처벌 범위가 지나치게 확장될 수 있다고 지적한다. 반대론자들의 논거는 '피해자다움'을 강조해온 한국 사회의 성이데올로기와 무관하지 않지만, 동시에 처벌범위 확정이라는 실익과 연결되어 있다. 법언어의 이런 특성은 행정법의 개념도구(Begriffsapparat)에서 '상대적으로' 더 두드러진다. 2021. 1. 12일자로 「지방자치법」이 전면개정되었을 때(법률 제17893호), 동법 제9장의 표제어가 "국가의 지도·감독"에서 "국가와 지방지방자치단체 간의 관계"로 바뀌었다. 지도·감독과 구별해야 할 관계의 의미를 궁극적으로 해명해내는 것은 문리적 혹은 "논리적, 역사적" 해석이 아니다. 국가와 지방자치단체의 관계를 새롭게 설정하려는 '목적'의 해석이 여기서는 결정적이다.[80] 그래서, 국가와 지방자치단체 간의 새로운 '목적적－실천적' 관계가 이 한 '단어'("관계")를 통해 이데올로기적으로 표현되고 있다고 설명하는 것도 가능하다.

행정법의 이론과 실무가 중요하게 사용하는 개념 중에 침익행정(Eingriffsverwaltung) 혹은 '침익적 행정처분'이라는 것이 있다. 그런데 이 개념과 구분하여 불이익 행정행위라는 말을 쓰는 경우가 있다. 양자는 이른바 거부행위를 어떻게 평가할 것인가에서 견해가 갈린다. 전자는 **침해**란 '현상태를 지금보다 더 나빠지는 쪽으로 변화시키는 것'(Umwandlung eines Status quo in einen Status quo minus)만을 의미한다고 보므로 거부행위는 이에 포함되지 않는다고 본다. 반면 후자는 새로운 권리·이익의 부여를 거부하는 것도 '넓게 보아 침해', 정확히는 **불이익**이라고 본다.[81] 양자의 구분은 예컨대 「행정절차법」 제21조 제1항의 해석에도 영향을 주지만, 권리·이익 혹은 급부의 거부를 어떻게 평가할 것인가 하는 문제와도 연결되어 있다. 독일에서도 연방행정절차법 제28조의 청문(Anhörung)이 실시되어야 할 행정행위의 범위를 둘러싸고 논쟁이 있다. 동조 제1항은 "참가인의 권리를 침해하는 행정행위가 발령되기 전에(Bevor ein Verwaltungsakt erlassen wird, der in Rechte eines Beteiligten eingreift), 그 참가인에게는 결정에 중요한 의미가 있는 사실에 관하여 의견을 표시할 기회가 주어져야 한다"고 규정한다. 이 조항에 등장하는 "eingreifen"을 독일 연방행정법원은 '현상태를 지

80) 포르스토프는 논리적 혹은 역사적 해석을 깨뜨리는, 행정법의 목적론적 해석을 사례를 통해 설명한다. Ernst Forsthoff, *Lehrbuch*, 159쪽.

81) 김철용, 2024, 51-52쪽 참고.

금보다 더 나빠지는 쪽으로 변화시키는' 행정행위로 한정하지만, 학설은 이에 대해 비판적이다.[82] 비법률가들은 잘 구별하기 어려운 '침익'과 '불이익' 개념에도 이런 차이가 숨어 있다. '실무적으로 침익과 불이익의 구별이 사실상 쉽지 않음에도 불구하고',[83] 침익행정을 굳이 좁게 이해하여 거부행위는 침익적 행정행위가 아니라고 보는 견해는, 이념적으로, 급부행정을 행정의 자유로운 판단에 맡기는 포르스토프류의 행정법학을 계승한다. 반면, 어떤 식으로든 침해의 개념을 넓혀보려는 시도는 자유주의 행정법(학)의 강화를 추구한다.

이처럼 법의 언어 혹은 법학의 언어는 '특정' 이념을 담고 있지만, 법령과 교과서들은 그것을 곧이 곧대로 드러내지 않는다. 오히려 법의 계급성과 정치성을 분식(粉飾)하며 법의 기술성과 중립성을 가장한다. 핵발전소(nuclear power plant; Kernkraftwerk)를 원자력발전소라 명명하고, 핵폐기물이 아니라 "방사성폐기물"(「방사성폐기물관리법」)이라 바꿔 부르고, 원자로의 수명연장을 "계속운전"(「원자력안전법」 제23조)이라고 표현하는 것은 (자본주의 국가의) 입법자들이 핵에 대한 사람들의 공포와 부정적 인식을 숨기면서, '핵발전'을 계속하려는 의도를 갖고 있기 때문이다. "강제퇴거 대상에 해당된다고 의심할 만한 상당한 이유가 있는 사람"(「출입국관리법」 제2조 제11호)을 사실상 무기한 구금하는, 위헌적인 구금시설을 '외국인보호소'라고 명명하는 것은 보호라는 중립적 용어로 구금이라는 실체를 숨길 뿐만 아니라, 이를 통해 외국인통제도 행정편의적으로 하겠다는 물질적(실질적) 이해를 갖고 있다.[84] "재정건전성"이라는 개념은 또 어떤가?[85] 법관법 혹은 판사법(Richterrecht)을 판례법이라고 표현하는 것도 법관에 의한 법 창조의 본질을 감추면서, 법관의 지배를 '보편적 현상'으로 정당화하려는 의도와 연결된다.

또다른 예를 보자. 1794년의 프로이센 일반란트법 제2장 제17절 제10조는 "공공

---

82) Maurer/Waldhoff, 544-545쪽(19장 28번), Sodan/Ziekow, *Grundkurs*, 564쪽(72장 18번).

83) Maurer/Waldhoff, 544쪽(19장 28번).

84) 3개월마다 수용기한을 제한없이 연장할 수 있게 한 「출입국관리법」 제63조 제1항은 헌법재판소에 의해 헌법불합치결정을 받았다. 헌법재판소 2023. 3. 23. 선고 2020헌가1, 2021헌가10(병합) 결정. 2025. 2. 28자로 개정된 「출입국관리법」은 구금기간은 최대 20개월로 줄였지만, 헌법재판소가 지적한 동법의 반인권적 요소들, 즉, 영장 등의 사법적 심사나 통제장치가 전혀 없이 담당 행정기관의 자의적인 결정으로 인신구속이 이루어지고, 그에 따라 감옥보다 환경이 더 열악할 뿐 아니라 새우꺾기 등 온갖 인권침해가 벌어지는 상황은 여전히 방치하고 있다.

85) 이진수/김재훈/최승필/임현, 재정건전성의 법적 개념과 기준, 한국법제연구원, 2020.

의 정온(靜穩), 안녕과 질서의 유지를 위하여 그리고 일반공중이나 개별 구성원에게 동일하게 임박한 위험의 방지를 위하여 필요한 조치를 취하는 것이 경찰의 직무이다"라고 규정하였다. 이른바 경찰법상의 **개괄수권조항**이다. 이 중 공공의 안녕과 질서가 무엇인지는 대체로 알고 있다. 그러나 공공의 정온이란 무엇일까? 독일어로는 Die öffentliche Ruhe이다. Ruhe는 우리말로 고요, 정온(평온), 안정이다. 그냥 쉬운 말로 시끄럽지 않은 상태다. 이것은 결국 '지배자'의 시선에서 보았을 때 정치적으로 시끄럽지 않다는 의미여서 민주주의 시대에는 맞지 않는 개념이다. 공공의 정온 외에도 국내적 정온(innere Ruhe), 일반의 정온(allgemeine Ruhe) 등 정온이라는 단어가 프로이센 일반란트법의 여러 곳에서 등장한다. 특히 §13 II 13 ALR은 "국가 내의 존립 중인 모든 사회와 공공의 영조물은 일반의 정온, 안전, 질서를 목적으로 하는 영방군주의 감독에 복종한다"고 규정하는데, 정온이 결국 군주 등 지배자의 관점에서 이해되고 있음을 알 수 있다. 경찰법상 개괄수권조항에서 "공공의 정온"이라는 단어가 삭제된 것은 이러한 이데올로기적 배경이 있다. 그러므로 우리는 "공공의 정온"이라는 말이 불온(不穩)한 세력을 제거하려는 국가주의 이데올로기를 그 안에 품고 있음을 간파해낼 수 있어야 하고, 그런 이데올로기들이 관헌주의적 경찰법을 강화했다는 사실을 잊지말아야 한다.

이상 법 언어의 세 가지 특징을 간략히 살펴보았는데, 행정법교과서를 읽을 때는 물론이고 법령을 독해할 때에도 항상 염두에 두어야 할 내용이다.

1.2.2. 행정법령을 읽는 법

행정법 교과서를 읽고, 판례를 이해하며, 법해석론(법교의학, 도그마틱[86])을 공부하는 궁극적 목표는 행정법령을 해석하고 적용하는 능력을 키우는 데 있다. 나는 "행정법령을 읽는 법 - 폐기물관리법을 소재로"라는 논문에서 행정법령을 체계적으로 읽는 방법을 익혀야 한다고 주장한 바 있다.[87] 판례의 중요성이 커지면서 행정법에

---

86) 도그마틱은 원래 기독교의 교의학(教義學)을 의미하는 단어였다. 교의학이란 어떤 종교의 교의에 관한 학문을 말한다. 예컨대 기독교의 신론(神論)에서는 삼위일체가 교의이다. 기독교에서 신에 관한 해석은 이 삼위일체를 당연한 전제로 해서 전개해야 한다. 법학에서 교의학의 역할도 마찬가지이다. 예컨대 민주주의 국가에서 주권론은 국민주권이 교의이다. 헌법해석은 이 주민주권을 당연한 전제로 해서 전개해야 한다.

87) 이계수, "행정법령을 읽는 법 - 폐기물관리법을 소재로", 민주법학 제47호, 2011, 245-290쪽.

서도 행정판례 위주의 공부가 지배적이 되었다. 연구도 마찬가지다. 그러나 통용되는 실정법령의 90%가 행정법령인 현실에서 행정법령의 구조(논리적 구성)를 이해하고 해명하는 것은 행정법 공부와 연구에서 아주 중요하다. 이 교재를 본격적으로 읽기 전에 위의 논문을 먼저 일독해볼 것을 권한다.

행정법령의 명칭(법명)이 만들어지는 방식, 그 법명이 드러내는 사회사적 측면 - 예컨대 구「주택건설촉진법」처럼 개발주의 시대에 만들어졌던 '촉진'이라는 이름을 달고 등장한 법률들 - 과 **총칙 - 실체규정 - 보칙 - 벌칙 - 부칙**으로 이어지는 행정법령의 구조를 이해한다면 행정법 공부가 훨씬 더 입체적으로 될 것이다.

① 총칙규정과 관련해서는 목적규정, 정의규정, 책무규정의 의의와 기능을 각각 구분해서 볼 수 있어야 한다. 목적규정이나 정의규정이 별로 중요하지 않을 것처럼 보이지만, 재량조항을 해석하는 데 목적규정이 중요하고, 정의규정은 해당 법령의 범위를 확정하는 역할도 한다. 예컨대 폐기물의 정의에 따라 폐기물관리법의 규율대상이 정해진다.

② 실체규정은 법령의 목적을 달성하기 위한 규제·유도·급부 등 여러 법적 수단을 규율하고 있는 부분이다. 법령의 구조 중에서 가장 핵심적인 부분이다.[88] 시민의 자유와 그 자유를 규제하는 인허가,[89] 허가업자가 법률 규정에 반하는 행위를 한 경우 영업의 취소나 정지, 허가 취소나 정지시 사용하는 기준에 해당하는 대통령·부령 그리고 고시 등을 수권하는 규정도 실체규정 파트에 있다.

실체규정에 등장하는 개념이 행정법 교과서의 어떤 개념, 제도와 연결되는지를 찾아낼 수 있어야 한다. 법령에 등장하는 용어는 강학상의 개념·용어와 반드시 일치하지는 않기 때문이다. 예컨대 허가라는 교과서의 개념은 실정법령에 전부 허가로 표기되어 있지는 않다. 실정법령은 강학상의 허가를 면허·인허·승인·등록이라는 용어로 표현하거나 반대로 강학상의 특허를 허가·인가·면허 등의 용어로 표현하기도 한다. 따라서 법령을 읽을 때는 그 용어의 정확한 의미를 파악할 수 있어야 한다. 실체규정을 읽을 때에는 이 밖에도 유의해야 할 점이 몇 가지 더 있다.

---

88) 大島稔彦(編著), 法令起案マニュアル, ぎょうせい, 2004, 205, 226, 242-243쪽.

89) 법률이 질서유지나 공공복리 증진을 위하여 특정한 영업·사업·업무 그 밖의 행위를 하고자 하는 경우에 받도록 하고 있는 허가·면허·지정·인가·등록 등을 실무에서는 통칭하여 인허가라고 한다.「행정기본법」제16조는 영업 또는 사업 등과 관련된 "인가, 허가, 지정, 승인, 영업등록, 신고수리 등"을 인허가로 약칭한다. 김철용, 2024, 250쪽.

첫째, 실체규정에는 허가, 특허, 인가, 행정행위의 부관 등 행정법 도그마틱에서 중요한 제도들이 다수 등장하지만, 처음 법령의 규정을 읽을 때에는 가급적 그러한 도그마틱적 요소들에 얽매이지 말고, 자신의 상식에 입각하여 법문을 읽기를 권하고 싶다. 사회문제에 대한 법적 해석에서 법률가들이 하는 가장 중요한 작업은 그 문제를 기존의 익숙한 도그마틱에 짜 맞추어 넣는 일이다. 이것이 법학 내의 지배적 사고방식이다. 새로운 사안이나 사건이어도 그것을 재단(裁斷)하는 것은 기존의 틀이다.[90]

마찬가지 사태가 법령읽기에서도 나타날 수 있다. 법률가들은 끊임없이 기존의 도그마틱에 입각하여 법령을 읽으려 한다. 그것이 법령을 체계적·효율적으로 읽는 길일 수는 있다. 그러나 이렇게 독해하다보면 법령에 포함되어 있지만, 해석학적으로 규명되어 있지 않는 제도나 규정들은 간과되기 쉽다. 입법자가 혹은 법안을 입안한 자가 궁리하여 집어넣은 조문들도 놓치기 쉽다. 하나의 예만 들어보겠다. 지방자치법 제28조 제1항은 헌법 제117조 제1항을 받아 조례제정권의 범위를 규정한다. 그에 따르면 "지방자치단체는 법령의 범위에서 그 사무에 관하여 조례를 제정할 수 있다. 다만, 주민의 권리 제한 또는 의무 부과에 관한 사항이나 벌칙을 정할 때에는 법률의 위임이 있어야 한다."[91] 다수설은 이 단서를 어떻게든 합헌으로 해석하려고 조례의 자주입법적 측면은 애써 눈감고 법률의 유보에 관한 기존의 도그마틱적 사고(침해유보설)를 그대로 전제하고 논리를 전개한다.[92] 이런 해석에 쉽게 묻어가지 않으려면 자신의 눈으로 법령의 조문을 읽어낼 수 있어야 한다.

둘째, 2차원의 종이 위에 적혀있는 법령 조문들을 3차원의 입체적인 현실로 치환하여 읽어내는 노력을 기울여야 한다. 구체적으로 허가 신청자 등 법령에 나타나는 당사자는 물론 법령에 나타나 있지 않은 인근주민 등의 제3자의 시각에서 당해 조문을 읽어야 한다. 법령의 조문들은 행정법의 행위자라는 주체를 지극히 형식적으로 규율하고 있다. 법령에서 행위자는 허가 등을 하는 행정청과 허가를 신청하는 상대방으로 한정되어 있는 경우가 많다. 행정청과 행정처분의 상대방 간의 양자관계(이면관계)가 아니라 그 외의 시민 등도 포함한 **삼자관계**(삼면관계)가 **현대 행정법 관계의 기본**이라는 사실을 염두에 둔다면, 법령을 읽을 때에도 그 삼자관계를 머리에 그릴 수 있어야 한다.

---

90) Klaus Bosselmann, "Wendezeit im Umweltrecht", *Kritische Justiz*, 1985, 346쪽.

91) "법령의 범위에서"는 지방자치법이 전면 개정되기(2022. 12. 1.)전까지 "법령의 범위안에서"로 되어 있었다.

92) 위헌설로는 김남진, "조례제정권의 범위", 고시연구 1997년 9월호, 20쪽; 박윤흔, 최신행정법강의(하), 박영사, 2004, 130쪽.

셋째, 실체규정의 해석을 둘러싼 이념적 대립을 항상 의식해야 한다. 행정법령의 실체규정에서 가장 중심적인 수법은 규제이다. 행정법은 규제법이 '8할'이다. 그런데 규제를 받는 이들은 국가의 개입·규제가 헌법에 보장된 기업(가)의 자유, 건축의 자유와 대립관계에 있다고 본다. 행정법령을 자유주의적으로 해석하고자 하는 이들은 그 대립관계를 가급적 기업의 편에 서서 해소하려고 한다. 이러한 해석에 동의하지 않는다면 실체규정의 해석을 통해 규제를 강화하는 쪽으로의 법령해석방안을 체계적으로 모색해야 할 것이다. 예컨대 허가를 자유의 회복이 아니라 "사권의 행사에 대하여 법 목적 실현의 관점에서 공익성을 부여하는 행위"[93]로 이해하는 것 같은 것이다.

③ 보칙규정은 통상 벌칙규정 바로 앞에 배치되어 있다. 보칙규정은 해당 법령에 공통된 절차적·부수적 규정을 담고 있다. 구체적으로는 행정조사(보고징수, 출입검사 등), 행정절차(청문, 공청회) 및 불복신청에 관한 사항(행정심판, 행정소송), 손실보상, 수수료, 하위법령에의 위임, 권한의 위임·위탁, 적용제외 규정 등이 있다. 보칙규정에 어떠한 규정을 둘 것인가는 정해진 룰이 없다. 대체로 해당규정이 법령 전체에 통용되는 원칙 또는 기본적인 사항에 관한 것일 때에는 총칙편에 두지만, 법령의 본체를 이루는 실체적 규정에 부수하는 절차적인 사항 및 그 밖의 부수적인 내용은 보칙편에 두는 것이 일반적이다.[94]

④ 벌칙규정에는 말 그대로 벌칙이 규정되어 있다. 행정법령에 규정되어 있는 벌칙은 행정벌(행정형벌과 행정질서벌)이다. 행정벌과 형사벌의 구별은 상대적이지만, 양자는 그 규정방식에서 차이를 보이기도 한다. 형사벌은 벌칙규정 중에 구성요건과 그것에 대한 벌칙을 완결된 형태로 규정한다. 반면, 행정벌은 실체규정 중에 의무를 부과하는 규정을 두고, 벌칙규정에 실체규정 위반행위를 처벌하는 식으로 규정한다.[95] 의무를 부과하고 그 의무 불이행에 대해 대응하는 방법에 벌칙규정만 있는 것은 아니다. 행정의 의무이행 확보수단에는 행정벌 외에도 행정상 강제집행과 위반사실의 공표, 과징금 등 새로운 방식의 의무이행확보수단이 있다. 이 중 행정법령의 입법실태에서 가장 쉽게 선택되는 것이 행정형벌이라는 점은 앞에서도 지적했다.

⑤ 부칙규정은 법령 시행의 시기나 그 법령의 시행에 따르는 과도적 조치인 경과조치 그리고 다른 법령의 개정·폐지 등에 관한 사항을 규정하는 부분이다.[96] 부칙

93) 北村喜宣, 現代環境法の諸相, 放送大学教育振興会, 2009, 154쪽.

94) 大島稔彦(編著), 앞의 책, 205-206쪽.

95) 大島稔彦(編著), 위의 책, 224쪽.

96) 국회법제실, 입법이론과 법제실무, 국회사무처, 2008, 1137쪽.

규정과 관련하여 행정법상 주로 문제가 되는 것은 경과조치부분이다. 즉, 경과조치를 어떤 경우에 두어야 하며, 경과조치를 두지 않은 경우, 그것이 신뢰보호원칙에 위반되는지 여부가 종종 다투어진다. 경과조치를 두어 개정법령의 시행시점을 조정할 것인지 여부는 입법재량에 속하는데, 최근 대법원은 그러한 재량을 제한하는 판단을 잇달아 내놓고 있다. "법령의 시행시기와 관련한 사법권 간섭의 여지"[97]가 그만큼 확대되고 있다는 평가가 가능하다.

1.2.3. 판결문을 비판적으로 읽는 법

법령 얘기를 했으니 판결문 - 법령용어는 판결서이지만 보통 '판결문'이라는 표현을 더 많이 사용하므로 이하에서도 판결문이라고 한다 - 의 구조 혹은 양식과 판결문을 비판적으로 읽는 법에 관해서도 한마디 안 할 수 없다. 사실 한마디가 아니라 더많은 지면과 시간을 들여 이 주제에 집중해야 한다. 왜냐하면 판결을 비판적으로 읽는 일은 단순한 판례평석을 의미하는 것이 아니기 때문이다. 그러나 로스쿨 체제 하에서 법원과 판결이 법적 권위의 가장 높은 지위에까지 올라서면서 법학공부는 오로지 판결문을 분석하고 이해하고 외우는 일로 전락하고 있다. 이 상황을 타개하고 **법의 생산**(legal production)에서 전통적으로 법과대학이 누려왔던 힘과 권위를 되찾으려면 어떻게 해야 할 것인가? 법학자라면 누구나 고민해야 할 주제라고 생각한다. 그러나 여기서는 이 정도 지적만 해두겠다.

판결문의 구성 방식은 나라마다 다르고, 또한 사건의 종류에 따라서도 다르다. 여기에도 프랑스, 독일 등의 대륙계와 미국계의 차이가 존재한다.[98] 판결문의 구조를 아는 것은 판결문의 이해에 도움이 된다. 우리의 경우에는 법률이 판결문의 최소 기재사항을 정하고 있다. 민사사건의 경우 민사소송법 제208조 제1항에서 당사자와 법정대리인, 주문, 청구의 취지 및 상소의 취지, 이유, 변론종결일, 법원을 기재하도록 규정하고 있다. 또한 판결문의 대부분을 차지하는 이유는 일반적으로 기초사실, 당사자의 주장, 판단의 순서로 작성된다. 이러한 작성방식은 행정소송에도 준용된다(행정소송법 제8조 제2항).[99]

판결문의 핵심은 주문이고, 판결 주문에만 기판력이 생기므로 이에 대해서는 이유

---

97) '대법원 2006. 11. 16. 선고, 2003두12899 전원합의체 판결'의 반대의견에 대한 김용담 대법관의 보충의견.

98) 자세한 것은 오세혁, "판결서의 구조와 양식에 관한 비교법적 고찰", 비교사법 제46호, 2009, 631-675쪽.

99) 오세혁, 위의 논문, 644쪽 참고.

를 붙여 설명해야 한다. 이유는 통상 확정된 사실, 절차의 경과, 당사자의 주장을 포함한 사실의 진술로 시작하여 사실에 대한 법적 평가로 이어진다. 그 평가에서는 소송요건에 대한 판단, 즉 소를 수리할 수 있는지 여부에 대한 심사를 먼저하고, 이어서 본안판단, 즉 소가 이유가 있는지 없는지 여부를 심사한다.[100] 판결문은 관여한 법관의 서명으로 끝난다.

판결문 중에서도 대법원 전원합의체 판결문 혹은 헌법재판소 전원재판부 결정문은 개별 대법관이나 재판관의 소수의견을 달아 함께 공개된다.[101] 판결문에 소수의견을 담는 것은 매우 중요한 의미가 있다. J. S. 밀은 **『자유론』** 제2장에서 소수의견을 억압하지 말아야 할 이유를 크게 세 가지로 설명한다. ① 그 의견이 사실은 진리일지도 모른다.[102] ② 그 의견이 오류라고 하더라도, 반대의견 없는 다수의견은 '도그마화할'(독단적일 될) 위험이 있다.[103] ③ 어떤 의견이 완전히 옳거나 혹은 완전히 그르거나 하는 일은 드물고, 어떤 의견이든 부분적으로 옳고 부분적으로 그른 경우가 많다.[104] 법원의 판결에 대해서도 동일한 얘기를 할 수 있다. 지금의 '정답'이 언제까지나 정답일 수는 없다. 만일 그것을 고집한다면 다수의견은 언제든 도그마(Dogma)로 변질될 수 있다. 반대의견은 다수의견으로 하여금 늘 스스로의 판단을 성찰하게 만드는 계기를 제공한다. 그리고 이러한 성찰은 소수의견이 공개되었을 때 더욱더 효과적으로 이루어질 수 있다.[105]

100) Ekkehart Stein, *Verfassungsrecht,* 469쪽.

101) 대법원은 1년에 12건 정도의 전원합의체 판결을 내리지만, 헌법재판소는 전원재판부에서 대부분의 사건을 처리한다. 2005년 11월부터 2011년 11월까지 6년간 대법관으로 일했던 박시환은 그의 경험을 기초로 대법원 상고사건이 어떻게 처리되고 있는지를 세밀하게 묘사한다. 특히 전원합의체 회부 이후의 합의와 평결, 판결문 작성을 구체적으로 설명하고 있다. 박시환, "대법원 상고사건 처리의 실제 모습과 문제점", 민주법학 제62호, 2016, 289-329쪽.

102) 존 스튜어트 밀, 김형철 옮김, 자유론, 43쪽 이하.

103) 존 스튜어트 밀, 김형철 옮김, 위의 책, 69쪽 이하.

104) 존 스튜어트 밀, 김형철 옮김, 위의 책, 86쪽 이하. J. S. 밀이 다수파의 폭정에 맞서 소수파의 의견의 자유를 강조한 맥락에 대해서는 후술한다(제7장 더공부해보기/생각해보기/토론하기 1번).

105) 전원합의체에 회부된 사건을 처리하는 과정에서 대법관들이 벌이는 법리논쟁, 설득, 타협과 양보를 내부자의 시선에서 생생하게 전달하는 것으로 다음 논문을 참고할 것. 박시환, "대법원 전원합의체 판결 이후 다수의견·소수의견 사이의 경계확정 과정", 법학연구 제24집 3호, 2021, 1-44쪽.

【판례】 대법원 2025. 5. 1. 선고 2025도4697 전원합의체 판결 [공직선거법위반] 중 대법관 이흥구, 대법관 오경미의 반대의견

대법원 전원합의체의 요체는 서로 다른 경험과 가치관을 갖고 있는 대법관들 상호간의 설득과 숙고에 있다. 그 과정에서 자신이 가지고 있던 논거의 타당성을 재확인할 수도 있고, 상대방의 반박논리 등을 경청하고 그 타당함을 일부라도 인정하여 자신의 논거를 일부 수정할 수도 있으며, 때로는 의견 전체를 반대쪽으로 바꾸는 경우도 있을 수 있다. 그러한 상호 영향의 과정에서 대법원 구성의 다양성이 가지는 가치의 진면목이 발휘된다. 대법관들은 전원합의에서 설득과 숙고로 이루어지는 가치의 상호침투와 화학작용을 통한 변용과 결단을 통해 각 사안에서 구체적 타당성의 확보와 정의실현이라는 보석을 세공한다. 설득과 숙고의 과정이 치열할수록 얻게 되는 보석은 더 찬란하며 견고하다.

소수의견이 이런 '존재감'을 갖고 있는 이상, 학습자는 다수의견과 함께 소수의견(반대의견, 별개의견)을 읽는 일을 성가시게 생각하지 말아야 한다. 이 부분을 읽음으로써 학습자는 법원 혹은 재판소 내부에서 해당 사안과 관련하여 무엇이 다투어졌는지를 명확하게 인식해낼 수 있고, 또한 현재의 판례와 결정이 비판받아야 할 지점을 찾아내고, 향후의 변화가능성까지 추론해낼 수 있다. 나아가 다수파와 소수파의 논거 비교를 통해 자기 의견도 형성할 수 있다.[106] 물론 시험 준비에 바쁜 학생들이 다수의견과 소수의견, 보충의견으로 갈려 치열하게 논쟁 중인 판결문을 세세하게 읽을 여유가 없다는 건 잘 안다.[107] 그래도 판결문을 입체적으로 읽어내는 일에 힘쓰고, 현재의 판례에 대해 비판적 태도를 취하려고 노력하다보면 법학공부가 훨씬 더 재미있어 질 것이다.

판결문의 공식 언어로 표현되는 논리와는 별개로 그런 논리를 제시할 수밖에 없는 배경 혹은 이유를 여러분의 시각에서 생각해보는 것도 판결문을 입체적으로 읽는 방법 중 하나이다. 예컨대 강학상 인가이론은 주로 판례에 의해 발전되었다. 강학상 인가에 해당하면 협의의 소의 이익이 없음을 이유로 취소소송을 각하할 수 있다는 매력이 있다. 이래서 법원은 강학상 인가이론을 즐겨 활용해왔고, 이런 실무적 필요성을 앞세우다 보니 인가의 인정범위가 과도하게 넓어진 면이 있다.[108]

이런 판결비판 혹은 비평이 가능하려면 제일 먼저 판결 내용을 정확히 이해해야

106) Ekkehart Stein, *Staatsrecht,* 469쪽 참고.

107) 김영란, 판결을 다시 생각한다, 창비, 2015, 13쪽 참고.

108) 김종보, 행정법입문, 2판, 피데스, 2019, 127쪽.

한다. 판결을 제대로 이해해야 입체적 독해도 비판도 할 수 있다. 판결의 논리적 구성을 분석함으로써 어떤 사유과정을 거쳐 판결이 나왔는지 이해해야 하고, 판결의 구문상의 구조를 파악해야 한다.[109] 이때 특히 다음과 같은 점을 유의해야 한다. 법원이 결론을 내리려면 무언가 전제가 되는 판단들(Vorentscheidungen)이 존재할 수밖에 없는데, 과연 어떤 판단들에 기초해서 그런 결론에 도달했는가? 또한 그 판단들 중에서 무엇이 결론에 결정적으로 중요했는가? 전제가 되는 판단들 중에서도 어떤 '견해'(Ansichten)를 판결(그 중에서도 특히 핵심 논점)의 근거로 사용했는가? 판례공부, 특히 판결비판의 관점에서 이를 할 때에는 법원이 한 사실인정의 잘못과 법적 평가의 잘못도 명확히 구분해야 한다. 이하의 질문들은 판결에 대한 비판적 거리두기를 할 때 유용하므로 이를 명기해둔다.[110]

첫째, 판결 도출과정(Entscheidungsansatz) 비판 관련 질문들

a) 법원은 관련 법규범 혹은 예측가능한 법적 반론을 간과하지는 않았는가?
b) 개별 쟁점의 상호관련성을 정확히 파악했는가?
c) 충돌하는 이익과 사실을 정확히 파악했는가?
d) 채택가능한 대안적 해결책을 완전히 파악했는가 혹은 추가적으로 더나은 대안적 해결책이 존재하는가?

둘째, 방법 비판 관련 질문들

a) 법원의 논증들은 방법론적으로 체계가 있는가?
b) 그 논증들은 법학적 방법론 및 학문(방법)론(Wissenschaftstheorie)의 요구조건에 부합하는가?
c) 판결에 흘러들어간 가치판단과 이데올로기적 전제들은 무엇인가?
d) 그 전제들은 공개되는가? 만약 그렇지 않다면 어떤 식으로 은폐되는가?
e) 법원은 자신이 내리는 판결이 가져올 결과를 고려했는가?
f) 만약 했다면, 어떻게 그런 결과가 나올 걸로 예측했는가?
g) 법원은 그 결과를 어떻게 평가하고 있으며, 평가의 근거를 어떻게 제시하는가?

셋째, 결론 비판 관련 질문들

---

109) Ekkehart Stein, *Staatsrecht,* 469-470쪽. 로스쿨에서는 법률문장론 수업에서 이를 위한 기초공부를 한다.

110) Ekkehart Stein, *Staatsrecht,* 470쪽.

a) 결론은 법원이 이제껏 발전시켜온 일반 원칙으로부터 무리없이 도출될 수 있는가?
b) 법원은 이제껏 신봉해온 원칙에 충실하게 개별 사건을 해결했는가?
c) 법 외부적 요소에 의해 결론이 영향받았다는 사실을 확인할 수 있는가?

위의 질문들은 판결을 비판하려고 할 때 생각해 볼 수 있는 관점을 전부 망라한 것은 아니다. 또한 이 질문들이 어떤 사례에도 유효하다고 주장하고 싶은 것도 아니다. 그러나 이 질문들은 개별 판결들이 이유제시에서 드러내고 있는 전형적인 취약점을 지적하는 데 도움을 주므로, 이로써 판결비판이 한결 수월해진다.[111]

이상의 설명으로 알 수 있듯이 판결비판은 법적 담론의 기술적 실제적 의미 독해에만 관심을 갖는 통상의 '판례평석'과는 다르다. 판결비판은 판결의 사회적 의미도 아울러 탐구해야 한다. 또한 판결비판에서 중요한 것은 판사와 그의 생각(판결)을 물신화(物神化)하지 않는 태도이다.

1.3. 이 책의 구성과 특징

독일에서는 1970년대에 법학교육을 개혁하기 위한 야심찬 프로젝트가 구상되었다. 법학교육에서 사회과학적 지평을 확장하고, 실무를 반영하여 현실감각을 높이며, 강의에서 교수법을 재구성하자는 내용이었다. 독일의 법조양성제도 개혁의 역사는 길다. 특히 1960년대 말 대학분쟁 이후의 논의에 주목할 필요가 있다. 68혁명 이후의 사회개혁의 분위기 속에서 법학교육에도 새로운 바람(사회과학적 교수방법)을 불어 넣으려는 시도가 이루어졌다.[112] 다만, '개혁이 혁명보다 어렵다'는 말도 있듯이 쉽지 않은 프로젝트였기에 성공하지는 못했다. 그러나 시도는 중요하다. 필자는 이 프로젝트의 첫 번째 목표인 법학의 **사회과학적 지평 확대**에 관심을 갖고 있다. 그래서 이 책도 최대한 이런 방향으로 써보려고 했다.[113]

---

111) Ekkehart Stein, *Staatsrecht*, 470쪽.

112) Hubert Rottleuthner, *Rechtswissenschaft als Sozialwissenschaft,* Fischer Taschenbuch Verlag, 1973.

113) 독일 행정법 교과서 중 이런 시도를 해보고 있는 거의 유일한 사례는, 이 책에서도 자주 인용하게 될 하이코 파버의 교재이다.

과세처분, 경찰의 해산명령, 보조금교부결정, 일반처분, 도시관리계획, 건축허가 등이 법적으로 행정행위(행정처분)라는 것을 아는 것과 행정의 실무에서 그것들이 어떤 문제상황과 맥락에서 발부되고 또한 어떤 식으로 작용하는지를 아는 것은 별개이다. 그리고 대체로 우리는 후자에 대해 잘 모른다. 이런 상황이 행정법 해석을 형식적, 기계적인 것으로 만들 위험이 있다. 이런 위험에서 벗어나려면 규범에 대한 완전한 이해만을 추구하는 현재의 법학교육과 이를 뒷받침하는 법학교과서서술에서 벗어날 필요가 있다고 생각한다. 필자는 오래전에 이미 "현행 행정법 교과서를 법사회학적으로 '해체'하고 재구성하는 작업을 동시대 연구자들과 공동으로 수행해보고 싶다"는 소망을 피력한 바 있다. 이 소망을 아직 실현하지는 못했다. 이 책 집필이 그러한 공동연구의 필요성을 함께 공유하는 계기가 되기를 바라고 있다.[114)]

내용은 그렇다치더라도 책의 구성은 일반 교과서와 크게 달리하지 않았다. 다만 그 편제는 다른 교과서와 차이가 난다. 전체 5편 중 제1편부터 제4편까지 논리전개가 앞뒤로 자연스럽게 연결되도록 구성하였다. 또한 각 편 내의 장(章)들 또한 앞뒤장이 논리적으로 연결되도록 정리하였다. 제5편에서는 행정절차법과 국가책임법을 함께 다루었다. 절차법 파트에는 행정절차법 외에 정보공개법, 개인정보보호법과 강제집행절차까지 포함시켜 다른 '교과서'와 그 구성을 달리하였다. 또한 행정구제법 중에서는 이른바 제2차 권리구제에 해당하는 국가책임법 부분만 서술하였다.

행정법총론이라는 이름을 달고 출간되는 교재들은 예외 없이 마지막 부분에 행정구제법을 자세히 서술한다. 행정구제법 중에서도 중핵은 행정쟁송법, 그 중에서도 행정소송법이다. 행정소송법에 관한 설명은 총론 교재의 상당한 분량을 차지한다. 그러나 여기서는 이 부분을 과감히 생략했다. 행정법 개론서의 역할에 충실하고 싶어서 이렇게 했다. 또한 필자는 '행정법총론'이라는 개념과 '일반행정법론'이라는 개념을 구분하고, 후자에 기반하여 이 책을 집필하고 있기 때문에, 행정쟁송법을 뺐다.[115)] 다만, 행정소송법 중 본안전 항변 사항(소송요건에 관한 사항)에 해당하는 대상적격, 원고적격, 협의의 소의 이익 등은 행정행위, 공권을 설명하는 곳 등에서 서술하였고, 제3장의 보론 부분에 행정소송의 흐름도도 붙여놓았다.

이 책에는 다른 교과서에서는 찾기 힘든 '더(깊이)공부해보기/생각해보기/토론하기'

---

114) 이계수, "행정법과 법사회학", 행정법연구 제29호, 2011, 135-152쪽.

115) 행정법총론과 일반행정법론의 차이 등은 후술한다(3.1.4.).

라는 코너가 실려있다. 이것은 본문에서 설명하지는 못했지만 한 번은 짚고 넘어가야 할 내용이라든가, 본문에서 소개한 내용이 현실에서 구현되는 모습이라든가, 아니면 중요한 사례나 판례 중에서 토론해 보면 좋을 내용 같은 것을 정리한 것이다. 따라서 이 부분은 혼자 공부해도 좋겠지만 같이 공부하는 동료들과 함께 토론하는 방식으로 학습해도 좋을 것이다. 또한 혼자 읽든 같이 공부하든 본문을 읽고 난 뒤 읽거나 토론해도 좋고, 본문을 읽기 전에 그 작업을 해도 상관 없다. 아니면 본문학습과 별도로, 시간 날 때 흥미롭다고 생각하는 대목만 골라 따로 읽거나 토론해도 좋을 것이다. 이 부분을 교재에 담은 이유는 간단하다. 이 책의 목표가 "보다 많이 아는 것"이 아니라 "보다 깊이 아는 것"이기 때문이다.[116)]

이 책은 다른 '교과서'와 달리 판례소개는 이해의 편의를 위한 최소한으로 줄였다. 필요한 경우에는 1심과 2심 판결의 논리와 결론도 덧붙였다. 본문에 그 내용이 소개된 판례 외에 판례 번호만 나와 있는 경우라면 판례의 사실관계와 관련 법조문, 구체적 판시내용을 직접 찾아서 읽어보는 것이 공부에 많은 도움이 된다. 판례를 비판적으로 읽는 방법에 대해서는 앞에서도 설명했다. 하나만 더 보태자면, 건조한 판결문 이면에 숨어 있는 역사와 현실을 읽어내려는 노력을 기울여 달라는 말을 하고 싶다. 예컨대 '대법원 2009. 6. 18. 선고 2008두10997 전원합의체판결[주민등록전입신고수리거부처분취소]'을 읽으며 우리나라 도시빈민운동의 역사를 생각하는 식이다.

이 교재는 **국가인권위원회의 결정문이나 권고**에도 관심을 기울였다. 국가인권위원회의 결정 및 그에 따른 권고는 법적 구속력이 없거나 있더라도 그 강제성은 약하다.[117)] 그러나 그 결정과 권고는 실정법의 낡은 생각과 그것을 지지해온 법률가들의 판단(판례)을 깨는 새로운 상상력과 (국제) 규범을 담고 있기도 하다. 새로운 생각과 판단으로 행정법을 혁신하려면 이런 자료를 적극적으로 활용해야 한다.

국가인권위원회의 결정과 권고를 공부해야 할 중요한 이유는 또 있다. 법원의 판단

---

116) "존재양식의 지고의 목표는 보다 깊이 아는 것인 반면, 소유양식의 지고의 목표는 보다 많이 아는 것이다." 에리히 프롬, 차경아 옮김, 소유냐 존재냐, 까치, 1996, 68쪽.

117) 대법원은 국가인권위원회의 결정과 그에 따른 시정조치의 처분성을 예외적으로 인정하는 경우가 있다. 예컨대 다음 판결을 읽어볼 것. "국가인권위원회의 성희롱결정과 이에 따른 시정조치의 권고는 불가분의 일체로 행하여지는 것인데 국가인권위원회의 이러한 결정과 시정조치의 권고는 성희롱 행위자로 결정된 자의 인격권에 영향을 미침과 동시에 공공기관의 장 또는 사용자에게 일정한 법률상의 의무를 부담시키는 것이므로 국가인권위원회의 성희롱결정 및 시정조치권고는 행정소송의 대상이 되는 행정처분에 해당한다." 대법원 2005. 7. 8. 선고 2005두487 판결.

을 받는 행정법상의 분쟁은 의외로 제한되어 있다. 행정소송의 대상이 되지만 돈과 시간이 없어서 행정소송을 하지 못하는 사람들, 행정소송의 대상이 되지 않는다고 해서 소를 제기해보지도 못하는 사람들(노숙인의 주민등록전입신고수리거부 사례), 행정법상 불복절차를 이용할 수 있어도 사실상 이를 행사하지 못하는 사람들(현재는 폐지된 「군인사법」상 영창처분에 불복하여 행정심판이나 행정소송을 제기한 사례는 사실상 제로에 가까웠다)도 국가인권위원회에 진정할 수 있다. 그들의 진정에 대해 국가인권위원회가 결정 혹은 권고를 한 것들도 행정법적으로 검토할 필요가 있다. 어쩌면 행정법이 앞으로 관심을 가져야 할 행정법상의 분쟁은 여기서 상당부분 찾아내야 할지도 모르겠다. 외국인 계절노동자의 인권침해, 노동권침해와 관련한 쟁점을 행정법 문제가 아니라고 할 수 있을까?

나는 이 책을 쓰면서 기존 교과서의 틀을 크게 깨지 않으면서도 이 교재만의 독자성을 만들어내기 위해 노력하였다. '가위와 풀'(scissors-and-paste)로 만들어진 교과서가 되지 않으려면 저자는 위험을 무릅쓰더라도 자기만의 생각을 제시해야 한다고 생각했기 때문이다. '가위와 풀'이라는 표현은 단순한 사실 제공을 주로 하는 서술을 비판하는 메타포로 자주 사용된다. 그러나 '가위와 풀'의 교과서를 지양하는 일은 항상 그 반대의 위험을 안고 있음도 자각해야 한다. 예컨대 역사학자 카는 다음과 같이 말했다. "콜링우드는 '가위와 풀의 역사'에 그리고 역사를 단순한 사실들의 편찬으로 간주하는 견해에 반대한 나머지, 위험스럽게도 역사를 인간의 두뇌에서 직조(織造)된 것으로 간주하는 입장에 다가서게 되었(다)."[118] 이 교재도 이러한 위험에 빠지지 않도록 노력할 것이다.

더공부해보기/생각해보기/토론하기

1. 본문에서는 "민법과 행정법의 고정된 실체라는 것은 없다. 고전적 민법(학)이 있는가 하면, 이를 수정하는 사회적 민법(학)이 있다"고 지적했다. 이 사회적 민법(학)의 한 예로 사회적 임대차법을 들었다. 독일 민법에 등장하는 사회적 임대차법에 대해 조금 더 깊이 공부해보자.

118) E. H. 카, 김택현 옮김, 역사란 무엇인가, 까치, 2015, 42쪽.

독일 민법 제2편(채권 관계의 법) 제8장(개별적 채권 관계) 제5절(사용 임대차 계약·용익 임대차 계약) 제5항(사용 임대차 관계의 종료; 제568-제576b조)은 주택 임대차 관계를 어떻게 종료할 수 있는지에 대해 상세하게 규정하고 있다. 이 중 제573조는 임대인의 통상 해지를, 제575조와 제575a조는 '기간의 정함이 있는 주택 임대차 계약'과 그것의 해지를 각각 규정한다.[119] 후자를 정기(定期) 임대차 계약이라고 부른다. 정기 임대차 계약은 합의된 기간의 만료와 함께 종료하는데 이러한 계약의 체결이 인정되는 요건은 매우 엄격하게 제한되므로, 독일에서 주택 임대차 관계는 원칙적으로 기한의 제한이 없다. 그래서 독일의 세입자들은 '우리처럼' 2년 혹은 4년마다 이사를 강요당하지 않는다.

독일의 입법자는 임대인이 주택 임대차 관계에 기간을 정하거나 그 관계를 해지하는 것을 제한함으로써 주택 임대차 계약에 대한 강력한 존속보호(Bestandsschutz)를 실행하고 있다. 기간의 정함이 없는 통상의 주택 임대차 계약에서는 이러한 존속보호가 이중의 방식으로 구현되고 있다.

첫째, 임대인은 '정당한 이익'이 있을 때만 주택 임대차 계약을 해지할 수 있다(제573조 제1항 제1문). 이 정당한 이익의 대표적인 사유가 이른바 자기필요(Eigenbedarf)이다.[120] 임대인이 임차인에게 임대한 주택을 자기 또는 자기 가족 구성원 등의 사용을 위해 해지하는 경우가 이에 해당한다. 나아가 임대료를 올리기 위한 목적의 해지는 허용되지 않는다(제573조 제1항 제2문). 이러다 보니 독일에서 주택 임대차 관계는 수십 년이고 지속하는 경우가 허다하다.

독일의 실무에서 이 "자기필요"는 그간 엄격히 해석되어 왔다. 최근들어 임대인의 이익을 위해 이 개념을 완화해서 해석하려는 흐름이 존재하는 것은 사실이지만, 그렇다고 해서 이 개념이 우리의 「주택임대차보호법」 제6조의3 제1항 제8호의 실거주에 비교될 정도의 느슨한 것은 결코 아니다.[121]

둘째, 임대인이 해지권을 행사하기 위해서는 그 해지가 임차인에게 가혹한 경우가 아니어야 한다. 제574조에 제1항은 다음과 같이 규정한다. "임대차 관계의 종료가 임

---

119) 독일 민법전의 소개는 다음의 번역본에 의거했다. 양창수, 2021년판 독일민법전: 총칙·채권·물권, 박영사, 2021.

120) 제573조 제2항 "임대차 관계의 종료에 대한 임대인의 정당한 이익은 특히 다음 각 호의 경우에 인정된다. (…) 2. 임대인이 그 공간을 자신, 그의 가족 구성원 또는 그의 세대에 속하는 사람의 주거로 필요로 하는 때 (…)."

121) 자세한 것은 이계수, "어느 법 연구자의 도시 관찰 - 베를린에서 바라본 도시의 법과 정치", 일감법학 제44호, 2019, 33-35쪽. 반면, 우리의 경우는 제6조의3 제1항 제8호와 같은 중도반단적 입법으로 인해 임대인은 "실거주하겠다"는 말 한마디로 임차인의 갱신권을 무력화할 수 있다. 이 허위의 갱신거절은 갭투자를 부추기고 전세 사기가 만연하는 데도 일조했다.

차인, 그의 가족 또는 그의 세대의 다른 구성원에게 가혹한 것으로서 임대인의 정당한 이익을 형량하더라도 정당화되지 아니할 경우에는, 임차인은 해지에 대하여 이의를 제기하고 임대인에게 임대차 관계의 계속을 청구할 수" 있다. 여기에 더해, "적절한 대체 주거 공간이 기대가능한 조건으로 마련될 수 없을 때"에는 해지가 임차인에게 가혹한 것이 되므로 해지는 제한된다(제574조 제2항). 임대인의 정당한 이익이 있더라도, 그 해지가 임차인에게 가혹하면 임대차 관계를 계속 유지하게 하는 조항이다.

이상, 제573조와 제574조는 주택 임대차 관계를 규율하는 민법 조항 중에서도 독일 헌법상의 사회적 법치국가원리, 재산권의 사회적 의무(제14조)를 구체화한 사회적 임대차법 조항으로 이해되고 있다.

2. 신자유주의 개념의 계보에 대해 알아보고 각자가 생각하는 신자유주의에 관해 이야기해보자. 신자유주의 개념의 계보를 연구하고, 현재의 신자유주의 논의를 추적하는 것이 행정법 연구에 어떻게 연결될 수 있을지도 아울러 토론해보자.

신자유주의 개념의 계보를 추적한 한 연구는 영어권의 학술연구에서 신자유주의(Neoliberalism)라는 용어가 어떻게 사용되어 왔는지를 1970년대 말부터 2010년대에 걸쳐 추적한다. 그에 따르면 1980년대에 신자유주의는 전후 복지국가체제에서 벗어나는 것을 목표로 하는 경제정책에 대하여 사용되었고, 이 용어 자체는 그렇게 중요하지 않았다. 1990년대에 신자유주의는 글로벌화의 진전에 따라 국제적인 경제질서의 대명사로 이해되게 된다. 단, '시장원리주의'를 의미하는 이데올로기로서 어디까지나 형용사적으로 사용된 것이 많았다고 한다. 2000년대에 들어서면 비판적 지리학자들에 의해 신자유주의는 분석 개념으로 사용된다. 제이미 펙(Jamie Peck) 등은 신자유주의를 이데올로기로 이해하는 것이 아니라 지역적·역사적 맥락에서 그 전개의 '프로세스'를 이해해야 한다고 주장했다. 또한 데이비드 하비의 『신자유주의』의 출간은 신자유주의를 '국가 대 시장'의 도식으로 이해하는 견해를 뒤집는데 큰 영향을 주었다. 세계금융위기 시기에 미셸 푸코의 강의록이 영어로 번역되어 출간되었다. 이는 다양한 학문 분야에서의 신자유주의 연구의 증가로 이어졌다. 또한 필립 미로우스키(Philip Mirowski) 등의 연구는 신자유주의자들의 활동에 맞춤으로써 신자유주의에 어떤 종류의 실증적 연구를 제공할 수 있게 했다. 신자유주의 연구는 경제정책의 이데올로기에 초점을 맞춘 것에서부터 지리적·정치적·문화적·역사적 측면을 더욱더 넓고, 비판적으로 검토하는 것에 이르기까지 다양하다. 그에 따라 신자유주의의 의미도 그때그때 변화해 왔다. 이 개념이 변화를 계속해온 것은 현실을 포착하려는 지적 시도의 결과였다고 한다.[122)]

한국의 신자유주의 연구에서도 2008년 금융위기 이후와 푸코의 강의록 출간 이후 새로운 연구 흐름을 반영한 결과물들이 나오고 있다. 예컨대 박승일은 『기계, 권력, 사회』에서 다음과 같이 적고 있다.

"이 책은 '신자유주의'를 자본계급의 정치적 프로젝트, 초국가적 자본의 세계화, 금융적 축적체제 등과 같은 정치·경제적인 정책과 제도, 기획의 영역에 한정하기보다는, (그에 더해) 정치·경제는 물론이고 사회의 모든 영역에 걸쳐 이전과는 다른 새로운 합리성의 원칙을 제안하고 그에 맞는 실천규범과 행동 윤리, 사회적 관계, 가치 체계를 기입할 분만 아니라, 그것이 내재화된 주체적 형상과 생활양식을 적극 주조·유포·권장하는, 일종의 복합적인 통치 양식으로 읽어내고자 한다. 이러한 접근은 푸코가 제안한 대로 **신자유주의를 '정치적 합리성'(political rationality) 또는 '통치성'(governmentality)의 측면에서 바라보는 것이며, 그럼으로써 정치경제적인 변화로 한정되지 않는 권력의 성격 변화와 이에 따른 통치 전략의 변화를 논의의 중심에 위치시키기 위한 것**이다. 물론 이를 위해서라도 신자유주의는 일의적(一義的)으로 전제되기보다는 철저히 역사적인 선분을 따라 그 위에서 설명되고 분석되고 논증되어야 한다."[123] (강조는 필자). 강조한 부분은 필자가 이 책에서 시도하는 행정법 해석과도 밀접히 관련되어 있다.

3. 본문에서는 신자유주의야말로 더 관료주의적이어서, 전면적 관료화가 얘기될 정도라는 견해를 소개하면서 행정법의 과제는 이 관료주의권력과의 대결이 되어야 한다고 말했다. 그러나 노동에게는 강하고 자본에게는 약한 신자유주의 국가와 그 국가의 행정법을 비판한다고 해서, 국가가 반대 방향으로 작동할 수 있도록 투쟁하고, 이를 위한 행정법의 역할을 강화하는 운동을 멈추어야 하는 것은 아니다. 신자유주의 국가시대 행정법의 과제를 행정법의 억압적 역할 및 해방적 역할과 연계하여 설명해보자.

오늘날 신자유주의 정책은 국가의 역할을 축소하면서도 동시에 '강화'했다. 자본에 대해서는 '작은' 정부, 노동자계급에 대해서는 '강한' 정부, 이것이 바로 신자유주의 국가의 진실이다. 『4·16 세월호참사 종합보고서』는 결론부분에서 다음과 같이 서술한다. "세월호 참사를 겪으며 우리는 국가의 두 얼굴을 목격했다. 두 얼굴의 국가

---

122) 下村晃平, "ネオリベラリズム概念の系譜 - 1970年代末から2010年代まで - ", 年報カルチュラル·スタディーズ Vol. 11, 2023, 77-94쪽.

123) 박승일, 기계, 권력, 사회 - 인터넷은 어떻게 권력이 되었는가, 사월의책, 2021, 62-63쪽. 또한 다음 책도 참고할 것. 피에르 다르도/크리스티앙 라발, 오트르망 옮김, 새로운 세계합리성: 신자유주의 사회에 대한 에세이, 그린비, 2022.

는 정권에 관대했고 피해자에게 가혹했다. (…) 국가는 한없이 무능하다가도 놀랄 만큼 유능했다. 재난 대응을 지휘하여 인명을 구하는 역할에 관심조차 없었지만, 그 책임을 회피하려 여론을 조작하고 피해자 정보를 수집하는 일이나 진상규명 방해를 지휘하는 역할에는 비할 수 없이 성실했다. 진도 앞바다와 팽목항에서는 정부의 그 누구도 컨트롤타워를 자임하지 않았지만, 광장, 언론, 국회 등 유가족의 행동을 막아야 하는 곳에서는 지휘에 따라 일사불란하게 움직였다. 국가의 역량은 선택적으로 그리고 편향적으로 발휘되었다."[124] 강약약강의 국가, 전략적 선택적으로 자신의 역량을 발휘하는 국가, 이것은 계급사회에서 국가가 변함없이 보여준 모습이지만, 신자유주의 체제 아래에서 이 양면성은 더욱더 두드러진다. 왜냐하면 스스로 자유의 보장자라고 자처하는 국가가 어떤 자유는 억압하기 때문이다.

이러한 사실을 염두에 둔다면, 구체적인 현실에서 행정 및 **행정법이 행하는 역할은 억압적(repressiv)일 수도 있고 해방적(emanzipatorisch)일 수도 있음**을 인정해야 한다. 이윤극대화를 추구하는 자본에 대한 규제를 주장하는 노동자계급, 사회경제적 하층계급의 저항을 억압하거나 외면할 때 행정법은 억압적 존재가 될 수 있다. 반대로 자본에 대한 국가의 규제를 조직화하고, 권력에서 배제된 시민으로서의 노동자, 여성, 청소년, 장애인, 지역민 그리고 축출된 인간으로서의 외국인, 무국적자에게 권한을 부여하는 역할을 감당할 때 행정법은 해방적 존재가 될 수 있다.

4. 방금 말한 행정법의 야누스적 면모를 지방분권법에 적용하면 어떻게 될까? 지방분권법이 지방 주민의 자치와 해방을 가져오기보다는 시장의 지배력을 오히려 강화하는, 자본에게만 해방적인 역할을 수행할 수도 있다는 비판은 정당한가?

1. 분권화는 한때 마치 신자유주의 개혁의 상징처럼 얘기되던 때가 있었다. 우리의 경우에는 이른바 참여정부에서 분권화가 강력하게 주장되고 추진되었다. 2004년 1월에 제정된 구「지방분권특별법」이 그 대표적인 예이다.[125] 이 법률 제1조는 "이 법은 국가 및 지방자치단체의 지방분권에 관한 책무를 명확히 하고 지방분권의 기본원칙, 추진과제, 추진체계 등을 규정함으로써 **지방을 발전시키고 국가경쟁력을 높이는 것**을 목적으로 한다"고 규정하였다. 이 목적조항은 분권화가 무엇을 지향하는지를 잘 드러내고 있다. 즉, 분권이란 "주민의 자발적 참여를 통하여 지방자치단체가 그 지역에 관한 정책을 자율적으로 결정하고 자기의 책임하에 집행"(동법 제3조)

124) 4·16 세월호참사 종합보고서, 본권 Ⅱ, 2022, 318-319쪽.

125) 현행법률은 「지방자치분권 및 지역균형발전에 관한 특별법」이다. 이 특별법에서도 (국가) 경쟁력은 핵심 개념으로 등장한다.

하는 정치행정 시스템이기도 하지만, '발전'과 '국가경쟁력'을 지향하는 정치이념이기도 하다. 이를 영미형 경쟁적 분권 개념이라고 설명하는 이도 있다.

무엇을 경쟁하는가? 국가경쟁력이라는 말에서 알 수 있듯이, 국민국가들 사이에서 벌어지는 자본의 입지조건을 둘러싼 경쟁이 그 하나다. 더 저렴하면서도 수출연결망이 뛰어난 산업단지, 더 값싼 노동력을 제공하는 도시를 향한 입지경쟁이 그것이다. 이런 경쟁에서 어느 한 국가의 도시가 승리하려면 환경보호, 노동시장보호를 위해 취해졌던 각종 규제들이 삭제되거나 완화되어야 한다.

다른 하나는 국내 지역 상호 간의 경쟁이다. 지역주민의 의사는 무시하고 중앙정부가 작성하는 개발계획과 이에 적극 동조하는 지역행정이 또 다른 경쟁의 양상이다. 이 경쟁 하에서 전국의 계곡은 파헤쳐지고, 도로 건설에 과잉투자된다. 「지방분권특별법」을 만든 노무현 정권이 「기업도시개발특별법」을 만들었을 뿐 아니라 「중·저준위방사성폐기물 처분시설의 유치지역지원에 관한 특별법」 제정을 통해 '방폐장'을 서울이 아닌 지방에 유치하고, 지방 안에서도 상호간 유치경쟁을 하도록 만든 것은 이 두 번째 경쟁적 분권의 실천으로 평가할 수 있다. 지역주민의 삶과는 거의 관계없는 경쟁적 분권은 정권에 따라 여러 다양한 변종의 지방도시정책을 만들어내지만 – 예컨대 메가시티 구상 – 이로 인해 도출된 결과는 지역의 독자적인 발전과 풀뿌리 자치의 확대가 아니다. 수도권 집중을 포함하여 몇몇 거점도시의 과잉투자와 나머지 지역의 소멸이다(지방소멸).

이 두 개의 경쟁적 분권 '실험'이 동시에 압축적으로 표출된 것이 「제주특별자치도 설치 및 국제자유도시 조성을 위한 특별법」이다. 제주도개발특별법(1991년)과 제주국제자유도시특별법(2002)을 잇는 이 법률의 제정배경을 설명하는 자료는 다음과 같이 되어 있다.

"제주도는 2002년부터 시행된 '제주국제자유도시특별법'에 의해 사람·상품·자본의 국제적 이동과 기업 활동의 편의가 최대한 보장되도록 규제완화 및 국가적 지원의 특례가 인정되는 국제자유도시를 추진하여 왔으나, 법제도적 기반취약, 정부예산지원 미흡, 제주도의 자체역량 미흡 등의 사유로 가시적인 성과를 나타내지 못하였고, 이에 참여정부가 출범하면서 지식정보화사회와 세계화 추세에 효과적으로 대응하기 위해 독자성이 강한 제주도를 획기적이고 선진화된 분권모델로 삼는 한편, 규제완화 및 핵심산업 육성을 통해 국제자유도시로 지속적으로 발전할 수 있는 토대를 구축하기 위하여 제주특별자치도를 추진하게 되었으며, 이를 뒷받침할 '제주특별자치도 설치 및 국제자유도시 조성을 위한 특별법'을 제정하게 되었다."[126)]

126) 서보경, "제주특별자치도 설치 및 국제자유도시 조성을 위한 특별법의 해설 및 주요 심사사항", 월간법제 제580호, 2006년 4월호.

2. 이런 신자유주의적-자본주의적 도시정책은 어느날 갑자기 등장한 것이 아니다. 이미 한국은 1960년대 박정희 개발주의 독재시대부터 실제로 이런 방향으로 '발전'해 왔다. 이것을 잘 보여주는 것이 바로 1971년 처음시작된 국토종합개발계획이다.[127] 이 계획의 원형에 해당하는 것이 일본의 국토개발계획이다. 특히 제65회 국토종합개발심의회(1969. 4. 30.)에서 승인된 국토개발계획을 출간자료로 정리한 『자료 신전국종합개발계획』은 위 계획이 담고 있는 국토이용 구도를 잘 드러내고 있다. 위 자료를 비판적으로 분석한 견해에 따르면 위 국토개발계획은 다음과 같은 문제점을 안고 있다.

① 일본 열도를 일일 행동권으로 구상한다지만 실제로 일일 행동권에 들어오는 것은 일본 열도(列島)의 주축 위에 배치된 도시들뿐이고, 그 외의 지방은 이 '주축' 도시 주민들의 생활 기반을 지원하기 위한 기지(공업기지, 식량기지, 레크리에이션 기지)로 자리매김해 있다.

② 일본 국내의 구조적 차별의 강화와 보완이 위 국토개발계획의 사상적 기초가 되고 있다. 위 자료는 지방의 특성을 살리고 지역의 주체성을 끌어낸다고 하는 듣기 좋은 문구를 자주 사용하지만, 이 책에서 상정한 지역의 주체성은 대도시 중심주의에 종속된다는 것이 대전제이며, 그 특성은 대도시 주민의 욕구를 만족시키기 위한 기지로서의 속성일 뿐이다.

③ 위 국토개발계획은 일본 열도 전체를 하나의 주식회사로 보면서, 도쿄의 주도하에 각 지역을 효율적으로 분업화함으로써 고도의 중앙집권적 관리사회로 재구성하려고 한다.[128]

3. 그렇다면 지역소멸을 막고 지방과 농촌을 '재생'할 수 있는 방법은 무엇일까? 뾰족한 묘책을 찾는 것은 쉽지 않다. 다만, 일본의 국토개발계획, 우리의 국토종합개발계획과 같은 발상을 더는 하면 안 된다는 것은 분명하다. 지방분권이 아니라 제대로 된 지방자치를 해야 한다. 과거 일본의 사례로 표현하자면, 각 지방을 유력세력의 영지처럼 만드는 지방'분권'이 아니라, 제대로 된 지방'자치'를 해야 한다.[129] 그러려면 읍면동 수준의 기초자치를 강화해야 한다. 우리도 5.16 쿠데타(1961) 이전

127) 제1차 국토종합개발계획은 1972-1981년의 10년을 대상으로 책정되었다. 이 계획은 국토건설종합계획심의회 심의(1971. 8. 30.) - 국무회의 의결(1971. 9. 7.) - 대통령 재가(1971. 10. 7.)를 거쳐 동년 10월 27일 공고되었다(대통령 공고 제27호).

128) 사토 요시유키/다구치 다쿠미, 이신철 옮김, 탈원전의 철학, 도서출판b, 2021, 322-323쪽.

129) 일본의 전근대 시기에는 다이묘와 쇼군으로 나뉜 지방과 중앙권력 간의 분할이 오랫동안 유지되었다. "국경의 긴 터널을 빠져나오니 설국이었다." 『설국』의 유명한 이 첫 문장에서 국경은 무엇을 말하는 것일까? 가와바타 야스나리가 이 소설을 집필하던 시기(1935년)에도 다이묘가 지배하던 영지들이 마치 하나의 국가처럼 인식되었던 과거의 기억이 여전히 생생했기에, 이런 표현도 가능했을 것이다.

에는 시읍면 자치를 시행했다.

또한 현재의 국토계획법 체계는 한계에 도달했음을 인정해야 한다. 「국토의 계획 및 이용에 관한 법」에서는 국토를 도시지역, 관리지역, 농림지역, 자연환경보전지역으로 구분하여 용도별로 허용 · 금지 행위를 정한다. 그런데 그 용도는 과거 압축성장 시대에 만들어진 것이어서 복잡해진 토지이용 추세를 따라잡지 못하고 있다. 농촌은 주로 '농림지역'과 '관리지역'에 속한다. 전자는 식량기지로, 후자는 도시용지 공급지로 분류된다. 우리 국토의 9할을 차지하는 농산어촌 고유의 정체성과 품격을 지키려는 용도는 어디에도 존재하지 않는다. 1990년대 난개발 대처와 계획적 개발 추진을 위해 고안된 관리지역은 오히려 난개발의 온상이 됐다. 한해 10만여건의 개발행위 중 90% 가량이 관리지역에서 이뤄지고 있다. 오염 및 위험 시설이 주거와 혼재되는 계획관리지역의 97%는 농촌(읍 · 면)에 속한다. 결국 적지 않은 농촌이 농촌다움을 잃고 '환경 열등지'로 전락하였다. 농촌다움이 사라진다는 것은 유구한 역사를 통해 고양된 역사적 실재와 문화적 품위를 상실하는 것이며 건강한 삶터와 공동체적 귀속감을 빼앗기는 일이다. 농촌인구가 줄고 지역소멸론이 회자되는 것은 예견된 결과다. 그간 정부는 취락 대상 지구단위계획, 개발행위허가, 성장관리제 등을 통해 농촌을 체계적으로 관리하고자 했으나 난개발을 막기에는 역부족이었다.[130] 그래서 이제는 새로운 공간계획, 특히 농촌공간계획이 필요하다.

5. 행정법령에도 다른 법령과 달리 유달리 자주 숫자 혹은 일자가 등장한다. 과거 단순 암기형 공무원시험에는 이 숫자를 물어보는 문제도 자주 출제되었다. 수험생으로서는 이를 그냥 외울 수밖에 없다. 그러나 가만히 생각해보면 그 숫자 혹은 일자라는 것이 그냥 생긴건 아닐 것이다. 이런 것도 따져가면서 책을 읽어나간다면 행정법 공부가 훨씬 흥미롭지 않을까? 동료들과 행정법에 나오는 숫자로 그 의미 찾기 놀이를 해보자.

숫자 혹은 일자는 절대적인 것이 아니다. 관행이고 이를 오랫동안 받아들여 왔기에 당연하다고 생각하는 심리에 불과하다. 예를 하나 들어보자. "법률은 특별한 규정이 없는 한 공포한 날로부터 20일을 경과함으로써 효력을 발생한다"(헌법 제53조 제7항). 대통령령, 총리령 및 부령, 조례도 마찬가지다(「법령 등 공포에 관한 법률」 제13조, 「지방자치법」 제32조 제8항). 물론 법령 등을 공포한 날로부터 시행할 수도 있다(「행정기본법」 제7조 제1항).

130) 이상문, "지역소멸과 난개발, 농촌공간계획이 답이다", 한겨레신문, 2021. 9. 14.자.

그런데 여기서 20일이라는 숫자 혹은 일자는 어디서 온 것일까? 유력한 견해는 나폴레옹 시대의 입법실무에서 그 기원을 찾는다. 나폴레옹의 업적 중 하나는 법령을 정비한 것이다. 부르주아 계급이 원한 것은 사회가 예측가능하고 합리적으로 돌아가는 것이었다. 나폴레옹 민법전의 제정은 그 중요한 출발점이었다. 프랑스는 나폴레옹 시대에 행정제도도 정비했다. 전국을 일정한 크기를 가진 관할구역(道)으로 재편했다. 법령이 제정되면 전국 방방곡곡에 전파해야 한다. 이것은 자본주의적 법정신을 구현한다. 전근대사회에서 법령은 잘 제정되지도 않았고(6.2.3. 참고), 만들어지더라도 국왕과 귀족만 인지하면 되는 것이었다. 그러나 국민국가 시대에 이르면 이것은 더 이상 타당하지 않다. 그러므로 법령은 제정되면 공포하고, 이를 전국의 모든 민중에게 알려야 했다(국민주권주의). 당시의 교통수단인 장거리 우편마차를 이용했을 때 파리를 기점으로 프랑스 내 가장 원거리까지 공포된 법령문서를 전파하는데는 대략 1주일이 소요되었다. 도달한 법령문서는 1주일 정도 시청사 앞 등 공공장소에서 게시한다. 이후 법령문서 게시업무의 완료를 파리의 중앙정부에 보고하는 데 다시 1주일이 걸린다. 도합 3주이다. 그래서 대략 20이라는 숫자가 나왔다. 그러나 지금은 나폴레옹 시대가 아니므로 20일을 고집할 필요가 없다. 그럼에도 불구하고 사람들은 20일이라는 숫자에 안정감을 느낀다. 이 정도 시간이 흘러야 법령의 공포사실을 충분히 인지할 수 있다고 생각하는 것이다.[131)]

취소소송의 제소기간은 왜 처분 등이 있음을 안 날부터 90일 이내일까? 처분을 받고 어떻게 하는 것이 좋을지를 생각하는 데 1달, 변호사와 상의하는 데 1달, 소장을 준비하고 소송에 임할 자료를 정리하는 데 1달, 이래서 90일인가? 이 정도 시간이면 불복하는 데 충분한 정도의 심리적 기간인가? 어떻게 생각하든 제소기간을 일률적으로 처분등이 있음을 안 날로부터 90일로 해야 할 이유가 있을까? 필요하다면 90일보다 더 짧은 것이 타당할 것이고, 법적 안정성을 해하지 않는다면 90일에 구애될 필요는 없을 것이다. 이런 것도 생각해보기 바란다.[132)]

131) 다만, 20세기 초 독일에서는 대체로 공포 후 14일이 경과하면 효력이 발생한다는 입법실무가 보편화 되었다. Ernst Forsthoff, *Lehrbuch*, 149쪽.

132) 제소기간에 관한 자세한 연구는 다음을 참고할 것. 최계영, 행정소송의 제소기간에 관한 연구, 서울대 대학원 법학박사학위논문, 2008.

제1편

행정법의 기초

02

자본주의와 행정법

2.1. 자본주의 국가와 행정법

2.1.1. 왜 자본주의와 행정법인가?

이 책은 행정법입문서이다. 입문서는 해당 과목의 전체를 개관할 수 있는 시각을 제공해야 한다. 입문서는 두꺼운 핸드북식 교과서를 압축한 요약서가 아니라 개념과 제도의 사회·경제적 배경, 정치적 맥락을 설명하는 책이어야 한다.[1] 나는 이 입문서의 제목을 자본주의와 행정법이라고 정했다. 자본주의를 전제하지 않고는 행정법의 제도와 개념을 이해할 수 없기 때문이다. 부연하자면, 제목을 이렇게 잡은 데에는 다음과 같은 두 개의 의미가 있다.

첫째, 행정법의 탄생 및 발전은 자본주의의 탄생 및 발전과 함께 해왔음을 분명히 한다. 자본주의 이전에는 행정법이 존재하지 않았다. 행정법은 자본주의와 함께 탄생하여 자본주의적 생산과정을 보호하고 자본과 임노동의 관계 자체도 재생산해 왔다.[2] 행정법, 특히 법치국가적 행정법은 "초기자본주의, 즉 매뉴팩처에서 공장제 대공업으로 이행하던 시점"의 자본의 요구에 적절히 부응한 결과물이다.[3]

---

1) 개념과 제도의 상관성에 대해서는 본문에서 자세히 설명한다.

2) 카를 마르크스, 강신준 옮김, 자본 I-2, 도서출판 길, 2008, 제21장 참고.

3) Heiko Faber, *Verwaltungsrecht*, 38쪽. 법치국가적 행정법이 1950년대 서독에서 르네상스를 맞이할 수 있었던 것도 같은 맥락에서 설명할 수 있다. 전쟁으로 파괴되고 해체된 경제를 투자붐을 통해 재생하려고 했던 '라인강의 기적 시기'가 마치 초기자본주의적 발전기를 닮았기 때문이다. Heiko Faber, 같은 곳.

얼핏 생각하면 국가가 있는 곳에 행정이 있고, 행정이 있는 곳에 행정법, 나아가 행정법학도 존재할 것 같다. 그러나 그렇지 않다.[4] 이것은 마치 "사회 있는 곳에 법이 있다"(ubi societas, ibi ius)는 말처럼 공허하고 비역사적이다. 법실증주의가 독일법학의 주류로 올라서던 19세기 후반, 교회법학자이자 법철학자인 루돌프 조옴(Rudolf Sohm)은 '사회가 있다고 해서 법이 반드시 존재하는 것은 아니다'라고 반박했다. 교회와 교회법에 관해 했던 그의 유명한 주장 - 그는 교회를 그리스도교적 사랑의 공동체로 보았기 때문에 교회**법**은 교회의 본질과 맞지 않다고 보았다.[5] 즉 "믿음과 사랑, 다시 말해 내면성과 자발성에 기초해야 할 교회의 본질과 법적 형식주의 및 법적 강제는 결코 합치할 수 없다."[6] - 에 대한 찬반양론이야 있겠지만,[7] 조옴이 말하고자 했던 취지가 무엇이었는지는 충분히 이해가 간다. 그러니 행정이 있는 곳에 행정학이나 관방학(官房學)이 발달할 수는 있지만, 행정법과 행정법학도 반드시 존재한다고 말할 수는 없다. 행정법과 행정법학이 등장하려면 역사적 조건이 필요하다.

그 조건은 이런 것이다. ① 정치권력으로부터 분리된 자본주의적 시장(부르주아적 시민사회)이 '만들어져야 하고'(공적인 것과 사적인 것의 분리라는, 중세적 질서의 해체), ②-㉮ 봉건적 소유 질서 - 프랑스의 경우 혁명 이전에는 근대적 토지소유권이 존재하지 않았다. 농민이 경작한 보유지에 대해 영주는 상급소유권을, 보유자는 보유권(하급소유권)을 중층적(重層的)으로 갖고 있었다. 보유지에 대한 영주의 물적 제 권리(토지보유자가 공물로 바치는 여러 물적 부담을 수취할 권리)는 영주의 상급소유권을 근거로 하고 있었다. 반면 영주의 직영지를 제외한 영지의 나머지 영토를 현실적으로 경작하는 농민에게는 하급소유권이 인정되었다. 영지의 소유자는 농민이 그 토지를 보유지로 영구히 보유하는 것을 인정하고, 그 대신에 공조(貢租)를 토지보유 농민에게서 징수했다. 영지 소유자의 동의가 없다면 이 공조의 조건 변경이나 공조의 매입(하급소유권의 매입)은 불가능했다.[8] 이 중층적 소유관계를 파악하는 방식을 학설사의 관점에서 개괄해보면, 16세기에는 영주적 소유를 본래적 소유권으로 보아 영주의 의사에 기초하여 농민이

---

4) Ernst Forsthoff, *Lehrbuch,* 41쪽.

5) Rudolf Sohm, *Kirchenrecht I,* 1892; Gustav Radbruch, Gesamteausgabe heraugegeben von Arthur Kaufmann, Band 2, *Rechtsphilosophie II*, Heidelberg, 1993, 63쪽에서 재인용.

6) 구스타프 라드브루흐, 윤재왕 옮김, 법철학, 박영사, 2021, 305쪽.

7) 루돌프 조옴에 반대하는 견해로는 Adolf von Harnack, *Entstehung und Entwicklung der Kierchenverfassung und des Kirchenrechts in den zwei ersten Jahrhunderten,* 1910, 143쪽 이하. Gustav Radbruch, *Rechtsphilosophie II,* 63쪽 각주 15번에서 재인용.

8) G. 르페브르, 민석홍 옮김, 프랑스 혁명, 을유문화사, 1994, 197-199쪽.

계속적 사용권을 향수한다는 이해가 지배적이었던 반면에 18세기에는 거꾸로 농민적 보유가 본래적 소유권이고 영주는 농민에 대한 보호일반을 이유로 공납을 중심으로 한 봉건제세(droit féodaux)를 징수할 권리를 갖는다는 이해가 보급되었다[9] - 그리고 ②-㉯ 길드적 영업 구속에서 벗어나 자본주의적 소유와 개인주의적 자유가 한 사회 내에 착근해야(embedded) 한다.[10] 근대 이전의 자유는 근대 사법에서 말하는 '개인의 자유'가 아니라 신분단체에 부여된 '특허장'의 의미로 이해되고 있었기 때문이다.[11]

그래서 자본주의 행정법의 핵심 개념은 **"자유와 재산"**, 즉 자본주의적 소유권과 자유이다. 영업의 자유와 사유재산권을 보장하는 법규들은 '자본주의의 사도신경'이다.[12] 자본주의 국가는 자본가계급의 의사에 부합하게 그 경전을 정비하고 해석해 왔다. 물론 그 구체적인 방식은 자본주의 발전단계에 따라 다르게 나타난다. '자유와 재산'에다 하나만 더 추가하자면 **'법-권리 주체'**(Rechtssubjekt)로서의 (신분제적 구속에서 해방된) 이기주의적 개인을 들 수 있다. 자본주의 행정법(특히 독일형)은 자기의 권리와 이익 외에 타인과 공동체의 권익에 관심을 갖는 이타주의적 개인(혹은 법인)을 이단자로 취급한다. 또한 비인간 동물이나 사물도 자본주의 행정법의 세계에 들어오지 못한다.[13] 글로벌 차원의 기후변화와 이로 인한 기후위기를 눈앞에 두고도 계속 이런 인간중심적-이기주의적 법률학을 유지해도 될 것인지는 성찰해야겠지만, 현실은 그러하다.[14]

---

9) 天野和夫 外(編), マルクス主義法学講座④ - 国家 · 法の歴史理論, 日本評論社 , 1978, 87쪽.

10) Heinz Wagner, *Die politische Pandektistik,* 30-56쪽.

11) 가츠다 아리츠네 외 편저, 문준영/성중모/조지만 번역, 개설서양법제사, 391쪽.

12) "영업 자유와 (…) 개별 공민의 사유재산권을 보장하는 법규들(…)(은) 사실상 모든 것을 지배하는 시민사회의 '사도신경' (이며) (…) 19세기에 점차 확립되어 갔다." 데이비드 블랙번/제프 일리, 최용찬/정용숙 옮김, 독일 역사학의 신화 깨뜨리기, 푸른역사, 2007, 152쪽.

13) 자연의 권리 소송의 최초 한국 사례는 천성산 도롱뇽 소송이다. 소송형식은 공사착공금지 가처분으로서 민사소송이지만 소송의 원인은 부실한 환경영향평가와 그에 기초한 고속철도건설허가여서 분쟁의 본질은 행정법적인 사안이었다. 신청인은 '도롱뇽'과 '도롱뇽과 친구들'(환경단체)이였는데 도롱뇽에 대해서는 1, 2, 3심 모두 당사자적격을 부인했다. 대법원 2006. 6. 2.자 2004마1148,1149 결정 참고.

14) 영국-네덜란드계 석유회사인 셸이 다섯달 동안 24시간 내내 10초 간격으로 충격파(파동)를 발사하는 방식으로 서울면적의 10배가 넘는 바다의 해저 지질탐사를 진행하려고 했을 때 현지 주민들과 환경단체들은 이에 반발하여 금지소송을 냈다. 원고들은 1심에서는 패했지만, 2심인 남아프리카공화국 고등법원에서는 승소판결을 얻어냈다. 동 법원은 2021. 12. 27자 판결에서 탄성파탐사가 어민의 생계를 위협하고 공동체를 파괴할 뿐만 아니라 해양동물(특히 고래)에도 피해가 극심하다는 점을 인정하여 지질탐사의 중단을 명하였다. 구정은, "남아공 해저 매일 8천번 충격파 … '소음'에 고래는 쉴 수 있을까", 한겨레신문, 2022. 1. 1.자.

한편, 자본주의와 행정법의 불가분적 관계를 말한다고 해서 자본주의 국가와 법을 자본가계급의 지배를 위한 도구로 본다는 뜻은 아니라는 점을 유의해야 한다. 이런 식의 도구주의적 국가와 법관념으로는 행정법학을 제대로 전개할 수 없다. 행정법의 모든 개념과 제도는 오로지 자본가계급의 이익을 위해서 복무한다고 말하면 되는데 굳이 복잡한 행정법 논리를 규명할 필요는 없기 때문이다.

도구주의적 국가관의 반대편에는 국가를 사회(시민사회, 경제사회)와의 관계에서 독자적이고 자율적인 존재로 보는 국가관이 있다. 나는 이런 주류 행정법학계의 견해도 지지하지 않는다. 이 후자의 입장은 특히 행정법의 역사적 성격을 규명하는 데 실패한다. 국가는 "세계 내 존재"(In－der－Welt－sein, 하이데거)이다. 세계에서 발을 뺀 독립된 실체가 아니다. 국가를 도구주의적으로 파악하든 아니면 독자적 존재로 바라보든 어느 쪽이나 역사 없는 국가론이 될 것이다. 이러한 국가론이라면 자본주의 행정법 중에서도 예컨대 독일 행정법과 미국 행정법의 논리와 구성이 다른 이유를 설명할 수 없다.

둘째, 행정법이 자본주의와 결합해 있다는 것은 현실 사회주의 혹은 공산주의가 증명한 바 있다. 칼 폴락은 "인간의 해방 - 인권의 확립 - 은 이런 저런 법원칙의 개혁의 채택에 의해서가 아니라 자본주의적 생산관계와 사회관계 자체의 철폐에 의해서만 달성될 수" 있으며, "사회주의란 개념적으로 인권의 실현이며, 인권은 - 그것이 공허하지 아니한 원리인 한 - 사회주의가 현실로 되는 정도에서만 실현되는 것"이라 했다.[15] 그 곳에는 (주관법 혹은 주관적 공권의 법으로서의) 행정법이 존재하지 않는다. 일찍이 윤세창 교수는 다음과 같이 설명했다.

> "국가와 개인 간의 법률관계가 성립되기 위해서는 국가와 사회의 이원적 대립관계가 형성되어야 하는 것이다. 그러므로 사회생활을 흡수하는 국가일원화를 꿈꾸는 나치즘 · 파시즘의 독재국가에서나, 국가생활을 흡수하는 사회일원화를 꿈꾸는 공산주의 독재국가에서는 진정한 의미의 행정법관계가 형성될 수 없다. 왜냐하면 국가에 대항하는 개인의 방어수단으로서의 인권이 존재할 여지가 없기 때문이다. 이러한 의미에서 북한 사회주의 헌법(제49조)은 '공민의 권리와 의무는 하나는 전체를 위하여, 전체는 하나를 위하여라는 집단주의 원칙에 기초한다'라고 솔직하게 규정하고 있다."[16]

15) 칼 폴락, "권력분립, 인권, 법치국가", 헤르만 헬러 외, 김효전 편역, 법치국가원리, 법원사, 1996, 59-60쪽.

자본주의 이전과 마찬가지로,[17] 자본주의 이후에도 행정법이 존재할 수 있는 기반은 없다.[18] 북한 행정법에 관한 최근의 연구에 따르면 "사회주의 법무생활"이 강조되고 있고, 제한된 방식의 권익구제절차 - 신소청원법(伸訴請願法, 1984년 제정, 2014년 개정) - 가 존재한다고 한다.[19] 그러나 법치국가 = 권리국가로 이해하는 자유주의 행정법학의 논지를 따르는 한, 북한에 (진정한 의미의) 행정법이 존재한다고 말하기 어려운 것은 사실이다. 정상 자본주의의 궤도 이탈이라고 할 수 있는 나치즘 체제하에서도 마찬가지였다. "나치스 시대에 민족동포(Volksgenosse)는 지도집단과 일치를 이루었으므로 기본권도, 공권도 필요하지 않았다."[20]

이러한 상황을 설명하는 가장 중요한 키워드는 '법 – 권리 주체'(Rechtssubjekt)로서의 이기주의적 개인이다.[21] 자본주의에서는 모든 인간이 법 – 권리 주체이다. 인간인 이상 그는 소유권을 가질 수 있고 계약을 체결할 수 있다. 이 주체로서의 개인이 국가권력과 맞설 때 행정법에서는 **주관적 – 개인적 공권**이라는 표현을 사용한다. 자본주의는 공법의 영역에서도 개인의 권리 주체성을 인정한다. 반면, 봉건제에서는 이 법 – 권리 주체로서의 개인의 지위가 확립되지 못했고, '현실사회주의'는 주관적 공권의 주체로서의 개인을 아예 인정하지 않았다.

동독은 1952년에 행정재판소제도를 폐지했다. 이어 1958년에 포츠담 옆 바벨스베르크에서 '독일 국가학 · 법학 아카데미'(Deutsche Akademie für Staats – und Rechtswissenschaft)가 주관한 회의가 열린다. 이 자리에서 당시 동독의 서기장이었던 울브리히트(Ulbricht)는 행정법의 부르주아적 성격을 비판하며 행정법의 폐지를 요구하였다. 그는 국법과 행정법의 분리를 "우리들이 빨리 포기해야 하는 부르주아 원리"라고 주장하였다.[22]

이후 공식적으로 동독에서 행정법은 사라진다(1958년).[23] 시민의 주관적 권리와

---

16) 윤세창, 행정법(상), 박영사, 1976, 79쪽.

17) 고대 희랍의 공동체에서 자유권과 정치적 공동체의 관계에 대해서는 다음을 참고할 것. Carl Schmitt, *Verfassungslehre,* 158쪽.

18) 이것은 이론적으로 그렇다는 의미이다. 실제 러시아에서 사회주의 혁명 이후 소비에트 공화국을 건설하는 과정에서 벌어진 논쟁들, 즉 사회주의적 합법성 논쟁들은 여기서 더 다루지 않겠다.

19) 최선웅, "최근 북한 행정법제의 동향", 연세법학 41권, 2023, 501-535쪽.

20) Michael Stolleis, "Verwaltungswissenschaft in der Bundesrepublik Deutschland", Dieter Simon(Hrsg.), *Rechtswissenschaft in der Bonner Republik,* Suhrkamp Verlag, 1994, 242쪽.

21) 국순옥, "토마스 홉스의 부르주아적 주체성", 국순옥, 민주주의 헌법론, 아카넷, 2015, 19-27쪽 참고.

22) Rainer Schröder, "Geschichte des DDR-Rechts: Straf- und Verwaltungsrecht", *forum historiae iuris,* 2004. 출처: https://forhistiur.net/2004-04-schroder/?l=de#sdfootnote54sym.

권리보호를 위한 행정소송제도를 그 핵심으로 삼는 행정법은 이로써 새롭게 수립된 국가적 영도의 학문(Wissenschaft von der staatlichen Leitung)에 의해 대체되었다. 이것은 시민과 행정의 관계를 단순한 정치적 · 행정적 · 조직적 · 이데올로기적 관계로 축소하는 것을 의미했다. 바벨스베르크 회의 이후 모든 것이 자명해졌다. 국가에 대항하는 시민의 주관적 권리 같은 것은 존재하지 않는다. 국가행위에 대한 사법심사는 더 이상 필요하지 않다. 이러한 상황은 에리히 호네커가 권력을 잡은 1971년 이후에야 조금씩 변하기 시작하여 1979년에는 '마르크스-레닌주의 행정법교과서'가 출간된다. 이후 다수의 학자들이 "법치국가 동독"(Rechtsstaat DDR)라는 말을 조심스럽게 내뱉을 수 있게 되었지만, 이를 두고 행정법의 부활이라고까지 말할 수는 없다.[24] 사회주의, 공산주의에서 '(주관적) 권리'와 '(객관적) 법' 사이의 이원적 대립은 소멸한다.[25]

물론, 이런 논리에 대해서는 반론도 가능하다. 행정법을 자유주의적으로 이해할 때만 위와 같은 논지는 유지되는 것이므로 행정법의 기초를 '공동체를 모르는 분절화된 이기주의적 개인'[26]이 아니라 공동체에 둔다면 사회주의, 공산주의 행정법도 얼마든지 가능하다는 식이다.

> 공산주의(communism)와 공동체주의(communitarianism)는 둘다 자유주의에 맞서 공동체를 강조한다. 그러나 양자는 근본적으로 다르다. 대부분의 공동체주의자들은 공동체를 전통 · 역사 · 문화의 공통성에 의거하여 정의한다. 공동체의 개념에는 현재의 가능성을 무겁게 규정하는 벗어날 수 없는 과거의 결정(結晶)이 들어가 있다. 공동체주의자들은 사람들에게 공동체의 본질 - 오늘날 국가나 인민이나 지도자의 정신으로 정의되기에 이른 공통의 인간성 - 을 발견하라고 강요하거나 그러한 상황을 허용한다. 우리는 전통적 가치를 따라야 하고, 낯선자와 타자를 배제해야 한다는 식으로. 그러나 공산주의자는 이런 식의 접근을 거부한다. 그들이 생각하는 인간성이란 전통적 가치라는 본질에서 해방된, 계속되는 우연적 사건과 급진적 변혁에 열려있는 비-본질이

---

23) Michael Stolleis, "Ein Staat ohne Staatsrecht, eine Verwaltung ohne Verwaltungsrecht?: Zum öffentlichen Recht in der Rechtswissenschaft der DDR", Berlin-Brandenburgische Akademie der Wissenschaften, *Berichte und Abhandlungen,* Bd. 15, Berlin, 2009, 43쪽.

24) Rainer Schröder, 앞의 논문, 같은 곳 참고. 동독 행정법의 역사적 전개에 관한 비판적 서술로는 필자의 다음 논문을 참고할 것. 이계수, "『지식의 고고학』과 행정법학의 '에피스테메'", 행정법학 제20호, 2021, 35-39쪽. 또한 Maurer/Waldhoff, 25-27쪽(2장 20-21번).

25) 주관적 공권과 객관적 법의 대립에 관해서는 후술한다.

26) 홉스는 바로 이 "이기심의 주체로 해방된 부르주아적 인간"의 "부르주아적 주체성"을 이론적으로 확립한 최초의 사상가이다. 국순옥, 위의 논문, 23, 26쪽.

다.[27] 전통 · 역사 · 문화의 공통성에 기반한 공동체주의는 '세상의 우경화'에 불쏘시개 역할을 하고 있다. 특히 난민과 이민자 등 외국인들을 배척하는 복지배외(拜外)주의(welfare chauvinism)는 복지국가의 후퇴를 자본의 전략이 아니라 '우리 안의 타자'에서 찾는다는 점에서 공동체주의의 위험성을 드러내는 중요한 사례가 된다.

마르크스가 말한 것은 **사적** 소유의 폐지이지 **개인적** 소유의 폐지는 아니다. 사멸하는 것은 자본주의적 착취 수단으로서의 행정법이지 '자유롭고 평등한 개인/생산자 연합(association)'의 상호 관계를 규율할 행정법이 아니다. 즉, "계급과 계급대립이 있는 낡은 부르주아 사회 대신 각인의 자유로운 발전이 모두의 자유로운 발전을 위한 조건이 되는 결사체"[28]에서는 "자기 능력껏 생산하고, 자기 필요만큼 소비할 권능(Befugnis)"이 "최후의 주관적 권리"로 남게 될 것이며, "이러한 권능은 객관법의 최후의 규범인 연대에 의해 보증된다"고 보면서, 바로 이러한 사회주의적 기획이 성공할 때에 비로소, 객관법과의 관계에서 주관적 권리가 누려왔던 우월성(자유주의 모델)도 성공적인 종말을 맞게 될 것이라고 주장하는 것이다.[29]

한편, 자본주의라고 하더라도, 국가와 사회(시민사회, 경제사회)의 관계에 따라, 그 안에는 여러 유형과 발전단계가 있다. 그러므로 자본주의와 행정법의 관계도 시간과 장소에 따라 달라질 수밖에 없다. 이것은 부분적으로는 행정법의 역사적 맥락의 문제이기도 한데, 이를 이해하려면 학설이나 판결이 나온 시기와 시대를 정확히 알아야 한다. 가령 독일에서 손실보상법과 관련한 논의들은 독일 내의 헌법 해석 투쟁 - 특히 바이마르 공화국 시기 - 을 배경으로 해서만 비로소 그 전체적인 윤곽과 의의가 그려질 수 있다.[30] 이런 검토에 더해 철학의 차이 - 예컨대 대륙식 관념론과 영미식 경험론의 차이는 법학에도 영향을 미친다. 앞서 보았듯이 독일의 판덱텐법학은 관념론의 영향을 받았다 - , 국가 운영을 떠맡은 세력 혹은 공무원 집단의 (정치적) 역량과 직업윤리, 근무환경을 따져보는 것도 비교(행정법)를 위해 중요하다.[31]

---

27) 코스타스 두지나스, "이다키아 - 공산주의와 권리들에 대하여", 슬라보예 지젝/코스타스 두지나스 엮음, 알랭 바디우 외 지음, 진태원 외 옮김, 공산주의라는 이념, 그린비, 2021, 183쪽.

28) 하인리히 하이네, 카를 마르크스, 프리드리히 엥겔스, 독일. 어느 겨울동화, 공산당선언, 연암서가, 2014, 275쪽.

29) Ernst Bloch, *Naturrecht und menschliche Würde,* Suhrkamp Verlag, 1983, 252쪽.

30) 이에 관한 자세한 설명은 제24장을 참고할 것.

31) 공무원이라고 다 같은 공무원이 아니다. 관료에 대한 이해 없이 행정법을 제대로 연구하기 힘들다. 행정법이 필요로 하는 관료연구는 크게 둘로 나눌 수 있다. 하나는 다른 나라 공무원과 한국 공무

이하 이 장에서는 그 유형과 발전단계에 따라 각각 다르게 전개된 행정법을 독일 행정법과 미국 행정법으로 나누어 비교해보고자 한다. 그러나 그 전에 자본주의의 의미를 간략히 정리해 보자.

2.1.2. 자본주의란 무엇인가?

자본주의란 무엇인가?[32] 많은 이가 '자본주의'를 시장경제의 동의어로 사용한다. 민간 기업들이 시장에서 벌이는 영리 활동이 경제생활을 지배하는 체제가 곧 자본주의라 여긴다. 시장에서 기업들이 자유롭게 경쟁하고 여기에서 살아남은 기업들이 부를 계속 축적한다. 그 결과, 사회 전체적으로는 소득과 일자리가 늘어나고 기술이 진보하며 국가가 번창한다. 고등학교 정치경제 교과서나 대학교 경제학 개론이 설파하는 이런 이상화된 시장경제의 모습이 일상어에서 '자본주의'가 뜻하는 바다.[33] 그러나 같은 말을 전혀 다르게 사용하는 논자도 있다. 예컨대 아날학파 역사학자인 페르낭 브로델은 자본주의의 역사적 탐구를 천명한 대작 『물질문명과 자본주의』의 결론에서 자본주의와 시장경제를 명확히 구별한다.[34] 또한 통상적인 견해에 따르면 자본주의의 본질은 '생산'이겠지만 브로델은 이를 비판한다. 브로델은 자본주의의 고유한 영역을 상업 또는 유통으로 보았기에 그의 자본주의론을 '상업자본주의론'이라 한다.[35]

자본주의와 시장경제를 구별하려는 시각의 기원을 역사적으로 추적하다 보면 당대 정치경제학의 상식과는 다른 시각에서 자본을 재정의하려 한 마르크스의 고전적 시도와 마주하게 된다. 마르크스는 등가 교환이 이뤄지는 평등한 시민들의 영역이라는 시장에서 어떻게 이윤이 생겨나고 축적이 이뤄지는지 보여주기 위해 시장 이면의 '감춰진 장소'를 파고든다. 그곳은 자본가와 노동자 사이에서 임금－노동(시간) 교환이라

원을 비교하는 연구이다. 이 연구에서는 공무원들의 법해석 역량에 중점을 맞추어야 한다. 다른 하나는 공무원 내부의 상하층 분화가 법 집행에 미치는 영향 연구이다. 이계수, "규범과 행위 - 국가법인설의 극복과 행위중심적 행정법이론의 구축을 위한 시론", 공법연구 제29집 제1호, 2000, 29-59쪽. 특히 47쪽 이하.

32) 자본주의라는 말은 1860년대에 세계 정치·경제의 새로운 용어로 등장했다. 에릭 홉스봄, 정도영 옮김, 자본의 시대, 한길사, 1998, 73쪽.

33) 장석준, "자본주의를 넘어", 황해문화 통권 120호, 2023, 154-155쪽.

34) 페르낭 브로델, 주경철 옮김, 물질문명과 자본주의 Ⅲ-2: 세계의 시간(하), 까치, 1997, 864-879쪽. 장석준, 위의 글, 155쪽.

35) 백승욱, 자본주의 역사강의, 그린비, 2006, 53쪽.

는 특수한 계약이 작동하는 생산 영역이다.[36] 이런 논의는 행정법을 위해서도 매우 중요하다. 자본주의의 본질을 생산이라고 보는 한, 행정법이 생산영역에 개입하는 것은 불가피하다. 따라서 행정법의 기본원리(제5장) 중 하나인 사회국가 혹은 사회적 법치국가는 분배국가인 동시에 생산영역에 개입하는 국가라고 해석해야 한다.[37]

자본주의의 본질이 생산이면, 생산 영역을 떠난 자본주의는 불가능하고 자본주의는 반드시 생산에서만 발생해야 하는가?[38] 지금처럼 신자유주의 금융 세계화 시기에 이윤이 가장 많이 축적되는 부문은 생산이 아니라 금융이다.[39] 그렇다면 이것은 자본주의가 아닌가? 이런 질문에 답하는 것이 이 교재의 목표는 아니다. 다만, 자본주의가 (생산뿐 아니라 유통과 금융의 영역까지) 여러 영역을 옮겨 다닌다는 사실을 받아들인다면,[40] 자본주의와 행정법의 관계를 다루는 이 책도 금융공법 혹은 금융행정법(학)을 체계적 연구와 서술의 대상으로 삼아야 한다(이 책에서는 아직 여기까지 나아가지 못했다. 그러나 향후 계속 관심을 갖고 연구할 생각이다).

한편, 자본주의와 시장경제를 구별해야 한다고 말하고 나면, 그 시장경제를 (질서있게) 움직이게 하는 힘은 무엇인가 하는 다음 질문이 자연스럽게 나올 수밖에 없다. 자본주의와 국가 혹은 자본주의 국가를 탐구하는 것은 이 질문에 답을 찾는 작업이 될 것이다. 시장경제와 국가는 어떻게 협력하고 갈등하는가? 그리고 그것이 (행정)법에는 어떤 영향을 미치고 있는가? 이것은 행정법 공부를 시작하면서 제일 먼저 던져야 할 질문이기도 하다.

---

36) 장석준, 앞의 글, 156쪽.

37) 국순옥, "본 기본법과 사회국가", 국순옥, 민주주의 헌법론, 아카넷, 2015, 295쪽 참고. 반면 포르스토프는 '사회적인 것'(das Soziale)은 개념적으로 단지 "나누고 배분하고 분배하는 과정"에만 관여한다고 해석하여 사회국가원리의 실체를 왜소화한다. Ernst Forsthoff, "Begriff und Wesen des sozialen Rechtsstaates", 186쪽. 국순옥, 위의 논문, 304-305쪽에서 재인용.

38) 백승욱, 앞의 책, 51쪽.

39) 백승욱, 위의 책, 53쪽.

40) 백승욱, 위의 책, 89쪽 참고.

2.2. 자본주의 행정법의 유형에 관한 고찰

2.2.1. 자본주의 국가론 각론으로서의 행정법학

국가는 갖가지 법률을 통해 자본주의적 사회관계를 생산하고 유지한다. 법률에는 다음과 같은 사항이 포함된다. 첫째, 자본주의 사회의 행위자들(자본가와 노동자, 소비자, 주주 등) 각각에게 법적 권리들을 배정한다. 둘째, 행위자들의 관계를 규율하는 절차적 규칙과 규범들을 정한다.[41] 행정법은 이 법률군(群) 중에서도 가장 중요한 법이다. 따라서 행정법을 공부할 때는 항상 국가의 의의, 국가와 사회 사이에서 행정의 역할을 염두에 두어야 한다. 국가의 성격이 바뀌면 혹은 국가가 자본주의적 사회관계를 생산하고 유지하는 방식을 바꾸면 정작용의 양상도 달라지고, 이것은 행정법에도 영향을 준다.

국가가 사회구성체의 전체 구조와 역학(dynamic)에서 중요한 역할을 한다는 것은 분명하다. 문제는 국가란 무엇인가 하는 질문에 대한 답변이 그리 간단한 일이 아니라는 사실이다. 일상용어에서 국가는 주체가 되기도 하고, 사물이 되기도 한다. 또한 경제계급, 사회층, 정당이 혹은 관료층이 국가를 이용하여 자기들의 의도나 이익을 추구한다는 식으로 말해지기도 한다. 그러나 국가는 통일적인 주체도 아니고 마음대로 주무를 수 있는 사물도 아니다.[42]

국가는 현실의 활동 안에서 형태와 외양을 바꾼다. 더 정확하게는 국가를 움직이게 만드는 정치적 제 세력과 국가의 관계 안에서, 국가와 사회 제 세력이 활동하는 환경 안에서 형태와 외양을 달리한다.[43] 국가(및 국가에 의해 대표된 사회 제 세력)는 새로운 과제에 직면하면서, 자신이 해야 할 일의 우선순위를 재규정하고, 활동을 확대하거나 축소하며, 혹은 새롭게 이해관계를 형량하고 활동의 규모를 조정하는 것을 되풀이하는 방식으로 자율성을 높인다. 국가는 사회구성체 안의 하나의 구성요소이면서도, 그 사회구성체의 응집성을 유지해야 할 책임을 지고 있는 모순적 존재이

41) 제프리 잉햄, 홍기빈 옮김, 자본주의 특강, 삼천리, 2013, 279쪽(표현은 필자가 수정).

42) 밥 제솝, 남상백 옮김, 국가권력, 이매진, 2021, 16-18쪽.

43) 미국에서 이른바 "국가의 연장된 팔"(Jan Hirsch)로서의 NGO 혹은 시민단체의 활동이 1980년대 이후 눈에 띄게 늘어난 것은 레이건 대통령 이후 정부의 업무를 민간에 위탁(outsourcing)하는 경향이 강화되었기 때문이다.

다.[44] 국가와 상층 자본가계급은 상속세 폐지가 자본주의에 대한 다수 대중의 지지를 약화할 우려가 있으므로 이에 반대하거나(2000년대 초 미국 사례), 필요하다면 누진적 과세도 지지할 수 있다.[45] 부유세를 도입하는 것이 자신들을 부유하게 만든 이 체제를 유지하는데 도움이 된다고 주장하기도 한다.

이 모순을 간파해내면서 국가 장치들이 공동의 이익, 혹은 일반의사의 이름으로 국민 혹은 주민 전체를 구속하는 결정을 내리고 집행하는 경로와 방식을 알아내는 것, 이것을 나는 국가론 각론으로서의 행정법학의 역할이라고 생각한다. 즉, 행정법학에서 국가는 국법학적으로 접근해야 할 일반이론적 문제라기보다는 사회 전체와의 관계에서 국가의 범위를 실질적으로 획정(劃定)하고, – 가령 주택공급이라는 공적인 임무를 수행하는 재개발조합과 같은 사적 주체들을 공법상의 권한을 가진 '국가'로 볼 수 있는가 하는 문제 등 – 그 국가의 행위와 작동방식이 자본주의적 생산과 재생산에서 수행하는 정치적 의미 내용을 개별 구체적으로 검토해야 할 문제이다.

일례로 신자유주의 국가에 관해 생각해보자. 금융화, 자본자유화, 노동의 유연성 강화, 발전주의로 표상되던 발전노선의 폐기 등으로 이야기되는 신자유주의는 작은 국가, 시장에 개입하지 않는 국가를 선호한다고 말해진다. 그러나 신자유주의 국가를 약한 국가로 오해해서는 안 된다. 신자유주의는 국가와 사회의 관계를 재구성한다. 국가를 약화하기 위해서라기보다는 시장의 규율권력을 창조하고 보강하는 국가기관을 강화하기 위해서다. 따라서 **신자유주의 국가는 행동주의적이고 유능한 국가**이다.[46] 행정법적으로 말하자면 신자유주의 국가는 행정의 전통적인 행위 수법(행위형식)을 시장의 주도권을 강화하는 방향으로 재조정한다. 1980년대 이후 각국에서 허가·특허·인가와 같은 전통적인 권력적·규제적 행위형식을 대신하여 계약, 협의, 정보제공 등 **비권력적 행정작용**의 중요성과 비중이 커진 것도 이런 맥락이다. 비권력적 행정작용이 늘어났다고 해서 국가가 약해졌다고 말할 수 없다. 또한 계약수법 등이 외국인법, 난민법을 포함한 모든 행정법 영역에서 관철되는 것도 아니다. 경찰(행정)법 영역에서는 여

---

44) 밥 제솝, 남상백 옮김, 앞의 책, 23쪽.

45) 피케티에 따르면 프랑스 혁명으로 도입된 상속세는 1791년부터 1901년까지 엄격한 비례세였다. 그러다가 자본가계급은 1차 대전과 1917년의 볼셰비키 혁명 등 임박한 위기에 대응하기 위해 누진세의 도입을 지지하지 않을 수 없었다. 토마 피케티, 21세기 자본, 글항아리, 2014, 406, 598-600쪽.

46) 피에르 다르도 외, 정기헌 옮김, 내전, 대중혐오, 법치 – 신자유주의는 어떻게 지배하는가, 51-52쪽. 또한 국가의 "두 얼굴"(강약약강)에 관해서는 이미 제1장 더공부하기/생각해보기/토론하기 2번에서 지적했다.

전히 권력적 수단이 선호되고 이에 더하여 경찰의 정보수집권한이 강화된다.[47)]

다만, 이러한 변화는 각국에서 한결같지 않다. 그렇다면 우리는 상부구조의 한 부분인 행정법의 작동방식에서 자본주의적 보편성을 밝혀냄과 동시에, 나라별 행정법의 특수한 양상도 읽어낼 수 있어야 한다. 단적으로, 미국 행정법에는 독일식 행정행위 개념 자체가 없다.[48)] 중앙집권 권력 혹은 연방 행정기구가 의회 제정법(Parlamentsgesetz)에 근거하여 업다운 방식으로 전국적으로 통일된 규율 내용을 일방적-고권적으로 결정하는 식의 체계가 미국 (연방)행정에는 결여되어 있기 때문이다. 이점에서 미국의 정치·행정구조는 확실히 '분권적'이다.

이런 분권적 구조를 바꾸려는 시도 중 하나로 헤리티지 재단이 트럼프의 재집권을 겨냥해 2022년 시작한 '프로젝트 2025'를 들 수 있다. 이 프로젝트는 여러 내용(임신중절과 가족, 이민 문제, 기후대책과 경제 등)을 담고 있지만, 특히 중요한 것이 연방정부의 행정구조개혁이다. '프로젝트 2025'는 연방정부의 행정기관은 모두 대통령의 직접 통제하에 두어야 한다고 제언한다. 여기에는 법무부 등 대통령으로부터 독립한 권한을 갖는 부서도 포함된다. 이것은 대통령 권한을 넓게 해석하는 '단일 행정부 이론'(unitary executive theory)으로 불리는, 비판이 많은 정치이론에 기초해 있다. 멀게는 『페더랄리스트 페이퍼』 70번에 수록된 해밀턴의 주장에까지 거슬러 올라가는, 부침을 거듭해온 이 이론은 G. W. 부시행정부 시절에 재차 헌법적 논쟁의 대상이 되었다. 당시 딕 체니 부통령은 이 이론을 근거로 대통령의 행정부서 통제권한을 박탈하려는 의회의 그 어떤 시도도 격퇴되어야 한다고 주장했다. 체니의 이 주장을 법리적으로 다듬은 이가 그의 핵심참모인 데이비드 애딩턴이었다. 애딩턴은 '법률안 서명의견서'(signing statement)라는 숨은 권력수단을 통해 대통령의 권한 확장을 꾀했다.[49)] 애딩턴은 '의회로부터 넘겨받은 법률안이 단일 행정부

47) 이계수, "신자유주의의 세계화와 경찰국가의 강화", 민주주의법학연구회 심포지움 자료집, 2001, 66-97쪽.

48) Winfried Brugger, *Einführung in das öffentliche Recht der USA,* 2. Auflage, C. H. Beck, 2001, 232쪽. 자세한 것은 제13장(13.1.2.)을 볼 것. 다이시는 명칭이 없다는 것은 결국 우리가 그 대상 자체를 승인하지 않았음을 의미한다"고 말했다. 알버트 다이시, 안경환·김종철 공역, 헌법학입문, 경세원 1993, 223쪽(번역은 필자가 수정).

49) 수전 조지, 김용규/이효석 옮김, 하이재킹 아메리카, 산지니, 2010, 86-88쪽. 부시 행정부 당시의 논의에 관한 자세한 법적 평가는 다음 논문을 참고할 것. David H. Rosenbloom, 이우영 옮김, "George W. Bush 대통령의 '대통령 일원적 행정부' 이론과 미국에서의 법의 지배", 공법연구 제36집 제1호, 2007, 47-77쪽.

이론에 어긋나게 해석된다면 그에 대해서는 법적 효력을 부여하지 않겠다'는 식의 법률안 서명의견서(signing statement) 작성을 주도했다.[50]

과태료나 과징금과 같은 금전적 제재 사례만 보아도 행정행위가 없는 미국 행정법의 한 단면이 보인다. 미국의 대다수 (연방)행정기관은 일방의 당사자로서 소송을 제기할 수 있을 뿐, 스스로 종국적인 납부 명령을 내리는 것은 예외에 속한다(후술할 이른바 **사법적 집행방식**). 프랑스식 행정법을 갖지 않은 영국적 전통과 그것에 영향을 받은, 미국법에 뿌리 깊게 자리하고 있는 '당사자주의'(adversarialism)적 사고가 이런 식의 제도 형성에 영향을 주었다.[51] 반면 후발 자본주의 국가 독일에서는 일방적-고권적 결정 방식이 오랫동안 선호되어 왔다.[52]

독일과 한국의 행정법이 공통적이면서도 동시에 서로 다른 제도와 법리를 발전시키고 있다면 이 또한 자본주의와 행정법이라는 관점에서 해명되어야 한다. 그러한 바탕 위에 한국 행정법의 기반으로서의 한국 자본주의 국가의 구성 및 작동원리가 검토되어야 한다. 예컨대 국가의 구성원리로서의 '권력분립'이 한국 행정법에서 담당하는 역할 같은 것이다. 행정법에서 이 문제는 행정재량의 인정 범위와 그에 대한 통제로 자주 다루어진다. 가령 미국 행정법은 재량과 불확정개념을 구분하지 않으며, 행정에게 법의 해석과 집행에 대한 폭넓은 판단권(재량)을 부여한다. 이것은 미국 행정법이 독일 행정법과는 다른 방식으로 작동하는 권력분립을 지지한다는 의미이다. 사실 행정법의 핵심이 재량이라고 할 때 이런 차이, 즉 재량에 대한 수권방식과 그에 대한 통제의 차이는 매우 중요하다. 이 점을 조금 더 구체적으로 얘기해보려면 영미형 자본주의와 독일형 자본주의를 각각 대표하는 미국 행정법과 독일 행정법에 대한 추가적 설명이 필요하다.[53]

---

50) 강승식, "대통령의 법률안 통제방안 - 미국의 경험을 중심으로 -", 공법학연구 제14권 제1호, 2013, 201쪽 참고.

51) 정인영, "미국 행정법의 금전적 제재(Civil Penalty)", 행정법연구 제69호, 2022, 74쪽.

52) 통상 일방적-고권적 결정방식이 효율성 및 속도에서 상대적으로 유리했던 것은 사실이다. 그러나 이런 '장점'도 독과점 기업에 대한 과징금 부과와 같은 사례에서 점점 더 상대화되고 있다. 예컨대 한국의 공정거래위원회가 구글에게 과징금 421억 원을 부과하는데는 조사시점을 기준으로 5년(2018-2023)이 걸렸다. 독과점 플랫폼 기업에 대한 제재는 반드시 행정소송까지를 염두에 두어야 하므로 행정결정은 엄격한 행정절차를 지킨 조사와 의견청취를 거치게 된다. 이로써 독일식 시스템 하에서도 최종결정까지는 점점 더 많은 시간이 걸리고 있다.

53) 이하에서는 독일 행정법과 미국 행정법을 비교하지만, 제11장에서는 독일 행정법과 프랑스 행정법

2.2.2. 복지 자본주의의 세 가지 세계와 행정법의 해석

"국가는 사회구성체 안의 하나의 구성요소이면서도, 그 사회구성체의 응집성을 유지해야 할 책임을 지고 있는 모순적 존재"라는 것, 그 "모순을 간파해내면서" 국가가 "자본주의적 생산과 재생산에서 수행하는 정치적" 행위 및 그 작동방식을 알아내는 것이 국가론 각론으로서의 행정법의 역할이라고 했다. 나는 이 작업을 수행하는데 에스핑앤더슨의 『복지 자본주의의 세 가지 세계』가 일정한 도움을 줄 수 있다고 생각한다.

에스핑앤더슨은 18개국 데이터를 꼼꼼히 분석한 뒤 자본주의를 세 개의 복지국가 레짐(자유주의 레짐, 보수주의 레짐, 사회민주주의 레짐)으로 유형화했다. 레짐(regime)이란 말을 사용한다는 것은 국가와 경제 간에는 법적·조직적 관계가 체계적으로 뒤얽혀 있음을 지시한다.[54] 이는 국가만이 아니라 널리 사회전체를 시야에 넣고 복지의 생산·공급주체를 검토하겠다는 의미이기도 하다. 복지가 생산되고, 그것이 국가, 시장, 가족 사이에서 배분되는 종합적인 방식으로서의 복지 레짐의 차이가 복지국가의 유형을 결정한다. 이런 접근은 복지를 생산·공급하는 주체가 국가(정부)만이 아니라는 사실, 시장과 공동체(가족과 지역)도 그러한 주체가 될 수 있다는 사실, 그리고 복지의 생산·공급과 관련하여 이 세 주체의 특징과 기능을 어떻게 살려나갈 것인가가 매우 중요하다는 것을 시사한다. 물론 여기서 말하는 복지 혹은 복지국가는 좁은 의미의 그것이 아니라, 정치경제 전반에 관련된 것을 의미한다.[55]

나는 행정법 또한 경제를 관리하고 조직화하는 국가의 광범위한 역할과 관련되어 있다는 점에서 에스핑앤더슨이 유형화한 세 개의 복지국가 레짐이 '비교행정법'을 위한 도구로 유용하다고 생각한다. 가령 그는 독일을 보수주의 레짐으로 분류하는데, 이 레짐은 조합주의적(코포라티즘적)·국가주의적 역사적 유산을 물려받고 있으며, 보수주의적 혹은 강도가 높은 '코포라티즘적' 복지국가의 모습을 보인다.[56]

이해하기 쉽게 주택문제를 생각해보자. 토지 및 부동산 연구자들은 에스핑앤더슨의 논의를 응용하여 토지 시장에 대한 복지 자본주의의 대응이 세 레짐별로 각각 달라질 수 있다고 설명한다.[57] 연구자들은 이것을 주택 레짐(Housing Regime)이라고 부르기도

을 비교할 것이다.

54) G. 에스핑앤더슨, 박시종 옮김, 복지 자본주의의 세 가지 세계, 성균관대학교출판부, 2007, 18쪽.

55) G. 에스핑앤더슨, 박시종 옮김, 위의 책, 17쪽.

56) G. 에스핑앤더슨, 박시종 옮김, 위의 책, 63쪽.

한다. 주택 문제를 주택 레짐으로 바라본다는 것은 “개별 국가들의 구체적인 주택 정책을 고려하는 선을 넘어” “이를 자유주의, 보수주의, 사회 민주주의 등 다양한 이데올로기와의 관련 속에서 그리고 계급 갈등, 국민 국가 건설, 조합주의, 부의 재분배 등 권력 관계와의 폭넓은 관련 속에서 바라본다는 의미다.”[58] 그러므로 주택관련 건설법제를 공부할 때는 개별 제도와 개념 하나하나의 충실한 해석에도 관심을 가져야 하지만, 그 제도와 개념이 발딛고 서 있는 복지국가 레짐도 동시에 생각해야 한다. 이런 거시적 시각은 임대료에 대한 공법상의 통제법제를 해석할 때 넓고도 깊은 안목을 제공해줄 것이다. 가령 사권형성적 행정행위의 한 사례로 거론되는 선매권(15.1.2, 15.2.4.)에 대한 해석은 독일의 주택 레짐을 이해하는 것을 전제로 할 때 더욱더 정당한 결론을 도출해낼 수 있다. 한편, 독일 임대 주택 시장의 행위자에는 다양한 형태의 주택조합, 교회, 공익적 주택건설협회, 노동조합 같은 조직이 있다. 이들은 민간 영역에 속하지만, 국가는 이들에게 각종 보조금을 지급하여 사회 주택 공급을 조절한다. 따라서 주택 문제에서도 독일 복지국가 레짐은 국가주의·조합주의를 그 핵심요소로 하는 보수주의의 면모를 보여준다. 또한, 독일과 같은 보수주의 레짐에서는 **단체소송**을 예외적으로 인정하더라도 그 허용범위는 조합주의(코포라티즘)의 성격을 충실히 따른다.

단체소송에도 크게 보아 두 유형이 있다. 하나는 미국식이다. 대표당사자소송(class action)이 이에 해당한다. 다른 하나는 독일식 등 대륙법의 방식이다. 미국은 국가법의 집행에 사인을 개입시키는 사인에 의한 법집행(private law enforcement)이 발달한 나라다. 경쟁법·자본시장법·제조물책임법이 이러한 법집행을 허용하며, 나아가 환경법이나 차별금지법의 영역에서도 사인에 의한 법집행이 법을 집행하는 방법 중의 하나로 중요한 역할을 한다. 그 핵심적 수단이 소송인데, 그중에서도 연방민사소송규칙 제23조(Federal Rules of Civil Procedure Rule 23)에 따른 대표당사자소송이 중요하다.[59] 또한 다수의 환경법률이

57) 대표적으로 케메니의 연구를 들 수 있다. 그는 각국의 주택 점유 형태 분포와 복지 체제, 임대 시장의 특성 분석 등을 통해 독특한 임대 시장 유형론을 제기하고 있다. 김수현 외 5인, 주거복지의 새로운 패러다임, 사회평론, 2011, 110-111쪽, 284쪽 참고.

58) 문수현, 주택, 시장보다 국가 - 독일 주택정책 150년, 이음, 2022, 16쪽.

59) 미국은 1842년 형평규칙(Equity Rule) 제48조에 처음으로 연방대표당사자소송을 규정하였다. 이 규정은 형평법 관련 소송절차에만 한정적으로 적용되었다. 그 이후 1938년 연방민사소송규칙(Feral Rules of Civil Procedure) 제23조에서 일반민사소송 전반에 적용되는 대표당사자소송을 규정하였다. 현재의 연방민사소송규칙 제23조는 1966년 개정된 내용을 바탕으로 한다. 최광선, “현행 단체소송 제도의 문제점과 개선방안에 관한 연구 - 공익소송의 활성화를 중심으로 - ”, 인권법

규정의 준수를 소송으로 다툴 수 있는 권한을 모든 사람에게 부여한다. 시민들은 누군가가 환경법상의 의무를 지키지 않는다면, 그가 환경침해적 기업이든 아니면 행정청이든 그들을 상대로 소로서 다툴 수 있다. 행정규범의 발령을 소를 통해 주장하는 것도 가능하다.[60] 사인에 의한 법집행은 자유주의 레짐의 미국에서는 아주 오래된 전통이자, 미국의 법집행에서 불가결한 요소이다. 그러나 사인에 의한 법집행은 국가법의 집행과 관련한 민주적 책임성의 문제를 발생시킨다. 또한 이런 식의 법집행을 통제하는 것은 제한된 범위 내에서만 가능하다는 점, 그래서 그 가치를 지나치게 과대평가하면 안 된다는 점도 유의해야 한다.[61]

반면, 독일법은 미국법의 방식을 흔쾌히 수용하지는 않는다. 나아가, 환경법과 소비자법 영역에서 부분적으로 단체소송을 도입한다고 하더라도, 그것의 원고적격은 제한된 단체에게만 인정한다. 예컨대 자연보호법상 단체소송이 그러하다. 이 단체소송은 각 주(州) 자연보호법에 먼저 도입되었고(시초는 1979년 브레멘주의 자연보호법), 2002년에는 연방자연보호법도 이를 수용했다. 그런데 이들 단체소송은 일정한 요건을 충족하는 승인단체에게만 일정한 행정절차 참가권을 부여한 후, 이 단체들만 공익적 단체소송을 제기할 수 있게끔 제도설계가 되어 있다.[62] 개인주의적 주관적 공권 체계를 조합주의(코포라티즘)의 관점에서 국가가 허용한 단체에 한해서만 부분적으로 해제하는 방식을 취하는 것이다. 이처럼 단체소송의 의의 및 운용실태 하나에도 각국이 (광의의) 복지(welfare)를 실현하는 방식, 이를 실현하기 위해 개인과 단체를 활용 혹은 조직하는 방식이 다르게 전개되고 있음을 확인할 수 있다. 이제 이 쟁점을 보수주의 레짐의 독일 행정법과 자유주의 레짐의 미국 행정법을 비교함으로써 조금 더 자세히 살펴보려고 한다.

평론 제28호, 2022, 365쪽.

60) Schmidt-Assmann, *Das Verwaltungsrecht der Vereinigten Staaten von Amerika,* Nomos, 2021, 136쪽.

61) Schmidt-Assmann, 위의 책, 136-137쪽.

62) 조태제, "독일 환경법에서의 단체소송 입법의 현황과 전망", 한양법학 제27권 제2집, 2016, 5쪽. 다만, 유럽연합의 통합과 유럽법의 통합과정에서 이런 방식이 점차 비판받고 있다. 향후 귀추가 주목된다. 김용민, "유럽연합 환경행정법과 독일 환경행정법의 갈등과 융합 - 단체소송을 중심으로 - ", 환경법연구 42권 3호, 2020, 89-122쪽.

2.3. 자본주의 행정법의 유형론 각론 - 독일 행정법과 미국 행정법

2.3.1. 독일 행정법과 미국 행정법의 비교

1960년대말 1970년초에 독일 학자 샤프가 미국 행정법을 소재로 정치-사회학적 비교행정법 연구를 진행한 이래 독일 학자들이 미국 행정법을 평가하는 관점에는 하나의 공통점이 발견된다. 샤프가 자신의 소책자 제목을 『**법치국가의 정치적 대가**-독일과 미국에서의 행정통제 비교 연구』라고 잡은 데는 다 이유가 있다. 법치국가를 향한 독일에서의 노력은 (안타깝게도) 그 정치적 대가를 치르고야 말았으니, 한마디로 이를 '민주주의를 지향해야 할' 행정법의 방향감각 상실이라고 표현할 수 있겠다. 독일 행정법이 쁘띠 부르주아지의 법으로서의 행정법의 면모에는 충실했는지 모르겠지만, 행정법과 정치의 관계라든가 공행정의 민주주의적 책임성(accountability)은 활성화시키지 못했다는 것이다.[63] 반면, 미국 행정법(학)에서 본다면 독일 행정법(학)의 체계성이 부러울 것이다. 누구나 자신에게 없는 것을 부러워한다.[64]

'오랫동안' 독일 행정법과 미국 행정법의 결정적인 차이는 다음과 같다고 얘기되어 왔다. 독일에서 행정에 맞선 권리보호는 주로 행정법원을 통한 통제에 중점이 맞춰져 있지만, 미국에서 권리보호의 중심은 행정 스스로가 적용하는 법형식적 절차이다. 이에 대응하여 독일 행정법은 주로 **실체법**이지만 미국 행정법은 압도적으로 **절차법**이다. 그래서 독일의 판사들이 원칙적으로 다툼의 대상이 된 결정의 '실체적(내용적) 적법성'을 심사하지만, 미국의 판사들은 행정이 결정을 내릴 때 적용한 '절차'의 공정성을 심사한다.[65] 재량과 불확정개념을 구분하고, 사실상 재량에 해당하는 불확정개념도 '법개념'이라고 주장하며 자신들이 이를 적용·해석할 수 있다고 믿는 독일의 판사들은 어떠하든 행정이 내린 결정의 내용을 심사하려고 한다.[66] 그들은 한때 이론과 실무에서 지지되던 판단여

---

63) Schmidt-Assmann, 위의 책, 28쪽.

64) 실제로 미국행정법의 초기 단계에서는 독일식 행정법학 체계를 수용하려는 움직임이 존재했다. 이에 관한 자세한 연구로는 다음을 참고할 것. Oliver Lepsius, *Verwaltungsrecht unter dem Common Law - Amerikanische Entwicklungen bis zum New Deal,* Tübingen, 1997.

65) F. Scharpf, *Die politischen Kosten des Rechtsstaats - Eine vergleichende Studie der deutschen und amerikanischen Verwaltungskontrollen*, Tübingen, 1970, 40쪽.

66) 이로 인해 절차에 대한 관심은 상대적으로 떨어진다. 한스 마이어는 독일 판사들이 이런 태도 혹은 "권력의 욕구"를 고집하는 한 행정절차법에 대한 평가절하는 지속될 수밖에 없다고 본다. 한스 마이

지설을 점차 의문시하면서 불확정(법)개념에 대한 판단여지의 영역을 줄여나가고 있다. 예컨대 독일 연방행정법원은 한때 불확정개념에 대해서는 제한적으로만 심사할 수 있다고 보았으나, 곧 예외적인 경우를 제외하면, 불확정개념도 법원에 의해 전면적으로 심사되어야 한다, 즉 행정은 판단여지를 갖지 못한다는 견해를 취하기에 이르렀다. 그러한 예외는 특별한 근거에 의해 정당화되어야 하며, 또한 동시에 해당 법률 규정으로부터 도출해낼 수 있어야 한다고 본다. 독일 연방헌법재판소도 이런 노선을 취했다. 나아가 기본권 제한과 관련해서는 예외의 한계를 더욱더 좁게 설정한다.[67] 반면, 재량과 불확정개념을 구분하지 않으며, 행정청이 행한 법령해석과 법집행을 인정하는 겸양적 해석(Chevron deference)을 선호하는 미국 법원은 행정절차의 준수 하에서 사실관계가 확정되고 법령이 해석되었는지를 중요시한다. 다소 도식적인 이런 구분은 최근 흔들리고 있지만, 필자는 이런 대립구도가 비교행정법적 관점에서는 여전히 유익하다고 본다.[68]

> 독일 행정법원법에 따르면 절차권의 침해는 원칙적으로 분리하여 재판상 주장할 수 없다. 즉, 동법 제44a조 제1문은, 동조 제2문의 예외를 유보하면서, 행정청의 절차행위에 대한 법적 구제는 본안에서 실체적 내용을 다투는 것과 동시에 제기하는 경우에만 허용된다고 규정한다. (행정절차법 파트에서도 보게 되겠지만) 독일법은 절차하자의 독자적 위법성을 대체로 부정해왔으므로 절차하자만 갖고는 소를 제기하기도 힘들거니와, 실체적 하자와 절차하자가 동시에 다투어지는 사안에서도, 법원이 절차하자를 이유로 실체(내용)에 관한 판단을 취소할 수 있으려면 그 절차하자가 소를 제기한 사람의 실체적 권리를 침해한 경우여야 한다.[69] 이런 제도설계는 행정절차를 단순히 실체(내용)에 대한 보조적 존재로 이해하는 독일 특유의 사고를 반영한다고 평가된다. 혹자는 이러한 특이성(Eigenheiten)은 19세기 당시 형성된 독일 특유의 (형식적) 법치국가 개념 및 거기서 비롯된 법문화적 전통에 그 원인이 있다고 비판하기도 한다.[70]

어, 박정훈 역, "행정소송과 헌법재판의 관점에서 본 독일 행정법", 서울대학교 법학 제46권 제4호, 2005, 360, 366쪽.

67) Maurer/Waldhoff, 160-161쪽(7장 35-36번).

68) 셰브론 판결을 파기하는 연방대법원 판결 - Loper Bright Enterprises v. Raimondo, 603 U.S. 369 (2024) - 이 나온 것이 그 계기이다. 여기서는 일단 이 판결 이후 행정법에 근본적인 변화가 도래할 것인지가 미국 법학 내에서 깊이 있게 논의되고 있다는 정도만 언급해둔다.

69) Sodan/Ziekow, *Grundkurs*, 566쪽(72장 22번) 참고.

70) Thomas Würtenberger, 박정훈 옮김, "행정소송법과 행정절차법의 관계", 서울대학교 법학 제45권 제1호, 2004, 180-181쪽.

이런 차이는 행정법교과서의 구성과 서술방법에도 반영되어 있다. 독일 행정법교과서들은 대체로 행정법의 개념과 의의, 이념과 원리에서 출발하여, 법원(法源)론과 행정의 법적 구속, 행정의 주요 행위형식, 국가배상과 손실보상 순으로 '**연역적**'으로 서술해 나간다.[71] 모든 개념과 법리는 국가와 법에 관한 특정한 생각(도그마)으로부터 도출된다. 반면, 미국 행정법교과서들은 권력분립을 특히 강조하므로, 그 첫 서술은 대체로 '행정기관에게로의 권한위임'(Delegation of Power to Agency)에서 시작하여,[72] 행정과정,[73] 사법심사, 규칙제정권, 정식과 약식의 청문절차 등을 서술하지만 독일의 그것처럼 합의된 체계는 없다.[74] 교과서상의 기본개념도 법과 사건의 소재로부터 '**귀납적**'으로 종합해낸 것이다. 이런 차이는 헌법학 교과서에서도 확인된다. 독일 헌법교과서가 헌법의 개념에서부터 연역적으로 서술해나가는데 비해, 미국의 그것은 위헌법률심사를 먼저 내세우고, 그 심사로부터 도출해낼 수 있는 경험적 결론들을 하나하나 적어나간다. 이런 다름은 철학적으로 합리론과 경험론의 차이를 반영한다.[75] 말하자면 행정은 법률에 구속되어야 한다는 대전제 혹은 이념과 원리에서 출발하여 그 전제에 맞춰 개별 행정작용의 내용적 적법성을 심사해나가는 방식과 굳이 그런 대전제를 내세우지 않고, 행정에 의한 개입과 그에 따른 권리 침해는 어떤 경우에, 어떤 절차적 조건 하에서 가능한지를 하나하나 확인하여 서술해나가는 방식의 차이라고 하겠다.

그런데 이런 설명보다 더 중요하게 들여다보아야 할 부분이 있다. 그것은 왜 독일 행정법은 실체법 중심이고, 미국 행정법은 절차법 중심인가를 자본주의 행정법의 보편성과 특수성의 관점에서 해명하는 일이다. 독일 행정법이 혹은 미국의(연방)행정법이 그렇다는 것을 우리가 왜 알아야 하는가? 그것이 왜 그렇게 중요한가, 라는 질문에 답할 수 있어야 한다는 뜻이다. 조금 단순하게 말하자면, 실체법 중심이라는 것은 의회제정법이 행정법의 중심이 된다는 의미이다. 반면, 절차법 중심이라는 것은

---

71) 독일 행정법 교과서로는 Hans-Uwe Erichsen(Hrsg.), *Allgemeines Verwaltungsrecht,* 11판, Walter de Gruyter, 1998의 편제를 참고했다.

72) 예컨대 Richard J. Pierce Jr., *Administrative Law*, Foundation Press, 2008, 7쪽 이하.

73) "미국의 학자 가운데에는 행정법을 행정과정(administrative process)에 관한 법으로 파악하는 예가 많(다.)" 이상규, 영미행정법, 법문사, 2001, 47-48쪽.

74) 미국 행정법을 소개하는 한국과 독일의 저서들은 미국적 소재도 독일식으로 체계화하여 서술한다. Winfried Brugger, 앞의 책, x-xi쪽; 이상규, 위의 책, v-xii쪽.

75) 이계수, "헌법의 개념", 민주법학 제12호, 1997, 424쪽.

의회가 실정법률을 제정하더라도 그 법률의 규율 밀도는 상당히 낮으며, 규율의 실질적 내용을 채워나가는 것은 행정청 단계에서 이루어지는 행정절차와 그 절차를 사후적으로 점검하는 법원의 해석이라는 의미이다. 따라서 의회제정법이 행정법의 중심은 아니게 된다. '미국인들은 세세한 문제는 법률 등으로 결정하기보다는 빈번히 제기되는 소송에서 구체적으로 타당한 해결을 도모하는 편이 낫다고 본다.'[76)]

이런 차이가 생긴 원인 중 하나로 유럽, 특히 독일과 미국에서의 민주주의의 작동방식을 얘기하고 싶다. 19세기 중반 이래 강력한 **노동계급 운동**과 **계급정당**이 존재했던 유럽 및 독일 모델과 달리 미국의 노동계급은 민족, 종교, 지역, 경제적으로 이질적이기 때문에 노동계급 운동과 계급정당은 정치행정 체제 내에서 뿌리내리지 못했다. 유럽식 모델에서는 계급 간 대결과 이에 대한 사회 민주적 해결책이 어떤 식으로든 추구되었지만, 미국식 모델에서는 이것이 제약당했다.[77)] 미국 사회(다원주의 사회)의 종교적·문화적·윤리적 다양성을 생각하면, 쟁점을 일반적·보편적 입법으로 해결하기보다는 행정차원의 개별 결정 혹은 재판 판결과 같은 상대적으로 독립·분산적인, 소규모의 장(場)에서 풀어나가는 것이 갈등해결에 유익하다는 판단이 있다.[78)] 이런 생각은 노동자와 사회적 약자의 보호에서도 일반법률 방식이 아니라, 행정결정과 법원판결을 통한 개별 구제 방식을 선호하게 만든다. '미국에서는 정치과정이 파편화되어 있으므로 정치과정을 통한 대개혁이 어렵다. 그러므로 사회로부터의 요구는 정치가 아니라 사법(司法)으로 향하기가 쉽다'는 평가가 나오는 것,[79)] '법관법', 즉 판례법인 불법행위법이 미국에서 발달하고, 이 불법행위법을 두고 1959년에 한 평론가가 "변장한 공법"(Public law in disguise)이라고 호기롭게 말한 것도 이런 배경을 알면 더 쉽게 이해가 된다.[80)]

---

76) 吉良貴之 外, "〈法と科学〉の日米比較行政法政策論", 年報科学·技術·社会 26권, 2017, 86쪽.

77) 제프리 잉햄, 홍기빈 옮김, 자본주의 특강, 삼천리, 2013, 284-285쪽. 독일의 경제학자이자 사회학자인 좀바르트는 이미 1906년에 '미국에는 왜 사회주의가 없는가'라는 제목의 책을 출간했다. 베르너 좀바르트, 정헌주 옮김, 미국은 왜 사회주의가 없을까, 간디서원, 2024.

78) Sheila Jasanoff, *Science at the bar - Law, Science, and Technology in America*, Harvard Univ. Press, 1997, 217-218쪽 참고.

79) Robert A. Kagan, *Adversarial Legalism-The American Way of Law,* Harvard University Press, 2007. 吉良貴之 外, 앞의 논문, 91쪽에서 재인용.

80) Sheila Jasanoff, 앞의 책, 27쪽. 미국에서 법경제학(law and economics)이 발전한 중요한 이유 중에 하나도 바로 이 정책법으로서의 불법행위법의 발전과 연관되어 있다.

이런 경향성은 미국 연방정부의 사회권에 대한 태도에서도 확인된다. 미국은 선진국 중 '사회권규약'(경제적·사회적 및 문화적 권리에 관한 국제규약)을 비준하지 않은 유일한 나라이다. 미국은 '유엔 여성차별철폐조약', '아동권리조약', 'ILO 조약 100호'(동일가치 노동에 대한 남녀노동자의 동일 보수에 관한 조약), 'ILO 조약 156호'(가족부양책임이 있는 남녀노동자에 대한 기회 및 처우 균등에 관한 조약)도 비준하지 않았다. 한 마디로 사회권적 카테고리의 일반적 승인을 전면적으로 거부해왔다.[81]

물론 이렇게 된 데에는 역사적 환경과 정치적·경제적 세력 균형의 차이가 존재한다. (19세기 당시) 독일은 국내 시장을 통일하고, 보호무역주의와 영업의 자유에 대한 통제를 통해, 산업혁명으로 앞서나가던 영국을 따라잡으려 했다. 1871년 독일 제국(Reich)이 수립된 이후로는 '국왕' 권력을 정점으로 위에서부터 아래로 내려가는 수직적 명령 및 그것의 착실한 집행법으로서의 행정법을 구축하는 것이 관건이었다. 그러나 미국은 그런 나라가 아니었다. **자유무역주의**와 **계약의 자유**를 지지했으며, 경제 권력의 자율성을 강조했다. '미국 헌법의 이해에 따르면 개인의 자기책임, 공동체의 자기조직에 특별한 중요성을 부여하는 것이 당연했다.'[82] 연방이 국내 행정과 관련하여 많은 권력을 가질 필요를 느끼지 못했고, 영업에 대한 통제도 영국적 전통에 따라 일반법원이 그대로 담당하면 된다고 보았다. 그러다가 점차 별도의 행정조직이 법원이 행한 역할을 담당하게 되었다.

독일에서 법치국가 원리는 이미 계몽 절대주의(대표적으로 프로이센의 프리드리히 대왕)에도 크게 위험하지 않은 것으로 받아들여졌다. 군주와 보수 엘리트 계급은 법치국가를 받아들이는 것이 그들에게도 유리하다는 것을 자각하기 시작했다.[83] 독일 – 1871년 독일 통일 이전에는 여러 영방(領邦)국가 – 의 군주들은 행정권은 물론이고 입법권과 사법권도 장악하고 있었다. 이 권력에 도전한 것이 (비록 좌절했지만) 1848년 2월 혁명을 주도한 부르주아 시민계급이었다. 이들이 주요 세력이 된 독일 각 영방(Land)의 의회는 그리고 1871년 이후 독일제국의 의회는 부분적으로 입법권을 장악한 뒤, 부르주아 시민계급의 자유와 권리를 제한하거나 침해하는 행정을 할 때는 반드시 그러한 권한 행사의 법률적 근거가 있어야 한다고 주장했다. 이후 의회는 군주

81) 竹内真澄, "所有的個人主義からどこへ行くのか … individual property 再建への曲がりくねった道", 唯物論研究協会 電子ジャーナル Vol. 0号, 2005, 17쪽.

82) Schmidt-Aßmann, 앞의 책, 136쪽.

83) F. Scharpf, 앞의 책, 57쪽.

및 구귀족 세력과 부르주아 시민계급의 타협이 관철되는 장(場)에서(19세기) 부르주아 시민계급과 노동자계급 사이의 타협의 장으로(20세기) 변모했지만, 국정의 중심으로서의 역할은 계속 유지했다.[84] 1970년대 빌리 브란트 수상 하의 사회민주당 정권이 법률 제정 - 행정법적 관점에서 보면 토지와 주택 및 교육관련 법률의 개혁이 두드러진다 - 을 통해서 '사회 개혁'을 추진했을 때에 (보수적) 법사회학자들이 '법률의 홍수'라는 비판으로 대응했는데, 이 또한 행정법의 대립장소가 법원이 아니라 대의제기관인 의회라는 점을 잘 보여준다. 중요한 것은 19세기 중반이래 독일에서 계급투쟁의 중심은 의회였고, 그 곳에서부터 행정법의 토대가 마련되었다는 사실이다. 또한 바이마르 의회라든가 1970년대 사회민주당 정권 하의 의회 사례가 보여주듯이 의회제정법률의 내용형성에 따라서는 행정법을 통한 평등의 실현도 가능했다. 이런 나라에서는 의회의 의사를 자의적으로 왜곡하지 않도록, 행정이 법대로 했는가(=내용적 적법성)가 중요한 관심 사항이 될 수밖에 없다. 이를 점검하는 자는 처음에는 행정부 내의 행정재판소였고, 2차 대전 이후에는 사법부 소속의 법원이었다.[85] **의회국가적 합법성의 원칙**과 그것의 특수 독일적 실천으로서의 '법치국가'가 독일 행정법의 정신을 지배했다. 이러한 정신은 19세기 말, 20세기 초 대표적 행정법학자들(오토 마이어, 발터 옐리네크)의 행정개념 정의에도 반영되어 있다. 즉 그들의 '**소극설**'은 의회의 법정립활동과 법원의 법판단활동이 확장되면 될수록 행정의 역할은 줄어들 것이라는 부르주아—시민계급의 기대를 반영한다.

그러나 미국은 달랐다. 애초에 그런 군주는 없었고 그에 의해 장악된 행정도 없었다. 계급정당도 정착하지 못했다. 행정은 1787년 헌법에 기초하여 국민의 의지에 의해 새로 창설된 기관이자 국민에 대해 지속적으로 책임지는 기관이다. 이것이 오늘날까지 미국의 행정과 행정법을 바라보는 기본 인식으로 자리잡았다. 점진적으로 민

84) 이 타협체제가 노동자계급 우위로 전환되고 그것이 부르주아계급의 이해를 본질적으로 훼손할 수 있다는 우려가 고양되면 이에 대한 강력한 반동 혹은 반혁명의 물결이 몰려온다. 이 반동의 가장 극단적인 형태가 바로 나치스 체제였다.

85) 후술하듯이 19세기 당시 프로이센 독일에서는 행정을 상대로 한 소는 행정부 내의 행정재판소에 제기해야했지만, 이런 제도적 한계 안에서도 부르주아계급은 재판에서의 자신들의 참여를 보장받기 위해 노력했다. 그 일환으로 루돌프 그나이스트는 교양과 재산이 있는 부르주아지를 행정재판의 명예재판관으로 참여시키자고 주장했다. 비록 행정부 내에 설치되긴 하지만 관료법관과 함께 교양과 재산을 갖춘 부르주아 명예재판관의 참여로 구성되는 행정재판소는 법치국가원리를 타협적인 방식으로 실현하게 된다. Carl Schmitt, *Verfassungslehre,* 132쪽.

주적 헌정질서의 구속을 받아들여야 했던, 이미 주어진, 하나의 역사적 사실이었던 유럽 국가들의 행정과 달리 미국의 행정부는 처음부터 자신의 민주적 정당성을 과신하고 있었다. 연방행정은 민주주의적으로 선출된 대통령의 소관 사항이었고, 주의 행정 또한 주지사의 소관 사항이었다. 마음대로 법을 만들고 명령을 내리는 군주가 없었으므로, 행정을 규제할 의회제정법을 제정·집행하고, 행정입법을 통제하는 것의 중요성을 강조하지도 않았다. 물론 이러한 진술은 뉴딜기를 전후하여 대통령의 행정명령이 표준화하고 빈번히 발령되면서 일정한 수정이 필요하겠지만 말이다. 중요한 것은 (연방) 의회든 행정부든 각자의 일을 하면서 – 행정부도 필요하다면 적극적으로 행정법령을 만들고, 반면 의회도 행정부가 만든 법령에 개입하여 사후적으로 재차 이의 효력을 정지시키거나 소멸시킨다. 행정부가 하는 규범제정도 일방적이지 않다(의사소통적 규범제정절차) – 상호간의 견제와 균형(check and balance)을 실천해왔다는 사실이다. 미국 연방헌법에 따를 때 대통령은 의회(Kongress)와는 별도로 제2의 직접 민주제적 정당성을 가진 권력기관이다. 이러한 **이원적 권력구조**는 의회중심으로 민주주의 정당성론을 구축해온 독일과는 다른 점이다. 또한 미국 행정법교과서는 양자의 관계를 협력이 아니라 '권력투쟁'으로 묘사한다.[86] 이러한 정치적이고 '역동적인' 프로세스는 때때로 행정부권력과 의회권력 사이의 충돌과 갈등의 원인이 되기도 하지만,[87] 독일법과 비교했을 때, '행정법'의 해석에서 행정부가 상대적으로 주도적인 역할을 담당하는 전통을 만들어내는데도 일조했다(셰브론 법리).[88] 로크적 의미의 광의의 집행부 중 집행의 중심부가 된 것은 법원이 아니라 (독립행정위원회 등의) 행정부였다. 미국 행정법을 두고 '특별히 그 정치적 성격이 각인되어 있는 법'(ein besonders politisch geprägtes Recht)이라고 평하는 이유도 이런 맥락과 연결되어 있다.[89]

물론 이상의 설명에는 당연히 유보가 필요하다. 독일이나 미국 행정법 내에서도

---

86) Eberhard Schmidt-Assmann, 앞의 책, 63쪽. 권력투쟁 같은 것은 독일 행정법교과서에는 등장하지 않는다. 그런데 이런 설명방식은 미국 교과서를 더 '다이나믹하게' 만든다.

87) 충돌과 갈등은 대통령의 행정명령권 발동과 관련하여 자주 발생한다. 최근의 사례는 2025년 1월 취임한 트럼프 대통령이 행정명령으로 이른바 행정개혁위원회(DOGE)를 설립한 것을 들 수 있다. 행정명령으로 설립된 이 조직이 미국국제개발처(USAID)와 같은 법률로 그 존재가 보장된 조직을 전격적으로 통제하기 시작하면서 갈등이 발생하였다.

88) 앞서 잠시 언급했듯이 연방대법원은 셰브론 법리를 폐기하는 판결을 내놓았지만, 이로써 행정법해석에 근본적인 변화가 도래할 것인지에 대해서는 유보적 해석도 적지 않다.

89) 자세한 것은 Eberhard Schmidt-Assmann, 앞의 책, 특히 370쪽 이하.

각 시기별로 행정법의 위상, 역할이 다를 때가 분명히 있다. 이를 사상(捨象)하고 양자를 개괄적으로 비교하는 것은 때로는 지나친 일반화가 될 수 있다. 이 절(節)에서의 설명은 이런 점을 감안하고 읽어야 한다.

2.3.2. 미국 행정법의 특수성

독일 그리고 이 나라의 영향을 강하게 받아온 한국 행정법에 익숙한 독자들에게 미국 행정법은 여러 면에서 낯설다. 유럽 및 독일과는 다른 행정 전통, 다른 정부제도, 필수 행정임무에 관한 다른 관념들, 법의 (수행) 능력 및 법학의 역할에 관한 다른 이해 등은 미국 행정법에 접근하는 길을 장벽처럼 막고 있다.[90]

미국 행정법의 특수성은 미국 행정기구의 고유한 구성 및 작동방식에 이미 그 단초가 있다. 독일과 미국은 연방국가라는 점만 같을 뿐 연방국가의 구성 및 작동방식은 아주 다르다. 독일에서 주는 연방참의회(Bundesrat)에 파견한 그의 대표를 통해 연방입법에 공동으로 관여하며(mitwirken), 원칙적으로 연방법률의 집행책임도 진다.[91] 반면, 이러한 '**집행연방주의**'(Exekutivföderalismus)가 미국에는 없다. **이원적 연방제**(dual federalism)라는 구도 아래, 연방과 그 회원국들은 명확히 분리되어 있으며 상호 독립적이다. 상원은 연방을 구성하는 주정부가 파견한 대표자회의가 아니라 각 주의 인민이 직접 선출한 상원의원들의 회의체이다. 연방법률의 집행은 원칙적으로 연방행정기관의 책임이며, 주정부를 연방법률의 집행에 참여시킬 수 있는 건 주가 스스로 동의한 경우로 한정된다.[92] 나아가, 미국 연방행정에는 한국의 행정안전부와 같은 독일식의 일반내무행정(기관)(eine allgemeine Innenverwaltung)이 없다. 수정헌법 제10조에 의하면, 주를 넘나드는 상거래(interstate commerce), 우편, 특허 등 특정 사무가 아니면 연방이 주의 사무에 개입할 수도 없으므로 연방정부가 전국을 통할하는 일반내무행정기관 같은 것을 두는 것은 불가능하다. 대신 개별 행정 부문별로 각각 지역 및 기초자치단체에 각자의 하부조직을 두고 있다. 이처럼 미국 연방의 행정조직은 독일의 그것에 비해 훨씬 분권적이고 파편적(개별적)이다. 이것을 잘 보여주

---

90) Eberhard Schmidt-Assmann, 앞의 책, 5쪽(서문).

91) 독일 기본법 제83조 이하. 특히 제84조 제1항, 제85조 제1항. 또한 연방행정절차법 제1조 제3항을 참고할 것.

92) Eberhard Schmidt-Assmann, 앞의 책, 21쪽.

는 것이 장관급 각 부서와 별도로 조직되어 있는 독립규제위원회들이다.93)

미국 행정법의 발전은 자본주의적 힘이 남용되는 것을 통제하기 위한 정치적 노력의 산물로 등장한 이 **독립규제위원회** – 1887년에 설립된 주간(州間) 통상위원회에서 출발하여 에너지위원회, 증권위원회, 독과점규제위원회, 연방통신위원회, 전국노동관계위원회, 환경보호청, 산업안전보건청 – 와 연결되어 있다.94) 법적으로 볼 때 이들 위원회의 임무는 이들이 등장하기 전까지는 일반법원에 맡겨져 있었다.

> 이들 위원회의 사무(주를 넘나드는 사무)는 법원에 맡겨져 있었으나, 주 내부의 공중위생, 식품안전, 은행, 보험, 공공설비 등에 대한 규제는 행정이 담당했다. 다만 그 양상은 주마다 각양각색이었다. 그간 이러한 사실을 중요하게 다루지 않았기 때문에 미국에는 오랫동안 행정과 행정법이 없었다는 식의 견해가 최근까지 통용되었다. 그 견해에 따르면 '가장 필요한 규제 업무는 법원이 보통법(common law)을 동원하여 수행했으며, 19세기 말이 되어서야 행정기관들이 설립되었다. 이후 미국을 진정한 행정국가로 만든 것은 1930년대의 뉴딜정책이었다.' 이런 식으로 묘사된 미국에서의 행정과 행정법의 발전은 각각의 정치적 입장에 따라 사회적 진보의 성공사로 혹은 자유주의 헌법의 원래 모습이 쇠퇴한 역사로 이야기되어왔다. 특히 이 두 번째 견해는 행정부의 정통성을 의심하게 만드는 원리적 공격에 이용되었다. 제리 매쇼는 이런 주류담론에 반대한다.95)

그런데 경제정책 및 사회정책의 관점에서 보았을 때, 법원의 업무처리는 만족스럽지 못했다. 그래서 의회가 나선 것이지만, 입법자는 (해당 분야의 미래를 예측하기 어렵다는 이유로) 이들 위원회를 설립하는 규제법률을 제정하면서 법률의 실질적 내용은 거의 개괄조항으로 – 가령 "공익"을 기준으로 한 면허 부여, "정의와 형평"에 따른 가격통제, "불공정 경쟁" 혹은 "노동쟁의에서의 불공정행위" 등 – 채워버렸다. 결국 개별 문제는 법률이 아니라 이 개괄조항의 적용으로 해

---

93) F. Scharpf, 앞의 책, 15–16쪽. 미국 행정법의 기본 모델은 이들 독립규제위원회와 같은 전문화된 특별 행정청과 그들이 내리는 전문지식에 근거한 결정에 기초하여 만들어진 것이므로, 비교적 무명(無名)의 일반행정청에도 이하의 설명이 그대로 들어맞을 것이라고 오해해서는 안 된다. F. Scharpf, 위의 책, 33쪽 참고.

94) 19세기 말 이후 독립 행정기구와 연방행정부의 관청 수가 지속적으로 증가했다. 특히 1930년대의 뉴딜기와 1960년대 및 1970년대의 인권법 시대에 그 수가 많이 늘었다. Winfried Brugger, 앞의 책, 203쪽.

95) Eberhard Schmidt-Assmann, 앞의 책, 39쪽. Jerry L. Mashaw, *Creating the Administrative Constitution – The Lost One Hundred Years of American Administrative Law,* Yale Univ. Press, 2012. 매쇼의 논지에 관한 자세한 설명은 더공부해보기/생각해보기/토론하기 4번을 참고할 것.

결해야 했다. 기존의 법원 실무와 별반 다를 게 없었다.[96]

이런 비판을 극복하고 자신의 존재의의를 보여주려면 어쨌건 위원회는 개별 사안을 제대로 해결해야 하고, 그 과정에서 구성원의 전문적 적격성 그리고 개혁적 열의를 보여주어야 했다. 보통법과 헌법상의 적법절차에 대한 대중들의 기대에도 부합해야 한다. 여기에 더해 또 하나의 중요한 조건이 있다. 법원이 위원회의 결정 내용을 전면적으로 통제하지 않는 것이다. 법원에 의한 완전실질심사가 이루어진다면(einer vollen inhaltlichen Richtigkeitskontrolle unterworfen hätten), 독립규제위원회 설치 및 운영을 통한 행정법 개혁은 무산되고 만다. 독립규제위원회들도 자신들을 법원에 필적하는 준사법적 기구로 정립하기 위해 노력했다. 위원회는 개혁목적을 해하지 않는 한 가능한 한 자신의 절차와 법원 절차를 일치시키려 했다.[97]

미국 행정법 발전의 특수성은 독립규제위원회의 이러한 특별 행정절차가 오히려 미국 행정의 표준절차(Normalverfahren)가 되었다는 점 그리고 이후 행정절차법(1946년)이 만들어지면서 이 절차가 원칙적으로 모든 연방 행정 부문에도 규범력을 갖게 되었다는 점에서 찾을 수 있다. 이 절차의 핵심이 되는 것이 **사전통지**(notice), **청문**(hearing), **기록에 근거한 결정**(decision on the record) 같은 것들이다. 이것들은 상대방 당사자에게 최대한의 정보 및 참가 기회를 보장한다. 행정에 의한 규칙제정 절차에서조차도 행정청은 원칙적으로 규칙안 혹은 규율예정사항의 상세 내용을 공표하여, 모든 이해관계자가 관련 자료를 제출하고 서면 혹은 구두로 의견을 표명할 기회를 가질 수 있도록 해야 한다. 나아가 개별 법률 중에는 일반 규칙도 개별 행정처분에 적용되는 정식 절차에 의한 청문기회를 부여한 후 기록에 근거하여 발령해야 한다고 정한 것도 있다.[98]

독일 행정법과 비교할 때 미국 행정절차에서 입법자는 고도로 자제한다. 앞서 본 규제법률(독립규제위원회 설립법률)이 본보기인데, 이것이 오히려 관행이다. 확실히 세법이나 사회보장법처럼 규율 대상이 명확한 사안에 대해 입법자가 명확하게 조건 명제(Konditionalprogramme)를 정한 법률도 있다. 그러나 중요한 행정 법률의 다수는 니클라스 루만식 분류에 따를 때,[99] 조건 명제가 아니라 목표·수단 명제(Zweckprogramme)이다.[100] 이 후자는 시급한 현안이 된 문제의 규율을 그걸 해결할 신설 관청에게 위임하

96) F. Scharpf, 앞의 책, 16-17쪽.

97) F. Scharpf, 위의 책, 17쪽.

98) F. Scharpf, 위의 책, 17-18쪽.

99) N. Luhmann, "Lob der Routine", *Verwaltungsarchiv* 55, 1964, 1-33쪽.

고, 규율을 위한 기준만 제시할 뿐 그 구체화는 행정청에 맡긴다. 이럴 경우 독일식이라면 행정은 '법령보충규칙'의 발령(Erlass gesetzesausfüllender Vorschriften)을 통해 입법자가 부여한 결정권한을 사전에 구조화하고 제한하는 방식으로 나아가겠지만 미국의 행정청은 규칙제정권의 행사를 대폭 포기하고, 위의 '목적·수단 명제'를 제한된 선례효과를 갖는 개별 사안의 결정을 통해 단계적으로 구체화해내가는 것을 더 선호한다. 이런 식으로 행정은 자신에게 위임된 임무를 **실용주의적**으로 처리하고, 여기서 얻은 경험의 계속적 이용에 기초하여 실행가능한 해결을 발전시키고 축적해나간다.101)

행정의 상대방인 '시민'에게 이것은 그가 맞서야 할 행정청이 독일의 그것과는 다르다는 것을 의미한다. 미국의 행정청은 정확한 제 규정의 촘촘한 그물망에 의해 처음부터 구속되어 있는 존재가 아니다. 그들은 결정을 내리는 데 필요한 여러 제반 조건들을 이제부터 하나하나 확인해나갈 것이다. 바로 이러한 사정이 있기 때문에 미국 행정법에서 **행정절차**는 그 중심적 지위를 차지한다.102) 역시 경험론의 세계이다.

이러한 시스템에서는 사실관계 조사가 독일식 실체법 중심의 행정법에서보다도 더 중요해진다. 즉, 미국 행정법에서는 기록(record)에 들어가는 모든 정보가 빠짐 없이 시민에게 전달되며, 그러한 정보에 기초해서만 결정이 내려져야 한다는 점, 시민은 행정이 제시하는 사실관계를 흔들어버리거나 보충할 기회를 얻어야 한다는 점이 결정적으로 중요하다. 행정절차가 그 기능을 담당한다. 이런 행정절차는 개별 사안 결정만이 아니라 실체법의 형성, 즉 일반적 규칙 제정에도 적용되며, 사실 이 후자에서 더욱더 중요한 역할을 한다.103) 그러므로 행정결정에 대한 법원 심사의 중점은 실체적(내용적) 심사가 아니라 행정절차의 엄격한 감시 및 행정절차규정의 완성·정치화(精緻化)에 놓이게 된다. 법원은 공정한 절차에 따라 발령된 행정결정에 대한 실체적 심사를 할 수는 있지만, 그 심사는 사실 문제 및 법적 문제 모두에서 제한되어 있다. 2심에 걸쳐 사실심을 운영하는 독일 법원과 달리 미국 법원은 원칙적으로 독자적 증거조사를 하지 않으며 행정절차에서 획득한 사안의 기록에 의거해서만 판결한다. 나아가 법원이

---

100) 법조문의 형식이 "만약 …하면, 그러면 …한다"로 되어 있으면 이를 조건명제라 한다. 반면 도시계획법 영역의 법조문처럼 그 형식이 목표(토지의 합리적 이용)와 수단(목표를 달성하기 위한 방법)으로 되어 있다면 이를 목표·수단 명제라고 표현한다.

101) F. Scharpf, 앞의 책, 21쪽.

102) F. Scharpf, 위의 책, 21-22쪽.

103) F. Scharpf, 위의 책, 22쪽.

행하는 증거평가도 엄격히 제한되어 있다. 원칙적으로 행정청의 사실인정은 법원을 구속한다. 법원은 행정청의 사실인정이 정식 기록에 충분한 근거를 두고 이루어진 것인지만 심사한다. 이른바 '**실질적 증거심사**'(substantial evidence test) 법리다.[104)]

'피고용인'(employee)이라는 법률상 개념에 대한 전국노동관계위원회(NLRB)의 해석과 관련한 1944년의 판결에서 대법원은 위원회의 해석을 지지하면서 다음과 같이 설시했다. "(누가 피고용인인가를 결정하는) 일은 원래 행정기관에 부여된 것이다. (…) 의회는 우선 행정기관에게, 증거에 비추어 중요사실을 확정할 수 있는지 여부를 결정할 권한을 위임했다. 따라서 위원회의 최종결정을 심사할 때, 그 결정이 위원회가 기록에 의하여 뒷받침되는 경우, 자신의 사실추론으로 위원회의 사실추론을 대체하는 것은 법원의 기능이 아니다. (…) 특정 실정법을 운용하는 행정기관이 일차적으로 결정해야만 하는 어떤 절차에서 개념의 폭이 넓은 실정법 조항의 구체적 적용이 문제되는 경우, 심사법원의 기능은 제한된다."[105)]

법원은 사실관계 심사와 달리 법률문제에 대한 판단, 행정규칙을 포함한 모든 법규정 해석에서는 제한없이 권한을 갖지만, 이 권한도 독일 행정법원의 그것과 비교하면 강하지 않다. **심사할 수 없는 사실문제**와 **심사가 가능한 법률문제**를 명확히 가르기 힘든 상황이라면 - 이런 경우가 적지 않을 것이다 - 법원은 법적 판단의 문제를 사실인정의 문제로 보고 행정청이 인정한 사실대로 판단해버린다.[106)] 행정청의 결정에 대한 법원의 자기제한은 이것에 그치지 않는다. 법원은 불확정개념을 확정적 내용으로 채워넣는 데도 아주 소극적이다. 이런 상황을 막는데 1930년대 이후 사실상 사문화한 위임금지법리나 독일적 의미의 강화된 법률유보원리가 어떤 역할을 할 수도 없다. 노동이면 노동, 환경이면 환경 등 부문별로 특화된 특별관청의 우월한 전문지식을 법률해석에서도 그대로 승인하는 태도도 미국법원의 판사들에게서 더욱더 두드러진다.[107)] 그들은 행정이 선택한 해석이 법률에 합리적 근거를 두고 있기만 해도 - 법원이 가령 자신의 견해로는 다른 해석도 가능하다고 보더라도 - 행정청의 해석을 수용한다.[108)]

---

104) F. Scharpf, 위의 책, 25-26쪽.

105) NLRB v. Hearst Publications, Inc., 322 U.S. 111 (1944). Peter L. Strauss, 법제처 비교공법연구회 옮김, 미국행정법개론, 2010, 403쪽에서 재인용.

106) F. Scharpf, 앞의 책, 26-27쪽.

107) F. Scharpf, 위의 책, 27-28쪽.

108) F. Scharpf, 위의 책, 28-29쪽. 그러므로 독일식의 재량과 불확정개념의 구분 같은 건 미국 행정법에서는 의미가 없다. 재량행사와 마찬가지로 불확정개념의 해석과 적용도 일차적으로 행정의 몫이다.

물론, 행정결정에 대한 법원의 심사태도와 강도가 항상 일정했던 것은 아니다. 행정기관의 구성방식과 임무, 국회 입법자의 수권 내용에 따라서 그 통제의 폭과 강도는 커지거나 작아지기도 했다.[109] 특히 1960년대 후반 이후의 변화에 주목해야 한다. 이때부터 예방원칙적 규제가 본격 등장하면서 재차 사법심사의 범위를 둘러싼 논의가 1970년대 말까지 활발하게 전개되었다. 이 시기 법원은 재량에 대해 상대적으로 더 엄격한 제한을 가하는데 성공과 실패를 반복했다. 다만, 1980년대 중반 이후 전문적 결정에 대한 심사에서의 사법적극주의는 퇴조하기 시작하여, 법원은 행정의 전문적 판단을 존중하는 이른바 겸양적 심사방법(a more deferential style of review)으로 회귀했다.[110] 이것을 잘 보여주는 대표적인 예가 바로 '셰브론 판결'[111]이 확인한 **셰브론 독트린**이었다.

【판례】 Chevron U.S.A., Inc. v. Natural Resources Defense Council, Inc., 467 U.S. 837 (1984)

행정기관이 소관법률을 해석한 것을 법원이 심사하는 경우, 법원은 2개의 문제에 직면한다. 첫째, 그리고 항상 문제가 되는 것은 연방의회가 쟁점사안에 대해 직접 언급하고 있는지 여부이다. 만약 연방의회의 의사가 명백하다면 사안은 그걸로 해결된다. 왜냐하면 법원은 행정기관과 마찬가지로 '모호하지 않게 표현된 연방의회의 의사'(the unambiguously expressed intent of Congress)에 효력을 부여해야 하기 때문이다. 그러나 법원이, 연방의회가 쟁점사안에 대해 직접 언급하고 있지 않고 있다고 판단하는 경우라면, 법원은 (행정기관의 해석을 갈음하여) 법률에 대한 자신의 해석을 단순히 대치시키지는 않는다. 이것은, 행정기관의 해석이 결여되어 있는 경우 필연적으로 법원이 자신의 해석을 제시하는 것과는 다른 것이다. 오히려, 법률이 특정쟁점에 관해 침묵한다든지 혹은 모호하게 규정하고 있다면, 법원이 문제삼을 것은 행정기관의 회답이 허용가능한 법률해석에 기초해 있는지 여부이다.

그런데 이 셰브론 독트린이 재차 무너지면서 미국 행정법이 새로운 전기를 맞이하고 있음은 이미 간략히 지적하였다.

109) F. Scharpf, 위의 책, 33쪽 이하.

110) Sheila Jasanoff, 앞의 책, 70-71, 84쪽.

111) Chevron U.S.A., Inc. v. Natural Resources Defense Council, Inc., 467 U.S. 837 (1984).

2.2.3. 독일 행정법과 미국 행정법의 장단점

앞서도 설명했듯이 미국 행정법의 특수성은 미국의 행정기구, 특히 연방행정기구의 특수성에서 유래하는 점이 분명히 있다. 또한 권력기구 상호 간의 관계에서 드러나는 미국 모델의 특수성도 있다. 미국 행정법은, "어떤 심급(Instanz, 기관)이, 복잡한 결정구조 안에서 어떤 결정에 대하여 제1차적 책임을 져야 하는가 – 그것은 사법인가 행정인가 그것도 아니면 입법부인가 하는"[112] 물음을 끊임없이 던지고 있는 것으로 보인다. 그 질문에 대한 답을 선험적으로 판단하지도 않는다. 이런 동적인 과정이 미국 행정법의 정치성을 강화하는데, 이 '세계'에서는 경합하는 이익들 사이의 정치적 과정이 새로운 법률과 법해석을 낳는 원동력이 되고 있기 때문이다. 행정법학은 새로운 **참조영역들**(Referenzgebieten) – 환경행정법, 정보행정법, 소비자보호법 등 – 의 발견을 통해 행정법이론을 쇄신한다.[113] 반면, 일반행정법과 특별행정법으로 체계화된 독일 행정법은 상대적으로 정적이고 외형상 비정치적으로 나타난다. 행정법학의 태도도 또한 같다.[114]

미국 법원은 법치국가적 행정의 실현에서 자신만을 법 및 법치국가성(Rechtsstaatlichkeit)의 유일하고 진정한 수호자로 보지 않는다. 국회도 존중하고 행정도 존중한다. 법원의 이런 태도는 행정에도 영향을 미친다. 적어도 미국식 독립규제위원회의 실무에서는 자신의 결정이 결국 법원에 의해 취소되지 않을까 '우려'하면서 소극행정에 빠져들 가능성 – 독일과 한국에서는 이런 경향이 점점 더 심해지고 있다 – 이 상대적으로 낮아진다.[115]

앞서 살펴본 미국의 행정기구들은 정치적 비판 및 정치적 요구를 회피하기 위해 엄격한 법률 구속성 뒤로 숨거나, '그것은 장관의 책임이므로 우리는 알 바 아니다'라는 식의 허구적 논리로 면피하려고 하지도 않는다.[116] 법률이 그렇게 되어 있으니 어쩔 수 없다고 말하는 것이 아니라 개별 사안별로 하나하나의 사례를 축적해나가는 것이다. 이런 행정의 결정이 절차적 적법성 속에서 이루어진다면 법원도 개입하지 않는다.

반면, 독일에서는 행정이 처음부터 군주와 귀족계급의 손에 장악되어 있었고, 그 행정을 부르주아 시민계급이 장악하지 못했기에, 후자가 할 수 있는 일이라고는 그들

---

112) F. Scharpf, 앞의 책, 33쪽.

113) Eberhard Schmidt-Assmann, 앞의 책, 93쪽 참고.

114) 자세한 것은 제3장을 참고할 것.

115) F. Scharpf, 앞의 책, 32-33쪽 참고.

116) F. Scharpf, 위의 책, 62쪽.

이 다수파의 지위를 획득한 의회에서 만든 제정법으로 행정을 통제하는 것 뿐이었다. 군주가 장악한 관료조직(군대를 포함), 교양 있는 시민계급으로서는 이러나저러나 상관 없는 교도소와 같은 영조물이 오랫동안 법률적 통제 밖에 놓여 있었던 것도 이런 역사적 맥락에서 설명이 가능하다. 물론 20세기 중반 이후 이 독일 모델은 법치국가적 완성으로 나아갔다(특별권력관계의 해체, 전부유보설의 등장 등). 행정법원에 의한 통제영역도 넓어졌다(행정소송에서의 개괄주의의 채택, 소송유형의 다양화). 그래서 이제는 괜찮아 졌을까? 독일 행정법을 모델로 구축된 한국 행정법을 공부할 때에는 19세기 독일 모델이 21세기 행정현실에도 여전히 적합할 수 있을까? 이런 질문을 끊임 없이 해야 한다.

미국 행정법이든 독일 행정법이든 각자의 장단점이 있다. 미국 행정법 모델처럼 법적 보호 체계에서 절차법을 중심으로 규율한다는 것의 의미는, 실체적 내용은 다투는 자가 알아서 채워 넣으라는 뜻이다. 사실 이런 모델을 터무니 없다고 말할 것은 아니다. 20세기 이후 본격화한 과학 기술시대에 미래에 대한 예측은 불확실해졌고, 실정법률이 이를 온전히 규율하는 것은 사실상 불가능하다. 그럼에도 불구하고 이에 대한 규제가 필요하다면 절차법이 전면에 나설 수밖에 없다. 1960년대 후반부터 시작된 **미국 환경(행정)법의 시대**를 특징짓는 키워드 중의 하나가 환경영향평가가 된 것도 이와 무관하지 않다.117)

이런 구조는 당연히 비용이 많이 든다. 개별 절차에 투입되는 돈과 사람과 시간의 지출이 막대하다.118) 시간과 돈이 드는 행정절차를 감당할 능력이 있고, 변호사의 조력을 넉넉히 받을 수 있는 자는 행정을 상대로 자기주장을 충분히 관철할 수 있다. 그러나 그렇지 못한 자들은 오히려 법적 보호에서 배제될 수 있다. 독일 학자들은 이를 두고 미국식 제도의 한계이자 문제점이라고 말한다.119) 반면, '법대로' 하는 독일시스템은 자의(恣意)를 줄일 수 있고, 평등한 법집행을 보장한다. 독일의 행정실무에서 규정을 법대로 집행하는 것(die rechtssichere Umsetzung von Regeln)은 최고의 우선순위에 놓여있다. 독일 행정은 역사적으로 발전해온 '법대로의 문화'에 의해 지배되고 있

117) "1969년의 국가환경정책법(The National Environmental Policy Act: NEPA)은 법원의 역할에 혁명적인 변화를 가져왔다. 거의 하루밤 사이에 법원은 환경이데올로기가 격돌하는 전쟁터가 되었다. 환경의 가치가 정부의 결정에 반영되도록 하라는 NEPA의 위임을 실행하기 위하여 환경활동가들은 사법에 원조를 구하였다." Sheila Jasanoff, 앞의 책, 37쪽. 이 책의 우리말 번역은 쉴라 재서너프, 박상준 옮김, 법정에 선 과학, 동아시아, 2011가 있다. 이 교재에서의 인용은 원문을 기초로 했다.

118) F. Scharpf, 앞의 책, 23쪽

119) Heiko Faber, *Verwaltungsrecht,* 122쪽.

다. 이 문화에서는 정확한 법적용, '판결에 의해 행정결정이 쉽게 파기되지 않게끔 법률의 실체적 요건을 꼼꼼히 점검하기'(Gerichtsfestigkeit von Entscheidungen), 행정작용의 형식적 질을 담보하기가 중요하다. 가능한 한 최대한 법적 안정성을 중시하며 일하고, 어떤 일이 있어도 행정행위가 그 하자로 인하여 취소되지 않게끔 해야 한다(행정행위의 하자론이 독일 행정법의 중요부분인 이유이기도 하다). 이런 문화, 행동원리는 어느 수준까지는 옳은 것이고 또한 중요하기도 하다. 왜냐하면 관료주의는 불평등한 대우와 자의를 방지하는 역할도 하기 때문이다. 그러나 그 관료주의가 수용가능한 선을 넘어버리면 어떻게 될까? 독일 행정에 대한 불만은 이 후자적 상황으로부터 시작한다.[120] 최근 여러 학자들이 제기하는 **독일 행정법 쇄신론**도 이런 상황과 무관하지 않다.

행정이 제대로 기능한다면 독일시스템이 맞을 수 있다. 답답하면 '정식절차를 거쳐 당신이 규제의 실체적 내용을 채워넣으라'라고 말하는 미국식 방식은 자칫하면 법적 보호의 거부가 될 수 있기 때문이다.[121] 다만, 실체적으로 정해진 답은 없으며, 절차를 통한 시민들의 개입으로 행정규제의 내용이 형성될 수 있는, 혹은 형성될 수 있다고 믿는 시스템에서는 시민의 개입 여하에 따라 규제의 실상이 달라질 수 있는 장점도 있다. 예컨대 환경시민단체의 개입이 적절히 이루어진다면 사법을 매개로 효과적인 규제와 사후적 구제가 가능해지는 식이다. 실제로 1970년대 미국에서는 사법심사가 무기력한 정부기관에게 행동을 강제한다든지 바람직하지 않은 산업의 발전을 저지·억제한다든지 하기 위한 강력한 수단이 되었다. 이 경우, 법원은 연방의회가 상정한 것보다도 훨씬 더 넓게 환경보호주의자들의 원고적격을 인정했다. 법원의 이런 태도는 논쟁의 여지가 있지만 충분히 납득할 만한 것이다.[122] 절차법을 매개로 실체적 내용 형성을 위해 싸울 수 있게 한 이상, 환경행정소송에서의 관문(원고적격)도 넓히는 건 당연한 논리적 귀결로 보아야 하기 때문이다.[123]

---

120) 이상의 설명은 독일 국가법규감리위원회 부회장인 자비네 쿨만(포츠담대학 정치학·행정학 교수)의 인터뷰 내용에 따른 것이다. 출처는 다음과 같다. Der größte Hebel, um Bürokratie abzubauen, liegt in der Digitalisierung : AWV-Interview mit Prof. Dr. Sabine Kuhlmann, stellvertretende Vorsitzende des Nationalen Normenkontrollrats (NKR), 2024. 4. 26자. 독일 연방정부는 관료주의 철폐를 위해 2006년에 국가법규감리위원회설치법(Gesetz zur Einsetzung eines Nationalen Normenkontrollrates)을 제정하였다.

121) F. Scharpf, 앞의 책, 23쪽 참고. 그러다보니 결국 대부분의 행정, 특히 재무행정(세무행정)의 99%는 정식절차에 이르지 못하고 비공식의 예비절차에서 처리되고 만다. F. Scharpf, 위의 책, 24쪽.

122) Sheila Jasanoff, 앞의 책, 37쪽.

반면 행정이 법령에 따라 제대로 규제하지 않을 때 상대방인 국민에게 '어떤 이의제기 수단이 남아있는가'라고 물으면 (후술하는 공권론에서도 보듯이) 독일 행정법은 '그건 행정이 알아서 할 일이니, 당신의 개인적 권리 혹은 법률상 이익이 침해되지 않는 한 그에 대해 다툴 수 없다'라고 관료주의적으로 답변한다. 법률이 실체적 규율을 하고 있으므로 추가적으로 절차적 보장은 특별히 중요하지 않고, 그 규율이 제대로 집행되는지를 따질 상대방의 지위도 제한적으로만 인정하는 것이다. 이로써 행정소송에서의 원고적격도 좁게 설정된다.

이상, 자본주의 행정법의 한 유형들인 독일 행정법과 미국 행정법을 깊이 들여다보았는데, 보면 볼수록 '(행정) 결정과 그에 대한 통제'라는 행정법의 고유 쟁점이 역사적으로 그리고 국가별로 다르게 전개될 수 있다는 생각을 하게 한다. 가령 실무상의 중요성에도 불구하고, 행정조사가 한국 행정법학 내에서 '꿔다 놓은 보리자루' 취급을 당해왔던 것은 한국 행정법이 독일 행정법처럼 실체법 중심주의를 오랫동안 유지해왔기 때문이었다. 그러나 IMF 사태를 전후하여 '행정절차'가 두드러지게 강조되면서 이런 전통적 태도는 급격히 변하고 있다.[124)]

더공부해보기/생각해보기/토론하기

1. 본문에서는 행정법의 모든 개념과 제도는 오로지 자본가계급의 이익을 위해서 복무한다고 말하면 되는 도구주의적 국가관으로는 행정법학을 제대로 전개할 수 없음을 지적했다. 그렇다면 자본주의 행정법에서는 어떤 이해대립이 전개되는가?

자본주의 행정법에서는 계급적 대립보다는 계급 내의 당파의 이익, 정치적 분배를 둘러싼 투쟁이 더욱더 부각된다. 계급적 대립은 오히려 노사관계법과 같은 노동법에서 두드러질 것이다. 자본주의와 행정법을 논하면서 애써 계급투쟁이라는 말을 안 쓴게 아니다. 국가는 자본가 계급의 직접적 이익과 충돌하는 다수의 규범들을 만들고 이를 집행한다.[125)] 국가의 이해(利害)는 개별 자본분파나 개별 자본가의 특수이해와 충돌하

123) 나무에게도 원고적격을 부여하자는 크리스토퍼 스톤의 주장이 출판된 시기도 이때였다(1974년). 크리스토퍼 D. 스톤, 허범 옮김, 법정에 선 나무들, 아르케, 2003.

124) 자세한 것은 더공부해보기/생각해보기/토론하기 5번을 참고할 것.

125) Alan Stone, "The Place of Law in the Marxian Structure-Superstructure Archetype", *Law &*

기도 한다. 그럼에도 불구하고 국가는 이를 감행해야 할 때가 있고, 행정법의 독자성은 바로 이 국가의 역할과 연결되어 있다. 이 경우 국가는 엥겔스가 말한 **"관념적 총자본가"**(ideeller Gesamtkapitalist, MEW 20, S. 260)로 행동한 것이 된다.

그래서 공법(특히 행정법)은 계급간 분할과 대립(class divisions)보다는 계급 내부의 여러 이익집단들의 대립을 표현한다고 말하는 편이 실상에 더 가깝다. 계급 내 각 분파 혹은 이익집단들은 법원, 입법부 그리고 행정부의 정책결정권자들의 지지를 받기 위한 여러 수법들을 동원하는데, 그렇게 함으로써 자신들의 고유한 이익을 경쟁하는 집단보다 우선해서 관철시키려 한다.[126] 기후위기에 대응하기 위해 에너지법을 어떻게 규율해나갈 것인가는 자본가 계급 내에서도 기존의 석탄화력발전을 고집하는 분파와 신재생에너지의 조기 정착을 강조하는 분파 사이의 이해와 갈등의 결과물이 될 수밖에 없다. 이 과정에서 예컨대 석탄화력자본과 이 자본에 고용된 노동자계급이 연대하여 신재생에너지 자본에 맞서는 일도 발생할 수 있다.[127] 그러므로 자본주의 행정법을 계급투쟁의 관점으로만 설명할 수는 없다. 물론 노동행정법이라든가 조세부담의 분배를 규율하는 법률 등에서는 행정법의 계급적 성격이 아주 분명하게 드러나겠지만 말이다.[128]

2. 공리주의 사상가 제러미 밴담의 제자인 에드윈 채드윅은 1842년에 『영국 노동인구 위생 상태 보고서』를 발표했다. 보고서에서 그가 제안한 것은 상하수도 보급이었다. 그러나 증세를 부르는 그의 제안은 상류층과 의회의 반발에 부닥쳤다. 답보하던 상하수도 보급은 1848년 콜레라 확산에 놀란 정부가 공중위생법을 제정하면서 진척을 보기 시작했다.[129] 공중위생법은 19세기 '영국 행정법'(다이시는 이 개념을 부정했지만)의 출발점이다. 공중위생법은 열악한 빈민의 생활을 개선하려는 목표를 내걸었다는 평가가 일반적이지만, 나는 이 법을 추동한 힘은 중산층 (쁘띠) 부르주아지의 건강과 위생에 대한 관심이라고 생각한다. 자유(영업의 자유)와 재산권 보장요구와 함께 근대 행정법의 등장에 중요한 계기가 된 것이 **공중위생**(**법**)이었다. 이

Society Review 19(1), 1985, 61쪽.

126) Alan Stone, 위의 논문, 63쪽.

127) 예컨대 미국 공화당은 전통적으로 화석연료 산업을 강력히 지지해온 반면, 미국 민주당은 화석연료 소비 축소 및 신재생에너지 확대를 주장해왔다. 최근의 동향에 대해서는 다음을 참고할 것. 김혁중, "2024 미 대선 이후 재생에너지정책 전망과 시사점", KIEP 오늘의 세계경제 24권 14호, 2024, 1-30쪽.

128) Alan Stone, 앞의 논문, 63쪽.

129) 독일에서는 외스터렌이 채드윅과 유사한 주장을 했다. 고경심/황상익, "독일 산업보건제도의 변천 – 19세기 산업화 초기부터 바이마르 공화국까지", 의사학 제5권 제2호, 1996, 133쪽. F. Oesterlen, *Handbuch der medizinischen Statistik,* Tübingen, 1865.

세 개의 핵심개념을 중심으로 근대행정법의 역사와 특징을 간략히 살펴보자.

1. 사법국가(Justizstaat)를 가장 선호하는 계급은 중산층 및 소부르주아 계급이라 할 수 있다. 권리구제형 재판작용의 쁘띠 부르주아적 성격은 여러 경제적 자유권의 현실적 적용례를 분석한 논문을 통해서도 확인된다. 직업의 자유의 이름으로 자신들의 경제적 자유를 법원에 현실적으로 호소하는 이들은 주로 소부르주아계급(자유직 종사자, 변호사, 의사 등)이라는 연구결과도 있다. 사실 독점자본은 법원에 호소하기보다는 예전처럼 입법부에 직접 로비를 하거나 오늘날 일반적인 것처럼 곧바로 집행권력과 결탁한다.[130)]

행정법상의 중요개념인 허가와 특허 개념을 공부할 때도, 이를 자본가계급 및 쁘띠(소) 부르주아지의 경제적 자유, 특히 재산보호의 관점에서, 즉 생산수단에 대한 사적 소유와 영업권(재산권) 보장이라는 관점에서 바라볼 수 있다면 행정법에 대한 이해는 조금 더 입체적인 것이 될 것이다. 예컨대 공적 주체(국영 혹은 공영)가 공공재화나 서비스를 공급할 여력이 부족했던 한국 자본주의에서는 **교육**과 **주택**, **의료**, **공공교통** 등이 널리 사적 주체에 의해 제공되었다.[131)] 그 결과 허가와 특허 개념을 가르는 가장 중요한 징표는 재산권 보장이 되어버렸다. 허가는 '허가를 받은 자에게 어떤 새로운 권리나 능력을 부여하지 않는다'.[132)] 반면 특허는 특정인에게 권리나 그 밖의 법상의 힘을 설정한다. 시내버스의 공공성 증대를 위한 개혁적 시도에 발목을 잡는 것도 바로 운송사업면허(특허)를 받은 '업자'의 '권리'나 법상의 힘이다.[133)] 구체적으로 그것은 시내버스 경영자의 재산권으로 '이해되고' 있다. 우리 판례는 특허에 의해서 부여되는 권리를 재산권이라고 명시하지는 않지만, 학설은 적극적으로 "재산권적 성질이 있어 제3자에 대하여도 주장할 수 있다"[134)]고 해석한다.

---

130) 이계수, 의회주의와 행정법, 210쪽.

131) 일례로 1962년 제정된 자동차운수사업법(현행 여객자동차운수사업법)은 1935년 조선자동차교통사업령(조선총독부령)을 계승한 것인데, 일본제국주의 식민지 시대에 형성된 사업독점구조를 그대로 이어받았다. 조선총독부령과 이를 이어받은 자동차운수사업법은 면허절차의 갱신조항을 두지 않는 방식으로 공공서비스의 공급책임을 사인에게 넘기는 대신 그들의 독점사업을 보장했다.

132) 대법원 2002. 4. 26. 2000다16350 판결. 김철용, 2024, 255쪽.

133) 2004년 서울시의 준공영제 이후 노선 신설에 대한 협의의무가 적용됨에 따라 여객자동차 운수사업자의 노선권의 특허권적 요소가 약화되었지만 입법은 물론 행정과 사법의 실무는 "자동차운수사업법에 의한 자동차운송사업면허는 특정인에게 특정한 권리를 설정하여 주는 행위"라고 판시한 '대법원 1992. 4. 28. 선고 91누13526 판결'을 여전히 추종하고 있다. 김상철, "행정의 무능을 감추고 민간사업자 기득권을 보호하는 수단으로 전락한 '여객자동차 운수사업법'", 여객자동차 운수사업법 문제점 토론회 발제문, 2023. 11. 9, 8-9쪽.

134) 김철용, 2024, 251쪽.

그러나 독일에서의 법적 논의는 다르다. 학설 중에는 '설립되고 가동중에 있는 영업에 대한 권리'를 기본법 제14조에 의해 보호되는 재산권으로 보는 견해가 있고, 또한 독일의 민형사 최고법원인 연방대법원(BGH)도 이런 취지의 판결을 내놓고 있지만, 독일 연방헌법재판소는 **'설립되고 가동 중에 있는 영업'**(der eingerichtete und ausgeübte Gewerbebetrieb)이 기업의 재산에 속하는 물건 및 권리로서 헌법상의 재산권으로 보호되는지, 이를 긍정한다면 어느 범위까지 보호되는지와 관련하여 아직까지 명시적 판단을 하지 않았다.[135] 오히려 우리 학설과는 반대로, 임밋시온방지법상의 허가와 같은 예방적 감독허가(=허가를 받을 청구권이 인정되는 허가)는 재산권보장의 대상이 되지만(BVerfGE, NVwZ 2010, 771, 772), 원자로설치허가는 사업자의 고유한 기여(eigene Leistung)에 의한 것이 아니라 국가가 부여한 것이므로 사업자측에 청구권이 없고, 헌법상 보호된 재산권에 해당하지 않는다고 본 것이 있다.[136]

2. 시내버스뿐만 아니라 교육과 주택 문제에서의 상황도 유사하다. 이처럼 자유와 소유에 대한 관심은 큰 반면, 버스공영제, 교육공공성, 주택 사회화에 대한 관심은 왜 미미할까? 사실 이것은 쁘띠 부르주아지의 이해관심을 반영하는 자본주의 행정법의 특징("개인주의"[137])이기도 하다. 이 행정법은 국가가 자본의 축적과 발전을 위해 행하는 인프라(사회기반시설) 투자와 같은, "(각개 전투가 벌어지는 국가-국민 사이의 법률관계 안 개인의 운명이 아니라) 전체로서 '경제와 사회'와 관련된 사안"에 무관심하다. 쁘띠 부르주아적 자본주의 행정법이 보여주는 이해관심은 '선택적'이다. 현재의 행정법 교과서의 이론과 사례가 침익행정 중심으로 점철되어 있는 것도 이와 무관하지 않다. 이 행정법하에서는 당연하게도 "해당 사안의 사회적 중요성이 커질수록 그 문제를 법치국가적 행정법이론을 통해 대응하려는 시도는 줄어든다."[138]

3. 유럽에서 위생의 역사는 14세기 이탈리아 도시의 페스트 대책에서 시작된다.[139] 이미 1377년에 드브로브니크와 베니스에서 검역제도가 개시되었는데, 40일

135) Andreas Fisahn/Martin Kutscha, *Verfassungsrecht konkret,* 3. überarbeitete Auflage, Berliner Wissenschafts-Verlag, 2018, 174쪽.

136) Joachim Wieland, "Verfassungsfragen der Beendigung der Nutzung der Kernenergie", *EnWZ* 2013, 255쪽.

137) Heiko Faber, *Verwaltungsrecht,* 30쪽.

138) Heiko Faber, *Verwaltungsrecht,* 36-37쪽.

139) 1348년에서 1351년에 걸쳐 유럽을 휩쓴 페스트로 2,000만에서 2,500만 명의 사망자가 나온 것으로 추산된다. 당시 전 유럽인의 1/3에 해당하는 수치이다. 지중해 무역의 중심이었던 이탈리아

간을 의미하는 검역(Quarantine)제도는 선박을 항구에 40일간 구류하고, 승객과 화물을 격리하는 방식으로 도시에 병이 침입하는 것을 막았다. 그러므로 (유럽에서) 넓은 의미의 **공중위생법의 역사**는 페스트가 창궐했던 14세기 시점에 이미 시작되었다. 그러나 근대적 의미의 위생관념과 방역법의 등장은 자본주의적 산업화 및 도시화가 본격적으로 전개된 18세기 후반 이후의 일이다. 14세기만 해도 엄청난 피해를 입혔던 페스트는 1665년의 런던 페스트, 1720년의 마르세유 페스트 이후 유럽에서 자취를 감추었다. 페스트가 발생해도 위험은 부분적이었고 재앙이 전체로 확산되지는 않았다는 의미에서 이렇게 말할 수 있다. 여기에다 런던 페스트는 중세까지의 페스트와는 양상을 달리했다. 중세의 페스트는 부자와 가난한 이를 불문하고 모든 이의 목숨을 빼앗아 가는 병이었다. 그러나 런던 페스트에서는 구역별로 사망자수가 크게 달랐다. 성 밖의 빈민, 흑인, 아일랜드인 거주 구역의 피해가 성내 지역보다 컸던 것이다.[140)]

당시의 의사들은 이 차이가 거주지의 특성에서 유래한다는 사실에 주목하였다. 또한 절대주의 국왕 권력은 도시 통치권을 자신의 권한으로 확고히 하는 한편, 페스트의 예방에서 중요한 요소인 주거의 조건 등을 개혁함으로써 병의 발생과 전파, 확산이라는 일련의 상관관계를 변화시키려고 하였다. 이 과정에서 근대적 위생관념도 탄생하게 된다. 이 관념에 따르면 격리를 통해 예방해야 할 대상은 개인이 아니라 공간 그 자체가 된다. 혹은 예방에서 중요한 것은 격리가 아니라 공간을 관리하는 것이 된다.[141)] 푸코는 이러한 근대적 위생관념의 등장을 18세기 후반 이후 등장한 권력의 새로운 테크놀로지인 '**생명정치**'와 연결하고 있다.[142)] 그는 "생산을 저하시키고, 치료비용이 비싸기 때문에 노동력 감소, 노동시간 저하, 에너지 하락, 경제적 부담을 낳는 항구적인 요인으로서 간주된 질병 (…) 요컨대 인구 현상으로서의 질병"이 18세기 말부터 중시되기 시작했고, 이는 "의학적 치료를 조율하며 정보를 집중시키고 앎을 규범화하는 기관들과 더불어 이제 공중위생의 주요 기능을 담당하게 되는 의학"[143)]이 자리 잡게 만들었다고 설명한다.

푸코는 "19세기의 근본적인 현상 중 하나"로 "권력에 의한 생명의 중시", "생명체로서의 인간에 관한 권력의 파악"[144)]을 들고 있는데, 이러한 현상을 보편적 범주로서의 인본주의만으로 설명할 수 없다는 것은 명백하다. 그러한 권력과 정치가 왜 하필 18세기 말에서 19세기 초에 굳건하게 실천되고 형성되었는가 하는 질문에 답할

도시들도 이때 막대한 인명피해를 입었다.

140) 西迫大祐, 感染症の法と歴史, 博士学位請求論文(明治大学大学院法学研究科), 2013, 15쪽.

141) 西迫大祐, 위의 논문, 46-49쪽.

142) 미셸 푸코, 김상운 옮김, 사회를 보호해야 한다, 난장, 2015, 287쪽 아래.

143) 미셸 푸코, 김상운 옮김, 위의 책, 292쪽.

144) 미셸 푸코, 김상운 옮김, 위의 책, 287쪽.

수 없기 때문이다. 이 질문에 대해 제대로 답하려면 '공중위생'이 자본주의적 생산의 토대를 안정적으로 만드는 것, 즉 도시의 노동인력을 보호하고, 널리 인구(人口)를 보호하는 데에 어떠한 기여를 했는가를 실증적으로 분석할 필요가 있다. 실제로 가장 먼저 자본주의화에 성공한 영국이 자본주의 최초의 생명권력 장치를 정비해갔다는 사실은 주목할 만하다. 영국은 공장법(1833)과 신 구빈법(1834) 그리고 접종법(Vaccination Act, 1840)의 제정에 이어 질병예방법(1846), 도시개선법(1847)을 잇달아 통과시켰고 세계 최초로 공중위생법(Public Health Act, 1848)을 제정함으로써,[145] '인적 자원' 관리 및 인구 보호법으로서의 근대 방역법 체계를 잡아나갔다.[146]

4. 유진식 교수에 의하면 근대일본에서 "국가권력과 시민이 첫 대면"한 사례도 위생법이라고 한다. 위생은 근대도시공간의 창출을 위한 기본질서를 확보하는데 필수적인 요소이므로 국가권력의 개입은 예정된 수순이었다.[147] 다만, 자유주의 세력이 미약했던 일본에서는 그 개입이 아주 거칠고 폭력적으로 이루어졌다는 점에서 서구 근대의 공중위생법과 다른 면모를 보여준다. 법령위반자에 대한 처벌은 체계적인 형사절차법이 아니라 경찰의 재량에 맡겨진 것이 대표적이다(이른바 '경찰재판권'). 더욱이 이러한 첫 출발은 이후 국가권력과 시민의 관계에도 짙은 그림자를 드리우게 된다.[148] '위생'개념의 법제화와 관련하여 가장 중요한 의미를 갖는 것은 단연 위식괘위조례(違式詿違條例)이다. 이 조례는 오늘날의 '경범죄처벌법'에 해당하는 것으로 1872년에 동경부 그리고 1873년에는 전국에서 실시되었다. 이 조례는 위생 등과 관련한 사안의 단속근거를 마련하고 이를 위반했을 때 처벌하는 방식으로 위생개념의 정착에 기여하였음은 물론 국가권력이 근대적인 행정조직을 동원하여 주민들의 일상생활 전반에 개입하는 계기가 되었다는 점에서 매우 주목할 만하다.[149]

3. 본문에서는 비교행정법적 서술을 하면서, 독일 행정법은 실체법 중심이고, 독일의 판사들은 절차를 중요하게 생각하지 않는다고 설명했다. 그런데 절차를 중요시하지 않는데

145) 허정, 보건행정학원론, 신광출판사, 1992, 65-66쪽; 남철현 외, 공중보건학, 계축문화사, 2011, 32쪽. 다만 세계 '최초'라는 기원에 관한 보건학교과서상의 설명은 향후 법제사적으로 더욱 엄격한 검증이 필요해 보인다. 프랑스를 중심으로 감염병의 법과 역사라는 학위논문을 쓴 니시사카 다이스케 박사는 프랑스에서는 1822년에 이미 공중위생에 관한 법이 공포되었다고 한다. 西迫大祐, 앞의 논문, 153쪽.

146) 이상은 이계수, "메르스와 법: 전염병의 법률학", 민주법학 제58호, 2015, 250-253쪽.

147) 유진식, "근대 일본에 있어서 「위생」과 「법」", 법학연구 통권 제53집, 2017, 342쪽.

148) 유진식, 위의 논문, 같은 곳.

149) 유진식, 위의 논문, 334쪽.

독일의 행정은 점점 더 느려지고 있다. 상식적으로 생각하면, 절차를 강조하면 절차를 지키느라 행정처리가 늦어지겠지만, 절차를 강조하지 않는 독일에서도 행정이 느려지고 있다는 게 이해하기 어려울 수 있다. 왜 이런 일이 벌어지고 있는지 함께 토론해보자.

독일의 속도(Deutschland-Tempo)라는 말이 있을 정도로 독일의 느린 행정처리 속도에 불만을 가진 이들이 늘어나고 있다. 왜 이렇게 되었을까? 독일에서 행정가들은 대개 법률교육을 받은 이들이다. 법과대학을 졸업하고 국가시험에 합격한 법률가들이 판사도 하지만, 행정일도 많이 한다. 독일의 행정가와 판사들은 넓은 의미의 '집행부'의 일원으로서 법률의 해석을 둘러싸고 서로 경합한다. 특히 2차 대전 이전에는 법률의 해석 및 집행에서 행정부공무원의 이니셔티브가 강했다. 이것을 뒷받침한 것이 뒤에서도 보게될 독일식 재량이론이었다.[150] 그러나 2차 대전 이후 행정부는 위축되었고 행정결정을 다툴 수 있는 권리구제수단은 대폭 확장되었다(기본법 제19조 제4항). 이런 상황에서 행정부공무원들은 늘 법원의 판결을 의식한다. 실제로 행정소송이 크게 늘었다. 행정부공무원들은 자신이 내린 결정이 법원에 의해 내용적으로 파기될 수 있다는 가능성을 늘 염두에 두어야 한다. 그러다보니 행정의 결정은 더욱더 신중해진다. 여기에 관료주의까지 가세하면 행정은 느려진다.

본문에서 보았듯이 독일의 법집행구조가 행정처리속도를 늦추기도 한다. 독일은 연방법률을 각 주가 집행한다고 했다. 각 주는 주법과 게마인데의 조례를 통해 법집행을 보완한다. 이러한 연방주의 체제 아래서 행정의 집행은 복잡해진다. 즉, 연방-주-콤뮨(게마인데)으로 이어지는 구조 안에서 관료주의가 작동할 수 있는 여건이 조성되는 것이다. 최근들어 독일이 연방제도 개혁에 나서고, 국가법규감리위원회를 설치하고, 행정절차 간소화를 도모하는 이유도 이와 무관하지 않다. 비록 좌절하고 말았지만 국가책임법의 개정을 통해 공무원책임법제를 바꾸어보려 한 것도 관료주의와 복지부동식 행정의 개혁이라는 측면에서 설명이 가능하다. 독일의 행정법학자들이 효율성을 강조하는 행정법개혁을 주장하는 배경도 독일의 관료주의, 독일식 속도와 관련이 있다. 여기에 하나만 더 추가하자면 독일법에 침투해오는 유럽연합법의 영향을 들 수 있다. 유럽연합이 발령하는 명령(Verordnung; regulation)과 지침(Richtlinie; directive)은 개별 국가의 법해석과 집행절차를 더욱더 복잡하게 만들고 이로 인해 행정의 처리속도도 늦어지게 된다.

150) 19세기 말 20세기 초에 막스 베버가 관료제 연구를 진행했던 것도 바로 이 '독일'이라는 나라의 정치-행정시스템을 배경으로 한다.

4. 본문에서는, 행정과 행정법의 전통은 뉴딜 시기 이후에 비로소 시작되며, 그 전에는 역사라고 할 만한 것도 없었다는 미국 행정법학사 내의 주류적 담론(das Narrativ)에 맞서 제리 마쇼가 반론을 펼쳤음을 설명하였다. 그 주장의 핵심적 내용을 살펴보고 그 타당성에 대해 토론해보자.

매쇼는 『행정국가적 헌정 만들기』에서 주류담론, 특히 행정법의 발전을 원(元) 자유주의 헌법의 쇠락사, 타락의 역사로 이해하는 견해에 다음과 같이 단호히 반대한다. 미국 연방의회는 건국초기부터 특별한 공직자들에게 행정임무를 위임해왔지만, 위 책의 부제인 "**미국 행정법의 잃어버린 100년**"이 시사하듯이, 이러한 경위(經緯)가 집단적 기억에서 사라졌다. 행정의 행위들은 처음부터 미국의 민주적 헌정(질서) 안에 내재해 있었던 것이지 한참 후에 비로소 마치 이물(異物)처럼 헌정 안으로 들어온 게 아니다.[151)]

미국의 최근 연구 중에는 행정국가가 미국의 법률 시스템에 갑자기 침투했다는 서사를 점진적인 이행이라는 설명으로 대체하는 것들이 눈에 띄는데, 매쇼의 연구도 이것들과 궤를 같이 한다. 매쇼는 행정시스템의 기본구조가 이미 첫 번째 연방의회에서 만들어졌다고 아주 생생하게 설명한다. 신생 공화국은 눈앞에 놓인 수많은 업무를 처리할 효율적인 집행부가 시급히 필요했다. 상품 교환을 위한 통일된 시장을 만들어내려면 교통망의 건설과 유지 관리, 우편망, 영업허가제도, 제품승인 그리고 지적 재산권을 보호하기 위한 조치들이 필요했다. 곧이어 대륙을 횡단해서 정착하는 사람들과 그들의 토지취득을 규제하는 업무가 추가되었다. 커먼로 모델에 따라, 판사에 의해 수행되는 행정으로는 (행정서비스의) 제공 및 유지관리(Vorhaltung), 분배, 통제업무를 감당할 수 없었으므로 복합적인 행정기구(komplexe administrative Strukturen)를 만들어야 했다. 19세기 중반 이후 내전(남북전쟁)의 후과(後果)를 처리할 때도 유사한 상황이 벌어졌다. 참전군인 처우가 쟁점이 되면서 대량행정의 초기 형태가 만들어졌다. 이 행정은 행정기관이 만든 법적 규율(내부법) 및 행정내부적 통제가 얼마나 중요한지를 이미 분명히 보여주고 있었다.[152)]

마쇼의 연구를 세부적으로 하나하나 검토할 수는 없다. 다만, 중요한 것은 미국 행정법학사를 앞서도 보았듯이, 영광스러운 과거의 이념이 쇠락하는 역사, 타락의 역사(fall-from-grace story)로 이해하는 기존의 견해에 맞서 현재의 논의를 객관적으로 진행해나가는 일이다. 본문에서는 1930년대 이후 위임금지법리가 사실상 사문화되었다고 설명했지만, 사실 따지고 보면 19세기 당시에도 이미 위임금지법리는 완전한 모습으로 실현된 적이 없다.[153)]

---

151) Jerry L. Mashaw, *Creating the Administrative Constitution,* 2012.

152) 이상의 요약은 Eberhard Schmidt-Assmann, 앞의 책, 39-40쪽.

5. 한국 사회에서 행정조사는 행정기관이 가장 빈번하게 활용하는 행정수단 중 하나였지만,[154] 오랫동안 제대로 통제되지 못했다. '세무조사'의 난폭한 이미지를 떠올려보면, 자유주의 부르주아계급이 이 상황을 언제까지나 방치할 수는 없다는 건 당연해보인다. 행정조사에 대한 법적 통제가 강화된 시기와 한국 사회의 신자유주의화가 겹치는 데는 까닭이 있을 것이다. 이 점을 염두에 두면서 행정조사와 관련한 최근의 논의를 정리해보자.

미국 독립혁명의 발단이 된 보스톤 차사건을 상기해보면 조세문제가 부르주아계급에게 얼마나 중요한지는 더 말할 것도 없을 것이다. 그런데 이 중요한 조세와 관련한 행정조사가 한국 사회에서는 왜 오랫동안 법적 논의의 대상이 되지 못했던 것일까? 1970년대 이래 관치금융과 발전주의 개발국가를 얘기하지 않고는 설명하기 힘들다. 그 시기 국가와 자본은 기브앤테이크를 했다. 이것이 공식적으로 깨어졌음을 보여준 것이 1997년 IMF사태이다. 상황이 이렇게 된 바에야 자본의 입장에서는 관치금융이나 관료주의적 명령을 그냥 수용할 마음이 없다.[155] 행정조사의 대표격인 세무조사에 대한 본격적인 반발이 나오게 된 배경이다.

세무조사라는 단어가 우리 실정법에 처음으로 등장한 것은 1995. 1. 1. 시행된 「국세기본법」 제85조의2(세무조사 사전통지와 연기신청)를 통해서이다. 이후 1996. 12. 30일 「국세기본법」을 개정하면서 '납세자의 권리'에 관한 제7장의2를 신설하여 재조사의 금지(제81조의3)와 납세자의 성실성 추정 등(제81조의5)을 처음으로 도입하였다. 「국세기본법」 제7장의2는 이후 계속 보완되어 세무조사권 남용금지조항 등이 신설되었다. 2007년 제정된 「행정조사기본법」도 이러한 시대적 조류 속에서 입법될 수 있었다.

행정조사의 중요성이 부각되면서 이를 행정소송의 대상으로 삼기 위한 논의들이 활발히 개진되었다. 세무조사결정행위를 처분이라고 본 대법원 판례가 나온 것도 이즈음이었다.[156] 또한 행정영장제도를 도입하는 방안, 행정조사의 적법성을 확보하고 당사자의 방어권(진술거부권 등)을 보장하는 방안이 활발히 논의되고 있다. 행정조사에 「행정절차법」을 적용할 수 있는지를 둘러싸고 학설상 다툼이 있는 것도 행정절차의 관점에서 그 중요성이 높아진 행정조사의 위상을 반영한다.

153) Eberhard Schmidt-Assmann, 위의 책, 41쪽 참고.

154) 오준근, "행정조사의 공법이론적 재검토", 공법연구 제31집 제3호, 529-530쪽.

155) 이 시기를 전후하여 고위관료가 대기업의 고문으로 진입하고, 회전문 인사를 통해 다시 공직에 들어오는 일도 빈번해졌다.

156) 대법원 2011. 3. 10. 선고 2009두23617, 23624 판결. 이 판결에 대파 비판적 평석으로는 이동식, "세무조사 결정통지의 처분성", 행정판례연구 17권 1호, 2012, 143-182쪽.

03

행정법 및 행정법학의 논리적 구조

3.1. 행정법(학)의 구성

3.1.1. 행정을 규율하는 행정법의 체계

행정법이란 말 그대로 "행정을 규율하는 국내 공법", 즉 그 규율대상이 행정인 법이다.[1] 행정법은 행정활동을 규율한다.[2] 흔히 규율이라 하면 일반적으로 통제를 생각하게 된다. 무엇을 통제하는가? 제일 중요한 것이 행정의 활동이다. 행정의 활동을 행정법에서는 특히 행정작용이라고 부른다. 그러므로 행정법이란 우선 행정작용을 통제하는 법이다. 그리고 그 통제에서 가장 중요한 수단이 법원과 같은 '외부기관'의 사법심사라고 본다. 이것이 독일식 행정법의 기본적 사고방식이지만, 미국 행정법에서도 이런 생각은 낯설지 않다.[3]

그런데 규율이라는 말에는 통제라는 관념 외에 "규범을 통해 질서를 부여"한다는 의미도 있다. 행정청이 따라야 할 행위기준을 제시한다든가, 행정기관에게 행정권한

1) 김철용, 2024, 45쪽.

2) 다만, 여기서 말하는 규율은 행정행위의 개념 징표로서의 "개별사안에 대한 규율"이라고 말할 때의 규율(Regelung)과는 다른 의미이다.

3) 미국 행정법의 생성을 새롭게 규명하는 매쇼는 "행정법이란 행정의 행위에 대한 사법심사의 법"이라고 "오해"되어왔다고 서술한다. Jerry L. Mashaw, *Creating the Administrative Constitution,* 3쪽. 그는 국가제정법도 법원도 기능하지 않는 영역에서도 행정내부법(internal administrative law)에 의한 법적 통제가 가능하다고 주장한다. Jerry L. Mashaw, "Federal Administration and Administrative Law in the Gilded Age", *119 Yale L.J.* 1362, 1470-1471쪽.

을 부여한다든가 하는 게 그런 것이다. 행정업무를 한 번이라도 해본 사람, 서류를 읽고 행정절차를 실무에서 관찰해본 사람은 (행정) 창구에서 바라보는 세계와 공무원 책상 뒤의 세계가 완전히 다르다는 걸 안다. 행정은 민원인의 서류제출에서 시작하여 관청의 서류검토에서 끝난다고 할 정도로 행정사무의 처리에서 서류작업은 중요하다. 특히 각종 복지행정의 처리에서 서류의 역할은 절대적이다. 보편복지의 수단으로 기본소득의 도입을 주장하는 이들은 복지행정사무의 처리에서 서류작업의 대폭적인 감축이라는 장점을 들기도 한다.[4]

전능하고 독단적인 관청이란 존재하지 않는다. 사실은 공무원들도 지속적인 압박과 불충분한 재원 하에 그리고 충분한 정보 없이 행동한다. 때로는 이런 이유들 때문에 법률이 있지만 결정을 내리지 못하는 일도 생긴다. 사정이 이러하니 행정법은 개인의 보호만을 목표로 해서는 안 되는 것이다. 행정법은 행정청이 자신의 임무를 수행할 수 있는 법적 여건도 만들어주어야 한다.[5]

그러므로 행정법이란 행정을 통제하기도 하지만 행정에게 일정한 권한을 부여하는 법이기도 하다. 규율의 의미를 이렇게 이해한다면 행정법이란 행정(기관)에게 권한을 부여할 뿐만 아니라, 이렇게 부여한 권한을 통제하는 법이라고 일단 정리할 수 있다.

이것은 그렇게 어려운 얘기가 아니다. 헌법의 예를 들어 보자. 흔히 헌법조문에 명시되어 있는 국가기관을 헌법기관이라고 하는데, 이들 헌법기관에 대해 헌법은 이런저런 권한을 줌과 동시에 그 권한의 행사 방식을 분명하게 함으로써 헌법기관을 규율한다. 예컨대 헌법은 대통령에게 여러 권한을 부여함과 동시에 문서주의와 부서(제82조), 국무회의 심의(제88-89조) 등을 규정하여 대통령의 권한을 규율한다. 또한 "국가기관 상호간, 국가기관과 지방자치단체간 및 지방자치단체 상호간"에 "권한의 유무 또는 범위에 관하여 다툼이 있을 때" 권한쟁의심판을 청구할 수 있다(헌법 제111조 제1항 제4호, 헌법재판소법 제61조 제1항).[6]

---

4) 한국의 지역소멸, 농촌소멸을 막거나 늦추는 방안의 하나로 농민기본소득의 도입을 주장하는 이들은 이것이 농민복지의 전달과정에서 소요되는 번다한 서류제출절차를 없애거나 줄일 수 있고, 중간관리자로서의 이장(里長)의 (있을 수 있는) 농간을 차단하는 데 도움이 될 수 있다고 생각하는 것 같다. 양미, 너무나 정치적인 시골살이, 동녘, 2024, 181, 219, 236-237쪽.

5) Heiko Faber, *Verwaltungsrecht,* 3쪽.

6) 헌법재판소는 여기서 말하는 "국가기관"이란 헌법에 의하여 설치되고, 헌법과 법률에 의하여 독자적 권한을 부여받고 있는 기관이라고 해석한다. 헌법재판소 1997. 7. 6. 선고 96헌라2 결정. 이런 기관을 헌법기관이라 부른다. 헌법재판소는 헌법이 아니라 법률에 의하여 설치된 국가인권위원회는 "헌법

한편 법치국가 혹은 법치행정 원리의 기능도 억제 외에 촉진 및 조정을 포함하는데,[7] 이러한 것도 권한부여 및 권한통제법으로서의 행정법의 면모와 일치한다. 즉, 법치행정 원리란 행정이 법에 따라야 한다는 것을 말하는데, 여기서 법은 자의적(恣意的) 행정작용을 억제하여 국민의 자유와 권리를 지키는 역할 외에 적극적으로 행정에게 일정한 임무와 그것을 실현시킬 수단을 부여하는 역할까지 맡고 있고, 나아가 사인들 간의 이해조정을 담당하기도 한다.

사실 이 후자의 기능이 행정법의 매력이기도 하다. 모든 이의 자유, 안전, 복지를 위해 이 정도로 높은 책임을 지는 '제도'는 거의 없다는 것 그리고 행정법이 바로 그런 행정을 지도하고 조정하는 법이라는 것을 주목할 필요가 있다. 이런 중요성 때문에 - 행정법을 공부하는 학생들이 이것을 제대로 간파하고 있느냐 없느냐와는 별개로 - 행정법학은 치열한 이익 투쟁의 현장이 된다.[8]

행정법의 과제는 행정의 침해로부터 시민의 자유를 보호하는 것이다. 이것이 관청 실무의 일상에서 실현되지 않는다면 기본권은 휴지에 불과하게 된다. 1815년에 니부어(B. G. Niebuhr)는 자유란 실은 헌법이 아니라 행정에 기초해 있다고 말했다. 200년이나 지난 지금도 여전히 맞는 말이다. 그러나 행정은 개인의 자유를 그저 보호하기만 하는 건 아니다. 자유를 제한하기도 하고, 그보다 더 개인들을 괴롭히는 위험한 결정들도 아주 많이 내린다. 소관 부서가 대규모 발전소 건설을 결정하면, 이런 결정의 귀결은 대다수 국민에게 미친다. 이것은 전기부족과 환경침해 사이에서 선택해야 하는 문제이고 모든 국민이 관심을 가져야 할 문제이다. 아니러니하게도 이런 사안일수록 떠들썩하게 공개적으로 토의되지만, 중요한 결정이나 조치는 대부분 조용히 - 예컨대 재원의 배분을 통해 - 내려지거나 처리된다. 2023년 하남-양평 고속도로 노선변경안과 관련하여 국회와 언론이 연일 문제제기를 하고 있는 동안 국토교통부는 조용히 실행예산을 편성했다.

행정은 법률상 원래 의도되어 있는, (기업의) 자유를 제한하는 조치를 소리소문 없이 포기하기도 한다. 그러므로 행정의 침해는 소극적 방식으로도 일어날 수 있다.

상 국가에게 부여된 임무 또는 의무를 수행하고 그 독립성이 보장된 국가기관이라고 하더라도" '헌법기관'은 아니므로, 권한쟁의심판의 당사자 능력이 없다고 판시했다. 헌법재판소 2010. 10. 28. 선고 2009헌라6 결정.

7) 김철용, 2024, 72-73쪽.

8) Heiko Faber, *Verwaltungsrecht,* 3쪽.

그와 같은 규제포기가 소비자와 다수 국민에게는 침해가 될 수 있기 때문이다. 환경행정법 영역에서 법 집행이 제대로 되지 않는 이유가 단지 집행력부족 때문만은 아니다.[9] 이런 점들을 모두 고려할 때 행정법의 임무가 무엇이 되어야 할지는 분명하다. 행정은 법률적 근거가 없는 경우에도 집행을 해야만 하는 때가 있고, 법률은 집행을 명하는 데 구체적 상황을 근거로 안 하는 경우도 있다('개별' 사안에서 법률 집행의 예외를 허용하는 수권규정이 있는 경우). 전자라면 행정의 집행에 대해 정당성의 근거를 제공해야 하며, 후자라면 소극적 법집행이 정당화될 수 있는지 점검해보아야 한다. 이렇게 함으로써 행정으로 하여금 전체 공동체에 의미가 있는 결정들을 제대로 내릴 수 있게 하는 것 그리고 공동체를 위해 필요한 자유 제한 조치들을 공정하게 분배하는 것, 이것이 행정법의 임무이다. 행정법을 단순히 법률의 집행과 관련한 법이라고 생각하면 안 된다.

3.1.2. 행정법의 세 영역

이런 행정법을 강학(講學)상으로는 크게 세 영역으로 나눈다. 행정조직법, 행정작용법, 행정구제법이 그것이다. 행정조직법은 국가·공공단체 등 행정주체에게 그 존립의 근거를 부여하고, 행정주체에 속하는 기관의 설치 권한 및 기관 상호 간의 관계를 규율하며, 국가·공공단체 등 행정주체 상호 간의 관계를 정하는 법이다. 행정작용법은 행정주체와 그 상대방(때로는 제3자)인 사인과의 (법률) 관계에 관한 법이며, 행정구제법은 행정작용으로 침해된 개인의 권익구제 및 행정의 적법성·합목적성 통제에 관한 법이다.

행정법을 이렇게 나누는 건 행정법을 체계적으로 이해하기 위함이다. 체계적이라는 건 이 세 영역이 상호 연계되어 있다는 뜻이다. 어느 한 영역의 변화는 다른 영역에도 영향을 준다. 조직법 영역에 국가나 지방자치단체와 같은 전통적인 주체 외에 새로운 주체가 추가된다면 이에 대응하여 작용법과 구제법의 법리도 새롭게 조정되는 식이다. 사인이 행정권한을 행사하는 상황, 공사협력이 늘어나는 상황이라면 그것에 맞게 행정구제법(국가배상법 등)의 법리도 재조정되어야 한다. 권한이 있으면 책임도 져야 한다는 이치다. 또한 이 세 영역 중 어느 부분이 강조되고 있는지를 보면 특정 행정법 체계의 특성을 파악할 수 있다. 주지하듯이 독일식 행정법은 행정작

9) 제20장에서 상징적 입법의 문제로 다룰 예정이다.

용법 중심으로 체계화되어 있어, 상대적으로 행정조직법이 경시되어 왔다.[10] 반면, 앞서 보았듯이 미국식 행정법은 연방 행정규제기관의 조직과 권한배분을 중심으로 행정조직법에 특별한 관심을 기울여왔다. 한편 행정작용법과 행정구제법은 동전의 양면과 같다. (독일) 행정법이 행정작용에 관심을 갖는 이유는 상대방인 개인의 권리보호를 위해서이다. 권리보호, 행정구제를 위해서는 개인의 권리에 작용하거나 침해하는 행정의 활동이 전제가 되어야 한다. 논리적으로 작용법이 1차적이고 구제법이 2차적이라고 말할 수도 있지만, 양자는 서로 커플링(연동)되어 있다고 보는 게 타당하다.

뒤에서 우리는 행정법의 출발점이자 종착점인 법치행정 원리를 공부할 것이다. 법치행정 원리란 한마디로 행정은 법에 따라서 행해져야 한다는 것을 지칭한다. 이때 법이란 의회가 만든 법, 즉 제정법을 의미한다. 법치행정 원리가 등장하기 전(경찰국가단계)에도 행정은 어떻게 보면 법에 따라 움직이고 있었다. 이때의 법은, 예컨대 국왕이 만든 법이거나 관습법 같은 것이었다. 그러나 근대 이후에는 그런 법이 아니라 오로지 '부르주아-시민' 세력의 대표인 의회가 만든 제정법에 (직접 혹은 간접적으로라도) 의거해서만 행정이 이루어져야 한다는 주장을 부르주아-시민 세력들이 하게 된다. 이러한 주장을 헌법학에서는 입헌주의적 요청이라고 하고, 행정법학에서는 (자유주의적) 법치행정의 요구라고 한다. 이 법치행정 원리의 중심에 있는 것이 법률의 유보원칙인데, 법률의 유보에 관한 가장 전통적인 이론인 침해유보설에 따르면 "시민의 권리와 자유를 침해하는 행정은 반드시 법률의 근거를 필요로 한다." 그런데 과연 시민의 권리와 자유를 침해하는 행정이 법률의 근거가 있는 것인가, 또한 법률에 기초해서 이루어진 행정이라고 했을 때 그러한 행정이 법률이 정한 테두리를 잘 지켰는가를 통제하고 살펴보는 메커니즘이 없다면 이러한 요구는 그냥 구호에만 그치고 만다. 그래서 이러한 것들을 사후에 심사해야 한다고 하는 주장이 당연히 나오게 된다. 이처럼 행정작용을 '주로' 사후에 심사하여 행정의 합법성·합목적성을 담보하고 시민의 권리침해를 구제해 주는 법이 행정구제법이다.

행정의 일상적이고 반복적인 제반 활동이 모두 법적으로 통제 가능한 것은 아니다. 기상청의 일기예보와 같은 단순 정보 제공행정은 그 자체로는 법적 통제대상이 되기 어렵다. 어떤 것은 되고 어떤 것은 되지 않는다. 이것을 일일이 사건이 발생할 때마다

10) 이러한 독일식 행정작용법 편중주의를 비판하면서 "행정법은 첫째가 행정조직법이다"라고 논하는 이도 있다. 大橋洋一, 都市空間制御の法理論, 有斐閣, 2008, 373쪽.

따져야 한다면 쉽지 않은 일이 될 것이다. 그래서 여러 행정활동 중에서 어떤 것이 법원의 심사대상이 될 수 있는지 혹은 심사하기에 적합한지를 미리 유형화해둔다면 편리할 것이다. 행정작용법이 담당하는 역할이 이것이다. 행정작용법에 등장하는 행정작용들은 행정구제, 특히 행정소송의 관점에서 보면 취소소송 등의 대상이 되는 것들이므로 행정작용법은 행정구제법, 특히 행정소송법과 서로 커플링되어 있다. 이런 까닭에 교과서를 보면 행정작용법 영역에서 다루어지는 내용이 행정소송법에서도 반복해서 등장한다. 행정행위개념이 (행정)처분개념으로, 공권개념이 법률상 이익 개념으로 행정소송법에서 재등장하는 것이 대표적인 예이다. 물론 공권과 법률상 이익은 동일한 개념이 아니다. "이론적으로는 주관적 공권 개념을 제소가능성(Einklagbarkeit)과 분리하는 것이 타당하다." 그러나 "실제로는, 1945년 이후 등장한, 재판을 통한 권리구제에 크게 의존하고 있는 공권체계가 주관적 공권개념의 실천적인 적용(die praktische Anwendung)에 큰 영향을 미치고 있음은 무시하기 힘들다."[11]

3.1.3. 행정조직법(공무원법, 공물법)

그런데 어떠한 행정작용이 이루어지려면 먼저 행정조직이 있어야 한다. 이 행정조직에 관한 법이 행정조직법이다. 행정조직은 국가·공공단체와 같은 행정주체의 조직을 의미하므로, 행정조직법을 넓게 파악하면 국가행정조직법, 자치행정조직법은 물론 공물법 및 영조물법, 심지어 공무원법도 여기에 포함된다.[12] 다만, 최근의 교과서들이 다루는 행정조직법은 협의의 행정조직법인 국가행정조직법만이다.

앞에서는 자본주의와 행정법의 필연적 관계를 논했다. 그렇다면 자본주의 국가에서 행정조직법의 역할은 무엇일까? 이런저런 (국가)행정조직이 있고, 각 조직에게 이런저런 권한이 부여된다는 것을 단순하게 설명하는 것이라면 굳이 이것을 '체계'로 서의 행정조직법이라고 부를 가치는 없을 것이다. 그렇다면 **자본주의 행정조직법의 본질**은 무엇일까? 독임제 행정(관)청이다.[13] 장관이 대표적인 **독임제 행정청**이다. 그리고

11) Ernst Forsthoff, *Lehrbuch*, 187쪽. 190-191쪽도 참고.

12) 김도창, 일반행정법론(하), 42-43쪽.

13) 예전에는 행정관청과 행정청을 구분했다. 이 경우 행정관청(Verwaltungsbehörde)은 행정에 관한 국가의 의사를 결정하여 이를 외부에 표시하는 권한을 가진 기관을, 행정청은 지방자치단체의 의사 또는 판단을 결정·표시하는 기관을 지칭했다. 이 둘을 합쳐서 광의의 개념의 행정청이라고 했다. 그러나 오늘날 이런 구분은 특별한 의미가 없다. 「행정절차법」, 「행정소송법」 등의 실정법률도 그

그 기관을 중심으로 각종 법 논리체계 - 행정관청의 권한, 행정관청의 권한위임과 권한대리, 행정관청 상호간의 관계(주로 상급관청이 행사하는 지휘감독) 등 - 를 구축한 것이 자본주의 행정조직법이다.[14] 특히 후발자본주의 국가 프로이센 독일과 같은 나라에서 이 체제는 매우 중요했다. 이것을 중앙과 지방의 관계에까지 확장하여 지방자치행정도 국가의 기관위임사무체계로 촘촘히 편입했던 것이 일본제국주의의 행정조직법이었고, 이를 수용한 것이 한국 행정조직법이었다.[15]

독임제 행정청에 반대되는 개념이 합의제 행정청이다. 합의제 행정청의 기원을 흔히 미국의 연방 독립규제위원회에서 찾지만, 사실 합의제 권력기구는 로마시대까지 거슬러 올라간다. 독임제 행정청이 등장하기 이전 프리드리히 빌헬름 1세(1688-1740) 시대 프로이센에는 총감리부(總監理府, Generaldirektorium)라는 조직이 있었는데, 이 부서의 운영을 지배한 원리가 **합의제원칙**(das Kollegialprinzip)이었다. 이 부서에 모든 부서의 장관이 참여하여 협의 하에 결정이 이루어졌고 매번 다수결을 요구하였다. 그러다 보니 국왕이 장관들 사이의 대립과 갈등을 조율해야 할 때가 많았다. 국왕의 자의적 권력행사로부터 장관을 보호하는 장점도 있었지만, 그 대신 상상할 수 없을 정도로 느린 관료적 일처리를 그 대가로 치러야 했다. 이런 것이 자본주의 행정법과 맞을 리가 없었다. 이 시스템은 슈타인 남작의 정치행정 개혁 이후 도입된 소관(所管)/소할(所轄)원칙(das Ressortprinzip)에 의해 비로소 대체되었다. 이 원칙에 따라 업무와 결정권한이 분장(分掌)되었고 장관의 독임적 결정이 관철되었다.[16] 자본주의 체제 하에서 합의제 행정청은 예외적인 것이므로, 이런 기관을 행정조직 내에 확대한다는 것은 속도전 방식의 자본주의적 행정결정방식과의 일정한 결별을 의미한다.

냥 "행정청"이라고 명명한다. 다만, 이 경우의 행정청 개념은 행정조직법상의 행정청보다는 넓은 의미이다. 즉, 이들 실정법상 행정청에는 "법령에 의하여 행정권한의 위임 또는 위탁을 받은 행정기관, 공동단체 및 그 기관 또는 사인"도 포함된다. 학설에 따라서는 반드시 의사표시기관이 아니어도 "행정임무를 독립적으로 수행하는 조직단위"면 충분하다고 보기도 한다. 이원우, "항고소송의 대상인 처분의 요소로서 행정청"; 저스티스 제68호, 2002, 182-183쪽.

14) 자세한 것은 막스 베버, 이상률 옮김, 관료제, 문예출판사, 2020, 9-13쪽. 이 책은 베버가 쓴『경제와 사회』제2부 제9장 제2절을 번역한 것이다.

15) 이계수, 지방제도의 행정조직법적 연구, 서울대학교 대학원 법학과 석사학위논문, 1990.

16) Heiko Faber, *Verwaltungsrecht,* 51-52쪽. 나폴레옹 전쟁 패전 이후 프로이센국이 시도한 개혁이 슈타인-하르덴베르크 개혁(1807-1815)이다. 이 개혁 중 정치 행정 개혁을 주도한 사람이 슈타인 남작이다.

"합의제(Kollegialität)는 역사적으로 다음과 같은 이중의 의미를 갖고 있다: (a) 동일한 관직에 복수의 사람을 임명하거나 그 권한상 직접적으로 서로 경합하는 복수의 관직을 병설(竝設)하여 그 사람들이나 관직들이 상호 거부권을 갖도록 함. 이 경우 합의제는 지배를 최소화하기 위한 목적의 기술적 권력분할을 의미한다. 특히 로마의 정무관직(Magistratur)에서의 '합의제'가 이런 의미였다. 여기서 합의제가 갖는 가장 중요한 의미는 각자의 관직행위에 동등한 권력(par potestas)을 갖는 외부자의 합법적인 개입을 가능하게 하는 것이고, 그로써 개별 정무관의 지배권을 약화시키는 것에 있다. 그러나 이 경우에도 개별 정무관은 각각 의연히 개별 정무관의 지위를 그대로 유지한다. 다만, 이런 정무관들이 복수존재한다는 의미에서 합의제라는 말을 쓴다. (b) 합의제적 의사형성, 즉 복수의 사람이 - 전원일치원리에 따르든 다수결원리에 따르든 - 동시에 작용할 때만 명령은 정당하게 성립한다는 것을 의미한다. 이것이 근대적 합의제개념이다. 고대에 이런 게 없었던 것은 아니나 고대에 특징적인 합의제개념은 아니었다."[17)]

이상은 **막스 베버**의 『**경제와 사회**』 중 「지배의 제유형」에 서술되어 있는 부분이다. 베버는 여기서 합의제적 의사형성을 '근대적인 합의제개념'이라고 평가한다. 그런데 『경제와 사회』 중 「관료제 지배의 본질, 전제조건 및 발전」에는 이런 설명도 있다. "합의제 기구들(die kollegialen Instanzen)은 인물로부터 독립한 영속적 조직으로서의 근대적 관청개념의 발전을 가능케 한 최초의 제도들 중 하나였다. (…) (그러나) 교통수단이 발달하고 행정에 대한 기술적 요구가 증대함에 따라 신속하면서도 명확한 결정이 불가피해지고 완전한 관료제와 독임제(Monokratie)를 강요하는 이미 논한 그 밖의 이유들이 압도적으로 전면에 나타나면서, 관료제 국가 내부에서 합의제 행정이 다시 사라진다."[18)]

한편, 권력분립적-법치국가적 관점에서 보면, 행정을 조직할 권한을 입법자에게 줄 것인지 아니면 행정부에게 줄 것인지가 문제가 된다.[19)] 과거에는 일반적으로 행정조직에 관한 규율은 행정의 고유한 권한으로 보았다. 그러나 현행법하에서는 행정조직법정주의가 원칙이다. 그 의의는 행정조직을 의회에 의한 민주적 통제에 따르게 한다는 데 있다. 행정의 조직이 법률에 의해 규율될 때 행정은 합법적이고 정당한

---

17) Max Weber, *Wirtschaft und Gesellschaft,* 5. Auflage(Studienausgabe), J. C. B. Mohr, 1972, 163쪽.

18) Max Weber, 위의 책, 575쪽; 막스 베버, 이상률 옮김, 관료제, 77, 80쪽. 본문은 한국어 번역을 필자가 적절히 수정하였다.

19) Maurer/Waldhoff, 599쪽(21장/62번).

권한 행사를 할 수 있다. 이것이 행정조직에서의 법률의 유보의 의미이다. 그러나 행정조직을 어느 정도까지 상세하게 법률로 규율해야 하는가 하는 문제는 여전히 남는다.[20] 이것은 (연방) 행정기구의 창설 및 권한 부여에서 연방의회의 주도권이 현저한 미국 헌법 하에서는 더욱더 그 중요성이 두드러지는 쟁점이다.[21]

앞서 보았듯이 행정조직을 넓게 이해하면 행정기관과 그를 구성하는 사람을 모두 포함하게 된다. 그러므로 행정조직을 축소한다고 하면 행정기관·기구를 축소한다는 의미뿐만 아니라 이들 조직에 종사하는 사람들, 즉 공무원의 수를 줄인다는 의미도 포함한다. 그러나 통상 행정법에서 행정조직법이라 하면 사람을 제외하고 "물적 조직을 규율하는 법체계"로 이해하므로, 공무원법은 여기에 포함되지 않는다.

예전에는 공무원이란 일종의 국가의 '연장된 팔'로, 마치 국가라는 생물체의 한 부분으로 이해했다. 국가를 생물체로 보아 하나의 몸으로 보면 머리는 왕이 되고 공무원은 팔다리라는 식이다. 그런데 머리와 팔다리는 분리될 수 없으므로 팔다리인 공무원은 머리에 대해서 자기의 고유한 목소리를 낼 수가 없었다. 이러한 논리체계의 귀결이 이른바 '특별권력관계론'이었다. 공무원은 국가라는 생물체의 팔다리이니까 머리가 시키는 대로만 해라, 그리고 머리에 소송을 건다든지 하는 방식으로 대항하지 말라고 했다. 또한 공무원이 위법한 행위를 해도 그런 일은 머리가 시킨 것으로 볼 수 없으므로 - 국왕은 악을 행할 수 없다(The king can do no wrong) - 공무원의 불법행위에 대해서는 국가는 배상책임을 지지 않는다고 보았다.

사회 혹은 국가를 신체의 일종으로, 즉 '머리'가 지배하는 잘 통제된 신체로 보는 이런 은유는 플라톤과 아리스토텔레스 이래로 정치 조직을 묘사하는 데 쓰이던 지배적 메타포(metaphor)였다. 아마 억압을 정당화하는 데 이런 은유가 유용했기 때문일 것이다. 사회 혹은 **국가를 신체에 비유**하는 것은 그것들을 가족에 비유하는 것 이상으로 권위주의적 질서 구축에 늘 유용했다.[22]

그러나 이제는 이런 은유가 통하지 않는다. 공무원과 행정조직이 법적으로 구분되며, 공무원 관계에서 특별권력관계론이 부정되고 공무원 관계도 법에 의해 규율되고

---

20) 이에 답하는 것이 중요사항유보설의 구체화가 될 것이다. 중요사항유보설은 8.2.2.에서 설명한다.

21) Winfried Brugger, *Einführung in das öffentliche Recht der USA*, 231쪽.

22) 수전 손택, 이재원 옮김, 은유로서의 질병, 이후, 2002, 136쪽(번역은 필자 수정). 은유가 법학 개념을 만들지는 못한다. 그렇지만 은유는 개념을 승인해 주는 것보다 훨씬 더 많은 일을 해낸다. 수전 손택, 이재원 옮김, 위의 책, 157쪽 참고.

있는 점, 공무원의 법적 지위, 공무원의 권리와 의무, 공무원의 권익침해에 대한 구제절차가 법적으로 규율되고 있는 점을 고려하면 공무원의 복무관계를 더는 행정조직의 내부문제로 보기 어렵다. 또한 공무원법의 영역에서도 집단적 노사관계가 중요해지고 있으므로 공무원의 복무관계는 행정조직법이 아니라 노동법의 관점에서 논의해야 할 주제가 되었다. 각국의 공무원법이 노동조합 소속권을 포함하는 단결권을 보장하고, 공무원대표법(personalvertretungsgesetz)을 통하여 **행정영역에서의 공동결정권**을 (일반 사기업에서의 직원대표법과 비교할 때 비록 완화된 형태이기는 하지만) 보장하고 있는 것도 이런 변화를 반영한다.[23] 그러나 한국의 공무원법은 이 부분에서 대단한 지체현상을 보이고 있다.

공무원은 행정조직의 일원이자 독립된 시민이라는 이중적 지위를 갖는다. 가령 상급자의 하급자에 대한 명령(die Anordnungen)이 행정조직의 일원인 직무수행자로서의 공무원에게 내려지면 이는 행정내부적 지시(innerliche Weisungen)이지만, 해당 명령이 독립적인 법인격으로서의 공무원에게 발령되면 이는 행정행위가 된다.[24] 그러므로 공무원은 '특별한 시민'(모리스 오류) 혹은 '제복 입은 시민'(독일 「군인법」)이다. 공무원도 시민인 이상 공무원이 직무가 수행되는 장소가 아닌 곳에서 직무시간 외에 정치활동을 하는 것은 원칙적으로 허용된다고 해석해야 한다.[25] 이것이 바로 특별한 시민 혹은 제복입은 시민으로서의 공무원상에 부합한다. 국민 전체에 대한 봉사자로서의 공무원과 기본권 주체로서의 공무원은 구분해야 한다. 우리 헌법재판소도 "공무원은 공직자인 동시에 국민의 한 사람이기도 하므로 국민 전체에 대한 봉사자로서의 지위와 기본권을 향유하는 기본권 주체로서의 지위라는 **이중적 지위**를"[26] 가진다고 판시하였다. 다만, 이런 원론적인 입장을 내세운다고 해서 실제로도 공무원이 기본권 주체로서의 지위를 보장받느냐는 별개의 문제이다. 대표적 공무원인 교사는 1963년 이래 60년 넘게 정치적 시민권을 박탈당하고 있다. 그들은 정치적 의사를 표현할 수 없고, 정당에 가입할 수도 없다. 학교에서 민주적 시민교육의 일환으로 정치교육을 하는 것도 사실상 봉쇄되어 있다.[27]

---

23) Ernst Forsthoff, *Lehrbuch*, 62쪽 참고.

24) 물론 이 둘의 성격이 혼합되어 있어 과연 행정행위로 볼 수 있는지가 다투어지는 사례도 나타난다. Maurer/Waldhoff, 220-221쪽(9장 26번).

25) 이계수, "공무원의 정치활동금지의무에 대한 비판적 고찰", 민주법학 제29호, 2005, 311-336쪽.

26) 헌법재판소 2012. 3. 29. 선고 2010헌마97 결정.

교사는 "교육을 통하여 국민 전체에게 봉사하는" 국가공무원이라고 하지만,[28] 왜 그들이 '국가', '공무원'이어야 하는가? 교육자치를 생각하면 지역 교육청 소속 초중등교사는 지방공무원이 되어야 하는 것이 아닐까? '공무원'이라는 지위가 교사의 권리 보장에 꼭 필요한 법적 형식일까? 교사를 그 누구보다도 더 '윤리적'이어야 할 존재, "직무의 내외를 불문하고 그 품위가 손상되는 행위"(「국가공무원법」 제63조)를 해서는 안 되는 공무원으로 '대우'하는 것이 현재의 가치다원주의 사회에도 여전히 '적합하고 필요한가?' 이제는 이런 질문 혹은 문제제기를 더 이상 무응답인채로 방치해서는 안 된다.[29] 국가공무원으로서의 교사라는 지위가 '국가주의 교육을 강화하는 것은 아닌가'라는 물음도 마찬가지다.

한편, 교사는 「지방교육자치에 관한 법률」에 따라 "시도의 교육·학예에 관한 사무의 집행기관"(제18조)인 시·도 교육감에 입후보할 수도, 특정 교육감후보를 위해 선거운동을 할 수도 없다. 반면, 대학교수는 다할 수 있다. 오늘날 우리 사회가 경험하고 있는 "교실극우화"는 교사의 이런 '정치적 무(능)력'에서 기인하는 바가 크다.[30] 민주시민교육조차 교사가 제대로 할 수 없기에 중고등학교 교실은 공식적으로는 정치적 진공상태, 비공식적으로는 음모론이 판치는 정치적 아노미 상태가 되고 있다. 이런 정치교육 부재상태를 언제까지 방치할 것인가?[31]

그러나 이러한 질문보다 더 본질적인 것은 '**자본주의와 공무원 제도**'**의 관계**를 따져묻는 것이다. 공직 혹은 공무원 제도에 대한 분석은 국가에 대한 분석 없이는 가

---

27) 다만, "그 밖의 정치단체"의 결성에 관여하거나 이에 가입하는 행위를 금지한 국가공무원법 제65조 제1항 중 초·중등 교원 부분은 헌법에 위반한다는 결정이 내려졌다. 헌법재판소 2020. 4. 23. 선고 2018헌마551 결정.

28) "교육감이 담당 교육청 소속 국가공무원인 교사에 대하여 하는 징계의결요구 사무는 국가위임사무라고 보아야 한다." 대법원 2013. 6. 27. 선고 2009추206 판결.

29) 대법원은 "항상 사표가 될 품성과 자질의 향상에 힘써"야 할 교사의 품위유지의무 위반을 더 엄중히 판단하는 경향이 있다. 간통죄도 폐지된 시대지만 교사 간 '불륜'은 해임이나 파면처분을 받을 수 있는 징계사유에 해당한다. 최근 판결로는 대법원 2019. 12. 24. 선고 2019두48684 판결 참조. 반면, 일반 근로자가 사생활에서의 비행을 저질러도, 그것이 "사업활동에 직접 관련이 있거나 기업의 사회적 평가를 훼손할 염려가 있는 것에 한하여" 품위유지의무 위반으로 징계대상이 된다. 대법원 1994. 12. 13. 선고 93누23275 판결. 공무원의 품위유지의무에 대한 비판적 해석으로는 다음을 참고할 것. 장경원, "공무원법상 품위유지의무", 행정법연구 제70호, 2023, 203-230쪽.

30) 교실극우화라는 표현은 이미 언론의 헤드라인에 등장하고 있다. "교실 극우화 막을 '민주시민교육' …윤석열 정부, 예산 86% 삭감", 한겨레신문, 2025. 4. 23.자.

31) 이계수, "공무원의 정치활동금지의무에 대한 비판적 고찰", 334-334쪽.

능하지 않다. 부르주아-자본주의 국가는, 계속 얘기하지만, 소유권과 (영업의) 자유를 지켜내며 필요하다면 폭력을 동원해서라도 이를 방어하는 것을 그 임무로 한다. 이 임무의 수행을 위해 국가는 법적 틀을 만들고 그것의 유지를 위해 노력해야 한다. 이 일을 담당하는 자들이 공무원이므로 자본주의 국가는 공무원(혹은 공무노동자)들이 다른 노동자계급보다 사회·경제적으로 월등히 유리한 지위를 획득할 수 있도록 노력하지 않으면 안 된다.[32] 마르크스는 "지배계급이 피지배계급의 가장 뛰어난 인물을 자기 속으로 끌어들이는 능력이 크면 클수록 그 지배는 더욱더 강고하고 위험한 것이 된다"고 말했다.[33] 이렇게 본다면 공무원의 정치적 기본권을 보장하고, 공무원의 의무를 민주주의적 헌법원리에 부합하게 재조정하는 공무원법제가 부르주아-자본주의 국가에 더욱더 합당한 것이라고 보아야 할 것이다.

그런데도 왜 한국의 공무원법제는 옛날 군주제 국가시대의 그것에서 크게 벗어나지 못하고 있는 것일까? 발전국가 모델을 오랫동안 유지해온 한국 자본주의는 군대조직과 같은 공무원과 공무원조직을 당연시했다. 그러나 지금은 변했다. 그러면 공무원법제도 변해야 하는 것 아닌가? 장차관 등 상층 관료들은 회전문 인사를 통해 경제영역과 정치영역을 넘나들 수 있지만, 하위직 공무원들은 철저히 정치적 무능을 강요당한다. 과연 이것이 맞는 것일까?

한편, 행정조직법의 범위를 가장 넓게 확장하면 공물법(公物法)도 이에 포함시킬 수 있다. 행정주체가 행정목적을 달성하기 위한 인적 수단이 공무원이라면 물적 수단이 바로 공물이다. 공물에 관한 법이 공물법이다. 도로와 관광서의 청사가 공물의 대표적인 예이지만, 공물은 이론상의 개념이기에 그 외연은 얼마든지 확대될 수 있다. 가령 '주파수'도 공물인지가 다투어지는데, 이런 논쟁은 결국 주파수를 어떻게 배분하는 것이 공공자산 관리에 적합할 것이가 하는 문제로 귀결된다. 이처럼 공물법은 매우 중요한 논점을 포함하고 있지만, 그 연구는 여전히 제대로 진척되지 않고 있다.[34]

---

32) 카를 마르크스는 "이른바 '이데올로기적인' 신분에 해당하는 정부관리, 목사, 법률가, 군인 등"을 명시적으로 생산적인 임금노동계급에서 제외한다. 카를 마르크스, 강신준 옮김, 자본 I-1, 도서출판 길, 2008, 599-600쪽.

33) 카를 마르크스, 강신준 옮김, 자본 Ⅲ-2, 도서출판 길, 2010, 820쪽. 아울러 https://marx-forum.de/marx-lexikon/lexikon_b/beamte.html) 참고.

34) 서원우 교수는 한 논문의 마지막 문장에서 다음과 같이 적었다. "현대적인 복지국가에서의 공물법제의 검토와 그에 관한 새로운 이론형성은 현대 행정법의 중요한 당면과제의 하나라고 할 수 있다." 그러나 그로부터 30년 가까이 흐른 현재도 이러한 과제는 여전히 해결되지 않고 있다. 서원우, "공

공물법은 행정조직법의 일환으로 분류되기도 하지만, 실제로는 행정작용법과 밀접한 관계가 있다. 개별법을 해석하는데도 공물법에 대한 지식이 매우 유용하다. 다만, 각종 공무원시험에서는 공물의 사용관계 정도가 출제되는 형편이므로 공물법을 등한시하는 경우가 많은데, 행정법 강의에서 공물법을 깊이 있게 연구하고 가르치는 것은 공물(res publica)의 공공성을 지켜내고, **커먼즈**(commons)로서의 공물에 대한 시민적 통제를 강화한다는 관점에서도 매우 중요하다.

3.1.4. 재무행정법

행정작용이 행해지려면 조직과 사람, 공물이 있어야 하지만, 그에 못지않게 돈도 있어야 한다. 이 돈과 관련된 부분이 재무행정법이다.[35] 이 재무행정법의 핵심 영역이 조세와 예산·회계이다. 후자는 「국가재정법」, 「지방재정법」 등에 의해 규율되고 있다. 만약 예산이 중앙집권적이고 위계적인 행정 권력, 국가의 중앙권력을 강화하는 방향으로 불평등하게 분배되면 행정작용도 그에 영향을 받게 되는 것은 자명하다.

프랑스의 사회학자 로익 바캉은 미국 사회를 '가난을 엄벌하는 사회', 안전망(safety net)이 아니라 감시와 체포의 저인망(dragnet)이 쫙 깔린 사회로 비판한다.[36] 이를 입증하는 하나의 방법이 예산 분석이었다. 바캉에 따르면 작은 정부가 얘기되던 1979년부터 1990년 사이 미국 주 정부가 교도소 행정에 지출한 비용은 운영비가 325%, 시설건설비가 612% 증가했다. 군사비보다 세 배나 빠른 성장세였다.[37] 1979년부터 1987년에 걸쳐 감옥 예산은 실질치로 95% 늘어났으나 병원 예산의 증액은 없었고, 고등학교에 주는 예산은 2%, 복지예산은 41% 삭감되었다. 결국 미국은 불평등과 이로 인한 사회 문제를 해결하는 방법으로 무료 진료소와 보건소, 학교가 아니라 구치소와 교도소를 건설하는 쪽을 선택하였던 셈이다.[38]

이런 사례만 보아도 예산·회계에 대한 민주적 통제가 얼마나 중요한지 실감할 수

물법 이론의 비교연구(하) - 독일의 학설 · 판례를 중심으로", 고시연구 1996년 10월호, 93쪽.

35) 오늘날 재무행정법은 '행정법각론'에서는 거의 다루어지지 않는다. 재무행정법에 대한 교과서적 설명으로는 김도창, 일반행정법론(하), 684-803쪽.

36) 로익 바캉, 가난을 엄벌하다, 시사IN북, 2010, 99쪽.

37) 로익 바캉, 위의 책, 105-106쪽.

38) 로익 바캉, 위의 책, 107쪽. 미국 수감인구의 폭증현상을 분석한 국내 형사법학자의 글로는 다음을 참고할 것. 한인섭, 형벌과 사회통제, 박영사, 2006, 356-380쪽.

있다. 그런데 이 문제는 전통적으로 헌법의 관심사였다. 예산·회계 통제의 중심이 정치적 통제, 국회에 의한 통제였다는 점에서 일응 이해가 간다. 현행 헌법은 **예산편성권**을 행정부가 갖는다고 명시하고 있고(제54조 제2항), 이 권한을 실제로 사용하는 기획재정부는 막강한 '권력'을 행사한다. 그런데 이런 부서를 어떻게 통제할 것인지는 헌법만이 아니라 행정법의 중요 관심사가 되어야 한다. 기존의 국회통제 중심의 헌법학적 논의가 예산에 관한 충실한 민주주의적 토론의 장을 제공하지 못했다고 보기 때문이다.

> 미국 연방헌법에는 누가 예산편성권을 갖는지 명시하는 규정이 없다. 동 헌법 제1조 제9항 제7호는 "국가재정은 법률로서 정한 세출 예산에 의하지 않고는 이를 지불할 수 없다. 모든 공금의 수납과 지불에 관한 소정(所定)의 기술(記述)과 계산은 수시로 이를 공표하여야 한다"고만 규정하고 있을 뿐이다. 이에 구체적인 예산과정은 법률로 규율하게 되는데, 1921년의 예산회계법(Budget and Accounting Act of 1921) 및 1974년 의회 예산 및 집행유보통제법(Congressional Budget and Impoundment Act of 1974)이 중요하다. 특히 1974년 법은 예산편성권(budget authority)을 우리나라와 달리 의회에 부여하였다. 1921년 법률에 따라 대통령의 예산요구서 작성을 위한 보좌기관인 운용예산처(OMB, Office of Management and Budge)가 설립되었다면, 1974년 법률에 따라 의회예산처(CBO, Congressional Budget Office)가 신설되어 의회의 예산편성을 지원한다.[39]

재정준칙을 법제화할 것인가 하는 문제도 헌법학에서 많이 다룬다. 재정준칙은 국가채무 등 국가의 재정건전성 지표가 일정 수준을 초과하지 않도록 강제하는 규범을 말한다. 독일은 이를 아예 헌법에 규율하기도 한다(독일 기본법 제109조 제3항).[40] "재정정책의 헌법화"로 볼 수 있는 이러한 법제화는 독일만의 독자적 길이 아니다. 그 전에 이미 유럽연합의 가이드라인이 존재했다. 라틴 아메리카에서도 정부의 공공지출을 법으로 통제하려는 움직임이 있다. 브라질에서는 2014년 좌파인 지우마 호세프 대통령의 당선 후 '제도적 쿠데타'가 일어났다. 이것은 긴축재정법이 허용하는 한도

39) 강주영, "정부 예산편성권의 공법적 함의 – 미국 예산과정에서의 정부 의회 간의 상호작용검토를 중심으로", 미국헌법연구 27권 2호, 2016, 23-24쪽.

40) 독일 기본법 제109조 제3항은 2009년 기본법 개정으로 새로 도입되었다. 이와 관련한 비판적 연구로는 다음을 참고할 것. Tino Petzold, *Austerity Forever?! – Die Normalisierung der Austerität in der BRD,* Westfälisches Dampfboot, 2018.

이상 지출하는 모든 정책을 범죄화하는 데서 시작하여 2016년 공공지출한도를 강제하는 헌법개정안에서 정점을 찍었다. 브라질 역사에 유례없는 이 헌법개정안은 연방정부차원에만 적용되었지만 교육과 보건 시스템에 심각한 타격을 입혔다.[41]

우리의 경우에도 「국가재정법」의 개정을 통해 재정준칙을 법제화하려는 시도가 이어지고 있다. 이런 시도에 대한 어떤 규범적 판단을 내리려면 적어도 「국가재정법」이 이미 존재하는 데 별도로 재정준칙을 법제화해야 하는 이유라든가, 재정준칙의 법제화가 「국가재정법」 체제를 어떻게 변질시킬 것인지에 관한 질문은 필수이다. 만약 재정준칙이 실제로 법제화된다면 - 독일처럼 헌법에 넣자는 얘기도 나올 수 있다. 만약 그렇게 된다면 - 정권의 교체에도 불구하고 재정지출 확대를 통해 복지를 강화하려는 시도에 제동이 걸릴 수 있다. 이런 상황은 예산·회계에 대한 정치적, 민주적 통제와 조화될 수 있을 것인가? 이런 여러 헌법적 질문이 있다.

그 답을 재정헌법학만이 할 수 있는 것은 아니다. 행정법학도 이 쟁점에 뛰어들어야 한다. 그러나 현실은 이미 제도화된 주민참여예산 같은 것도 제대로 연구가 안되고 있는 실정이고,[42] 제도화되지 않아 행정법적 쟁점으로 부각되지 않은 쟁점도 많다. 세수 예측의 예를 들어보자. 조세와 예산·회계의 영역에서 국회의 통제를 벗어나 있는 대표적인 사안이 재무 관료들이 하는 세수(稅收) 예측이다. 다른 예측과 마찬가지로 세수 예측도 어디까지나 예측이므로 언제나 실패할 가능성이 있다. 그러나 이 예측 실패가 미리 인위적으로 조작될 수 있는 것이라면 어떻게 될까? 1994년부터 2023년까지의 세수 오차율 통계를 보면, 지난 30년간 보수 정당이 집권하면 기획재정부는 세수를 과잉 예측해서 감세가 아무 문제가 없다는 분위기를 만들고, 반대로 진보정당 집권기에는 과소 예측으로 재정 확대의 싹을 자르려고 했던 것은 아닌가 의심하지 않을 수 없다.[43] 재무 관료들의 위와 같은 **예측 재량권**을 어떻게 통제할 것인가? 이것은 상당히 행정법적인 쟁점이다. 예산을 수립하는 과정에서 세수를 예측하는 책임 주체가 누가 되어야 하며, 그 과정과 수립방식을 어떻게 법적으로 통제할 것인가 하는 물음에 답해야 한다. "악마는 디테일에 있다."

41) 피에르 다르도 외, 정기헌 옮김, 내전, 대중혐오, 법치 - 신자유주의는 어떻게 지배하는가, 278-279쪽.

42) 주민참여예산제는 2011년 8월 4일 「지방재정법」 개정으로 처음 도입되었다.

43) 신현호, "엉망이 된 세수 예측 … 주체·과정·방식 전면적 개선해야", 한겨레신문, 2023. 10. 14.자. 18면.

3.1.5. 일반행정법과 특별행정법 – 양자의 관계, 참조영역이론, 특수이익의 제어

재무행정법 사례를 통해 우리는 독일에서 유래한 현재의 행정법학이 사실은 매우 협소한 관심사로 일관한다는 점을 확인할 수 있었다. 이것은 정치적 행정 부분에도 많은 관심을 기울이는 미국 행정법과 그 학문체계와도 비교되는 부분인데, 이에 대해서는 앞에서 이미 다룬바 있다.

오늘날에는 법률 혹은 법률의 위임없이 이루어지는 행정작용은 거의 존재하지 않지만 – 물론 법적으로 규율되지 않거나, 규율되더라도 그 규율의 밀도가 아주 낮은 영역도 여전히 존재한다. 어떤 영역이 법적으로 규율되어야 하고, 어떤 영역이 법적 규율없이 혹은 느슨한 규율 하에 행정에게 맡겨질 수 있는가 하는 점은 후술하듯이 법률의 유보의 범위로 논의되어 왔다. 이 범위 획정은 이론적인 작업일 뿐만 아니라 국가와 시민 사이의 투쟁에 따라 결정되는 실천의 영역이기도 하다[44) – 행정법학이 이들 행정작용 모두를 자신의 연구대상, 비평대상으로 삼는 것은 아니다. 법률을 제정하는 부르주아 시민계급의 관심사가 개인의 자유와 재산이라면, 그리고 그러한 관심사를 '무비판적'으로 수용하는 자유주의 행정법학의 기세에 너도나도 빨려들어간다면 행정법학의 지평은 축소될 수밖에 없다. 이것은 당연히 행정법의 체계형성에도 영향을 미친다. 이제 이 이야기를 해보자.

앞에서도 이미 설명했듯이 독일 법학에는 민법총론, 형법총론에 대응하는 행정법총론이란 개념이 존재하지 않는다(1.1.1.). 독일 행정법학은 총론(allgemeiner Teil)과 각론(besonderer Teil)으로 나뉘는 것이 아니라 일반행정법론(allgemeines Verwaltungsrecht)과 특별행정법론(besonderes Verwaltungsrecht)으로 체계화되어 있다. ① 행정법의 전 영역에 타당한 규율이라는 의미에서의 **총론**이라는 말과, ② 체계적 의미에서의 **일반이론**이라는 말은 구분할 필요가 있다. 양자는 밀접히 관련되어 있고 겹치기도 하지만 같지는 않다.[45)] (독일식) 행정법 일반이론, 즉 일반행정법론에는 행정법 전체에 걸친 보편적 – 일반원리적 법리(예컨대 수익적 행정행위의 취소·철회 제한 법리)만 등장한다. 반면, 민법총론(총칙)을 모방한 행정법총론은 일반원리적 법리·규정과 함께 시효, 제척기간 등 모든 법에 공통하는 기술규정도 그 서술대상에 포함시킨다. 그래서 '일반

---

44) 더 정확히 말하면 국가를 움직이게 만드는 정치 제 세력과 국가의 관계 안에서, 국가와 사회 제 세력이 활동하는 환경 안에서 결정된다.

45) Thomas Groß, "Die Beziehungen zwischen dem Allgemeinen und dem Besonderen Verwaltungsrecht", *Die Verwaltung,* Sonderheft 1999, 70쪽.

행정법론'은 성격상 행정법의 기초법리에 더 집중하는 반면,[46] (일본행정법학이 발전시킨) 행정법총론은 행정법령 전체에 통용되는 '기술적 규정들', 예컨대 행정법의 효력(시간적, 장소적, 인적 효력), 시효, 기간계산, 주소까지 그 서술대상으로 삼고 있어 '체계적 관점'에서 보면 다소 난삽하다.[47] 다만, 이런 이유만으로 '일반행정법론/행정법일반이론'과 행정법총론을 구별해야 하는 것은 아니다. 최근 독일학자들이 일반행정법론의 '귀환'(return)을 강조하는 것, 일부 한국 행정법학자들이 교과서의 명칭을 행정법총론이 아니라 일반행정법론이라고 명명하는 것에는 또다른 맥락이 있다. 필자는 이를 행정법학이 기본권법학 - 그것도 헌법재판소의 판결이 주도하는 혹은 헌법재판관의 영향력 아래 놓여있는 실무법학 - 의 아류로 전락하는 것에 대한 의식적 거부 혹은 저항으로 설명할 수 있다고 생각한다.

오늘날 (독일식) 일반행정법론의 진정한 창시자로 평가받는 이는 오토 마이어이다. 그는 프리드리히 프란츠 마이어(F. F. Mayer) 이래 여러 학자들의 시도를 이어받아 이 체계를 완성했다. 그가 이 작업을 할 수 있었던 데에는 크게 네 개의 요소가 작용했다. ① 판덱텐 법학으로 체계화되고 있었던 당시 독일 민법학의 영향, ② 슈트라스부르크 대학에서 근무하면서, 그가 모델로 생각했던 프랑스 행정법학으로부터 받은 영향, ③ 여기에 오토 마이어 자신이 특수 독일적 법치국가관념에 높은 가치를 부여했다는 것, 그 결과 법형식론(Rechtsformlehre)을 행정법에도 적용할 수 있었다는 것, ④ 끝으로 1871년 독일 통일 이후에 분출했던 일종의 통일행정법에 대한 요구를 그가 적극적으로 받아안았다는 점을 들 수 있다.[48]

④의 요소를 조금더 부연하면 다음과 같다. 19세기 당시 독일은 통일국가가 아니었고 독일제국의 수립(1871년) 이후에도 행정활동의 중심은 각 란트에 있었다. 이들 란트, 즉 영방국가들(예컨대 바이에른 왕국)은 독자적인 행정법을 운영하고 있었다. 이런 분열된 행정법 상황을 극복하고 각 영방국가의 경계를 넘어 독일 전역에 공통된 행정법을 시행하기 위해서는 일반행정법론의 발전이 필요했다.[49] 그러므로 19세기

---

46) "특별행정법의 개별법영역과 비교했을 때 일반행정법에는 긴 안목을 갖고, 원리적 차원에서 신뢰할 만한 서술을 해야 하는 역할이 맡겨져 있다." Thomas Groß, 위의 논문, 72쪽.

47) 일본학자들은 2차 대전 이전 행정법 편별논쟁을 거쳐, 전후에는 형법총론, 각론이라는 말을 이렇다 할 고민없이 행정법에도 가져다 썼다. 斎藤誠, 金融行政システムの法的考察−日独の比較を中心に、行政法各論の位置から−, IMES Discussion Paper Series 2002-J-31, 16쪽.

48) Thomas Groß, 앞의 논문, 62-63쪽.

49) Heiko Faber, *Verwaltungsrecht*, 15-16쪽. 이 경우 "일반적인"(allgemein)의 대립개념은 독일

후반 이후 독일에서 일반행정법의 정립(定立)은 국민국가(Nation)의 법통일에도 기여하는 것이었다. 그점에서 당시의 제국법과 개별 란트법에서 공통의 법 원칙과 법 제도를 만들어내는 것은 학문적인 작업에서 매우 긴요하고 공유된 과제였다. 란트 분립주의를 극복하고 **행정법을 통일**하는 일은 확실히 **'국민국가형성' 프로세스**에 대한 법학적인 공헌으로 보아야 한다.[50] 그렇다면 같은 연방국가인 미국에는 왜 이런 "란트 분립주의를 극복하고 행정법을 통일하는" '국민국가형성' 프로세스가 없었던 것일까? 이것은 역시 미국의 연방주의와 독일의 연방주의의 차이, 두 자본주의 국가의 성격차이로 설명해야 한다.[51]

1919년의 바이마르 공화국 헌법의 등장은 이런 상황에 근본적인 변화를 가져왔는데, 오토 마이어가 "헌법은 변해도, 행정법은 변하지 않는다"(1924년)[52]는 도발적인 언사로 행정법의 독자성을 강조하기에 이른 것도, 기본권론의 일반행정법체계로의 침투를 염두에 둔 것이었다. 다만, 현재는 **"구체화된 헌법으로서의 행정법"**(1959년)[53]이라는 프리츠 베르너의 말이 일반적으로 수용되고 있으므로, 일반행정법 법리에 미치는 헌법, 특히 기본권의 영향력을 더 이상 차단하기 어렵다.[54] 독일 기본법 제1조 제3항이 모든 기본권은 "직접 적용되는 법으로서(als unmittelbar geltendes Recht), 입법, 집행권 및 재판을 구속한다"[55]고 하고 있으니, 집행권의 행사를 규율하는 행정법의 해석도 당연히 기본권의 영향을 받는다. 일례로, 시험 관련 결정(Prüfungsentscheidungen)에는 행정의 판단여지가 인정되므로, 그에 대한 심사는 제한

각 란트(영방)의 법이라는 의미에서 "특수한"(partikular)이며, 행정법의 특별영역이라는 의미에서의 "특별한"(besonders)은 아니다. Thomas Groß, 위의 논문, 63-64쪽.

50) Thomas Groß, 위의 논문, 63-64쪽.

51) 두 연방주의의 차이에 관해서는 제2장에서 이미 살펴보았다.

52) Otto Mayer, *Deutsches Verwaltungsrecht,* 3판, München-Leibzig, 1924, Vorwort.

53) Fritz Werner, "Verwaltungsrecht als konkretisiertes Verfassungsrecht", *DVBl.*, 1959, 527쪽. 그러나 그의 말이 새삼스러운 건 아니었다. 로렌츠 폰 슈타인은 이미 행정법을 "작동하는 헌법"이라고 말했다. Lorenz von Stein, *Handbuch* · 3. Aufl., 1888, Bd. 1, 6쪽. 새삼스러운 것은 당시 연방행정법원장이었던 베르너의 이 말이 실제로 제도(헌법소원 등)에 의해 뒷받침되었다는 점이다.

54) 자세한 것은 이계수, "행정법해석과 기본권론", 고시계 44권 11호, 1999, 20-31쪽.

55) "als unmittelbar geltendes Recht"는 통상 "직접적으로 효력을 갖는 권리"라고 번역되고 있지만, 기본권의 이중적 성격을 고려하면 "직접 적용되는 법"으로 번역하는 것이 타당하다고 생각한다. 한편, 이하에서는 독일 기본법이라는 말이 자주 등장한다. 독일 기본법은 독일 헌법을 의미함을 미리 밝혀둔다.

된다고 보아왔지만, 최근에는 전문분야의 문제라도 그것이 학술적 토론이 가능하다면, 수험생의 직업선택의 자유를 보장하는 차원에서 전면적 사법심사가 가능하다고 본다.[56] 이런 해석은 전문적·정책적 영역에서 행정청의 판단여지(재량)을 인정하려는 기존 일반행정법론의 한 귀퉁이를 허물어버렸다. 이처럼 일반행정법에 대한 헌법, 특히 **평등권의 영향력**은 점점 더 커지고 있지만, 행정법학도 이 상황을 가만히 앉아서 지켜보지는 않는다. 일반행정법론의 개혁을 통하여 (헌)법 '실무'에 대한 행정법학의 상대적 독자성을 지켜내려고 한다.

다만, 이런 질문은 해볼 수 있다. '자유주의 기본권론이 극도로 발달해 있는 현재의 상황에서, 기본권론과 별개로 앞으로도 일반행정법론을 별도로 계속 발전시켜나가야할 필요가 있는가? 공권과 기본권 개념을 통합하고, 행정행위는 공권력행사로, 취소소송은 공법소송(헌법소원)으로 일원화해도 되지 않는가'라는 도전적 질문을 해오면 무엇이라 답할 것인가? 이제까지 일반행정법론으로 잘 해왔으니까 그런 주장은 부당하다라고 말해버리면 되는 것인가?

이에 대해서는 우선은 다음과 같은 (소극적) 반론이 가능하다. 즉, 헌법적 논증은 최후의 수단이 되어야 하므로 개별법이 감당할 수 있는 사건처리 및 논리전개를 '불확정적인' 헌법으로 곧바로 덮어쓰기하는 데는 신중할 필요가 있다.[57] 그러나 여기에 머물러서는 안 된다. 행정법학자들이 계속해서 행정법학의 존재의의를 강조하려면, 일반행정법과 특별행정법의 '특별한' 관계에 주목해야 하며, 자유주의 기본권론과는 다른 **일반행정법론의 존재가치**를 적극적으로 제시할 수도 있어야 한다. 이 말은 개별행정법(특별행정법)에 분산되어 있는 법개념과 제도를 추상화·일반화하는 과정만 거치면 일반행정법이 '뚝딱' 만들어질 것이라고 생각하는 안일함에서 벗어나야 한다는 의미이기도 하다.[58] 일반행정법의 정립이 그렇게 쉬운 일이었으면, 즉 개별실정법 부분(각론 영역)의 경험만으로 일반행정법을 구축해낼 수 있는 것이었으면,

---

56) Sodan/Ziekow, Grundkurs, 533-534쪽(68장 11번).

57) Schmidt-Aßmann, *Das Verwaltungsrecht der vereinigten Staaten von Amerika,* 62쪽. 미국에서도 헌법과 행정법은 상호 작용하고 있다. 다만, 행정법을 헌법의 구체화법이라고'까지' 규정하면서 행정법이 감당해야 할 정치적 역할을 축소하고, 헌법의 과잉결정(Über-Konstitutionalisierung)을 당연한 듯이 생각하는 일이 상당히 자제되고 있다. Schmidt-Aßmann, 위의 책, 61-62쪽.

58) 물론 표층적으로만 보면, 일반행정법의 정립은 개별(특별) 실정행정법령마다 여러 모습(예컨대 주점허가, 버스노선허가, 건축허가, 연금지급결정 등)으로 나타나는 행정의 작용들을 추상화·일반화하는 과정을 거쳐, 개별 실정법률 전체를 가로지르는 보편적 법리를 구축하는 과정으로 나타난다.

'(일반)행정법의 법전화 작업'이 대다수 국가에서 번번히 좌절되었던 이유를 설명할 길이 없다.[59] 특별행정법은 확실히 일반이론의 형성에 자극이 되는, 규범적 소재의 원천이다. 그러나 일반화는 시스템 형성의 필요조건일 뿐이다. 여기에 추가적으로 외적인 결절점·촉매(Anknüpfungspunkt)라는 충분조건이 필요하다.[60] 이 후자가 19세기 말 20세기 초 독일 부르주아 행정법이론가들이 집중했던 자유와 재산을 고권적으로 침해하는 국가를 방어하는 법치국가였던 것은 누누이 얘기했다.

어떤 구체적 사안을 추상화하며, 어떤 특별한 쟁점을 일반화할 것인가? 이를 통해 어떤 이론과 실무를 체계화할 것인가? 이것은 이미 '정치적' 맥락을 가진 문제이다. 이 점도 이미 제2장에서 살펴보았다. 행정법학의 쁘띠 부르주아적 성격을 반성하며 행정법이론의 쇄신을 위해 새로운 참조영역(Referenzgebieten)[61]을 찾아나서는 행정법학의 최근 흐름을 생각해보아도 이 점은 분명하다. 사실, 독일 행정법학자인 슈미트-아쓰만이 참조영역이라는 말을 '발명'해낸 것도, 협소한 개념으로 이해된 자유와 재산을 방어하는 행정법학(방어적 행정법학), 소유적 개인주의를 기반으로 한 쁘띠 부르주아적 행정법학을 반성하고, 행정법이 감당해야 할 새로운 과제를 분명히 하기 위해서였다는 사실도 주목할 필요가 있다. 원래가 일반행정법론이라는 것이 특별행정법을 '참조'로 하여 이론화한 것이라는 점을 모르는 이가 누가 있는가? 특별행정법의 제반 법규와 법현상은 일반행정법론 구축의 '참고자료'(Referenz)가 되어 왔다는 것은 누구나 아는 사실이다. 특별행정법의 고전적 영역에 해당하는 경찰행정법부터, 경제행정법, 건설행정법, 재무행정법, 군사행정법 그리고 최근에는 환경행정법까지,[62] 이른바 전통적으로 행정법각론이라고 불린 법영역에서 소재를 가져와 수익적 행정작용이니 침익적 행정작용이니 하는 매개개념을 만들어내고 이것들을 축적하고 분류하여 행정법 모두에 적용될 보편개념과 법리를 만들어온 것이 행정법학의 일이었다. 이걸 모를 사람이 없다는 얘기다. 그런데도 다시 참조영역으로서의 특별행정법을 강조한다는 건 무슨 의도인가를 생각해보아야 한다.

---

59) Thomas Groß, 앞의 논문, 57-58쪽.

60) Thomas Groß, 위의 논문, 75쪽.

61) "참조영역(Referenzgebieten)이란 일반법의 명제를 위하여 사안의 소재와 예를 제공하는 특별행정법의 영역을 말한다." 김철용, "제1편 서론", 김철용 편, 특별행정법, 박영사, 2022, 10쪽.

62) 공무원법, 공물법도 특별행정법을 다루는 예가 많지만, 이런 법들은 오히려 일반행정법으로 검토해야 한다. 반면, 정보공개법이나 개인정보보호법은 통상 행정법 총론, 즉 일반행정법의 서술대상이 되고 있지만, 이들의 성격은 특별행정법에 가깝다.

참조영역'이론'은 특별행정법이 '참조영역'이라는 사실을 단순히 강조하는 것도, 또한 '새로운' 참조영역을 찾아야 한다는 맹맹한 주장도 아니다. 그것은 기존의 자유주의-독일 행정법학과 이를 모델로한 한국 행정법학이 참조해온 영역이 지나치게 협소하다는 반성에 기초하고, 새로운 참조영역을 찾아내야 한다는 인식을 기반으로 하여, 완전히 새로운 일반행정법론을 구축해내야 한다는 '선언'으로 이해해야 한다.[63] 기존에 '행정법각론'에 포함되지 않았던 환경행정법을 새로운 참조영역으로 받아들인다면, 그것은 단순히 일반행정법론의 **소재확대를 넘어 시각의 확장으로** 나아가야 한다는 의미이다.[64] 슈미트-아쓰만은 그러한 일반행정법론의 한 모습으로, 정치적 성격이 강한 행정법규의 이론적 체계화에도 열려 있는 (미국식) 행정법학을 예시하고 있다. 이것이 성공할 수 있다면, 그래서 각종 사회기반시설행정(Infrastrukturverwaltung)을 규제하는 일반행정법론도 구성해낼 수 있다면, 자유주의 기본권론과는 다른 일반행정법론의 존재가치는 충분히 입증가능할 것이다. 그점에서 참조영역이론은 행정법학에 몰아치는 기본권론의 '공세'를 방어하면서 행정법학의 독자성을 확보하려는 이론적 시도이기도 하다. 이점을 명확히 해두자.

이상, 일반행정법론이 앞으로 자신의 존재증명을 위해 노력해야 할 점을 서술해보았다. 그러나 이 항목을 마치기 전에 일반행정법론이 현재 수행하고 있는 '특별한' 역할을, 일반행정법과 특별행정법의 관계를 중심으로 간단히 언급해두기로 한다. 특별행정법은 일반행정법과 밀접하게 연결되려는 경향과 함께 일반행정법으로부터 이탈하려는 경향을 동시에 갖고 있다. 특별행정법에는 통합적인 이론, 일반이론으로 수렴되지 않는 특별한 실정법 규정이 많다.[65] 특별행정법은 이론적으로 충분히 규명되지 않은 복잡한 실정법규의 집합체로 존재하고 있는데, 이런 상황이 지속되는 데에는 두 가지 이유가 있다.[66]

첫째, 개별 규정의 특수성을 무시하고 하나의 통합적인 법체계나 법리로 묶어내는 것이 힘들기 때문이다. 교통표지판의 설치 문제는 학교폭력 해당 여부 결정이나 국민 경제적 관점에서 특별한 의미를 갖는 투자에 대한 지원 적합성 승인과는 다른

---

63) 김철용 교수의 책임편집 하에 출간된『특별행정법』교과서는 '에너지행정법'(이종영 집필)을 연구 및 서술대상으로 삼음으로써 기후위기 시대에 부합하는 행정법의 새로운 참조영역으로 이 분야를 선택하겠다는 '의사'를 분명히 하고 있다. 다만, 그러한 의사에 기반하여 어떤 행정법학을 재창조할 것인가에 관한 비전은 명확히 제시하지 못하고 있다. 김철용 편, 특별행정법, 2022, 박영사 참조.

64) Eberhard Schmidt-Aßmann, 앞의 책, 93쪽 참고.

65) Heiko Faber, *Verwaltungsrecht*, 4쪽.

66) Heiko Faber, *Verwaltungsrecht*, 5쪽.

관점에서 규율해야 한다.

둘째, 특별 실정 행정법규들을 계속해서 생산해내는 이해관계가 존재하기 때문이다. 특별한 개별 법률 뒤에는 현실의 **조직화된 개별 이해집단**이 자리잡고 있다. 그들이 자신들의 이익을 관철하는 힘을 행사하면서 특별한 규정, 규율도 탄생한다. 이른바 규제포획이다. 이것은 규제자가 피규제자를 포획하는 것이 아니라 피규제자가 오히려 규제자를 포획하는 현상을 말한다.[67] 규제포획은 숱한 이익집단이 합법적으로 로비를 벌이는 미국 정치에서 흔히 나타나는 현상이지만, 로비가 합법적이지 않은 한국 정치와 정책생태계에서도 크게 다르지 않은 일이 벌어지고 있다. 법의 영역에서 규제포획은 규제자가 피규제자의 논리를 수용하여 특별한 개별 영역에만 통용되는 법령을 만드는 것으로 구체화된다. **부처특수주의**(Ressortpartikularismus)라고도 한다. 이렇게 해서 독일에서도 일반(통합) 수송업법 대신에 여객자동차운수사업법, 철도교통령 및 항공운수업법상의 개별 규정들이 생겨났다. 선박여객에 대해서는 법률상 규정이 없고, 상품운송영업에 대해서는 별도의 규정이 또 규율한다. 연방 임밋시온방지법은 공장과 같은 시설의 설치 및 운영에 관해 주로 규제할 뿐 공항 같은 시설은 규율하지 못한다. 원자력 사업에 대해서는 원자력법이 따로 존재하므로 연방 임밋시온방지법의 적용대상이 아니라는 식이다. 한편, 조직화된 이익집단이 자신들의 이익을 관철하기 위해 로비대상으로 삼는 대상은 입법자에 국한되지 않는다. 그들은 아주 전문화된 주석서를 통하여 학문과 판결에도 영향을 미친다. 이익대변과 전문지식은 한솥밥을 먹고 있다.

역사적으로는 학자들의 주석서가 법원(法源)으로까지 인정된 시기도 있었다. 로마의 최고 법률가들에게는 의견서(Gutachten)를 제출할 수 있는 권리가 주어졌다. 이를 해답권 혹은 칙허해답권(勅許解答權, ius respondendi)이라 했다. 이 의견서는 재판부를 구속하는 힘을 가졌다. 중세 때는 법원실무에서 주석학파(die Glossatoren)와 후기주석학파(die Postglossatoren)의 해석이 법원(法源)으로 기능했다. 그러나 오늘날 학리해석은 더 이상 법원(法源)이 아니다. 그럼에도 불구하고 하급심 재판부는 물론이고 최고법원에 제출되는 '저명' 학자들의 의견서는 지금도 판사의 판결에 근거를 제공하는 추가적인 논증으로서 매우 중요하게 작용한다. 판사의 판결과 학자의 의견서의 결합방식이 법적으로, 민주적으로 통제되지 못한다면 법원의 재판은 '신봉건주

67) 규제경제학의 창시자로 불리는 조지 스티글러는 1971년에 '경제규제의 이론'이라는 논문을 발표하며 이른바 포획이론(Capture Theory)을 처음 제시했다.

의'라는 위험에 빠질 수 있다. 미국연방항소절차규칙(Federal Rules of Appellate Procedure) 제29조는 법정조언자의견서(amicus curiae brief; amicus curiae는 법정의 친구들이라는 뜻)의 제출시기 및 조건을 비교적 자세히 규정하고 있다. 이런 규율도 참고해서 의견서제출절차를 정비해야 한다. 적어도 사회적 관심도가 높은 사건이라면, 어떤 의견을 누가 제출했는지 그 핵심주장은 무엇인지 그 의견에 대해 재판부가 취한 태도는 무엇인지 정도는 판결문을 통해 알아낼 수 있어야 한다.[68] 나아가 중요사건에서 의견서가 재판작용에 미치는 영향을 검토하고 이를 민주적으로 통제할 방안도 고민해보아야 한다.

특별행정법의 이와 같은 폐해 혹은 문제는 자본주의 행정법에서 '일반'행정법이 왜 중요한지를 보여준다. 자본주의 국가는 개별 자본분파의 특수한 이익을 한편으로는 보장하면서도, 그것이 자본주의 사회구성체의 응집력을 파괴하는 수준으로는 나아가지 않게끔 조율해야 한다. 이 역할을 '일반'행정법이 담당한다.[69] 이것은 행정법에서의 보편과 특수의 문제라고 볼 수 있다. 그러므로 일반(allgemein)과 특별(besonder)은 general과 special이 아니라 common과 paricular로 이해해야 한다. 전자로 이해하면 common으로부터 멀어지려는 특별행정법의 원심력을 제어하기 어렵다. 또한 특별법(lex specialis)이 일반법(lex generalis)에 우선한다는 원칙의 예에서도 알 수 있듯, 특별행정법의 독자적·우선적 규율을 통제하기 어렵다. 특별행정법의 제 규정들이 부처이기주의, 부처특수주의와 결합하는 사례들이 늘어나지 않게 하려면 보편적 행정법이 이를 원리적으로 제어·통제·규율할 수 있어야 하고, 실제로 그 역할을 담당하고 있다.[70]

---

68) '럼스펠드 대 FAIR(학문과 대학·연구기관의 권리를 위한 포럼) 사건(126 S. Ct. 1297(2006)) 당시 하버드대 로스쿨 교수들은 법정조언자의견서를 제출했다. 그들은 FAIR와 다른 근거로 정부를 비판했다. 연방대법원은 이 의견서의 해석을 기각했다. 리처드 포스너, 백계문/박종현 옮김, 법관은 어떻게 사고하는가, 한울, 2016, 323-326쪽. 필자가 주목하는 것은 이 소송의 쟁점, 경과가 아니라, amicus curiae brief가 제출되고, 그것이 법원의 판결에 반영 혹은 배척되는 프로세스에 관한 것이다.

69) Thomas Groß, 앞의 논문, 72쪽 참고.

70) Heiko Faber, *Verwaltungsrecht*, 16쪽.

3.2. 행정행위, 공권, 행정의 법률적합성

3.2.1. 행정행위 혹은 행정처분

이론적 얘기가 길어졌다. 이제 사례가 보여주는 행정법의 세계로 들어가보자. 행정법은 여러 행정활동 중에서 법원의 심사대상으로 삼기 적합한 행정작용에만 관심을 기울인다.[71] 그런 관점에서 본다면 행정법이 항상 다음과 같은 두 가지 중요한 질문을 던지는 이유를 이해할 수 있다.

첫째, 시민(처분의 상대방, 제3자)은 행정의 어떠한 작용이나 조치를 다투기 위해 (행정)법원에 소를 제기할 수 있는가? 둘째, 그 소송은 성공할 수 있는가?[72] 이 두 질문의 중심에 행정행위가 있다. 행정행위를 다투는 가장 일반적인 방법은 취소소송을 제기하는 것이고, 취소소송은 상대방인 시민이 다투고자 하는 행정작용이 행정행위여야 한다는 것을 전제로 한다. 어떤 행정작용이 행정행위일 때만 취소소송은 허용된다. 달리 말하면, 법원은 행정행위가 다툼의 대상이 될 때만 행정 작용을 심사할 권한을 갖는다(대상적격). 이것이 원칙이다. 물론 예외는 있다. 자세한 것은 앞으로 살펴볼 것이다.

소송이 허용되면, 즉 소송요건을 갖추면 다음은 본안판단이다. 이 단계에서는 행정행위의 법률적합성이 심사된다. 심사의 결과 행정행위가 위법하면 그 소송은 원고의 승리로 끝난다.[73] 원고가 승소하면 법원은 행정행위의 효력을 소급하여 소멸시킨다. 법학적으로 표현하면 "법원은 행정행위를 취소한다." 그리고 "당사자인 행정청과 그 밖의 관계행정청"은 이 취소판결에 기속된다(「행정소송법」 제30조 제1항). 간단한 사례를 하나 들어 보자.

---

71) 이 점은 행정법학이 '소송요건법학'이라고 비판받는 이유이기도 하다. 박정훈, 행정법의 체계와 방법론, 21쪽 참고.

72) 소(訴)는 원고가 법원에 일정 내용의 판결을 해달라고 하는 신청이다. 그러니까 소는 원고의 '행위'이다. 그와 달리 소송은 소로써 시작되어 판결의 확정으로 끝나는 일련의 '절차'이다. 양자의 차이는 독일어로 살펴보면 더욱 분명해진다. 소는 Klage이고 소송은 Prozess이다. Klage에는 소, 하소연, 탄원, 고소장이라는 뜻이 있고, Prozess는 소송, 과정, 절차의 뜻이 있다. 이렇게 구분되기 때문에 정확히 말하면 '원고가 소송을 제기한다'는 표현은 어법에 맞지 않다. 그러나 소송을 제기한다는 표현은 법문에도 나오고, 일상적으로도 널리 사용되므로 사용해도 무방하다. 가령 「행정소송법」 제12조 제1문는 다음과 같다. "취소**소송**은 처분등의 취소를 구할 법률상 이익이 있는 자가 **제기**할 수 있다." 문법적으로 이상한 문장이긴 하다.

73) 물론 우리 「행정소송법」는 세계적으로 유례가 드문 사정판결(제28조)이 있으므로 위법해도 소는 기각될 수 있다. 사정판결은 일본, 한국, 대만 행정소송법 정도가 인정하는 예외적인 제도라고 한다.

A시의 변두리에서 농부 甲은 20년 전부터 특별한 시설 없이 돼지를 사육해 왔다. 甲이 처음 그 곳에서 돼지를 사육할 당시에는 인근에 사람들이 살지 않았으나, 도시가 외곽으로까지 확대되면서 甲의 돼지 축사 인근에도 사람들이 살게 되었다. 새롭게 甲의 인근주민이 된 사람들은 돼지사육으로 인한 악취를 호소할 뿐만 아니라 축사 주변의 파리, 들쥐 등이 옮기는 병균들로 인해 건강상의 위협도 받고 있다고 주장한다. 주민들은 여러 번 관할 관청에 무언가 조치를 해달라고 민원을 제기하였다. 결국 관할 관청인 A시 시장 乙은 갑에게 돼지사육시설을 개선하라는 개선명령을 발하였다. 농부 甲은 그 명령을 행정소송으로 다투고자 한다. 갑이 이 소송에서 승소할 가능성이 있는지를 검토하라.

(물론 이 사례의 경우 A시 시장이 인근주민들의 민원에도 불구하고 아무런 조치를 취하지 않을 수도 있다. 이런 경우라면 이번엔 인근주민들이 소송을 제기할 수 있다. 가령 다음과 같은 사례를 생각해 볼 수 있다. 丙은 관계 법령의 규정에 따라 공장을 적법하게 설치·운영하고 있는데, 당해 공장은 「대기환경보전법」상의 대기오염물질배출허용기준을 초과하여 동법에 의한 개선명령을 받고도 이를 이행하지 않고 있다. 인근주민 丁은 이 공장으로부터 날아드는 대기오염물질로 인해 급박하고 막대한 건강상·환경상 피해를 받고 있어 관할 A시 시장 乙에게 丙에 대한 행정권 발동을 요구하였으나 A시 시장 乙은 어떠한 조치도 취하지 않고 있다.)

이 문제에 답하려면 먼저 취소소송으로 다툴 수 있는 사안인지부터 검토해야 한다. 이것이 긍정되려면 위의 돼지사육시설에 대한 개선명령이 행정행위에 해당해야 한다.

행정행위란 무엇인가? 행정행위는 여러 행정활동 중에서 공통된 성질을 가진 특정한 행정작용을 통일적으로 표현하기 위해서 만든 이론상의 개념이다.[74] 행정행위의 개념, 특히 행정행위와 행정처분의 차이 등은 행정행위 파트에서 배운다(제14장). 여기서는 우선 간단하게 핵심만 살펴보자. 먼저 우리나라 행정법학에 많은 영향을 미친 독일 행정법상의 행정행위 개념이다. 연방행정절차법 제35조 제1문은 행정행위를 다음과 같이 정의하고 있다.

> 행정행위란 공법의 영역에서 개별 사안들을 규율하기 위해 행정청이 내리는, 외부에 대한 직접적 법적 효과의 발생을 목적으로 하는 모든 처분, 결정 또는 기타의 고권적 조치를 말한다.

74) 독일에서는 실정법상의 개념이기도 하다.

이 정의는 다소 중언부언하는 감이 있다. 고권적 조치라고만 하면 될 걸 처분이니 결정이니 덧붙였다. 조치라는 말도 불필요하다. 중요한 것은 "규율"이기 때문이다. 또한 행정청이라는 말도 굳이 필요 없다. 법적 규율이 공법의 영역에서 이루어진다면 이런 걸 할 수 있는 행위자는 (광의의) 행정청일 수밖에 없기 때문이다. 아무튼 이 정의에서 핵심은 "**개별사안 규율**"과 "**외부에 대한 직접적인 법적 효력**"이라는 두 요소이다. 위의 사안에서 문제가 된 것은 농부 甲과 그의 돼지사육행위이다. A시의 시장 乙은 A시의 모든 돼지사육행위가 아니라 농부 甲에 한정하여 그의 돼지사육행위를 문제 삼고 있다. 그러므로 이 사안은 개별사안에 대한 규율에 해당한다.

외부에 대한 직접적인 법적 효과도 인정된다. 예를 들어 시장 乙이 행정 내부적으로 개선명령의 발동을 검토하라고 지시했다면, 농부 甲은 이러한 지시를 아직은 다툴 수 없다. 이는 내부지시이며 행정 내부의 준비조치에 불과하기 때문이다. 법적으로 말하면 소를 제기하기에는 아직 사안이 '성숙'하지 않았다. 그러나 이 사안에서는 이미 개선명령이 농부 甲에게 내려졌으므로, 즉 외부에 대한 직접적인 법적 효력이 발생하였으므로 행정행위가 된다.

3.2.2. 법률상 이익 · 공권 혹은 취소소송의 원고적격

그런데 농부 甲이 소를 제기하려면 또 하나의 장애물을 넘어야 한다. 「행정소송법」 제12조에 따르면, 처분 등의 취소를 구할 법률상 이익이 있는 자만이 취소소송을 제기할 수 있기 때문이다. 이 사안은 물론 그에 해당된다. 왜냐하면 시장 乙의 개선명령은 직접적으로 그 명령의 상대방인 농부 甲의 자유(여기서는 헌법 제15조 직업의 자유)를 침해하기 때문이다. 독일에서는 사인의 자유 · 권리를 제한 · 박탈하는 행정행위의 상대방이 취소소송을 제기하는 경우에는 더 이상 따져 볼 것도 없이 곧바로 자유권의 침해라는 관점에서 원고적격을 인정하고 있다. 이른바 **상대방이론**(Adressatentheorie)이다.[75]

75) 공법은 본질적으로 공익을 위하여 제정되는 것이기 때문에, 당해 법규가 공익 외에 사적 이익의 보호도 동시에 목적으로 하고 있을 때 공권이 성립한다는 보는 견해가 보호규범이론(Schutznormtheorie)이다. Wolf-Rüdiger Schenke, *Verwaltungsprozessrecht*, 16. Aufl., 2019, 173-174쪽(14장 510-512번). 이 입장은 독일과 한국에서 통설적 지위를 누려왔다. 상대방이론은 원고가 침익적 행정행위의 상대방인 경우에는 항상 원고적격을 갖는다고 보므로, 보호규범이론을 침익적 행정행위의 상대방에 한해 완화한다. 기본법 제2조 제2항이 규정하는 일반적 행동자유권이라는 포괄적 기본권이 이 이론의 논거가 된다. 즉, 침익적 행정행위는 적어도 일반적 행동의 자유를 제약하므로, 그

우리 판례도 이를 따른다. 즉, 침익처분의 상대방에 대해서는 근거법률의 해석 여하와 관계 없이 자유권 보호의 측면에서 항상 원고적격을 인정해왔다. 그래서 소는 허용된다. 즉, 법원은 이 사안에 대한 본안심리에 들어가 행정작용의 위법성에 대해 심사할 수 있다. 그렇다면 사안이 다음과 같다면 어떻게 될까? 양수발전소 건설사업 승인처분의 취소를 다툰 '대법원 1998. 9. 22. 선고 97누19571 판결'의 사안이다.[76]

> 한국전력공사는 강원도 인제군 기린면 진동리 방대천 상류와 강원도 양양군 서면 영덕리 남대천 지류에 양수(揚水)발전소 4기를 건설하기 위해 1989년 7월 18일부터 1990년 1월 5일까지 「환경보전법」(현재는 「환경정책기본법」)에서 정한 환경영향평가를 마쳤다. 양수발전소는 발전소의 아래와 위에 저수지를 만들어 놓고, 심야의 남는 전력으로 펌프를 가동하여 아래 저수지 물을 위 저수지에 퍼올려 두었다가 전력 수요가 많은 낮에 위 저수지 물을 흘려보내며 전기를 생산한다. 이런 양수발전소 계획이 알려지자 113명의 사람들이 통상산업부 장관을 피고로 양수발전소 계획을 승인한 처분의 취소를 요구하는 소송을 제기하였다.

이 사안에서 113명의 원고들은 무엇을 다투고 있을까? 통상산업부 장관의 양수발전소 계획 승인처분이다. 이 승인처분은 전형적인 행정행위에 해당한다. 위 승인은 특정 지역에 양수발전소 4기를 건설하려는 한국전력공사(한전)의 사업계획이라는 개별사안에 대해 구체적으로 규율한 것이고, 또한 대외적으로 표시되었다. 위 승인에 의해 한전은 이제 양수발전소를 건설할 수 있게 되었으니 이 승인은 "외부에 대하여 직접적인 법적 효력"이 있는 행정작용으로서 행정행위에 해당한다.

그런데 이 양수발전소 건설계획에 대한 승인이라는 행정행위(행정처분)의 상대방은 누구일까? 바로 한전이다. 그렇다면 이 한전이 지금 행정소송을 제기하고 있는 것인가? 아니다. 승인처분의 직접 상대방이 아닌 제3자들이 지금 소를 제기하고 있는 상황이다. 구체적으로 누구며, 그들이 무슨 주장을 하는지 한 번 살펴보자.

상대방에게는 항상 권리침해의 가능성이 생기고, 이로부터 원고적격을 인정할 수 있다고 한다. Thomas Groß, "Die Klagebefugnis als gesetzliches Regulativ des Kontrollzugangs", *Die Verwaltung* 43(3), 2010, 352쪽.

76) 양수발전소가 본격적으로 건설되던 1990년대에는 환경적 우려가 컸다. 최근에는 양수발전소의 유용성에 대한 긍정적 평가가 늘고 있지만, 그럼에도 불구하고 환경적인 우려는 여전히 남아 있다.

원고 1~4(양수발전소 건설 사업 구역 내에 토지와 주택을 소유한 사람들) "발전소가 건설되면 내가 가진 논과 밭, 과수원이 모두 저수지에 잠기게 되어 생계를 유지할 수 없고, 오랫동안 살아온 고향을 떠날 수밖에 없다."

원고 5~20(남대천 지류에서 연어 등을 잡아 온 사람들) "강물을 막아 댐을 건설하면 물길이 막혀 더는 연어가 남대천을 거슬러 올라올 수가 없다. 그렇게 되면 우리는 이제 연어를 잡을 수 없게 된다."

원고 21~67(양수발전소 건설 사업에 관한 환경영향 평가 대상 지역 안에 사는 사람들) "우리가 사는 곳과 아주 가까운 곳에 대규모 발전소가 건설되면 물길, 지형, 기후, 식생 등 환경이 크게 바뀔 것이다. 그렇게 되면 자연에 의지해 살아온 우리는 급격한 자연 환경 변화로 물질적 · 정신적 · 건상 피해를 입을 것이다."

원고 68~82(인제군 기린면과 양양군 서면에 걸쳐 있는 점봉산에서 송이버섯을 채취하여 생계를 유지하는 사람들) "우리는 점봉산에서 송이버섯을 따서 팔아 돈을 벌어 생활해왔는데, 만일 점봉산 일대가 물에 잠기면 우리의 주요한 수입원이 없어지게 된다. 우리의 생계를 위협하는 발전소 건설은 당장 중단되어야 한다."

원고 89~99(점봉산, 방대천, 남대천의 자연을 연구하고 보존하려는 산악인, 생물학자, 생태연구가, 사진가) "점봉산, 방대천, 남대천 일대는 태고의 원시림에 다양한 생명체들이 서식하고 있어 그 생태학적 가치는 무궁무진하고 남한에서 보기 드물게 빼어난 경관을 자랑한다. 만일 이 곳에 발전소가 들어서게 되면 우리는 더 이상 학문적 연구, 예술 활동, 레포츠 활동을 할 수 없다."

원고 100~106(점봉산, 방대천, 남대천의 자연을 아끼고 즐겨 찾는 일반시민들) "우리는 주말이면 점봉산, 방대천, 남대천 일대를 찾아 삶의 휴식을 얻고 건강을 유지하고 있다. 그러므로 우리에게 더할 수 없이 소중한 이 지역이 물에 잠겨 사라지게 되면 우리가 입을 정신적 충격과 피해는 이루 말할 수 없이 크다."

원고 107~113(환경보호를 위해 애쓰는 시민단체회원들) "점봉산, 방대천, 남대천 일대의 아름다운 자연은 우리 모두의 것이고, 또 아직 태어나지 않은 우리 후손들의 것이다. 전력 부족 문제는 댐 건설이 아닌 다름 방법으로 해결할 수 있다. 지금 당장 손쉽게 전기를 얻을 수 있다는 이유로 소중한 자연 환경을 없애 버리면 작은 것을 얻기 위해 더 큰 것을 버리는 셈이다. 우리는 후손들을 대신해서 발전소를 건설하지 말아야 한다고 주장한다."[77]

77) 원고단의 정리는 다음 자료에 기초했다. 전국사회교사모음, 사회선생님이 뽑은 우리 사회를 움직인 판결, 휴머니스트, 2007, 235-236쪽. 원고 107-113처럼 환경보호를 위해 애쓰는 시민단체회원들 혹은 시민단체 자체가 행정소송을 제기하는 경우(이른바 단체소송), 대법원은 이들의 원고적격을 인정하지 않는다.

「행정소송법」 제12조의 "법률상 이익", 혹은 공권이 문제가 되는 것은 행정이 내린 결정의 직접 상대방이 아닌, 위 사례에 등장한 113명의 원고들처럼 인근주민 등 제3자가 행정소송을 제기하는 경우이다. 이 사례에서는 제3자가 여럿이고, 소를 제기하는 이유도 제 각각이다. 양수발전소가 건설되면 직접 자기 땅과 집이 수몰되는 주민부터 환경운동을 하는 시민단체 회원까지 다종다양하다. 이 모든 사람에게 행정의 결정을 다툴 지위와 권한을 주는 것은 아니다. 그래서 누구에게 그러한 지위와 권한을 부여할 것인가가 항상 문제가 된다. 이 질문에 대해서 답하는 것이 바로 공권론이며, 행정소송법에서는 이를 취소소송의 원고적격의 문제로 다룬다.

일본에서는 환경영향평가 대상사업인 경우 환경영향평가법에 의해 대상사업의 인근주민에게 원고적격이 인정되는지 여부와 관련하여 ① 동법이 인근주민의 개별적 이익을 보호하고 있다고 보기는 곤란하다는 견해, ② 대상지역의 거주자에게는 원고적격을 인정할 수 있다는 견해, ③ 각종 구체적 사업에서 어떠한 환경영향평가가 행해졌는가 그리고 여기서 고려된 피침해이익은 어떠한 것인가 하는 점에서 개별적으로 원고적격을 판단해야 한다는 견해로 크게 갈린다. 이러한 사실을 고려해보면 우리 대법원이 일찍부터 대상지역 주민들에게 원고적격을 인정한 것은 매우 획기적이라는 평가가 있다.[78] 이 획기적인 판결의 출발이 된 것이 이 사안 '대법원 1998. 9. 22. 선고 97누19571 판결'이다.

이 사안에서 만약 헌법상의 기본권(환경권)이 공권이 될 수 있다면, 원고 100에서 113번까지도 취소소송을 제기할 원고적격을 인정받을 수 있을 것이다. 자세한 것은 차차 공부하게 되겠지만, 현재의 학설과 판례는 이 정도로 원고적격을 넓게 인정하지는 않는다.

환경행정소송에서는 원고가 많으면 많을수록 좋다. 소송비용도 분담할 수 있고, 환경문제를 대중적으로 환기하는 데도 도움이 된다. 그러나 이렇게 되지 않더라도, 적어도 1명이라도 환경소송을 제기할 수 있는 자가 있으면 어떻게든 본안심리를 받아볼 수는 있다. 문제는 그런 자가 1인도 없는 경우다. 이런 사례라면 어떨까?

> 1. 공주시 일대 및 같은 면 일대는 2000년 전국자연환경조사 결과 침식산지(지형형성의 외적 작용 가운데 특히 침식이 주된 힘으로 형성된 산지를 의미한다)로서 자연·경관이 우수하다는 근거로 생태·자연도 1등급으로 지정되었다.
>
> 2. 주식회사 A는 채석단지 개발을 위하여 충청남도 도지사에게 이 사건 지역 일대

78) 박태현, "환경행정소송에서 원고적격에 관한 판례이론의 종합적 이해 - 대법원 2010. 4. 15. 선고 2007두16127 판결논리에 대한 새로운 접근법", 강원법학 32호, 2011, 290쪽.

에 관하여 생태·자연도의 등급 수정을 요청하였다. 이에 충청남도 도지사는 2008. 12. 3. 환경부에 이 사건 지역에 대하여 생태·자연도 일부 수정·보완을 요청하였다.

3. 피고 환경부장관은 2008. 12. 3. 국립환경과학원장에게 현장조사를 지시하였고, 국립환경과학원은 2008. 12. 17.부터 같은 달 18.까지 현장조사를 실시한 후, 2008. 2. 30. 이 사건 지역이 '침식산지 및 기반암 풍화층' 지형으로 2001년 지형경관조사결과인 1등급에서 3 또는 4등급으로 하향 조정될 수 있다는 결과를 제시하였다.

4. 이에 따라 환경부장관은 2009. 1. 14.부터 2009. 2. 2.까지 이 사건 지역의 생태·자연도 등급을 1등급에서 이 사건 지역을 구분하여 생태·자연도 2등급 또는 3등급으로 수정하는 내용을 포함한 생태·자연도 일부 수정·보완(안)을 관보 및 환경부 홈페이지에 열람 및 공고를 실시하였다.

5. 피고 환경부장관은 생태·자연도 작성위원회의 심의·의결을 거친 후, 2009. 2. 18. 이 사건 지역의 생태·자연도 등급을 1등급에서 2, 3등급으로 수정한 내용을 포함하여 생태·자연도 수정·보완을 고시하였다('등급조정').

6. 이에 대하여 이 사건 지역의 인근주민인 원고는 이 사건 등급조정은 현지조사의 부실과 왜곡, 단기간의 조사기간, 부당한 조사단 구성, 생태·자연도 작성원칙 위반 등 위법한 현지조사를 통하여 이루어졌고, 이 사건 등급조정으로 석산개발이 가능하게 되어 원고 등 인근주민에게 헌법상 생존권, 인간다운 생활을 할 권리, 환경권에 대한 중대한 침해를 가하게 되었는 바, 이 사건 등급조정은 헌법에 위반되는 처분으로서 그 하자가 중대하고 명백하여 무효라고 주장하며 이 사건 생태·자연도 등급조정처분 무효확인의 소를 제기하였다.

이 사건에서 법원은 1심, 2심 그리고 3심인 대법원까지 똑같은 판단을 유지했다. 개인의 재산권을 직접 침해하지는 않지만 공익과 관련하여 중요한 사안에서, 그 개인들에게 법원은 '그건 당신 문제가 아니다. 행정이 알아서 할 테니 당신은 관심을 꺼라'라고 말하고 있는 셈이다. 한편으로는 국가주의적 사고이고, 다른 한편으로는 너의 자유만을 생각하면 된다고 말하는 자유주의적 사고이다.

【판례】 대법원 2014. 2. 21. 선고 2011두29052 판결[생태자연도등급조정처분무효확인]

생태·자연도의 작성 및 등급변경의 근거가 되는 구 자연환경보전법 제34조 제1항 및 그 시행령 제27조 제1항, 제2항에 의하면, 생태·자연도는 토지이용 및 개발계획의 수립이나 시행에 활용하여 자연환경을 체계적으로 보전·관리하기 위한 것일 뿐, 1등급 권역의 인근주민들이 가지는 생활상 이익을 직접적이고 구체적으로 보호하기 위한 것이 아님이 명백하고, 1등급 권역의 인근주민들이 가지는 이익은 환경보호라는 공공의 이익이 달성됨에 따라 반사적으로 얻게 되는 이익에 불과하므로, 인근주민에 불과한 甲은 생태·자연도 등급권역을 1등급에서 일부는 2등급으로, 일부는 3등급으로 변경한 결정의 무효 확인을 구할 원고적격이 없다.

생태자연도등급조정처분 사례처럼 개발주의자들이 쌍수를 들고 지지하는 이런 고시를 법적으로 다툴 수 있는자는 아무도 없다. 그리고 이런 일은 현재도 진행형이다. 환경부장관은 2024년 4월 30일자로 금강 수계 200필지를 22년만에 수변구역에서 해제하는 '금강수계 수변구역 변경'[79] 고시를 했다. 환경단체는 막개발과 그에 따른 오염을 걱정하지만, 이를 막을 수 있는 대안과 장치는 현행법상 존재하지 않는다.

3.2.3. 행정의 법률적합성 혹은 행정소송 본안에서의 위법성 심사

첫 번째 사례의 본안심리에서 법원은 시장 乙의 행위가 위법하다는 원고의 주장에 대해 검토하게 된다. 만약 원고의 주장대로 시장 乙의 행위가 위법하다면 취소소송은 인용된다.

그렇다면 행정행위는 어떤 경우에 위법한가? 법률에 적합하지 않을 때이다. 이 사례의 행정행위에서는 시장이 법률에 근거하여 위의 개선명령을 내렸을 때만 '적법'하게 된다. 왜냐하면 행정(청)은 법률이 허용할 때만 그리고 법률에 근거가 있을 때만 국민의 권리를 침해할 수 있기 때문이다. 이것이 행정법의 알파요 오메가이다. 학자들은 이를 법률의 유보라고 하여 법치국가의 기본원리로 떠받들고 있다. 물론 행정의 행위는 성문의 법률 외에 불문법인 '조리(條理)'에 어긋나도 위법하게 된다. 조리를 요즘은 행정상 법의 일반원리라고 부른다. 비례원칙, 신뢰보호원칙, 평등원칙 같은 것들이다.

돼지사육시설에 대한 개선명령이 법률의 근거가 있는 것이면 그것은 법률에 적합한 것이 된다. 그러면 소송은 추가적으로 비례원칙 위반 등의 이유가 없다면 기각된다. 그러나 반대로 법률의 근거가 없다면 그 행정행위는 위법하게 되고 소송은 인용된다. 이 경우 법원은 행정행위를 취소한다. 그렇다면 위 개선명령의 근거법률은 무엇일까? 「가축분뇨의 관리 및 이용에 관한 법률」이다. 예전에는 이런 법률이 없었으므로 질서행정법, 경찰행정법상의 일반조항(개괄조항)에 근거해서 개선명령이 내려졌다.

---

79) 환경부고시 제2024-92호, 2024. 4. 30., 일부개정. 이 고시는 고시한 날로부터 시행했다. 금강수변구역지정 및 변경의 근거법률은 「금강수계 물관리 및 주민지원 등에 관한 법률」이다.

제17조(배출시설 및 처리시설의 관리 등) ① 배출시설설치자와 그가 설치한 배출시설을 운영하는 자(이하 "배출시설설치 · 운영자"라 한다), 처리시설설치자와 그가 설치한 처리시설을 운영하는 자(이하 "처리시설설치 · 운영자"라 한다) 또는 퇴비 · 액비를 살포하는 자는 가축분뇨 또는 퇴비 · 액비를 처리 · 살포할 때 다음 각 호의 어느 하나에 해당하는 행위를 하여서는 아니 된다.

1. 가축분뇨를 처리시설에 유입하지 아니하고 배출하거나 처리시설에 유입시키지 아니하고 배출할 수 있는 시설을 설치하는 행위 (……)

⑤ 시장 · 군수 · 구청장은 배출시설 또는 처리시설이 제1항 또는 제4항에 적합하지 아니하게 운영된다고 인정할 때에는 해당 배출시설설치 · 운영자, 처리시설설치 · 운영자 또는 퇴비 · 액비를 살포하는 자에게 대통령령으로 정하는 바에 따라 기간을 정하여 해당 시설이나 퇴비 · 액비 살포행위 등의 개선을 <u>명할 수 있다</u>.

시장 乙은 법 제17조 제5항에 근거하여 개선명령을 내릴 권한을 갖고 있으며, 그에 따른 처분이 이루어졌으므로 위의 조치는 적법하다. 그래서 농부 甲의 소송은 소송요건은 충족하지만 이유가 없으므로 기각된다. 한편, 법 제17조 제5항에 따르면 시장 乙은 개선을 명할 수 있으므로, 개선명령의 발령 여부는 시장의 재량에 맡겨져 있다. 이 규정에 근거하여 시장 乙이 아무런 조치도 취하지 않은 경우라면 위의 丙과 丁의 사례에서는 이른바 행정개입청구권의 인정 여부가 다투어진다.

3.3. 보론 – 행정사건의 흐름도

3.3.1. 법적 수단의 선택

많은 사람들이 행정법 공부의 궁극적 목표는 결국 행정법 분쟁을 해결하기 위한 수단 혹은 도구 및 절차를 배우는 데 있다고 말한다.[80] 그래서 행정법 공부에서는 본인이 변호사가 되었다고 가정하고 누군가가 '행정사건'을 의뢰해 올때 어떤 순서로 사건을 검토해야 하는가를 잘 따져보는 것이 전체적인 그림을 그리는 데 도움이 된다. 이하에서는 '법적 수단의 선택 – 본안전 주장 – 본안상 주장 – 판결 이후의 대응'이라는 순서에 따라 행정소송의 흐름도를 크게 그려보려고 한다.[81] 「행정소송법」 조문

80) 물론 앞에서 이미 밝혀두었듯이 나는 그렇게 생각하지 않는다.

을 옆에 펼쳐두고 다음의 설명을 참고삼아 읽어보기 바란다.

먼저 법적 수단의 선택이다. 변호사는 행정활동에 불만을 가진 누군가가 사건 처리를 의뢰해온 경우 어떤 법적 수단을 이용하면 적절하게 사건을 처리할 수 있는지를 제일 먼저 생각해야 한다. 대개는 행정소송으로 다투는 길을 선택하겠지만, 행정작용 중에는 법원이 소송대상으로 인정해주지 않는 것도 적지 않다. (권력적) 사실행위가 대표적인 사례이다. 이럴 경우 이를 헌법소원으로 다툴 수 있는지를 검토해야 한다(헌법소원의 보충성 원칙). 여기까지는 그렇게 어려운 얘기가 아니다. 대법원이 행정작용 중 행정소송의 대상으로 인정하지 않는 것이 무엇인지만 일단 체크하면 되기 때문이다.

행정소송을 하는 도중에라도 당해 재판의 전제가 되는 법률조항의 위헌성이 문제가 되면 당해 행정소송사건의 수소법원(受訴法院)에 '위헌법률심판'-「헌법재판소법」은 제4장 제1절의 제명을 '위헌법률심판'이라고 표기하고 있다(또한 동법 제26조, 27조에서도 동일한 표현이 나온다). 그러나 이것은 법률위헌심판이라고 표기하는 것이 맞다. 헌법 제111조 제1항 제1호는 "법원의 제청에 의한 법률의 위헌 여부 심판"이라고 규정하였다(또한 「헌법재판소법 제2조 제1호 참조). 그렇다면 그 심판의 명칭도 법률위헌심판으로 해야 한다. 그런데 이 복합명사의 단어배치순서가 바뀌었다. 이러한 배치는 법률의 위헌 여부가 아니라, 이미 '위헌이라고' 예단된 법률에 대한 심판이라는 의미를 강화한다. 이것은 우연이 아니다. 그래서 이런 표현대신에 법률위헌심판이라는 말을 고집하는 학자도 있다[82] - 을 제청해달라고 신청하면 된다. 이 경우 법원은 위헌의 합리적인 의심이 있다고 인정하면 결정으로 위헌법률심판을 제청하게 된다.[83] 반대로 법원이 위헌법률심판제청신청을 기각하는 경우라면 행정소송을 제기한 자는 위헌소원형 헌법소원심판을 청구할 수 있다.[84]

행정소송과 헌법소송의 관계와 비교하면 행정소송과 민사소송의 관계는 조금 더 복잡하다. 의뢰인이 가져온 사건 중에는 왕왕 민사소송으로 다투어야 할지 아니면 행정소송으로 다투어야 할지를 꼼꼼히 따져보아야 하는 사건이 있기 때문이다. 재건축조합과 관련한 분쟁이 대표적이다. 「도시 및 주거환경정비법」상 행정청의 조합설

81) 이 흐름도는 다음을 참고한 것이다. 土田伸也, 基礎演習 行政法, 日本評論社, 2014, vi-vii쪽.

82) 국순옥, "헌법재판의 본질과 기능", 민주법학 제11호, 1996, 18쪽.

83) "법률이 헌법에 위반되는지 여부가 재판의 전제가 된 경우에는 당해 사건을 담당하는 법원(군사법원을 포함한다. 이하 같다)은 직권 또는 당사자의 신청에 의한 결정으로 헌법재판소에 위헌 여부 심판을 제청한다." 「헌법재판소법」 제41조 제1항.

84) "제41조 제1항에 따른 법률의 위헌 여부 심판의 제청신청이 기각된 때에는 그 신청을 한 당사자는 헌법재판소에 헌법소원심판을 청구할 수 있다. (…)." 「헌법재판소법」 제68조 제2항.

립인가처분이 있은 후에 조합설립을 반대하는 자는 조합설립결의의 하자를 이유로 민사소송으로 조합설립결의의 무효확인을 구해야 하는지 아니면 조합설립인가처분에 대한 행정소송으로 다투어야 하는지를 검토해야 한다. 과거에는 민사소송으로 다투어야 했지만, 현재는 행정소송으로 다투어야 한다.[85)]

행정법적 분쟁의 성격을 갖고 있으나 행정법의 규제장치가 제대로 작동하지 않아 민사소송으로 문제를 해결하려는 경우도 있다.[86)] 예컨대 환경영향평가를 부실하게 하거나 요식적인 절차처럼 운영해도 현재의 판례로는 이에 대응하기가 쉽지 않다. 이런 경우 환경단체 등은 환경영향평가 대상사업의 진행을 막기 위해 공사중지 가처분 소송을 내는 방법을 취한다.[87)]

일본의 시민단체들은 원자력발전 반대를 위한 법적 투쟁에서 행정소송 외에 민사상 유지청구소송을 활용한다. 예컨대 우리와도 밀접한 관계가 있는 오염수 방류 문제와 관련하여 일본 반핵운동 단체는 다음과 같은 두 방향의 소송을 진행하였다. 일본 원자력규제위원회가 2023. 5. 10.자로 내어준 '오염수 방류 운용 등과 관련된 실시계획 변경 인가'와 동년 7. 5.자로 내어준 '방류 설비의 사용 전 검사 합격 결정'에 대한 취소청구가 그 하나이다. 방류를 허용한 처분을 취소해달라는 행정소송이다. 다른 하나는 도쿄전력을 상대로 한 방류를 중단하라는 민사소송이다.[88)]

행정소송으로 다투어야 하는 경우에도, 곧바로 행정법원에 소를 제기하면 되는 것인지, 아니면 그 전 단계로 행정심판을 반드시 거쳐야 하는지를 체크해야 한다.[89)] 대표적으로 공무원징계사건, 운전면허취소사건, 조세사건은 반드시 행정심판을 거쳐야 한다.[90)] 공무원징계의 경우 행정소송으로 나아가기 전에 먼저 소청심사위원회에 소청을 제기해야 하는데, 이것이 행정심판이다. 그런데 소청을 거쳤는데도 여전히 그 결과

---

85) 대법원 2009. 9. 24. 선고 2008다60568 판결.

86) 이에 대해서는 다음 장에서 행정법과 민사법의 관계로 다시 살펴볼 것이다.

87) 참고판례: 대법원 2006. 6. 2.자 2004마1148,1149 결정.

88) [인터뷰] 일본 시민들 '오염수 방류 중단' 소송 … "고의로 재앙 불러", 인터넷한겨레, 2023. 9. 4.

89) "취소소송은 법령의 규정에 의하여 당해 처분에 대한 행정심판을 제기할 수 있는 경우에도 이를 거치지 아니하고 제기할 수 있다. 다만, 다른 법률에 당해 처분에 대한 행정심판의 재결을 거치지 아니하면 취소소송을 제기할 수 없다는 규정이 있는 때에는 그러하지 아니하다." 「행정소송법」 제18조 제1항.

90) 「국가공무원법」 제16조 제2항, 「교육공무원법」 제53조 제1항, 「지방공무원법」 제20조의2(이상 공무원법상의 징계, 기타 불이익처분), 「국세기본법」 제56조 제2항, 「관세법」 제120조 제2항(이상 세법상의 불이익처분) 및 「도로교통법」 제142조(운전면허취소처분 등 도로교통법상의 각종 처분) 등.

에 만족하지 못한다면(예컨대 정직 3월이 정직 1월로 감면), 그 다음엔 원래의 징계와 소청심사의 결론인 재결 중 무엇을 다투어야 하나 하는 문제도 남는다(원처분주의).[91]

행정소송 안에서도 이를 항고소송(취소소송, 무효등확인소송, 부작위위법확인소송)[92]으로 다투어야 하는지 당사자소송[93]으로 다투어야 하는지를 결정해야 한다. 대개의 경우 양자는 명확히 구분되지만, 공법상 계약과 관련한 분쟁에서는 '계약' 형식이지만 항고소송으로 다투어야 할 경우도 있다.

이상의 권리구제 수단을 생각할 때는 본소송에 앞서 임시의 권리구제 수단을 동원할 수 있는지도 동시에 검토해야 한다. 처분청으로부터 과징금부과처분을 받은 기업이 있다고 가정해보자. 그런데 그 금액이 수백 억원 대가 되면, 나중에 본소송에서 승소하여 이미 납부한 과징금을 돌려받을 수 있다고 하더라도, 거액을 당장 내야 하는 처지로 인해 기업 경영이 휘청할 수 있다.[94] 이럴 경우 과징금부과처분취소소송을 제기하면서 동시에 과징금부과처분에 대한 집행정지신청을 해야 한다.[95] 통계를 보면 이 집행정지신청 인용률이 상당히 높다. 즉, 현재의 법원 실무를 살펴보면 2019년 기준으로 총 21,849건의 행정사건이 접수되었고, 그 중 원고의 1심 본안승소 비율은 10% 남짓이지만, 1심 행정법원에서 집행정지신청이 인용되는 비율은 대략 60% 정도이다. 「행정소송법」이 집행부정지 원칙을 채택하고 있고 동법 제23조 제2항에서 집행정지의 적극적 요건을 매우 엄격하게 규정하고 있는 점을 고려하면 현행 집행정지의 인용률은 지나치게 높다는 평가가 있다.[96] 또한 집행정지의 인용률이 상대적으로 높은 것으로 추정되는 사건은 영업정지처분 등인데,[97] 이런 사건

---

91) "취소소송은 처분등을 대상으로 한다. 다만, 재결취소소송의 경우에는 재결 자체에 고유한 위법이 있음을 이유로 하는 경우에 한한다." 「행정소송법」 제19조.

92) "항고소송: 행정청의 처분등이나 부작위에 대하여 제기하는 소송" 「행정소송법」 제3조 제1호.

93) "당사자소송: 행정청의 처분등을 원인으로 하는 법률관계에 관한 소송 그 밖에 공법상의 법률관계에 관한 소송으로서 그 법률관계의 한쪽 당사자를 피고로 하는 소송" 「행정소송법」 제3조 제2호.

94) "취소소송의 제기는 처분등의 효력이나 그 집행 또는 절차의 속행에 영향을 주지 아니한다." 「행정소송법」 제23조 제1항.

95) "취소소송이 제기된 경우에 처분등이나 그 집행 또는 절차의 속행으로 인하여 생길 회복하기 어려운 손해를 예방하기 위하여 긴급한 필요가 있다고 인정할 때에는 본안이 계속되고 있는 법원은 당사자의 신청 또는 직권에 의하여 처분등의 효력이나 그 집행 또는 절차의 속행의 전부 또는 일부의 정지를 결정할 수 있다. 다만, 처분의 효력정지는 처분등의 집행 또는 절차의 속행을 정지함으로써 목적을 달성할 수 있는 경우에는 허용되지 아니한다." 「행정소송법」 제23조 제2항.

96) 우미형, "행정소송법상 집행정지 절차의 원칙과 예외", 행정법연구 제67호, 2022, 71-72쪽.

에서는 본안에서 승소하지 못하더라도 집행정지만으로 충분히 그 목적을 달성할 수 있는 경우가 있으므로, 본안승소율 대비 집행정지 인용률이 높은 현상에 대해서는 행정의 실효적 집행이라는 관점에서 면밀한 검토가 필요하다. 가령 최근 논란이 되는 집행정지사례로는 이른바 '학폭사건'을 들 수 있다. 「학교폭력예방 및 대책에 관한 법률」이 제정된 것은 2004년이지만, 학교폭력 가해학생에 대한 조치의 취소를 구하는 행정심판청구 혹은 행정소송제기가 급증한 것은 2012년부터이다.[98] 2012년에 무슨 일이 있었는가? 교육부는 그 해 1월 27일자로 훈령(「학교생활기록부 작성 및 관리지침」)을 개정하면서 가해학생에 대한 조치를 학교생활기록부에 기재하도록 했다. '생기부' 기록을 바탕으로 대학에 진학해야 하는 고등학생들에게 이것은 매우 치명적인 '불이익'이었다. 이에 가해학생과 학부모는 행정심판이나 행정소송을 제기하면서 아울러 집행정지신청을 하여, 본안판결이 날 때까지 생기부 기재를 막으려 하고(물론 행정심판위원회나 법원으로부터 집행정지결정을 받아낸다는 것을 전제로), 그 상태에서 대학진학을 마무리하려고 했다. 대학입학 후에 본안에서 패소하여 학폭사항이 사후에 생기부에 기재되더라도 현행법령상으로는 대학진학을 소급적으로 취소할 수 없는 상황을 충분히 활용하는 것이다.[99]

3.3.2. 본안전 주장

그러면 이제 여러 구제수단 중 취소소송을 제기한다고 가정해보자. 국민의 입장에서 이 소송을 선택하면 피고는 원래 국가나 지방자치단체가 되어야 하지만 편의상 행정행위(행정처분)를 한 행정청이 피고가 된다.[100] 그런데 행정소송은 국가를 상대로 하는 소송이므로 행정청의 장은 법무부 장관의 지휘를 받는다.[101] 실제로 이 소

97) 우미형, 위의 논문, 72쪽.

98) 신강숙, "행정심판사례를 통하여 본 학교폭력예방법 고찰", 강원법학 제41권, 2014, 649쪽 참고.

99) 집행정지 결정과 학교생활기록부 기재 실무를 포함하여 학교폭력예방법의 문제점, '학폭사항 생기부 기재'로 인해 일어나고 있는 학교현장의 갈등과 분쟁을 다루고 있는 것으로 다음 논문을 참고할 것. 신강숙, "학교폭력예방법 개정과 행정심판 청구의 문제점", 교육법학연구 32권 3호, 2020, 49-75쪽.

100) "취소소송은 다른 법률에 특별한 규정이 없는 한 그 처분등을 행한 행정청을 피고로 한다. 다만, 처분등이 있은 뒤에 그 처분등에 관계되는 권한이 다른 행정청에 승계된 때에는 이를 승계한 행정청을 피고로 한다." 「행정소송법」 제13조 제1항.

101) "행정소송을 수행할 때 행정청의 장은 법무부장관의 지휘를 받아야 한다." 「국가를 당사자로 하는 소송에 관한 법률」 제6조 제1항.

송을 지휘하고 담당하는 자는 법무부 행정소송과 소속 송무담당 검사 등이다.[102)]

형사소송에서 검사는 원고로서 공격하는 측이지만 행정소송을 담당하는 송무검사가 되면 국가쪽 대리인으로서 피고측 입장에 선다. 피고측에서는 어떻게 하든 행정소송을 빨리 끝내고 싶어한다. 이때 동원하는 세 개의 무기가 있다. 이것이 대상적격(처분성의 문제), 원고적격,[103)] 협의의 소의 이익[104)]이다. 항고소송이 제기되면 피고는 우선 "처분성이 없다. 이것은 애초에 취소소송의 대상이 되지 않으므로 각하되어야 한다"고 주장한다. 다음으로 그것이 통하지 않으면 "명확하게 처분성이 있는지는 모르겠으나 당신에게 원고적격이 없는 것은 분명하다. 그래서 각하되어야 한다."고 주장한다. 지방경찰청장이 횡단보도를 설치하여 보행자의 통행방법을 규제하자 횡단보도가 설치된 도로 인근의 지하상가를 관리하는 회사와 지하상가에서 영업을 하는 상인들(임차인)이 이를 다투고 싶어한다. 이에 회사와 상인들이 횡단보도 설치행위를 취소해달라는 소를 제기하면 피고측은 횡단보도 설치행위는 처분이 아니므로 항고소송의 대상이 되지 않는다고 주장한다. 다음으로 혹시 이 논리가 통하지 않을 것 같으면 명확하게 처분성이 있는지는 모르겠지만 횡단보도 인근 지하상가를 관리하거나 그 곳에서 장사를 하는 당신들에게는 횡단보도 설치행위를 다툴 법률상 이익이 없다, 즉, 원고적격이 없다고 주장하는 식이다.[105)]

이래도 성공하지 못하면, "처분성이 있고 원고적격이 있는지는 몰라도 이 사례에서는 처분을 지금 당장 취소해도 의미가 없기 때문에 이 소송은 의미가 없다. 그러니 각하되어야 한다"고 주장한다. 이런 식으로 방어하게 되면 송무검사는 소송을 쉽게 끝낼 수 있다. 이것을 취소소송의 소송요건 혹은 제소요건, 판결을 받기 위해 넘어야 할 장애물이라고 한다.[106)] 송무검사와 반대로 변호사는 이 장애물을 넘기 위해 노력해야 한다.

이상의 세 가지 외에도 장애물에는 몇 개가 더 있다. 대표적으로 제소기간 같은 것이다. 행정의 결정에 불만이 있으면 조속히 다투라는 뜻이다. 행정법관계의 조기(早期)

---

102) "법무부장관은 행정소송에 관하여 필요하다고 인정되면 법무부의 직원, 검사 또는 공익법무관을 지정하여 그 소송을 수행하게 할 수 있으며, 제5조 제1항 또는 제2항에 따라 행정청의 장이 지정하거나 선임한 사람을 해임하게 할 수 있다." 「국가를 당사자로 하는 소송에 관한 법률」 제6조 제2항.

103) "취소소송은 처분등의 취소를 구할 법률상 이익이 있는 자가 제기할 수 있다." 「행정소송법」 제12조 제1문.

104) "처분등의 효과가 기간의 경과, 처분등의 집행 그 밖의 사유로 인하여 소멸된 뒤에도 그 처분등의 취소로 인하여 회복되는 법률상 이익이 있는 자의 경우에는 또한 같다." 「행정소송법」 제12조 제2문.

105) 대법원 2000. 10. 27. 선고 98두8964 판결. 이 사안에 관한 자세한 설명은 후술한다(14.2.).

106) 이상 세 가지 장애물에 관한 설명은 高木光, ライブ行政法, 有斐閣, 1995, 223-224쪽.

확정을 위해 이런 게 필요하다고 한다. 처분이 있다는 것을 안 후 90일(대략 3개월),[107] 몰랐다고 해도 처분일로부터 1년으로 제한하고 있다.[108] 혹시 불행하게도 그 기간이 지나버리면 그것만으로 취소소송은 각하된다. 따라서 처분이 실체적으로 위법해도 승소할 수 없다.

소송요건이라는 것은 원고의 이익뿐만 아니라 피고의 이익, 법원의 이익을 전부 고려하여 정하는 것이므로 이것이 엄격하다고 해서 그 자체로 잘못은 아니다. 그럼에도 불구하고 상대방인 국민이 법원의 문 앞에서 문전박대를 당하는 일은 결코 바람직하지 않다고 해서 소송요건의 엄격한 해석을 완화하려는 해석들이 등장하였다. 이것이 쟁송법적 처분개념설·처분성 확대론, 원고적격 확대론, (협의의) 소의 이익 확대론이다. 이에 대해서는 행정행위론, 공권론, 사실행위를 설명하는 파트에서 추가적으로 설명하겠다.

3.3.3. 본안상 주장

본안상의 주장은 본게임에 해당한다. 앞에서도 보았듯이 본안에서는 처분의 위법성을 다툰다고 생각하면 된다. 항고소송의 승소를 위해서 변호사가 체크해야 할 점은 다섯 가지 정도이다.[109]

첫째, 제기하는 항고소송의 본안승소요건을 확인한다. 취소소송에서는 처분의 위법성이 승소요건이다. 예컨대 기속행위의 경우 명문의 법적 근거 없이 처분이 행해졌다는 것, 명문의 규정이 없음에도 불구하고 부관을 붙였다는 것이 본안승소요건이다. 재량처분에서는 재량권의 "한계를 넘거나 그 남용"이 있다는 것이 본안승소요건이다.[110] 무효확인소송에서는 처분에 중대하고 명백한 위법이 있다는 것이 본안승소요건이다. 부작위위법확인소송에서는 "상당한 기간 내에 일정한 처분을 하여야 할 법률상 의무가 있음에도 불구하고 이를 하지 아니하는 것"이 본안승소요건이다.[111]

---

107) "취소소송은 처분등이 있음을 안 날부터 90일 이내에 제기하여야 한다. 다만, 제18조 제1항 단서에 규정한 경우와 그 밖에 행정심판청구를 할 수 있는 경우 또는 행정청이 행정심판청구를 할 수 있다고 잘못 알린 경우에 행정심판청구가 있은 때의 기간은 재결서의 정본을 송달받은 날부터 기산한다." 「행정소송법」 제20조 제1항.

108) "취소소송은 처분등이 있은 날부터 1년(제1항 단서의 경우는 재결이 있은 날부터 1년)을 경과하면 이를 제기하지 못한다. 다만, 정당한 사유가 있는 때에는 그러하지 아니하다." 「행정소송법」 제20조 제2항.

109) 이하의 내용은 다음 문헌에 근거하여 정리한 것이다. 土田伸也, 앞의 책, 124-127쪽.

110) "행정청의 재량에 속하는 처분이라도 재량권의 한계를 넘거나 그 남용이 있는 때에는 법원은 이를 취소할 수 있다." 「행정소송법」 제27조.

둘째, 처분의 근거법령에 착안하여 처분요건을 확인한다. 본안승소요건 확인 후에는 당해 처분의 요건(처분요건)을 확인해야 한다. 항고소송에서 다투어지는 처분인 이상, 당해 처분에는 반드시 법률의 근거가 있을 것이다(법률의 유보). 여기서 우선은 당해 처분의 근거법률에 착안하여 당해 처분의 실체법상의 요건 및 절차법상의 요건을 확인해야 한다. 당해 처분의 요건은 당해 처분의 근거가 되는 개별 법률 내에만 정해져 있지 않다. 개별 법률에 처분의 절차규정이 정해져 있지 않아도 일반법인 「행정절차법」이 적용되는 경우에는 「행정절차법」상의 절차요건이 당해 처분의 절차요건이 된다(법률의 우위). 또한 대통령령과 부령 등 행정기관이 정한 법규범에 처분요건이 정해져 있는 경우도 있다. 이처럼 처분의 근거가 되는 법률뿐 아니라 다른 법령까지 살펴보아 당해 처분의 실체법상의 요건 및 절차법상의 요건을 확정해둘 필요가 있다. 이 경우 비례원칙, 평등원칙 등 행정상 법의 일반원칙이 있다는 것도 잊지 말아야 한다.

셋째, 필요한 경우 처분요건을 해석한다. 문제가 된 처분의 실체법상의 요건 및 절차법상의 요건을 확정했다면 당해 요건의 해석을 행한다. 단, 해석의 필요가 없을 정도로 처분요건이 일의적(一義的)으로 명백한 경우에는 해석의 필요가 없다.

넷째, 처분요건 충족 여부를 검토한다. 이처럼 법령상의 문언과 그 해석에 의해 처분요건의 핵심을 확정했다면, 실제로 이들 실체법상의 요건 및 절차법상의 요건이 충족되고 있는지 여부를 사안에 맞게 검토해야 한다. 예컨대 취소소송이나 무효확인소송의 경우 가령 어떤 처분요건이 충족되어 있지 않다면 그 점을 본안상의 주장으로서 지적해야 한다.

다섯째, 본안승소요건 충족 여부를 검토한다. 네 번째 단계까지 검토하면 본안상의 주장은 대체로 다 검토가 된 것이지만, 적절하게 본안상의 주장을 다했다고 할 수 있으려면 처분요건의 충족·불충족만 지적해서는 안 된다. 본안상의 주장은 최종적으로는 본안승소요건이 충족되어 있다는 뜻의 주장이어야 하기 때문이다. 따라서 마지막 단계에서는 처분요건의 충족·불충족에 관한 지적을 본안승소요건이 충족되고 있다는 취지의 주장과 결부시켜야 한다. 가령 기속처분취소소송의 경우 실체법상의 처분요건에 저촉하여 실제의 처분이 이루어졌다는 것을 지적하면 본안승소요건인 '처분이 위법하다'는 주장을 다한 것이 되지만, 무효확인소송의 경우에는 더 나아

111) "'부작위'라 함은 행정청이 당사자의 신청에 대하여 상당한 기간내에 일정한 처분을 하여야 할 법률상 의무가 있음에도 불구하고 이를 하지 아니하는 것을 말한다." 「행정소송법」 제2조 제1항 제2호.

가 당해 처분이 '중대하고 명백한 위법'에 해당한다는 점을 지적하여야 본안승소요건이 충족되었음 지적한 것이 된다.[112] 이처럼 항고소송의 본안상 주장에는 소송형태에 따라 마지막 단계에서 마무리하는 방법이 다르다는 점을 주의할 필요가 있다.

3.3.4. 판결 이후의 대응방안

본안전 항변을 거쳐 취소소송의 본안에서 열심히 주장했는데도 패소했다면 항소나 상고 여부를 검토해야 한다. 항고소송 중에서도 형태를 바꾸어 무효확인소송을 낸다든가, 혹은 비록 항고소송에서는 패소했지만 국가배상청구의 소를 다시 제기할 수 있는지도 검토할 수 있다. 독일과 달리 우리는 이와 관련하여 별다른 제약이 없으므로(이른바 1차적 권리구제의 우선성, 22.1.2 참고), 국가배상청구의 소를 제기한다면 과연 승소할 수 있을지도 따져보아야 한다. 물론 항고소송에서 승소한 경우에도 별도로 국가배상청구의 소를 제기할 수 있다.

자신의 의뢰인인 원고가 소송에서 승소했는데도 변호사인 내가 추가적인 대응을 해야 할 경우도 있다. 정보공개거부처분 취소소송에서 원고 승소를 했으나 공공기관이 재차 다른 사유로 정보공개거부처분을 한 경우가 이런 예에 해당한다. 이것을 행정소송법 파트에서는 판결의 기속력의 문제로 다룬다.[113]

더공부해보기/생각해보기/토론하기

1. 본문에서는 로익 바캉의 글을 인용하면서, 1979년부터 1990년 사이 미국 주 정부가 교도소 행정에 지출한 비용의 급격한 증가를 살펴보았다. 그런데 이러한 흐름은 1990년 이후 민영교도소의 급격한 확산으로 변용된다. 이 현상을 도시사회학자인 사스키아 사센은 축출 자본주의라는 관점에서 분석한다. 도시 행정 영역에서 일어나는 축출의 사례도 찾아보고, 왜 이런 현상이 나타난 것인지 함께 토론해보자.

---

112) 중대하고 명백한 흠이 없으면 기각판결을 받는다.

113) 「행정소송법」 제30조.

1. 사스키아 사센은 1980년대 이후 자본의 본원적 축적 구조가 변화하면서 세계 경제가 자본주의의 새로운 단계에 들어섰음을 상세하게 서술한다. 그에 따르면 현대의 본원적 축적은 조직의 아웃소싱화에서 금융 알고리즘에 이르기까지 매우 복잡한 전략과 전문화된 혁신을 통해서 이루어졌다.[114] 특히 경제적 지형이 포괄에서 축출로 바뀌면서 빈곤과 사회적 배제, 자살이 늘어났다.[115] 축출의 최종 메커니즘이 수감인구의 급격한 증가 현상이다. 이러한 움직임은 현재 북반구, 특히 미국과 영국에서 잉여노동력의 축출이라는 무자비한 형태로 진화하고 있다.[116] 대규모 수감은 한때 지독한 독재정권하에서나 목격되는 현상이었다. 그러나 오늘날 그것은 오히려 선진 자본주의와 불가분의 관계에 있다(공식적으로는 범죄라는 연결고리를 거치지만 말이다). 수감자 중 대부분은 직업이 없으며, 이 시대에는 그들을 위한 일자리를 더 이상 찾기 어렵다. 재소자의 교정가능성이 높고 그들에게도 일할 권리가 있다고 믿던 20년 전까지만 해도 상황이 이 정도로 심각하지는 않았다. 그런 점에서 오늘날 미국과 영국의 재소자들은 무자비한 초기 자본주의 시기에 흔히 볼 수 있었던 잉여노동력의 현대판이라 할 수 있다.[117]

긴 역사를 지닌 수감 시스템은 오늘날 세 가지 동향을 드러내고 있다. 첫째, 민간 영리교도소를 비롯한 수감시설의 다양화와 규모의 확장이라는 새로운 질서의 구축이다. 둘째, 어떤 형태로든 일정 기간 교정을 위해 관리·감독을 받는 인구가 전 세계적으로 급격히 늘고 있다는 점이다. 셋째, 교도소 및 수감시설이 빠르게 민영화되고 있는 점이다. 이 세 번째 동향은 주로 미국에서 시작되었으나 점차 더 많은 국가로 빠르게 번지고 있다. 경찰, 법원, 공동체적 감시(전자기기를 이용한 모니터링)와 가석방, 보호관찰, 조기 출감자를 위한 재사회화 시설에 이르기까지 다양한 분야에서 민영화가 이루어지고 있다.[118] 2005년은 주로 민관합동 사업의 형태를 띤 교도소 민영화가 모든 대륙에서 모습을 드러낸 해로 기록될 것이다.[119] 이것이 가능했던 것은 민영화를 활성화시킨 법과 제도, 민간자본이 흥할 수 있는 환경이 존재했기 때문이다.[120]

독일 연방헌법재판소는 행정임무를 수탁받은 사법상의 물적회사(주식회사, 유한회사)가 치료감호(Maßregelvollzug)를 시행하는 것이 기본법 제33조 제4항의 기능유보(Funktionsvorbehalt), 치료감호(독일 형법 제63-64조) 당사자의 기본권 그리고

---

114) 사스키아 사센, 축출자본주의, 글항아리, 2016, 31쪽.

115) 사스키아 사센, 위의 책, 35, 72쪽.

116) 사스키아 사센, 위의 책, 85쪽.

117) 사스키아 사센, 위의 책, 86쪽.

118) 사스키아 사센, 위의 책, 86-87쪽.

119) 사스키아 사센, 위의 책, 93쪽.

120) 사스키아 사센, 위의 책, 95쪽.

민주주의원리에 반하지 않는다고 보았다.[121] 침익행정 영역에도 원칙적으로 사영화(민영화)가 가능하다는 취지이다.[122] 기능유보란 "고권적 권한의 행사는 항상적 임무로서 원칙적으로 공법상 근무관계·충성관계에 있는 공근무의 구성원(Angehörigen des öffentlichen Dienstes)에게 위임되어야 한다."는 기본법 제33조 제4항에 따라 고권적 권한의 계속적인 수행을 공근무의 구성원 - 공무원(Beamte), 비공무원(피고용자)인 사무직원(Angestellte), 단순노무직원(Arbeiter) - 에게 위임하는 것을 말한다. 우리의 경우에도, 2000년 1월 28일에 「민영교도소등의 설치·운영에 관한 법률」이 통과되었으며, 2010년 12월에 경기도 여주에 최초의 민영교도소인 소망교도소가 개소했다. 민영교도소를 운영하는 교정법인은 공무수탁사인으로서 행정주체성을 인정받는다.[123]

2. 동인천역 북광장은 오랫동안 인현동 쪽방촌 주민들이 이용하는 휴식 공간이었다. 의지할 냉방기구라야 낡은 선풍기가 전부인 쪽방촌 주민들에게 광장의 나무 그늘은 수시로 찾게 되는 한낮의 무더위 피난처였다. 광장 옆에서 노숙인 무료 급식소를 운영하는 갑은 "주민들이 광장에서 시간을 보내다가 술도 마시고, 그러다 보니 다툼도 일어나고 했던 것인데, 행정하시는 분들은 그걸 두고보기 힘들었던 모양"이라며 "사람들 모여드는 것을 막으려고 최근에 관할 구청에서 여러 일을 벌였다"고 했다.

가로수 가지치기는 관할 지자체인 인천 동구청이 '주취자 추방'을 위해 짜낸 '묘수'였다. 구청은 술자리가 벌어지던 가로수 그늘 주변의 벤치 7-8개도 없애버렸다. 햇볕 피할 곳이 사라지니 주민들은 대형 전광판 그늘이 드리워지는 화단 주변으로 몰려들었다. 동구청은 향후 주민들이 벤치 대용으로 앉아 쉬던 화단 경계석도 없애고, 화단 주변에는 출입을 막는 울타리도 칠 계획이라고 한다. 동구청의 '광장 정화 활동'은 이것이 전부가 아니다. 앞으로는 광장 전체가 금연·금주 구역으로 지정된다. 계도기간을 거쳐 어느 시점부터는 광장에서 담배를 피우거나 술을 마시다 적발되면 과태료를 내야 한다. (…) 그는 "힘없고 돈 없는 사람들이 술집에도 갈 수 없어 역전 광장에 모이게 된 것인데, 여기서마저 쫓아내면 어디로 가란 말인가. 도시미관과 위생도 중요하지만, 폭염이 다가오는 6월에 볕을 피할 그늘까지 없애버리는 건 너무나 비인간적인 행정"이라고 꼬집었다.[124]

---

121) BVerfGE 130, 76.

122) Maurer/Waldhoff, 56-57쪽(3장 28번).

123) 김유환, "우리 민영교도소제도의 행정법적 문제", 행정법연구 제40호, 2014, 94쪽.

124) 한겨레신문 2023. 6. 22. 13면. 알랭 코르뱅은 공공장소를 '정화'하는 근대적 기획은 냄새나는 오염된 존재들을 감지하고 그들과 시민을 분리하려는 배타적 전략이었다고 비판한다. 알랭 코르뱅, 주나미 옮김, 악취와 향기 - 후각으로 본 근대 사회의 역사, 오롯, 2019.

2. 본문에서는 "공물(res publica)의 공공성을 지켜내고, 커먼즈(commons)로서의 공물에 대한 시민적 통제를 강화"하는 것이 공물법의 과제라고 설명했다. 일본 행정법학자 이소베 츠토무(磯部力)는 도시 공간 전체를 하나의 환경 공물로 파악하는 독특한 견해를 제시하는 방식으로 위와 같은 과제 실현에 한발짝 더 다가간 적이 있다. 그의 주장의 요지를 읽고 그 실천가능성에 대해 토론해보자.

"(사회적) 공간은 (사회적) 생산물이다."[125] 도시가 일종의 커먼즈로서의 성격을 갖는 공물이라면,[126] 그러한 공물로서의 도시를 전유할 권리는 도시에 대한 그리고 도시 안에서의 소유권이 누구에게 귀속되는가와 관계없이, 도시의 생산에 가세한 모든 사람들에게 귀속되어야 한다. 공물이라는 것은 그 소유권자가 누구든,[127] 공물로 포섭된 이상 그것에 대한 관리는 공물관리가 되고, 공물의 관리자와 사용자 사이에는 공물 사용관계가 성립한다. 그런데 공물의 사용은 그 원칙이 자유사용(일반사용)이므로 누구든지 도시로부터 배제되지 않을 권리를 보유하게 된다. 즉, **도시 공간 전체가 하나의 공물인 이상 누구도 그 공물로서의 도시의 사용으로부터 배제될 수 없다**. 따라서 바로 이러한 의미에서 공물의 '자유'사용의 래디컬한 의미를 도시의 영역에서 주장하는 것은 자본이 형성하고 독점하는 자유와 소유 질서에 불복종하면서 "도시를 완전히 다른 모습의 정치체로 재건설하고 재창조하는 권리"를[128] 주장하는 것이 될 수 있다.

"확실히 물, 대기, 일조 그리고 토지 또는 도시 공간 등의 환경자원을 일종의 공물처럼 파악하면 일반주민의 환경이용을 **공물의 일반사용에**, 사업자의 기업 활동 등에 수반하는 막대한 환경이용을 **공물의 특허사용**에 비유하여 전자가 요구하는 환경이익(환경권)의 보호와 후자에 대한 특별한 규제와 부담의 필연성을 정당화하는 것이 가능하고, 환경관리자로서의 행정, 특히 지방자치단체의 환경관리권한을 근거 짓기도 훨씬 쉽다고 하겠다."[129] 금융투자가와 개발업자도 도시에 대한 권리를 주장할 수 있다. 그러나 공물인 도시의 일부가 그들의 특허사용의 대상이 되는 경우에도 그것은 자유사용의 한계를 침해할 수 없다. 그러한 한계를 넘게 된다면 도시는 더 이상 공물·커먼즈로서 존재할 수 없다.[130]

---

125) 앙리 르페브르, 양영란 옮김, 공간의 생산, 에코리브르, 2011, 71쪽.

126) 磯部力, "公物管理から環境管理へ - 現代行政法における「管理」の概念をめぐる一考察", 国際化時代の行政と法, 良書普及会, 1993, 46쪽.

127) '사유공물'이라든가 '타유공물'이라는 법 개념이 보여주는 바와 같이 공물은 원리적으로 그 물의 사법적인 권원(Titel)의 소재 여하에 관계없이 공물로서 존재할 수 있다. 磯部力, 위의 글, 같은 곳.

128) 데이비드 하비, 한상연 옮김, 반란의 도시, 에이도스, 2014, 235쪽.

129) 磯部力, 앞의 글, 42쪽.

3. 2021년에 「행정기본법」이 제정되었다. 앞으로 일반행정법론의 역할은 약화될 것인가? 아울러 '일반행정법'의 법전화가 가진 장점과 단점에 대해서도 토론해보자.

종래 각국 행정법에는 민법전 중 민법 총칙과 같은 부분과 비견되는 총칙적 규정이나 통일행정법전 같은 것이 존재하지 않는 경우가 많았다. 우리도 마찬가지였다. 물론 「행정절차법」이 제정되어 다소간 행정에 관한 일반행정법적 역할을 담당했으나 부족함이 많았다.[131] 그 빈틈을 학설과 판례가 메워왔던 셈인데, 2021년 「행정기본법」이 제정되면서 새로운 국면이 전개되고 있다. 이제 일반행정법은 무용한 것이 될까? 그렇게 보기는 힘들다.

행정법전이 만들어지면 행정청이 어떤 결정을 내릴 때 큰 도움을 받는다. 행정법전은 행정법적 사고를 훈련하고 학습하는 데도 도움이 된다. 행정법전은 개별 사안에서의 모든 행정법적 경험을 담고 있으며, 오래된 논쟁을 해결하며, 다수의 구속력 있는 법적 정의를 포함하고 있다. 그런데 법전화에는 장점만 있는 것일까? 그렇지 않다.

행정법 법전화의 가장 큰 단점 혹은 위험으로 고착화(固着化)가 거론된다.[132] 한번 고착화하면 경로 의존성이 생겨나 새로운 개혁을 단념하게 되지 않을까 하는 우려도 있다.[133] 조금 막연한 얘기인데, '무엇을 고착화하는가'라는 물음에 대한 답변을 함께 제시하면 왜 이런 비판이 나오는지 조금은 알 수 있을 것이다. 나는 이것을 **자유주의 행정법의 고착화**라고 말하고 싶다. 현재 한국 행정법(학)을 지배하는 주류적 흐름은 행정법의 자유주의화이다. 「행정기본법」의 제정은 이 흐름을 고착화하고 가속화할 수 있다. 일례로 동법 제14조 제3항을 생각해보자. 제재처분과 관련하여 법적용의 기준에 관한 조항인데 다음과 같다. "법령등을 위반한 행위의 성립과 이에 대한 제재처분은 법령등에 특별한 규정이 있는 경우를 제외하고는 법령등을 위반한 행위 당시의 법령등에 따른다. 다만, 법령등을 위반한 행위 후 법령등의 변경에 의하여 그 행위가 법령등을 위반한 행위에 해당하지 아니하거나 제재처분 기준이 가벼워진 경우로서 해당 법령등에 특별한 규정이 없는 경우에는 변경된 법령등을 적용한다." 특히 단서의 내용은 이전의 판례의 태도를 폐기한다. 그에 따르면 "법령적용에 관한 특

---

130) 더 자세한 논의는 필자의 다음 논문을 참고할 것. 이계수, "도시민의 불복종과 도시법의 도전", 민주법학 제56호, 2014, 160쪽 이하.

131) 김현준 교수는 "행정기본법의 대부분 규정들은 행정절차법 개정으로 도입해도 문제없는 것이어서 행정기본법은 제2의 행정절차법으로 볼 수 있음을 알 수 있다. 결국 행정기본법 제정으로 행정절차규범의 분열만 초래했을 뿐이다. 행정절차규범이 분열되어 우리나라는 제1행정절차법과 제2행정절차법을 가진, 전 세계 유례가 없는 독특한 행정절차법체계를 가지게" 되었다고 비판한다. 김현준, "행정기본법의 혼돈 · 분열 · 위헌문제", 저스티스 통권 제188호, 2022, 250쪽.

132) 김철용, 2024, 81, 88쪽.

133) 김철용, 2024, 81쪽.

별한 규정이 없다면 위반행위 당시에 시행되던 법령을 근거로 처분을 하여야 마땅하다"[134]고 했다. 「행정기본법」 제14조 제3항이 제재처분 문제에서 상대방에게 유리한 기준을 제시하고 있는 것은 일응 긍정적으로 볼 수 있지만, 법령 등을 위반한 행위자가 사회 내 권력자인 상황을 상정하면 반드시 그와 같은 평가가 옳을 것인지는 의문이 드는 것인데, 법전화가 이런 정당한 의문조차 봉쇄하면서 행정법의 자유주의화를 고착하고 가속하지 않을까 우려되는 것이다.[135] 그러므로 다음과 같은 비판도 새겨들을 필요가 있다고 생각한다. "행정법을 법률로 철저히 규율하지 않는 상태는 제거되어야 할 후진성이라는 견해가 있지만 이에 대해서는 다음과 같이 반론할 수 있다. 즉, 법전화는 행정에게서 유연성, 특별한 상황에 대한 적응가능성 및 미래발전에 대한 개방성을 빼앗는다. 행정법처럼 실무와 밀접한 분야는 위와 같은 가치들을 포기할 수 없다. 만약 그렇게 하면 그에 따른 손실이 당연히 발생한다."[136]

그와 같은 손실을 막는데 행정법 일반이론이 어떠한 역할을 할 수 있을 것인지 향후 충분한 논의가 이루어져야 한다고 생각한다.

4. 2007년 5월, 제주 서귀포시 대천동 강정마을이 해군기지 건설 예정지로 '결정'된 이후, 수천 년간 그 곳을 지켜온 마을과 공동체는 여러 반대운동의 일환으로 해군기지 건설을 막는 행정소송을 제기했다. 그 출발점은 해군기지 건설을 위해 초기 단계에서 해야 하는 '공유수면매립면허'와 이 '매립면허'의 발급을 가능케 한 절대보전지역 변경(해제)처분의 무효확인을 구하는 소송이었다. 특히 이 후자의 소송은 '원고적격이 없으므로 소를 각하한다'는 취지로 원고패소한 이래 항소심을 거쳐 대법원의 상고기각으로 끝이 났다.[137] 이런 재판들에서 송무검사와 법원이 동원하는 논리를 비판적으로 평석해보자.

134) 대법원 1983. 12. 13. 선고 83누383 판결. 같은 취지로 대법원 2002. 12. 10. 선고 2001두3228 판결; 대법 2023. 2. 23. 선고 2022두57381 판결이 있다.

135) Ernst Forsthoff, *Lehrbuch*, 167쪽 참고. 김철용 교수는 「행정기본법」 제정으로 행정법 해석의 고착화를 염려하지만, 그 고착화의 방향에 대한 고민에서는 필자와는 반대의 입장(자유주의 비판이 아니라 자유주의의 확장)인 듯 하다. 일례로 재량행위의 경우에도 원칙적으로 법률의 근거 없이는 부관을 붙일 수 없다고 보는 최근의 견해들을 소개하면서 「행정기본법」 제17조 제2항이 이런 해석을 확대하려는 흐름을 막고 기존의 견해를 고착화하고 있다고 비판한다. 김철용, 2024, 298쪽 각주 2번.

136) Ernst Forsthoff, *Lehrbuch*, 163쪽.

137) 대법원 2012. 7. 5. 선고 2011두13187, 13194 판결.

일본 후쿠시마 지방법원은 공유수면매립면허와 관련하여 인근주민들이 제기한 예방적 금지소송 및 가처분 신청사건 - 토모노우라(鞆の浦)세계유산소송 - 에서 결과적으로는 신청을 각하했지만, 관습법상의 배수권자(排水權者)와 인근에 거주하는 거주자가 갖는 경관이익을 근거로 신청인적격(원고적격)을 인정한 바 있다.[138] 경관이익을 근거로 항고소송의 원고적격을 인정한 재판례는 일본에서도 거의 유례가 없다. 그럼에도 불구하고 이러한 판결이 나온다는 것은 사법부로서도 전통적인 원고적격의 법리를 고수하다가는 생태적 · 환경적으로 뛰어난 '절대' 보전지역을 '절대로' 보존할 수 없다는 인식에 이르렀기 때문이라고 생각한다.

제주도 구럼비 사례에서 절대보전지역은 1심법원 재판부(제주지방법원 2010. 12. 15. 선고2010 구합34, 2010구합 218(병합) 판결)도 인정하고 있듯이 인근주민이 주거하거나 생활하는 지역이 아니라 지하수 · 생태계 · 경관 그 자체가 보전되어야 하는 지역이다. 그러나 막상 이런 지역이 개발되는 순간에는 주민이든 누구든 인간 중에서는 그 누구도 이를 다툴 법률상 이익을 갖고 있지 않으므로 이 사건에서처럼 소송은 각하되고 만다.[139]

'생태자연도 등급 조정처분 무효확인' 소송에서도 똑같이 일이 벌어졌었다. 그뿐인가? 이른바 '절대농지'의 경우에도 유사한 일이 발생한다. 절대농지도 '절대로' 보전되지 않는 농지로 전락한지 오래다. '절대농지'는 현재의 법률용어는 아니다. 1975년 「농지보전법」이 도입한 절대농지라는 용어는 1992년 「농어촌발전특별조치법」 개정시 농업진흥지역으로 대체되었고, 이는 1994년 제정되고 1996년 시행된 「농지법」에 그래도 계승되었다(동법 부칙 제7조). 농업진흥지역은 평야처럼 계획적으로 정비된 우량농지가 집단화되어 있는 곳인데, 정부는 식량안보와 식량주권을 위해 농업행위만 가능한 농업전용토지를 보호하기 위해 농업진흥지역을 설정한다. 이렇게 농사만을 위해 묶어놓은 토지이므로 땅값은 상대적으로 저렴하다. 이러다보니 농업진흥지역 내 농지는 대규모 공공개발에 쉽게 희생된다.[140] 개발은 이 '절대농지'의 해제와 함께 시작된다. 관료들은 땅값이 상대적으로 싼 그린벨트를 해제해서 개발에 나서길 좋아한다. 마찬가지로 그들은 농업진흥지역을 해제하라는 개발업자들의 요구를 쉽게 수용한다.

절대보존지역의 해제에 맞서 소송을 제기할 수 있는 '사람'이 없다면 그 지역에 사는 동식물이 나서서 소송을 해야 하는가? 이런 것도 최후의 방법으로 생각해볼

138) 히로시마 지방법원 2008. 2. 29일자 결정(平成 19년 제13호, 16호 사건). 일본 「행정사건소송법」은 예방적 금지소송을 인정한다.

139) 참여연대 사법감시센터 지음, 공평한가, 북코마, 2015, 292쪽(필자 집필 부분).

140) 한국농촌경제연구원의 한 보고서는 농업진흥지역 농지의 이용 현황(제3장), 농업진흥지역 지정 및 해제 현황(제4장)을 각각 분석하였다. 채광석/김홍상/성재훈/김부영, 농지의 체계적 관리를 위한 농업진흥지역 지정 · 운영 개선 방안, 한국농촌경제연구원, 2018, 25-50쪽.

수는 있으나 우리 판례는 이를 인정하지 않고 있다. 그러니 절대보전지역은 말만 절대 보전지역이지 행정부의 개발의지 앞에서는 절대로 보존될 수 없는 지역으로 전락하고 만다. 이것은 오랜 세월 자연 속에서 더불어 살면서 지속 가능한 삶을 유지해온 지역주민들 – 이 사건의 주민들 외에도 화전민 같은 이들을 생각해 볼 수 있을 것이다 – 을 절대보전지역에서 축출하던 순간부터 예견된 일인 지도 모른다. 이러한 현실에서 벗어나려면 사법부는 어떠한 판단을 내리는 것이 옳았을까? 이 사건을 담당한 모든 재판부는 이런 고민은 국회나 행정부의 몫이지 자기네들은 알 바 아니라고 생각한 것 같다. 그러나 그렇다면 도대체 **정부정책을 다투는 행정소송사건**을 법원에게 맡긴 이유가 무엇인지 다시 한 번 되묻지 않을 수 없다.[141)]

국민이 국가(행정부)에게 국유재산 · 공유재산, 공물의 관리를 위임한 취지는 이런 식으로 막개발을 해도 된다는 뜻은 아닐 것이다. 사실 현행법령을 잘 검토해보면, 국가나 지방자치단체의 막개발로부터 국공유재산이나 공물을 지킬 수 있는 여러 제도와 절차가 마련되어 있다. 문제는 이런 제도와 절차를 국가나 지방자치단체가 지키지 않았을 때 이를 제지하거나 방어할 수 있는 국민적 수단이 마땅히 없다는 점이다. 일례로 2018년 평창올림픽을 앞두고 가리왕산에 알파인 활강 스키장을 짓겠다는 강원도의 계획이 발표되었을 때 생태 · 환경단체를 중심으로 격렬한 반대운동이 일어났지만, 결과적으로 이 계획을 막아내지는 못했다. 가리왕산의 스키장 예정지역은 「산림보호법」상 산림보호구역(그중에서도 산림유전자원 보호구역)이었다(동법 제7조 제1항 제5호). 그런데 이 산림보호구역은 「국유림의 경영 및 관리에 관한 법률」에 따르면 보전국유림에 해당한다(동법 제16조 제2항 제1호). 보전국유림은 보존공물이다. 다수학설은 **공물의 법률적 특색 중 하나로 공용수용의 제한**을 들고 있다.[142)] 따라서 가령 국제스포츠경기 개최가 산림유전자원보호보다 더 큰 공익이라고 인정하여(나는 이렇게 보기 힘들다고 생각하지만) 해당 보존공물을 수용하려면 반드시 산림유전자원 보호구역지정을 해제하는 절차가 선행되어야 한다.[143)] 이를 공용폐지라고 한다. 한편, 가리왕산의 산림유전자원보호구역 지정 해제의 경우 올림픽 이

141) 자세한 것은 필자의 다음 논문을 참고할 것. "정부정책을 다투는 행정소송에서 법원의 역할 –'제주지방법원 2010. 12. 15. 선고, 2010구합34 등 판결'에 대한 비평을 중심으로–", 일감법학 23호, 2012, 323-362쪽.

142) 대표적으로 김남진/김연태, 행정법 II, 2023, 491쪽.

143) 「공익사업을 위한 토지 등의 취득 및 보상에 관한 법률」 제19조 제2항은 "공익사업에 수용되거나 사용되고 있는 토지등은 특별히 필요한 경우가 아니면 다른 공익사업을 위하여 수용하거나 사용할 수 없다."고 규정하고 있다. 이 조항의 취지도 공물에 대한 공용수용은 원칙적으로 허용되지 아니하며, 보다 더 큰 공익을 위하여 특정한 공물의 수용이 필요한 경우에는 먼저 당해 공물에 대한 공용폐지를 행한 후에 공용수용을 해야 한다는 뜻으로 해석할 수 있다. 김남진/김연태, 위의 책, 같은 곳.

후 복구를 전제로 한 것이므로 '수용'에 해당하지 않는다는 반론이 있을 수 있으나, 「공익사업을 위한 토지 등의 취득 및 보상에 관한 법률」 제72조의 규정을 유추해보면 토지의 사용기간이 3년이 넘고, 또한 사용으로 인하여 토지의 형질이 변경된다는 점에서 외형이 사용이어도 본질은 수용에 해당한다고 보아야 한다.

그런데 이 공용폐지는 강원도 도지사가 할 수 있는 것이 아니고 보전국유림의 관리권자인 산림청장이 해야 한다. 산림청장이 '의지'만 있다면 공용폐지를 얼마든지 거부하여 강원도로 하여금 대안을 선택할 수 있게끔 설득할 수 있다. 법령과 제도가 이렇게 되어 있는 것이다. 그런데 이렇게 안 한다는 것, 나아가 산림청장에 의한 공용폐지를 생태 · 환경단체들이 행정소송을 통해 다툴 수 있는 원고적격을 인정받지 못한다는 것, 이것이 문제이다.

법적 · 정치적 · 사실적 상황이 이러하다보니, 필자는 만약 가리왕산의 '숲'이 화전민도 함께 깃들어 사는 공간이었고, 그들이 입회권자(入會權者)의 지위에 서서 개발에 대해 반대할 수 있었더라면 지금처럼 일방적인 벌목은 불가능하지 않았을까 하는 논지도 펼쳐보고,[144] 미국의 판례법인 공공신탁의 법리까지 끌어와 행정부의 자연경관 훼손행위를 막을 방안까지 제시해보았다.[145]

5. 나는 취소소송, 무효확인소송에서의 원고적격 문제를 다룰 때 법의 문이 열리기를 마냥 기다리다가 임종을 맞게 된, 카프카 작품 속 시골사람을 생각할 때가 있다. 이 시골사람은 여전히 도처에 존재한다. 그래서 나는 이 작품을 읽을 때마다 행정소송, 특히 정부정책을 다투고자 평생을 법의 문 앞에서 기다린 재개발사업 철거민, 수몰로 고향을 떠난 실향민, 원자력발전소 앞에서 평생을 살아온 지역민의 마음을 헤아리게 된다. 그들은 시골사람처럼 법의 문이 열리기를 기다리고 기다리다 죽어간다. 이 작품을 여러분은 어떻게 읽었는지 서로 토론해보자.

1. 나는 카프카가 쓴 단편 「**법 앞에서***(Vor dem Gesetz)*」(1915)는 법정으로 향한 좁은 문만을 열어놓는, '독일식 개인주의적 행정소송 제도'를 비판하는 작품으로 읽을 수도 있다고 생각한다. 카프카는 대학에서 법학을 공부했고, 반(半)국영기관에 해당하는 보헤미아왕국 노동자재해보험공사에서 오랫동안 행정법(사회법) 실무가로 일했다.[146] 그렇다고 해서 그의 법학지식이 직접 그의 작품에 투영되었을 것이라고

144) 이계수, "도시민의 불복종과 도시법의 도전", 142쪽.

145) 이계수, "도시민의 불복종과 도시법의 도전", 161쪽.

146) 카프카는 직장에서 재해예방과 위험등급에 따른 기업의 분류, 이에 대한 기업의 이의에 대한 법적 대응 등 다양한 업무를 처리했다. 카프카가 당시에 쓰거나 편집한 공식 서면이나 의견서, 보고서는

가정하는 것은 너무 단순하고 나이브하다. 오히려 그의 작품에는 법에 관한 시대착오적이며, 당대의 법제와는 하등 관계없는 묘사가 적지 않게 등장한다.

카프카가 법을 그의 작품 안으로 가져오는 이유를 여기서 자세히 논할 여유는 없다. 다만, 그가 1925년에 출간된 장편 『소송』[147]에도 이 단편을 삽입한 것으로 보아 - 신부(神父)가 K에게 들려주는 일종의 비유담으로 삽입되어 있다 - 그에게 법은 중요한 모티프(motif)임에 틀림없는 것 같다. 『소송』을 분석한 어느 법연구자는 카프카를 법제사가, 심리학자, 포스트모더니스트, 관료주의 비판가로 각각 해석하기도 한다.[148]

2. 그의 작품 속에서 법은 신민(臣民)을 이유 없이 명령하고, 고문하고, 처벌한다. 사법(司法)은 당사자를 기약 없이 기다리게 한다. 정의는 한없이 유예되고 지연되는데, 이러한 현실을 묘사하는 데 법원은 매우 중요한 장치로 등장한다. 여기서 그가 그릴 수 있는 법원상이란, 의식적이든 무의식적이든, 그가 체험하고 좌절한 오스트리아-헝가리 제국의 법원과 연관되지 않을 수 없었을 것이다. 또한 그의 좌절이 깊어질수록 법원의 시대착오적인 모습은 더욱더 '신화적'으로 소묘될 수밖에 없었을 것이다. 그렇다면 「법 앞에서」를 집필하는 작가에게 무기력감을 선사했을 오스트리아 행정재판소의 모습은 어떠했을까? 오스트리아 행정재판소는 1876년 10월에 설립되었다.[149] 당시 독일의 행정재판 구성 원리는 크게 남부독일형(개괄주의)과 프로이센형(열기주의)으로 나뉘어 있었는데 오스트리아의 행정재판은 전자의 유형에 속했다.[150] 그에 따르면 모든 행정행위는 행정재판소에 제소할 수 있지만, 오스트리아 행정재판소법 제3조 (e)호는 재량결정만큼은 행정재판소의 심사대상에 제외하였다. 이 조항 때문에 당시 오스트리아 행정재판은 열기주의로 이해될 여지도 있었다.

이런 현실의 법제를 고려한다면, 재량행위에 대해 다툴 수 없고, 원고적격도 협소하게 설정되어 있었던 독일-오스트리아 행정재판 제도에 대한 답답함 그리고 설사 본안으로 나아간다고 해도 재량처분이므로 승소할 수 없는 암울함이 「법 앞에서」,

---

1,000쪽이 넘는 다음 문헌에 수록되어 있다. Klaus Hermsdorf/Benno Wagner(Hrsg.), *Amtliche Schriften*, S. Fischer, 2004.

147) 프란츠 카프카, 김재혁 옮김, 소송, 열린책들, 2011.

148) Douglas E. Litowitz, "Review Essay, Frank Kafka's Outsider Jurisprudence", Law and Society Inquiry, 27권, 2002, 113쪽 이하. 나는 카프카의 『소송』을 관료주의와 소외의 내면적 기록으로 읽었다.

149) 오스트리아는 1876년 4월 2일에 행정법원법(das Gesetz betreffend die Einrichtung eines Verwaltungsgerichtshofes)을 제정하였고, 이 법률에 근거하여 행정법원이 설립되었다.

150) 독일 행정소송의 역사적 전개(특히 19세기)에 관해서는 다음을 참고할 것. 강지웅, 독일 행정소송의 독자성에 관한 연구 - 행정법원법의 자족성과 민사소송법 준용체계를 중심으로, 서울대학교 법학과 박사학위논문, 24-42쪽.

나아가 『성』을 집필한 카프카의 마음속에 자리 잡고 있었다고 볼 수 있지 않을까? 그래서 법의 문지기가 하는, 아래 3.에서 인용하는 저 말이 항고소송의 원고적격의 문제, 처분성의 문제, 소의 이익의 문제를 정확히 법률-문학적으로 표현한 것으로 볼 수 없을지라도 국가권력에 대항하는 소송에서 신민(臣民)의 좌절감을 표상하는 것으로 충분히 읽을 수 있다고 생각한다. 그래서 나는 아래 3.의 문장을 읽을 때마다 행정소송, 특히 정부정책을 다투고자 평생을 법의 문 앞에서 기다리고 기다리다 죽어간 수많은 '시골사람'들을 생각하는 것이다.[151] 법원은, 재판관은 언제까지 저 문지기처럼 행동할 것인가?[152]

3. 카프카는 그 답을 알았을까? 모르긴 해도 그가 시골사람의 입을 통해 이렇게 물었을 때 그는 연대하지 않고 고립된 세계 - 또한 주관적 권리구제중심의 행정소송 재판의 세계 - 에 갇힌 자는 그 어떤 법의 문도 통과할 수 없을 것임을 직감했을 것이다. "이 여러 해를 두고 나 말고는 아무도 들여보내 달라는 사람이 없으니 어쩐 일이지요?" 시골사람의 임종을 알아차린 문지기가 고함질러 답했듯이 그 세계에서는 "다른 그 누구도 입장 허가를 받을 수 없(다)." 법으로 들어가는 입구는 오직 시골사람만을 위한 것이었으니까.[153] 그러면 어떻게 해야 하나? 그 다음 얘기는 "레옹 뒤기의 공역무이론과 프랑스 행정법"(11.1.2.) 파트에서 이어가겠다.

---

151) 물론 그들이 법의 문을 통과한다고 해도 난관은 남아 있다. 『소송』에서 판사는 에로틱소설을 읽고 있다. 그들은 소송의 실체에는 관심이 없다.

152) 헌법재판소가 2008년부터 사용하고 있는 통합이미지(CI)가 열린 문이라는 것은 상징하는 바가 크다.

153) 프란츠 카프카, "법 앞에서", 프란츠 카프카, 전영애 옮김, 변신 · 시골의사, 민음사, 1998, 169쪽.

04

행정과 시민, 행정법과 민사법

4.1. 행정법의 논리

4.1.1. 행정을 법적으로 규율하는 자는 누구인가?

종래의 통설적 견해는 행정법학의 대상이 되는 행정법을 "행정을 규율하는 국내공법"으로 이해한다. 그렇다면 그 행정을 규율하는 자는 누구일까? 행정을 규율하는 국내공법을 만드는 자는 누구일까? 행정 자신인가, 아니면 행정의 상대방인 국민/시민인가? 후자라면 국민/시민은 구체적으로 누구를 지칭하는가? 자본주의 행정법에서는 자본이라고 말할 수 있을까? 그 자본의 이해는 단일한가? 간단하면서도 답하기 쉽지 않은 질문들이다. 또한 행정법의 관심사가 국민국가에 머물러 있을 때는 이른바 행정법의 '대상'을 시민이라고 표현해도 무방했겠지만, **행정법의 규율을 받는 인적 범위**가 확대되고 있는 세계화 시대에는 시민이라는 개념은 다의적이어서 혼란을 초래할 수 있다. 예컨대 지방자치법의 영역에서는 시민이 국적자인 국민/공민(Staatsbürger)을 지칭하는지, 아니면 거주자(Einwohner)를 가리키는지를 명확히 해야 할 때도 있다.[1)]

노동자는 또 어떤가? 행정의 상대방은 국민/시민이라고 하면서, 자본주의 사회에서 가장 중요한 국민/시민인 노동자는 왜 행정법에 등장하지 않는가? 이하에서 예시로 든 '시민'도 거의 외국인노동자인데도 말이다. 공해물질을 배출하는 공장의 폐쇄 및 이전을 인근주민들은 행정소송을 통해 주장할 수 있는데, 노동자는 왜 그걸 할

1) Sodan/Ziekow, *Grundkurs*, 438쪽(60장 5번).

수 없는가?[2] 노동자에게는 작업중지권이 있는데, **공장의 가동중지를 요구할 권리**는 왜 없는가? 외국인노동자는 왜 "자유로운 사업장 변경신청권"을 갖지 못하는가? 그들은 왜 노동허가가 아니라 고용허가의 대상으로만 '취급'되는가?

> 【판례】 헌법재판소 2021. 12. 23. 선고 2020헌마395 전원재판부 결정 [외국인근로자의 고용 등에 관한 법률 제25조 제1항 등 위헌확인]
>
> 세계 각국은 고용허가제와 노동허가제 가운데 자국의 실정에 맞는 제도를 도입하여 운영하고 있고, 우리 입법자 역시 노동허가제와 고용허가제 등 외국인고용제도를 자유롭게 선택할 입법재량을 가진다. (…) 외국인근로자의 자유로운 사업장 변경 신청을 허용하는 것은 고용허가제의 취지와 맞지 않고 자칫 외국인고용법의 근간을 흔드는 것이 될 수 있으므로, 이 사건 사유제한조항이 외국인근로자의 자유로운 사업장 변경 신청권을 인정하지 않는 것은 고용허가제를 취지에 맞게 존속시키기 위해 필요한 제한으로 볼 수 있다.

노동조합이 조합원의 임금인상 등 경제투쟁의 주체로만 머물지 않고, 지역주민의 요구를 받아 안아 **지역민주주의 활동**을 전개하고자 할 때 과연 현행 행정법은 어떤 조력을 하고 있는가?[3] 그들의 적극적 역할을 차단하는 현행법제에 대해 행정법학은 왜 침묵하는가?[4] 행정처분을 다툴 지위를 (예외적이지만) 주주에게도 인정하는 행정법원이 노동자의 권리와 이익에 무관심한 이유는 무엇인가?[5] 노동자의 지위, 권리와 의무에 관해서는 노동법이 규율하기 때문인가? 아니면 또 다른 이유가 있는가? 고용노동부의 행정해석과 관련한 법리적 논쟁을 행정법은 왜 중요하게 다루지 않는가? 행정법의 규율주체로 노동자가 등장하지 않는 것 혹은 등장하더라도 갑과 을과 같은 무

---

2) 환경민사소송에서의 유지청구의 주체로 노동자는 배제된다.

3) 한국지역난방공사와 사업개시 인허가권자인 전남 나주시 간 진행되었던 '나주혁신도시 SRF(고형연료) 열병합발전소' 가동을 둘러싼 행정소송사건에서 해당 지역 노동조합들은 소송참가를 통해 적극적으로 개입하려고 했다. 그러나 현행 행정소송법상 제3자의 소송참가는 매우 제한적으로만 인정될 뿐이다. 제3자의 소송참가에 관해서는 13장 더공부해보기/생각해보기/토론하기 5번에서 다시 다룬다.

4) 1995년에 출범한 전국민주노동조합총연맹(민주노총)이 영향력을 확장할 수 있었던 이유도 초기에 국민연금개혁이나 사회안전망 확대와 같은 민주주의 일반의 요구에 목소리를 내며 시민사회 진영의 폭넓은 지지를 이끌어냈기 때문이다. 노동조합운동, 특히 공공부문의 노동운동과 '지역정치·사회공공성 확대운동'의 관계에 대해서는 다음 문헌을 참고할 것. 박용석, 1987년 이후 공공부문 노동운동사 - 1987년 노동자대투쟁 이후 공공부문 민주노조 투쟁 및 조직 발전 역사, 진인진, 2023.

5) 대법원 1997. 12. 12. 선고 96누4602 판결.

색무취의 이름을 달고 나타나는 것은 '쁘띠 부르주아지의 법으로서의 행정법'을 방증하는가?

행정법의 규율주체인 국민/시민에서 외국인은 당연히 배제되는가? 그렇지 않다. 군주제 국가와 달리 민주주의적 법치국가에서 행정을 규율하는 주체는 국민, 정확하게 말하면 공민(Staatsbürger)이다. 그러나 오늘날과 같이 '세계화'한 세상에서는 공민이 아닌 외국인도 행정을 규율하는 일에 개입할 수 있다.[6] 외국인을 차별하는 위헌적인 법률, 위법하고 잘못된 법 집행이 (헌법재판소와 법원의) 법 해석을 통해 시정되고, 새로운 법제가 만들어진다면 이것 또한 법을 통한 행정의 규율이라고 할 수 있다. 행정법의 규율대상을 이런 식으로 확장해나가면 행정법은 공법(Public Law)에서 일반시민의 법(Public's Law)으로 발전해나갈 수 있다.[7] 문제는 역시 이 시민에 포함될 수 있는 자의 범위이다.

「출입국관리법」은 외국인의 '보호'를 "출입국관리공무원이 제46조 제1항 각 호에 따른 강제퇴거 대상에 해당된다고 의심할 만한 상당한 이유가 있는 사람을 출국시키기 위하여 외국인보호실, 외국인보호소 또는 그 밖에 법무부장관이 지정하는 장소에 인치(引致)하고 수용하는 집행활동"이라고 정의한다(제2조 제11호). 또한 '외국인보호소'란 "지방출입국·외국인관서 중 이 법에 따라 외국인을 보호할 목적으로 설치한 시설"이라고 한다(제2조 제13호). 그러나 말이 보호소지 재판절차도 없이 사람을 가두는 편법적 구금 시설이다. '비국민'을 차별하는 이런 외국인 법제에 대해 이의를 제기하고 이것의 시정을 요구하는 것 - 결혼이민(F-6) 사증발급을 신청하였다가 거부당한 중국 국적 여성이 제기한 거부처분 취소소송에서 「출입국관리법」의 해석상 외국인에게는 사증발급 거부처분의 취소를 구할 법률상 이익이 인정되지 않는다고 판시한 대법원 판례는 외국인을 관리의 대상으로만 보는 것이 아닐까?[8] **외국인을 출입국 '관리'의 대상으로 인식하는** 법률과 법원실무에서 우리는 벗어날 수 있을까? - 도 행정법의 역할로 보아야 한다(행정법과 인권).

한편, 헌법 및 행정법적 보호를 요청하는 외국인이 외국자본(외국법인)인 경우라면, 어떤 판단을 내려야 할까? 이들에게 헌법소원 혹은 행정소송을 제기할 자격을 부여하

6) 그래서 교과서들은 행정법을 국내법에 한정할 수 없음을 지적한다. 김철용, 2024, 65쪽.

7) 행정법을 Public's Law로 이해하는 접근법으로는 다음을 참고할 것. Blake Emerson, *The Public's Law - Origins and Architecture of Progressive Democracy*, Oxford Univ. Press, 2019. Schmidt-Assmann, *Das Verwaltungsrecht der Vereinigten Staaten von Amerika*, 57-59쪽.

8) 대법원 2018. 5. 15. 선고 2014두42506 판결.

지 않으면, 그들은 자신들이 입었다고 주장하는 투자손실에 대응하기 위해 국제투자중재절차로 나아가 가능성이 높다. 지금까지의 '투자자·국가 간 분쟁 해결 절차(ISDS)는 대한민국 정부에 불리한 결론이 많았다. 이런 현실을 감안하면 차라리 외국자본에게도 헌법소원, 행정소송의 길을 열어주는 것이 낫지 않을까 하는 주장도 나올 수 있다.[9] '비인간' 동물은 또 어떠한가? 현행 **환경(행정)법** 체계가 철저하게 **인간중심주의**로 일관하고 있는 점에 대해서는 어떤 비판을 가해야 하며, 어떤 대안을 제시할 수 있을까?[10]

행정을 규율하는 국내공법을 만들어 내는 데 있어서 주도적인 역할을 하는 이들을 시민이라고 본다면, 행정법을 '행정' 법이 아니라 '시민' 법으로 이해하는 것도 가능하다. 즉, 행정법을 행정에 대항하는 시민들의 법으로 정의할 수도 있다는 뜻이다. 그런데 이렇게 행정법을 '시민법'으로 이해하는 경우, 여기서 말하는 시민이 구체적으로 누구를 가리키는지를 분명히 해 둘 필요가 있다. 국가와 자본의 밀어붙이기식 개발사업을 방어하기 위해 나선 시민이어도 누구는 소유권자이고 누구는 세입자이다. 이들을 대하는 행정과 행정법의 태도가 다르다면 그 태도의 양상과 내용에 대해 우리는 조목조목 비판할 수 있어야 한다. 장애인, 성소수자, 외국인의 '호모 사케르'(법밖의 인간)적 지위를 언제까지나 방치할 수는 없는 것 아닌가?[11] 그래서 예컨대 시외버스 등에 휠체어 탑승 설비가 설치되어 있지 않아 **시외 이동권을 보장받지 못한 장애인**은 과연 행정법상의 시민인지,[12] 일본 정부의 고교 무상화 정책에도 불구하고 **고교 무상화 지정을 받지 못한 조선학교 학생들**(외국인)이나 – 일본은 민주당 정부 때인 2010년 4월부터 고등학교 수업료를 국가가 부담하는 고교 무상화 정책을 시작했다. 이때 조선학교처럼 정규학교가 아닌 '각종학교'로 분류되었던 일본 내 다른 외국인학교는 모두 지원대상이 되었지만, 조선학교만 여기에 포함되지 못했다. 재일동포 사회는 강하게 반발했다. 2013년부

9) 독일 연방헌법재판소가 탈원자력발전사건(Vattenfall Ⅱ) 판결(2016. 12. 6. BVerfGE 143, 246.)에서 스웨덴의 국영 전력회사 바텐팔에게 예외적으로 헌법소원의 당사자적격을 인정한 것도 이런 '고육지책'적 상황이 고려되었을 것이라는 추측이 있다. Foroud Shirvani, "Atomausstieg und mäandernde Gesetzgebung", *DÖV* 2017, 283쪽.

10) 행정법의 생태주의적 전환에 대해서는 이계수, "『지식의 고고학』과 행정법학의 '에피스테메'", 행정법학 第20호, 2021, 43-44쪽을 참고할 것.

11) 조르주 아감벤, 박진우 옮김, 호모 사케르, 새물결, 2008.

12) 국가 및 지자체가 시내버스 및 시외버스에 휠체어 승강설비를 설치하는 것에 관하여 어떠한 일체의 계획 내지 방안도 마련하고 있지 않는 것은 차별행위에 해당한다. 서울중앙지법 2015. 7. 10. 선고 2014가합11791 판결. 그러나 1심 판결은 2심과 3심에서 뒤집어졌다. 서울고법 2019. 1. 25. 선고 2015나2041792 판결. 대법원 2022. 2. 17. 선고 2019다217421 판결.

터 도쿄·오사카·나고야·히로시마·후쿠오카 등 조선학교 5곳의 학생들이 직접 원고가 돼 **'고교 무상화 불지정 처분 취소소송'** 및 **'지정 의무화소송'**을 제기했다. 하지만 2021년 7월까지 이어진 재판은 오사카지방재판소(2017. 7. 28.)에서 한번 승소했을 뿐, 모두 패소했다 - 「북한이탈주민의 보호 및 정착지원에 관한 법률」에 따른 '보호'결정을 받기 이전에 국가정보원으로부터 조사를 받는 **북한이탈주민**은 행정법상의 시민인지 물어보아야 한다.[13)]

【판례】 대법원 2024. 7. 18. 선고 2023두36800 전원합의체 판결 [보험료부과처분취소] 중 다수의견에 대한 대법관 김상환, 대법관 오경미의 보충의견

'가족 구성원에게 예고 없이 닥치는 질병과 사고 앞에서 과거 '의료보험이 없는 가정'은 '의료보험이 있는 가정'보다 의료기관의 문턱을 더 높게 인식하였다. 그들은 의료기관의 문턱 밖을 서성이는 외부자로서 제도로부터 '배제된 신분'임을 깨닫는다. (…) 배제에서 오는 소외감은 사회구성원으로 한 개인이 가지는 존재가치를 잠식한다. (…) 사회구성원으로서 한 개인이 이룬 동반자 관계가 오직 동성 간의 구성이라는 이유만으로 국가가 운영하는 가장 기본적인 사회안전망인 건강보험제도의 보호에서조차 공식적으로 배제되는 것은, 당사자에게는 사회와 국가의 공인된 보호를 받을 존재가치를 부정당하는 것으로 받아들여질 수 있다. 인간 그 자신을 이루고 있는 성 정체성과 성적 지향에 따라 스스로 인격을 형성하고 가정공동체를 이루며 그 안에서 삶을 영위할 권리에 대한 감내하기 어려운 중대한 침해가 될 수 있다. 이 상황이 당연하게 여겨진다면, 한 개인은 자신의 성 정체성과 성적 지향을 확인하고서도 이에 따라 자신의 삶을 자유롭게 펼칠 공간을 찾을 수 없다. 편견과 혐오의 시선, 나아가 배제의 결과를 피하고자 자신을 있는 그대로 드러낼 수 없다. '숨겨진 나'와 '드러내는 나'가 따로 존재하는 분열의 상태에서 불안한 삶을 강요당할 수 있다. 이 지점이 이 사건 처분의 헌법적 정당성을 판단할 때 주의를 기울여야 하는 부분이다. 여기에서 우리 헌법의 근본적 방향성을 담은 헌법 제10조를 거듭 읽어 볼 필요가 있다. "모든 국민은 인간으로서의 존엄과 가치를 가지며, 행복을 추구할 권리를 가진다. 국가는 개인이 가지는 불가침의 기본적 인권을 확인하고 이를 보장할 의무를 진다." 특히 '불가침의 기본적 인권'을 염두에 두어야 한다.'

아주 드물지만 행정주체가 행정의 규율주체로서의 '시민'인 경우도 있다. 앞에서도 보았듯이 일본과 한국에서 국토개발은 수도권을 중심에 놓고 지역/지방을 농공단지, 식품생산기지, 방사능 폐기물을 포함한 각종 쓰레기 매립지로 위계화하는 방식으로

13) 국가정보원은 과거의 합동신문센터 시절부터 이 조사를 행정조사라고 주장하였다.

진행되었다. 최근에는 재생에너지 생산과 관련하여 태양광단지, 풍력단지도 전부 지방에 배치한다. 기후위기 대응이랍시고 이산화탄소 지중저장시설도 지방에 몰아넣는다.[14] 이런 시설들을 설치하고자 할 때 중앙정부는 이른바 **입지결정**을 하는데, 이런 결정에 맞서 **지방자치단체가 거부권을 행사**해야 하는 경우도 얼마든지 있을 수 있다.[15] 이런 권리가 제대로 행사되려면 절차적 권리도 보장되어야 하고,[16] 나아가 위와 같은 실체적·절차적 권리가 무시되거나 형해화될 때는 지방자치단체에게 최후적으로 행정쟁송의 길이 열려야 한다. 실제로 독일법은 감독청의 위법한 자치행정사무감독에 맞서 기초자치단체인 게마인데는 그 조치를 취소소송으로 다툴 원고적격을 인정한다.[17] 반면 우리는 원칙적으로 행정소송법상의 기관소송이나 헌법재판소법상의 권한쟁의심판으로 다투어야 한다. 다만, 근래 대법원은 예외적으로 국가, 지방자치단체, 국가기관의 취소소송상 원고적격을 인정한다.[18] 독일사례를 하나 들어보자.

독일연방공화국의 국방부장관은 1960년대에 7개의 지역을 지상 75m까지 저공비행할 수 있는 지역으로 고시하였다. 몇 년 후 그 높이는 150m로 상향되었다. 저공비행지역 중 하나인 기초자치단체(게마인데) A에서는 매일 오전 8시부터 오전 12시까지 **저공비행훈련**이 이루어진다. 저공비행의 영향으로 이 지역의 초등학교에서 수업을 하지 못하는 사태가 빈번히 발생했다. 이에 대해 지방자치단체 A, 주민 B는 결국 예방적 부작위소송을 제기하였다.

---

14) 이것을 '지역 식민지화'로 부르는 이들도 있다. 이영경, "[왜냐면] 핵발전 위한 지역 식민지화 … '밀양 친구들' 연대는 계속된다", 한겨레신문, 2024. 6. 5자. 아울러 전상직, "읍면동은 왜 식민지화 되었나?", 시민정치연구 제2호, 2021, 73-108쪽도 참고할 것.

15) 김재광, "이산화탄소 지중저장시설의 입지결정과 주민참여절차의 보장", 일감법학 제24호, 2022, 51-114쪽은 이산화탄소 지중저장시설의 입지결정을 주민참여절차의 관점에서만 논의한다.

16) 참고판례: "국가에 대해 행정처분을 할 때에도 사전 통지, 의견청취, 이유 제시와 관련한 행정절차법이 그대로 적용되어야 한다." 대법원 2023. 9. 21. 선고 2023두39724 판결.

17) Sodan/Ziekow, *Grundkurs*, 478쪽(58장 15번).

18) 국가가 국토이용계획과 관련한 지자체장의 기관위임사무의 처리에 관하여 지방자치단체의 장을 상대로 취소소송을 제기하는 것은 허용되지 않지만(대법원 2007. 9. 20. 선고 2005두6935 판결), 자치사무의 처리와 관련해서는 지자체장을 상대로 취소소송을 제기할 수 있다(대법원 2014. 3. 13. 선고 2013두15934 판결). 지방자치단체도 예외적으로 항고소송의 원고적격을 갖는다. 관련 연구로는 조성규, "지방자치단체의 행정소송상 원고적격 - 독일 게마인데(Gemeinde)를 중심으로 - ", 행정법연구 제7호, 2001, 101-128쪽. 조성규, "판례를 통해서 본 지방자치단체의 항고소송의 법적 쟁점", 행정법연구 제66호, 2021, 35-71쪽.

이에 대해 독일 연방행정법원은 위 소송이 소송요건을 충족하는 적법한 소송이라고 보았다.[19] 동 법원은 위 소송이 "비헌법적인 성질의 모든 공법상의 다툼에 대해 행정소송을 제기할 수 있다."고 한 독일 행정법원법 제40조 제1항에 의거, 행정소송으로서 허용된다고 보았다. 저공비행의 실시 및 저공비행지역의 설정 및 유지는 사법적 통제로부터 자유로운 고권적 행위(통치행위)도 아니며, 헌법소송의 대상도 아니므로 행정소송의 제기가 가능하다는 것이다. 이는 피고인 국방부장관으로 하여금 나토 연합군에 영향력을 행사하여 문제가 되는 지역에서의 저공비행을 포기하도록 요구하는 청구에 대해서도 동일하다. 또한 동 법원은 소송이 연방군의 저공비행 금지, 나토 파트너와의 협상의 개시 및 (예비적으로) 7개 저공비행지구제로 운영하는 현존 체제의 변경에 향해 있는 한, 이러한 소송은 일반적 이행소송으로 보아 허용된다고 보았다. 그러면서 사인인 원고의 원고적격은 독일 헌법 제2조 제2항[20]으로부터, 기초자치단체(게마인데)의 원고적격은 독일 헌법 제28조 제2항[21]으로부터 도출된다고 판시하였다.

4.1.2. 시민적-자유주의적 행정법 비판

독일 공법학은 "행정법은 헌법의 구체화법"이라는 말을 입에 달고 산다. 헌법을 구체화한다는 것은 무슨 말인가? 헌법은 크게 기본권과 통치구조 부분으로 구성되어 있으므로 헌법을 구체화한다는 것은 기본권과 통치구조를 구체화한다는 뜻이 된다. 이 중에서 역시 중요한 것은 기본권의 구체화이다. 행정법은 여러 행위형식, 대표적으로 행정행위와 공법상 계약, 행정입법을 통해 헌법을 구체화하고, 헌법은 그러한 구체화가 헌법에 적합한지를 피드백한다.

기본권은 크게 자유권과 사회권으로 나뉜다. 이 중 자유권을 흔히 국가권력에 대한 방어권이라고 한다. 자유주의 헌법 하에서 행정법은 일차적으로 이 방어권을 구체화한다(**행정법의 자유주의적 기능**). 그래서 행정법교과서를 읽어보면 온통 이 방어권

---

19) 1994. 12. 14. 독일 연방행정법원의 판결.

20) "누구든지 생명권과 신체를 침해당하지 않을 권리를 가진다. 신체의 자유는 불가침이다. 이 권리들은 법률에 근거하여서만 제한될 수 있다."

21) "기초자치단체에게는 법률의 범위 내에서 그 지역사회의 모든 사무를 자기책임하에 규율할 권리가 보장되어야 한다. 또한 상급지방자치단체는 그 법률적 과제의 범위 내에서 법률이 정하는 바에 따라 자치권을 가진다. 자치의 보장은 또한 독자적인 재정적 책임의 기초까지 포함한다." 이미 바이마르 헌법 제127조는 "게마인데 및 게마인데조합은 법률의 범위 내에서 자치의 권리를 갖는다"고 규정하였다.

의 보장에 관심을 집중하고 있음을 알 수 있다. 이것은 헌법의 기본권 부분에 자유권, 즉 방어권만을 규정한 독일 헌법과 그 헌법의 해석학으로 발달한 독일 헌법학 및 행정법학의 영향을 우리 행정법학이 상당히 강하게 받고 있기 때문이기도 하지만, 기본적으로 자본주의 체제하에서 법은 자유를 가진 자, 자본을 가진 자의 입장을 방어(옹호)할 가능성이 높기 때문에 그쪽 방면으로 법 해석이 쌓이다 보니 이런 현상이 벌어졌다고 볼 수 있다.

대기업 등 가진 자들은 항시 소송에 연루되어 있으며 최고의 변호사들을 동원할 여력이 있고 또한 법률가들과 여러 루트를 통하여 일상적인 친분을 맺고 있다. 무엇보다 이들은 장기적인 관점에서 소송에 임하므로 하나의 사건에서 승소하는 것보다는 자신에게 유리한 선례를 확보하는 데 주된 관심을 기울인다. 하지만 가진 게 없는 자들은 '1회 소송인'인 경우가 대부분으로 평생 법정 한번 구경해 본 적이 없는 사람들이다. 이들은 당장 목전에 닥친 하나의 소송에서 승소하는 것만을 관건으로 삼기 때문에 길게 보면서 판례를 형성해가려는 노력을 기울이지 않는다. 결국 장기적으로 볼 때 법원은 가진 자들의 이익에 편향된 관행과 법해석을 유지하게 된다.[22]

이와 같은 법사회학적 설명은 행정법에도 적확하게 들어맞는다. 그러나 행정법 교과서에서 위와 같은 법사회학적 성찰에 유의하는 법해석을 찾아보기는 어렵다. 고전적 자유주의 민법학의 강한 영향 아래 탄생한 자유주의 행정법학의 형식적 태도가 지금껏 행정법교과서에서도 여전히 유지되고 있기 때문이다.

법 형식론으로만 보면 사회보장행정의 단순한 수혜자나 거대한 프로젝트를 수행하는 대기업, 그러한 대기업의 사업을 승인하는 관청에 반대하는 주민 등은 모두 사인(私人)으로 나타난다. 안전 및 보안사업의 허가를 받아 사적 경찰작용(「경비업법」 제2조 참조)을 수행하는 기업이나 그들에 의해 자유가 제한될 수 있는 노동자, 철거민도 모두 사인이다.[23] 자신들이 동원할 수 있는 전문가집단을 통해 이른바 법령상의 불확정개념을 자신들에게 유리한 방향으로 해석·확정하는 힘을 가진 기업이나, 그 기업의 산업 활동으로 인해 자신들의 경제 및 일상 활동이 사실상 제한될 수 있는 농어민도 모두 사인이다. 그러나 이들 사인은 그 실질에서 전혀 동질적이지 않다. 시각을 글로벌 차원으로 확대하면 각 사인이 가진 힘의 차이는 더욱더 분명해진다.

22) 이상영/김도현, 법과 사회, 한국방송통신대학교출판부, 2002, 277쪽.

23) 경비업과 사설폭력의 문제에 대해서는 필자의 다음 글을 참고하라. 이계수, "신자유주의 국가 '권력'과 용역 '폭력' - 소유, 권력, 폭력에 대한 법정치학적 고찰을 중심으로", 민주법학 제48호, 2012, 13-47쪽.

외국인, 난민, 미등록노동자가 개별 국민국가의 법률 및 그 해석을 바꿀 힘은 여전히 미약하지만,[24] 외국 자본이나 **국제결제은행(BIS)과 같은 글로벌 비정부기구**는 각국의 입법적, 행정적 조치에 상당한 영향력을 행사한다. 민주적 입법자인 국회의 법률을 통한 혹은 법률에 근거한 정당한 규제는 자칫 외국자본의 재산권을 침해하는 조치로 전락할 위험이 상존한다(이른바 간접수용의 문제). 또한 이런 위험을 과장하는 외국자본은 개별 국가의 행정구제법(행정쟁송법, 국가보상법)을 패스한 뒤, 자신들에게 유리한 국제투자중재절차를 행정구제수단으로 동원할 수 있다.

이처럼 법 형식론상으로는 똑같이 시민으로 나타나더라도 시민들의 지위가 그 실질에서 각각 다를 수밖에 없다면, 그러한 실질을 고려한 행정법의 형성과 해석이 필요하다. 단순히 시민의 방어권을 보장한다는 형식 논리적 접근에 만족하지 않고 사회경제적 실질, 예컨대 사회보장수급권자로서의 시민과 대기업(자본가)으로서의 시민의 실질에 부합하는 행정법 해석에 주력해야 한다**(행정법의 민주주의적 기능 강화)**. 똑같이 시민이 행정에 대해 신뢰보호를 요구한다고 하더라도 전자와 후자에서 그것의 의미가 각각 다를 수밖에 없다면, 그러한 실질적 차이에 주목하는 해석이 필요하다. 또한 규제 권력이 정당하게 작동할 수 있게 만드는 행정법 해석을 시도해야 한다. 그래서 공권력의 행사로부터 국민의 자유를 지키는 것(자유주의) 그리고 그와 함께 자본주의의 모순과 폐해를 시정하기 위해 공권력을 정당하게 행사하는 것(민주주의), - "민주주의가 정당화하려고 하는 것은 각인의 자유가 아니라 국가의 강제이다. 이것을 고전적 형태로 표현한 것이 루소이다. 루소는 아주 솔직하게 개개인의 자유가 아니라 국가의 강제를 정당화하는 것이 사회계약론의 과제라고 했다. 루소는 여러 곳에서 기본권 및 자유권이 민주주의라는 사고와는 일치하지 않는다고 말하고 있다"[25] - 이 양자를 어떻게 동시에 그리고 균형 있게 실현할 것인가는 '자유 민주주의' 헌법 하에서 행정법이 감당해야 할 모순적인 과제라고 말할 수 있다.

현재의 행정법학은 이 과제 중 후자를 제대로 수행하지 못하고 있다.[26] 행정법학은 고전 민법학의 모델과 논리를 적당히 변형한 시민적-자유주의적 행정법학 모델에 안주해

---

24) 성소수자의 난민인정 요건을 제한적으로 해석한 대법원 2017. 7. 11. 선고 2016두56080 판결 참고.

25) Franz L. Neumann, "Die soziale Bedeutung der Grundrechte in der Weimarer Verfassung", in Franz L. Neumann, *Wirtschaft, Staat, Demokratie. Aufsätze 1930-1954*, hrsg., von Alfons Söllner, Suhrkamp Verlag, 1978, 59쪽.

26) 뒤에서도 다시 공부하게 될 신뢰보호원칙의 법적 근거를 사회국가원리에서 도출하기보다는 '법적 안정성'에서 도출하는 현재의 다수 학설은 신뢰보호가 갖는 사회적 의미에 대해 크게 주목하지 않는다.

왔다. 그런데 오늘날 대다수 나라에서 발생하는 사회경제적 양극화 현상에 주목한다면 행정법학이 언제까지 이런 입장을 계속 유지할 수 있을지 의문이다. 나는 나를 포함한 행정법학자들에게 묻고 싶다. '우리'는 가난의 구체적 모습을 본 적이 있는가? 빈곤 문제를 생각하면서 행정법 해석을 시도하고 있는가? **빈곤**은 개개의 구체적 사회의 구축물이고(a construction of specific societies), 한 사회에서도 집단에 따라 다르게 형성될 수 있다. 역사와 문화의 맥락에서 벗어난 단일한 빈곤 개념이란 존재하지 않는다.[27] 빈곤, 불행이 그러하다는 것을 톨스토이는 이미 알고 있었다. 『안나 카레니나』의 첫문장에서 이렇게 쓰지 않았던가. "행복한 가정은 모두 모습이 비슷하고, 불행한 가정은 모두 제각각의 불행을 안고 있다."[28] 그러므로 행정법연구자는 각 사회와 역사에서 만나는 빈곤의 제각각의 모습을 '볼 수 있어야'하고, 그로부터 행정법해석을 시도해야 한다.

"행정법은 헌법의 구체화법"이라는 말은 너무나 당연한 명제처럼 보이지만, 사실 이 말의 이면에는 자유주의 기본권론이 자리잡고 있음을 인식해야 한다. 따라서 위 명제가 그런 자유주의적 한계를 넘어 실제로 헌법정신을 구체화하는 행정법을 정당화하는 논리로 자리잡으려면 행정법학은 고전적 자유의 방어만이 아니라 '비지배 자유'의 실현에도 더 많은 노력을 해야 한다.[29] 그 구체적 방법 중 하나가 사회적 기본권의 실천이다. 이를 위해서는 헌법의 사회적 기본권들을 구체화하는 법률들을 열심히 만들어야 한다. 사회적 기본권과 관련된 헌법조문을 보면 예외 없이 "법률로 정한다"고 되어 있으므로 법률제정과 개정에 심혈을 기울여야 한다. 그러나 입법이란 때로는 매우 느리고 정치적 영향을 받는 것이므로 그것만을 마냥 기다릴 수는 없다. 그래서 필요한 것이 법해석을 통한 사회적 기본권 실현 노력이다. 그러한 노력이 계속되다 보면 입법작업에도 속도가 붙을 수 있다.

예컨대 권리보호의 실효성을 강화하기 위해 행정소송법 개혁을 하면 재벌기업이나 이익단체와 같은 기득권자들도 '시민'의 지위에서 기득권 보호에 행정소송을 이용할 수 있다. 그들은 이렇게 생각할지도 모른다. "만약 법이 약자들의 무기라면, 왜 강자의 무기는 될 수 없을까?"[30] 이런 상황이 전개되지 않게 하려면 시민들을 사회

27) 루스 리스터, 장상미 옮김, 풍요의 시대, 무엇이 가난인가, 갈라파고스, 2022, 16쪽(번역은 필자 수정).
28) 레프 톨스토이, 연진희 옮김, 안나 카레니나 1, 민음사, 2009, 13쪽.
29) 필자는 필립 페팃의 공화주의적 자유개념을 차용해 행정법해석에서 자유개념의 확장을 시도해본 바 있다. 이계수, "경제정의와 행정법 - '자유와 재산' 개념의 재구성을 포함하여", 공법연구 제42집 제1권, 2013, 특히 97-103쪽.

경제적 약자와 기득권자로 나누고 각각에 대해 다른 법적 구제 절차를 제공하는 방안을 마련해야 하는 것이 아닐까? 독일은 1976년에 연방행정절차법을 만들 때 별도로 사회법전(제1권 및 제10권)을 제정하여, 사회보장행정에서의 행정결정과 절차는 이 법에 따르게 했다. 이렇게 행정영역을 분할하여 절차법을 제정하는 것에 대한 비판이 거셌기에, 절차법(사회법전 제10권)의 내용은 연방행정절차법의 그것을 거의 그대로 따랐다.[31] 그럼에도 불구하고 일반행정절차와 사회행정절차를 분리한 것은 사회경제적 약자의 권익 및 지위를 보호해야 한다는 고려가 작동했기 때문이다.[32] 우리는 이러한 분리가 실제로 실질을 반영한 행정법해석에 어떠한 영향을 미쳤는지를 면밀히 검토해볼 필요가 있다.[33]

4.1.3. 행정법의 존재의의와 행정의 정의(定義)

행정법의 규율대상이 행정이다. 그런데 이 행정의 범위도 행정법의 역할에 따라 달라질 수밖에 없다. 고전적 자유주의 행정법학이 이해하는 행정의 정의 혹은 범위는 현대 행정법학이 생각하는 그것보다 협소하다.

행정을 정의하는 방식에는 크게 형식설과 실질설이 있다. 이 중 행정법의 고찰대상이 되는 행정은 형식설의 관점에서 정의된 것이다. 왜냐하면 행정법 교과서에는 성질·기능 및 실질적으로 행정에 해당하지 않는 행정입법, 행정심판 등도 포함되어 있기 때문이다. 행정부가 행하는 모든 활동을 법을 통해 민주적으로 통제하는 것이 행정법의 역할이라고 본다면, 행정법의 연구대상인 행정을 "행정기관의 권한에 속하는 모든 국가작용"이라 보는 형식설이 타당하다. 다만, 그렇다고 하더라도 실질설도 간단히 검토해 볼 필요가 있다. 행정법상의 쟁점에 대한 판단이 필요할 때, 행정이 하는 일의 성질, 실질을 여기서 찾아낼 수 있기 때문이다.

성질이나 실질을 따진다는 것은 그것이 누가 하든 행정의 성격을 갖고 있느냐를 검토한다는 뜻이다. 그래서 행정기관이 아닌 국회가 하더라도 실질은 행정인 경우가

---

30) 피에르 다르도 외, 정기헌 옮김, 내전, 대중혐오, 법치 - 신자유주의는 어떻게 지배하는가, 273쪽.

31) Maurer/Waldhoff, 112쪽(5장 5번).

32) 木佐茂男, 人間の尊厳と司法権 - 西ドイツ司法改革に学ぶ, 日本評論社, 1990, 322-324쪽.

33) 아직 많지는 않지만, 그래서 다음과 같은 연구들이 귀한 것이다. 차성안, "법원을 통한 사회적 기본권의 실현 - 독일 사회법원 실무수습과 독일 연방사회법원 방문강연 경험기", 사회보장법연구 제4권 제1호, 2015, 183-203쪽.

있다. 국회 사무처장이 하는 국회직원에 대한 징계처분 같은 것을 예로 든다. 이런 것도 실질적 의미의 행정으로 분류한다.

사실, 실질설을 논할 때 중요한 것은 법원행정처장의 법원 직원에 대한 인사행정이 행정이냐 아니냐 하는 것을 가리는 것이 아니다. 그것보다 더 중요한 것은 국회든 행정부든 혹은 사법부든 그들이 해야 할 일이 성질에 따라 선험적으로 정해지는 것은 아니라는 사실을 정확히 인식하는 일이다. 호적업무, 성별정정업무를 법원이 하고 있는 사실을 떠올려보자. 이런 '행정업무'를 왜 법원이 하는가? 그것은 자본주의 역사상 그렇게 되었기 때문이라는 거 외에 달리 설명할 길이 없다. 그렇다면 현재 행정부가 하는 일도 다른 헌법기관이 해도 되는 것 아니냐 하는 정당한 질문을 할 수 있다고 생각한다. 대표적으로 개발을 위한 토지수용 업무가 그렇다. 현행법상으로는 행정부, 특히 국토교통부가 한다. 이것을 법원이 하지 말라는 법은 없다. 오히려 법원이 비송사건으로 공익사업 인정 같은 것을 행한다면, 지금까지 해왔던 막개발을 어느 정도 제어할 수 있다고 생각한다. 실제로 스웨덴에서는 부분적으로 법원이 그와 같은 일을 떠맡고 있다(15.1.1.).

아무튼, 실질설에 따른 행정의 정의 중 우리 행정법교과서들이 거의 모두 채택하고 있는 것은 다나카 지로(田中二郎)의 교과서에서 유래하는 다음과 같은 정의이다. 이른바 실질설 중 적극설이다.

> 행정이란 "법 아래서 법의 규제를 받으면서 현실 구체적으로 국가목적을 적극적으로 실현하는 것을 목표로 행해지는 전체로서 통일성을 갖는 계속적인 형성적 국가활동"을 말한다.

다나카 지로가 이렇게 행정의 일을 적극적으로 정의할 수 있었던 배경에는 전후 일본의 복지국가 체제가 있다. 반면 소극설은 행정을 적극적을 정의하는 것을 피하고, "법정립(Rechtsetzung)과 사법(Rechtsprechung)을 제외한 국가 혹은 그 밖의 공권력 주체의 활동"[34]이라는 식으로 정의한다. 이 정의의 초점은 행정이 아니라 입법, 사법에 맞춰져 있다. 입법, 사법의 '기능'을 확장할 수 있다면 행정의 '실질'은 그만큼 쪼그라들 것이라는 발상이다. 자유주의 행정법학 시대에 독일의 오토 마이어나 발터 옐리네크가 정의한 방식이다.[35] 19세기 중반 이래 독일의 부르주아 계급은 국회와

---

34) Walter Jellinek, *Verwaltungsrecht*, 6쪽.

35) Maurer/Waldhoff, 3쪽(1장 5번).

법원을 어느 정도 자기 손아래 넣을 수 있었으나, 행정만큼은 장악하지 못했다. 그것은 국왕의 통제 아래 있거나 '왕을 대신하는 존재'인 (바이마르 공화국) 대통령의 관할 아래 있었다. 자신들의 통제 아래 들어오지 않는 행정을 불신한 부르주아 계급은 이 '어둠의 영역'에 적극적인 역할을 부여하는 것을 꺼렸고, 입법과 사법의 확장을 꾀했다. 이런 노력의 이론적 결과물이 소극설이었다.[36] 그러다가 2차 대전 이후 행정 또한 헌법적 통제 아래 들어오고 사회국가 논의가 본격화하면서 행정에 대한 정의도 달라졌다. 다나카 지로의 정의는 2차 대전 이후 독일 행정법학을 주도한 포르스토프 등에 의해 이미 제시된 것이었다.[37]

이런 역사적 맥락을 고려한다면 행정을 적극적으로 파악하며, 이에 기초하여 행정법을 전개하려는 입장을 바라볼 때에도 다음과 같은 두 가지 점을 유의할 필요가 있다.

첫째, 행정의 형성적 국가활동을 강조하더라도, 이 또한 19세기 '자유방임국가'와 비교되는 상대적 적극성이라는 것이다. 행정, 즉 국가관료의 자율성은 자본의 축적 요구를 어떻게 실행할지에 관한 제한적 자유일 뿐, 그 요구를 실행할지 말지를 선택할 수 있는 자유는 결코 아니다.[38] 따라서 행정의 형성적 국가활동이라는 것도 언제든지 확장되거나 축소될 수 있다. 또한 행정의 모든 영역에서 형성적 국가활동이 이루어지는 것도 아니다. 1950년대 60년대에 형성적 국가활동이 강조된 배경에는 급부행정의 확대, 행정계획의 활성화가 있다. 반면, 경찰행정법 영역에서 적극적이고 공격적인 규율태도가 등장한 것은 2000년대 이후이다.

둘째, 적극설은 국가의 운영에서 행정의 주도적 역할을 의회로부터 탈환하려는 의도를 아울러 갖고 있다는 점이다. 포르스토프는 이를 감추지 않는다. 그는 의회가 혹은 국민이 사회변화의 기관차가 되려고 할 때, 이를 막아설 국가기구가 필요하다고 보았다. 그 기구는 기존질서를 보호하면서도 새로운 과제에 대처해나갈 수 있어야 한다. 포르스토프에게는 그것이 법치국가에 입각한 행정이었다. 다만, **법치국가가 보장하는 것은 기득의 질서**까지이며, 행정계획 같은 것은 법치국가에 의해 보장되지 않는다.[39] 그는 이렇게 말한다. "법치국가의 헌법은 원칙적으로 보장헌법(eine gewährleistende

---

36) Heiko Faber, *Verwaltungsrecht*, 24쪽 참고.

37) Ernst Forsthoff, Lehrbuch, 6, 15쪽.

38) 최일봉 편저, 크리스 하먼, 알렉스 캘리니코스 외 지음, 자본주의 국가, 책갈피, 2015, 54쪽.

39) Reinhard Kühnl, *Formen bürgerlicher Herrschaft: Liberalismus - Faschismus*, Rowohlt, 1971, 58쪽.

Verfassung)이다. (무엇을 보장하는가?) 이미 존재하는 것(Bestehendes)을 보장한다. 계획(Plan)이나 정치적 강령 같은 것을 보장하는 것이 아니다. 그렇기 때문에 법치국가의 헌법은 사회의 현존질서(Status quo)에 꽉 붙들려 있다."[40] 이것이 그가 "행정의 임무는 법률의 틀 안에서의 그리고 법률이라는 토양 위에서의 사회형성(Sozialgestaltung)"이라고 말하면서도, 이런 설명 뒤에 다음과 같은 문장을 덧붙이는 까닭이다. "행정이 자유와 소유권과 같은 개인의 권리를 침해하는 경우에만 (행정의) 법규 구속성(Rechtssatzgebundenheit)이 필요하다." 반면, 생존배려를 조직하고 실행할 때에 "행정은 통상 법규가 명하는 바가 아니라 자기자신의 이니셔티브에 따른다."[41] 그는 다음과 같이 말하기도 한다. "법실증주의적 행정법체계, 즉 그 실체(본질)를 오로지 실정법의 법규들에서만 도출할 뿐, 그 밖의 그 어떤 다른 원천을 인정하지 않는 그런 체계란 존재할 수 없다. 행정이란 이미 강조했듯이, 단순한 법집행이 아니다. 그것은 법률에 구속되기는 하지만, 자주적인 국가기능이다. 행정은 법률에 준거하지 않고도, 법률이 행정법의 대상을 만들어내듯이, 자주적으로 법형성작용을 할 수 있다."[42]

포르스토프는 20세기 초 바이마르 공화국 시대의 입법국가의 경험을 거치면서 재차 행정부가 국정 운영에서 주도권을 잡는 국가를 구상했다. 사회형성을 반드시 행정이 하라는 법은 없다. 오히려 국민의 대표인 의회야 말로 적극적이며 근본적인(radical) 사회형성의 적임자일 수 있다. 실제로 바이마르 공화국 당시 연방의회는 **조치법**, 즉 이른바 **처분적 법률**을 동원하여 중요한 개별 사안도 스스로 처리하려고 했다. 이에 맞서 칼 슈미트가 **법치국가적 법률개념의 핵심** 혹은 마지막 보루로 규범의 일반성을 특히 강조한 것은 익히 알려져 있다.[43] 슈미트의 제자답게 포르스토프는 의회

---

40) Ernst Forsthoff, "Begriff und Wesen des sozialen Rechtsstaats", in Ernst Forsthoff(Hrsg.), *Rechtsstaatlichkeit und Sozialstaatlichkeit*, Darmstadt, 1968, 177쪽.

41) Ernst Forsthoff, *Lehrbuch*, 15쪽.

42) Ernst Forsthoff, *Lehrbuch*, 56쪽. 이런 설명은 포르스토프가 실정법으로부터 자유로운 행정법해석을 지지한 것 같은 인상을 줄 수 있다. 포르스토프의 방법론을 연구한 이상덕 판사는 포르스토프의 제도적 방법론이 행정의 실정법에 대한 자유라는 의미로 이해되어서는 안 된다고 지적하면서, 그의 개별적 연구결과를 검토해보면 포르스토프가 법적 문제의 해결에서 실정법을 가장 우선적인 출발점으로 삼았다고 부연한다. 이상덕, "Ernst Forsthoff의 행정법학 체계와 방법론 개관", 행정법연구 제10호, 2003, 291-292쪽. 그러나 포르스토프가 행정법 문제의 해결에서 언제나 실정법을 최우선 준거점으로 삼았다고 보기는 어렵다. 필자는 이러한 모순적 태도가 행정을 바라보는 그의 양가적 감정(행정은 법률에 구속된다고 말하면서도, 법률의 '흠결' 등을 이유로 이를 메워나가는 행정의 자주성을 부인하고 싶지 않았던)에서 촉발된 것으로 본다. Ernst Forsthoff, *Lehrbuch*, 164-167쪽 참고.

가 아니라 행정에게 사회형성의 역할을 배정하려고 했다.[44] 이는 구체적으로 행정법의 여러 법리를 통해서 표현되었다. 행정의 목적적–자립적 활동을 강조하기 위해 행정계획의 법리를 연구하고, 행정행위의 공정력의 이론적 근거를 국가권위(Staatsautorität)에서 찾으며,[45] 행정행위의 폐지(취소와 철회)에서 계속해서 행정의 자유를 인정하는 식이었다.[46] '국가'권위라고 하지만, 그에게 국가란 곧 행정을 의미했다.

한편, 행정이 사회형성활동, "적극적·미래지향적 형성활동"인 이상 행정법의 해석은 법률의 공포시가 아니라 처분시의 당해 법률의 목적에 따라야 한다. 그러므로 아래 사례에 대한 중요한 판단 근거도 적극설로부터 도출해낼 수 있다.

> 어떤 사람이 건축허가를 신청했는데, 아직 허가가 나지 않고 있다. 그런데 그 사이에 법령이 개정되어 허가기준이 변경되었다. 경과규정도 없다. 그 사람이 신청한 내용을 행정청이 검토해보니 구법령에 따른 허가기준에는 적합하지만 신법령 상의 기준에는 맞지 않았다고 하자. 행정청은 이 경우 어떻게 해야 하는가? 허가를 해줘야 하나 아니면 거부해야 하나?

이 설문에 대한 답은 이렇다. 법령의 개정이 있게 되면 경과규정이 없는 한 신청의 수리(受理)는 구법에 따라 되겠지만, 처분은 신법에 따라야 한다(「행정기본법」 제14조 제2항). 법령의 개정에 의하여 허가기준이 강화된 경우에 구 법령에 근거하여 신청을 한 신청인으로서는 구 법령의 기준에 따라 행정처분을 하라고 행정청에게 요구할 권리가 없다. 또한 구 법령에 따라 한 신청에 대하여 신 법령을 적용하여 행정처분을 하는 것이 법률불소급의 원칙을 위반하는 것도 아니다. 다만 행정청이 허가의 신청을 수리한 후 상당기간이 지나도록 허가여부를 결정하지 않고 있다가 그 사이 법령이 강화되고 그를 이유로 불허가처분을 하는 것과 같은 특별한 경우에는 불허가처분이 위법하다고 할 수 있다.

---

43) Carl Schmitt, *Verfassungslehre*, 139쪽.

44) 자세한 것은 Ingeborg Maus, *Bürgerliche Rechtstheorie und Faschismus - Zur sozialen Funktion und aktuellen Wirkung der Theorie Carl Schmitts*, 2. erweiterte Aufl., Wilhelm Fink Verlag, 1980, 76-80쪽.

45) Ernst Forsthoff, *Lehrbuch*, 185쪽.

46) 다만, 후술하듯이 철회자유의 원칙을 고수하는 태도는 점차 누그러뜨렸다. 이에 관해서는 18.2.2.를 참고할 것.

【판례】 대법원 1996. 8. 20. 선고 95누10877 판결 [주택건설사업승인거부처분취소]

허가 등의 행정처분은 원칙적으로 처분시의 법령과 허가기준에 의하여 처리되어야 하고 허가신청 당시의 기준에 따라야 하는 것은 아니며, 비록 허가신청 후 허가기준이 변경되었다 하더라도 그 허가관청이 허가신청을 수리하고도 정당한 이유 없이 그 처리를 늦추어 그 사이에 허가기준이 변경된 것이 아닌 이상 변경된 허가기준에 따라서 처분을 하여야 한다.47)

적극설의 정의에 따르면 행정은 과거가 아니라 미래지향적인 작용이다. 행정활동은 그것이 이루어지는 시점을 기준으로 미래를 향해 타당한 법, 즉 현행법에 의해 행해지게 된다. 그러므로 허가에 대한 판단도 신청시를 기준으로 할 것이 아니라 처분시를 기준으로 하게 된다는 얘기다. 이것이 사법작용과 본질적으로 다른 점이다.

행정을 미래지향적 작용이라고 정의내리고 그것에 맞추어 행정법을 해석하는 것은 분명 장점이 있다. 예컨대 국가가 법률불소급 원칙에 예외를 인정하면서까지 미래지향적 결정을 내리더라도 이를 정당화하기가 훨씬 쉽다. 백핏(backfit) 규제 같은 것을 예로 들 수 있다. 백핏이란 새로운 (과학적) 지식에 대응하는 수단 중 하나이다. 법령 및 규제기준 개정 등에 의해 새로운 지식을 규제에 반영하여, 이 새로운 규제기준을 기존시설에도 적용하는 것을 말한다. 후쿠시마 사고 이후 주로 원자력안전규제행정 영역에서 문제가 된다. 현행법상 **백핏 규제**의 예로는 「소방시설 설치 및 관리에 관한 법률」 제13조를 들 수 있다.

제13조(소방시설기준 적용의 특례) ① 소방본부장이나 소방서장은 제12조제1항 전단에 따른 **대통령령 또는 화재안전기준이 변경되어 그 기준이 강화되는 경우 기존의 특정소방대상물**(건축물의 신축 · 개축 · 재축 · 이전 및 대수선 중인 특정소방대상물을 포함한다)의 소방시설에 대하여는 변경 전의 대통령령 또는 화재안전기준을 적용한다. 다만, 다음 각 호의 어느 하나에 해당하는 소방시설의 경우에는 대통령령 또는 화재안전기준의 변경으로 강화된 기준을 적용할 수 있다.

47) 같은 취지의 대법원 2014. 7. 24. 선고 2012두23501 판결 참조. 한편, 대법원은 "정당한 이유 없이 그 처리를 늦추어"라는 표현을 쓰고 있다. 행정청은 신청에 대하여 언제까지 판단을 내려야 할 것인가에 대해 재량을 갖고 있다(시간상의 재량). 그러나 그 재량도 한계를 넘게 되면 위법하게 된다. 언제 그 한계를 넘게 될 것인가는 불분명하나, 「행정절차법」은 행정청에게 처분의 처리기간을 공표하도록 하고 있으므로(법 제19조), 일단 처리기간이 중요한 판단척도가 될 것이다.

다시 말하지만, 계속적 형성활동을 강조하는 적극설의 정의는 2차 대전 이후 전개된 케인즈주의적 국가를 배경으로 한다. 행정의 정의로 너무나 당연한 얘기는 아니라는 뜻이다. 실제로 미국에서는 "경제적 목적에 주된 관심을 가졌던 이제까지의 기관과는 대조적으로" "공중위생, 안전, 환경보호에 책임"을 지는 "다수의 새로운 규제행정기관"이 설립되었던 1970년대를 **사회적 규제**(social regulation)의 시대라고 부르지만,[48] 1970년대 중반 이후로는 이것에 대한 '반동'으로 **탈규제의 흐름**이 나타났다. 미국에서의 이 신자유주의적 움직임 혹은 사조(思潮)는 경쟁원리, 시장경제원리, 자기책임원리 등을 대폭 도입하여 국가와 사회의 관계를 완전히 새롭게 재구성하려고 했다. 다수의 국가가 이 노선을 따랐다. 행정기구의 재편·통합, 법적 근거가 없거나 명확하지 않은 규제를 철폐하거나 '다른 방식의 규제로 대체하는'("자본이 좋아하는 방식으로 규제의 구조를 바꾸는"[49]) 탈규제(deregulation), 국영 및 공영사업의 사영화(privatisation), 행정기능의 외부화(outsourcing) 등의 행정'개혁'이 여러 나라에서 행해졌다.

가령 요즘 우리사회에도 모병제 얘기가 나오는데, 모병제는 넓게 보면 행정기능의 '아웃소싱'에 해당한다. 모병제는 저출산 문제에 대응한다는 측면도 있지만, '병역의 시장화'라는 측면을 아울러 갖고 있다. 따라서 '모병제는 진보'라는 단순한 등식은 성립하지 않는다. 또한, 행정집행에서도 대집행처럼 적극적이고 직접적인 사전 대응보다는 이행강제금 부과와 같은 간접적인 방식이 선호된다.[50]

국영/공영사업의 사영화의 최근예로는 2020년 9월 의회에서 통과되었으나 농민들의 격렬한 반대로 결국 1년 2개월만에 폐지된 인도의 농업3법(3 Farm Laws) 사례가 있다. 인도는 농산물 유통을 전담하는 국가기구인 농산물시장위원회(APMC)가 농산물 유통을 독점했는데, 새 법안은 농민들이 민간 도매시장에 농산물을 판매할 수 있게끔 제도를 바꿨다. 인도 정부는 유통시장 현대화 조치가 농업 생산성 증대에 도움이 될 것이라고 설명했지만, 농민들은 영세한 소농인 자신들이 대기업을

48) Sheila Jasanoff, *Science at the Bar*, 242쪽 각주 7번. 재서너프에 의하면 사회적 규제라는 말은 1970년대에 설립된 다수의 새로운 규제행정기관의 기능을 묘사하기 위하여 윌리엄 릴리 3세와 제임스 밀러 3세가 처음 사용했다고 한다. Sheila Jasanoff, 같은 곳.

49) 데이비드 그레이버, 김영배 옮김, 관료제 유토피아, 35쪽.

50) 후술하듯이(21.1.2) 헌법재판소는 "위반자의 시정의지 등을 감안하여 대집행과 이행강제금을 선택적으로 활용할 수" 있으므로, 행정청은 "대집행과 이행강제금을 선택할 재량"이 있다고 한다. 헌법재판소 2004. 2. 26. 선고 2001헌바80, 84, 102, 103, 2002헌바26(병합) 결정.

상대할 경우 동등한 위치에서 협상할 수 없고, 농업의 주도권이 대기업에 넘어갈 것이라고 우려하면서 이 법안의 시행에 격렬히 반대했다.[51]

이러한 변화에 맞추어, 행정을 '계속적 형성활동'으로 정의하는 적극설은 이제는 시대에 뒤떨어진 관념이라고 비판하는 입장도 유력하다. 예를 들면 행정은 '시민사회'가 스스로 감당해야 할 자유로운 발전과 사회형성을 위한 외적 조건만 조성하면 되며, 자신이 나서서 계속적 형성활동을 할 필요는 없다는 식의 주장이다.[52] 최근 한국 행정법학에서도 유행하는 이른바 **보장국가론**도 그 본지(本旨)에서는 이런 입장으로 수렴한다.

그런데 급격한 고령화와 정보화라는 거대한 흐름 속에서 기후위기와 사회·경제적 양극화가 심화되고 사회적 불안감이 커지고 있는 현실을 시장의 자율성만으로 제어할 수 있을까? 오히려 이럴 때 일수록 행정은 환경보호, 노동보호, 사회안전망 구축 등의 분야에서 그 활동을 확대·강화해야 하는 것이 아닐까? 그런 의미에서 적극설은 여전히 주장될 필요가 있다고 생각한다.[53] 다만, 행정을 적극적으로 정의하고 행정에게 사회형성활동의 역할을 배정하는 것과 적극행정을 민주주의적 법치국가의 행정법으로 뒷받침하는 것은 별개의 문제라는 점도 인정해야 한다. 행정의 적극적 역할을 지지하더라도 형성적 국가 활동을 전적으로 행정의 손에 맡기는 태도는 바람직하지 않다. 형성적 국가 활동을 '오로지' 행정만 하라는 법은 없다. 국회의 역할이 강화되어야 하고, 형성활동에 대한 시민사회의 적절한 견제 장치도 함께 설계해야 한다.

행정의 미래지향적 형성작용에 남용이 있다면 이에 대해서도 대처할 수 있어야 한다. 미래지향적 형성이 '밀실결정–집행–기성사실화–철회없음'으로 진행하는 개발독재 행정을 정당화해서도 안 된다. 또한 **중요정책의 시행시기**를 행정부 마음대로 **유예하거나 철회하는** 자의적 행정(시간의 재량 남용)도 막아야 한다.[54] 이런 일을 방지하기 위해 법률에서 아예 정책의 시행시기를 못박아 놓는 경우도 있다.[55] 이런

51) Suresh Kumar Bhatt, "13 Farm Laws - A Policy Analysis and Solution", *Jaipuria International Journal of Management Research*, Vol. 7 Issue 2, 2021, 15-20쪽.

52) Wolff/Bachof/Stober, *Verwaltungsrecht I*, 10판, C. H. Beck, 1994, 84쪽 참고.

53) 成田賴明 外, 現代行政法, 有斐閣, 1990, 6-7쪽 참고.

54) 시간의 재량은 일본의 시오노 교수가 적극적으로 개발해낸 개념이다. 塩野宏, 서원우/오세탁 공역, 일본행정법론, 법문사, 1996, 106-107쪽.

55) 소득세법(법률 제17757호, 2020. 12. 29.) 부칙 제4조(금융투자소득 등에 관한 적용례) "(…) 개정규정은 2025년 1월 1일 이후 발생하는 소득분부터 적용한다."

법률 규정이 없을 때는 어떻게 될까? 행정부가 시행령이나 시행규칙을 개정해서 중요한 규제의 시행을 사실상 철회하거나 연기해버리는 일이 일어난다. 환경부는 2023. 11. 7일 음식점·커피전문점·패스트푸드점 매장 안의 일회용품 사용제한 대상 품목에서 종이컵을 제외한다고 발표했다. 당초 환경부는 2021. 12. 31.자로 「자원의 절약과 재활용 촉진에 관한 법률 시행규칙」 중 별표 2를 개정하여 음식점 등 매장 안의 일회용품 사용을 금지("사용억제")했다. 다만, 이 별표 2의 개정규정은 2022. 11. 24.부터 시행하기로 했을 뿐이다(동 시행규칙 부칙). 그런데 시행일이 다가오자 법적 근거도 없이 1년의 계도기간을 두더니(환경부는 "참여형 계도"라는 식으로 설명), 이 계도기간의 종료(2023. 11. 23.)를 보름가량 앞두고 종이컵 사용금지를 아예 철회해버렸다.[56] 현재로서는 이런 일에 대응할 방안이 마땅치 않다.[57] 하자고만 치면, 일회용품 대체재를 개발하거나 일회용품 없는 카페 매장을 운영하려고 준비하거나 했던 업자들에게 신뢰보호원칙을 적용해야 한다고 주장할 수는 있겠지만 실효성 있는 대책은 되지 못한다. 그래서 후술할 위임명령에 대한 국회 통제가 중요한 것이다.

4.1.4. 사인 간 이해관계의 조정자로서의 행정과 행정법

통상의 행정법관계에서는 행정주체와 그 상대방인 사인이라는 두 당사자가 다툰다. 그런데 제3의 행위자로 인근주민 등이 등장하는 행정법관계도 있다. 이 후자에서는 일종의 삼각관계가 형성된다. 이 제3자는 행정법관계의 직접적인 당사자가 아니면서도 행정주체에 맞서거나(건축허가가 건축법상의 건물 간 이격거리 제한을 위반하여 발령된 경우 이 건축허가를 제3자인 인근주민이 다투는 사례), 행정주체와 협력한다(폐기물처리 사업계획서 적정통보 취소처분을 다투는 업체에 맞서 제3자인 인근주민이 피고인 처분청을 위해 「행정소송법」 제16조에 의거 소송참가를 하는 사례).

---

56) 규제를 폐지하는 시행규칙은 입법예고를 거쳐 2024. 4. 11.자로 개정되었다(환경부령 제1087호).

57) 세법 영역에는 개별소비세 인하처럼 국회에서 법률을 바꿀필요도 없이 시행령만 개정하면 계속 반복할 수 있는 예가 적지 않다. 이것은 '대표없이는 과세없다'는 근대 입헌주의의 대원칙을 위반하는 것이자, 소극적 방식으로 이루어지는 중산층을 상대로 한 매표행위에 해당한다. 국회는 이런 사태를 막기 위해 「조세특례제한법」 제142조의2에서 '조세지출예산서의 작성'을 의무화하고 있지만, 문제는 어떤 조세감면을 '조세지출' 항목으로 잡을지 여부를 행정부가 결정하도록 위임하고 있으므로(동조 제3항), 행정부에 의한 조세감면을 현실적으로 통제하지 못한다는 점이다.

사인 간의 이해조정은 원래 민사법이 담당해왔다. 그러나 이해관계가 한두 사람이 아니라 관계자 다수에게 미치기 때문에 사법상의 원리로는 조정할 수 없는 사안들이 늘어나면서, 행정이 권력을 행사하여 정보를 수집하고 삼각 사각으로 얽힌 이해를 조정하는 시스템이 점점 더 중요해졌다. 행정법을 두고, "행정의 결정을 매개로 전개되어온 사인 간 이익다툼(자원배분을 둘러싼 투쟁)"58)을 조율하는 법이라는 말이 나온 것도 이런 맥락이다.

신자유주의의 세계화로 인해 사적 권력, 사회세력의 힘이 세지는 현실을 고려한다면 행정이 행정법에 특유한 (민사법에는 없는) 수단과 방법을 동원하여 다수 이해관계자 사이의 이해관계 조정에 더욱더 적극적으로 나서야 할 이유는 충분히 있다. 이러한 조정을 통해 경제사회 내에서 일상적으로 일어나는 부정의, 즉 사회경제적 힘의 차이로 인한 실질적 불평등을 조금이라도 시정하게 된다면 "형성적 국가활동"으로서의 행정과 그것을 뒷받침하는 법으로서의 행정법은 나름의 역할을 수행한 것이 된다.

그러나 이것은 어디까지나 원론적인 이야기이고 현실에서 발생하는 일은 전혀 상반된 방향으로 전개되는 경우가 많다. 실제로 사인 간의 이해조정에서 행정이 동원하는 수법이 (이익)형량(Abwägung)인데, 행정부에 의해서 실시되고 법원에 의해서 승인되는 **이익형량**이 결국은 힘과 재력을 가진 세력의 이해관계를 우선하는 쪽으로 귀결될 위험은 항존한다. 나아가 공익 상호 간의 이익조정에서도 자본과 행정권력이 지지하는 공익을 우선하는 형량이 이루어진다.

실제로 도시계획시 지켜야 할 환경법적 원칙들이 국토정비법(Raumordnungsrecht) 및 (특정시설의 설치와 관련된) 전문 계획법률들(Fachplanungsgesetzen)에서 어떠한 취급을 받고 있는지만 살펴보아도 이것은 자명하다. 독일 연방국토정비법은 환경매체(물, 공기, 토양 등)에 대한 "충분한 고려"(제2조 제1항)가 이루어지면 그리고 연방임밋시온방지법은 환경영향이 "가능한 한 회피"(제50조)된다면 이들 원칙들이 준수된 걸로 본다. 결국 계획입안에서 요점은 환경침해를 최대한 회피하기만 하면 된다. 이로써 환경은 교통안전, 경제 및 노동구조의 안정과 같은 다른 공공의 이익 및 그 밖의 본질적으로 개인적인 자유와 이익들에 대해 방어적 지위에 놓이게 된다. 위와 같은 이익들이 허용해주는 한에 있어서 환경은 보호가치가 있다고 평가되기 때문이다.59)

58) Eberhard Schmidt-Aßmann, *Das allgemeine Verwaltungsrecht als Ordnungsidee und System – insbesondere zur Bedeutung von Rechtsform und Verfahren im Verwaltungsrecht*, Heidelberg, 1982, 22쪽.

【판례】 대법원 2006. 3. 16. 선고 2006두330 전원합의체 판결 [정부조치계획취소등] 중 김영란, 박시환 대법관의 반대의견

자연환경을 보전할 필요성 못지않게 국민경제의 균형있는 발전을 위하여 개발사업을 추진할 필요성 또한 부인할 수 없는 것이므로, 개발사업을 추진할 것인지 여부는 당해 사업으로 얻을 수 있는 국민경제적인 가치와 이로 인하여 훼손되는 자연환경의 가치를 비교하여 결정할 수밖에 없고, 이러한 가치비교를 위해서는 일단은 개발사업의 가치와 자연환경의 가치를 모두 경제적인 가치로 환산하여 비교·교량하는 방법을 따를 수밖에 없다. 그런데 개발사업의 가치는 경제적 가치로 환산하여 평가하기가 용이한 반면, 자연환경의 가치에는 생물종의 다양성, 생태적 안정성의 유지 등과 같이 경제적인 가치로 평가하기 어려운 가치도 있고, 장래에 이용될 가능성은 있으나 현재로는 이용되지 않고 있는 가치나 현재의 환경에 대한 지식으로는 제대로 알 수 없는 가치와 같이 평가의 대상 자체에 포함시키기 어려운 가치도 있다. 따라서 훼손되는 자연환경의 가치를 경제적인 가치로 환산할 수 있는 부분만을 평가하여 개발사업의 가치와 비교·교량하는 것만으로 자연환경의 가치를 충분히 고려하였다고 할 수 없고, 개발사업의 국민경제적인 이득이 당해 사업에 소요되는 비용과 이로 인하여 훼손되는 자연환경 가치의 경제적 평가액 등의 손실을 합한 것보다 상당한 정도로 우월한 경우에 비로소 개발사업을 추진할 수 있는 당위성이 인정될 수 있다.

사정이 이렇다보니, 행정법 사례문제로 도시계획 사건이 출제된다면 도시계획의 내용과 관련하여 답지에 본안승소로 그 답을 적을 수 있는 경우는 거의 없다(혹은 거꾸로 아주 예외적으로 본안승소한 사례만 문제로 출제된다). 법원이 도시계획의 광범위한 재량을 인정하고 좀처럼 재량행사의 하자를 인정하지 않기 때문이다.[60] 법원은 행정과 개발 세력의 '결탁'을 **계획재량**이라는 이름으로 승인하면서, 그 재량의 행사가 "형량에 하자가 있어 위법하게 된다고는 볼 수 없다"는 식으로 판시해버린다.

나아가 이미 보았듯이 행정권력은 다수 이해관계의 조정자라는 자신의 역할마저 점차 포기하면서 시장의 자율성을 강조하고 있으며, 갖고 있는 행정기능과 권한조차 외부의 사인들에게 넘겨 주고 있다. 그 과정에서 행정부의 규제권한은 물론 입법부의 규제입법 제정권한마저도 무력화(無力化)되는 일이 비일비재하다. 이러한 현실은

59) Klaus Bosselmann, "Wendezeit im Umweltrecht", *Kritische Justiz*, 1985, 347쪽.

60) 김종보, 건설법의 이해, 북포레, 2023, 391쪽. 다만, 최근에는 재량의 일탈을 이유로 도시계획들이 취소되는 사례들이 등장하고 있다. 김종보, 위의 책, 같은 곳. 대표적인 판례가 대법원 2007. 1. 25. 선고 2004두12063(청계산 원터골 사건), 대법원 2006. 4. 28. 선고 2003두11056 판결 등이다.

다음과 같이 (법원의) 행정법 해석에도 영향을 미치지 않을 수 없다. ① 실정법상의 탈규제 혹은 성긴 그물이 되어버린 행정규제는 (행정규제법규로서의) 행정법의 기능에 대한 불신으로 이어지고, 이는 사인 상호 간의 이해관계 조정법으로서의 행정법의 위상을 추락시킨다. ② 탈규제를 강조하다 보니 입법자의 의사가 다소 불명확하기만 하면 행정법령상의 규제를 '최대한' 피규제자에게 유리한 쪽으로 해석하려는 경향성이 나타난다. 이 두 가지 경우를 이하에서는 '행정규제의 준수와 사법상의 책임관계'와 '행정법규와 민사거래'라는 쟁점을 통해 다루어 보기로 한다.

4.2. 행정법과 민사법

4.2.1. 행정규제의 준수와 사법상의 책임관계

일반적으로 사인들(특히 기업들)은 일정한 행위를 할 때 행정법상 어떠한 규제가 존재하는지를 확인하고 그것에 위반하지 않도록 행동한다. 그렇게 해도, 즉 행정법적으로 적법하게 행동해도 그의 행위로 인해 타인에게 피해가 발생할 수 있다. 이에 피해자가 법적 대응을 하면, "나는 법률을 준수했으므로 책임이 없다"고 가해자가 항변하는 경우가 많다. 이러한 항변은 받아들여질 것인가? 사례를 하나 들어 보자.

【사례】 건설업자 甲은 관계법령의 요건을 갖추어 건축허가를 乙구청장에게 신청하여 **주거지역** 내에 빌라를 건축할 수 있는 허가를 받았다. 그런데 甲이 짓고자 하는 건물 뒤에 살고 있는 인근 빌라 주민 丙은 甲의 건축물로 인해 자신의 일조권이 침해된다고 주장하면서 A법원에 민사상 소유권에 기한 방해배제소송을 본안으로 하는 건축공사 중지 가처분을 신청하였다. A법원 민사부는 丙의 신청을 받아들였다. 이에 甲은 적법한 건축허가에 따른 건축공사를 중지시키는 가처분은 위법하다고 주장한다. 甲의 주장은 타당한가?

(이 사안은 주거지역 내에서 발생한 일조권 침해에 관한 것이다. 사안을 달리하여 병이 침해되었다고 주장하는 권리가 일조권이 아니라 조망권이라면, 그리고 병이 거주하는 빌라 혹은 건축물이 주거지역이 아니라 **상업지역**에 있다면 법원의 판단도 달라진다.)

이 문제의 답은 행정법과 민사법의 관계를 어떻게 이해하는가에 따라 달라질 수 있다. 이른바 '**법의 통일성**'을 강조하는 이들은 행정법적으로 적법하고 정당하면 민사법적으로도 아무 문제가 없으며, 이렇게 해석해야 법은 통일적인 체계를 구성할 수 있다고 본다. 반면, 이런 주장에 동의하지 않는 이들은 행정법과 민사법은 각각 별개의 목적을 추구하므로 행정법적으로 허용되는 행위라고 해서 민사법적으로도 허용되는 행위라 볼 수 없다고 반박한다.

특히 후자는 다음과 같은 논리를 편다. 가해자가 지켰다고 주장하는 법률은 '행정법령'일 뿐 민사법은 아니다. 행정법령은 원래 행정과 피규제자의 관계를 결정하는 것이고, 민사책임은 대등한 당사자 간의 이해조정과 관련된 것이므로 양자는 차원을 달리한다. 더구나 행정법령은 현실에 한발 뒤처지는 경우가 많다. 행정법적으로 규제되어 있지 않지만 사회적으로 허용될 수 없는 행위도 적지 않다. 따라서 행정규제를 준수하였다고 하여 민사책임을 면할 수는 없다. 다만, 행정규제를 준수했다면 사법상의 책임 유무나 책임 정도에 어느 정도의 영향을 줄 수는 있다.[61] 이 후자의 논리에 대해 전자는 다시 이런 식으로 반박한다. 앞서 보았듯이 오늘날 행정법의 역할에서 중요한 것이 이해관계의 조정이다. 행정법령 안에는 이미 그러한 이해조정 규정과 절차가 포함되어 있으므로 행정법령에 따른 결정을 다시 민사법적으로 뒤집거나 침해해서는 안 된다.

어느 입장을 지지할 것인가? 후술하듯이 이것은 행정법령의 품질과도 밀접한 관련이 있는 질문이다. 행정법령이 이해조정 기능을 충실히 해낼 정도의 품질을 확보했다면 전자의 입장을 지지할 수 있다. 우리 판례는 후자를 지지한다. 그에 따르면 「건축법」 제61조(일조 등의 확보를 위한 건축물의 높이 제한)를 위반하지 않은 건물이라도 일조권 침해의 문제가 발생할 수 있다. 건축허가가 적법하게 행해져도 일조가 확보되지 못하는 경우가 생길 수 있다. 이런 경우라면 건축법령상 적법한 건축물이라도 민사상의 위법성을 따질 수 있다. 즉, 가해 건물이 일조권 확보에 관한 건축법령에 적합하다고 하여도 이것만으로는 사법상의 '참을 한도'(예전에는 수인한도라고 표현했다)를 넘지 않는다고 단정할 수 없다.

이 사안에서 병은 방해배제청구라는 중지청구[62]를 본안으로 하여 건축공사 중지

61) 阿部泰隆, 行政の法システム(上), 有斐閣, 1997, 160쪽.

62) 유지(留止)청구라는 표현이 더 일반적으로 사용된다.

가처분을 신청하고 있다. 그런데 이런 환경민사소송에서 중지청구는 거의 인용되지 않는다. 반면 법원은 아래의 판결처럼 **유지청구**가 아니라 일조권 침해라는 불법행위에 기한 **손해배상청구**에 대해서는 상대적으로 더 수월하게 원고의 손을 들어준다.[63] 건축공사는 진행하면서 손해를 금전적으로 배상하는 편이 가해자도 받아들이기 쉽기 때문이다.

【판례】 대법원 1999. 1. 26. 선고 98다23850 판결 [손해배상(기)]
　건축법 등 관계법령에 일조 방해에 관한 직접적인 단속법규가 있다면 동 법규에 적합한지 여부가 사법상 위법성을 판단함에 있어서 중요한 판단자료가 될 것이지만, 이러한 공법적 규제에 의하여 확보하고자 하는 일조는 원래 사법상 보호되는 일조권을 공법적인 면에서도 가능한 한 보증하려는 것으로서 특별한 사정이 없는 한 일조권 보호를 위한 최소 한도의 기준으로 봄이 상당하고, 구체적인 경우에 있어서는 어떠한 건물 신축이 건축 당시의 공법적 규제에 형식적으로 적합하다고 하더라도 현실적인 일조 방해의 정도가 현저하게 커 사회통념상 수인 한도를 넘은 경우에는 위법행위로 평가될 수 있다.

판례에 따르면 건축법령은 획일적 처리를 위하여 일단 일조보호 기준을 정한 것이고, 참을 한도의 범위 내에 있는지 여부는 피해의 정도, 피해이익의 성질 및 그에 대한 사회적 평가, 가해 건물의 용도, 지역성(위의 사례에서 보았듯이 주거지역인가 상업지역인가에 따라 일조권 침해 여부 판단이 달라진다), 토지이용의 선후관계, 가해방지 및 피해회피의 가능성, 공법적 규제의 위반 여부, 교섭경과 등 모든 사정을 종합적으로 고려하여 판단해야 한다. 따라서 적법한 건축허가를 받았으므로 민사상 아무런 책임이 없다고 하는 갑의 주장은 받아들이기 어렵다.

이런 논리에 대해서는 당연히 불만이 제기될 수 있다. 특히 규제법규로서의 행정법의 위상과 역할을 강조하고 법적 규제에서의 통일된 입장을 강조하는 논자들은 이러한 결론이 무언가 부당하다고 본다. 다만, 현실에서 법원이 위와 같은 판단에

63) 동일한 일조권 침해라도 이 침해를 이유로 방해배제청구(유지청구)가 민사소송의 형태로 제기된 경우라면 법원은 "수인한도" 판단을 더 엄격히 한다. 즉, 유지청구에서 수인한도 기준은 손해배상청구에서의 수인한도 기준과는 다르다고 보는 것이 일반적이다(**위법성 2단계설**). 법원은 유지청구에서 수인한도를 판단할 때에는 손해배상청구에서 살펴본 수인한도의 요소 외에도 손해배상으로써 전보될 수 없을 정도로 법익 침해가 심한지와 가해자에게 발생할 손실을 함께 고려하여야 한다고 말한다

이르게 된 경위에 대해서는 반성이 필요하다고 인정한다. 다시 말해 행정법이 제대로 규제를 하지 않으니, 민법이 보충적으로 이해관계인 사이의 이해조정 역할을 떠안을 수 없는 현실을 직시해야 한다고 말한다. 그래서 향후 이와 같은 행정법령과 민사법의 불일치를 없애려면 행정법령의 '품질 담보'라는 전제하에 행정법상의 허가를 받은 시설에 대해서는 민사상의 손해배상청구나 금지청구소송을 제기할 수 없게 하는 쪽으로 법제를 개혁해야 한다고 주장한다.[64]

이런 해결은 독일법이 취하는 방식이기도 하다. 연방행정절차법 제72조 이하에서 자세하게 규율하고 있는 **계획확정절차**(Planfeststellungsverfahren)는 계획의 확정을 목표로 하는데, 계획을 확정하는 **계획확정결정**(Planfeststellungsbeschluß)은 특정한 공간관련 사업계획을 허가하며, 이 결정은 형성력(법형성적 효력)을 갖는다. 이 절차의 대상이 되는 것은 연방도로, 공항과 같은 대규모 사업이다. 공익사업이라고 할 수 있는 이들 사업에는 다수의 상이한 혹은 나아가 상충하는 사적 혹은 공적인 권리와 이익이 얽혀 있으므로 (이익) 형량적 결정이 필요하다.

계획확정절차는 정식의 행정절차(das förmliche Verwaltungsverfahren)보다도 더 엄격하게 규율되고 있으므로, 구두심리가 이루어지는 청문절차를 반드시 실시해야 한다. 이 심리에서 신청된 사업계획에 대한 모든 이의사항들이 논의된다. 계획확정절차를 종결하는 계획확정결정은 행정행위이며, 이 절차가 없었다면 타 법률에 의거하여 별도로 내려졌어야 할 모든 결정들(건축허가, 수법·물관리법상의 허가, 자연보호청의 동의 등)을 대체하며, 사업계획의 주체와 해당 계획의 이해관계인 사이의 공법적 관계를 형성력 있게 규율한다. 바로 이러한 포괄적인 **집중효** 및 형성효는 계획확정결정에 결정적 특성을 부여한다.[65] 이 결정에 대한 불복은 사법상의 권원(權原)에 근거한 것을 제외하고는, 모두 행정소송(취소소송, 의무이행소송)에 의해 다투게 되어 있으므로, 행정청의 계획확정결정을 이후 민사소송상의 가처분이나 금지청구(유지청구)소송 등으로 다투는 것은 원칙적으로 허용되지 않는다(연방행정절차법 제75조 제2항).[66]

---

64) 물론 이러한 방향성에도 한계는 있다. '법의 통일성'을 지나치게 강조하면, 예컨대 「도로교통법」을 준수한 이상, 자동차 운전자가 보행자를 상해하거나 사망케 하여도 민사책임을 지지 않는다는 논리도 성립할 수 있다. 최근 우리 법원의 실무는 일정한 조건 아래 이를 인정하는 경향을 보인다. 이런 해석에는 동의할 수 없다.

65) Maurer/Waldhoff, 528쪽(19장 5번).

66) 阿部泰隆, 앞의 책, 161-162쪽.

대규모 시설 설치와 관련한 독일의 행정절차는 크게 두 종류로 나뉜다. 하나는 연방 임밋시온방지법(Bundesimmissionsschutzgesetz, 연방환경오염방지법 혹은 연방배출방지법 등으로도 번역됨)상의 허가절차(Genehmigungsverfahren)이고 다른 하나는 고속도로, 공항, 운하, 철도, 폐기물처리시설 등에 대한 계획확정절차(Planfeststellungsverfahren)이다. 양자는 절차의 기본 구조 면에서 유사한 점이 많다. 반면 양자는 각각 독자적으로 발전해왔고 현행제도 상으로도 여러 면에서 차이가 있다. 특히 전자는 허가의 형태를 취한다는 점에서 후자와 다르다. 원자력발전과 관련한 절차는 통상 전자의 허가절차에 따르지만 계획확정절차에 따르는 경우도 있다.[67]

이러한 독일 법제는 계획과 허가의 단계에서 모든 쟁점을 일거에 해결하므로 장래의 분쟁을 예방할 수 있지만, 다른 한편으로는 기업과 공공사업의 기존 이익(기득권)을 상당히 보호하는 시스템이다. 게다가 이것은 모든 인허가를 일원적으로 판단할(집중적 효력, 집중효) 권한을 융합한 시스템이다.[68] 주무관청의 공법상의 판단·결정에 위와 같은 효력을 부여함으로써 **공법과 사법의 모순과 충돌을 방지**한다는 발상 자체를 일응 긍정한다고 하더라도, 주무관청의 결정에 이 정도로 강력한 효력을 부여하는 것이 과연 타당한가 하는 반론도 당연히 제기될 수 있다. 특히 관계 행정기관이 주무관청의 결정을 충분히 통제할 수 있는 지위에 있지 못하거나(예컨대 국토교통부장관의 결정을 환경부장관이 사실상 통제하지 못하는 상황), 결정절차에 참여한 이해관계인이 짧은 시간 안에 중요한 국책사업 결정의 다면적이고 복합적인 상황을 제대로 파악하지 못하는 경우(그 결과 그의 참여가 결정에 정당성을 부여하는 알리바이 기능 이상을 수행하지 못하는 경우), 과연 이런 정도의 효력을 주무관청의 결정에 부여할 수 있는가 하는 의문을 가져볼 수 있다. 그래서 우리 행정법 실무상의 **인허가 의제**(「행정기본법」 제24조)를 집중효라 부르는 경우도 있지만, 우리의 행정 결정 실무와 주민참여 실태를 생각하면 인허가 의제에 계획확정결정의 집중효 같은 것을 인정하기엔 무리가 있다. 독일에서도 집중효는 원칙적으로 계획확정결정에만 부여되고 있다.[69]

67) Heiko Faber, *Verwaltungsrecht*, 357-358쪽.
68) 阿部泰隆, 앞의 책, 1997, 162쪽.
69) 김철용, 2024, 329쪽. Heiko Faber, *Verwaltungsrecht*, 358쪽. 다만, 예외가 인정된다.

【판례】 대법원 2018. 11. 29. 선고 2016두38792 판결 [임대주택건설사업계획승인처분취소]

구 주택법 제17조 제1항에 **인·허가 의제 규정을 둔 입법취지**는, 주택건설사업을 시행하는 데 필요한 각종 인·허가 사항과 관련하여 주택건설사업계획 승인권자로 그 **창구를 단일화하고 절차를 간소화**함으로써 각종 인·허가에 드는 비용과 시간을 절감하여 주택의 건설·공급을 활성화하려는 데에 있다. 이러한 인·허가 의제 규정의 입법취지를 고려하면, 주택건설사업계획 승인권자가 구 주택법 제17조 제3항에 따라 도시·군관리계획 결정권자와 협의를 거쳐 관계 **주택건설사업계획을 승인하면 같은 조 제1항 제5호에 따라 도시·군관리계획결정이 이루어진 것으로 의제**되고, 이러한 협의 절차와 별도로 국토계획법 제28조 등에서 정한 도시·군관리계획 입안을 위한 주민 의견청취 절차를 거칠 필요는 없다고 보아야 한다.

자본주의 법제 안에서 행정법과 민사법의 통합과 분리양상은 획일적이지 않다. 나라마다 다르다. '어떤' 방식이 정답이라는 것도 없다. 이 문제를 단지 규범논리로만 해결할 수 없다는 점도 분명히 해둘 필요가 있다. 이 쟁점은 규범적인 문제(das Normative)이기도 하지만 정치적인 문제(das Politische)이기도 하다. 양자를 어떻게 조율할 것인가는 규범체계의 문제이기도 하지만 정치적 결단의 문제이기도 하다는 뜻이다.[70] 나는 이를 일종의 자본주의적 조절(레귤라시옹) 방식의 차이라고 생각한다.[71] 자본주의의 발전 정도, 자본주의 국가권력의 작동방식(예컨대 미국처럼 국가권력 내부에서 민사법원의 위상이 높으면 행정법과 민사법의 이원적 구조가 선호될 수 있다), 분쟁 해결에서 각 법 영역에 대해 자본가계급과 노동자계급이 갖는 기대 혹은 계급 내 분파들의 이해관계에 따라 양 법 영역은 통합되거나 분리된다. 국가론의 용어를 빌어 나는 이것을 행정법과 민사법의 접합(articulation)으로 표현하고자 한다.[72] 이 접합 양식에 들어있는 자본주의적 생산과정의 필연성과 우연성을 규명해내는 것은 널리 법이론의 과제라 하겠다.

---

70) Carl Schmitt, *Verfassungslehre*, 10쪽.

71) 자세한 것은 5.2.1.을 참고할 것.

72) articulation은 절합(節合)으로도 번역된다. 특정한 조건 하에서 2개의 다른 요소를 통합할 수 있는 연결의 형태이다. 그러나 그 연결은 항상 비필연적이고, 비결정적이며, 비절대적이며 비본질적인 것이다.

4.2.2. 행정법규와 민사거래

국가는 경제 질서의 확립을 목적으로 개인 간의 경제활동에 직접 관여하는 규제방식을 선택할 수 있다. 그 규제방식의 하나로 법령이 개인의 법률행위를 금지하는 경우를 생각해 보자. 이 경우 그 금지규정에 위반하여 행한 법률행위의 사법적 효력은 어떻게 될까? 예컨대 구 「부동산중개업법」[73] 및 같은 법 시행규칙 소정의 상한을 초과하는 부동산중개수수료 약정은 강행법규위반으로 무효가 되는가?

이 문제의 해결에서 학설은 통상 단속법규(단속규정)와 강행법규(효력규정)의 구별을 활용한다. 전자는 공공의 안전과 질서유지를 소극적으로 확보하는 데 초점을 맞추어 행정법규 위반행위에 대하여 제재(행정벌, 행정강제)를 과하지만 법률행위의 효력 자체는 부인하지 않는다. 반면 후자는 행정의 적극적 형성작용을 근거짓는 경제규제(통제) 법규에서 일반적으로 나타나며, 그 취지는 제재의 유무를 불문하고 법률행위의 효력을 부인하는 데 있다. 강행법규에 위반하면 사법관계도 무효가 된다.

그러나 사실 어떤 법규가 단속법규이고 어떤 법규가 강행법규인가를 가려내는 일은 쉬운 일이 아니다. 또한 무엇을 단속법규로 볼 것인가 하는 문제는 시대에 따라 달라질 수밖에 없다. 단속법규, 강행법규 논의는 일본에서 시작된 것인데, 특히 전쟁시기(1930~1940년대)에는 경제에 대한 통제라는 측면에서 법규위반=무효라는 논리가 강했다. 그러다가 패전 이후 경제가 회복되면서 사법의 독자성을 강조하는 방향으로 해석의 논조가 바뀌었다. 이에 따라 판례에서도 위법행위를 무효로 하는 예는 극히 줄어들었다. 우리 법원의 판례도 이와 같은 흐름을 보인다.

【판례】 대법원 2003. 11. 27. 선고 2003다5337 판결 [명의개서]

「금융산업의 구조개선에 관한 법률」 제24조 제1항 제1호 및 제3항과 같은 법시행령 제6조 제1항의 규정 취지는 금융기관이 일정 규모 이상의 다른 회사의 주식을 소유하게 되는 경우 금융기관의 공공성에 반하여 금융기관이 아닌 다른 회사를 사실상 지배하고 관련 시장에서의 경쟁을 실질적으로 제한할 수 있으며, 또한 그 회사의 부실을 통하여 금융기관 자체가 부실화될 우려가 있으므로 이에 관하여 금융감독위원회의 사전승인을 거치게 함으로써 금융기관의 사기업에 대한 지배를 제한함과 동시에 관련 시장에서의 경쟁을 보장하고 금융기관의 부실화를 예방하여 자본의 충

73) 「부동산중개업법」은 2005. 7. 29.자로 「공인중개사의 업무 및 부동산거래신고에 관한 법률」로 전문 개정되었다.

실화를 기하기 위한 것으로서, 위 규정에 위반하여 사전승인을 받지 아니한 금융기관의 주식소유행위 자체가 그 사법상의 효력까지도 부인하지 않으면 안 될 정도로 현저히 반사회성·반도덕성을 지닌 것이라고 할 수 없을 뿐만 아니라 그 행위의 사법상의 효력을 부인하여야만 비로소 입법목적을 달성할 수 있다고 볼 수 없고, 위 규정을 효력규정으로 보아 이에 위반한 금융기관의 주식소유행위를 일률적으로 무효라고 할 경우 승인기준에 해당하여 결과적으로 위 규정에 의하여 규제될 필요가 없는 행위나 담보권 실행으로 인한 주식 취득 등 불가피한 사정이 있는 행위도 단지 사전승인을 받지 않았다는 이유로 그 효력이 부인되어 주식거래의 안전을 해칠 우려가 있을 뿐만 아니라 금융기관 간의 건전한 경쟁을 촉진하고 금융업무의 효율성을 높임으로써 금융산업의 균형 있는 발전에 이바지함을 목적으로 입법된 법의 취지에 반하는 결과가 될 수 있으므로, 위 규정은 효력규정이 아니라 단속규정이라고 보아야 한다.

위 판결문에서 밑줄 친 부분까지 읽으면, 다음 문장은 "위 규정에 위반하여 사전승인을 받지 아니한 금융기관의 주식소유행위 자체"는 당연히 효력이 없다로 이어질 것 같은데, 대법원은 이 판단을 후반부에서 뒤집었다. 이런 결론은 3심인 대법원만이 아니라 1심과 2심도 마찬가지였다.[74] 법원이 이렇게 판단하는 데에는 물론 입법자의 잘못도 있다. 명확하게 효력규정으로 규율해야 할 것을 그렇게 하지 않고 법 규정을 모호한 채로 두는 건 행정법에서는 드물지 않다. 그러나 어디 입법자만의 잘못인가? 이 사안을 보면서 행정법령의 규제를 '최대한' 피규제자의 관점에서 유리하게 해석하려는 법원의 민사관계 보호적 해석 태도도 비판해야 한다. 오늘날 법 해석 실무는 시장의 자율성, 거래의 안전을 대단히 강조하는 신자유주의 사조(思潮)와 밀접한 관련을 맺고 있다.

그렇다면 모두(冒頭)의 부동산중개수수료 사안은 어떻게 해결되었을까? 대법원은 구 「부동산중개업법」의 수수료 규정은 강행법규로 보았다. 그러므로 부동산중개수수료 약정 중 소정의 한도액을 초과하는 부분에 대한 사법상의 효력은 무효다.[75]

---

74) 청주지방법원 2002. 7. 12. 선고 2001가합939 판결, 대전고등법원 2002. 12. 20. 선고 2002나6164판결.

75) 대법원 2002. 9. 4. 선고 2000다54406, 54413 판결, 대법원 2007. 12. 20. 선고 2005다32159 전원합의체 판결.

더공부해보기/생각해보기/토론하기

1. 본문에서 필자는 행정법을 '쁘띠 부르주아지의 법'으로 성격지웠다. 필자의 이런 평가는 이 책 전체를 통해 일관되게 유지된다. 그런데 행정법을 쁘띠 부르주아지의 법으로 본다는 것은 행정법의 성격 규정이기도 하지만, 행정법의 과제를 무엇으로 보느냐 하는 문제와도 연결된다. **독일 교회의 난민비호 제도를 둘러싼 논쟁**을 소재로 이 쟁점에 대해 생각해보자.

1. 교회는 전통적으로 쫓기는 자, 피박해자에게 피난소를 제공해왔다. 근대 이후 난민의 비호는 주권국가의 전권(專權)사항이 되었지만 교회는 유대인과 반체제활동가를 감춰주는 등 국가의 비호를 거부당한 사람들의 인권을 보호하는 활동을 해왔다.[76] 독일교회도 1980년대 이래 난민신청이 거부되어 강제퇴거의 위기에 놓인 난민신청자들을 인도주의 차원에서 보호하는 운동을 해왔다. 이것을 교회의 난민비호(Kirchenasyl)라고 한다. 교회의 난민비호로 보호받은 난민의 수는 수량적으로는 많지 않으나, 국가 이외의 조직이 주체적으로 행하는 난민보호활동으로 중요한 의의를 갖고 있다.[77]

이러한 시민인권운동에 대해서는 다음과 같은 두 가지 엇갈리는 평가가 나온다. ① 난민의 개별적 상황을 누구보다도 더 세밀하게 파악한 뒤, 이를 언론을 통하여 널리 공개하여 정부 당국이 공정하게 난민심사를 하게끔 압력을 가하는 교회의 역할을 긍정적으로 평가한다. 이 견해는 교회의 난민비호가 일종의 **대항적 공론장**의 역할을 담당한다고 본다.[78] ② 반면, 난민의 비호권을 법적으로 보증하는 것은 의연히 국가이고, 교회도 그 점에 대해서는 그 어떤 이의도 제기하지 않으므로 교회의 난민비호는 국가의 비호권을 보완하고, 그 과정을 민주화함으로써 국가에 의한 난민비호 제도의 정당성을 오히려 강화한다고 평가한다.[79] 사실, 한국의 「난민법」이나 「출입국관리법」의 운영실태, 난민과 외국인에 대한 대중들의 배타적·적대적 태도 같

---

76) 1989년 베를린 장벽의 붕괴되기 전 동독 내 민주화운동을 주도한 이들은 라이프치히의 교회 등을 거점으로 조직적으로 움직였다. 교회는 저항의 중심이자 비호의 터전이었다.

77) 佐藤成基, "書評 昔農英明著 『移民国家ドイツの難民庇護政策』", 社会学評論 제66권 2호, 2015, 335-336쪽.

78) 세키노 히데아키는 교회의 난민비호가 "의사결정과정을 탈국가화하는 데 중요한 역할을 담당한다", "국민국가의 상대화에 기여"한다고 평가한다. 昔農英明, 移民国家ドイツの難民庇護政策, 慶應義塾大学出版会, 2014, 213쪽.

79) 佐藤成基, 앞의 글, 336쪽.

은 것을 생각하면 독일의 교회난민제도가 수행하는 대항적 공론장 역할 같은 것은 꿈같은 얘기다. 그럼에도 불구하고 인권(법) 운동이 그것에 그치지 않고 외국인을 관리의 대상으로만 생각하는 국가법 체제 - 가령 우리의 '**출입국관리-**법'을 생각해 볼 것 - 자체를 문제삼는 데까지 나아가야 한다는 점도 분명해 보인다.

2. 이상의 대립하는 평가를 난민문제 등에 대처해야 하는 행정법의 과제에 적용해 설명해보자. ① 난민과 외국인에 대한 국가의 차별적 태도를 시정하고, 난민인정 절차에서의 공정한 심사를 강조하는 것으로 인권법으로서의 행정법의 과제를 '완수' 할 수 있다고 보는 입장이 있을 수 있다. ② 공적 지배는 물론이고 사적 지배까지 민주적으로 통제하는 데까지 나아가는 것이 행정법의 과제라고 보면서, 외국인과 내국인을 차별하는 구조 자체의 시정에 논의를 집중하려는 입장이 있을 수 있다.

나는 한 때 '**행정법이야말로 가장 중요한 인권법**'이라는 말을 자주 했다. 이러한 나의 주장은, ②의 입장을 지지하는 한, 수정 혹은 보충이 필요하다. "인권의 목적은 공적 및 사적 지배나 억압에 저항하는 것이다. 인권이 신자유주의적 자본주의의 정치적 이데올로기나 우상 숭배가 되거나 혹은 문명화 사절(使節)의 현대판이 되었을 때, 인권은 그 목적을 상실하였다."[80] '공적 및 사적 지배나 억압에 저항한다'는 건 그냥 해보는 말이 아니다. (기본권과 달리) 인권의 목적은 공적 지배나 억압은 물론이고 사적 지배나 억압에도 저항하는 데 있다. 차별금지법 제정 주장을 번번이 가로막아서는 자들은 공적 권력만이 아니라는 점을 분명히 인식해 둘 필요가 있다.

3. '인권' 사상이 승리를 거두고, 해방과 자기실현이라는 계몽주의의 약속이 결실을 보았음에도 불구하고 우리는 여전히 극히 비참한 인권침해의 시대를 살고 있다. 오늘날 이 인권침해의 배경에 신자유주의 통치가 있다. 인권론의 과제는 바로 이것을 극복하는 방안을 내어놓는 것이 되어야 한다. 주권과 인권은 분리되어 있는 것이 아니다. 따라서 인권론의 관심은 인권을 침해하는 주권에도 향해야 한다. 주권을 다른 말로 국가와 사회를 구성하는 질서라고 풀이해두자. 그 질서의 변혁을 통해 인권을 침해하는 구조와 행위를 제거해야 한다.

이런 관점에서 난민보호, 장애인보호, 외국인보호, 비정규직보호, 모성(여성)보호, 청소년보호, 임차인보호라는 주제를 들여다 보자. 이런 문제를 쁘띠 부르주아적 보호주의의 시각에서 벗어나 해결하려는 자세를 보일 수 있다면, 행정법은 자유주의와 민주주의 양자 모두에 부합해야 하는 자신의 과제를 완수할 수 있다고 생각한다. 「주택임대차보호법」의 보호조항을 통해 임차인을 보호하는 것은 분명 국가, 특히 입법과 행정이 해야 할 일이다. 그러나 여기서 그쳐서는 안 된다. **민주주의적 권력은**

80) Costas Douzinas, *The Radical Philosophy of Rights*, Routledge, 2019, 90쪽.

임대인과 임차인 사이에 존재하는 지배와 예속의 구조를 제거해야 한다. 개발이익환수를 논하기 전에 '정당화될 수 없는' 개발이익을 만들어내는 토지행정법제 자체를 문제삼는 것도 같은 맥락이다. 행정법이 쁘띠 부르주아지의 법으로 머물면서 ①의 측면에만 관심을 갖는 한, 이와 같은 과제의 성취는 지연되거나 방치될 위험이 있다.

2. 본문에서는 "위헌적인 법률, 위법하고 잘못된 법 집행이 (헌법재판소와 법원의) 법 해석을 통해 시정되고, 새로운 법제가 만들어진다면 이것 또한 법을 통한 행정의 규율이라고 할 수 있다"고 설명했다. 위의 인용문에서 헌법재판소와 법원을 괄호 안에 넣은 이유는 법 해석은 누구나 할 수 있기 때문이다. 법에 대한 민중적 해석 같은 것을 생각해보라. 그럼에도 불구하고 현실에서 법 해석은 전문 법률가들이 독점하고 있다. 이 현상을 어떻게 이해해야 할까? 또한 **사법통치**(Juristocracy)가 민주주의를 위협한다는 지적은 타당한가?

1. 법해석은 누구나 할 수 있다. 민주주의 사회에서는 법해석의 독점권이 인정되지 않는다. 오늘날 국왕만이 법해석을 할 수 있다거나 '법복귀족'만이 법해석을 할 수 있다는 원리는 통용되지 않는다. 그럼에도 불구하고 법원과 판사들은 '법리'의 중요성을 앞세워 법해석을 독점하려고 한다. 정권과 시민사회의 거버넌스가 어느 정도 작동했던 노무현 정권 초반기, 한 헌법재판관이 정년퇴임식장에서 양자를 겨냥하여 다음과 같은 요지의 비판을 쏟아냈다.

"헌재의 결정을 폄하하는 갖가지 언행을 자행하는 사람들이 진정나라를 위하고 헌법을 수호하고자 하는 국민의 의사를 대변하고 있는 것인지 대단히 의심스럽다. (…) 헌법재판에는 재심도 허용되지 않고 상급심이 있는 것도 아니어서 헌재의 결정은 지고·지선의 결정으로 간주되는 것이다. (…) 헌재의 결정은 판결에 속하는 것이 아니라 일종의 정치적 결단에 속한다고 말하는 이도 있지만 이런 의견은 우리 헌재의 결정을 폄하하려는 의견일 뿐이다. (…) 법이 지니는 고유한 의미를 찾아내고 거기에 적용할 헌법 조항의 의미와 헌법정신 등을 해석해내는 작업이야 말로 진정 오랜 세월 법의 해석 작업에 임하며 어떤 경우에도 흔들림 없이 오로지 국민의 기본권과 헌법, 헌법정신을 찾아내어 선포하는 법률가만이 할 수 있는 일이다. (…) 법을 전공하지도 않은 어떤 상식인이 법률가를 대체해 그와 같은 일을 올바로 해낼 수 있다고는 전혀 생각되지 않는다."[81]

---

81) 2005년 김영일 헌법재판관의 퇴임사. 정확한 발언내용은 다음의 기사를 참고할 것. "퇴임하는 김영

법률가들은 자신들만이 "마치 신과 같이 인간사를 저 위에서 (주재하는) 일종의 전능하고 보편적인 존재"인 법을 "이해하고 해석하는 능력을 갖추고 있음을 자임한다."[82] 그러니 법률가들인 헌법재판관들이 하는 지고지선의 헌법해석을 시민사회단체들이 비판하는 것을 두고 '지각없는 짓'이라고 대놓고 배척하지는 않았다고 하더라도, 법률가들은 비슷한 취지의 발언을 심심치 않게 해왔다. 예컨대 나중에 미 연방대법원장이 되는 휴즈(Charles E. Hughes)는 1907년 뉴욕 주지사직을 막 시작하면서 상공회의소에서 한 연설에서 이런 말을 했다. "우리는 (합중국) 헌법 아래 있지만, 헌법이란 판사들이 말하는 바로 그것이다."[83] 이러한 생각의 기원은 아마도 에드워드 쿠크 경에게까지 거슬러 올라갈 수 있을 것이다. 1608년 11월 국왕 제임스 1세와 쿠크 사이의 '대결' 과정에서 쿠크는 다음과 같이 말했다.

"국왕은 말한다. 법은 이성에 기초해 있다고 얘기된다. 그리고 자신과 다른 사람들도 재판관과 마찬가지로 이성을 가지고 있다고. 이에 대해 나는 다음과 같이 답했다. 신(神)이 폐하께 탁월한 지능과 위대한 자질을 부여했다는 것은 사실이다. 그러나 폐하는 잉글랜드의 국법들에 통달해 있지는 않다. 그런데 폐하의 신민의 생명, 혹은 상속부동산권, 혹은 동산, 혹은 재산에 관한 소송에 대한 결정은 자연적 이성이 아니라 법에 대한 기술적 이성과 판단에 의해야 한다. 그 법은 사람이 그것을 인식할 수 있기까지 오랜 시간 연구와 경험을 필요로 한다. 그 법은 신민의 소송을 심리하기 위한 황금의 막대기와 저울이고, 그것은 폐하를 안전과 평화 중에 보호하는 것이라고."[84]

2. 법원이 법해석을 통해 민주주의를 제약하는 것은 어제 오늘의 일은 아니다. 미국의 연방대법원은 "역사적으로 진보정책의 도입을 가로막은 주요한 장애물이었고 재산권을 보호하는 최후의 보루였다."[85] "미국 법원은 자신이 가진 권한과 독립성에 기초하여 복지국가에 대한 견제역할을 해왔다. 그들은 노동조합을 불법이라고 규정했고 작

일 재판관 정치권에 쓴소리", 법률신문, 2005.3.11.자.

82) 프레드 로델, 이승훈 옮김, 저주받으리라, 너희 법률가들이여!, 후마니타스, 2014, 55쪽.

83) 전체 문장은 다음과 같다. "We a under a Constitution, but the constitution is what the judges say it is, and the judiciary is the safeguard of our liberty and of our property under the Constitution." Charles E. Hughes, Speech before the Chamber of Commerce, Elmira, New York, May 3, 1907; Winfried Brugger, *Einführung in das öffentliche Recht der USA*, 1993, 7쪽에서 재인용. 또한 이 발언의 맥락에 대해서는 이계수, "헌법의 개념", 민주법학, 제12호, 1997, 423쪽.

84) (12.Co.Rep.63); 石井幸三, "いわゆる「リーガルマインド」という日本語について", 龍谷法学 45권 1호, 2012, 103쪽에서 재인용.

85) 알베르토 알레시나/에드워드 글레이저, 전용범 옮김, 복지국가의 정치학, 생각의 힘, 2012, 35쪽.

업장에 개입하는 법률이 계약의 자유를 침해한다고 판결했다."[86] 문제는 법원의 이런 보수적 태도가 1990년 이래, 즉 신자유주의가 본격화한 이래 더욱더 강화되고 있다는 사실이다.[87] 그래서 학자들은 사법통치(Juristocracy)라는 말까지 사용하고 있다. 사법통치 하에서 법원은 민주주의에 대항하는 핵심적 거점이 되었다고도 한다.

Juristocracy는 우리말로는 사법통치, 법률가의 지배 정도로 번역할 수 있다. 1990년대의 이스라엘, 캐나다, 뉴질랜드, 남아프리카공화국을 비교한 랜 허쉴은 사법권의 강화, 사법통치의 확립이 국내외적으로 경제적 격차가 확대되는 시기와 겹친다고 보았다.[88] 입헌주의를 앞세워 사법권을 강화하는 흐름을 민주주의 프로젝트의 심화와 성급하게 동일시하지 말아야 한다. 오히려 반대다. 지배계급은 자신의 특수이익이 위협받을 때 법적 소송을 통해 인민주권으로부터 제기되는 정치적 위험을 피할 수 있게 된다.[89] 법의 확장은 분배 정의 개념이 진보하는 데 매우 제한된 영향만을 끼친 반면, 정치, 경제 엘리트의 지배에는 한층 더 합법적인 기초를 제공했다. 외국기업 혹은 다국적 기업은 국가이익에 반하여 행동할 때조차 해당 지역의 판사와 정부 부처 관계자의 도움을 기대할 수 있게 되었다.[90] 그러므로 Juristocracy는 민중의 지배인 Democracy와 대립하는, 새로운 의미의 Aristocracy라고 할 수 있다.

법조와 기업 간의 '신엘리트' 동맹 덕분에 고위 법조인의 경제적·사회적 위치가 격상되었다. 라틴 아메리카의 법조계 종사자들은 정치인 대부분과 달리 자신들은 유능하고, 중립적이며, 부패에 물들지 않은 법 전문가임을 내세웠다. 그 덕분에 정계와 재계에서 벌어지는 청렴결백 경쟁의 승자가 될 수 있었다. 나아가 사법 영역의 자율성은 정치의 탈정치화를 초래하고, 사회적 지위 상승으로 더욱 강화된 법조인들의 계급적 편견을 은폐한다. 라틴 아메리카, 그 중에서도 브라질에서 가장 두드러진 이 사법권의 자율성은 시민사회의 상대적 수동성을 낳았다. '중립적'이고 '기술적'인 사법권 앞에서 피지배자 집단의 정치적 개입 능력은 현저히 축소되었다. 이들이 법적 영역에 개입하기 위한 자격을 얻기 위해서는 그 영역에서 요구되는 담론과 실천의 형식에 적응해야 한다.[91] 한마디로 자기들의 리그에서 통용되는 법리를 갖고 싸우자

---

86) 알베르토 알레시나/에드워드 글레이저, 전용범 옮김, 위의 책, 214쪽.

87) 이 책에서 자주 1990년 혹은 1990년대라는 시기를 호명하였다. 왜 1990년 혹은 1990년대인가? 온실가스 감축 기준 연도도 1990년이다(교토의정서). 1990년은 1945년 이후의 냉전체제가 막을 내린 해이다. 미국 중심의 1극체제가 시작된 해이기도 하다. 또한 혹자에게는 역사가 종언을 고한 해(프랜시스 후쿠야마)이기도 하다. 그래서 1990년이 중요하다. 사회학자 윤여일은 자신의 책 제목을 『모든 현재의 시작, 1990년대』라고 정했다.

88) Ran Hirschl, *Towards Juristocracy: The Origins and Consequences of the New Constitutionalism*, Harvard Universtiy Press, 2004, 211-223쪽.

89) 피에르 다르도 외, 정기헌 옮김, 내전, 대중혐오, 법치 - 신자유주의는 어떻게 지배하는가, 271쪽.

90) 피에르 다르도 외, 정기헌 옮김, 위의 책, 275쪽.

고 말한다. 이런 상황은 법의 실천에 민중적 해석이 침투할 수 있는 가능성을 사실상 봉쇄한다. "사법통치, 법률가의 지배가 곧 법의 지배는 아니다. 그러나 만약 법을 해석하는 일이 독단적인 관료적 법관들의 배타적 영역이 되면 민주주의는 반드시 위협받게 되어 있다."[92]

3. 수전 손택은 '은유로서의 질병'을 주제로 쓴 글들에서 '질병을 상상하는 것은 외부성을 상상하는 것'이라는 중요한 테제를 제시하였다. 어떤 특정 질병을 질병이 아니라 악으로, 무적(無敵)의 약탈자로 취급하는 태도는 인류 역사에 뿌리가 깊다. 인류는 역병을 다룰 때 이 질병은 예외 없이 어딘가 알지 못하는 곳에서 찾아온다고 생각하였다. 매독은 영국인들에게는 프랑스 발진이었고, 파리 사람들에게는 독일 질병, 피렌체 사람들에게는 나폴리 질병, 일본인들에게는 중국 질병이었다. 페스트와 매독에 덧씌워진 무적의 외부 약탈자라는 은유는 1980년대 이후 에이즈로 전가되었다. 이러한 은유들은 질병을 신비화하면서 (외부에서 오는 잠정적) 환자들을 차별하고 배제하는 힘으로 작용했다.[93] 수전 손택의 논지를 참고하면서, 과거 한국의 출입국행정이 국내 체류 중인 외국인 회화지도 강사에게(만) 요구했던 의무적 HIV 검사(현재는 폐지됨)와 관련하여 제기된 국가배상 사건에서 법원이 내린 판결을 행정법의 역할 - '비국민'을 차별하는 외국인 법제에 대해 이의를 제기하고 이것의 시정을 요구하는 역할 - 의 관점에서 비판해보라.

> "가사 HIV가 일상생활을 통하여 감염되지 않는다고 하더라도, 또 다른 경로로는 감염이 되는 전염병으로서 (…) '전염병환자, 마약중독자 기타 공중위생상 위해를 미칠 염려가 있다고 인정되는 자'를 강제퇴거시키거나 체류기간연장을 허가하지 아니함으로써 공익상의 위해를 방지할 공익상의 필요성이 (…) 원고가 입게 될 불이익에 비하여 결코 가볍다고 할 수 없으므로, 이 사건 요구행위가 비례 · 평등의 원칙을 위반하거나 사회통념상 현저하게 타당성을 잃는 등 재량권을 일탈 · 남용한 것으로서 위법하다고 할 수 없다."[94]

91) 피에르 다르도 외, 정기헌 옮김, 위의 책, 275-276쪽.

92) 호세 마리아 마라발, "정치적 무기로서의 법의 지배", 아담 쉐보르스키/호세 마리아 마라발 외 지음, 안규남/송호창 외 옮기, 민주주의와 법의 지배, 후마니타스, 2008, 478, 481쪽.

93) 수전 손택, 은유로서의 질병, 18쪽, 180-181쪽 등.

94) 서울중앙지방법원 2022. 12. 21. 선고 2021나57829 판결.

4. 본문에서는 “사회·경제적 양극화가 심화되고 사회적 불안감이 커지고 있는 현실”에서 행정의 역할이 강화되어야 한다고 설명했다. 그러나 이러한 서술에도 유의할 부분이 있다. 왜 그런가? 아래 문장을 읽고 객관적 안전상태와 주관적 안정감의 관계에 대해 토의해보자. 또한 이 논의가 경찰법상의 조치에 대한 수권(授權)과 어떠한 관계가 있는지도 검토해보자.

신자유주의 국가는 정부의 정책에 반대하는 자들, 이견을 보이는 자들, 소란을 일으키는 자들, 불심(不審) 외국인 등 불순분자들을 국익(=자본의 안전)을 해치는 자들로 낙인찍는다. 그들을 제거하고 고립시키고 궁극적으로 박멸하는 것이 ‘국익’에 부합한다는 생각은 파시즘의 논리이다. 반면 자유로운 사회는 항의 혹은 저항하는 자, 생각을 달리하는 자에 대한 관용 위에 서 있다.

국익과 안전을 앞세우며 항의자들을 적대시하는 정부와 경찰의 전략은 항의하는 인간, 시민을 경찰력 발동대상, 더 나아가 섬멸해야 할 적(敵)으로 보이게 하는 착시현상을 만들어 낸다. 그 결과 시위대에 대한 과잉진압을 정상적인 것, 혹은 수인해야 할 그 무엇으로 받아들이게 만든다. 이런 맥락에서 보면 테러와의 전쟁, 조직범죄와의 전쟁은 단지 수사(修辭)가 아니다. 실제로 경찰 권력은 범죄자, 범법자, 더 나아가 시위대들을 시민이 아닌 적으로 간주하는 시각을 공공연히 드러낸다.

그런데 패러독스는 그런 경찰 권력을 경찰력 발동의 ‘대상’이 되는 일반 시민들이 지지한다는 사실이다. 왜 그럴까? 불안의 정치, 불안 마케팅이 작동하기 때문이다. 실제로 현실은 엄청 불안정해졌다. 고용 없는 성장이라는 신자유주의 정치경제가 초래하는 저임금, 불안정노동, 실업, 특히 청년실업의 문제를 생각해보라. 불안정한 사회에서의 개인의 불안감은 충분히 이해가능하다. 20-30대에서 범죄가 증가하는 현실도 신자유주의 하에서 불안해진 고용현실과 무관하지 않다.

사회적 연대망이 모두 해체된 신자유주의 체제 하에서는 누구나가 불안하다. 더 낮은 계급으로의 추락에 대한 불안, 미래에 대한 불안, 노후에 대한 불안은 사람들로 하여금 자기보다 낮은 계급에 대한 경찰력 행사를 지지하게 만든다. 그러한 불안들을 정부는 ‘생활안전’ 혹은 ‘안전한 도시 만들기’, ‘피해자 인권보호’라는 명목 하에 갈무리하여 경찰력 강화와 엄벌주의의 밑 쏘시개로 삼는다. 세계적으로 보더라도 격차가 큰 사회일수록 엄벌감정이 지배적이라고 한다.

(인간)세계에는 언제 어디서나 일정도 수준의 위험이 항상 존재한다(**객관적 안전상태**). 그러나 이 이 위험을 인지하는 사람들의 주관적 감각은 시대에 따라 다르다(**주관적 안전감**). 프랑스 역사학자 뤼시엥 페브르는 근대라는 시간과 장소가 막 태동하던 16세기 유럽에서 생활하는 경험을 다음과 같은 한 문장으로 요약한다. “불

안은 항상 어디에나 (있다.)" 그러나 그 불안을 감지하는 감각은 시대와 사회에 따라 달라진다. 사회학자 지그문트 바우만은 이를 2차 불안이라는 개념으로 설명하기도 한다. 2차 불안은 사회적·문화적으로 확대 재생산된 불안을 말한다. 실제 위험한지와 상관없이 어떤 인식이나 어떤 세계관으로부터 파생된 불안(derivative fear)이다.[95] 그리고 우리는 매일 새로운 위험이 발표되는 시대를 살고 있다.[96] 바우만의 설명을 법의 문제에 적용하면, 국가권력은 현재의 위험을 객관적으로 진단하고 대처하기보다는(객관적 위험), 사회적·문화적으로 확대 재생산된 두려움을 이용하여(주관적 안전감) 경찰권력과 경찰법의 강화에 나서고 있다고 풀이할 수 있다.

신자유주의 체제 하에서의 세계, 특히 1990년대 이후의 세계에서 위험에 대한 인식은 월등이 높아졌다. 80여 년 전 미국은 '무모하게' 핵무기를 전선이 아닌 후방도시에 투하했다. 그것도 한 번도 아니고 두 번씩이나. 그 시절과 현재를 비교할 때 현재가 더 위험하다고 단정적으로 말할 수 없다. 반면 미디어, 인터넷 등 매체의 발달로 사람들이 인지하는 불안감은 더 커졌다. 국가는 바로 그러한 불안감을 적절히 이용하여 경찰 권력을 확대한다.[97] 위험개념의 주관화는 위험의 존재에 대한 예측기준을 약화하여 자유주의적 법치국가에 위협이 될 수 있다. 복잡한 위협상황에 대해 입법부나 사법부가 유연하게 대처할 수 있도록 하기 위해 전통적인 위험개념을 포기 혹은 재조정하면 할수록 경찰권력에 맞선 법치국가적 보장장치는 무력해진다.[98]

---

95) 지그문트 바우만, 박지선 옮김, 불안의 기원, 다산초당, 2025. 14-16쪽.

96) 지그문트 바우만, 박지선 옮김, 위의 책, 18쪽.

97) 이계수, "불안의 정치와 경찰국가", 세상을두드리는사람 통권 제46호, 2010년 9·10월, 인권재단사람, 36-37쪽.

98) Dieter Kugelmann, 서정범/박병욱 옮김, 독일경찰법, 세창출판사, 2015, 132-133쪽.

05

행정법의 기본원리

5.1. 권력분립원리, 법치국가원리

5.1.1. 기본원리의 의의, 근거, 원리 상호 간의 서열

권력분립원리, 법치국가원리, 사회국가원리, 민주주의원리를 흔히 행정법의 기본원리라고 한다.[1] 행정법의 기본원리란 행정법의 존립 및 그 내용을 조건 짓는 원리이다. 기본원리인 이상 이것들은 행정법에 일정한 규범력을 발휘하는 게 맞다. 다만, 각각의 원리들이 어느 정도의 **규범력 혹은 원리적 효력**을 전개하고 있느냐는 개별적으로 검토해보아야 한다.

권력분립원리(헌법 제40조, 제66조 제4항, 제101조 제1항)와 민주주의원리(헌법 제1조 제2항)의 법적 근거는 헌법에서 바로 찾을 수 있다. 그러나 법치국가원리와 사회국가원리는 그렇지 않다. 법치국가원리를 명시한 명문의 헌법 규정은 없지만, 국민의 기본권과 적법절차를 보장하고 있는 제 규정(특히 제10조 이하), 기본권제한에 관한 일반원칙을 명시한 규정(제37조 제2항), 법률에 대한 위헌심사권을 헌법재판소에 부여한 규정(제107조 제1항), 명령·규칙·처분의 합헌법성 내지 합법률성의 최종심사권을 대법원에 부여한 규정(동조 제2항) 등을 보건데 법치국가원리는 행정법의 기본원리임을 확인할 수 있다. 사회국가원리를 명시한 헌법 규정도 없지만, 사회적 기본권에 관한

1) 프랑스 행정법학자 앙드레 드미쉘은 국가의 단일성, 권력분립, 국가기능의 구별 및 법의 이원성을 4개의 기본원리로 든다. André Demichel, *Le Droit Administratif – essai de réflexion théorique*, Librairie générale de droit et de jurisprudence, 1978, 33-69쪽.

제 규정(특히 제34조), 경제에 관한 제 규정(헌법 제9장)을 통해 사회국가원리를 기본원리 중 하나로 '인식'해낼 수 있다. 이처럼 우리의 경우 법치국가원리와 사회국가원리, 둘 다 명문의 헌법 규정이 없다. 그런데 주목할 점은 하나는 공법 해석에서 '왕자'처럼 대접받고 있지만, 다른 하나는 '거지' 대우를 받고 있다는 사실이다.

그렇다면 헌법에 이들 원리를 명문으로 규정하고 있는 독일은 어떤가? 기본법 제20조 제1항에 따르면 "독일 연방공화국은 민주적이고 사회적인 연방국가이다." 또한 제28조 제1항에 따르면 "각 주의 합헌적 질서는 기본법이 담고 있는 공화적이며 민주적이고 사회적인 법치국가의 기본원리에 상응하여야 한다." 사회국가를 지칭하는 "사회적"이라는 형용사는 제정사의 측면에서 보면 헤르만 헬러의 사회적 법치국가 개념을 수용하려고 한 사회민주당 출신 카를로 슈미트(Carlo Schmid)의 제안에 의해 기본법에 들어온 것이지만, 경제생활과 사회적 기본권에 관하여 비교적 상세한 규정을 둔 바이마르 헌법과 달리 극히 소략하면서도 함축적이기 때문에 이것의 해석을 둘러싸고 곧바로 이데올로기적 투쟁이 벌어졌다.[2] 논쟁을 단순하게 설명하면, 사회국가를 가운데 두고 **민주주의적 해석모델**(좌파)과 **법치국가적 해석 모델**(우파)이 대립하는 양상이었다.[3]

예컨대 전후 보수파 공법학의 대표자였던 포르스토프는 기본법상의 민주주의, 법치국가, 사회국가 원리 간의 상호 공존구조를 법치국가원리를 우선시키는 결단 쪽으로 해석하였다. 그는 (뒤에서 보게 될 헤르만 헬러의) 사회적 법치국가 개념을 법치국가와 사회국가로 분해한 뒤, 법치국가가 사회국가보다 우위에 있다는 식으로 주장함으로써 시민적 법치국가에서 사회적 법치국가로의 발전을 저지하려고 했다.[4] 포르스토프는 "법치국가와 사회국가는 헌법적 차원에서 하나로 융합하지 않는다"고 보았다.[5] 그는 사회국가원리를 탈정치화시켜 사회국가가 감당해야 할 역할을 행정에 넘겨버리므로 공동결정권이나 독점(카르텔)금지와 같은 내용을 사회국가원리로부터 도출할 수 없다고 단언했다.[6] 이 해석에 따르면 신생 독일 연방공화국에서 사회국가원리는 아무런

2) Ekkehart Stein, *Staatsrecht*, 171쪽. 국순옥, "본 기본법과 사회국가", 국순옥, 민주주의 헌법론, 아카넷, 2015, 285쪽.

3) 국순옥, 위의 논문, 287쪽 이하.

4) Ekkehart Stein, *Staatsrecht*, 172쪽.

5) Ernst Forsthoff, "Begriff und Wesen des sozialen Rechtsstaates", 49쪽.

6) Ernst Forsthoff, 위의 논문, 47쪽.

의미가 없는, 기껏해야 "규모가 커진 연금금고"(überdimensionierte Pensionskasse)에 불과하게 된다.[7] 포르스토프와는 결이 다르지만, 에른스트 루돌프 후버는 자유주의적 법치국가의 사회국가적 전환을 일정한 테두리 안에서 용인하지만 사회국가의 민주적 효과는 철저히 저지하려고 했다. 그는 사회국가원리를 경제질서와 사회질서의 민주화라는 방향으로 확대해석하는 그 어떠한 견해도 결단코 거부하였다.[8]

사회국가에 대한 포르스포트의 독자적 견해는 외견상 국법학자 다수의 지지를 얻지는 못했지만, 사실상 전후 독일의 이론과 실무를 지배했다. '사회국가는 개별 사회정책을 수정·보완할 수는 있지만, 결코 현재의 경제적 권력관계를 개편하는 원리가 되지는 못한다.'[9] 사회국가원리는 연방헌법재판소의 재판실무에서도 이렇다 할 역할을 하지 못했다.[10] 반면, 독일 공법학의 주류적 견해는 포르스토프 같은 보수파 이론가의 논지에 따라, 의회를 구속하는 부분을 포함하여 하위원리로 다채롭게 무장한 법치국가원리를 모든 원리의 상위에 놓인, 공법해석의 중심으로 대우해왔다. 왜 그랬을까? 사회국가라는 개념이 모호하고 헌법 체계적 위상도 분명하지 않아서 그런 것일까? 주류적 해석은 그래서 그렇다고 말하기는 한다. 그러나 그것만이 전부는 아니다. 사회국가원리, 민주주의원리가 공법학에서 규범적으로 힘을 발휘하지 못하고 있는 것은 **공법해석 투쟁**에서 피지배계급의 헌법학—행정법학이 충분히 승리하거나 개진되지 못했기 까닭이다. 또한 주류적 해석이 실무와 법제도를 통해 물질적으로 구체화되었기 때문이다(앞에서 검토한 보수주의 레짐).

사정이 이러하므로, 앞으로 헌법과 행정법교과서를 읽으며 기본원리를 대할 때에는 어떠한 원리가 지배적 역할을 하고 있는지를 면밀하게 살펴보기를 바란다. 그러면서 우리나라 행정법교과서들이 기본원리 중에서도 유독 (주관적—자유주의적) 법치국가원리를 강조하는 이유 그리고 그것이 행정법 해석 전반에 어떠한 영향을 미치고 있는지도 생각해보기를 권한다(독일에서의 법치국가—사회국가 이해는 한국 공법학의 주류적 견해로도 자리잡았다).

7) Ingeborg Maus, Bürgerliche Rechtstheorie und Faschismus, 73쪽.

8) 국순옥, 앞의 논문, 308, 315쪽.

9) John Philipp Thurn, *Welcher Sozialstaat? - Ideologie und Wissenschaftsverständnis in den Debatten der bundesdeutschen Staatsrechtslehre 1949-1990*, Mohr Siebeck, 2013, 85, 444쪽.

10) John Philipp Thurn, 위의 책, 2-3쪽.

5.1.2. 권력분립원리

행정법의 기본원리 중에서도 먼저 설명해야 하는 것은 권력분립원리, 법치국가원리이다. 권력분립이 없으면 행정법도 성립할 수 없다. 실제로 권력을 나눈다는 생각은 자본주의 소유권 이론의 태두라 할 수 있는 로크에서부터 출발하며, 자본주의의 발전과 함께 제도화하였다. 또한 사람의 지배에서 법의 지배로의 변화는 전(前) 자본주의적 지배가 자본주의적 지배로 이행하는 모습을 반영한다.

권력분립원리는 행정법의 생성과 발전을 가능케 하는 원리이다. 행정이 입법, 사법과 분리되어 독자적으로 존재할 수 있을 때 행정법도 생성·발전할 수 있다는 의미에서 그러하다. 다만, 권력분립원리에 따라 입법, 사법, 행정에 각각 어떤 역할을 부여할 것인가는 나라마다 다르다. 이러한 차이는 (행정)법의 역할 혹은 행정법 내 개별 제도의 해석에도 영향을 미친다. 예컨대 영국의 공법학자(헌법학자)인 **다이시**는 '영국에는 프랑스적 의미의 행정법(공권력의 우위를 인정한 행정법)이 없다'고 주장하였다.[11] 그는 프랑스 행정법은 영국인으로서는 잘 이해가 안 되는 관념, 즉 입법, 행정, 사법은 각각 타 부처의 영역을 침범해서는 안 된다는 권력분립원리에 기반하고 있다고 지적한 뒤 이러한 관념은 행정활동에 대한 일반법원의 통제를 차단하는 프랑스 행정법의 기초가 되었다고 한다. 반면 영국은 프랑스식으로 권력분립원리를 이해하지는 않으므로 영국에 프랑스류의 대륙형 행정법은 존재하지 않는다고 주장하였다. 좀 길지만 그의 주장을 그대로 인용해본다.

> "영국의 법률 용어에는 droit administratif라는 말에 적절히 대응할 만한 것이 존재하지 않는다. 가장 적절한 번역어에 해당할 행정법이라는 개념은 영국의 법관이나 변호사들에게 생소하며, 자세한 설명 없이는 이해하기가 매우 어려운 것이다. 우리말에 droit administratif 개념에 상응하는 만족할 만한 대체어가 없다는 사실은 의미심장하다. 명칭이 없다는 것은 결국 우리가 그 대상 자체를 승인하지 않았음을 의미한다."[12]

---

11) 다이시의 주장의 당부(當否)를 떠나 실제로 영국에서 행정법의 발전은 상대적으로 늦었다. 영국 행정법은 1950년대부터 대학교육과 실무 모두에서 비로소 독자의 법분야로 발전했다고 한다. Erk Volkmar Heyen(Hrsg.), *Geschichte der Verwaltungsrechtswissenschaft in Europa - Stand und Probleme der Forschung*, 1982, 55, 60-61쪽(J. F. Garner의 영국집필 부분).

12) A. V. Dicey, *Introduction to the study of the law of the constitution*, Eighth Editon,

"누구라도 프랑스의 droit administratif, 특히 그것의 적용영역을 주의깊게 살펴본다면 행정법이 오늘날의 영국인은 전혀 알지 못하는 두 개의 주요한 관념에 토대를 두고 있음을 금방 알아챌 수 있다. 첫 번째 관념은 정부와 정부의 모든 공복이 국가의 대표기관으로서 사인과 비교했을 때, 일련의 특별한 권리, 특권 혹은 대권을 가지며 그 권리, 특권, 대권의 범위는 시민 상호간의 권리 의무 관계를 결정하는 원칙들과는 다른 원칙들에 의하여 결정된다는 것이다. 프랑스적 관념에 따르면 개인과 국가의 관계와 개인과 개인의 관계는 서로 다른 취급을 받는다. 두 번째 관념은 소위 '권력분립'(séparation des pouvoirs)을 유지하는 것의 불가피성이다. 즉, 행정부, 입법부, 사법부는 각각 다른 권력에 개입하는 것을 하지 말아야 한다는 것이다. 그런데 프랑스인들이 행정부와 사법부의 관계 - 지금 우리의 초미의 관심사인 - 를 설명할 때 사용하는 표현인 권력분립은 쉽게 우리를 홀릴 수 있다. 프랑스 정치인이나 법률가들이 이 말을 내뱉으면, 그것은 영국에서 말하는 '법관의 독립' 혹은 이와 유사한 표현과는 다른 의미로 이해된다. 프랑스의 역사, 프랑스의 입법 그리고 프랑스 제(諸) 법원의 판결들에 의해 해석되는 그런 권력분립이란 일반법원의 법관은 아무 이유 없이 그 직에서 해임되지 않으며, 따라서 행정부로부터 독립되어 있다는 것, 또한 다른 한편으로 행정부와 그 직무담당자는 (그 직무상의 지위에서) 독립적이며 널리 일반법원(the ordninary Courts)[13]의 관할로부터 배제되어 있다는 원칙을 말하며, 그 이상도 그 이하도 아니다. 권력분립에 관한 모든 이론이 역사적으로 어떻게 전개되었는지를 하나하나 다 살펴보는 것도 흥미로울 것이지만, 일단은 이 원칙이 몽테스키외의 『법의 정신』(Esprit des Lois, Book XI. c. 6)에 근거를 두고 있다는 점 그리고 이 원칙이 어느 의미에서는 이중(二重) 오해의 산물이라는 점만 얘기해두기로 하자. 몽테스키외는 그 점에서 영국 헌정의 원리들과 실무를 잘못 이해했다. 나아가 혁명기의 프랑스 정치인들은 몽테스키외가 말한 원리를 - 완전히 잘못 이해했다고까지는 말못해도 - 과장하거나 왜곡해서 적용했다. 권력분립을 실행할 때 프랑스 정치가들은 일정한 편견에 사로잡혀 있었다. 그도 그럴 것이 이미 그들은 프랑스의 '고등법원들'(Parliaments)이 국가적 사안에 개입함으로써 촉발했던 크나큰 해악과 그로 인해 야기된 불쾌한 감정을 잘 알고 있었다. 또한 그들은 고등법원들이 과거에 그렇게 했던 것처럼 당면한 근본적인 개혁을 방해할지도 모른다는

1915, 326쪽; 알버트 다이시, 안경환/김종철 공역, 헌법학입문, 경세원 1993, 222-223쪽. 본문의 인용은 한국어역을 토대로, 원서 및 독일어번역본(*Einführung in das Studium des Verfassungsrechts*, Nomos, 2002)을 참고하여 필자가 대폭 수정한 것이다. 이하 인용은 '326/222-223쪽' 형식으로 한다. 다이시의 원저는 편집본이 여럿 있으나 인용은 그가 생전에 마지막 간행한 제8판을 따랐다.

13) 보통법원, 통상법원 등으로도 번역된다. 여기서는 이해하기 쉽게 일반법원으로 옮겼다.

생각을 하고 있었다. 게다가 프랑스의 여론 주도층은 전제 군주만큼이나 전제적 민주주의자들의 특징이기도 했던, 법원의 권한에 재갈을 물림으로써 중앙정부의 권한을 강화하려는 오래된 염원으로부터도 완전히 자유롭지 못했다. (프랑스의 경험이 영국의 그것과 이렇게나 다르다는 것에 주목하여) 이제 대서양의 양안에서 서로 다른 발전을 경험한 이 도그마의 변화무쌍한 운명까지 조사하는 것은 우리의 주제에서 너무 벗어나는 일이 될 것이다. 다만, 몽테스키외의 학설이 프랑스와 프랑스의 선례를 따른 다른 모든 나라들에 지대한 영향을 미쳤다는 점 그리고 이 학설이 여전히 프랑스 공화국의 정치 및 법제도의 기초가 될 정도의 의미는 갖고 있다는 점만큼은 분명히 해둘 필요가 있겠다."[14]

다이시의 진술은 여전히 그 분석적 가치를 지니고 있다. 나는 무엇보다도 다이시가 그의 책을 저술할 때 미처 다루지 못한 "대서양의 양안(미국과 프랑스 - 필자 추가)에서 서로 다른 발전을 경험한 이 도그마의 변화무쌍한 운명까지" 조사하고 비교하는 작업을 공법학자들이 해야 한다고 생각한다. 이를 통해 얻을 수 있는 교훈은 이런 것이다: 누군가가 혹은 어떤 정치세력이 특정 기관의 설립, 특정 기관의 권한 확장 혹은 축소에 대해 논평하면서 입법권, 행정권 혹은 사법권의 모습 혹은 본질은 '선험적'으로 이러저러 해야하므로, 그와 같은 제도 설계는 권력분립원칙 위반으로서 위헌이라고 단정한다면, - 혹은 '자신들이 생각하는' 견제와 균형에 맞지 않으므로 위헌이라고 공격한다면 - 이는 규범해석을 가장한 정치적 비평이 되고 만다는 사실을 분명히 인식해야 한다. 다이시가 비판했듯이 프랑스인들은 (일반)법원이 행정부를 통제할 수 없게 한뒤 행정부 내에 별도의 기관(콩세유데타)에게 그 역할을 맡기면서도 이를 권력분립원리로 정당화했으니 말이다. 그러므로 헤겔과 슈미트의 표현을 빌리자면 자본주의 사회에서 현실권력은 "**분립/분리**"(Teilung)되는 것이 아니라 필요에 따라 이런저런 방식으로 "**구분/구별**"(Unterscheidung)될 뿐이다.[15] 그 점에서 우리가 권력분립을 사고할

14) A. V. Dicey, 앞의 책, 332-334/227-229쪽. 다이시가 사용한 "전제적 민주주의"라는 표현은 토크빌이 『미국의 민주주의』에서 프랑스 혁명 이후 프랑스 정치체제를 비판하기 위해 쓴 것이다. 존 스튜어트 밀도 바로 이 전제적 민주주의 비판을 『자유론』의 출발점으로 삼았다.

15) 헤겔에 따르면 삼권분립의 핵심은 '삼권'의 분립에 있는 것이 아니라 그것의 '구별'에 있으며, 그러한 구별에도 불구하고 여전히 국가라는 '통일체'를 이룬다는 사실 자체에 있다. 그는 오직 '부정적인 오성(悟性)'이나 '천민(賤民)의 사고방식'을 지닌 이들이나 삼권분립을 견제와 균형으로만 파악한다고 비판한다. 헤겔, 임석진 옮김, 법철학강요, 지식산업사, 1989, 428쪽. 손민석, 우리는 왜 대통령만 바라보았는가, 마인드빌딩, 2025, 182쪽에서 재인용. 칼 슈미트 또한 이 점을 강조한다. 그의 『헌법학』

때에는 권력이 상황에 따라 이러저러하게 구분되고 결합하는 방식, 즉 "제도적 앙상블로서의 국가의 수직적·수평적·횡단적 접합"에 유념해야 하며, 이런 "국가의 제도적 아키텍처"[16]가 행정법 해석에 어떤 영향을 주는지를 검토해야 하는 것이다.

가령 권력분립원리는 행정입법 및 행정재량의 문제, 특히 위임입법의 한계 및 행정재량에 대한 사법심사의 한계 문제 등에서 주요한 논리적 판단 근거가 된다. 예컨대 행정소송의 한계는 사법권의 본질에 따른 한계와 권력분립에 따른 한계 문제로 다루어진다. 이 중에서 특히 후자와 관련된 쟁점으로 의무이행소송과 예방적 금지(부작위) 소송, 취소소송에서의 적극적 변경의 허용 여부가 다투어진다. 우리 교과서들은 권력분립원리를 내세워 이런 소송이나 판결(적극적 형성판결)의 금지를 정당화한다. 행정소송 혹은 행정재판이란 기본적으로 이미 내려진 판단을 사법(司法) 형식을 동원하여 통제하는 것이므로 아직 판단이 내려지지 않은 사안에 대해 법원이 '판결'하는 것은 **행정청의 제1차적 판단권**을 침해하여 권력분립원리에 반한다는 식이다.[17] 따라서 예방적인 권리보호는 행정소송법의 체계에서는 예외적 사안이라고 해석한다. 만약 이런 논리가 타당하다면 의무이행소송 등을 두고 있는 나라에서는 권력분립원리가 없거나 이것이 형해화되었다는 결론도 가능할텐데, 이것은 말이 안 되는 것이다. 한국이라는 자본주의 "국가의 제도적 아키텍처"가 그렇게 설정되어 있기 때문에 의무이행소송 같은 것도 허용하지 않는다고 보는 것이 오히려 정직한 설명이 될 것이다.

권력분립원리에 관해 이런 인식에 도달했다면, 다음 단계는 (고전적) 권력분립론의 한계를 인식하면서 **행정부 내의 권력분립** 방안까지 찾아내는 일이 되어야 한다. 구체적으로 ① 결정 준비－결정－집행 및 심사 사이의 기능 구분(la distiction de l'élaboration, de l décision, de l'exécution et du contrôle)이라든가,[18] ② 중앙행정과 지방자치행정 사이의 견제와 균형,[19] ③ 공무원에게 (특히 인사행정 영역에서의) 공동결

제15장의 제목은 "권력의 구분(이른바 분리)"이다. 흥미로운 것은 『헌법학』 내에서 근대헌법을 법치국가적 구성부분과 정치적 구성부분으로 나누고 있는 칼 슈미트가 이 제15장을 제2부 법치국가적 구성부분에 배치하고 있는 점이다. 이로써 그는 권력분립원리가 **자유주의 이념**에 속한다는 점을 분명히 하였다. Carl Schmitt, *Verfassungslehre*, 182-199쪽.

16) 밥 제솝, 지주형 옮김, 국가론, 여문책, 2024, 123, 136쪽.

17) Heiko Faber, *Verwaltungsrecht*, 41쪽 참고.

18) André Demichel, 앞의 책, 60쪽.

19) 헌법재판소는 이를 '기능적 권력분립'의 관점에서 정당화하고 있다. 헌법재판소 2014. 1. 28. 선고 2012헌바216 결정. 기능적 권력분립론은 헌법재판소의 결정에서 '전가(傳家)의 보도(寶刀)'처럼 동

정권을 부여하는 길 같은 것을 생각해볼 수 있다. 권력분립원리 때문에 못한다고 말할 것은 아니다. 다만, ③과 관련해서는 정치적으로 중요한 사항에 관한 공동결정권을 공무원에게 부여하는 것은 민주주의 원리에 반한다는 반론이 제기될 수도 있다.[20] ④ 공무원 노동조합을 인정하고 공무원에게 정치적 활동을 보장한다면 정치적으로 논쟁적인 사안에서 장관과 같은 정무직 공무원(특수경력직 공무원)과 일반직 공무원(경력직 공무원) 사이의 '정치'와 '행정'의 대립을 가시화할 수 있다.[21] 공무원은 "국민 전체에 대한 봉사자"(헌법 제7조)이지, 정부에 봉사하는 존재가 아니다. 이 정도 여건만 보장해도 사안에 대한 최종적 결정은 더욱더 신중해질 수 있다. ⑤ 독립(규제)행정위원회의 권한을 보장하는 길도 있다. 그런 의미에서 합의제 행정기관을 사실상 독임제로 운영하는 것은 위법할 뿐만 아니라,[22] 견제와 균형의 정신에도 반한다. ⑥ 앞의 제3장의 '더공부해보기/생각해보기/토론하기' 4번에서 다룬 가리왕산 사례가 드러내는 기능적 권력분립의 가능성도 충분히 검토해볼 만하다. 산림청과 강원도 사이에서, 혹은 산림청과 정부 내 스포츠 개발 행정부서 사이에서 견제와 균형이 작동할 수 있다면, 지금과 같은 개발주의 행정은 어느 정도 제어될 수 있을 것이다.

5.1.3. 법치국가원리

법치국가원리란 국가권력의 행사는 권력자의 자의(恣意)가 아니라 국민을 대표하는 의회가 제정한 법률에 근거하여 이루어져야 한다는 원리이다. 인치가 아니라 법치이다. 법률은 국민과 국가기관 모두를 구속한다(법률의 양면 구속성). 법률에 의해 국민

원되고 있다는 인상을 준다. 예컨대 법령보충규칙이 국회입법원칙에 반하지 않는다고 판단할 때도 기능적 권력분립을 그 논거로 든다. 헌법재판소 2004. 10. 28. 선고 99헌바91 결정.

20) 독일 연방헌법재판소는 1959년에 이미 이런 취지의 판결(BVerfGE 9, 268)을 하였다. 다만, 이 판결의 취지가 공무원에게 공동결정권을 인정할 수 없다는 것은 아니었다. 따라서 문제는 그 범위와 사항일 것이다. 현행「공무원의 노동조합설립 및 운영 등에 관한 법률」제8조 제1항 단서 및 동법 시행령 제4조 제2호는 "공무원의 채용·승진 및 전보 등 임용권의 행사에 관한 사항"은 비교섭사항으로 정하고 있다.

21) "도지사의 부시장 '낙하산 임명' 중단하라 - 공무원노조 지방자치법 위반 지적", 한겨레신문 2024. 1. 11.자, 13면.

22) 이원우 교수는 이런 위원회일수록 "구성과 그 결정과정 내지 절차가 특별히 투명하고 정형화될 것이 요구되며, 사법적 통제는 주로 이러한 요건에 대한 심사에 국한된다."고 한다. 이원우, 경제규제법론, 홍문사, 2010, 542쪽.

의 권리가 제약되고, 법률에 의해 행정기관 등 국가기관의 권한행사가 규제된다. 법치국가원리를 행정법에서 구현한 것이 법치행정원리 혹은 행정의 법률적합성 원칙이다. 법치행정원리의 세부내용에는 법률의 법규창조력, 법률의 우위, 법률의 유보가 포함된다. 이 중 오늘날 의미가 있는 것은 법률의 우위와 법률의 유보이다. 여기까지만 설명하면 법치국가원리는 무언가 보편적 원리처럼 보인다. 그러나 법치국가 개념이나 원리는 결코 보편적인 것이 아니다.

흔히 법치국가와 법의 지배를 같은 개념으로 생각하는 이들이 적지 않지만, 엄격히 말하면 법치국가(Rechtsstaat)는 **특수 독일적 개념**이자 창조물이다. 영어에는 법치 '국가'라는 말이 아예 없다. 법치국가(État de droit)라는 표현이 프랑스에도 있지만, 그것이 독일식 법치국가를 지칭하는 것은 아니다. 독일의 법치국가는 입헌군주권력과 부르주아-시민계급의 타협의 산물로 평가된다. 19세기 당시 독일의 시민계급은 국가권력에 대한 정치적·민주적 통제-이것을 영국인들은 법의 지배라고 표현했다-를 포기하는 대신 국가권력에 대한 행정적·법률적 통제장치인 법치국가를 쟁취하기 위해 투쟁했다.

법치국가를 고안해내고 법치국가를 위해 투쟁할 때 독일의 자유주의 부르주아계급은 자신들을 국민(Nation)과 동일시했을 뿐만 아니라 자신들이 생각하는 국가를 '국가 그 자체'와 동일시해버렸다.[23] 이것은 자본가계급이 자본주의 국가를 국가 그 자체, 국가 일반과 동일시하는 것과 똑같은 이치다. 19세기 독일 부르주아계급의 법치국가 개념은 이후 독일 공법학은 물론 한국 공법학에도 너무나 강력하게 뿌리내렸기 때문에 오늘날 우리는 법치국가를 부정하면 국가와 헌정 자체를 부정하는 듯한 느낌을 받는다. 그러나 다시 말하지만 법치국가는 역사적으로 조건지어져 있을 뿐만 아니라,[24] 자유주의의 경제적·정치적·철학적 체계와 연계되어 있다. 따라서 우리는 **법치주의와 자유주의의 관계**를 항상 명확하게 인식할 필요가 있다.[25] 자유주의라고 하면 자유방임 혹은 아나키(Anarchie)를 떠올리지만, 자세히 들여다보면 자유주의란 하나의 특정한 질서임을 알 수 있다. 자유주의 체제의 법적 질서원리는 법적 자유이다. 즉, 재산의 자유, 계약의 자유, 영업의 자유이다. 이 질서는 경제적 경쟁에 의해 만들어지며, 질서의 본질은 파레토의

---

23) Franz L. Neumann, "Rechtsstaat, Gewaltenteilung und Sozialismus", 125-126쪽.

24) 프로이센 독일에서 법치국가 개념의 핵심 내용인 행정의 법률적합성 원칙, 즉 행정의 법적 구속이 마침내 관철된 것은 1870년대이다. 데이비드 블랙번/제프 일리, 최용찬/정용숙 옮김, 독일 역사학의 신화 깨뜨리기, 푸른역사, 2007, 151쪽.

25) Franz L. Neumann, 앞의 글, 125-126쪽.

경제학책에서 가장 분명하게 표현된 균형이다.[26] 자유주의 단계의 법치국가를 권력분립적 부르주아적 법치국가로 달리 부르는 까닭도 이러한 균형과 관련되어 있다.[27]

그런데 이 19세기 독일의 형식적/부르주아적 법치국가론은 20세기 이후 '변질'되기 시작한다. 그 이론적 출발점에 헤르만 헬러가 있다. 1930년에 헬러는 "법치국가냐 독재냐"라는 제목의 소논문을 발표했다.[28] 이 글에서 그는 시민적(부르주아적) 또는 자유주의적 법치국가에서 **사회적 법치국가로의 연속적 발전**만이 법치국가가 독재로 전화(轉化)하는 것을 막을 수 있다는 테제를 제시하였다. 헬러는 양 법치국가의 차이를 특히 평등원칙에 대한 서로 다른 이해에서 찾았다. 시민적(부르주아적) 법치국가에서 평등은 단순히 형식적 평등에 불과하다. 모든 사람의 평등한 권리를 인정하지만, 각인이 그것을 실제로 행사할 수 있는 상황에 있는가에 관해서는 무관심하다. 입법자는 사회적 권력관계는 내 알 바가 아니라고 생각한다. 이로써 모든 이의 형식적으로 평등한 자유는 자신의 사회적 우위를 가차없이 이용할 수 있는 강자의 권리로 전화한다.[29]

이에 반해 사회적 법치국가에서는 형식적 의미의 법적 평등이 아니라 실질적인 자유의 평등이 문제가 된다. 입법자는 사회적 강자와 비교했을 때 사회적 약자가 실질적 자유의 향유와 권리보호에서 뒤떨어지지 않도록 배려할 의무를 진다. 예컨대 일자리를 구하는 실직자가 있으면 국가는 최저 노동조건의 확보, 강행법인 노동보호법을 통하여 적절히(angemessen) 보호해야 한다. 그 밖에 임차인보호법, 청소년보호법을 생각해볼 수 있다. 이들 규범은 계약의 자유를 현격히 제한하지만, 이 제한은 그 효과면에서 대다수 사람에게 자유의 감소가 아니라 자유의 증대이다. 이로써 (소수의) 사회적 강자에 의한 자유의 남용을 방지하고, 자기의 이익을 자기 힘으로 관철할 수 없는 (다수의) 사회적 약자의 실질적 자유를 확대한다.[30]

그러나 부르주아 법률가들은 이 정도의 온건하고 개량적 해석조차도 허용하지 않으려 한다. 앞서 보았듯이 포르스토프는 자신의 독특한 법치국가 해석을 통해 시민적(부르주아적) 법치국가에서 사회적 법치국가로의 전환을 저지하려고 했다. 더더욱

---

26) Franz L. Neumann, 위의 글, 126쪽.

27) Franz L. Neumann, 위의 글, 127쪽 참고.

28) 헤르만 헬러, "법치국가냐 독재냐", 헤르만 헬러, 김효전 옮김, 바이마르 헌법과 정치사상, 산지니, 2016, 224-237쪽.

29) Ekkehart Stein, *Staatsrecht*, 170-171쪽.

30) Ekkehart Stein, *Staatsrecht*, 171쪽.

심각한 것은 한국 행정법학에서의 사회적 법치국가 논의이다. 한국 행정법학은 헬러의 사회적 법치국가 개념을 거의 연구하지 않았고, 이 국가론이 말하는 '사회적 성격'도 제대로 규명하지 않았다.

한국 공법학이 헬러의 개념을 소극적으로 수용하는 역사에서 보인 '편향적 해석'의 핵심은 이런 것이다. 형식적 법치국가의 대립물로 사회적 법치국가를 내세우는 것이 아니라 실질적 법치국가를 대치시킨다. 그런 후에 그 실질적 법치국가란 형식적 법률의 평등을 넘어 그 법률의 위헌 여부까지 따지는 법치국가라는 식으로 이해한다.[31] 이것은 실질적 법치국가의 '형식적' 이해에 불과하며, 그 과정에서 헬러가 말한 또다른 실질적 법치국가인 사회적 법치국가가 무엇인지는 논의되지 못했다.

그렇다면 사회적 법치국가와 사회국가의 관계는 어떻게 될까? 이미 살펴보았듯이 포르스토프식으로 사회국가를 좁게 파악하면 양자는 동일한 개념으로 볼 수 있다. 혹은 사회국가는 법치국가 속에 녹아들어가버리고 그 독자적인 존재감을 상실한다. 그러나 사회국가를 넓게 파악하면 사회국가는 법치국가뿐만 아니라 민주주의도 포섭하는 원리가 된다. 헬무트 리더의 헌법학은 그 점을 잘 보여준다.

5.2. 사회국가원리, 민주주의원리

5.2.1. 사회국가원리

헬무트 리더에 따르면 사회국가원리에는 3개의 차원이 있다. 첫번째 차원은 **국가의 사회적 의무성**이다. 이것은 모든 국가기관의 의무를 지칭한다. 즉, 입법, 행정 및 사법기관은 사회권적 제 제도가 그때그때의 사회적 요청에 부합하게 형성, 실현될 수 있도록 해야 한다. 국가는 물질적 재화의 배분과 관련하여 배려와 배분 그리고 균형조치를 취해야 할 뿐 아니라 그러한 조치들이 문화적 재화(예컨대 학교제도)에의 정신적 참가 면에서도 실현될 수 있도록 해야 한다.[32]

---

31) "오늘날의 법치주의는 국민의 권리·의무에 관한 사항은 법률로써 정해야 한다는 형식적 법치주의에 그치는 것이 아니라 그 법률의 목적과 내용 또한 기본권 보장의 헌법이념에 부합되어야 한다는 실질적 법치주의를 의미(한다)." 헌법재판소 1992. 2. 25. 선고 90헌가69, 91헌가5, 90헌바3(병합) 결정.

32) Ekkehart Stein, *Staatsrecht*, 172쪽.

사회국가원리의 두번째 차원은 기본권적 지위에 이 원리가 영향을 미치는 것이다. 이른바 **기본권의 사회적 구속성**이다. 이것은 기본권 해석을 할 때는 모든 사람이 가능한 한 동일한 정도로 실질적 자유를 보장받을 수 있도록 유의해야 함을 의미한다.[33] 1975년의 '주택 전용(轉用) 금지법' 사례에서 독일 연방헌법재판소는 다음과 같이 판시했다. "사적 소유권은 공공의 복리를 위해 행사되어야 한다는 헌법적 요청은 그 소유권의 객체에 의존하여 생활하는 동료시민(Mitbürger)의 이익을 배려해야 한다는 명령도 포함한다." 그러므로 주택을 마음대로 전용하고 "소유권을 현재보다 더 유리하게 활용할 수 있는 기회"만 있으면 그것을 "최대한 이용해도 되는 것", 그런 것은 인정할 수 없다. 특히 그와 같은 이용가능성은 "주택의 공급이 불충분한 경우에는 헌법상 보호되지 않는다." 건물주를 '조물주' 위의 존재로 만들어 그에게 자기 능력껏 최대한 많은 돈을 벌 기회를 주는 것이 헌법의 명령은 아니라고 말하는 것이다.[34] 정확히 사회국가원리로부터 기본권의 사회적 구속성을 끌어내보여준 판결이었다.

헬무트 리더는 사회국가원리의 세번째 차원을 전개하면서 사회국가원리를 민주주의원리와 연결한 뒤, 아주 중요한 요구를 제기한다. 그에 따르면 국가는 사회를 민주주의적 반석 위에 확고하게 올려놓아야 할 의무가 있다. 민주주의가 실천되어야 할 영역이라는 점에서 국가와 사회는 차이가 없다. 이를 '**국가와 사회의 동질화**'(Homogenisierung von Staat und Gesellschaft)라고 한다. 그런데 사회국가원리의 첫 번째와 두 번째 차원이 이미 판례에서도 관철되고 학계에서도 폭넓은 지지를 받아왔지만, 이 세 번째 차원만큼은 그렇지 못했다.[35] 여기에는 다 이유가 있다. 19세기 부르주아 자유주의 헌정질서 내에서 확고히 자리잡은 국가와 사회(정확히는 경제)를 분리한다는 생각(국가와 사회의 이원론)이 경제영역으로의 국가의 개입을 차단해왔기 때문이다.

부르주아 운동은 모든 사람을 위한 자유와 정의의 실현을 요구사항으로 내걸며 봉건제와 군주제에 맞서 투쟁했다. 자유주의적 의회주의 헌정체계는 이론적으로는 이 요청을 확고히 붙들고 나갔으나, 실제로는 이를 대폭 제한하였다. 이 체제는 시간이 갈수록 더 많은 계층이 참여하기 시작한 정치적 의사형성 영역과 여전히 사적인 처분권에 맡겨진 경제 영역의 근본적인 분리 위에서 작동했다. 여기서 인민주권

---

33) Ekkehart Stein, *Staatsrecht*, 172쪽.

34) BVerfGE 38, 348(370f). 재산권과 주거권의 관계에 관한 자세한 검토는 필자의 다음 책을 참고할 것. 이계수, 반란의 도시, 베를린, 스리체어스, 2023.

35) Ekkehart Stein, *Staatsrecht*, 172쪽.

은 그 한계에 봉착한다. 정치적으로 이미 타도된 세습군주제가 경제영역에서는 상당 부분 그대로 유지되었다. 기업가는 예전에 절대군주가 자신의 토지를 지배했듯이 자기 기업에 대해 제한없는 처분권을 행사할 수 있었다. 자유주의 이론과 부르주아 국가는 오늘날까지 바로 이러한 권력분립, 즉 정치영역에서 결정을 내릴 수 있는 인민과 경제영역에서 그 권한을 행사할 수 있는 기업가 사이의 분립을 원칙적으로 확고히 유지해왔다. 그러나 이런 식의 권력 양분은 권력을 제한당한 다수 민중이나 경제적으로 지배권을 가진 소수세력이나 그 어느 쪽도 완전히 만족시키지 못하는 - 상층계급은 그들의 사회적 지배는 정치적으로 확실하게 보장되지 않는다는 점에서 그리고 민중은 그들의 정치적 민주주의가 사회적 토대를 갖추지 못하고 있다는 점에서 불만을 가질 수밖에 없다 - 잠정적인 해결책에 불과하므로, 갈등은 언제든지 표출될 수 있다.[36] 이 갈등을 해소할 대안으로 전후 독일 우파들이 생각한 해결책은 경제에 대한 국가 개입을 부분적으로 허용함으로써 권력 양분을 재조정하는 모델이었다. 이런 '사회국가'를 그들은 **사회적 시장경제**라 불렀고, 이를 통해 사회적 불평등을 어느 정도 시정할 수 있다고 보았다. 반면 헬무트 리더는 국가의 개입을 사회의 전영역으로 확장해나가려는 좌파적 비전을 제시했는데, 반대파들이 이를 쉽게 수용할리는 만무하다.[37] 그러므로 헬무트 리더가 말하는 사회국가원리의 세 번째 차원은 그가 활동하던 1960년대, 70년대는 물론이었고 지금도 많은 저항에 부딪힐 수밖에 없다. 그럼에도 불구하고 나는 오늘날 사회국가원리의 이 세 번째 차원이 한층 더 중요해지고 있다는 점을 부인하기 어렵다고 생각한다. 이 점은 이제 항을 바꾸어 살펴보도록 하자. 그러나 그 전에 한국의 사회국가해석이 보여주는 계급적 편향성에 관해서도 간략히 짚어 보아야 하는데, 이 부분은 더공부해보기/생각해보기/토론하기로 미룬다.

36) Reinhard Kühnl, *Formen bürgerlicher Herrschaft,* 74-75쪽.

37) Reinhard Kühnl, 위의 책, 75쪽 참고. 한편 이 갈등을 전혀 다른 방식으로 해결하려고 하는 세 번째의 길이 있다. 그것은 헬무트 리더와 같은 시도, 즉 정치적 민주주의를 사회 영역에까지 확장하려고 할 때, 이에 대해 두려움을 느낀 경제적 지배세력이 선택하는 길로서, 정치적 의사형성에서의 민주주의를 재차 폐기하고, 명령과 복종의 원칙을 사회 전체의 조직원리로 만든다. 이로써 경제적 권력은 보존·강화되지만, 정치적 민주주의는 소멸한다. 정치권력과 경제권력의 분립이 파국적으로 해소(解消)되어 버리는 이러한 체제를 라인하르트 퀴늘은 파시즘이라고 부른다. Reinhard Kühnl, 위의 책, 같은 곳.

5.2.2. 민주주의원리

"오늘날 민주주의는 역사상 전례 없는 인기를 누리고 있지만 개념적으로는 더할 나위 없이 모호하고 실질적으로 빈약하기까지 하다. (…) 민주주의라는 말은 누구나, 그리고 모두가 자신의 꿈과 힘을 싣는 텅 빈 기표이다."[38] 행정법에서 민주주의의 의미는 모호하고 그 역할은 빈약하다.

왜 그런가? "대한민국의 주권은 국민에게 있고, **모든 권력**은 국민으로부터 나온다." 헌법 제1조 제2항에서 말하는 모든 권력(복수의 권력)은 주권에 의하여 조직되고 주권이 위임한 현실적 국가권력인 통치권을 의미한다고 보는 것이 헌법학계의 다수설이다.[39] 이러한 해석은 "모든 **국가권력**은 국민으로부터 나온다(Alle Staatsgewalt geht vom Volke aus)"고 규정하고 있는 독일 헌법 제20조 제1항 제1문과 그에 대한 독일 헌법학계의 주류적 견해를 수용한 것이다.[40]

민주주의원리가 통용되는 영역은 이로써 국가권력에 한정되고 여기에는 당연히 행정권력도 포함된다. 그러나 대의제 민주주의하에서 국민은 행정권을 직접민주주의적으로 통제할 수 없다. 통제는 자신의 대표를 통해서만 가능하다. 따라서 행정의 민주화 정도는 행정이 국회의 의사에 얼마나 종속되어 있는가에 따라 측정된다.[41] 국회의 의사라 하면 통상 법률을 생각하지만, 꼭 그것에 국한할 필요는 없다. 예컨대 행정부가 대통령령과 부령을 제정하거나 개정하는 방식으로 입법기관의 의사(법률)를 정면으로 혹은 우회적으로 무시하는 경우 국회는 이를 직접 통제할 수 있다. 다만, 우리의 경우 영국, 독일 등과 달리 이런 통제 수단이 없다.

그 외에도 국회에서 실시하는 인사청문회에 법적 구속력을 부여한다거나 국회가 행정부의 인사정책에 지침을 제시하는 방안도 있고, 국회의 결의안을 통해 행정부를 통제하는 길도 생각해 볼 수 있지만, 그 어느 것이나 현행법에는 존재하지 않는 수단들이다. 앞으로는 행정입법에 대한 의회 통제를 강화하는 등 행정법에서 민주주의원리를 관철하는 방법을 깊이 있게 검토해야 한다. 그러나 이것과 별개로 '민주주의

---

38) 웬디 브라운, "오늘날 우리는 모두 민주주의자이다 …", 슬라보예 지젝 외, 김상운/양창렬/홍철기 옮김, 민주주의는 죽었는가? 난장, 2010, 85쪽.

39) 권영성, 헌법학원론, 법문사, 2004, 120쪽. 허영, 한국헌법론, 박영사, 2002, 137쪽.

40) 독일 연방헌법재판소는 민주주의를 "국민의 자기결정"(Selbstbestimmung des Volkes)으로 이해하고 있지만, 민주주의원리가 관철될 수 있는 영역은 국가로 한정하였다. BVerfGE 83, 72.

41) Heiko Faber, *Verwaltungsrecht*, 42쪽.

원리와 행정법'에서 논의해야 할 쟁점이 하나 더 있다. 바로 **사회권력**(예컨대 사립학교)에 대한 민주주의적 통제 문제이다. "사회 있는 곳에 권력이 있다." 그리고 "권력이 있는 곳에는 권력을 통제하는 민주주의적 메커니즘이 작동해야 한다." 권력을 가진 자가 국가권력이든 아니면 사회권력이든 그 권력이 국민을 억압하는 데 동원되지 않게 하려면 어떠한 권력이든 민주주의적으로 통제되어야 한다. 그러한 통제의 정당화 근거를 헌법 제1조 제2항에서 끌어올 수 있다면 말이다.

얼마 전만 해도 사회권력이라 하면 주로 재벌기업이나 노동조합을 떠올리는 것이 보통이었다. 그러나 우리 사회도 각 부문의 분화가 빠르게 진행되면서 구조적 복잡성이나 기능적 복잡성이 크게 증대하였다. 우리 사회의 이같은 역동화 과정에서 각종 사회단체, 예컨대 공공 서비스 관련 영리 조직들이 분출하고, 이들이 저마다의 활동 영역에서 일정한 영향력을 행사하는 사회권력으로 떠오르고 있다. 이로써 경제·노동·교육·문화 등 사회의 거의 모든 부문이 크고 작은 사회권력에 의하여 포위되었다고 해도 과언이 아니다. 하지만 더 큰 문제는 사회권력의 국가권력화와 이에 따른 사회의 재봉건화 현상이다. 사회권력 가운데 특히 경제력이 막강한 재벌기업은 이미 국가권력에 버금가거나 국가권력을 능가하는 영향력을 행사하고 있다.[42] **사기업이 공용수용의 주체**가 되어 수용권을 행사하는 사례 같은 것이 쉬운 예이다(24.2.2.).[43]

혹자는 **테크노 봉건주의**(technofeudalism)를 말하기도 한다. 아마존과 같은 플랫폼이 마치 디지털 영지처럼 세상을 지배한다.[44] 사정이 이러한 데도 공법학의 민주주의 담론은 아직도 국가와 사회를 엄격히 구분하는 부르주아 자유주의의 이분법적 분단 논리에 갇혀 민주주의를 국가영역의 문제로 축소한다. 이래서야 행정법이 해방적 역할을 제대로 수행할 수 있을까? 권력, 특히 그 중에서도 사회권력을 제어하는 것을 규제라고 하며, 규제를 가능하게 하는 법이 바로 행정법인데, 오늘날처럼 탈규제, 규제철폐가 얘기되는 상황이라면 행정법의 공익보호적 기능은 약화될 수밖에 없다. 규제되지 않은 권력은, 그것이 어떠한 권력이든 부패하게 되어 있다. 시장이 제대로 돌아가게 하기 위해서라도 규제는 필요하다. 그 점에서 가령 「공공기관의 개인정보보호에 관한 법률」을 2011년 이후 「개인정보보호법」으로 전면 개편하면서 그 규제 대상을 사회 영역으로까지 넓힌 것은 사적 영역으로 민주주의를 확장한 한 사례로 평가할 수 있다.

---

42) 국순옥, "제3회 대안헌법이론 2", 민주법학 제27호, 2005, 342-343쪽.

43) 헌법재판소 2009. 9. 24. 선고 2007헌바114 결정.

44) 야니스 바루파키스, 노정태 옮김, 테크노퓨달리즘, 21세기북스, 2024.

1991년에는 「교원의 지위 향상 및 교육활동 보호를 위한 특별법」, 줄여서 교원지위법이 제정되었다. 교육현장에서의 투쟁의 성과물이자 국가의 '보호'조치였다. 1987년 이후 사립학교 교원들이 노동조합 설립운동을 강력히 펼치자 국가는 노동조합 설립의 길을 원천봉쇄하면서도 사립학교 교원의 신분을 더욱더 강력히 보장하는 방식의 유화책을 선택했고, 이것이 교원지위법의 제정으로 이어졌다.[45] 이 법의 제정 이후에도 대법원은 학교법인의 사립학교 교원에 대한 징계 등 불리한 처분을 여전히 사법상의 법률행위로 보았다. 그러므로 사립학교 교원은 계속해서 민사소송으로 불리한 처분의 효력을 다툴 수 있다.[46] 교원지위법은 여기에 더해 추가적인 권리구제수단을 보장했다. 즉, 사립학교 교원도 교원소청심사위원회의 결정을 거쳐 행정소송으로 불리한 처분을 다툴 수 있게 하였다(교원소청심사위원회의 결정은 국공립학교 교원의 경우 행정심판의 재결의 성질을 갖지만, 사립학교 교원의 경우에는 새로운 행정처분에 해당한다. 따라서 국공립학교 교원은 원처분주의에 따라 교원지위법 제10조 제4항에도 불구하고 원처분인 징계처분을 다투어야 하지만 사립학교 교원과 학교법인은 위 조항에 따라 교원소청심사위원회의 결정을 다투어야 한다). 이 부분은 사적 권력 규제법으로서의 행정법의 순기능을 보여준다.

왜냐하면 교원지위법의 권리구제절차가 만들어지기 전 사립학교교원이 징계 등 불리한 처분에 불복하려면 각 학교 법인이 그 산하에 설치하는 재심위원회에 재심청구를 하거나(1991. 5. 31. 법률 4376호로 개정되기 전의 「사립학교법」 제67조) 민사소송을 하거나 하는 수밖에 없었는데, 이 재심위원회라는 것이 결국 사립학교 법인의 영향력 하에 놓일 수밖에 없었기 때문이다.[47] 이제는 사립학교 교원도 사적 권력의 지배 하에 있는 재심위원회가 아니라 교원소청심사위원회에 소청심사를 청구할 수 있으므로 그들이 학교법인에 철저히 종속되는 현실은 어느 정도 제어할 수 있게 되었다. 다만, 교원지위법의 민주주의적 의미는 교원소청심사위원회의 결정을 사립학교 법인도 다툴 수 있게 되면서 상당히 퇴색하였다.[48]

---

45) 김용, "학교 법인의 재판 청구권 보장과 사립학교 교원의 권리 구제", 교육법학연구 18권 1호, 2006, 74쪽.

46) 이승환, "사립학교 교원 소청심사제도에 대한 소고", 일감법학 38호, 2017, 381-408쪽. 특히 382-399쪽.

47) 실제로 사립학교 교원에 대한 재심에서 교원의 재심 청구가 인용된 사례는 거의 없었다. 김용, 앞의 논문, 74쪽.

48) 헌법재판소는 '헌법재판소 1998. 7. 16. 선고 95헌바19 결정[합헌·각하]'을 거쳐 '헌법재판소 2006. 2. 23. 선고 2005헌가7, 2005헌마1163(병합) 결정'에서 사립학교법인에게 교원징계재심위

더공부해보기/생각해보기/토론하기

1. 권력분립원리와 밀접하게 연결되는 법리가 통치행위이론이다. '통치행위에 대하여 왜 행정소송을 통하여 통제할 수 없는가'라고 물으면, 예전에는 이렇게 말했다. 정치적으로 중요한 의미를 갖는 행위의 당부(當否) - 위법 적법 여부가 아니라 당부이다 - 는 국민주권원리에 의거, 국민의 의사에 바탕을 두고 해결해야지 법원이 판단할 것은 아니라거나 권력분립원리상 국회와 정부의 권한으로 되어 있는 고도의 정치성을 띤 국가행위는 사법부가 관여할 것이 아니라고 했다. 이것이 이른바 내재적 한계설이다. 이 내재적 한계설은 1987년 헌법 체제 하에서 사법자제설로 대체되고 있다. 통치행위의 근거를 설명하는 이론이 바뀌고 있는 이유는 무엇일까? 통치행위의 이론적 근거 중 하나로 헌법재판소와 대법원이 제시하는 사법자제설의 논리적·정치적 의미를 생각해 보고, 이를 사법지배(Juristocracy)의 관점에서 비판해보자.

1. 통치행위의 이론적 근거가 **내재적 한계설**에서 **사법자제설**로 옮아가고 있는 것은 '자유민주주의' 헌정의 중심축이 민주주의에서 자유주의로 이행하고 있음을 그리고 실무적으로는 사법부의 높아진 위상 혹은 위신을 반영한다. 종래 통치행위는 "고도의 정치성을 가진 국가기관의 행위로서 법적 구속을 받지 아니하며 재판의 대상에서 제외되는 행위"[49]로 정의되어 왔으나, 최근의 헌법재판소나 대법원의 판례를 읽어보면, 과연 이렇게 정의하는 것이 맞을까 하는 의문이 든다. 현재 우리의 실무는 고도의 정치성 때문에 처음부터 재판의 대상에서 제외되는 행위(이 경우라면 통치행위를 이유로 소는 각하될 것이다)는 물론이고 설혹 재판의 대상이 되더라도 고도의 정치성 때문에 그 본안판단에서 사법부의 법적 통제가 극도로 자제되는 행위(이 경우라면 통치행위를 이유로 소는 기각될 것이다)도 통치행위로 보고 있기 때문이다. 즉, 통치행위라는 이유로 처음부터 소를 각하하는 경우도 있고, 통치행위라도 "국민의 기본권에 관련되는 한 재판의 대상이 된다"고 보아 본안심리로 넘어가는 경우도 있다.[50] 후자의 사례는 1987년 헌법체제 이후 헌법재판소가 등장하면서 처음

원회(현 교원소청심사위원회)의 재심결정에 불복할 제소권한을 부여하지 않는 교원지위법 제10조 제3항을 위헌으로 판단했다.

49) 김철용, 2024, 53쪽. 김유환, 2024, 4쪽.

50) 헌법재판소 1996. 2. 29. 선고 93헌마186 결정에서 헌재는 "통치행위라도 국민의 기본권에 관련되는 한 재판의 대상이 된다"고 하면서도 긴급재정명령의 위헌주장을 기각하였다.

등장했다. 특히 그 리딩케이스에 해당하는 1996년의 '긴급재정명령등위헌확인' 사건은 "실질적으로 통치행위성을 부정한"[51] 판결로 평가되기도 한다.

그러나 통치행위에 대한 사법심사가 가능하다고 보는 독일에서도 통치행위는 그 일반적 성격 때문에 개인의 권리영역을 침해하는 경우는 드물다. 따라서 실제로 통치행위 취소청구소송은 대부분 원고의 '당사자적격' 결여로 소가 각하되며, 일부 사례에서만 '이유 없음 기각'으로 종결된다. 기각되는 이유는 '통치' 영역에 인정되는 재량이 매우 넓기 때문에 이를 법적으로 구속하는 것이 쉽지 않기 때문이다.[52]

헌법재판소 실무에서 대다수 통치행위 사례들은 **각하로 종결**되지만, 1996년 '긴급재정명령등위헌확인' 사건처럼 **기각으로 종결**되는 사례도 나타나고 있다. 그런데 1996년에 헌재가 기본권에 관련되는 한 재판의 대상이 된다고 한 이상, 통치행위이므로 무조건 각하한다고 하는 건 논리에 맞지 않다. 2004년의 '국군파병결정'에서 다수의견은 국군파병결정은 "그 성격상 국방 및 외교에 관련된 고도의 정치적 결단을 요하는 문제"이므로 "사법적 판단을 자제함이 타당"하다고 했으나, 4인의 헌법재판관은 헌법소원심판청구를 '그런 논리'로 각하해야 한다는 다수의견을 비판하며 별개의견을 달았다. 그에 따르면 "청구인은 이 사건 파견결정에 관하여 일반 국민의 지위에서 사실상 또는 간접적인 이해관계를 가진다고 할 수는 있으나, 이 사건 파견결정으로 인하여 청구인이 주장하는 바와 같은 행복추구권 등 헌법상 보장된 청구인 자신의 기본권을 현재 그리고 직접적으로 침해받는다고는 할 수 없다. 결론적으로 이 사건 심판청구를 각하하여야 한다는 다수의견에 동의하나 청구인은 이 사건 파견결정에 대해 적법하게 헌법소원을 제기할 수 있는 자기관련성이 없다."[53]

별개의견은 통치행위 취소청구소송을 '당사자적격' 결여로 각하하는 독일 사례와 같은 맥락의 논리전개를 펼치고 있으며, 그 점에서 다수의견과 비교할 때, 통치행위 문제에서 더욱더 적극적인 심리자세를 보인 것으로 평가할 수 있다.

2. 앞에서도 서술했듯이, 통치행위의 이론적 근거로서의 내재적 한계설은 1987년 헌법체제 이후 사법자제설로 대체되고 있다. 대법원은 "입헌적 법치국가의 기본원칙은 어떠한 국가행위나 국가작용도 헌법과 법률에 근거하여 그 테두리 안에서 합헌적·합법적으로 행하여질 것을 요구하며, 이러한 합헌성과 합법성의 판단은 본질적으로 사법의 권능에 속하는 것"이라고 하여 통치행위는 사법권의 내재적 한계에 속한다는 이전의 판시내용과는 달리 통치행위에 대해 판단하는 것도 "본질적으로 사법의 권능"이라고 보았다. 그러면서 "법원 스스로 사법심사권의 행사를 억제하여 그 심사 대상에

51) 김유환, 2024, 4쪽.

52) Ekkehart Stein, *Staatsrecht*, 432쪽.

53) 헌법재판소 2004. 4. 29. 선고 2003헌마814 결정.

서 제외하는 영역"을 인정하되, 다만 "과도한 사법심사의 자제가 (…) 법원의 책무를 태만히 하거나 포기하는 것이 되지 않도록 그 인정을 신중하게 하여야 하며 그 판단은 오로지 사법부 만에 의하여 이루어져야 한다"고 판시하였는데,[54] 이는 명백히 사법자제설의 관점을 취한 것으로 이해된다.

물론 이 판결에는 "남북정상회담의 개최는 고도의 정치적 성격을 지니고 있는 행위라 할 것이므로 특별한 사정이 없는 한 그 당부를 심판하는 것은 사법권의 내재적·본질적 한계를 넘어서는 것이 되어 적절하지 못하다"고 한 원심판단의 법리를 수긍하는 부분도 있어 대법원이 통치행위의 근거로 사법자제설만을 채택했다고 단정하기는 어렵다. 그럼에도 불구하고 이 판결에서 주목할 부분은 위에서 인용한 것처럼 통치행위를 사법자제설의 관점에서 정의한 대목이라고 하겠다. 사법자제설은 위에서 보았듯 헌법재판소에 의해서도 수용되고 있다('국군파병결정').

그런데 통치행위 관념을 인정하는 논거의 변화는 법원(혹은 헌법재판소)이 A라는 입장 혹은 학설 대신에 B라는 입장 혹은 학설을 채택하였다는 단순한 사실 이상의 의미를 갖고 있는 것으로 보아야 한다. 우선 헌법재판소처럼 "국민의 기본권에 관련되는 한 재판의 대상이 된다"고 보는 이상 내재적 한계설만을 통치행위의 이론적 근거로 제시하는 것은 어딘가 논리적으로 맞지 않다. 통치행위도 사법심사의 대상이 되지만, 자제한다는 논리가 새롭게 추가되어야 한다. 그래야 앞뒤 잴 것 없이 각하할 사안에서는 주로 내재적 한계설으로, 각하할 것은 아니고 본안심리 끝에 기각해야 할 사안에는 주로 사법자제설을 적절하게 동원할 수 있게 된다.

이런 변화, 즉 사법자제설이나 적극적 사법심사 자세의 등장이 그냥 일어날 수는 없다. 사법자제설 자체는 공권력 행사에 대한 사법적 심사가 상당히 발달해 있는 상황에서 제기될 수 있는 학설이기 때문이다. 일단 사법심사가 가능해야 자제도 할 수 있다. 이렇게 본다면, '대법원 2004. 3. 26. 선고 2003도7878 판결'에서 법원이 "어떠한 국가행위나 국가작용"도 "합헌성과 합법성의 판단"을 받아야 하며, 그러한 판단은 "본질적으로 사법의 권능에 속하는 것"이라는 선언한 것은 국가권력 내부에서 **사법부가 차지하는 위상과 역할에 대한 강화된 자의식을 반영**한다고 보아도 좋다. 여기에는 그 사이 정비되고 괄목할 만하게 발전한 행정재판제도 등 사법권의 위상 강화가 배경으로 자리잡고 있다.[55] 이러한 변화는 강력한 행정권에 맞서는 강력한 사법권의 확립이라는 긍정적 측면만 갖고 있는 것은 아니다. 앞서 말한대로 사법지배를 강화함으로써 민주적 결정에 의한 제도의 급격한 변화를 방지한다는 신자유주의적 측면도 아울러 갖고 있다.

54) 대법원 2004. 3. 26. 선고 2003도7878 판결.

55) 이계수, "통치행위", 행정판례연구회, 행정판례평선, 박영사 2011, 19쪽.

2. 마르크스주의 정치경제학은 법치국가(형식적 법치국가, 사회적 법치국가)의 등장을 어떻게 설명하는가?[56)]

1. 마르크스주의 정치경제학은 법치국가를 부르주아 계급, 자본가 계급이 지배계급이 되는 자본주의의 등장과 함께 역사적으로 창조되고 실천되며 유포된 법 개념이자 원리로 이해한다. 법치국가원리는 전(前) 부르주아적 사회관계와 부르주아적 사회관계의 질적 차이를 보여준다. 전 부르주아 사회에서는 경제적 지배와 정치적 지배가 아직 분리되지 않았다. 노예 소유자나 봉건적 지주는 자신들의 노예와 농노를 인격적으로 지배했다. 이 지배관계는 (오늘날의 관점에서 보면) **정치적 권력관계이자 경제적 착취관계**를 동시에 표현한다.

그러나 부르주아 · 자본주의 사회에서는 경제적 착취와 정치적 지배가 분리된다. 토지와 생산수단의 소유자는 (그 소유에 딸려 있었던) 사법(司法) · 행정(polizeilich) · 군사상의 기능 – 이 기능들이 그에게 정치적 권력을 부여한다 – 을 갖지 않는다. 따라서 경제적 지배는 더는 인격적 성격을 갖지 않으며 개별 임노동자는 개별 자본가에 인격적으로 종속하지 않는다. 시장에 등장할 때 가령 한쪽은 노동력만 있고 다른 한쪽은 생산수단을 보유하고 있다고 해도 부르주아 사회의 구성원들은 법-권리적(rechtlich)으로 평등하고 자유로운 사적 소유자로서 서로 마주한다. 마르크스는 『자본론』에서 이 점을 다음과 같이 풍자적으로 표현하고 있다.

"노동력의 판매와 구매가 이루어지는 유통(또는 상품교환)의 영역은 사실 천부인권의 진정한 낙원이다. 이 곳을 지배하는 것은 오로지 자유 · 평등 · 소유 그리고 벤담이다. 자유! 왜냐하면 상품(예를 들어 노동력)교환의 구매자와 판매자는 오로지 그들의 자유로운 의지에 따라 구매자와 판매자가 되었기 때문이다. 그들은 법-권리적으로 자유롭고 대등한 인간으로서 계약을 맺는다. 계약은 이들의 의지가 공통된 법률적 표현으로 드러난 최종 결과물이다. 평등! 왜냐하면 이들은 오로지 상품소유자로서만 서로 관계하며 등가물을 서로 교환하기 때문이다. 벤담! 왜냐하면 양쪽 모두에게 중요한 것은 오로지 자기 자신분이기 때문이다. 그들을 하나의 관계로 묶어주는 유일한 힘은 그들 자신의 이익(즉 각자의 개별적인 이익, 각자의 사적인 이해)이 발휘하는 힘이다."[57)]

---

56) 이하의 서술은 다음 텍스트를 기초로 하면서, 필자가 그 내용을 적절히 보충한 것이다. Michael Heinrich, *Kritik der politischen Ökonomie – Eine Einführung*, 14. Aufl., 2018, 206-210쪽. 이 책의 우리말 번역은 미하엘 하인리히, 김강기명 옮김, 새로운 자본 읽기, 꾸리에, 2016.

57) 카를 마르크스, 강신준 옮김, 자본 Ⅰ-1, 도서출판 길, 2008, 261쪽.

따라서 부르주아 사회의 생산에서 발생하는 계급 간 지배관계는 그 이전의 모든 전(前) 부르주아적 사회의 그것과 완전히 다르다. 부르주아 사회의 정치적 형태, 즉 부르주아 국가도 또한 이전의 국가와는 구분되는 고유한 성격을 드러내는데 그것이 바로 **법치국가**이다. 전 부르주아 사회에서 인간들은 처음부터 법-권리적으로 불평등한 자로서 서로 마주했다. 권리와 의무는 각각의 신분 혹은 사회적 지위에 의해 결정되고 경제적 지배관계와 정치적 지배관계는 직접적으로 연결되어 있었다. 이와 달리 자본주의적 관계에서는 경제적 착취의 유지를 위해 직접적인 정치적 힘을 사용할 필요가 없다. 국가는 사회의 모든 구성원이 사적 소유자로서 행동하는 것만 **보장**해주기만 하면 된다.[58] 국가의 자립적이고 독립적인 힘은 타자를 사적 소유자로 상호승인하게끔 강제하는 데만 필요하다. 법치국가는 자기 시민을 자유롭고 평등한 사적 소유자로서 취급한다. 모든 공민은 똑같은 법률에 복종하며 똑같은 권리와 의무를 갖는다. 국가는 모든 시민의 사적 소유를 보호한다. 인간의 탈을 썼다면 누구나 똑같은 보호를 받는다.[59] 자본과 임노동 관계의 재생산은 적어도 발전한 자본주의 국가에서는 거의 직접적인 국가의 강제 없이 이루어진다. '노동자에 대한 자본가의 지배'를 위해서라면 '경제적 관계의 강제'로 충분하며 국가의 강제력은 예외적 사례에서만 필요하게 된다. 국가는 법치국가로서 시민을 그들의 계급과 관계없이 자유롭고 평등한 사적 소유자로 취급하고 그들의 소유물과 소유자로서의 거래관계를 보호한다.[60]

2. 그러나 자본주의 국가는 **형식적 법치국가**에 머무르지 않는다. 이 국가는 자본축적의 일반적 물질적 제 기반도 확보해준다. 단, 그 물질적 기반들을 개별 자본이 자본주의적 방식으로 생산해서는 도저히 이윤을 맞출 수 없는 경우에만 그렇게 한다. 이런 기반에 해당하는 것으로 자본주의적 생산에 부합하는 사회기반시설의 구축(특히 교통망과 통신망), 연구·교육시설의 정비, 중앙은행에 의한 가치가 안정된 화폐의 준비가 거론된다. 그래서 포르스토프는 행정의 일을 다음과 같이 묘사한다.

"국가는, 경찰을 통하여 공공의 안전 및 질서를 배려하고, 조세를 징수하여 그 자금을 알맞은 이용에 제공하고, 도로와 운하를 설치하여 그 곳에서의 교통을 규율하

58) 이런 맥락에서 최근 독일 공법학에서 주장되고 한국 행정법학 일부가 수용하고 있는 "보장국가(론)"도 자유주의 법치국가의 신자유주의적 변형에 해당한다고 평가할 수 있다.

59) 독일에서 봉건적·신분제적 구속들이 해체되는 과정은 1860년대에 와서야 비로소 완결되었다. 또한 1867년의 북독일연맹법과 1871년 독일 제국헌법은 모든 공민(Staatsbürger)의 법적 평등을 확실하게 보장했다. 데이비드 블랙번/제프 일리, 최용찬/정용숙 옮김, 앞의 책, 151쪽.

60) 자본의 가치증식은 항상 새로운 영역을 정복해가고 있으므로, 최근의 인터넷의 예가 보여주는 것처럼, 사적 소유관계는 변화된 제 조건 아래에서 재삼재사 새롭게 수립되어야만 한다.

고, 직업안정소를 통하여 노동력을 분배하여 노동력에 대해 사회보장에서의 보호 및 배려를 하며, 학교, 대학, 박물관 및 극장을 운영하며, 에너지 경제를 컨트롤하며, 사회적으로 중요한 조직 및 기업에 국가의 재정상의 원조 및 기타 원조를 하며, 자신의 은행을 통하여 화폐제도의 담당자가 된다.-이러한 기능 전부에 대해 국가는 행정(권)을 행사한다."[61]

이러한 역할을 해낼 때 국가는 엥겔스가 말한 것처럼 **"관념적 총자본가"**(ideeller Gesamtkapitalist, MEW 20, 260)로 행동한 것이 된다. 이 경우 국가의 이해(利害)는 개별 자본분파나 개별 자본가의 특수이해와 충돌하기도 한다. 따라서 우리는 정부가 특정 개별 자본을 직접적으로 우대하는 사례가 법적 쟁점으로 등장하면 그것이 하나의 스캔들인지 아니면 그것이 부르주아 국가에 본질적인 면모인지를 판단해야 한다.

자본주의적 축적에서 본질적인 전제는 임금노동자의 존재이다. 임금노동자의 재생산은 자본이 지불하는 임금에 의해 가능해진다. 경쟁하는 개별 자본에게 임금은 (노동보호 · 사고방지 조치 등과 완전히 똑같이) 최대한의 이득을 획득하기 위해 최소화되어야만 하는 비용요소에 불과하다. 자본이 강력한 노동조합이나 혹은 그와 유사한 형태의 조직들의 저항에 직면하지 않는다면 과잉 노동시간, 건강을 해치는 노동조건, 기아(饑餓)임금이 부과되고, 노동력이 드디어 장기적으로는 재생산되지 않게 될 것이다. 끝없이 더 많은 가치증식을 구하는 자본의 충동에는 노동력을 파괴하는 경향이 내재해 있다. 개별 자본가는 이것을 알아도 자신들이 파산하는 것은 피하고 싶으므로 이 경향을 크게 바꿀 수는 없다. 국가의 강행법(Zwangsgesetz)은 자본이 자신의 착취대상을 파괴하지 않게끔 노동력을 보호해야 한다. 법률상의 표준노동일(이것에 대해서는 『자본론』 제1권 제8장을 참조)과 노동 현장에서의 사고방지와 건강 보호를 위한 규정들 그리고 법률상의 최저임금(혹은 독일의 사회부조처럼 임금의 최저한으로서 기능하고 있는 최소한의 국가원조)은 자본의 가치증식 가능성을 확실히 제한하는 것이지만 장기적으로는 그 가능성을 보증한다.[62] 이것이 **사회적 법치국가**이다. 그러므로 사회적 법치국가는 '사회적'이라는 수식어에도 불구하고 법치국가의 틀을 벗어나지 않는 개량주의적 개념이다. 프란츠 노이만은 사회적 법치국가 개념을 만들어낸 헤르만 헬러가 사회민주당 내에서 개량주의적 노선을 대변하고 있었다고 비판한다.[63]

---

61) Ernst Forsthoff, *Lehrbuch*, 1-2쪽.

62) 미하엘 하인리히, 김강기명 옮김, 앞의 책, 301-302쪽.

63) Franz L. Neumann, "Zur marxistischen Staatstheorie(1935)", in Franz L. Neumann, *Wirtschaft, Staat, Demokratie. Aufsätze 1930-1954,* Frankfurt/Main, 1978, 134-143쪽.

3. 2번에서는 "전 부르주아 사회에서는 경제적 지배와 정치적 지배가 아직 분리되지 않았다. 노예 소유자나 봉건적 지주는 자신들의 노예와 농노를 인격적으로 지배했다. 이 지배관계는 정치적 권력관계이자 경제적 착취관계를 동시에 표현한다"고 설명했다. 그러므로 이 지배관계 아래에서는 정치적 권력자가 경제적 착취도 어느 정도 통제할 수 있었다는 말이 된다. 평등한 법-권리를 확립한 부르주아 사회가 경제적 착취면에서 더욱더 가혹하게 될 수 있는 까닭은 무엇일지, 또한 이러한 착취사회에서 벗어나기 위해 19세기 자본주의 단계에서는 어떤 운동들이 전개되었는지 아래의 글을 읽으며 토론해보자.

"자본주의는 그 시작단계에서부터 법적으로 자유로울 뿐 아니라 경제적으로는 자신의 노동력을 팔도록 강제당하고 있는 자유로운 임노동에 의존하고 있었다. 따라서 수공업, 상업 및 농업에 종사해온 기존의 독립 소(小)소유자들의 재산권 수용(Enteignung) 및 프롤레타리아트화 과정이 자본주의적 생산양식의 발흥 및 봉건적-신분제적 구속의 해체와 동시에 진행되었다. 생산력, 자연지배의 과학 및 기술의 엄청난 약진과 대조적으로 이러한 프롤레타리아트화에 의한 대다수 대중의 사회적·심리적 빈곤화가 나타났다.

전 자본주의 사회는 법적 불평등, 지배계급에 의한 정치적 억압 및 경제적 착취에도 불구하고 그 구성원들에게 일정한 사회보장을 제공했다. 농노와 하녀 및 도제의 수입은 한 가정을 먹여살리기에 충분하지 않았으므로 지배계급은 이 집단의 달갑지 않은 빈곤화를 막기 위해 결혼허가에 관한 엄격한 법률들을 공포하기는 했지만, 노동시간을 코뮨의 법률로 정확히 제한하는 조치도 취했다. 예컨대 15세기 광산노동은 대략 주당 36시간이었다. 도제의 교육은 법률 규정에 따라 이루어졌다. 민간, 교회 및 코뮨의 빈민구제는 적어도 최악의 빈곤은 완화시켜 주었다. (…) 자유주의의 승리로 **사회적 보호조치는 제거**되었다. 그런 조치들은 경제의 자유로운 발전, 개인의 법적 평등 원칙 및 국가의 사회 개입 금지와 맞지 않았다. 이러한 자유주의적 구호 아래 이제는 노동시간의 급격한 연장, 값싼 여성 및 아동노동의 사용증가, 무산계급에 대한 무자비한 착취가 실행되었다. (…)

매일 14시간에서 16시간까지 과중한 노동을 강요받았던 프롤레타리아트에게, 심지어 많은 경우 5살이나 6살 나이에 공장에 보내져 그 곳에서 항상 똑같은 동작을 되풀이해야 했던 아동들에게, 공장에서는 엄한 명령체계의 지배를 받고 자유시간에는 빈곤지구에서 거주해야 했던 사람들에게 자유주의 국가의 성과들 - 인격의 발전, 인간존엄의 불가침성, 계약과 소유의 자유 - 은 그저 의미없는 미사여구 이상이 결코 될 수 없음은 명백하다. (…) 자유주의 이론이 내세우는 것처럼 능력과 노력으로 소유권자의 지위에까지 올라갈 수 있는 실질적인 기회를 얻을 수 있다는 주장은 더 이상 현실적이지 않으므로 하층계급의 사회적 상황을 개선할 유일한 선택지는 자유주의의 극복 외에는 없었다. 그래서 오랜시간의 투쟁으로 쟁취한 법률들, 즉 **노동시간 제한법**(1833년 영국에서는 12시간으로 제한), **아동노동금지법 그리고 노동조합 설립 허가에 관한 법**(가장 먼저 1824년 영국) 등은 자유주의의 근본원칙들을 이미 파기한 것들이다. 물론 이에 대해 기업가들은 그때마다 떠들썩하게 부르주아적 자유의 침해라고 민원을 제기했지만 말이다(나아가 이런 법률들 때문에 경제적으로 파산한다고 떠벌리기도 했다). 형식적 계약자유를 이렇게 제한하는 것에 대해서는 칼 마르크스도 아주 중요한 진보로 평가했는데, 왜냐하면 '이것은 **노동자들이 동료를 규합하여 하나의 계급을 이룰 때 쟁취할 수 있는 국가법**이기 때문이다. 이 강력한 사회적 방지책은 노동자들로 하여금 자유의지에 따라 자본과 계약을 체결할 수 있게 해준다. 이로써 그들은 자신과 자신의 계급을 죽음과 노예상태에 팔아넘기지 않을 수 있는 것이다.'[64] 이에 노동운동이 조직되면서 노동자계급은 임금과 노동시간을 위해 투쟁에 나서는데 그들은 인격의 자유로운 실현 및 인간의 존엄성이라는 자유주의 공리를 실현하려면 사회질서 전체를, 무엇보다 소유권제도(Eigentumsverfassung)를 변혁해야 한다는 사실을 곧장 깨달았다.

이렇게 해서 사회주의 운동이 조직되었지만 흥미로운 사실은 이와 나란히 소생산자 사회 및 중세적 길드체제로 되돌아가는 것에서 (자본주의 문제를 해결할) 유일한 구원책을 발견했던 흐름도 형성되었다는 점이다. 낭만주의는 이런 경향성을 문학적으로 표현했다. 소규모 자영업자층에서는 오늘날까지 이 흐름이 중요한 역할을 하고 있다."[65]

4. 마르크스주의 정치경제학의 사회국가 이해를 설명하고 이를 비판적으로 논평해보자.

노동자와 자본가 사이에서 교섭된 임금지불만으로는 노동력의 재생산이 불가능한 경우 국가는 자신의 역할을 노동력 파괴의 저지에 국한하지 않고 사회국가로서 노동력 재생산의 보장을 위해 나선다. 국가는 여러 종류의 사회보험을 만들어 자본주의 경제에서 노동력이 처해 있는 근본적인 위험으로부터 노동력을 보호한다. 가령 노동재해나 고령으로 인해 계속적으로 노동력 판매가 불가능할 경우(노동재해보험과 연금보험)와 병이나 실업으로 인해 일시적으로 노동력 판매가 불가능한 경우(건강보험, 실업보험, 사회부조)에 사회보험이 커버한다.

사회국가의 급부를 위한 재원은 그것이 사회보험의 분담금을 통해 조달된 것이건

64) 카를 마르크스, 강신준 옮김, 자본 I-2, 422-423쪽(번역은 필자 수정).

65) Reinhard Kühnl, 앞의 책, 46-48쪽.

아니면 세금을 통해 조달된 것이건 자본의 축적과정에서 유래한다. 사회적 총가치의 일부가 복지급부를 위해 사용되므로 잉여가치량은 줄어들게 된다. 이 공제(Abzug)는 노동현장에서의 사고방지와 건강 보호를 위한 규정들 그리고 최저임금법 등의 (노동) 보호규정들과 마찬가지로 개개의 자본가에게는 (축적의) 제한을 의미한다. 그런 점에서 사회국가로서의 국가는 최대한의 가치증식을 달성하려는 개별 자본의 직접적 이익을 침해하며, 이로써 개별 자본의 저항에 직면한다. 그러므로 사회국가의 급부는 대부분 노동운동이 투쟁한 결과 비로소 실현될 수 있었다. 사회국가를 노동운동의 "획득물", 노동자계급의 투쟁을 잠재우기 위한 (자본의) 양보라고 하는 이유가 여기에 있다. 실제로 사회국가의 급부로 임금노동자의 생활은 그것이 없는 경우와 비교할 때 훨씬 더 편안하고 안정화되었다. 하지만 주목해야 할 점은 결코 노동자들을 위한 일방적인 급부는 없다는 사실이다. 즉, 가끔 사람들이 주장하는 것처럼 그러한 급부가 자본주의를 극복하는 첫걸음을 의미하는 것은 결코 아니다. 오히려 그것은 자본주의에 부합하는 형태로 임금노동자로서의 존재를 보증한다.

한편으로, 노동자의 노동력이 질병, 사고 혹은 수요부족 때문에 일시적으로 가치증식이 불가능하게 된 때조차도 언제 재개될지 모르는 재고용에 대비하여 '노동력을 잘 관리된 상태'로 유지하는 것은 자본에게도 이득이 된다. 다른 한편 사회국가의 급부는 대부분 노동력의 판매(혹은 판매할 용의)와 결합되어 있다. 실업급여 및 노동연금 등의 급부는 직전 임금에 의존해 있다. 이것을 이용해 **국가는 노동자들을 규율한다**. 같은 맥락에서 노동능력은 있지만 노동하지 않고 실업급여 혹은 사회부조를 신청하는 사람에 대해서는 그가 노동력을 판매하고자 하는 적극적인 노력을 하는지를 보고 급부의 지급 여부를 판단한다. 만약 그러한 적극성을 보이지 않는다면 행정청은 훈육 수단(Mittel der Disziplinierung)으로 급부의 축소나 전면 거부를 선택한다. 따라서 사회국가의 급부가 있으니, 이제는 노동력 판매의 강제로부터 해방되었다고 생각하면 오산이다.[66] 현행 「국민기초생활보장법」 제3조 제1항은 "이 법에 의한 급여는 수급자가 자신의 생활의 유지·향상을 위하여 그 소득, 재산, 근로능력 등을 활용하여 **최대한 노력하는 것을 전제로** 이를 보충·발전시키는 것을 기본원칙으로 한다"고 하여 이를 잘 표현하고 있다(강조는 필자).

국가가 노동자의 노동능력을 살펴보고, 노동력 판매의 적극성을 급부지급 여부 판단에서 중요하게 고려하는 것은 「채무자회생 및 파산에 관한 법률」의 집행에서도 드러난다. 코로나19와 우크라이나 전쟁 이후 자영업자들의 폐업이 늘어나고, 질병과 부양 등으로 생계형 채무가 증가하면서 개인파산을 하는 경우가 많아졌다. 그런데 회생법원은 빚을 모두 탕감하는 개인파산보다 일부라도 갚게 하는 개인회생에 더 집중하는 모습을 보인다. 법원은 노동능력이 있다고 판단하면 주로 개인회생을 유도

66) 이상은 Michael Heinrich, 앞의 책, 212-213쪽.

하는 식의 보수적 관점을 택함으로써 사회국가의 자본주의적 한계를 여실히 보여준다.[67] 빚을 진 사람들은 죄인이나 구걸하는 자가 아니다. 그들의 부채는 일종의 '사회적 부채'다. 가계부채 문제는 사회복지제도와 사회 안전망의 안정성과 밀접히 관련되어 있다.[68] 짐은 지운 건 사회인데, 책임을 지는 건 오롯이 개인이어야 할까?

사회국가 원리가 계급적 성격을 갖고 있으며 사회국가에서 복지의 수급권이 일반적이고 보편적인 권리로서가 아니라 지배계급이 베푸는 시혜로 설계되어 있다고 해서 - 그 결과 복지의 '수혜자'는 구걸하는 자로 교묘히 변형된다[69] - 사회국가를 무시하거나 혹은 사회국가는 쉽게 획득될 수 있는 것이라고 말할 것은 아니다. 사회국가의 급부 대부분이 노동운동의 투쟁 결과 비로소 실현될 수 있었던 것과 마찬가지로 사회국가의 해석을 둘러싼 이데올로기 투쟁도 (초기에는) 만만치 않기 때문이다. 비록 현재는 그와 같은 투쟁이 아주 잠잠해진 상태지만 말이다.

5. 1949년 이후 독일 공법학의 지배적 견해는 사회국가원리를 어떻게 해석해왔을까? 사회국가원리의 자유주의적 – 보수주의적 해석은 어떻게 해서 독일 공법학 내에서 헤게모니적 지위를 획득할 수 있었는가? 이와 관련해서는 존 필립 투른의 『어떤 사회국가인가?』라는 책을 참고할 만하다. 이 책의 요지를 설명한 아래 서평글을 읽고 그 점에 대해서 토론해보자. 아울러 한국 공법학은 독일 공법학의 지배적 견해로부터 어떤 영향을 받아왔는지도 문헌연구를 통해 검토해보자.

존 필립 투른은 자신의 박사학위논문인 『어떤 사회국가인가? 1949-1990년 사이 독일 연방공화국 국법학이론 논쟁에 나타난 이데올로기 및 학문적 이해; Welcher Sozialstaat? Ideologie und Wissenschaftsverständnis in den Debatten der bundesdeutschen Staatsrechtslehre 1949-1990, 2013』에서 특정한 해석이 어떻게 해서 "지배적 견해"가 되었으며, 사회의 이데올로기 생산에서 헤게모니를 얻게 되었는지를 분석한다. 이를 위해 그가 택한 소재가 사회국가원리이다.[70]

---

67) "안전망 부재로 짊어진 빚, 사회가 고통 분담해야", 한겨레신문, 2024. 2. 8.자, 8면 참고.

68) 개인파산과 개인회생, 개인워크아웃 등의 채무조정제도 이용자 209명을 분석한 논문에 따르면 파산자 중 가장 높은 비중을 차지하는 이들은 '생활형'(생활비 · 의료비 · 교육비) 채무자들로 조사대상자의 37.8%에 달한다. 박정민/노법래, "과중채무자의 유형화와 특성 분석 – 개인채무자 지원제도 이용자를 중심으로", 사회보장연구 제33권 제4호, 2017, 93쪽.

69) 알란 헌트, 이상수 번역, "권리는 진보적 사회이념의 구현에 기여할 수 있는가", 민주법학 제7호, 1993, 305쪽.

70) 투른의 방대한 저작을 소개한 이하의 내용은 필자의 학문적 동료였던 **마틴 쿠차** 교수의 서평을 정

투른은 1951년 독일 국법학자대회의 주제였던 "수용과 사회화"부터 다룬다. 특히 한스 페터 입센의 발표를 중요하게 소개한다. 입센의 발표는 기본법 제15조의 '사회화'(Sozialisierung)를 독일 헌법의 경제정책적 결단의 내용으로 삼았다. 그는 법적 연속성의 단절없이 "자본주의적 질서의 해체"도 가능하다고까지 주장하였다.[71] 그러나 1950년대 사회국가논쟁에서 대표적 인물은 입센이 아니라 볼프강 아벤트로트(Wolfgang Abendroth)였다. 그는 1953년 독일 국법학자대회의 주발표자로서 자신의 입장을 개진하고자 했다. 그러나 독일 국법학자대회의 집행부는 사회주의 성향의 이 법-정치학자에게 발표기회를 주지 않았다. 하는 수 없이 그는 토론문의 형태로 자신의 견해를 개진할 수밖에 없었다. 아벤트로트는 바이마르 공화국의 사회민주주의 국법학자였던 헤르만 헬러의 입장을 이어받아 사회국가는 실질적 법치국가를 경제질서 및 사회질서에로 확장하는 것을 목표로 한다는 생각을 개진했다.[72] 따라서 헌법은 사회적 평등의 증대를 위해 경제질서에 형성적으로 개입할 수 있는 가능성을 입법자에게 부여한다고 보았다. 아벤트로트의 입장은 사회화를 가능성일 뿐만 아니라 헌법적 명령이라고까지 주장했던 입센보다는 확실히 더 소극적이었다.

아벤트로트 대신에 1953년 독일 국법학자대회의 주발표자로 나선 이는 보수적 국법학자인 에른스트 포르스토프였다. 그의 핵심 테제는 이러했다. 사회국가원리는 헌법의 명령이 아니다. 사회국가는 기껏해야 행정수준에서만 전개될 수 있다. 사회국가의 실현이 전적으로 행정의 손에 달려 있다는 의미이다. 이로써 그는 기본법 제20조 제1항이 명시한 "사회적 연방국가", 제28조 제1항의 "사회적 법치국가"라는 문언을 무시했다. 실제로 포르스포트의 입장은 국법학자 사이에서 다수의 지지를 얻지는 못했다. 투른이 자세히 설명하는 것처럼 그 대신 무늬만 절충설이 지배적 견해가 되었다. 그에 따르면 사회국가는 개별 사회정책을 수정·보완하는 제도(einzelne sozialpolitische Korrekturen)일 뿐, 현재의 경제적 권력관계를 개편하는 원리는 아니라고 한다.[73]

아벤트로트-포르스토프는 비교적 많이 알려져 있지만, 국법학자들(공법학자들)의 좁은 도제시스템 내부에서 헤게모니가 어떻게 만들어지고 유지되어 왔는지에 관해서는 여지껏 제대로 조명되지 못했다. 투른은 애써 이 부분을 밝혀낸다. 그에 따르면

리한 것이다. 투른의 저작을 높이 평가하면서 나에게 일독을 권한 이도 쿠차 교수이다. Martin Kutscha, "Wie die 'herrschende Meinung' zum Sozialstaat entstand", *Vorgänge* 208, 2015, 146-149쪽.

71) 입센은 정치적 좌파가 아니었다. 그럼에도 불구하고 이런 급진적인 주장을 한 이유는 그가 나치스에 복무한 법학자였기 때문이다. 그는 초기에 이런 급진적 주장을 통해 자신의 과거를 세탁하려고 했다. 초기 나치청산 국면이 지나자 그는 경제자유주의라는 원래의 입장으로 돌아갔다.

72) John Philipp Thurn, 앞의 책, 44쪽.

73) John Philipp Thurn, 위의 책, 85, 444쪽.

독일 국법학자협회 회원으로 등록된 쟁쟁한 학자 중 다수가 나치테러 정권을 정당화하는 출판물을 출간했던 자들이다. 이들의 오염된 과거는 거의 50년 동안 집단적 침묵 속에서 은폐되었다. 또한 국법학자대회에서 여성이 발표할 기회를 거의 얻지 못했다는 사실도 제대로 인식되지 못했다. 이 대회에 참여하는 이들은 남성 공법학자와 그들의 부인일 뿐 여성 발표자나 토론자는 가뭄에 콩나듯 했다.[74] 1979년이 되어서야 프랑크푸르트대학의 '여교수'인 일제 슈타프(Ilse Staff)가 처음으로 국법학자대회에서 발표할 수 있었다. 국법학자협회의 다수회원은 "국가와 사회에 대한 **자유주의-보수주의적 견해**"[75]를 공유하고 있었다. 아벤트로트와 헬무트 리더가 국법학자협회에서 탈퇴한 이래 좌파헌법학자들은 이 협회에서 더 이상 발언권을 얻지 못했다.[76] 좌파적 입장을 대변하는 몇 안 되는 사람들은 학문적 논쟁에서 배제되었다. 주류학자들은 그들의 주장을 정치적이라고 비난했고 그들 견해의 학문성을 부정해버렸다. 오늘날에도 여전히 유효한 이러한 배제방법의 놀라운 예는 포르스토프가 1954년에 그의 스승인 칼 슈미트에게 보낸 편지에서 확인할 수 있다. 포르스토프는 아벤트로트를 "**운동권 학생 같은 몽상가이자 결코 법률가라고는 할 수 없는 자**(jugendbewegter Phantast und in keinem Sinne ein Jurist)"[77]라고 폄하했다. 유명한 사회민주주의자 노동법학자인 볼프강 도이블러가 조목조목 분석하여 1973년에 출간한 "공동결정의 기본권"이라는 논문을 서평하면서는 "학문의 장을 정치수단으로만 이용한" "정치적 투쟁을 의도한 팸플릿"이라고 낙인찍었다.[78] 국법학자협회에 남아 있던 몇 안 되는 "진보적" 학자들은 이러한 배제 메커니즘을 피해가려고 자신들의 입장을 "보수적" 혹은 "원래는 자유주의적"인 것이라고 주장하는 식의 방어적 태도를 취했다.[79]

---

74) 1981년의 국법학자대회 보고 중에도 여전히 "200명 이상의 참가자와 그들의 부인들"이 언급된다. John Philipp Thurn, 위의 책, 273쪽.

75) John Philipp Thurn, 위의 책, 442쪽.

76) John Philipp Thurn, 위의 책, 569쪽.

77) John Philipp Thurn, 위의 책, 110쪽, 각주 499번.

78) John Philipp Thurn, 위의 책, 368쪽, 각주 544번.

79) John Philipp Thurn, 위의 책, 530쪽. 이 대목에서 쿠차는 자신의 학위논문에 대한 당대의 비판을 소개한다. 쿠차는 이른바 "과격파 지침"(Radikalenerlass)을 헌법적으로 비판하는 논문을 제출하여 박사학위를 받았다. Martin Kutscha, *Verfassung und 'streitbare Demokratie'. Historische und rechtliche Aspekte der Berufsverbote im öffentlichen Dienst,* Pahl-Rugenstein, Köln 1979. "과격파 지침"은 빌리 브란트 연방수상의 주도 아래 주지사들의 합동회의에서 채택되었다(1972년 1월 28일). 공식적으로는 극좌와 극우의 반체제적 인물을 공직에서 추방하는 것을 목표로 했지만, 극우에 대한 조치는 거의 없었고, 사실상 좌파조직에 참여한 시민들만을 표적으로 했다. 이 지침 이후 실제로 350만 명이 조사를 받았고(대부분 교사 지망생) 11,000명에 대해 공직금지를 위한 절차가 진행되었다. 이 중에서 실제로 1,500명에 대해 공직취임금지가 명령되었다. Katharina Schipkowski,

연구의 끝부분에서 투른은 1990년 이후의 발전을 조망하였다. 국법학은 정치를 멀리해야 한다는 식의 주장이 많지만 이것은 순전히 이데올로기일 뿐이다. 이는 1989/1990년 당시 통일독일을 위한 헌법제정이 논의될 때 사회적 기본권을 채택하자는 제안에 대해 대다수 국법학자들이 보인 격렬한 비판만 보아도 충분히 입증된다. 계속 진행되는 유럽연합으로의 통합과 사회국가를 헌법상의 명령으로 정착시키는 일이 같이 갈 수 있는 길인가를 예견해볼 때 그 답은 비관적으로 나온다. 사회국가에 의해 동력을 부여받아 경제질서에 개입할 수 있게끔 헌법을 개방하는 대신(즉 헌법이 그러한 개입에 빗장을 걸지 않고 입법자의 재량에 맡겨두는 대신) "자유경쟁을 내용으로 한 개방적 시장경제 원칙"을 유럽연합의 '헌법'으로 만들어버렸다(유럽연합의 기능에 관한 조약 제119조, 제120조). 이로써 독일의 지배적인 헌법해석, 즉 경제적 권력관계의 유지와 보존에 초점을 맞춘 헌법해석이 유럽연합 차원에서도 관철되게 생겼다.

"50 Jahre Radikalenerlass: Jagd auf Linke", *taz*, 2021. 12. 26.자. 이른바 "과격주의연구자"였던 에크하르트 예세는 '프랑크푸르트 알게마이네 신문'(1981. 8. 3.자) 기고글에서 쿠차의 박사학위논문을 "정통 마르크스주의를 이론적으로 옹위하는" 시도로 평가했다. 쿠차는 이러한 평가가 법학분야에서 경력을 시작하려는 자신 같은 사람에게 - 1950년대 60년대의 냉전 시기 뿐만 아니라 1980년대에도 여전히 - 일종의 사형선고를 의미했다고 술회한다.

제2편

행정과 법

06

행정법의 법원(法源)

6.1. 법원의 의의와 종류

6.1.1. 공법학과 법원 논쟁 - 법원 논쟁의 정치적 의의

행정법이란 행정을 규율하는 법이므로 이제 그 '법'의 의미를 따져 볼 때가 되었다. 법치국가원리를 행정법의 영역에서는 법치행정원리로 표현하는데, 법치행정원리란 결국 행정을 법으로 통제한다는 말이다. 그렇다면 행정을 통제할 수 있는 '법'에는 과연 어떠한 것들이 있는가? 행정법학에서 법원론은 바로 이러한 질문에 답하고자 한다.

법원(sources of law) 개념은 상당히 추상적이어서 법철학에서만 다룰 주제 같이 느껴진다. 특히 법의 자율성을 신봉하는 주류 법학자들은 법원(法源) 개념과 국가(권력) 개념의 상관성을 대체로 감추기에, 법이라는 게 마치 저절로 만들어지거나 어느날 해석자에 의해 발견될 것 같은 인상을 준다. 분명히 해둘 것은 직접 제정하는 방식이든, 아니면 이미 존재하는 규율을 승인하는 방식이든, 어느 규범에 법의 성격을 부여하는 것은 국가(권력)이라는 사실이다. 자연법론자들, 예컨대 역사법학파는 국가권력이 승인하든 않든 관습법이 가장 중요한 법원이라고 하며, 커먼로 전통의 영국과 미국에서도 국가와 완전히 분리된 법을 강조하지만, 법원(法院) 등 국가권력의 '승인' 없이는 관습법이든 **커먼로**(common law)든 - 영국에서 커먼로는 "잉글랜드의 중세 관습법을 모체로 삼아" 이를 발달시켜 형성된 것 혹은 "전통적인 관습법과 판례법"이 융합된 것을 말한다.[1] 커먼로 전통을 통해 우

1) 카츠다 아리츠네 외 편저, 문준영/성중모/조지만 번역, 개설서양법제사, 231, 234-235쪽.

리는 영국이 오랫동안 "좋은 옛법"(후술)의 전통을 지켜온 나라라는 점을 확인할 수 있다. 그렇다면 국가의 승인은 어디에 존재하는가? 일단 두 개의 논거를 들 수 있다. 첫째, 커먼로는 때로는 국왕권력에 협력하고 때로는 국왕권력에 저항했던 커먼로법원에 의해 형성되었다는 점, 둘째, 커먼로가 경직화할 때 영국은 형평법, 즉 에퀴티(Equity)라고 하는 별도의 법체계를 만들었다는 점이다. 특히 이 두 번째의 사실을 뒤집어서 이해하면 커먼로가 영국인의 '보통법'으로 존재할 수 있는 것은 에퀴티(일종의 국가제정법)에 의해 부정되지 않을 때라고 말할 수 있을 것이다[2] -존재할 수 없다. 이는 후술하는 관습법의 성립요건에 관한 논의에서도 확인할 수 있다.

이제 행정법 학습에 도움이 될 설명을 해보자. 행정이 국민에 대하여 불이익한 결정을 하려면(국가권력을 행사하려면) 그가 원용할 수 있는 규범적 근거가 있어야 한다. 혹은 반대로 국민이 행정의 불이익한 결정을 다투려고 해도(그 국가권력에 맞서려면) 그가 원용할 수 있는 규범적 근거가 필요하다. 법치국가 원리상 너무나 당연한 이야기다. 그래서 "법을 해석·적용할 때 원용할 수 있는 규범"[3]을 일단 법원이라고 이해하자.

예를 들어 행정이 자신이 만든 **행정규칙**에 근거하여 시민에게 '구속력'이 있는 결정을 내린다면, 행정은 그 행정규칙에 어째서 그런 규범적 힘이 부여되는지 답할 수 있어야 한다.[4] 그렇게 하지 못한다면 그 행정규칙은 규범의 세계에서는 사실상 '무'(nothing)와 같은 것이다(이른바 행정규칙의 성문법원성 논의).[5] 법원으로 인정받지 못한다는 뜻이다. 행정으로부터 불이익한 결정을 받은 자가 그 결정이 자신에게 지나치게 가혹하다고 주장하고(동일한 「도로교통법」 위반 사항이어도 출퇴근용으로 운전을 하는 사람과 영업용으로 운전을 하는 사람에 대한 운전면허정지처분의 의미는 다를 수 있다), 법원이 이 주장을 비례원칙의 관점에서 받아들인다면 비례원칙(상당성의 원칙)은 상대방인 시민이 원용할 수 있는 규범적 근거가 된다(불문법원으로서의 행정상 법의 일반원칙).

그런데 민법이나 형법에서는 효력의 근거 혹은 원천을 묻는 질문이 그렇게 중요한 의미를 갖지는 않는다. 사적 자치가 지배하는 민법에서는 어느 일방의 의사표시

---

2) 카츠다 아리츠네 외 편저, 문준영/성중모/조지만 번역, 위의 책, 230, 232쪽 참고.

3) 김철용, 2024, 87쪽.

4) "어떠한 법도 자신이 가진 규범적 성격의 연원에 대한 물음에 대답을 거부할 수 없으며, 또한 어떠한 법도 이 물음에 대답할 능력이 없어서는 안 된다." 구스타브 라드부르흐, 윤재왕 옮김, 법철학, 박영사, 2021, 69쪽.

5) 물론 그 행정규칙이 행정부 내에서 효력을 갖는 것은 별론으로 한다.

가 상대방에 대해 구속력을 갖는 근거가 1차적으로 자유로운 의사에서 도출되므로 법원의 문제를 따질 실익이 거의 없다. 형법에서는 죄형법정주의가 지배하므로 국가가 제정한 (국회) 제정법(Parlamentsgesetz) 외에 관습형법이나 법관에 의한 법률의 유추해석 같은 것이 허용되지 않는다. 그러므로 형법에서는 이른바 성문법이니 불문법이니 하는 논의를 할 실익이 없다.

반면 헌법이나 행정법과 같은 공법의 영역에서는 얘기가 다르다. 법률이 없으면 형벌은 없지만(nulla poena sine lege), 법률이 없다고 해서 국가행위가 멈출 수는 없기 때문이다. 1860년대 독일 **프로이센 헌법분쟁**/예산분쟁(1859–1866)[6] 당시 비스마르크가 대변한 이른바 흠결이론에 따르면 헌법규정에 흠결이 있으면 그 흠결은 구법, 즉 절대군주의 포괄적인 통치권이 채우게 된다. 당시 프로이센 헌법 제62조는 입법권은 군주와 양원이 함께 행사한다고 되어 있었고, 예산도 법률의 형식으로 제정하므로, 군주와 양원의 의사가 합치하지 않으면 예산법률이 성립하지 않는 문제가 발생한다. 이 경우 어떻게 해야 하는가? 헌법은 침묵하고 있다. 그렇다고 국가행위가 멈출 수는 없으므로 국왕이 예산에 대한 최종적 결정을 내려야 한다는 것이 흠결이론이다.[7] 이처럼 실정규범이 없을 때 어떤 국법행위가 가능한가 하는 질문은 매우 정치적인 논쟁점을 포함하고 있다.

국가와 법률의 결합에 대해 인식하면서, 모든 법률은 국가에 의해 창설되거나 허용되는 것임을 인정하는[8] 게오르크 옐리네크 같은 법실증주의자들은 법원이란 '법의 존재형식'이므로 헌법과 법률 그리고 법률의 위임을 받은 하위규범이 없는 한 구속력 있는 결정을 내릴 수 없다고 말한다. 반면, 자연법론자들은 법원이란 '법의 인식근거'이므로 (판사가) 어떤 규범을 법으로 인식해낼 수 있다면, 그것에 근거해 법적 판단을 내릴 수 있다고 말한다.[9]

연혁적으로 국법학(Staatsrechtslehre)에서 법원 논쟁은 법관의 법률에 대한 실질심사권, 즉 '법률위헌심사권/위헌법률심사권' 논쟁을 통해서 나타났다. 법률위헌심사권은

---

6) 비스마르크가 프로이센 국회 내 자유주의 세력과 벌인 분쟁이다.

7) 송석윤, "프로이센 헌법갈등 연구", 서울대학교 법학 45권 3호, 2004, 363-366쪽.

8) Georg Jellinek, *Allgemeine Staatslehre*, Berlin, 1914, 256쪽 이하.

9) 법원이란 "실정법의 인식근거"(Erkenntnisgrund für etwas als positives Recht)를 말한다. Alf Ross, *Theorie der Rechtsquellen – Ein Beitrag zur Theorie des positiven Rechts auf Grundlage dogmengeschichtlicher Untersuchungen*, Leipzig/Wien, 1929, 292쪽.

적어도 몽테스키외가 『법의 정신』에서 개진한 “**법률의 단어를 말하는 입**”으로서의 법관상이 강조되는 한 생각하기 힘든 제도이다.[10] 법률위헌심사는 법관이 법원을 법의 인식근거로 이해하여, ‘존재’하는 실정법률을 넘어 헌법, 자연법 또는 법의 일반원리로부터 법적 판단의 근거를 끌어올 수 있을 때 비로소 가능해진다. 이런 경우 법관은 법률에 의해 이미 주어진 해결을 찾아내는 데만 자신의 역할을 한정하지 않고 새로운 해결을 발전시킨다.[11]

법원을 법의 인식근거로 볼 것인가, 아니면 법의 존재근거로 볼 것인가 하는 논쟁은 법 이론상의 대립일 뿐만 아니라 - 19세기 영국의 법학자 존 오스틴이 “법이란 힘에 있어서 상위자(주권자)가 그 하위자에게 내린 명령”[12]이라고 말했을 때, 이런 주장이 보통법 전통의 영국사회에 던진 충격을 21세기 한국법학이 제대로 인식하기는 어려울지 모른다. ‘영국법학에서 그의 주장은 거의 수용되지 못했다’[13] - 국가 권력 내부의 정치적 대립이기도 하다. 즉, 법원론은 권력분립론의 응용사례이다. 의회가 독점적인 법률제정자로 등장한 근대 의회주의 - 입법국가에서 법원이란 원칙적으로 법의 존재근거일 뿐이다. 따라서 의회가 아닌 누군가가 제정법상 존재하지 않는 규범을 법이라고 인식하고, 그것을 법으로 통용시키고자 한다면, 그것은 곧 의회입법권자의 법률제정독점권에 대한 공격이 된다. 여기서 법원 논쟁, 즉 구체적으로 행정규칙, 관습헌법, 법관법의 법원성을 둘러싼 논의는 정치적 논쟁으로 비화한다.

6.1.2. 법원의 종류

전통적으로 법원의 종류를 성문법(원)과 불문법(원)으로 나누어 왔다. 일단, 자본주의는 성문법을 좋아한다고 말할 수 있다. 자본주의는 불문(不文)의 관계를 못 견뎌한다. 왜 그것이 법이냐고 반문할 때, ‘옛날부터 그래왔으니까 그렇다’라는 식의 답변은 이성적이지 않다고 생각한다.

---

10) 몽테스키외가 한 이 말의 의미를 어떻게 해석해야 할 것인가는 논쟁의 대상이다. 우선 다음 논문을 참고하라. 윤재왕, “‘법관은 법률의 입’? - 몽테스키외에 관한 오해와 이해”, 안암법학 30권, 2009, 109-145쪽. 특히 129쪽 이하.

11) Ekkehard Stein, *Staatsrecht*, 42-43쪽.

12) 심헌섭, 법철학, 법문사, 1982, 80쪽.

13) J. Ch. Gray, *The Nature and Sources of the Law*, New York, 1938, 85쪽; R. A. Eastwood/G. N. Keeton, *The Austinian Theories of Law and Sovereignty*, London, 1929.

자본주의적 관계의 발전을 위해서는 전국적으로 통일된 명문의 규정이 필요하다는 생각도 강하다. 프랑스 혁명 이후 대다수 유럽국가들이 성문헌법을 만든 이유이기도 하다. 그러나 이는 어디까지나 자본주의 초기 단계에서의 얘기이다. 후기 자본주의 단계에 이르면 법의 일반원칙이나 법관법 등 불문의 법원이 중요해진다. 법관법(판례법)의 특징은 개별 사례에 적합한 유연하고 실용적인 해결이다.[14)] 판례는 자본의 이익 확보라는 자본주의의 보편적 관심 아래 개별 사례들을 상황 적합적으로 해결하는 하나의 중요한 수단이다. 여기에 규제적 입법자의 개입을 개별 사안에서 회피하는 데도 불문법이 역할을 할 수 있다.[15)] 지방자치권 등 민주주의가 작동해야 하는 영역에서 법관법이 수행하는 보수적 역할도 눈여겨 볼 필요가 있다.[16)] 성문법이니 불문법이니 하는 얘기를 할 때는 우선 이런 큰 그림부터 그리고 들어가자. **먼저 다룰 대상은 성문법이다**. 성문법에는 헌법, 법률, 명령, 자치법규 및 국제조약·국제법규 등이 있다.

① 헌법부터 보자. 독일 기본법 제1조 제3항은 "이하의 기본권은 직접 적용되는 법으로서, 입법, 집행권 및 재판을 구속한다"고 규정한다. 따라서 독일에서는 실정헌법도 제정법의 의미에서 행정법의 법원에 해당한다. 우리의 경우에는 이런 규정이 없으므로 헌법이 제정법의 의미에서 행정법의 법원이 될 수 있는지가 논의될 수 있지만, 헌법을 근거로 행정법을 인식해낼 수 있다고 보는 한 – 예컨대 평등원칙이나 자기구속의 원칙과 같은 행정상 법의 일반원칙 – 헌법은 행정법의 법원이다.

② 법률은 국회가 만드는 (국회) 제정법을 의미한다. 예외적으로 대통령의 긴급재정·경제명령과 긴급명령은 국회법률은 아니나 법률의 효력을 가지는 것으로(헌법 제76조 제1항·제2항) 행정법의 성문법원 중 하나이다.

---

14) "대법원 등 법원의 판결문은 당해 구체적인 사안을 떠나서 일반적으로 타당한 이론이나 명제의 정립자체를 목적으로 기술되어 있는 것이 아니다." 김철용, 2024, 101쪽.

15) 이것을 앞에서 사법지배, 법률가정치, 법률가의 지배(Juristocracy)로 설명하였다.

16) 대표적 사례로 다음 판결을 언급해둔다. 대법원 2007. 3. 22. 선고 2005추62 전원합의체 판결. 이 판결에는 5인의 반대의견(이른바 '독수리 5형제')과 '반대의견에 대한 대법관 이홍훈의 보충의견'이 붙어 있다. 이 반대의견 보충의견은 "지방자치법 제157조(현행법 제188조 – 필자 추가)는 (…) 국가나 상급 지방자치단체가 지방자치단체의 자치사무에 대한 지도·지원이란 한도 내에서 시정조치를 할 수 있는 통제 관여범위에 관한 규정인바, 그 통제의 범위에 관하여는 헌법과 지방자치법이 보장하고 있는 자치권의 확보를 위하여 제한적으로 해석하여야 하므로, 그 '법령위반'의 개념은 일반적인 '위법'의 개념과는 달리 좁은 의미에서의 형식적인 '법령의 위반'으로 풀이하여야 한다"고 적고 있다.

법률 개념을 둘러싸고는 19세기 입헌주의 이래 논쟁이 많았다. 대표적인 것인 **법률의 일반성**(Allgemeinheit)과 관련한 논란이다. 특히 바이마르 공화국 당시 사회민주주의 세력이 의회에 들어오고, 이들이 입법의 형식으로 직접 '행정'을 하겠다고 시도했을 때 자본가계급과 기득권 세력들은 이를 **처분적 법률**(Maßnahmegesetz, 조치법이라 번역하기도 한다)이라 비판하였다.[17] 처분적 법률은 형식적 의미의 법률이기는 하나, 실질은 처분이어서 실질적 의미의 법률은 아니라고 보았다. 이런 구분은 19세기 독일 헌정사 - "군주로 대표되는 국가와 의회로 대표되는 사회의 긴장관계를 반영하는 정치적 산물"[18] - 에서 유래하는 이원적 법률 개념에 그 연원을 두고 있다. 아무튼, 형식적 의미의 법률과 실질적 의미의 법률은 대개 일치하지만, 처분적 법률처럼 양자가 불일치하는 경우도 종종 있는데, 이런 경우 의회를 견제하는 측에서는 형식적 법률이 "형식을 남용"(Formmissbrauch)하고 있다는 비판을 가하면서 때로는 그 규범의 효력까지도 부인하려고 한다.

이런 식으로 공격받는 적극적인 의회가 있는가 하면, 그 반대사례로 '통법부'라 불리는 의회도 있다. 의회가 통법부라는 오명을 쓰는 까닭은 중요한 행정법률의 상당수가 소관 행정부서에서 입안되기 때문이다.[19] 실제로 법안 제개정 과정에서 소관부서는 법률의 구속에서 벗어날 장치를 제정법 여기저기에 숨겨둔다. 대표적인 것이 재량조항이다. 시민의 입장에서는 이에 대한 방어막으로 예컨대 비례원칙으로 표현되는 법관법을 강조하지 않을 수 없다. 그래서 성문법주의를 취한다고 하더라도 법원(法源) 안에서 불문법의 비중은 결코 작지 않다.

③ 명령이란 국가행정권에 의하여 정립되는 법규, 즉 법규명령을 말한다. 대체로 법률이 입법사항의 대강(大綱, Rahmen, frame), 즉 골격을 규정하고 세부적인 사항을 명령에 위임하므로 실무적으로는 아주 중요한 법원이다. 법규명령 중에서 법률이나 상위 명령의 수권을 받은 것을 위임명령이라고 한다. 헌법이 정하고 있는 법규명령

---

17) 대표적으로 다음 문헌을 볼 것. Carl Schmitt, *Verfassungslehre*, 138 - 157쪽. 슈미트 『헌법학』의 제13장에 해당하는 부분이다. 장의 제목은 "법치국가적 법률 개념"이다. 슈미트는 ① 19세기 당시에는 모순·충돌하지 않았던 두 개의 법률 개념, 즉 법치국가적 법률 개념과 정치적 법률 개념이 20세기 바이마르 공화국에서는 충돌하고 있다는 점, ② 법치국가적 법률 개념의 핵심 혹은 마지막 보루는 규범의 일반성이라는 점, 이를 통해 평등원리를 주장할 수 있다는 점을 강조한다. 또한 규범의 일반성에 반하는 대표적인 '정치적 법률'에 해당하는 것이 바로 처분적 법률, 즉 조치법이라고 논박한다.

18) 정하중, "법률의 개념 - 처분적 법률, 개별적 법률 그리고 집행적 법률에 대하여", 공법연구 제24집 제2호, 1996, 185쪽.

19) 법제처 홈페이지 법령정보는 법령 옆에 소관부서와 그 부서의 전화번호까지 명기하고 있다.

의 형식으로는 대통령령, 총리령, 부령, 중앙선거관리위원회규칙 등이 있다. 헌법재판소와 대법원은 법규명령을 이것에 한정하지 않으며, 이른바 **법령보충규칙**을 인정한다. 그러나 "법규적 사항을 헌법에서 한정적으로 열거한 위임입법의 형식을 따르지 아니하고 법률에서 임의로 위임입법의 형식을 창조"하는 것은 위헌의 소지가 있다.[20]

공무원 인사나 행정소송 등과 관계되는 범위 안에서 국회규칙(헌법 제64조 제1항), 대법원규칙(헌법 제108조), 헌법재판소규칙(헌법 제113조 제2항)도 행정법의 법원이 될 수 있다.[21] 그런데 이들 국회규칙 등과 보통의 명령 간의 우열관계는 어떻게 될까? 보통의 명령과 계통을 달리하기 때문에 우열을 비교하기가 어려우나 대통령령과 같은 효력을 갖는 것으로 보는 것이 타당하다. "법률에 저촉되지 아니하는 범위 안에서" 내부규율 등에 관한 규칙을 제정할 수 있다는 헌법의 문언에 비추어보아도 이러한 해석이 타당하다.

④ 자치법규란 지방자치단체가 자치입법권에 의하여 "법령의 범위 안에서" 제정하는 자치에 관한 규정(헌법 제117조 제1항)을 말한다. 지방의회가 제정하는 조례와 지방자치단체의 집행기관이 제정하는 규칙이 대표적이다. 지방자치단체 이외의 행정주체도 자치법규를 제정할 수 있다(가령 대학의 학칙).

조례는 서열상 대통령령과 부령 아래에 있다. 따라서 교육부가 초·중등교육법 시행령을 고쳐 학생에 대한 모든 체벌 - 직접체벌은 물론 간접체벌까지도 - 을 금지하는 학생인권조례를 수정할 수 있다는 논리도 가능하다. 중앙정부의 이런 식의 개입을 막기 위해 헌법 제117조 제1항의 "법령의 범위 안에서"를 "법률의 범위 안에서"로 수정하면 문제는 해결될 것인가? 뒤에서 보듯이 법률이 (미리) 일정한 사항을 정해버리면(법률선점) 그와 다른 규제를 조례로 정하는 것은 쉽지 않은 일이어서 자치입법권의 범위와 한계를 둘러싼 논쟁은 여전히 남는다.[22]

흔히 자치법규=지방자치단체의 조례와 규칙으로 이해되고 있으나, 엄밀하게 말하면 자치법규는 그것보다 넓은 개념이다. 지방자치단체 외에 이른바 '**기능적 자치**' 주체인

20) 헌법재판소 2004. 10. 28. 선고 99헌바91 결정 중 재판관 권성, 재판관 주선회, 재판관 이상경의 반대의견.

21) 김철용, 행정법, 2024, 91쪽.

22) 일본국헌법 제94조는 "지방공공단체는 재산을 관리하고 사무를 처리하며 행정을 집행할 권한을 가지고, **법률의 범위 내에서** 조례를 제정할 수 있다"고 규정하고 있지만, 일본 지방자치법 제14조 제1항이 "보통지방공공단체는 **법령에 위반하지 않는 한에서** 제2조 제2항의 사무에 관하여, 조례를 제정할 수 있다"고 규정하여 국가의 법령이 조례보다 우위에 있음을 분명히 하고 있다.

대학, 상공회의소, 의사협회, 의료보험공단과 같은 사회보험기관(Sozialversicherungsträger), 방송국, 수리조합(Wasserverbände)[23] 등도 자치법규(Satzung)를 제정할 수 있기 때문이다.[24] 우리 대법원도 국공립대학이 "법령과 학칙이 정하는 절차에 따라 법령의 범위 내에서 제정 또는 개정한 학칙은 대학의 자치규범으로서 당연히 구속력을 갖는다"고 판시한 바 있다.[25] 다만, 국공립대학의 학칙을 이처럼 대외적 구속력을 가진 자치법규로 볼려면 그 대학의 법적 지위는 영조물이 아닌 공법상의 사단(법인)이어야 하는 것이 논리적이다. 그래야 기능적 '자치'라는 개념에 부합한다. "특정한 국가목적에 제공된 인적·물적 종합시설"[26]인 영조물이 기능적 자치를 할 수는 없기 때문이다.

자치법규는 법률 및 (법규)명령과 달리 국가(국가의 입법자, 국가의 행정입법자)가 아니라 법률상 국가로 편입은 되어 있지만, 독립된 조직에 의해 만들어진다는 점에 그 특색이 있다.[27] 이런 자치법규에도 법률유보의 원칙이 적용되는가는 검토가 필요하다. 전통적으로 독일과 한국의 교과서들은 이를 긍정한다. 그러면서 이 영역에서는 법률의 유보가 인정되더라도 느슨한 위임이 가능하다는 식으로 설명한다. 가령 기본법 제28조 제2항은 "게마인데에게는 법률의 범위 내에서 지역 공동체의 모든 사안을 자기의 책임으로 규율할 권리가 보장되어야 한다"고 규정하는데, 학설은 여기서 말하는 "법률의 범위 내에서"(im Rahmen der Gesetze)란 법률의 유보를 의미한다고 본다.[28] 다만, 자치권을 가진 행정주체는 "법률의 범위 내에서" 의무에 합당한 재량에 따라 임의로 자신에게 주어진 규범적 권한을 사용할 수 있으므로, 조례제정시에는 기본법 제80조(법규명령에 위임시 수권의 내용, 목적 및 범위를 법률에 규정할 것을 요구하는 조항)가 적용되지 않는다고 해석한다.[29]

독일에서 기능적 자치주체가 발령한 자치법규의 효력 유무가 다투어진 사례로는 전문의(專門醫) 결정이 있다.[30] 소(訴)를 제기한 자는 의사들이었다. 그들은 의사협회

23) BVerfGE 107, 59(91ff.). 이 립페수리조합(Lippeverband) 판결은 기능적 자치에 민주적 정당성을 인정한 리딩케이스이다.
24) Maurer/Waldhoff, 80쪽(4장 24번).
25) 대법원 2015. 6. 24. 선고 2013두26408 판결.
26) 헌법재판소는 법인화되기 이전의 국립서울대학교를 공법상의 영조물로 보았다. 헌법재판소 1992. 10. 1. 선고 92헌마68, 76(병합) 결정.
27) Maurer/Waldhoff, 80쪽(4장 24번).
28) 서원우, 전환기의 행정법이론, 박영사, 1997, 217쪽.
29) Ernst Forsthoff, *Lehrbuch*, 142-143쪽.

(의사들의 자치행정기관)의 자치법규로 확정된 의사의무 위반 때문에 징계법상의 징계를 받았다. 연방헌법재판소는 원칙적으로 직업을 규율하는 자치법규를 발령할 권한이 직업협회에 있다고 인정하였다. 그러나 민주주의원리, 법치국가원리 그리고 기본법 제12조의 직업의 자유의 관점에서 국가입법자가 기본적인 사항은 스스로 정해야 한다고 요구하였다.[31] 우리 대법원도 주택재개발조합 등의 자치적 단체법 영역에서는 느슨한 법률유보를 인정한다.[32] 헌법재판소도 공법적 단체에 대한 규율사항의 위임은 자치법 영역에 속하고 권력분립원칙을 훼손할 위험이 없기 때문에 포괄위임입법금지원칙이 적용되지 않는다고 하였다.[33] 다만, "국민의 권리와 의무의 형성에 관한 기본적이고 본질적인 사항"은 국회가 스스로 정하도록 했다.[34]

자치법규, 특히 조례에도 법률의 유보가 필요하다고 보는 독일과 한국의 통설적 견해에 대해서는 이의를 제기해보고 싶다. 자치법규인데도 국가의 위임이 있어야 제정할 수 있는가? 법률유보 원칙이 자치법규 영역에도 당연히 인정된다고 보아야 하는가? 이는 특히 **「지방자치법」 제28조 제1항 단서조항의 해석**과도 연결되어 있는 문제이다. 위 조항이 위헌이라고 보는 필자의 입장에서는 '자치' 영역에도 국가가 당연히 법률로 개입할 수 있다는 논리를 쉽게 받아들일 수 없다. 사실, 조례라고 하면 자주입법인 자주조례를 말하는 게 원칙이지만 실제로는 국가 법령의 위임을 받아 제정되는 행정입법인 위임조례가 훨씬 많다.[35] 따라서 우리의 경우 '조례와 법률의 우위'니 '조례와 법률의 유보'니 하는 얘기를 하는 게 큰 의미가 없는 실정이지만, 그래도 이 쟁점을 한번 검토해볼 필요는 있다.

헌법 제117조 제1항은 "지방자치단체는 주민의 복리에 관한 사무를 처리하고 재산을 관리하며, 법령의 범위 안에서 자치에 관한 규정을 제정할 수 있다"고 규정한다. 그런데 이를 받아 「지방자치법」 제28조 제1항은 다음과 같은 단서를 추가했다. "지방자치단체는 법령의 범위에서 그 사무에 관하여 조례를 제정할 수 있다. 다만, 주민의 권리 제한 또는 의무 부과에 관한 사항이나 벌칙을 정할 때에는 법률의 위

---

30) BVerfGE 33, 125(157ff).

31) Maurer/Waldhoff, 81-82쪽(4장 27번).

32) 대법원 2007. 10. 12. 선고 2006두14476 판결.

33) 헌법재판소 2006. 3. 30. 선고 2005헌바31 결정.

34) 헌법재판소 2011. 8. 30. 선고 2009헌바128 결정.

35) "자치조례보다 법령의 위임에 기하여 제정되는 위임조례가 압도적으로 많은 현실(이다)." 문상덕, "조례와 법률유보 재론", 행정법연구 제19호, 2007, 2쪽.

임이 있어야 한다." 이 단서의 해석이 바로 조례와 법률의 유보 문제이다.[36] 이때 조례는 당연히 자주조례를 말한다. 위임조례는 행정입법의 일종으로 보기 때문에 당연히 법률의 유보가 적용된다.

일단 한국 공법학자들의 주류적 견해는 이 단서 조항을 합헌으로 본다. 독일식 단체자치 사상을 기초로, 지방의회를 행정기관의 일종으로 보기 때문에 이렇게 해석해야 한다는 전제 하에, 결국 헌법 제37조 제2항을 끌어들인다. "국민의 모든 자유와 권리는 (…) 법률로써 제한할 수 있으며"에 주목하여, 기본권의 제한에 관한 법률유보원칙을 헌법이 명시하고 있으니 이렇게 해석하는 게 맞으며, 여기서 말하는 법률은 당연히 국회가 제정한 형식적 의미의 법률이라는 데는 의문이 없다, 라고 말한다.[37] 합헌론자들이 마지막으로 기대는 곳이 바로 헌법 제37조 제2항이다. 그러나 위 조항을 폐지하거나 혹은 한정적으로 해석하는 게 맞다고 본다면 어떻게 될까? 이 점에 관해서는 제8장 더공부해보기/생각해보기/토론하기 1번에서 검토한다.

⑤ "헌법에 의하여 체결·공포된 조약과 일반적으로 승인된 국제법규는 국내법과 같은 효력을 가진다"(헌법 제6조 제1항)고 규정하고 있으므로 조약과 일반적으로 승인된 국제법규 중에서 국내행정에 관한 사항을 정하고 있는 것도 행정법의 법원이 된다.

【판례】 대법원 2005. 9. 9. 선고 2004추10 판결 [전라북도학교급식조례재의결무효확인]

특정 지방자치단체의 초·중·고등학교에서 실시하는 학교급식을 위해 위 지방자치단체에서 생산되는 우수 농수축산물과 이를 재료로 사용하는 가공식품(이하 '우수농산물'이라 한다)을 우선적으로 사용하도록 하고, 그러한 우수농산물을 사용하는 자를 선별하여 식재료나 식재료 구입비의 일부를 지원하며, 지원을 받은 학교는 지원금을 반드시 우수농산물을 구입하는 데 사용하도록 하는 것을 내용으로 하는 위 지방자치단체의 조례안은 내국민대우원칙을 규정한 '1994년 관세 및 무역에 관한 일반협정'(General Agreement on Tariffs and Trade 1994)에 위반되어 그 효력이 없다.

이른바 **급식조례 사건** 판례인데, 노동권, 정치·사상의 자유와 관련한 국제인권규약의 국내법적 효력 인정에는 매우 소극적인 법원이 이례적으로 통상(通商)과 관련한 국제규범의 국내법적 효력 인정에는 관대하고 적극적인 이유는 무엇일까? "WTO 협정은

36) 후술하듯이 일본 지방자치법 제14조에는 이와 같은 단서 조항이 없다.

37) 박윤흔, 최신행정법강의(하), 박영사, 2004, 131쪽 참고.

헌법 제6조 제1항 상의 국제조약으로서 국가 간의 관계에 관한 구속력 있는 국제조약이고 행정부의 행위규범이지만, 동 협정을 국내 법원에는 직접 적용할 수 없다. 이는 비교법적으로 볼 때 특히 그러하다. 따라서 전북급식조례에 관한 판결에서 대법원은 WTO 협정 합치 여부를 조례무효확인의 근거로 삼지 말고, 조례가 관련법령인 학교급식법 및 동 시행령에 비추어 그에 '위반되지 않는 범위' 내에서 제정되었는지를 판단했어야 했다."[38] 그 점에서 이 판결은 세계화 과정에서 정치공동체로서 국가의 기능이 편향적으로 형성되어 갈 가능성을 보여준다.[39] 이런 '가능성'은 대법원 판결만이 아니라 헌법재판소의 결정에서도 확인된다. 헌법재판소는 국제법에 관한한 일관되지 않은 판결을 내리고 있다. 국제통상 관련 규범의 경우에는 이의 직접효력을 인정하고 있지만 국제인권규범의 경우에는 아무런 논거도 없이 이의 효력을 부인한다.[40] 헌법재판소가 '헌재 1991. 7. 22. 선고 89헌가106 결정'에서 국제연합(UN)의 "인권에 관한 세계선언"의 국내법적 효력을 부인한 것은 유명하다. 하나만 더 이야기하자면 이런 국제통상법 영역에서의 국제법규는 그 형식적 효력이 법률보다 상위에 있다고까지 주장되고 있다는 사실이다.[41]

사실 통상법을 통한 각국간 과다경쟁의 방지는 자본주의의 발전에서 매우 중요한 의미가 있다. 칼 마르크스는 『자본론』에서 자본 간의 경쟁이 자본주의 자체를 위협하지 않도록 조율하는 것이 국가의 역할임을 분명히 했는데, 이러한 조율은 통상법을 매개로 국가 간에도 일어난다. 위의 판례는 이를 잘 보여준다. 반면 노동자의 노동권이나 개인의 정치·사상의 자유 보장은 자본의 관심이 아니다.

⑥ 끝으로 행정규칙의 성문법원성이 문제가 된다. 이 점에 대해서는 앞에서도 간단히 언급했다. 우리의 통설은 행정규칙이 제정법의 의미에서 행정법의 법원은 아니라고 본다. 반면, 독일의 일부 학자는 이를 인정한다. 한국에도 독일의 소수설을 원용하며 이를 인정하는 견해가 있지만, 한국과 독일의 통치구조가 다르다는 점을 생각해야 한다. 독일은 의원내각제 국가이고, 사실상 책임장관제로 행정이 운영된

---

38) 김태호, "경제행정의 세계화: 행정의 통제규범으로서의 WTO협정?", 서울대학교 법학 46권 4호, 2005, 345쪽.

39) 김태호, 위의 글, 346쪽.

40) 김용훈, "헌법재판에 있어서의 조약 – 국제(통상 · 인권)법의 국내 실행과 관련한 판례를 중심으로 –", 유럽헌법연구 제10호, 2011, 101쪽.

41) 김철용, 2024, 96쪽.

다.[42] 이런 정치–행정구조라면 전문 행정영역의 행정규칙을 예외적이지만 행정법의 법원으로 인정할 수 있는 여지가 생긴다. 그러나 한국형 대통령제하에서 이런 주장을 쉽게 할 수는 없다.

다음은 불문법이다. 제정법의 형태로 존재하지는 않지만(법의 존재근거) 법관이 혹은 민중이 행정법의 법원으로 인식해낸(법의 인식근거) 규범이 불문법에 속한다. 법관법, 행정상 법의 일반원칙, 관습법이 있다. 관습법이나 행정상 법의 일반원칙(조리) 같은 것도 법관이 이를 행정법상의 법원으로 인정할 때 비로소 대외적 구속력을 갖는다고 본다면 불문법은 결국 모두 법관법(Richterrecht)으로 수렴한다.

이미 법원(法源)을 얘기하면서 민법학이나 형법학은 불문법을 행정법학만큼 열심히 검토하지는 않는다고 했다. 생각해보라. 죄형법정주의라는 말을 크게 떠드는 세상에서 불문형법에 의해 자신이 처벌될 수 있다고 하면 누가 이를 받아들이겠는가? 민법도 그렇다. 천 개의 조문이 넘어가는 방대한 민법전을 갖고 있는 민법학이 불문법에 관심을 가질 이유는 그리 많지 않다. 반면 행정법은 다르다. 현실의 법령 대부분이 행정법이지만 이것을 통할하는 일반법률도 그간 없었고 - 2021년에야 「행정기본법」이 제정되었고, 이 법률의 역할에 대해 논란이 있음은 이미 살펴보았다(3장 생각해보기 3번) - 민법에 비해 성문행정법령의 완결성은 떨어진다(4.2.1.) 그러니 이를 보충하는 불문법원을 행정법학이 깊이 논할 수밖에 없다.[43]

① 법관법을 교과서들은 판례법이라고 부른다. 법관법=판례법이라고 보아도 무방하지만, 넓게 보면 법관법은 판례법의 범주를 넘어선다. 사법부는 소송절차와 관련한 법의 제정에서 실질적인 입법자로 등장하는 경우가 많다. 대통령령과 같은 효력을 가진 민사소송규칙을 제정하는 외에,[44] 법원은 주로 소송규칙의 제정에서 일정한 역할을 감당하려고 한다. 또한 '성전환자의 성별정정허가신청사건 등 사무처리지침' 같은 대법원 예규는 성별정정요건을 명시한 법률의 부재상태에서 사실상 법규처럼 기능해왔다. 대법원은 2024년에 행정소송규칙을 제정하였다.[45] 필자가 판례법이

---

42) 예컨대 독일의 경우 연방 국방부장관은 평시 군통수권자이고(기본법 제65a조), 연방 재무부장관은 예산을 예정을 초과해 지출해야 하는 경우 및 예정외 지출을 해야 하는 경우 그에 대한 동의권을 갖는다(기본법 제112조).

43) Ernst Forsthoff, *Lehrbuch*, 144쪽 참고.

44) "대법원은 법률에 저촉되지 아니하는 범위안에서 소송에 관한 절차, 법원의 내부규율과 사무처리에 관한 규칙을 제정할 수 있다"(헌법 제108조).

45) 비판적 논평으로는 다음을 참고할 것. 김철우, "'행정소송규칙'에 관한 현황 및 법적 과제", 행정법학

라 하지 않고 법관법이라 부르는 이유에 대해서는 이미 설명했다(1.2.1.). 판례법이라는 용어보다는 법관법이라 하는 것이 법관에 의한 법 창조의 본질을 드러내는데 유리하다는 취지였다. 판사법이라 해도 되지만 우리 실정법상 엄밀하게는 법관과 판사는 구분하므로 이쪽을 선택했다. 또한 '법관이라는 말은 일제강점에 만들어진 용어로서 법의 독점자라는 뉘앙스도 담고 있다'는 비판도 있다.[46] 다만, 여기서 검토할 것은 행정소송규칙까지 포함한 광의의 법관법이 아니라, 흔히 판례법이라고 부르는 협의의 법관법이다.

법 적용은 단순한 포섭작용이 아니므로 법관은 여러 어려운 문제에서 스스로 그 판단기준을 설정하게 된다. 법관은 판결을 통해 추상적인 행정법규의 내용을 구체화하고, 관습법의 존재를 확인하고 그 내용을 명확히하며, 행정법규나 관습법이 없을 때 행정상 법의 일반원칙을 적용하여 분쟁을 법적으로 해결한다. 그 결과 판결에 의해 정립된 기준 또는 법리가 타당하다고 여겨져 그것이 이후에도 같은 종류의 사건에 대한 재판에서 준거가 되는 경우 법관법이 성립할 수 있다. 다만, 법관'법'은 그 성질상 국회제정법과 달리 어디까지나 제정법률의 흠결, 제정법률상의 의문스러운 부분을 보충하고 구체화하는데 그쳐야 하고, 그 한도 내에서만 법관법, 즉 판례법은 정당화될 수 있고 또한 유용하다.[47]

② 다음은 행정상 법의 일반원칙이다. 과거에는 이를 조리(條理)라고 불렀다.[48] 조리는 "일반사회의 정의감에 비추어 반드시 그렇게 하여야 할 것이라고 인정되는 것"이라고 풀이되는데, 이 정의에서 보다시피 내용이 상당히 추상적이다. 무엇이 정의로운 것인가에 대한 기준이 전혀 없고 구체적인 사정과 관련해서도 상당히 모호하다. 흥미롭게도 **민법 제1조**는 이 조리의 적용순서를 정하고 있는데, 그에 따르면 "민사에 관하여 법률에 규정이 없으면 관습법에 의하고 관습법이 없으면 조리에 의한다." 따라서 조리, 즉 행정상 법의 일반원칙은 보충적 적용을 그 내용으로 하는 최후의 보충적 법원이라고 할 수 있다. 물론 일부 견해는 그것은 어디까지나 민법의

第26호, 2024, 1-32쪽.

46) 박정훈 교수는 대한민국헌법과 「법원조직법」의 종합적 검토를 통해 법관과 판사의 용례를 구분한다. 특히 "대법원장과 대법관이 아닌 법관은 판사로 한다"는 「법원조직법」 제5조 제1항에 주목한다.

47) Mauret/Waldhoff, 87쪽(4장 42번).

48) 행정법 실무에서 조리라는 말은 거부처분이 성립하기 위한 핵심요건인 이른바 신청권과 관련하여 판례가 사용하는 '조리상 신청권' 정도에만 남아 있다.

얘기고 비례원칙, 평등원칙, 신뢰보호원칙 같은 행정상 법의 일반원칙들이 법률구체화'법', 법률보충'법'의 단계를 넘어, 이제는 법률과 대등하거나 경우에 따라서는 법률보다 우위에 서서 (국회) 제정법을 수정하거나 확대 혹은 축소 해석하는 지침역할을 한다고 주장한다.[49] 그러나 동의할 수 없다. 행정법학자들도 인정하듯이 민법조문 중에는 모든 법에 적용되는 일반원리적인 부분이 있다. 제1조가 이에 해당하는지는 조금 더 논의해보아야 하겠지만, 제1조가 민법만을 대상으로 한 조문이라고 단정할 수 없다는 건 분명하다.

③ 마지막으로 관습법을 언급해야 한다. 관습법은 사회구성원의 전부 또는 일부 사이에 다년간 계속하여 같은 사실이 관행으로 반복됨으로써 사회구성원의 법적 확신을 얻어 성립하는 법규범을 말한다.[50] 오늘날 관습법은 존재감이 없거나 혹은 환영받지 못한다. 다수의 행정법교과서들이 행정관습법을 정의하는 것조차 생략한 채 그것의 성립요건을 따지고 있을 뿐이다. 그러나 후술하듯이 관습법의 현대적 의의는 충분히 발견해낼 수 있다고 생각한다.

불문법은 정식으로 요건과 형식을 갖춰 법으로 제정된 것은 아니나 행정을 구속할 수 있는 규범이다. 행정과 대립하는 상대방은 자기 권리보호를 위해 필요하다면 이런 규범도 끌어들이려고 한다. 이러한 의도 혹은 취지에 가장 부합하는 것이 바로 행정상 법의 일반원칙이다. 다만, 상대방만 이런 수법을 쓸 수 있는 것은 아니다. 행정도 이렇게 할 수 있다. 성문의 법규정이 없어도 행정은 비례원칙을 내세워 자신의 행위가 '적법'하다고 주장할 수 있다. 가령 공익의 원칙은 행정이 상대방인 국민에 대해 처분을 할 때 그 근거로 끌어들일 수 있는 불문법원으로 기능할 수 있다 (6.1.1.). 물론 이 경우에도 반대사례는 있다. 공무원노동조합의 전임자(노동조합업무에만 종사하는 자)인 공무원이 파면처분을 다툰 사건에서 대법원은 "징계권의 행사가 임용권자의 재량에 맡겨진 것이라고 하여도 공익적 목적을 위하여 징계권을 행사하여야 할 공익의 원칙에 반하(는) (…) 이러한 징계처분은 재량권의 한계를 벗어난 처분으로서 위법하다"고 설시하고 있다.[51] 아무튼 행정상 법의 일반원칙은 법관법과

49) 김철용 교수는 "비례원칙은 일반적 · 추상적인 법률의 적용을 구체적인 경우에 완화하여 개별적인 정의를 실현하는 여과장치의 기능을 수행한다"고 적고 있는데(김철용, 2024, 107쪽), 법률의 적용을 구체적인 경우에 완화한다는 것이 제정법의 수정까지를 허용한다는 의미인지는 불분명하다.

50) 김철용, 2024, 98쪽.

51) 대법원 2008. 10. 9. 선고 2006두13626 판결.

별개의 존재라기보다는 개별 사례에 대한 판단인 판례를 일반화하는 과정에서 형성된 불문법이다.[52) 상급행정기관은 행정규칙을 발령하여 판례를 당해 사안에만 적용할 것을 명할 수 있는데 이는 판례의 성격상 일응 타당한 지령이라 할 수 있다.[53) 법원이 이에 맞서 자신들의 개별적 판단을 하나의 일반적 법원리로 끌어올리려고 하면서 법의 일반원칙은 구축되기 시작한 것이다.

6.1.3. 혁신자치체와 자주조례의 독자적 규제가능성

이 정도면 법원의 의미, 종류에 관한 설명으로는 충분한 것 같다. 이 단원을 마무리하며 그래도 한마디만 더 덧붙이고 싶은 것이 있다. 이제는 예전처럼 성문법(원)이니 불문법(원)이니 하는 얘기를 장황하게 하는 것은 의미가 없다는 사실이다. 나는 성문법과 불문법의 대립을 말하기보다는 (국회) 제정법과 (법원) 법관법의 대립을 전면에 내세우는 게 현실적이라고 생각한다. 대의기관인 국회가 제정한 법률조차도 헌법재판소의 판단이 어떻게 나오느냐에 따라 효력을 상실할 수도 있는 현실에서 성문법이니 불문법이니 하는 구분은 이미 낡은 도그마틱의 냄새가 난다.

> "독일 연방공화국처럼 의회제민주주의가 양대 정당 중심으로 운영되는 나라에서는 경쟁당사자인 각 정당들은 유권자들의 표를 의식한 나머지 정치적 위험부담이 큰 현안일수록 이에 대한 정치적 결단을 가능한 한 회피하려고 한다. (…) (이로써) 연방헌법재판소의 정치적 영향력은 그만큼 커질 수밖에 없다. 그러한 의미에서 연방헌법재판소의 급부상은 부르주아 헌법문화의 조락기에 볼 수 있는 일종의 정치적 병리현상이라고 할 수 있다. (…) 연방헌법재판소가 제4권력으로 우뚝 서는 데 한몫 거든 것은 결정의 구속력(기속력)이다. 연방헌법재판소법 제31조 제1항에 따르면, 연방헌법재판소의 결정은 연방의회는 물론 재판소와 행정관청도 구속한다. 그러나 연방헌법재판소의 결정이 연방의회를 구속한다면, 이것은 본(Bonn) 기본법 제20조 제1항의 민주주의 원칙에 어긋나는 것이다. (…) 그러나 문제는 여기에 그치지 않는다. 연방헌법재판소법 제31조 제2항에 이르면 사정은 더욱 복잡하다. 연방헌법재판소법 제31조 2항에 따르면, 추상적 규범통제나 구체적 규범통제의 경우 그리고 법

52) 다만, 독일의 연방행정절차법이나 한국의 「행정절차법」, 「행정기본법」은 이렇게 형성된 행정상 법의 일반원칙 중 일부를 입법화했으므로, 이들 원칙은 그 범위에 한해 불문법에서 성문법으로 전환되었다. Maurer/Waldhoff, 115쪽(5장 9번) 참고. 또한 「행정기본법」 제2장(행정의 법원칙)을 참고할 것.

53) Heiko Faber, *Verwaltungsrecht*, 70쪽 참고.

률을 심판대상으로 하는 헌법소원의 경우 연방헌법재판소의 결정은 법률의 효력을 갖는다. 이처럼 연방헌법재판소의 결정이 법률의 효력을 갖는다면, 연방의회는 법률의 제정이나 개정을 통하여 연방헌법재판소의 결정을 다시 파기할 수 있어야 한다. 그렇지 않으면 연방의회의 국민대표성은 물론, 신법우선이라는 법의 일반원칙도 설 자리가 없을 것이기 때문이다. 그럼에도 연방의회가 연방헌법재판소의 결정에는 토씨 하나 건드리지 못하고 연방헌법재판소의 결정에 좇아 법률의 손질만 해야 한다면, 연방헌법재판소의 결정은 법률의 효력이 아니라 초법률적인 효력을 갖는 것이나 다름없을 것이다. 이 같은 점을 염두에 둔다면, **연방헌법재판소를 가리켜 제2입법자 또는 상급입법자라고 부르는 것**도 사실은 무리가 아니다. 거기에다 결정주문은 물론 주요 결정이유까지도 구속력이 인정되어 이들이 사실상 초법률적인 효력을 갖게 된다면, 연방헌법재판소 재판관들의 입이 헌법이나 다름없는 반민주주의적 역리현상은 불을 보듯 뻔한 일이다."[54)]

그래서 '자본주의와 행정법'에 포커스를 맞춘 이 책이 쟁점으로 삼아야 할 것은 제정법과 법관법의 대립이 어떤 양상으로 전개되는지 하는 것부터, 각 규범들의 기능과 충돌이 자본주의의 발전 혹은 그 한계 극복에 어떤 역할을 할 수 있을 것인지를 면밀히 살펴보는 일이다. 우리는 독일 행정법과 미국 행정법을 비교하면서 제정법과 법관법의 대립양상도 자본주의 국가마다 다를 수 있다는 사실을 확인했다. 국가법과 자치법, (국가) 제정법과 관습법의 충돌과 그 해결방식도 마찬가지다. 어느 하나의 모델을 정답이라고 말할 수는 없다. 이 쟁점과 관련해서는 추가로 두 개의 과제를 더 언급하고 싶다.

첫째, 자본주의 국가의 전체 규범 체계 내에서 지방자치단체의 자주입법의 가능성과 한계를 검토하고, 밑에서부터의 민주주의를 확산하는 방법을 찾아보는 일이다. 자본주의 국가 안에서도 중앙정부와 지방정부(지방자치단체), 혹은 연방과 주(州) 그리고 기초자치단체의 권한 배분은 나라마다 다르다. 예컨대 한국과 일본은 단일국가체제이므로 중앙정부와 지방자치단체 간의 관계, 특히 자치입법권한의 범위와 한계를 설정하는 일이 중요한데, 양국은 다시 자치입법권의 인정범위에서 다른 모습을 보인다. 특히 일본은 **추가(追加)조례, 초과(超過)조례** 논의를 발전시켜 왔다. 추가조례를 일본에서는 횡출(横出)조례라고 하고, 초과조례를 상승(上乘)조례라고 한다. 일반적으로 추가조례는 법령과 동일한 목적으로, 법률이 규제하고 있지 아니한 대상까지 확대하

54) 국순옥, "헌법재판의 본질과 기능", 국순옥, 민주주의 헌법론, 2015, 358-359, 364-365쪽.

는 조례(대상확대조례)를 말하고, 초과조례는 법령과 동일한 목적으로, 동일대상에 대하여 더욱더 엄격한 규제를 하는 조례(규제기준강화조례)를 말한다. 둘째, 불문법으로서의 관습법의 현대적 의의를 재발견해내는 일이다.

우선 첫 번째 과제부터 얘기해보자. 일본의 지방자치권은 우리의 그것보다는 강력하다. 일단 자치입법을 제정하는 경우 현행 「지방자치법」 제28조 제1항과 같은 단서조항(법률의 유보)이 없다.[55] 이에 힘입어 실제 일부 대도시 지방자치단체가 시동을 건 입법적 이니셔티브는 1960년대와 1970년대에 혁신자치체운동과 결합하여 행정법적으로도 의미 있는 논쟁을 만들어냈다. 1955년 중앙정부 차원에서 자민당 체제가 등장하고 전국적으로 일당 지배가 공고해지자, 이를 우회하면서 국가를 개혁하려는 방법의 일환으로 혁신자치체 운동이 분출하였다. 혁신자치체 건설은 일본만의 독자적인 운동은 아니었다. 일본의 혁신자치체는 2차 대전 패전 직후 상당한 세력을 갖고 있었던, 이탈리아와 프랑스의 좌익세력을 중심으로 한 유로코뮤니즘의 (혁신자치체) 운동에서도 영향을 받았다.[56]

일본의 혁신자치체는 주로 1963년의 제4회 통일지방선거 이후 나타난, 사회당－공산당을 중심으로 한 혁신정당의 지지를 받은 수장(首長)을 가진 지방자치단체(자치체)를 말한다.[57] 전후 이들 자치체는 개혁, 지방분권, 지방자치의 역사에서 중요한 동력이 되었다. 1960년대에서 1970년에 걸쳐 중앙정부 차원에서 사회당－공산당의 득표는 늘어나지 않았지만, '신중간층'에 해당하는 사람들이 기존 정당의 틀을 넘어, 자민당 일당 지배 하에서도 체제의 안쪽에서부터 구조개혁을 추구했던 혁신자치체를 지지했다. 특히 1960년에 지역민주주의론을 구상했던 정치학자 마츠시타 케이치(松下圭一)는 이것을 '정권교체 없는 정책전환'으로 표현했다.[58]

혁신자치체는 도시정책 부재로 도시문제에 대응할 수 없는 국가에 맞서, 중앙정부의 법령이 불비하고 흠결이 있는 상황을 독자적인 법해석 혹은 입법적·준입법적 대응을 통해 매워나가는 시도를 했다. 1964년 요코하마시가 기업과 체결한 공해방지협

---

55) 일본 지방자치법 제14조 제1항은 다음과 같다. "보통지방공공단체는 법령에 반하지 않는 한에서 제2조 제2항의 사무에 관하여, 조례를 제정할 수 있다."

56) 특히 이탈리아 공산당(PCI)과 이탈리아 민중들은 혁신자치체 운동의 실천에서 예나 지금이나 선구적인 역할을 해오고 있다. 최근의 흐름에 관해서는 다음 문헌을 참고할 것. 마거릿 콘, 장문석 옮김, 래디컬 스페이스, 삼천리, 2013.

57) 横山桂次, "地方議会と「革新自治体」", 都市問題 80(7), 1989, 15쪽.

58) 稲葉年計, "革新自治体と労働組合運動からみる統治性 - 1970年代日本を中心とする「市民社会」と「管理社会」をめぐる歴史社会学的考察", 社会学論考 第30号, 2009, 2쪽.

정, 1969년 도쿄도가 제정한 공해방지조례, 효고현 카와니시(川西)시가 시작한 택지 개발지도요강(要綱)·경관보전요강, 1972년 요코하마시가 평화운동의 차원에서 시행한 자위관(自衛官) 모집업무의 중지 등이 이에 해당한다.[59]

이 중에서도 특히 문제가 된 것이 도쿄도의 **공해방지조례**와 같은 국가의 법령보다 규제를 강화하는 조례의 적법성이었다. 기존의 '법률선점(先占)론'에 따르면 법령이 이미 규제대상으로 하고 있는 영역은 법령의 규정으로 충분하므로 자주입법인 자치조례도 이를 무시할 수 없다고 보았다. 그렇다면 도쿄도의 공해방지조례 같은 것은 인정될 수 없다. 그러나 법령선점론을 곧이 곧대로 수용한다면 지방자치는 중앙행정의 지방 출장소 업무 정도로 전락하고 만다. 법령이 임시변통의 규제조치라도 먼저 한 이상, 그후 지역적 행정수요에 적합하게 합당한 규제를 조례로 할 수 없기 때문이다. 이로써 공해·환경행정에서 지역주민의 생명과 건강, 지역환경의 보존은 어려워진다. 그래서 나온게 수정 법률선점론이다. 지방자치단체가 초과(超過)조례로 규제하려고 할 때, 이미 존재하는 법령을 초과조례를 봉쇄하는 규제한도법령으로 볼 것이 아니라 최저기준법령, **전국차원의 최저기준**(national minimum standard)으로 보자는 게 이 견해의 골자다. 이런 입장을 반영한 리딩케이스가 도쿠시마시(德島市) 공안조례에 관한 최고재판소판결이다.[60]

【판례】 최고재 소화(昭和) 50년 9월 10일 대법정판결

"조례가 국가의 법령을 위반하는지 여부는 양자의 대상과 규정 문언을 대비(對比)할 분만이 아니라, 각각의 취지, 목적, 내용 및 효과를 비교하여 양자 간에 모순 저촉이 있는지에 의해서 이것을 결정하지 않으면 안 된다. (…) 어느 사항에 관하여 국가의 법령 중에 이것을 규율하는 명문의 규정이 없는 경우에도 해당 법령 전체에서 보아 위 규정의 결여가 특히 해당 사항에 관하여 어떠한 규제도 가하는 것 없이 방치하는 취지라고 해석될 때에 이것에 대하여 규율하는 조례의 규정은 국가의 법령에 위반되게 되고,[61] 반대로[62] 특정 사항에 대해 이것을 규율하는 국가의 법령과 조례가 병존하는 경우에도 후자가 전자와는 다른 목적에 근거하는 규율을 의도하는 것이어서 그 적용에 의해서 전자의 규정이 의도하는 목적과 효과를 전혀 저해하는

59) 稻葉年計, 위의 논문, 4쪽.

60) 最高裁昭和50年9月10日大法廷判決.

61) 이상은 법률 비선점영역에 대한 서술이다.

62) 이하의 내용은 법률 선점영역에 대한 서술이다.

것이 없을 때나 양자가 동일한 목적에서 나온 것이라고 하더라도 국가의 법령이 반드시 그 규정에 의해서 전국적 · 일률적으로 동일 내용의 규제를 가하는 취지가 아니라 각각의 지방자치단체에 대하여 그 지방의 실정에 따라 특별한 규제를 용인하는 취지일 때에 국가의 법령과 조례 사이에는 아무런 모순 · 저촉이 없어 조례가 국가의 법령에 위반되는 문제는 생길 수 없다."

일본에서는 도쿠시마시 공안조례사건 최고재 판결 이전부터 조례제정권의 범위와 한계를 둘러싼 논의가 활발했고, 이 판결 이후로도 이 판결의 법리를 한층 더 구체화하는 판결이 여럿 나왔다. 학설상의 논의도 활발하다.[63] 그러나 위 판결의 판시사항이나 수정 법률선점론의 논지 같은 것은 우리 실무에 거의 소용이 없다. 그것은 무엇보다 앞에서도 살펴본(6.1.2.) 현행 지방자치법 제28조 제1항 단서 때문이다. **수정 법률선점론**은 규제 분야에서 법률의 위임 없이 제정된 추가조례나 초과조례의 적법성을 널리 인정하기 위해 고안된 이론이고 판례이다. 그런데 우리의 경우 위 단서가 법률의 위임 없는 조례제정을 금지하고 있기 때문에 지방자치단체가 공해 · 환경영역은 물론이고, 대형마트 영업규제, 기후위기 대응을 위한 에너지공동체 구축 등에서 독자적인 규제를 하는 길이 처음부터 차단되어 있다. 이런 상황에서 추가조례니 초과조례니 하는 논의는 사실상 아무 실익이 없다.

우리와 비교할 때 일본 지방자치단체의 자치입법권은 지방독자의 규제행정의 전개가능성을 열어주는 듯이 보인다. 그럼에도 불구하고 일본의 혁신자치체 운동은 사실상 실패했다. 그렇다면 조례를 통한 강화된 규제가 불가능한 한국에서라면 혁신자치체 같은 것은 꿈도 못꾸는 게 아닐까? 한국 자본주의 체제는 그와 같은 규제시스템은 필요없다고 생각해왔다. 사실, 불균형발전은 자본주의 발전의 필연적 결과이지만, 모든 자본주의 국가가 한국과 같은 방식의 수도권 일극집중을 추구하지는 않는다. 그러므로 지역소멸이 전적으로 허울뿐인 자치(입법)권 때문이라고만 말할 수는 없지만, 그것이 지역의 공동화와 소멸을 가속화하는 데 기여했다는 것은 부인할 수 없다. 이런 나라에서 지역은 소멸하는 것이 아니라 소멸을 강요당한다.[64] '지방분권법이 지방 주민의 자치와 해방을 가져오기보다는 시장의 지배력을 오히려 강화한다'

63) 이에 관해서는 다음 논문을 참고할 것. 조연팔, "조례의 위법성 판단기준에 관한 연구 - 일본 德島市公安条例사건 이후의 판례분석과 그 시사점을 중심으로 -", 법학논집 제24권 제2호, 2019, 117-152쪽.

64) 박진도, 강요된 소멸 - 국민총행복을 위한 지역재생의 길, 한울, 2024 참고.

는 점은 이미 지적했다.[65] 지역소멸과 그 대책에도 유사한 맥락이 있다. 중앙정부와 자본이 지역소멸 담론을 펼칠 때에는 여기에는 반드시 현실의 이해관계가 개입된다. 그것은 개발주의 한국의 새로운 '발전전략'으로서의 메가시티의 건설이다. 우리는 이런 류의 개발주의 전략이 지역민을 얼마나 소외시켜왔는지를 익히 경험해왔다. 그러니 이제는 '메가'시티가 아니라, 읍면동에서부터 시작하는 민주주의, 자치입법운동을 주장해야 한다.

물론, 르페브르도 파리 코뮌의 역사를 연구하면서 깨달았듯이 사회주의나 공산주의, 아나키즘을 일개 도시에서 실현하기란 거의 불가능하다. 자치입법권, 자치행정권이 더 두텁게 보장되어 있는 서구 자본주의 사회라고 해서 상황이 크게 다르지는 않다는 뜻이다. 개별 국가를 넘어 유럽연합 차원에서 규제완화를 밀어붙이는데, 조그마한 게마인데가 할 수 있는 게 무엇이 있겠는가? 나아가 조금 더 큰 규모의 자치단체라고 해서 다르게 있겠는가. 그러나 언제나 비관만 해서는 변화를 이끌어낼 수 없다. 변화는 지역에서부터 시작되어야 한다. 어떻게 무엇부터 해야 하는가? 자본주의 행정법 하에서 법원론은 이런 부분까지도 생각해야 한다. 특히 자치규범이 지금과는 달리, 더욱더 주민참여적 입법절차를 통해 제정되어야 한다는 당위까지 고려한다면 말이다.

이 부분은 행정법학의 쇄신을 위해 앞으로 많은 연구를 해야 할 분야라고 생각한다. 지금까지 우리가 경험한 협소한 '세계'에서 벗어나 지방자치를 실험했던 사례들을 분석하고 그로부터 교훈과 시사점을 끌어내야 한다. 예컨대 우리처럼 단일국가체제인 스웨덴의 경우 복지국가의 실천이 주로 지방행정단위에서 이루어져 왔기에 상대적으로 자치단체의 권한이 강하다. 특히 자유콤뮨(frikommuner) 실험을 시도하여 몇몇 게마인데는 특정한 사안에 한해 국가적 규제로부터 해방되어 자치적으로 규제를 실시할 수 있는 권한을 부여받았다.[66] 또한 1981-1986년까지 존재했던 런던의 광역시의회(Great London Council, GLC)가 시도했던 급진적인 사회주의적 실천 등 행정법연구자들이 법리적으로 검토하여 새로운 가능성을 도출해낼 수 있는 선례들은 이미 존재한다.[67]

---

65) 제1장 더공부해보기/생각해보기/토론하기 4번.

66) 스웨덴 행정 및 자치행정에 관한 전반적 소개로는 다음을 참고할 것. Hellmut Wollmann, "Schwedische Verwaltung im skandinavischen Kontext-Zwischen Beharrung und Wandel", Klaus König et al. (Hrsg), *Grundmuster der Verwaltungskultur-Interdisziplinäre Diskurse über kulturelle Grundformen der öffentlichen Verwaltung*, Nomos, 2014, 537-558쪽 수록.

6.1.4. 관습법의 현대적 의의

행정법에서 관습법은 형법에서 만큼은 아니어도 그다지 환영받지 못하는 존재이다.[68] 행정의 법률적합성원칙에 비추어 볼 때 관습법의 인정을 쉽게 허용할 수 없다는 취지이다.[69] 그러나 꼭 그렇게 볼 것만은 아니다. 관습법은 다년간에 걸쳐 동일한 관행이 반복되고(객관적 요소),[70] 이러한 관행이 일반국민의 법적 확신을 얻어(주관적 요소) 법규범으로 인식 또는 승인된 것을 말한다. 행정관습법도 마찬가지다. 이것도 다른 관습법과 마찬가지로 "일반국민의 법적 확신을 얻어"야 하므로, 행정내부 혹은 법원의 실무가 지속되었다고 해서 관습법의 성립을 인정할 수는 없다. 적어도 그런 실무 혹은 관행이 국가-법 공동체의 법관념과 일치해야만, 즉, "보편적인 법적 확신과 객관적 의미에서 연결될 때" 행정관습법의 성립가능성을 논할 수 있다.[71] 그러므로 우리 교과서들이 들고 있는 행정선례법이니 민중적 관습법이니 하는 유형화는 혼란만 초래한다. 이하에서는 그냥 (행정)관습법이라고만 하겠다.

한편, 관습법의 정의 중 마지막 부분, 즉 "법규범으로 인식 또는 승인"과 관련하여 그 승인이 국가에 의한 것이어야 하는가에 관해 예전에는 논란이 있었다. 그러나 현재는 이러한 논란이 의미가 없다. 소수설인 국가승인필요설은 19세기 당시 라반트(Laband) 등 독일 법실증주의자들의 견해였다. 국가승인필요설은 제정법 우위의 사상에 입각하여 관습법은 관행과 법적 확신 외에 성문행정법규가 명시적으로 관행에 대하여 법적 효력을 부여하고 있는 경우 또는 묵시적으로 국가가 그것을 승인하는 경우에만 성립할 수 있다고 본다.[72]

관습법의 승인 문제는 초기 자본주의 단계에서 국가제정법과 관습법의 충돌이 문제가 되는 곳에서 특히 쟁점이 되었다. 관습법의 승인이란 (새로운 지배계급으로 등극한 자본가 계급의) 입법자에게 불리한 일정한 제한적 유보를 의미하기 때문이다. 예컨대 시민혁명을 통해 부르주아계급이 과거의 봉건적 제 특권을 철폐하고 근대법으로

---

67) 서영표, 런던 코뮌 - 지방사회주의의 실험과 좌파 정치의 재구성, 이매진, 2009.

68) 김유환, 2024, 28쪽.

69) 김도창, 일반행정법론(상), 149쪽 참고.

70) 관습법이 성립하려면 어느 정도 오래 지속되어야 하는가? 독일 연방행정법원의 판례(BVerwGE, 22, 299ff)는 1945년에서 1965년까지 지속된 것만으로는 관습법 성립에 부족하다고 하였다.

71) Ernst Forsthoff, *Lehrbuch,* 146쪽.

72) 김철용, 2024, 99쪽. 게오르그 옐리네크, 김효전 옮김, 일반국가학, 207쪽(원저 257쪽).

이행해갔던 프랑스와 달리 독일에서는 이 문제가 조금 더 중요하게 다투어졌다. 그러나 전체적으로 보면 서구 자본주의에서 이 쟁점은 부차적인 것이었다. 반면, 자본주의 생산양식 내에서도 아시아 지역에서 성문법과 관습법의 조율은 상대적으로 더 첨예한 문제였고, 지금도 그러하다. 특히 한 국민국가 내에 소수민족 공동체가 엄존하는 동남아시아 지역에서 이 문제는 여전히 살아있는 주제이다.[73]

관습은 그 성질상 보수적이라는 평가를 받아왔다. 관습에 따른 규범은 사람들 사이에 공유된 도덕이나 정신적 가치를 표현하기도 하지만, 쁘띠 부르주아적 편견, 인종적·종교적 불관용, 역사적으로 고착된 성별 차별을 반영하기도 한다. 그러나 꼭 이런 측면만 있는 것은 아니다. 예컨대 마을공동체의 공동자원을 대대손손 유지해올 수 있었던 이유가 오랫동안 지켜온 자율적인 규칙 덕이라고 한다면(입회권 사례), 우리는 이러한 관행을 다르게 평가할 수 있다. 관습법이 온갖 비리와 부조리를 관행이라는 이름으로 자행하는 세력의 부정한 권력을 정당화거나 묵인하는 수단이 되어서는 안 된다. 교사의 체벌을 관습법이라는 법리로 정당화하는 상황을 생각해보라.[74] 수용자 판결(BVerfGE 33, 1(9)) 이전까지 수용자의 기본권을 법률의 근거 없이도 제한해온 관행을 법적으로 정당화해준 것도 관습법이었다.[75] 그러나 반대의 경우도 얼마든지 상상해볼 수 있다. 사례를 하나 들어보자.

최근 귀농·귀어, 귀촌하는 사람들이 늘어나고 있다. 그런데 그들은 '원주민'이 주장하는 여러 관행에 부딪힌다. 마을 가구당 1표를 행사하는(사실상 남성 가부장에게만 1표를 주는) 대동회(마을회의)와 그 대동회가 뽑는 이장 그리고 이장단회의와 이장단협의회가 좌지우지하는 면단위 행정[76]과 이런 구조속에서 법적 근거도 없이 이주민이나 외지인에게 요구되고 있는 '마을발전기금' 같은 것들을 생각해보라.[77] 한마디로 '텃세'라 표현되는 근거 없는 권력행사나 관행을 관습법의 이름으로 정당화할 수는 없다.[78] 물론 이런 '텃세'를 원주민 탓으로만 돌릴 건 아니다. 이것이 마을 공동체의

---

73) 熊本一規, 公共事業はどこが間違っているのか - コモンズ行動学入門, 2001, 47쪽 참고.

74) BGHSt 6. 23; 11, 241.

75) Heiko Faber, *Verwaltungsrecht*, 72쪽.

76) 양미, 너무나 정치적인 시골살이 - 망해가는 세계에서 더 나은 삶을 지어내기 위하여, 230-242쪽.

77) 대체로 시골은 마을에 집을 짓든 이사를 오든 마을 공동체의 '허락'이 필요하다. 어떤 마을은 이장이 공공연하게 '마을발전기금'을 요구하기도 한다. 이 금액은 마을에 따라서는 가구당 500만 원에서 1,000만 원 정도라고 한다. 양미, 위의 책, 129-131쪽.

78) 이를 막기 위해 21대 국회 때는 '귀농어·귀촌 활성화 및 지원에 관한 법률 일부개정법률안'이 발

관행을 부정하는 외지 개발세력의 횡포를 막는 수단 혹은 '투쟁기금'이 될 수 있음도 인정해야 한다. 다만, 이런 주장이 가능하려면 마을(里) 단위에서부터 민주주의가 실천되어야 한다. 이런 조건 하에서라면 관습법의 면모는 혁신될 수 있다. 예컨대 공동자원(커먼즈)의 공동이용이라는 관습적 권리를 국가의 제정법이 전면적으로 부정할 때 이에 저항하는 관습법은 진보적이고 민주적인 역할을 수행할 수 있다. 그러므로 에른스트 블로흐 식으로 말하자면 **보수적·현상유지적 관습법**이 있고, **도전적·진보적 관습법**이 존재할 수 있는 것이다.[79)]

한편, 다수설과 판례의 입장인 법적 확신설에 의하면 관습법의 성립을 위해 국가의 승인이 따로 필요한 것은 아니라고 한다. 그러나 이 학설도 사실상의 관행이 법적 확신을 얻었는지 여부가 불명확 할 때 최종적으로 법원이 판단한다고 본다. 이런 판단이 결국 국가의 승인일 것이므로 양 학설 사이에 실제적 차이는 없는 것 아닌가 하는 의문은 들지만, 법원의 판단을 형성적인 것이 아닌 확인적인 것으로 본다면 양자를 구분할 수 있다. 후자처럼 생각할 때 커먼즈를 지키는 관습법의 의의를 살려나갈 수 있다. 특히, 국가와 시장의 실패 모두를 경험한 현재의 입장에서는 국가권력으로부터 상대적으로 독립한 법원(法源)의 모색을 게을리할 일은 아니라고 생각한다. 우리는 관료들이 국유재산이나 공유재산을 마음대로 매각해버리거나 용도전환을 해버림으로써 공유자원관리가 위기에 빠지는 상황을 계속해서 목격해왔다. 이를 통제할 법률은 어디에도 없거나 있어도 의미가 없는 경우가 대부분이다. 그 법률을 관료들이 만들기 때문이다.[80)] 관료들은 국유재산·공유재산을 우리 모두의 재산, 즉 커먼즈가 아니라 자신들의 쌈짓돈처럼 생각한다. 이런 상황, 즉 실정법률이 거의 아무런 역할도 하지 못하는 곳에서 관습법은 감시자로 등장할 수 있다. 현실이 이런데도 국가법의 우위만을 말할 것인가?[81)] 관습법의 예로 하천용수권이나 관행어업권 정도가 거론되고 있지만, 앞으로 **커먼즈 관리에서 민중자치**의 범위가 확대된다면 그 사례도 더 늘어 날 수 있음을 인정해야 한다.[82)]

의되기도 했지만 국회종료와 함께 자동 폐기되었다. 실정법률로 관행을 부정하는 일도 쉽지 않음을 보여주는 사례이다.

79) 에른스트 블로흐는 자연법을 이렇게 구분하였다. 자세한 것은 이계수, "법학, 어떻게 입문할 것인가"?, 민주법학 제54호, 2014, 504-506쪽.

80) 이계수, "도시민의 불복종과 도시법의 도전", 171-172쪽.

81) 포르스토프는 오토 마이어가 말로는 관습법의 존재를 부정했지만 실제로는 그렇지 못했다고 적확하게 지적한다. Ernst Forsthoff, *Lehrbuch*, 145쪽.

그렇다면 이러한 관습법과 성문법 간의 효력 관계는 어떻게 되는지 살펴보자. 행정법상의 관습법도 민사상의 관습법처럼 성문법을 보충하는 효력만 있다는 견해와 행정법상의 관습법도 일반 국민의 법적 확신에 기하여 법적 효력을 발생하는 법규범이라는 이유로 성문법을 개폐하는 독자적 효력을 인정하는 견해가 있다. 국가승인설의 입장에 선다면 보충적 효력설을 지지하는 것이 논리적이다. 왜냐하면 국가승인설은 성문법에 반하는 관행을 관습법으로 승인하지는 않을 것이기 때문이다. 반면, 법적 확신설에 입각하면서 관습법에 성문법을 보충하는 효력만을 인정하는 것은 논리적으로 일관되지 않다.

법적 확신설은 법적 확신만으로도 관습법이 성립한다고 말하는 것과 관습법에 성문법을 개폐하는 효력을 인정하는 것은 별개의 문제라고 말하는데 다분히 기교적 설명이 아닌가 싶다. 법적 확신설의 핵심은 국가의 승인 혹은 다른 말로 국가제정법이 아니어도 법이 존재할 수 있음을 인정하는 것 아닌가? 그럼에도 불구하고 법치행정의 원리를 앞세워, 성문법에 반하는 관습법의 효력을 부정하거나 관습법에 의한 성문법의 개폐가능성을 봉쇄하는 것은 모순이라 하겠다.[83] 법적 확신설을 취하는 한 관습법이 성문의 제정법을 개폐할 수도 있다고 보아야 한다.

【사례】 미합중국이 1787년에 제정한 법 중에 외국인 및 선동법(Alien and Sedition Acts)이라는 게 있다. ① 외국인귀화법(Naturalization Act), ② 우호적 외국인법(Alien Friends Act), ③ 적성외국인법(Alien Enemies Act), ④ 선동법(Sedition Act), 이렇게 총 4개의 법률으로 구성되어 있는 법이다. 2025년 3월 트럼프 대통령은 이 중에서 ③번 법률을 이용해 '체류자격에 문제가 있다고 생각하는' 외국인을 강제로 추방하는 명령을 발동했다. 동법은 체류외국인의 본국과 미합중국이 전쟁을 하는 경우, 그 외국인을 구속하고 강제퇴거시킬 수 있는 권한을 대통령에 부여하였다. ①②④는 한시입법이거나 폐지되었지만 ③만은 공식 실효절차가 없었다. ③도 공식 폐지되지는 않았지만, 트럼프의 조치는 위법하다고 보아야 한다. 동법은 내외국인평등주의 등 외국인의 지위를 헌법적으로 보장하는 민주적 헌정질서에 반하는

---

82) 관행어업권은 국가나 지방자치단체의 면허 또는 허가 없이도 마을 앞 갯벌에서 바지락 등을 채취할 수 있는 권리를 말한다. 이에 대한 법률관계는 그 마을의 관행에 따르게 된다. 뒤의 생각해보기/토론하기에서도 다시 지적하겠지만 우리의 입법실무와 판례는 국가의 승인 없는 위의 관행을 관습법상의 권리로 인정하지 않는데, 이는 다수설과 판례가 관습법 성립에서 법적 확신설을 취하는 것과 모순된다.

83) 김철용, 2024, 100쪽.

법률로서 관습법에 의해 폐지된 것으로 보아야 하기 때문이다. 포르스토프는 그간 폐지절차가 없이 방치되어온 작센왕국의 사치법(17세기부터 유래) 및 1750년 2월 21일자의 복장법(服裝法)의 효력을 지금와서 주장하는 것은 기괴할 뿐만 아니라 위법하다고 평가했다.[84]

독재정권의 제정법에 국민이 오랫동안 저항하고 그러한 시민 불복종이 국민 사이에서 법적 확신을 얻는다면 악법인 국가법이 '사실상' 폐기될 수도 있음을 인정해야 한다. 이것이 실질적 법치국가의 이념에 부합한다. 더욱더 중요한 사례는 공동자원의 관리에서 제정법보다 우월한 효력을 갖는 관습법을 인정하는 일이다. 관습법의 승인 문제가 근대 입헌국가 초기에 매우 논쟁적인 쟁점이었던 이유는 자본주의 시장 질서의 확립과 밀접한 관계가 있다. 관습법은 법적 확신의 성립을 전제로 하므로 사실은 전국 단위보다는 지역 단위에서 등장하기가 쉽다. 그 점에서 독일법은 **지방적 관습법**을 별도로 관례(Observanz)로 부른다.[85] 이런 관례는 통일된 시장 질서를 원하는 자본주의 경제에는 장애가 된다. 특정 지역에만 통용되는 공동체적 관례를 자본주의는 하나하나 지워나갔다. 부분적으로 이는 타당한 방향이기는 하다. 관습법이라는 이유로 낡은 질서를 법적으로 옹호할 수는 없기 때문이다.

그러나 모든 면에서 그런 것은 아니다. 예컨대 일본의 행정지도를 생각해보자. 우리로 치면 시장·군수·구청장이 영업허가를 취소하거나 정지할 사안을 일본의 경우 동업자조합의 자율적 징계나 제재로 해결할 것을 행정지도하는 사례가 많다. 이래서 일본의 행정소송 사건수는 타국과 비교할 때 그 수가 월등히 적다. 자율 규제를 봉건적 지배관계의 지속이라고 평가할 수도 있지만, 그것이 오랜 특정 영업 분야 혹은 특정 동업자조합 내에서 합리적으로 보존되어온 **관행(Geflogenheiten)에 따른 자치 규율**(행정법상 관습법의 일례)로 볼 수도 있으므로,[86] 이런 식의 해결을 무조건 배척할 일은 아니다.[87]

---

84) Ernst Forsthoff, *Lehrbuch*, 147쪽.

85) 관습법 앞에 종종 "지방적"이라는 수식어가 붙는 것은 지방 차원을 넘는 관습법을 만들어내는 일이 쉽지 않음을 방증한다.

86) 관행(Geflogenheiten)은 상법의 영역에서 오랫동안 존속해왔다. 예컨대 해상운송과 관련한 관행(Hafengeflogenheiten)을 들 수 있다.

87) 행정법영역에서 관습법의 성립을 부정적으로 보았던 오토 마이어도 경찰국가시대부터 계수한 국고이론에 근거한 행정관습법과 지방적 관습법은 인정했다. Otto Mayer, *Deutschtes Verwaltungsrecht*, Bd. 1, 3. Aufl., 89 - 90쪽.

사용자측이 노사합의(서면)가 아니라 노사관행에 의거 노동조합 운영비를 부담해오다가 어떤 일을 계기로 이 관행을 갑자기 깨버리는 경우에도 법적 문제가 발생한다. 운영비 지원은 보통은 금지된다. 노동조합이 사용자로부터 과도하게 경비를 지원받을 경우 노동조합의 자주성을 잃게 될 위험성이 크고, 사용자와 실질적 대등관계의 형성을 기반으로 한 근로조건 결정에 있어서 상대방의 지위를 확보하지 못할 수도 있기 때문이다. 그러나 헌법재판소는 운영비원조 금지조항과 관련하여, 단서에서 정한 두 가지 예외를 제외한 일체의 운영비 원조행위를 금지함으로써 노동조합의 자주성을 저해할 위험이 없는 경우까지 금지하는 것은 입법 목적 달성을 위한 적합한 수단에 해당하지 않는다고 보았다. 동 재판소는 노동조합이 근로3권을 실현하는 활동을 하는 데 도움이 되는 운영비 원조행위를 금지하는 것은 오히려 노동조합의 활동을 위축시킬 수 있다는 점 등을 근거로 위 조항에 대해 헌법불합치 결정을 내렸다.[88] 이 사례 또한 노사간의 관행을 국가법이 승인한 예로 볼 수 있다.

공물과 하천의 오랜 세월에 걸친 사용관계(예컨대 하천수리권, 별도로 임야나 농지로 사용되고 있지 않는 국공유지에서의 방목권) 등이 다년간의 관습에 의해 국민 사이에서 법적 규범으로 승인되기에 이른 경우에도 지방적 관습법을 인정해야 한다. 이 경우 행정청도 공물의 관리에서 위의 권리들을 무시할 수 없다. 실제로 일본 지방자치법 제238의6조 제1항은 옛 관례에 의한 공유재산의 사용권을 승인하고 있다.[89] 독일 연방행정법원과 하급심 판결 중에는 게마인데의 조례로 정하는 지구상세계획(Bebauungsplan)이 예외적으로 관습법에 의해 폐지될 수 있음을 - 혹은 적어도 기능상실(funktionslos)이 될 수 있음을 - 인정한 것이 적지 않다.[90]

마르크스는 그의 초기 저작에서 봉건귀족의 관습법과 빈민의 관습법을 구분하면서, 이성에 반하는 제정법에 맞서 **게르만적 공동이용권**(Gemeinnutzungsrecht)을 옹호하는 **빈민의 관습법**을 지지하였다.[91] 당시 프로이센국은 대지주들의 요구를 수용하여 새로이 '목재 및 기타 임산물의 절도에 관한 법률'을 제정하였고, 이 법률은 마르

---

88) 헌법재판소 2018. 5. 31. 선고 2012헌바90 전원재판부 결정.

89) 大浜啓吉, 行政法総論, 岩波書店, 2006, 26쪽.

90) BVerwGE 26, 282, 284f.; 54, 5, 7f.; 85, 273, 281ff.; 122, 207, 214 등. 기능상실이 아니라 관습법에 반하는 지구상세계획은 위법하게 된다는 견해도 있다. Maurer/Waldhoff, 84쪽(4장 35번).

91) 마르크스의 초기 저작인 "제6차 라인주의회 의사록 제3논설 - 도벌법에 관한 논쟁"(Debatten über das Holzdiebstahlsgesetz)의 번역은 다음에 수록되어 있다. 모린 케인, 알란 헌트 편저, 민주주의법학연구회 옮김, 맑스와 엥겔스는 법을 어떻게 보았는가, 터, 1991, 50-55쪽.

크스의 고향인 트리어(Trier)와 그 인근 지역에 적용되기 시작했다. 이로써 국가(프로이센)는 소농, 날품팔이꾼 및 도시빈민에 의해 증대되는 '목재절도' – 목재절도라고 표현하기는 하지만, 그 행위는 땔감으로 이용하기 위한 절도만이 아니고 가축 사료용으로 나무 열매를 훔친다거나 목탄으로서 이용하기 위해 가져가는 것 등 다양했고, 농민들은 이런 절도에 별다른 죄의식을 갖지 않았다[92] – 를 가혹한 조치들과 형벌을 동원하여 중지시키고자 했다. 마르크스는 이러한 상황에서 중세적 권리의 합리적 부분을 옹호하였던 것이다.[93] 오늘날에도 이런 해석을 이어받는 이들이 있다. 예컨대 영국의 역사학자 라인보우는 '중세적 권리의 합리적 부분을 옹호'함으로써 커먼즈(the commons)의 귀환과 재생이 가능하다는 주장을 펼친다.[94]

이런 해석 혹은 시도들은 '커먼즈(공유지)의 비극'을 넘어 '**커먼즈의 거버넌스**'(governing the commons)를 만들어내려고 하는 오늘날에도 유용한 기초를 제공한다. 예컨대 관습법으로서의 관행어업권이 헌법상의 기본권(재산권)으로 보호될 뿐만 아니라,[95] 행정법상의 공권으로까지 인정된다면 이 공권에 기초하여 공동자원(커먼즈)의 막개발로 나아가는 국가나 지방자치단체 권력에 맞설 수 있을 것이다. 그러나 현실에서는 이러한 지향에 정반대가 되는 일이 일어난다. 예컨대 칠레의 1980년 헌법과 1981년 수자원법은 수자원의 사적 소유를 우선시했다. 피노체트 독재 정권 이후 칠레 민중의 투쟁에서 물문제는 항상 중심을 차지하는 주제였다.[96]

그래서 엘리노어 오스트롬이 장기지속형 커먼즈를 위해 제시한 8개의 설계원칙 혹은 조건 – ① 커먼즈의 경계가 명확할 것, ② 커먼즈의 이용과 유지관리의 룰이 지역적 조건과 조화되고 있을 것, ③ 집단의 결정에 구성원이 참가할 수 있을 것, ④ 룰의 준수에 대해 감시가 이루어지고 있을 것, ⑤ 위반에 대한 제재는 정도와 맥락에 따라 단계적으로 이루어질 것, ⑥ 분쟁해결의 메커니즘이 갖추어져 있을 것, ⑦ 커먼즈를 조직하는 주체에 권리가 승인되어 있을 것, ⑧ 커먼즈의 조직이 중층형을 이루고 있을 것[97] – 을 행정법의 관점에서 잘 발전시

---

92) 的場昭弘, "モーゼル危機とマルクス", 一橋論叢 제100권 제2호, 1988, 41쪽.

93) 이계수, "동화와 법", 일감법학 제41호, 2018, 144-145쪽.

94) 피터 라인보우, 정남영 옮김, 마그나카르타 선언 – 모두를 위한 자유권들과 커먼즈, 갈무리, 2012.

95) 관습법은 규범의 모든 위계에서 성립할 수 있다. 형식적 법률의 위상을 갖는 관습법, 헌법적 위상을 갖는 관습법 혹은 조례의 위상을 갖는 관습법이 있을 수 있다. Maurer/Waldhoff, 95쪽(4장 60번). 관행어업권은 법률적 위상의 권리가 아니라 헌법적 위상을 갖는 권리라고 보아야 한다.

96) 피에르 다르도 외, 정기헌 옮김, 내전, 대중혐오, 법치 – 신자유주의는 어떻게 지배하는가, 50-51쪽.

97) 엘리너 오스트롬, 윤홍근/안도경 옮김, 공유의 비극을 넘어 – 공유자원관리를 위한 제도의 진화, 랜

켜나가는 일이 더욱더 중요해진다. 이상의 설계원칙 혹은 조건이 분명히 제시하고 있듯이 공유자원의 관습법상 이용자가 행정법상의 공권, 즉 개발사업계획인가, 실시계획인가 등을 다툴 법률상의 이익을 갖는 것은 커먼즈의 비극, 자본주의의 한계를 제어하고 공유자원을 지속적으로 관리하는데 일조할 수 있다.

6.2. 법원 상호 간의 관계

6.2.1. 법원 상호 간 관계론의 규범적 성격과 정치적 성격

행정법의 법원 상호 간에는 상위법 우위의 원칙, 신법(후법) 우선의 원칙, 특별법 우선의 원칙이 적용된다. 법원 상호 간의 관계를 따지는 이유는 규범 세계의 현실 때문이다. 첫째, 법률의 홍수, 규범의 홍수라는 말이 있을 정도로 - 다만, 1970년대 독일에서 이 말이 나오게 된 배경은 사회민주당 정권 하의 연방의회가 적극적으로 개혁 법률을 제정하거나 개정하는 것을 견제하는 의미가 있었다 - 많은 법률이 제정 · 개정되고 또 폐지된다. 둘째, 법률의 하위 규범도 많으며 법률과 조례의 관계도 자주 문제가 된다. 이미 살펴보았듯이 법률과 조례가 동일한 문제(예: 자동차 등록시 주차장 확보 의무부과)에서 각기 다른 내용을 규정하고 있다면, 이를 어떻게 처리해야 하는지는 실무적으로도 아주 중요하다. 셋째, 세계화가 진행되면서 국제법령이 한국의 행정실무를 규제하는 사례도 늘어나고 있다.

이처럼 양과 질 양면에서 늘어나고 복잡해진 규범 상호 간에 질서가 없으면 어떻게 될까? 행정을 구속하는 법규범이 증가한 현실에서 법규범 상호 간의 관계를 체계적으로 그리고 명확히 조정해두지 않으면 "법 아래서 법의 구속을 받아가면서" 형성적 국가 활동을 하는 행정에게 자칫 적용규범 선택의 재량권을 줄 수 있다. 쉽게 말해 행정은 자신의 결정을 뒷받침하기 위해 아무 규범이나 근거법령으로 끌어다 쓸 수 있다(특별법 우선의 원칙 위반 등). 이른바 자본주의 법적용 실무에서의 전략적 선택성(strategische Selektivität) 문제가 발생하는 것이다. 이로 인해 법질서에 모순이 발생하며, 법치행정의 실현에도 장애가 발생할 수 있다. 반면 법원 상호 간의 **수평적 · 수직적 체계 정합성**을 분명히 해두면 행정

덤하우스, 2010, 175쪽(내용을 필자가 부분적으로 수정하였다).

이 법을 적용함에 있어 자의적·전략적으로 행동하는 것을 막을 수 있다.

그래서 규범 세계에서는 체계 정합성이 중요하다. 수직적 체계 정합성(상위법 우위의 원칙)이니 수평적 체계 정합성(특별법 우선의 원칙)이니 하는 말이 나오는 것도 이런 맥락이다. 다만, 여기서 유의할 점도 있다. 규범 상호 간의 관계를 분명히 함으로써 법적용 실무에서의 전략적 선택성을 제어해야 하는 것은 맞지만, 체계 정합성을 절대적 원칙으로 주장하며 (개혁) 입법의 실무를 '무조건' 제약해서도 안 된다는 사실이다.[98] 칼 슈미트는 이렇게 말한다. "순수하게 규범적 성질의 완결적인 헌법 체계는 존재하지 않는다. 헌법률에 해당하는 일련의 개별적 헌법 규정을 체계를 갖춘 통일되고 질서잡힌 규범으로 취급하는 것은, 그 통일(통일성을 갖춘 규범)이 이미 전제되어 있는 통일된 의지에서 생겨난 것이 아닌 한 자의적이다."[99]

규범의 세계에서 체계라는 것은 규범적인 것(das Normative)인 것인 동시에 정치적인 것(das Politische)이다. 따라서 개혁과 지역 혁신을 위해서는 조례와 같은 '하위 규범'과 법률과 같은 상위 규범의 충돌을 정치적인 관점에서 해결해야 할 때도 있다. 그것을 오로지 순수하게 규범적인 성질의 완결적인 법 체계 논리로 해석하고, 혁신을 위한 규범 제정의 가능성을 전면 봉쇄하는 것은 그 자체가 매우 정치적인 법 해석이 될 수밖에 없다. 그런데 실상 지금껏 법학 교과서들이 법원론에서 해온 작업은 체계에 대한 위와 같은 물신주의적 해석이었다. 다수의 법학자들이 법과 사회, 법과 현실 사이의 긴장관계에 관심을 가져야 한다고 말해오면서도, 정작 이러한 다짐을 법원론과 같은 세부 주제에서 제대로 실천하지 못한 점에 대해서는 반성이 필요하다.

6.2.2. 상위법 우위의 원칙

성문법원은 형식적 효력에 있어서 차이가 있다. 따라서 형식적 효력이 하위인 성문법원은 형식적 효력이 상위인 성문법원을 위반할 수 없다. 일반적으로 말하면 헌

---

98) 법 제정 과정에서 체계 정합성 문제가 특히 논란이 된 최근 사례로는 중대재해처벌법이 있다. "중대재해처벌법은 기존 법률에서는 쉽게 찾아볼 수 없는 익숙하지 않은 구조의 법률로 제정에 대한 합리성 내지 타당성에 관해서는 찬반에 대한 입장 차이는 있을 수 있고, 중대재해처벌법의 체계적 정합성에 관한 비판은 참고할 만한 부분도 있다. 그러나, 그러한 이유로 이 법률의 잘못만을 지적하고 폐지 혹은 의미를 퇴색시키는 방향의 개정론만 제기하기는 것은 우려가 된다." 박채은, "노동안전형법으로서의 중대재해처벌법 - 경영책임자 처벌을 넘어 기업처벌로 - ", 노동법학 제89호, 2024, 263쪽.

99) Carl Schmitt, *Verfassungslehre*, 10쪽.

법, 법률, 명령(법규명령), 자치법규는 형식적 효력이 최상위인 헌법을 정점으로 법률, 명령(법규명령), 자치법규의 순으로 형식적 효력의 피라미드를 이루고 있다.[100] 하위법은 상위법을 위반할 수 없다. 만약 그러한 일이 발생하면 그러한 하위법은 무효가 되는 것이 원칙이다. 이를 두고 규범 상호 간의 위계질서라고 한다.

상위법 우위의 원칙과 법률의 우위원칙의 의미는 유사하지만, 양자는 일단 구분할 수 있고 또한 구분해야 한다. **법률의 우위**란 국회에서 제정하는 형식적 의미의 법률이 그 효력에 있어 행정권의 모든 활동보다 우위에 있다는 원칙을 말한다.[101] 행정권의 모든 활동에는 행정입법(대통령령, 부령 등의 법규명령)은 물론이고 행정행위, 행정지도와 같은 사실행위도 포함되므로 법률의 우위는 상위법 우위의 원칙보다 포괄하는 범위가 더 넓은 것은 사실이다. 그러나 법률의 우위가 문제 되는 경우란 실제로는 법규명령(조례 포함)이 법률과 충돌하는 사례로 국한된다.[102] 이때는 상위법 우위라고 하든 법률의 우위라고 하든 법률과 충돌하는 하위규범은 모두 효력이 없다. 반면 법률에 반하는 행정행위 사례에서는 법률의 우위 원칙의 '규범력'이 대폭 약화한다. 법률에 반하는 행정행위라도 원칙적으로 취소되지 않는 한 효력을 그대로 유지하기 때문이다.

법률의 우위 원칙은 처분절차를 포함하여 행정계획, 행정지도 등 행정의 여러 영역에 적용되는 「행정절차법」의 제정으로 더욱더 중요해졌다고 하나, 절차적 하자의 독자적 위법성을 인정하지 않는 독일과 같은 법제에서는 이 또한 큰 의미가 없다. 행정지도와 같은 사실행위에 법률의 우위가 어떻게 작용할지도 의문이다. 예컨대 「행정절차법」 제48조, 제49조상의 행정지도의 원칙과 방식에 위반한 행정지도의 법적 효력에 관해서는 별 논의가 없다.

한편, 오토 마이어는 법률의 우위를 "법률의 형식으로 표현된 국가의 의사는 법적으로 모든 국가의 의사표현보다 우위에 있다"[103]고 정의했으므로, 법률의 우위 원칙에 따라 하위 규범이 상위의 법률에 모순되는지 여부를 판단할 때에는 **법률의 내용이 결정적**이다. 다른 말로, 법률로 표현된 국가 의사가 내용이 없거나 존재하지 않

100) 김철용, 2024, 94쪽.

101) 김철용, 2024, 74쪽. "법률의 우위"에서 말하는 법률은 본문에서 지적한 것처럼 의회에서 제정하는 형식적 의미의 법률이라고 보는 것이 일반적이나, 형식적 의미의 법률 외에 법규명령과 관습법 등 불문법을 포함한 모든 법규범을 의미한다고 보는 견해도 있다. 김남진/김연태, 행정법 I, 2023, 35쪽. 또한 Maurer/Waldhoff, 126쪽(6장 2번).

102) Heiko Faber, *Verwaltungsrecht*, 91쪽.

103) Otto Mayer, *Deutsches Verwaltungsrecht*, 1. Band, 3. Aufl, 1924, 68쪽.

거나 혹은 하위규범이 규율하고자 하는 것과 다른 대상을 향해 있으면, 법률의 우위원칙 위반 여부가 문제되지 않는다.[104] 이는 앞의 추가조례, 초과조례 논의에서도 본 바이다. 법률에 규율대상이나 목적이 확정되어 있지 않으면 법률과 다른 추가조례를 제정할 수 있고, 규율대상이나 목적이 확정되어 있어도, 법률의 의사가 법률과 다른 하위규범을 허용하지 않는 취지임이 명백하지 않다면(전국 최저기준) 초과조례의 제정도 가능하다고 설명할 수 있다.

6.2.3. 신법 우선의 원칙, 특별법 우선의 원칙

상위법 우위의 원칙은 신법 '우선'의 원칙, 특별법 '우선'의 원칙과 구별해야 한다. 전자는 형식적 효력이 하위인 성문법원은 형식적 효력이 상위인 성문법원에 위반될 수 없다는 내용인 반면에, 후자는 형식적 효력이 대등한 성문법원 간 적용의 우선순위 문제를 따진다. 효력의 우위와 적용의 우선순위 문제는 구별해야 한다는 뜻이다. 따라서 상위법에 반하는 하위법은 그 자체로 무효가 될 수 있지만, 특별법 우선의 원칙에 따라 그 적용순위가 후순위로 밀리는 일반법은 당해 사안에서만 그 적용이 배제될 뿐이다.[105] 상위법 우위의 원칙이 상하 규범 간의 관계를 규율한다면, 신법 우선의 원칙과 특별법 우선의 원칙은 효력등급이 같은 규범 상호 간의 충돌을 - "서로 모순·저촉되는 관계에 있을 때" - 해결하는 원칙들이다.

통상 규범 피라미드에서 위로 갈수록 규범의 효력은 높아지나 그 내용은 추상적으로 되고, 아래로 내려갈수록 규범의 효력은 낮아지나 그 내용은 구체적으로 되므로 법률은 명령에 대해 효력면에서는 우위에 있으나 그 적용 순서에서는 후순위가 된다. 구청장이 영업허가취소처분을 내리려고 할 경우 규범 피라미드의 정점에 있는 헌법상의 '직업의 자유' 등을 고려하겠지만, 제일 먼저 찾아보는 규범은 대통령령이나 부령 등에 규정되어 있는 별표 처분기준이다. 구청장이 처분을 할 때는 가장 구체적인

104) Heiko Faber, *Verwaltungsrecht*, 91쪽.

105) 수 개의 법규가 특별법과 일반법의 관계에 있을 때 법규의 경합(Gesetzeskonkurrenz)이 일어난다. 법조경합이라고도 한다. 이와 구분되는 것이 청구권의 경합이다. 채무불이행이 동시에 불법행위의 요건을 갖추는 경우(예컨대 임차인이 임차물을 고의 또는 과실로 멸실하거나 훼손하는 경우) 청구권의 경합이 문제가 된다. 반면 공무원의 불법행위에 대해서는 국가배상법 제2조가 민법 제756조를 물리쳐서 우선적으로 적용되므로(법조경합), 이 경우에는 국가배상법에 의한 손해배상청구권만 생긴다. 곽윤직/김재형, 민법총칙, 69-70쪽.

지침을 제공하는 하위 규범에서부터 문제해결의 실마리를 찾는다는 얘기이다.

신법이 구법에 우선하는 이유를 설명할 때 민주주의 원리를 끌어들이기도 한다. 민주주의를 흔히 '다수의 지배'라고 하는데,[106] 이때 다수 앞에는 '지금, 이 곳의'라는 수식어가 생략되어 있다고 보면 된다. 그러므로 민주주의는 "지금, 이 곳의 다수 국민에 의해 국가정책이 결정되는 원리"인 셈이다.[107] 신법은 과거의 결정을 현재의 입법자가 바꾼 것이므로 신법과 구법 사이에 충돌이 있으면 신법이 먼저 적용되는 것이 원칙이다.

그러나 과거에는 그렇지 않았다. 조선시대에는 **조종성헌존중주의**(祖宗成憲尊重主義)라 하여 선대의 법을 함부로 고치지 못했다.[108] 유럽에서도 11세기(중세 전기)까지는 **'좋은 옛 법'**(altes gutes Recht)이라는 관념이 통용되었다. 이에 따르면 법은 오래된, 고래(古來)의 전통이어야 하고 새로운 법이라는 건 존재하지 않는다. 신법이라는 관념이 있을 수 없으므로 입법이라는 관념도 없다. 법은 만들어지는 것이 아니라 발견되는 것이다.[109] 그래서 그런가, 흥미롭게도 중세법질서와 근대법질서 사이에 혁명적 단절을 겪지 않은 영미법 전통에서는 "새로운 법률이 보통법(common law)의 기본원칙과 충돌할 때는 신법 우선의 원칙조차도 한발 물러"서는 사례들이 여전히 존재한다.[110] 이와 같은 '고법(古法)의 지배'라는 관념은 중세 기독교 질서와 밀접히 연관되어 있다. 오래되고 '좋은' 옛 법의 지배이므로 나쁜 전통은 법이 될 수 없었다.[111]

오래되고 좋은 법에 관한 프리츠 케른의 주장은 중세시대 전체에 걸쳐 통용되기

106) 근대 민주주의 형성기에 '다수의 지배'를 견제하기 위하여 소수자보호원칙이 등장하는 맥락(가령 존 스튜어트 밀이 말한 '다수의 폭정')에 대해서는 제7장의 생각해보기 1번을 참고할 것.

107) 토머스 제퍼슨은 죽은 자가 산 자를 지배하는 것에 대한 우려를 표명했다고 한다. 김중권, 2025, ix쪽(제5판 머리말). 제퍼슨이 살았던 그 시기는 '새로운 근대' 혹은 근대 민주주의가 형성되던 때였으므로 그의 우려 속에 담긴 규범적 - 헌법적 의미는 각별하다.

108) 박병호, 한국법제사고, 민속원, 2021, 521, 542쪽.

109) 경주에서 오랜 세월 풍속 토우(土偶)를 만들어온 향토사학자 윤경렬 선생은 "신라 사람들은 남산의 바위를 쪼아 부처님을 만든 것이 아니다. 남산의 바위 속에 숨어 있는 부처님을 찾아 드러낸 것이다"라는 말을 남겼는데, 나는 그의 말에서 중세적 사유를 발견한다. 윤경렬, 겨레의 땅 부천님 땅, 불지사, 1993.

110) 존 헨리 메리언/로헬리오 페레스 페르드모, 김희균 옮김, 대륙법전통, 책과함께, 2020, 68쪽.

111) Fritz Kern, *Recht und Verfassung im Mittelalter*, Tübingen, 1952, 30쪽 이하. 이 책은 케른이 1919년에 발표한 동명의 논문(HZ Bd. 120, 1919)을 전후 단행본으로 재출간한 것이다. 케른은 중세적인 법관념에 관한 이른바 고전학설을 창시한 독일의 역사가이다. 가츠다 아리츠네 외 편저, 문준영/성중모/조지만 번역, 앞의 책, 133쪽.

때문에 시대를 거슬러 올라갈수록 유효하다고 생각되어 왔다. 일본에서도 세라 테루시로(世良晃志郎)가 이 견해에 따라 다수의 논문을 남기고 있다. 그러나 이에 대해서도 엄격한 비판이 등장한다. 게르하르트 쾨블러와 칼 크뢰셸의 비판이다.112) 쾨블러는 6세기부터 11세기에 이르는 자료를 정밀히 조사하여 '오래되고 좋은 법'이라는 단어의 존재를 나타내는 증거가 없음을 증명하였다. 그 결과 오래되고 좋은 법이라는 개념 자체가 중세 초기에 널리 '존재하였다는 주장'은 현재 의문시되고 있다. 그러나 오래되고 좋은 법이라는 개념 자체가 부정된 것은 아니다. 오히려 12세기 이후에 발견된다는 것이 쾨블러의 주장이다. 무라카미 준이치(村上淳一)에 따르면 중세 성기에 자립적인 지역권력과 광역지배를 추구하는 국왕 등의 중앙권력 사이에 길항이 시작되었기 때문에 전통적 권리의 집적을 법규범으로 삼는 의식이 발생하고, 오래되고 좋은 법=권리(라틴어와 독일어에서는 법과 권리는 같은 단어로 표현된다)라는 개념이 성립하였다고 한다. (…) 이 시기에 유럽의 구조전환이 시작되어 점차 황제법과 왕법, 교황의 교령이 유력한 법원(法源)이 되어가고 있었던 점을 생각하면, 오래되고 좋은 법이 그것들과의 길항개념으로서 의식화되었다고 하는 것은 가능한 이야기라고 생각된다.113)

자본주의는 '좋은 옛 법'과 같은 관념을 모른다. 상품을 끊임없이 생산하고 자본을 축적한다. 그것을 발전이고 진보라 생각한다. 낡고 오래된 것은 신속히 폐기해야 한다. '새것의 지배'를 막는 것은 수구(守舊)이자 보수(保守)다. 주권자는 모든 결정을 매일매일 갱신할 수 있다. 신법 우선의 원칙에는 이런 민주주의 철학도 담겨있다. 그러나 이런 논리를 아무런 유보 없이 지지할 수는 없다. 민주주의 원리가 미래 세대의 권리를 침해할 수도 있기 때문이다. 현세대 민주주의의 폭주를 막으려면 행정법은 신법 우선의 원칙만 강조할 것이 아니라 **'미래 세대' 존중주의** 원칙도 수립해 나가야 한다. 이것이 '세대 간 윤리', '미래를 향한 책임'에도 부합한다.114) 구체적으로 환경공익과 관련하여 공공신탁 법리를 적극적으로 활용하는 방법이 있겠다.

---

112) Gerhard Köbler, *Das Recht im frühen Mittelalter*, 1971; Karl Kroeschell, "Recht und Rechtsbegriff im 12. Jahrhundert", in: *Vorträge und Forschungen*, Bd. 12, 1968.

113) 가츠다 아리츠네 외 편저, 문준영/성중모/조지만 번역, 앞의 책, 133-134쪽.

114) 생명윤리, 환경윤리 철학자인 한스 요나스는 1979년에 발표한 『책임의 원칙』에서 이 문제를 최초로 본격적으로 다루었다. Hans Jonas, *Das Prinzip Verantwortung – Versuch einer Ethik für die technologische Zivilisation*, Suhrkamp, 1979; H. 요나스, 이진우 옮김, 책임의 원칙 – 기술시대의 생태학적 윤리, 서광사, 1994. 마르틴 하이데거의 『존재와 시간』의 영향을 받은 이 책은 하이데거의 핵심개념인 결의성(Entschlossenheit)을 비판적으로 재구성하고 있다.

형식적 효력이 같은 성문법원 간에는 이처럼 신법 우선의 원칙이 적용되지만, 여기에도 예외가 있다. 그것은 특별법 우선의 원칙이다. 따라서 특별구법과 일반신법이 충돌하면 특별구법이 우선 적용된다. 사실 특별법 우선의 원칙은 주로 특별구법과 일반신법 사이의 충돌이라는 양상으로 문제가 된다. 같은 명칭의 신법과 구법 사이에 충돌이 일어나는 일은 있을 수가 없다. 왜냐하면 구법은 폐지되거나 개정되므로 신법이 만들어지면 자동적으로 옛 법이나 이전의 조문은 효력을 상실하기 때문이다.

충돌은 다른 명칭 다른 내용을 가진 법령들 사이에서 일반신법과 특별구법의 형태로 발생한다. 그러한 충돌이 발생하면 일반신법은 특별구법을 개폐하지 못하는 것이 원칙이다. 다만, 일반법의 입법 취지가 특별법의 효력을 부정하고 있음이 분명하면 예외로 일반신법이 우선한다. 특별하다는 말은 효력이 특별하다, 혹은 효력이 더 우월하다는 것이 아니라 일반법보다 구체적으로 대상을 규율한다는 뜻으로 이해하면 된다. special이 아니라 specific이다. 특별법일수록 그 규율내용은 사안별로 구체적이 된다. 그러므로 **공유자원의 자주적 관리에 관한 특별한 관습법은 일반신법에 의해서도 폐지하지 못한다고** 보아야 한다(다만 그 자주관리의 해당 관습이 지역적 관습이라면 이 관습법은 '관습조례'로 보아야 하므로 전국적으로 통용되는 법률에 대항하기 어려울 것이다). 특별법 우선의 원칙은 이론은 단순하다. 그러나 방금 든 예시에서도 알 수 있듯이 신법 우선의 원칙과 달리 특별법 우선의 원칙을 실제로 적용하는 것은 쉽지가 않다. 어떠한 법률들을 일반법과 특별법의 관계에 있다고 평가하는 것은 대부분의 사례에서 최종적으로 사법부의 해석에 맡겨져 있다. 그리고 그 해석은 규범적인 면과 함께 정치적인 면을 동시에 갖고 있다.

【판례】 대법원 1989. 9. 12. 선고 88누6856 판결 [토석채취허가신청서반려처분무효확인등]

동일한 형식의 성문법규인 법률이 상호 모순·저촉되는 경우에는 신법이 구법에, 그리고 특별법이 일반법에 우선한다 할 것이나, 법률이 상호 모순되는지 여부는 각 법률의 입법목적, 규정사항 및 그 적용범위 등을 종합적으로 검토하여 판단하여야 할 것이고, 입법목적을 달리하는 법률들이 일정한 행위를 관할 관청의 허가사항으로 각 규정하고 있는 경우에는 어느 법률이 다른 법률에 우선하여 배타적으로 적용된다고 해석되지 아니하는 이상은, 그 행위에 관하여 각 법률의 규정에 따른 허가를 받아야 한다고 할 것이다.

예컨대 헌법재판소는 「국가보안법」과 「남북교류협력에 관한 법률」이 일반법과 특별법의 관계에 있는지에 관해 판단한 바 있는데, '헌재 1993. 7. 29. 선고 92헌바48 결정'의 다수 견해는 북한의 이중적 지위를 전제하면서 「국가보안법」과 「남북교류협력에 관한 법률」을 각각 차원을 달리하는 법들로 이해한 반면, 반대의견은 양자를 일반법과 특별법의 관계라고 보았다.

다수 의견의 논지를 취하게 되면 법원은 「국가보안법」과 「남북교류협력에 관한 법률」 중 자신의 판단에 따라 가장 적절한 법률조항을 찾아내어 이를 사안에 적용하면 된다. 따라서 교류협력을 위한 행위가 경우에 따라서는 「국가보안법」상의 처벌대상이 될 수 있다는 결론에 이르게 된다. 반면 반대의견에 따르면 적어도 남북교류협력에 관한 한 「남북교류협력에 관한 법률」이 「국가보안법」에 대한 특별법으로서 「국가보안법」의 적용을 배제한다는 해석이 가능해진다.

일반법과 특별법은 형법에서도 왕왕 쟁점이 되지만, 이 주제의 주 무대는 행정법이다. 문제가 되는 이유도 유사하다. 「형법」에 규정되어 있는 기본적 범죄행위들을 일정하게 변형시켜 거기에 더 가중된 형벌을 부과하거나 절차상의 특별규정을 둔 형사특별법[115)]의 남발이 「형법」의 보편적 지위와 규범력을 위협하듯이, 행정법에서 특별법의 범람은 일반법 혹은 보편적 규제의 규범력을 훼손한다. 경제적 상황을 내세워 행정부가 원칙을 훼손하는 정부입법안을 제시하여 관철시킨다든지(예컨대 수도권과밀규제라는 원칙을 훼손하는 특별법의 제정), 국회의원들이 자기 지역의 이해관계에 부합하는 이러저러한 특별법을 제정하는 경우에는 규범 체계 - 이른바 수평적 체계 정당성 - 에 혼란을 가져올 수 있다.[116)] 이처럼 개발주의 국가 한국에서는 일반법으로서의 환경행정법의 규범력에 치명적인 상처를 입히는 개발특별법이 지금도 국회를 통과하고 있거나 통과를 기다리고 있다. 그런데 차라리 이런 (개발) 특별법은 대놓고 예외를 인정하는 것이어서 국민적 비판의 대상이 될 수 있고, 규범의 엉성함 때문에 정권이 바뀌면 폐기되거나 조금은 더 쉽게 위헌 판단을 받을 수 있다. 문제는 눈에

115) 김성돈, 형법총론, 성균관대학교출판부, 2008, 28쪽. 형사특별법의 대표적인 예로는 「폭력행위 등 처벌에 관한 법률」, 「특정범죄 가중처벌 등에 관한 법률」, 「특정강력범죄의 처벌에 관한 법률」 등이 있다.

116) 예컨대 참여정부 말기인 2007년 12월 27일에 공포된 「동·서·남해안권발전 특별법」은 8개의 국립공원을 포함해 전 국토의 29%에 해당하는 동·서·남해안 연안을 개발대상으로 삼았다. 삼면이 바다인 국가에서 삼면 모두를 적용대상으로 하는 법률을 제정하면서 '특별법'의 명칭을 붙이며 과다한 인허가 의제조항을 두는 등 특혜규정으로 일관한 것은 그 자체로 수평적 체계 정당성 원칙의 침해 및 특별법 형식의 남용에 해당한다. 우리 정부와 국회의 이런 입법태도는 현재까지도 지속되고 있다. 「가덕도신공항건설을 위한 특별법」과 같은 공항개발특별법을 생각해보라.

띄지 않게 이른바 ‘특례규정’을 여기저기에 숨겨놓는 (행정) 입법 관행과 이를 추인하는 법원의 해석 태도가 합쳐져 그나마 있는 규제도 무력화되는 상황이다. 행정부 내 개발담당부서와 환경규제부서 간의 의견 대립이 법령의 제·개정으로 표출될 때 이런 일이 왕왕 발생한다.

환경규제부서가 규제를 강화하는 법령을 제정하거나 개정해도, 법원이 개발담당부서가 ‘알박기’처럼 박아놓은 ‘대통령령(시행령)’을 ‘특례규정’이라고 인정해버리면 환경법령이 개발법령에 의해 적용 배제되는 일이 발생할 수 있다. 아래에 인용한 사례에서 대기환경보전에 관한 일반법인 「대기환경보전법」은 「국토의 계획 및 이용에 관한 법률」 시행령과 그 별표 등에 숨어 있는 ‘예외적’ 특별조항에 의해 사실상 적용배제되었다. 법의 보편성을 강조하면서도, 개별 사례에서의 폭넓은 예외를 시행령과 단서와 부관(附款)을 통해 허용하는, 자본주의 - 특히 한국과 같은 개발주의 자본주의 - 법의 ‘특별한’ 작동방식이 여기서도 여실히 드러나고 있다.

【판례】 대법원 2022. 1. 27. 선고 2021두38932 판결 [폐쇄명령취소청구]

국토계획법 제76조 제1항의 위임에 따라 계획관리지역 안에서 건축할 수 없는 건축물을 정하고 있는 국토계획법 시행령 제71조 제1항 제19호 [별표 20] 제1호 자목 (1)은 ‘「건축법 시행령」 [별표 1] 제17호의 공장으로서 [별표 19] 제2호 자목 (1)부터 (4)까지에 해당하는 것’이라고 정하고, [별표 19] 제2호 자목 (1)은 ‘대기환경보전법 제2조 제9호에 따른 특정대기유해물질이 같은 법 시행령 제11조 제1항 제1호에 따른 기준 이상으로 배출되는 것’이라고 정하여, 계획관리지역 안에서는 대기환경보전법 제2조 제9호에 따른 특정대기유해물질이 같은 법 시행령 제11조 제1항 제1호에 따른 기준 이상으로 배출되는 시설의 설치를 금지하고 있다.

다만 기존의 건축물에 대한 특례로서 이 사건 특례규정은 “기존의 건축물이 법령의 제정·개정 등으로 인하여 제71조에 따른 건축제한 등 규정에 부적합하게 된 경우에도 해당 건축물의 기존 용도가 국토교통부령으로 정하는 바에 따라 확인되는 경우에는 업종을 변경하지 아니하는 경우에 한하여 기존 용도로 계속 사용할 수 있다.” 라고 정하고 있다. 이 사건 **특례규정**은 2005. 1. 15. 대통령령 제18680호 국토계획법 시행령 개정 당시 신설된 것으로, **기존의 건축물이 법령의 제정·개정 등으로 인하여 국토계획법상 용도지역 안에서의 건축제한 등 규정에 부적합하게 된 경우까지 이를 불법화하는 것은 국민들에게 예측하지 못한 부담을 주는 측면이 있으므로**, 합리적인 범위에서 기존의 현상을 인정하는 데 그 취지가 있다.[117]

그람시도 적절히 지적했듯이 헤게모니를 가진 집단, 즉 역사적 집단/블록(historic bloc)은 그 구성원의 직접적 이익을 드러내는 것만으로는 결코 지도력을 확보할 수 없다.[118] 역사적 블록, 즉 지배집단은 대중의 동의를 (재)생산하고 동원하는 적극적인 과정인 헤게모니 창출을 위해 법의 보편성/일반성을 수호해야 하고, 대중들의 열망과 이익과 이데올로기의 일부를 수용해야 한다. 그러나 개별 자본의 무시할 수 없는 이익을 수호해야 할 때 이 보편성을 회피하는 예외조항과 해석을 재차 동원한다. 이렇게 하여 법의 도구주의적 이용이라는 비판에서 벗어나면서도 역설적으로 법을 도구적으로 이용할 수 있게 된다.

6.2.4. 규범충돌시 누가 어떻게 판단하는가 - 법령심사 및 적용배제권

체계정합성이라는 것이 규범적일뿐만 아니라 정치적/실존적인 측면을 갖는다고 했다. 이것은 그렇게 어려운 얘기가 아니다. 일반법과 특별법의 관계를 판단하는 문제를 다시 생각해보자. 「국가보안법」과 「남북교류협력에 관한 법률」의 관계를 판단하는 일이 순수한 법 인식으로만 가능할까? 그렇지 않다. 여기에는 어떤 법령을 특별법으로 보겠다, 혹은 보지않겠다는 의지가 개입한다. 그래서 우리는 이제 이렇게 물을 수 있다. '그 의지는 누가 어떻게 발휘하는가?' 법학에 조금만 소양이 있는 이라면 금방 '헌법재판소나 법원이다'라는 답을 내놓을 것이다. 그러나 '그들만인가? 예컨대 앞에서 말한 민중해석에 따라 국민이 하면 안 되는가? 어떻게?'라는 반문이 돌아올 수도 있지만, 찾아보면 방법이야 얼마든지 있다(직접민주주의). 또한 행정공무원은 법령 상호간의 관계 - 특히 상위법령과 하위법령의 관계 - 에 대해 심사하고 판단하면 안 되는가? 행정공무원은 법령을 기계처럼 집행만 해야 하는 영혼없는 존재여야 하는가? 반면, 이런 질문도 해야 한다. 국회가 제정한 '의회법률'(Parlamentsgesetz)을 행정공무원이 적용불가를 외치는 상황을 대의민주주의가 감내할 수 있을 것인가? '법률의 적용은 법률이 미리 제시한 범위 내에서 **성찰적으로 행하는 법의 창조**(Rechtserzeugung)'[119]라는 주장을 받아들일 수 있는가? 이런 실존적인 물음에 답하려

117) 그러나 이 판결의 원심인 수원고등법원 2021. 4. 16. 선고 2020누10995 판결은 대법원의 결론과는 다른 판단을 내렸다.

118) 알란 헌트, 이상수 번역, "권리는 진보적 사회이념의 구현에 기여할 수 있는가", 민주법학 제7호, 1993, 304쪽.

119) 슈미트 - 아쓰만은 이렇게 적고 있다. "법적용은 법률상 행해진 예비적 결정(Vorentscheidungen)

면, '예외에 대해 누가 판단해야 하는가?'라는 질문을 회피할 수 없다. 그래서 이하에서는 규범주의에 충실한 교과서적 해석을 기초로 하되 결단주의의 측면에서 어떤 자'들'이 결정해야 하는가 하는 측면도 고려한 설명을 해보고자 한다.

규범세계에서는 규범 상호 간의 충돌이 빈번히 일어난다. 이 충돌은 동등한 효력을 갖는 규범 간에서 발생할 수도 있고, 상위법령과 하위법령 간에서 발생할 수도 있다. 이 후자를 중심에 놓고 얘기해보자면, 이 상황에서는 다음과 같은 두 개의 질문에 답변해야 한다. 첫째, 누가 당해규범의 상위법과의 합치성을 심사할 수 있는가(심사권한 문제)? 둘째, 심사결과 법규범의 합헌성 혹은 합법성이 의심되거나 부정되는 경우 어떻게 해야 하는가(폐기권한 혹은 적용배제권한 문제)?[120]

또한 통상 이 두 개의 질문에 답할 때에는 심사·배제 대상인 규범을 법률과 법률 이외의 규범으로 나누어 살펴본다는 점, 법령심사·배제권 논의는 행정법총론상의 여러 쟁점과도 연결되어 있다는 점을 유의할 필요가 있다. ㉮ 예컨대 행정(행정공무원)의 법령심사·배제권을 넓게 이해하여, 직무행위의 근거법령이 헌법 등 상위법령에 위반되어 위헌·위법인 경우 외에도 '어떤 직무행위의 근거로 제시된 법령이 실제로는 해당 사안의 근거가 될 법령으로 해석될 수 없다고 보고, 이를 이유로 직무행위를 하지 않거나 다른 법령에 근거하여 행위하는 것'도 법령심사·배제권에 포함된다고 보면,[121] 이 쟁점은 법률의 유보 문제, 특히 '법률의 유보'에서 말하는 "법률"의 의미를 규명하는 작업과 연결된다(8.1.2. 참고). ㉯ 법령심사권을 행사한 결과 위헌·위법이라는 결론에 이르게 된 법규범의 효력 문제가 있다. 행정법에서 이 문제는 통상 '하자있는 법규명령의 효력' – 수권법률의 합헌성·수임명령의 적법성 및 "그 법적 효과" 문제 – 로 다루어진다(9.2.2. 참고). ㉰ 행정공무원의 법령준수의무란 합헌·합법적인 법령을 준수할 의무라고 해석하여야 하는지, 나아가 이를 긍정할 때, 이에 반하게 법령심사·배제권을 소극적으로 행사하여 행정처리가 결과적으로 위법하게 된 경우, 행정공무원은 그에 대한 책임(국가배상책임)을 져야 하는가 하는 문제

의 기계적인 추(追)수행(schematischer Nachvollzug)이 아니다. 법적용은 오히려 법률을 통하여 미리 제시된 틀 안에서, 재귀적 절차(rekursives Verfahren)로 행해지는, 구성적 의미(die konstitutive Bedeutung)를 갖는 법생성(Rechterzeugung)이다." 에버하르트 슈미트 – 아쓰만, 김현준 옮김, 행정법 도그마틱, 법문사, 2020, 78쪽(번역은 필자가 일부수정).

120) Maurer/Waldhoff, 97쪽(4장 65번) 참고.

121) 강병연, "행정공무원의 법령심사·배제권에 대한 고찰", 경희법학 제59권 제3호, 2024, 62-63쪽.

가 있다. 하나하나 차근차근 살펴보자.

① 먼저 법원(판사)은 '재판과 관련하여 중요한 의미를 갖는'[122] 모든 법규범이 상위법과 합치하는지를 심사해야 한다. 그 결과 어느 법규범이 상위법에 반한다는 결론에 도달했다면, 그가 취해야 할 다음 행동은 해당 규범의 종류에 따라 달라진다. 법원이 **국회법률**(형식적 의미의 법률)을 무효로 보는 경우라면, 그는 해당 법률을 당해 사건에만 적용거부하는 것으로 그쳐서는 안 된다. 법원은 재판절차를 중단하고 관할권 있는 헌법재판소의 판단을 구하여야 한다.[123] 반면, **법률하위규범**의 경우에는 특별한 중간조치(Zwischenschritte) 없이 그냥 (상위법에 반한다고 생각하는 법규범을) 적용하지 않는 것으로 충분하다.[124] 쉽게 말해 그런 규범은 없는 셈치는 것이다. 헌법 제107조 제2항은 "명령·규칙 또는 처분이 헌법이나 법률에 위반되는 여부가 재판의 전제가 된 경우에는 대법원은 이를 최종적으로 심사할 권한을 가진다"고 규정한다. 이것은 법원의 권한을 규정한 조항이지, 법원에게 대법원 혹은 헌법재판소로의 제청을 의무(Vorlagepflicht)지우는 조항은 아니다. 아래 판결은 행정규칙에 관한 사례이지만 그 밖의 법률하위규범에도 동일한 방식으로 처리하면 된다.

> 【판례】 대법원 2020. 5. 28. 선고 2017두66541 판결 [공급자등록취소 무효확인 등 청구]
>
> "행정규칙이 이를 정한 행정기관의 재량에 속하는 사항에 관한 것인 때에는 그 규정 내용이 객관적 합리성을 결여하였다는 등의 특별한 사정이 없는 한 법원은 이를 존중하는 것이 바람직하다. 그러나 행정규칙의 내용이 상위법령이나 법의 일반원칙에 반하는 것이라면 법치국가원리에서 파생되는 법질서의 통일성과 모순금지 원칙에 따라 그것은 법질서상 당연무효이고, 행정내부적 효력도 인정될 수 없다. 이러한 경우 **법원은 해당 행정규칙이 법질서상 부존재하는 것으로 취급하여** 행정기관이 한 조치의 당부를 상위법령의 규정과 입법 목적 등에 따라서 판단하여야 한다."

② 그렇다면 행정(행정공무원)의 경우는 어떠한가? 이 문제는 공무원의 법령준수의무 혹은 복종의무와 관련해서도 매우 중요한 쟁점이다. 그런데 민주주의적 법치국가에서 공무원이 복종해야 하는 것은 합헌·합법적인 법령과 직무명령이므로 민주공화

---

122) 법률에 대해서는 현행 헌법 제107조 제1항이 "법률이 헌법에 위반되는 여부가 재판의 전제가 된 경우"라고 표현하고 있다.

123) 한국헌법 제107조 제1항, 독일기본법 제101조 제1항.

124) Sodan/Ziekow, *Grundkurs*, 514-515쪽(66장 2번).

국의 공무원상과 맞지 않는 복종의무라는 개념을 사용하지 않는 것이 바람직하다. 사용한다고 하더라도 이는 법령에 대한 복종의무 및 법령에 따른 직무명령에 대한 복종의무로 한정해야 할 것이다.[125] 왜냐하면 공무원의 법령준수의무는 복종의무보다 우선하기 때문이다.[126] 그러므로 행정도 자신의 업무상 적용해야 할 규범의 유효성 여부를 심사할 수 있는 권한을 갖는다고 보아야 한다. 독일의 경우 행정도 기본법(헌법) 제1조 제3항에 따라 기본권에 구속되고, 또한 '기본법 제20조 제3항'에 따라 법률과 법에 구속되므로 권한있는 공무원이 예컨대 지구상세계획(독일에서는 게마인데의 조례로 정함)의 유효성을 검토하는 것은 문제가 되지 않는다. 공무원은 또한 공무원의 신분에 관한 법률(Beamtenstatusgesetz) 제36조 제1항에 따라 직무행위의 합법성에 대해 "전적으로 자기책임"(volle persönliche Verantwortung)을 진다.[127]

③ 다음으로, 심사결과 행정도 법원처럼 위헌이라고 생각하는 의회법률을 위헌제청하거나 적용배제할 수 있는 권한을 갖는지 여부를 살펴보자. 일단 행정은 위헌제청권한을 갖고 있지 않다고 보아야 한다. 우리 헌법이나 독일 헌법이나 이 권한을 법원에게만 부여한다. 그러나 제청권은 없지만, "행정처분의 주체인 행정청도 헌법의 최고규범력에 따른 구체적 규범통제를 위하여 근거법률의 위헌 여부에 대한 심판의 제청을 **신청할 수 있고**, 헌법재판소법 제68조 제2항의 **헌법소원을 제기할 수** 있다." 이러한 권한이 인정되는 이상 행정은 위의 조치를 취하거나 아니면 위헌이라고 생각하는 법률을 그대로 적용해야 한다. 위헌이라고 생각하는 법률을 당해 사안에만 적용거부하는 것은 인정되지 않는다. 즉, "행정청이 행정처분 단계에서 당해 처분의 근거가 되는 법률이 위헌이라고 판단하여 그 적용을 거부하는 것은 권력분립의 원칙상 허용될 수 없다."[128]

④ 법률하위규범에 대해서도 행정의 심사권은 인정된다. 문제는 그 심사결과, (직무집행과 관련한) 결정을 내리는데 중요한 의미가 있는 규범이 위헌·위법이어서 무효라는 결론에 이르렀을 때 행정공무원들은 어떻게 행동해야 할까 하는 점이다. 이 문제는 의회법률의 적용거부문제와는 차원을 달리한다. 이와 관련해서는 크게 세 견해가 대립한다.[129]

---

125) 같은 취지로 강병연, 앞의 논문, 54쪽.

126) 김철용, 2024, 1076쪽 참고.

127) Sodan/Ziekow, *Grundkurs*, 515쪽(66장 3번)

128) 헌법재판소 2008. 4. 24. 선고 2004헌바44 결정. 독일 학설 중에는 오래된 것이지만 어떤 법률이 위헌일 경우 공무원은 그 법률을 적용해서는 안 된다는 견해도 있다. Adolf Arndt, "Die Nichtigkeit verfassungswidriger Gesetze", *DÖV* 1959, 81-84쪽.

129) 이하 세 입장의 소개는 Sodan/Ziekow, *Grundkurs*, 515-516쪽(66장 4-6번)

제1설은 위헌 혹은 위법해서 무효인 법규범은 적용하면 안 된다고 본다. 기본법 제20조 제3항에 따를 때 행정은 현재 효력이 있는 법(geltendes Recht)에만 구속되기 때문이라고 한다.

제2설은 공무원은 법규범의 유효성이 의심되는 경우에도 이를 적용해야 한다는 입장을 취한다. (법률하위규범에서) 규범의 적용을 거부할 권한은 전적으로 법원만이 갖고 있다고 보기 때문이다. 만약 행정이 개별 사건결정을 하면서 법규명령이나 게마인데의 조례를 상위법령 위반을 이유로 적용하지 않을 수도 있다고 한다면 규준(規準)이 되는 법에 관한 광범위한 불명확성이 발생하게 될 것을 우려하기 때문이다. 행정의 주요한 책무는 '타자의 의사표현'을 집행하는 것에 있으므로, 행정에게 규범 적용을 거부할 권한을 일반적으로 인정하는 것은 논리적으로 맞지 않다고도 주장한다.130) 다만, 이 제2설은 기본법 제20조 제3항과 조화되기 어려운 한계가 있다.

제3의 견해는 **행정의 위계질서**(Verwaltungshierarchie) 하에서 일해야 하는 개별 공무원의 입장을 적절히 고려한다. 직무담당자가 자신이 집행해야 할 규범의 유효성에 의문을 갖는다면 그는 당해 행정절차를 중지하고 그의 상급자와 당해 사안을 논의해야 한다. 만약 그 상급자가 규범의 유효성에 의문을 갖지 않는다면 해당 공무원은 그 상급자의 지시에 따라 행동해야 하지만, 그로 인해 문제가 발생하더라도 자신의 결정에 대한 책임은 지지 않는다. 상급자 또한 해당 규범을 무효라고 판단한다면, 그도 동일한 방식으로 당해 사안에 관한 상급기관의 의견을 구해야 한다. 이런 식으로 행정의 계통(系統)을 따라 더 높은 상급기관에까지 의견을 묻는 일이 순차적으로 진행되어야 하는데, 이런 절차는 규범에 대해 필요한 조치(감독수단, 제소 등 소송을 통한 대응, 상급기관이 발령한 규범의 변경)를 취할 수 있는 지위에 있는 상급기관에 도달할 때까지 계속되어야 한다. 그 최후의 기관이 당해 규범을 적용하는 게 맞다고 확인하는 경우, 담당 공무원은 그 결정에 따라 행동해야 한다. 다만, 규범이 명백히 위법한 경우에는 예외가 인정될 수 있다고 본다.

그러나 경찰법에서처럼 즉각적인 행정작용 혹은 곧닥칠 상황에 대한 행정작용이 요구되는 때에는 시간적 급박성 때문에 이 제3의 해결책이 그대로 적용될 수는 없다. 예컨대 기준 데시벨(db) 이상의 집회는 해산해야 한다는 법규정이 국민의 집회

---

130) 타자의 의사표현을 집행한다는 말은 행정은 국회의 법률 혹은 대법원의 판례를 따라야 한다는 의미로 이해하면 된다. 이는 이른바 타자구속을 말하는 것으로 행정의 자기구속에 반대되는 의미이다.

시위의 자유를 침해한다고 집회주최자가 주장하는데도 불구하고 해당 법규정을 그대로 적용하는 경우를 생각해볼 수 있다. 이 경우 공무원은 어느 규범의 적법 혹은 위법에 대한 평가로 인한 법적 리스크를 온전히 자신이 져야 한다. 그 평가가 사후에 오류로 판명나면, 그러한 평가에 근거한 그의 행위는 위법하다. 다만, 해당 규정의 심사에서 공무원이 상황에 비추어 '할 수 있는 주의'(mögliche Sorgfalt)를 기울인 경우 과실은 인정되지 않는다. 따라서 독일 민법 제839조, 기본법 제34조에 기한 직무책임에 대한 배상청구권(국가배상청구권)은 배제된다.

⑤ 이 제3의 견해가 타당하다고 생각한다. 독일의 경우에는 이런 해석을 지지해 줄 수 있는 관련 법규정도 있다. 예컨대 독일 연방공무원법(Bundesbeamtengesetz) 제63조 제2항은 행정공무원의 법령심사권 및 적용배제권이 아니라 직무명령에 관한 규정이지만, 위 제3의 견해가 터잡고 있는, 행정의 위계질서를 고려한 해결책이라는 점에서 동일한 방향성을 보인다.[131]

【법조문】 독일 연방공무원법(Bundesbeamtengesetz) 제63조 제2항

"공무원은 직무명령의 적법성(die Rechtmäßigkeit dienstlicher Anordnungen)이 의심되면 즉각 직속상관에게 그 점에 대해 주장해야 한다. 명령이 (그래도) 유지되고 (그럼에도 불구하고) 그 명령의 적법성에 대한 의심을 떨칠 수 없다면 공무원은 직속상관의 상관 혹은 그 이상의 상관에게 의견을 개진해야 한다 그 명령이 (그래도) 확인되면 공무원은 그것을 집행해야 하며 그러한 명령의 집행에 대한 개인책임은 면책된다. 이는 명령된 행위가 인간의 존엄에 반하거나 형벌 혹은 질서벌의 대상이 되고 그리고 공무원이 가벌성 혹은 질서벌 대상성을 인식한 경우에는 해당이 없다. 명령에 대한 확인은 신청이 있는 경우 문서로 해야 한다."

그런데 현행법에는 위와 같은 행정내부의 이의제기 혹은 문의신청 조항이 없다.[132] 따라서 제3의 견해를 수용해서 일정한 조건 하에서 공무원의 책임을 면제해

131) 직무명령을 중심으로 공무원의 복종의무의 내용과 그 한계 등을 검토한 필자의 논문을 참고할 것. 이계수, "공무원의 복종의무에 내용 및 한계에 대한 규범적, 행정법사회학적 연구", 민주법학 제40호, 2009, 125-171쪽.

132) 행정기본법 제40조(법령해석) 제1항은 "누구든지 법령등의 내용에 의문이 있으면 법령을 소관하는 중앙행정기관의 장(이하 '법령소관기관'이라 한다)과 자치법규를 소관하는 지방자치단체의 장에게 법령해석을 요청할 수 있다"고 하고, 제3항은 "법령소관기관이나 법령소관기관의 해석에 이의가 있는 자는 대통령령으로 정하는 바에 따라 법령해석업무를 전문으로 하는 기관에 법령해석을 요청할 수

줄 수 있는 방법이 없다. 그러다보니 위 제3의 견해의 변형에 해당하는, 즉 규범의 즉시집행이 요구되는 경찰법 사안과 같은 특수사안에서의 법리가 공무원의 법령심사 및 법령적용배제 사안에 관한 일반법리로 '둔갑하여' 판례에 정착해있을 뿐이다.

【판례】 대법원 1995. 10. 13. 선고 95다32747 판결 [손해배상(기)]

"일반적으로 공무원이 직무를 집행함에 있어서 관계법규를 알지 못하거나 필요한 지식을 갖추지 못하여 법규의 해석을 그르쳐 잘못된 행정처분을 하였다면 그가 법률전문가가 아닌 행정직 공무원이라고 하여 과실이 없다고 할 수 없으나, 법령에 대한 해석이 그 문언 자체만으로는 명백하지 아니하여 여러 견해가 있을 수 있는데다가 이에 대한 선례나 학설, 판례 등도 귀일된 바 없어 의의(疑義)가 없을 수 없는 경우에 관계 공무원이 그 나름대로 신중을 다하여 합리적인 근거를 찾아 그 중 어느 한 견해를 따라 내린 해석이 후에 대법원이 내린 입장과 같지 않아 결과적으로 잘못된 해석에 돌아가고, 이에 따른 처리가 역시 결과적으로 위법하게 되어 그 법령의 부당집행이라는 결과를 가져오게 되었다고 하더라도, 그와 같은 처리 방법 이상의 것을 성실한 평균적 공무원에게 기대하기는 어려운 일이고, 따라서 이러한 경우에까지 국가배상법상 공무원의 과실을 인정할 수는 없다."[133)]

위 판결은 법규의 해석을 그르쳐 위법한 직무집행이어도 과실의 인정을 어렵게 하여 가급적 국가배상책임을 인정하지 않으려 한다는 점에서 법령을 심사하고 적용해야 하는 공무원의 위험부담을 줄여주는 측면이 있다. 다만, 위에서 보았듯이 이 판결의 취지는 독일에서는 일종의 예외적 상황에서의 해결책이다. 당연히, 예외적 해결책을 일반적 해석으로 고착(固着)하는 것이 타당한가 하는 의문을 제기해볼 수 있다. 행정현장에서의 법집행은 실무를 담당하는 (하위직) 공무원이 하는 경우가 태반일텐데, 그가 가진 법집행과정에서의 의문은 행정조직 내 상하위 공무원 사이의 커뮤니케이션, 행정내 최종심급의 유권적 해석을 통해 해소될 필요가 있다. 그러나 그 점은 차치해버리고, 오로지 이 문제를 법집행 공무원 개인의 책임으로만 해소해도 되는 것일까?

또한 공무원이 법령의 해석을 그르쳐 위법한 법률하위명령을 그대로 집행해도 "그

있다"고 규정한다. "누구든지"라고 하고 있으므로 공무원도 법령해석을 요청할 수 있지만, 이 조항이 공무원의 법령해석 및 적용배제권을 염두에 두고 제정된 것은 아니다.

133) 같은 취지의 판결로는 대법원 2004. 6. 11. 선고 2002다31018 판결 등이 있다.

나름대로 신중을 다하여 합리적인 근거를 찾아"낼 수만 있다면 '과실없음'으로 면책될 수 있다는 것은 위법한 법규명령의 심사와 적용에서 공무원의 적극적 역할을 배척하고 그를 수동적 존재로 만들어버린다. 현행법상 독일 연방공무원법 제63조 제2항과 같은 조항이 존재하지 않더라도, 해석을 통해 공무원의 법적용에 대한 책임의 법리를 판례가 더욱더 적극적으로 제시해야 하는 것이 아닐까 한다.[134]

⑥ 마지막으로 칼 슈미트의 실존적인 질문인 "누가 판단하는가?"로 돌아가보자. 이 물음 앞에 한국의 공법학은 헌법재판소와 법원을 높이 세우고 행정공무원은 위법한 법령에도 맹종해야 하는 존재로 방치해왔다. 행정공무원의 법령심사 및 적용배제권은 앞서도 지적했듯이 대의민주주의와의 관계에서 신중하게 접근해야 하는 측면이 있는 것은 사실이다. 그러나 다른 한편, 권력분립원리의 현대적 혁신을 위해서는 공무원과 공무원노동조합의 역할이 강화되어야 한다고 얘기한 바를 떠올리면(5.1.2.), 법규명령 등에 대한 행정공무원의 내부심사권한이 강화되어야 한다는 점을 강조할 필요가 있다. 그런데 이것은 공무원의 징계책임, 국가배상책임 등에 관한 규범적 해석의 혁신만으로는 가능하지 않다. 공무원을 행정부 권력 내의 정당한 한 축으로 만드는 일은 (군인을 포함하여) 어떤 집행부공무원상을 새롭게 정착시킬 것인가 하는 실존적 결단의 문제이기도 하다는 점을 인식할 필요가 있다.

더공부해보기/생각해보기/토론하기

1. 추가조례와 초과조례에 관한 우리의 실무와 판례를 검토하고 이를 자치입법권의 관점에서 비평해보자. 특히 '수원시 자동차차고지 확보등에 관한 조례안'을 무효라고 한 대법원 1997. 4. 25. 선고 96추251 판결을 검토해보자.

1. 본문에서는 현행 「지방자치법」 제28조 제1항 단서 때문에 규제분야에서 법률의 위임 없이 제정된 추가조례나 초과조례의 적법성을 널리 인정하기 위해 고안된 수정 법률선점론이나 판결실무는 우리에게는 별 실익이 없다고 설명했다. 실제로 추가조례 혹은 초과조례의 합법성이 인정된 사례는 규제행정이 아니라 급부행정, 즉 상대방에게 수익적

134) 독일 연방공무원법 제63조 제2항도 직무명령에 관한 것이지 공무원의 법령 심사권 일반에 관한 조항은 아니라는 사실을 유의할 필요가 있다.

행정작용을 시행하는 조례에 국한된다. 반면, '수원시 자동차차고지 확보등에 관한 조례안'처럼 **규제적 - 침익적 내용을 갖는 조례라면 당연히 법령의 위임근거가 있어야 하고, 법령이 정한 기준보다 더높은 수준의 기준을 부가할 수 없다**는 것이 우리 판례의 입장이다. 이 사안에서 대법원은 "차고지확보 대상을 자가용자동차 중 승차정원 16인 미만의 승합자동차와 적재정량 2.5t 미만의 화물자동차까지로 정하여 자동차운수사업법령이 정한 기준보다 확대하고, 차고지확보 입증서류의 미제출을 자동차등록 거부사유로 정하여 자동차관리법령이 정한 자동차 등록기준보다 더 높은 수준의 기준을 부가하고 있는 차고지확보제도에 관한 조례안은 비록 그 법률적 위임근거는 있지만 그 내용이 차고지확보기준 및 자동차등록기준에 관한 상위법령의 제한범위를 초과하여 무효"라고 하였다.

2. 우리의 (도시)문화에서 공동체를 파괴하고 이웃과의 관계를 투쟁적으로 만드는 대표적 사례가 주차문제이다. 자동차가 우리 삶에서 디폴트 값이 된 지 오래다. 자동차는 등장할 때부터 찬사와 비판을 동시에 받아왔지만,[135] 우리는 자동차가 사람과 환경에 미치는 악영향에 대해 제대로 검토해오지 않았다. 그 중의 하나가 주차갈등이다. 이 갈등은 더 넓게는 쉘러가 말한 **이동 정의**(mobility justice)의 관점에서 비평해야 한다.[136] 주차문제는 우리만의 문제는 아니다. 자동차로 인한 해악(harms)을 글로벌한 차원에서 연구한 논문에 의하면 자동차의 이용으로 덕을 보는 사람도 있지만, 절대 다수의 사람들은 오히려 해를 더 입으며, 자동차로 인한 사회적 비용은 부정의하게 배분된다. 자동차가 지배하는 시스템, 체제로 인해 발생하는 부정적 결과들은 통계로도 입증된다.[137] 특히 주목해야 할 것은 사회적 부정의(social injustice)이다. 현재와 같은 자동차 중심사회가 된 것은 정치적 · 정책적 선택의 결과이다. 글로벌 차원의 통계는 정부가 더 많은 재원을 개인자동차 인프라(도로확대, 주차장 확대, 자동차 운전자 중심의 법규제정)에 투여하고 있음을 보여준다.[138]

사회기술체계(technological system)라는 말이 있다. 토마스 휴즈(Thomas Hughes)가 주장한 개념이다. 그에 따르면 기술은 개별 기술로만 존재하지 않으며

---

135) 자동차중심문화와 사회에 대한 초기의 강력한 비판자 중 한 사람이 바로 제인 제이콥스이다. 제이콥스는 자동차가 촉발하는 도시생활의 변화, 교외화, 공공주택, 분리, 용도구역지정, 안전 등 다양한 주제를 아우르는 광범위한 논의를 촉발했다. 이와 관련해서는 우선 다음 문헌을 볼 것. 제인 제이콥스, 유강은 옮김, 미국 대도시의 죽음과 삶, 그린비, 2010.

136) 미미 셸러, 최영석 옮김, 모빌리티 정의 - 왜 이동의 정치학인가?, 앨피, 2019.

137) Patrick Miner 외, "Car harm - A global review of automobility's harm to people and the environment", *Journal of Transport Geography* 115 (2024) 103817, 1-17쪽. 이 논문의 저자들은 자동차(cars)와 대안적 이동수단("alternative" transportation), 즉 기차, 버스, 자전거, 휠체어, 사람의 몸을 구분한다.

138) Patrick Miner 외, 위의 논문, 1, 12쪽.

그 기술을 활용하기 위한 물리적 인공물과 조직, 과학기반, 법적 장치, 자연자원 등으로 구성되어 있다. 그는 이 점을 강조하기 위해 'technical'과 'technology'를 구분한다. 그러므로 technology(사회기술) 체계에는 '기술적인 것'(the technical)과 '사회적인 것'(the social)이 공존하고 있다.139) 자동차라는 기술이 발전하려면 자동차 중심의 법과 제도도 당연히 제공되어야 한다. 특히 한국처럼 단기간 내에 산업발전을 이룩한 나라였다면, 자동차 산업 친화적 법과 제도는 디폴트 값이다. 그런 관점에서 우리는 '수원시 자동차차고지 확보등에 관한 조례안'을 둘러싼 논쟁을 들여다볼 수 있어야 한다.140) 나아가, 지역공동체의 붕괴를 막고 합리적인 도시교통정책을 추구하기 위해서라도 위와 같은 조례가 필요한데, 지방자치단체가 이 정도 법적 규제도 할 수 없다면 도대체 지방자치는 왜 해야 하는지 묻지 않을 수 없다.

2. 커먼즈의 거버넌스와 관련하여 우리의 실무에서 주로 문제가 되어온 것은 본문에서도 언급한 관행어업권이다. 1980년대 이후 대규모로 진행된 공유수면매립사업과 관행어업권의 역사 그리고 이와 관련한 소송 및 입법을 비판적으로 검토해보자.

1. 「공유수면 관리 및 매립에 관한 법률」에 따르면 "하천 · 호소(湖沼) · 구거(溝渠), 그 밖에 공공용으로 사용되는 수면 또는 수류(水流)로서 국유인 것"(제2조 제1항 다호)도 공유수면이라고 하지만, 공유수면이라 하면 주로 주로 '바다'(제2조 제1항 가호)나 '바닷가'(제2조 제1항 나호)를 말한다. 그러므로 공유수면매립이란 한마디로 갯벌매립을 뜻한다. 개인적인 감정이지만 필자가 제일 싫어하는 법률용어가 바로 이 공유수면매립이다. 앞에서 법률용어의 이데올로기적 성격을 비판했는데, 그 비판에 아주 부합하는 사례가 바로 이 공유수면매립면허이다. 정부가 2007년 5월에 제주 서귀포시 대천동 강정마을에 해군기지를 건설하겠다는 결정을 내렸을 때 국방부와 해군측이 제일 먼저 추진했던 일도 바로 이 '공유수면매립면허'의 획득이었다. 법률이 건조하게 혹은 비정하게 표현하는 공유수면매립면허는 그러나 삼만 년 넘게 그 곳을 지켜온 구럼비 바위를 폭파하는 일이고, 바람과 바다 위에 시멘트와 철근과

---

139) 윤순진/김소연/정민지, "한국과 일본 원자력 사회기술체계 발전 경로의 유사성과 상이성 - 관성과 역돌출부에 대한 대응을 중심으로", 환경사회학연구 ECO 제15권 2호, 2011, 151쪽.

140) 좁은 국토면적에도 불구하고 중대형 차량을 선호하는 문화가 정착한 것은 현대자동차 등 대표 자동차회사가 그런 차량을 대량으로 보급했기 때문이다. 한국자동차 회사는 왜 그렇게 했을까? 처음부터 미국 시장을 겨냥하며 자동차 산업이 발전했기 때문이다. 아울러 한국 정부는 내수시장 확대를 위해 자동차회사들이 중점적으로 생산한 중대형 자동차를 차고지 확보와 관계 없이 국민들이 소유할 수 있게 만들었다. 그 결과 골목은 모두 자동차로 점령되었다. 매일 밤낮으로 주차전쟁이 벌어진다.

인간의 온갖 탐욕을 들이붓는 일을 뜻했다. 그 것은 또한 수천 년간 그 곳을 지켜 온 마을과 공동체를 분열시키고 해체하는 일을 뜻했다.

2. 공유수면이 매립되면 갯벌이 사라진다. 갯벌이 없어지면 그 곳에서 생계와 생활을 유지하던 삶도 사라진다. 구체적으로 관행어업권의 소멸이다. 입어권이라고도 불리는 관행어업권은 "(특정)수면에서 계속적으로 수산동식물을 포획·채취하여 온 사실이 대다수 사람에게 인정되는 자"가 갖는 관행에 따른 어업권이다. 관행어업권은 갯벌이 갯벌로서 계속 이용될 수 있다면 특별히 문제가 되지 않는다. 그러나 각종 개발사업을 위해 공유수면이 매립되는 상황이 계속해서 발생하면 상황은 달라진다. **관행어업권과 관련한 공법적 쟁점**은 세 가지이다. ① 관행어업권은 헌법상의 재산권인가? ② 헌법상이 재산권으로 인정된다면 개발사업에 맞서 재산권으로서의 관행어업권의 침해를 사전에 방어할 수 있는가(관행어업권의 존속보장)? ③ 그것이 여의치 않을 때 사후적으로 손실보상(관행어업권의 가치보장)을 청구할 수 있는가?

1970년대 이후 갯벌을 매립하여 대단위 농지를 만든다거나 공업단지를 조성하는 공유수면매립사업은 개발의 상징처럼 여겨져 왔다. 특히 1980년대 이후 갯벌의 매립은 본격화하는데 그 대표적 사례가 광양제철소 건설이었다. 이런 대규모 토건사업이 실시되면 갯벌을 터전으로 살아오던 사람들은 더는 생존을 보장받지 못하고 그 곳에서 쫓겨났다. 관행어업권의 주장이 갯벌에 대한 존속보장을 담보할 수 없었던 그 시절에 쫓겨나는 이들이 주장할 수 있는 것은 손실보상이 최대치였을 것이다.

광양만을 매립할 때에도 많은 관행어업권자들이 그 곳을 떠나게 되었으나, 광양제철소측에서는 관행어업권자들의 권리를 인정하지 않으려 했다. 이에 관행어업권자들이 소송을 제기하였다. 이 사건에서 대법원은 관행어업권을 독자적인 관습법상의 권리로 인정하면서 관행어업권을 "공동어업자에 대하여 주장하고 행사할 뿐만 아니라 **이를 다투는 제3자에 대하여는 그 배제를 청구하거나** 그에 대한 손해배상을 청구할 수 있는 권리라고 해석하는 것이 관행에 따른 어업자를 보호함에 있어 적절하다고 할 것"[141]이라고 판시하여 제철소 건설로 인한 매립으로 떠나는 수많은 관행어업권자들이 보상을 받고 떠날 수 있게 하였다.[142] 민사법원의 판결이지만, 굵은 글씨 부분은 관행어업권의 공권으로서의 성립가능성을 인정한 판단으로 해석할 수 있는 내용을 담고 있다.

그런데 이 판결 후 1년 후인 1990년 8월 1일에 「수산업법」이 전면개정되었다. 또한 부칙 제11조 제2항을 신설하여 "이 법 시행 당시 (…) 입어관행이 있는 것으로 인정되는 자로서 종전의 규정에 의하여 어업권원부에 입어자로 등록하지 아니한

141) 대법원 1989. 7. 11. 선고 88다카14250 판결.

142) 박윤흔, 최신행정법강의(하), 2004, 507쪽.

자는 이 법 시행일로부터 2년 이내에 (…) 어업권원부에 등록을 한 경우에 한하여 입어자로 본다"는 규정을 두었다. 이미 관행어업권을 가진 자라도 2년 내에 등록하지 아니하면 그 어업권을 소멸시켜 버리겠다는 취지였다. 겉으로는 불법어업자의 무분별한 관행어업권 주장을 배제하여 어업질서를 확립하기 위한 것이라는 명분을 내세웠으나, 새만금개발 등 공유수면매립을 필요로 하는 각종 개발사업시 관행어업권 주장을 봉쇄하기 위한 법률 개정이었다.

실제로 수많은 관행어업자들이 있었을 것이지만 그 뒤 2년이 지나도록 관행어업권자로 등록한 자는 1인도 없었다. 관행어업권자들은 자신들의 권리가 이런 식으로 소멸될 수 있음을 미처 인지하지 못했을 것이다. 물론 관행어업권이 법률상 소멸하였다 하더라도 갑자기 어떤 물리적 변화가 생기지 않는 한 전과 같이 굴을 캐고 낙지를 잡고 조개를 줍는 생업은 계속할 수 있을 것이다. 문제는 이런 법률 개정 이후 실제로 인천신공항 건설을 위한 매립 등 대형 토건사업(국책사업이라는 표현은 문제가 있다!)이 수행됨으로써 발생했다. 수많은 관행어업권자의 권리는 법률상 소멸했고, 이로써 보상조차 불가능하게 되었으므로 그들은 손해배상소송을 제기하고 절차를 거쳐 헌법재판소에 「수산업법」 부칙 제11조 등의 위헌소원심판을 제기하였다.[143] 그러나 헌법재판소는 관행어업권자들의 손을 들어 주지 않았다.[144] 대법원도 이런 판단을 유지했다.[145] 이처럼 헌법재판소와 대법원처럼 판단한다면 관습법의 성립에 국가의 승인이 필요 없다고 보는 법적 확신설은 사실상 의미가 없게 된다.

3. 본문에서는 계속해서 법의 보편성을 강조하면서도, 개별 사례에서의 폭넓은 예외를 시행령과 단서와 부관을 통해 허용하는 자본주의법의 특별한 작동방식에 대해 지적했다. 이러한 작동방식은 자본의 재생산에 유리한 환경을 만드는 기능을 수행한다. 다른 한편으로 이것은 사회적 연대를 깨뜨림으로써 노동자 계급 등 하층계급의 단결을 방지하는 기능도 수행한다. 한국의 주택법제를 사례로 이 후자의 기능에 대해 토론해보자.

---

143) "어업권 보상의 경우 어업권의 인정 형태가 면허어업, 허가어업, 신고어업, 관습법상의 어업 등으로 다양하여 손실보상의 대상을 법령으로 특정하지 못하는 경우가 있기 때문에 **손실보상에 대한 명문 규정을 두지 못하는 경우**가 있다. 그러나 명문 규정이 없음에도 다른 경우와 동등하게 손실보상을 해주어야 마땅할 때 대법원은 유추적용을 통하여 보상을 하여야 한다고 판시하고, 그러한 보상을 하지 못한 경우에 민법상의 불법행위에 기한 손해배상을 인정하였다." 김유환, 2024, 740쪽.

144) 헌법재판소 1999. 7. 22. 선고 97헌바76, 98헌바50 · 51 · 52 · 54 · 55(병합) 결정.

145) 대법원 2000. 5. 26. 선고 99다37382 판결. 이 판결에 대한 비판으로는 배병일, "여성의 사회운동으로서의 제주도 해녀의 입어관행과 법률과의 충돌에 관한 법사회학적 연구", 토지법학 35권 2호, 2019, 224-226쪽.

한국의 공공주택 체계는 수십 가지 유형으로 나누어져 있다. 그래서 주거약자들은 자신이 어떤 유형으로 입주 신청 자격이 되는지 알기가 어렵다. 주거복지센터의 상담직원들도 두꺼운 매뉴얼을 옆에 끼고 살아야 할 정도다. 이렇게 유형이 다르다 보니 통합 대기자 명부를 만드는 게 어려워서 공실이 생길 때마다 매번 새로 신청해야 하는 일이 생긴다.[146] 이런 제도적 설계의 사회적 결과는 무엇일까? 주거약자들 사이의 경쟁이고 서로 간의 질투와 견제이다. 이렇게 해서는 사회적 연대는 불가능하다.[147] 반면 해외의 경우 사회주택과 공공주택 모두 유형이 통합되어 있다. 오히려 공공주택의 브랜드가 다수인 한국의 경우가 매우 특이한 편이다. 유형을 통합하면 이를 정비하여 대기자 명부를 작성할 수 있다. 언제쯤 입주가 가능할지 입주민이 예측할 수 있도록 하는 것도 주거 안정의 중요한 요소이다.[148]

146) 최경호, 어쩌면, 사회주택 - 당신의 주거권은 안녕하십니까?, 2024, 자음과모음, 287쪽.

147) 레옹 뒤기의 객관법과 사회적 연대에 관해서는 다음 장(7.1.1.) 및 11장(11.1.3.)에서 설명한다.

148) 최경호, 앞의 책, 같은 곳.

07

행정상 법의 일반원칙

7.1. 행정상 법의 일반원칙의 정치적 맥락

7.1.1. 행정법에 왜 법의 일반원칙이 통용되는가?

한국 행정법의 이론과 실무에서 행정상 법의 일반원칙은 그 위상이 대단하다. 행정상 법의 일반원칙(allgemeine Grundsätze des Verwaltungsrechts)은 그 본질상 법관법이다. 행정법의 사례 해결에서 '일반원칙' - "사실 일반원칙이라는 표현은 오해의 소지가 있다. 일반원칙은 단지 보편적 원리들(allgemeine Prinzipien)만 담고 있는 것이 아니라, 문헌, 특히 판례에 의해 아주 개별적인 부분까지 구체화되고, 다듬어지고, 세밀하게 정리된 규율을 포함하고 있기 때문이다."[1] 이런 설명을 여기에 굳이 덧붙인 이유는 무엇일까? 이렇게 부연해 두지 않으면, 일반원칙의 규범적 위상이 법률과 동위(同位)라고 가정했을 시, '일반'원칙과 개별 법률의 충돌은 '특별법 우선'의 법리에 따라 개별 법률의 우선적용으로 결론나는 것이 아닌가 하는 의문이 제기될 수 있기 때문이다.[2] 만약 이렇게 된다면 행정상 법의 일반원칙을 행정법에서 논하는 실익은 거의 소멸한다 - 의 적용을 열심히 옹호하는 이들은 대체로 행정법원의 적극적 역할을 강조한다.

행정상 법의 일반원칙을 별도 항목으로 다루는 한국 행정법 교과서의 서술 태도는 독일, 일본 교과서와도 비교해 볼 만하다. 일본 교과서들은 이 주제를 가볍게 다루거나 혹은 거의 취급하지 않는다. 독일 교과서들도 개별적인 논점을 설명할 때 관

1) Maurer/Waldhoff, 85쪽(4장 36번).

2) Ernst Forsthoff, *Lehrbuch*, 171쪽.

련 법 원칙들을 논할 뿐이다. 예컨대 신뢰보호의 문제는 신뢰보호원칙으로 별도 설명하지 않고 행정행위의 취소·철회의 제한의 근거로서 원용하고 있을 뿐이다. 혹은 부당결부금지(Koppelunsgverbot)원칙은 공법상계약(교환계약)이나 행정행위의 부관을 논할 때 간단히 언급할 뿐이다.[3] 독일 법학은 법의 전 영역에서 '법의 일반원칙'이 수행했던 보수적－기득권 수호적 역할(특히 바이마르 공화국 시기)을 분명하게 인식하고 있다.[4] 포르스토프는 1945년 이후 신의성실원칙은 행정법원의 판결에 힘입어 이미 다툼의 여지가 없는 지위를 얻었음을 인정하면서도, "행정법의 구체적 상황 하에서 (신의성실원칙이라는) 법원칙에 어느 정도의 효력을 부여할 것인가는 여전히 검토해볼 여지가 있다. 민법에서도 사회보호라는 상위 목적에 장해가 되는 경우엔 신의성실의 원용에 한계를 긋는다. 이런 생각은 행정법에 더 중요하게 다가온다. 강행법규에 대해서도 원칙적으로 민법 제242조의 원용을 통해 대항할 수 있다는 점이 민법에서도 승인되고 있지만, (신의성실)원칙을 무비판적으로 행정법까지 확장해서는 안 된다. 행정법의 규범은 의심스러운 경우에는 강행규범으로 해석되지만, 민법에서 강행규범은 (확실히 급속히 증가하고는 있지만 여전히) 예외이기 때문이다"고 부연설명한다.[5]

왜 이런 **유보적 태도**를 취하는가? 개별 사안에서 '예외적으로' 신뢰보호를 말할 수는 있으나, 더 나아가 이를 하나의 '원칙'으로까지 격상시키려는 해석을 경계하기 때문이다. 만약 후자처럼 한다면 이 원칙을 매개로 부르주아적 자유와 재산이 갖는 '신뢰이익'을 방어하는 일이 훨씬 더 수월해질 수 있다. 또한 신뢰이익은 많은 경우 기득권과 동의어일텐데, 그것에 대한 과도한 강조는 합법성의 원칙을 무너뜨릴 뿐 아니라, 결국 행정(정확하게 말하면 국민으로부터 민주적으로 집행을 위임받은 자)의 미래지향적 형성력도 현저히 제약할 수 있다.

예컨대 새로 선출된 시장·군수가 주민의 의견을 무시하고 막개발을 진행한 구 단체장의 약속을 승계하지 않아 신뢰보호원칙의 적용이 다투어지는 상황을 가정해보자 **(정책·계획의 변경과 신뢰보호의 문제)**. 이것은 법치주의의 문제만이 아니고 민주주의 문제이기도 하다. 신뢰보호원칙과 관련한 판결 중에 이런 쟁점이 분명하게 드러나는 케

3) Sodan/Ziekow, *Grundkurs*, 676, 679쪽(83장 19, 25번), 623쪽(78장 6번). 부당결부금지원칙을 강조한 독일 행정법학자는 포르스토프다. 그는 급부행정이 국가의 부당한 권력수단이 되는 것을 비판한다.

4) 이 점을 명확히 지적한 문헌으로 다음을 참고할 것. Franz Neumann, *Die Herrschaft des Gesetzes*, Suhrkamp Verlag, 1980, 특히 327-336쪽.

5) Ernst Forsthoff, *Lehrbuch*, 170쪽.

이스가 아직은 많지 않다. 최근의 예로는 인천 계양산 사례가 유명하다.[6] 전임시장(A당)의 결정을 신임시장(B당)이 뒤집었다. 신임시장은 이러한 '변경'을 선거과정에서 중요한 공약으로 내세워 당선되었다. 그러나 전임시장 당시 개발을 약속받았다고 주장하는 원고(롯데건설)는 신뢰보호원칙 위반 등을 내세워 도시관리계획(체육시설) 폐지결정 취소소송으로 다투었다. 5년 여에 걸친 소송은 최종적으로 원고 패소로 마무리되었다.[7]

도시계획이 시·군의회의 조례로 통제되지 않는 현실에서 이런 갈등은 향후 증가할 것으로 예상된다. 반면 독일의 경우 지구상세계획 등 도시계획이 게마인데의 조례로 정해지므로 지역개발정책의 급격한 변동은 우리보다 드물 것이고, 신뢰보호가 문제될 사안도 그만큼 줄어들 것으로 추정해볼 수 있다. 예컨대 대법원 2005. 3. 10. 선고 2002두5474 판결은 "행정청이 용도지역을 자연녹지지역으로 지정결정하였다가 그보다 규제가 엄한 보전녹지지역으로 지정결정하는 내용으로 도시계획을 변경한 경우, 행정청이 용도지역을 자연녹지지역으로 결정한 것만으로는 그 결정 후 그 토지의 소유권을 취득한 자에게 용도지역을 종래와 같이 자연녹지지역으로 유지하거나 보전녹지지역으로 변경하지 않겠다는 취지의 공적인 견해표명을 한 것이라고 볼 수 없다"고 하였다. 이 사례가 독일의 법 상황에서라면 어떻게 전개되었을까? 신뢰보호의 요건을 충족할까? 도시계획이 조례라는 법령으로 공포된 것이니 선행조치 혹은 공적 견해의 표명을 인정할 수 있겠지만, 그 밖의 요건들도 충족할까? 나아가 보다 더 근본적인 질문으로, 신뢰보호의 요건을 따지기 전에 독일의 법과 제도하에서 이런 상황 자체가 발생할 가능성은 어느 정도일까도 검토해볼 필요가 있다.

【사례】 甲종교법인(이하 '甲'이라 함)은 도시계획구역 내 생산녹지지역에 속한 농지(답)인 토지를 매수하면서 乙시장에게 토지거래계약허가를 신청하여 허가를 받았다. 甲은 토지거래계약허가 신청을 하면서 농지(답)인 그 토지를 대지로 형질변경하여 종교시설인 회관을 건립하기 위한 것임을 명시하고 그러한 내용의 사업계획서를 제출하였고, 乙시의 담당 공무원에게 문의하여 "관계 법령을 검토한 결과 해당 토지에 대하여는 토지형질변경이 가능하며 우리 시 조례에 의하여 종교시설의 건축이 가능하

---

6) 대법원 2018. 10. 12. 선고 2015두50382 판결.

7) 다만, 법원에서 다투어진 사례가 많지 않다고 해서 이 문제의 심각성을 무시할 수 있는 것은 아니다. 투자자들이 신뢰보호원칙을 주장할 것을 우려하여 전임 장관이나 시장(市長) 등의 잘못된 정책을 시정하지 않고 그냥 묻어두고 가는 사례들도 적지 않을 것으로 보이기 때문이다. 론스타 사례에서 금융당국은 신뢰보호원칙을 이유로 론스타에 대한 대응에서 소극적이었다.

다"라는 답변을 들었다. 또한 당시 담당 공무원으로부터 "甲은 토지거래계약 허가를 받은 날부터 1년 이내에 회관을 건립한다"라는 각서를 제출할 것을 요구받아 이를 제출하였다. 甲은 이를 신뢰하여 상당한 자금을 들여 건축준비를 하였다. 그 후 甲은 건축허가를 위한 토지형질변경허가를 신청하였으나 乙시장은 해당 토지는 관련법상 생산녹지지역으로 지정된 곳으로 우량농지로서 보전이 필요하다는 이유로 불허가하였다.[8)]

기득권 보호가 자본주의 국가 모두에서 동일한 방식으로 이루어지는 것은 아니다. 프랑스에서는 법률적합성 원칙 및 공익 추구를 위한 행정의 가변성이 주관적 신뢰보호에 원칙적으로 우선한다.[9)] 신뢰보호원칙의 '고향'이라고 할 수 있는 독일에서는 주관적 권리가 이 원칙에서 도출되지만, 프랑스 행정법은 객관적 법원리인 법적 안정성 원칙만을 부분적으로 인정할 뿐이다. 다만, 그로 인해 간접적으로 개인의 주관적 신뢰이익이 보호될 수는 있다고 본다.[10)]

독일과 프랑스만 비교해보자면, (역사적으로) 독일이 **주관적 권리보호체계**를 앞세우는 나라였다면, 프랑스는 **객관적 법질서의 확립**에 중점을 두는 나라였다. 양국의 차이는 어디서 오는가? 시민혁명을 경험한 나라와 그렇지 않은 나라의 차이다. 프랑스는 혁명으로 구체제를 전복하고 부르주아 시민계급이 정치권력을 장악한 나라다. 그들에게 헌법의 중심은 '잘 작동하는' 통치구조이며, 자유주의에서 유래하는 기본권의 중요성은 상대적으로 떨어진다. 루소의 사회계약론이 이를 잘 설명한다. 프랑스 혁명은 이것을 실천했다.

독일은 부르주아계급이 정치혁명을 해내지 못했다. 19세기 중반 이후의 입헌군주제 하에서 그들은 자신들의 권리를 법치국가를 통해 보장받기를 원했다. 그들에게 중요한 것은 재산과 자유를 방어할 주관적 권리였다. 반면, 프랑스 부르주아계급의 관심은 객관법이었다. **레옹 뒤기**(1859-1928)가 '주관적 권리'(le droit subjectif)의 존재를 부정하고 존재하는 것은 객관법(le droit objectif)뿐이라고 한 것도 이러한 프랑스적 전통과 함께 묶어 이해해야 한다(자세한 것은 11.1.3. 참고).[11)]

---

8) 2019년 변호사시험 선택형 기출문제사례이다. 대법원 1997. 9. 12. 선고 96누18380 판결을 토대로 만든 것이다.

9) 김혜진, "공법상 신뢰보호원칙에 관한 연구", 난송회(엮음), 행정법학의 도전과 과제, 경인문화사, 2023, 159쪽.

10) 김혜진, 위의 글, 158-159쪽.

11) 뒤기는 영국의 경우에는 법을 'law'라고 하고, 권리를 'right'라고 부르기 때문에 법과 권리를 지칭하는 용어 자체가 달라서 혼동의 여지가 없지만, 프랑스에서는 법과 권리를 모두 'le droit'라고 부

공법학에서 객관법을 강조한다는 것은 어떤 의미일까? 프랑스 헌법에는 기본권 조항이 존재했던 적이 없다. '통치구조' 조항만 있다. 다만, 헌법 전문은 "프랑스 국민은 1789년 인권선언에서 정의되고 1946년 헌법 전문에서 확인 및 보완된 인권과 국민주권의 원리 그리고 2004년 환경헌장에 정의된 권리와 의무를 준수할 것을 엄숙히 선언한다"고 하여 인권이 헌법에 포섭될 수 있음을 선언할 뿐이다. 프랑스 헌법의 이런 전통도 **객관법 중심주의라**고 말할 수 있다. 왜 이런 '결단'을 했을까? 주권과 국가권력 그리고 그 권력에 '참여하는 절차'가 제대로 정립되어 있으면 국가의 임무는 보증되고 인권은 보장된다는 생각이 밑바탕에 깔려 있기 때문이다. 다이시가 프랑스 행정법이 독일 행정법보다는 영국의 법의 지배 원칙에 더 근접해 있다고 평가한 것도 이와 무관하지 않다. 그는 양국은, 비록 그 성과에서 차이는 있을지언정, 정당한 국민주권에 도전하는 모든 계급에 맞서 문민권력의 우위를 관철하기 위해 가장 많은 노력을 기울여 왔다고 한다.[12)]

나는 다이시의 이러한 평가의 밑바탕에, 국민주권이 확고하고 통치구조가 제대로 정립되어 있으면 국가는 유지되고 인권은 보장된다는 생각이 깔려있다고 생각한다. 인권을 다투는 자는 보장받고, '권리위에 잠자는 자는 보호받지 못하는' 그런 구조가 아니라 객관적 질서가 정비되어 있으면 모두의 인권은 보장된다는 것, 이것이 객관법의 사고이다. 누구나 객관법의 존재 아래서 보호(보장)받아야 한다. 이렇게 말한다고 해서, 객관법이 행위자 없이도 굴러갈 것이라고 생각할 필요는 없다. 객관법의 사고 하에서도 이 '법'을 움직이고 이 법에 영향을 미치는 행위자가 존재한다. 다만, 그들을 이기주의적 권리주장에 몰두하는 개인으로 표상하지 않을 뿐이다. 이런 얘기를 왜 하는가? "순수하게 객관적인 법규가 존재한다는 사실은" "개인적 권리보호에 일방적으로 시각을 고정해온 행정법이론에서 (이제는) 벗어나야 한다"는 것을 의미한

르기 때문에 의미의 혼동이 발생하므로 법과 권리는 서로 구별되어야 하는 개념이라고 설명한다. 그는 혼동을 피하기 위하여 'le droit'라는 단어에 형용사를 추가하는데, 권리의 의미를 갖는 'le droit'에는 주관적이라는 의미를 갖는 'subjectif'를 붙여서 주관적 권리(le droit subjectif)라 하고, 법규범의 의미를 내포하는 'le droit'에는 객관적이라는 의미를 갖는 'objectif'를 추가하여 객관법(le droit objectif)이라 했다. 장윤영, "레옹 뒤기(Léon Duguit)의 공법 이론 - 객관주의 행정법을 중심으로 -", 공법연구 49집 1호, 2020, 161-162쪽. 또한 레옹 뒤기, 이광윤 역, 일반 공법학 강의, 민음사, 1995, 39쪽 참고.

12) A. V. Dicey, *Introduction to the study of the law of the constitution*, 324-325쪽 각주 2번/221쪽 각주 2번.

다는 말을 하고 싶어서다.[13)]

뒤기가 뒤르켐의 영향으로 사회적 연대를 주장한 것도 같은 맥락이다. 사회적 연대 개념은 사회적 존재인 인간이 행복하기 위해서는 사회가 제대로 유지되고 발전하여야 하고, 이를 위해 서로 다른 성정을 가진 사회 구성원들의 상호 협력과 역무 교환이 필수적으로 요청된다는 것에서 출발한다.[14)] 아주 쉬운 예로 주택문제를 생각해 보자. 사회적 연대를 강조하는 곳에서 법률생활의 중심은 사회구성원 모두에게 복지를 가져다 줄, (공공주택 혹은 사회주택의 배정 및 교환에 관한) 객관법에 둘 것이다. 이를 위해 당연히 공공주택법제의 형성과 이익상호 간의 형량이 노동자계급 등 국민의 참여 하에 보장될 수 있도록 노력하게 될 것이다.[15)] 반면, 이 문제를 주관적 권리 중심으로 접근하면 주택문제의 해결은 개별적 시혜적 방식으로 처리될 가능성이 높다.

한편, 모든 '일반원칙'은 결국 **비례원칙으로 귀결**된다. 부당결부금지원칙의 경우에도 그러하지만(「행정기본법」 제13조), 신뢰보호원칙에서도 마지막에는 이익형량을 한다. 공익의 원칙도 공익과 사익의 이익형량의 문제로 파악할 수 있다. 사정이 다르기 때문에 차별취급이 정당화되는 경우라도, 비례원칙에 위반하여 과도한 차별취급이 되는 경우에는 평등원칙 위반이 되므로 평등의 원칙도 비례원칙으로 귀결된다. 그런데 비례성의 원리라는 것은 제정법의 해석에서 법 해석자가 당연히 지켜야 할 하나의 일반적인 기준일 뿐인데, 이것 자체를 '일반화'하고 '자립화'시켜 국회 입법자가 만든 제정법보다 상위의 법원으로 끌어올리는 것이 타당한가라는 지극히 자연스러운 질문을 해볼 필요가 있다. 또한, 신뢰보호라는 법의 '일반'원칙에 의해 보호되는 것이 자본주의 사회 내의 '특수' 계급적 이익이라는 사실이 행정상 법의 일반원칙에 의해 분식(粉飾)되는 것이 아닌가 하는 타당한 의문까지 제기될 수 있는 마당인데, 이제는 이런 일반원칙들을 「행정기본법」이라는 제정법에까지 담아버렸으니 사태는 더욱 심각해졌다.[16)] 그래서 대체로 행정상 법의 일반원칙의 '과도'한 강조는

---

13) Heiko Faber, *Verwaltungsrecht*, 423-424쪽.

14) 장윤영, 앞의 논문, 156-57쪽.

15) Heiko Faber, Verwaltungsrecht, 374쪽은 사회기반시설조성행정(Infrastrukturverwaltung)에서는 "절차 없이는 형량도 없다"고 말한다. 여기에 하나 덧붙이자면 "참여 없이는 절차도 없다(Kein Verfahren ohne Beteiligung)." Rainer Wolf, "Bespruchung: Heiko Faber, Verwaltungsrecht, 3. Auflage", *Kritische Justiz* 25권 4호, 1992, 507쪽.

16) "「행정기본법」의 제정에는 장점도 있고, 단점도 있다. 이 중 가장 큰 장점은 행정법의 부분 통일성이다. 가장 큰 단점은 고착화의 위험이다. 한번 고착화하면 경로 의존성(path dependency)에 의하여

한국 행정법학이 '과시하는' 자유주의의 과잉을 보여주는 사례로 볼 수 있지만, 아래의 공익의 원칙은 이러한 방향성에서 다소 비껴나 있다. 그래서 그런지, 교과서들은 공익의 원칙을 별도로 행정상 법의 일반원칙으로 거론하지 않는다.

7.1.2. 행정상 법의 일반원칙의 제한적 쓸모

행정상 법의 일반원칙을 법 해석에 끌어들여야 하는 당위성 혹은 필요성은 법률의 실태, 더 정확히 말하면 재량이 주어진 법규정을 집행하는 실태와 밀접한 관계가 있다. 사실 행정상 법의 일반원칙은 하나의 '일반'원칙이라기보다는 현재의 법률과 법집행의 실태를 **'개별적'으로 교정하는** 법 해석 수법이다. 따라서 "법원이 행정청의 재량적 결정을 비례원칙을 평가규범으로 하여 통제하는 것은 행정청의 병리적 잘못을 교정한다는 의미보다는 행정청이 대량결정을 하는 과정에서 불가피하게 나오는 불량한 결정을 당사자의 문제 제기를 계기로 하여 심도 있게 심리하는 것"[17]으로 볼 수 있다. 다만, 앞에서도 보았듯이 불량한 결정의 교정은 어디까지나 제정법률의 한계 내에서 이루어져야 한다.

종전의 대법원 판례를 보면, 음주운전을 한 개인택시 운전자에게 음주운전을 이유로 운전면허를 취소한 것은 운전면허의 취소를 통하여 달성하고자 하는 공익보다 운전면허의 취소로 개인택시 운전자가 받는 불이익이 크다고 보아 운전면허의 취소처분을 비례원칙 위반으로 위법한 것으로 보아 취소하는 경우가 적지 않았다. 그런데 그 후 대법원은 이러한 태도를 바꾸었다. 즉, 음주 운전한 개인택시 운전자에 대한 운전면허 취소처분을 대체로 적법한 것으로 본다.[18] 그 이유는 무엇보다 교통경찰의 법 집행 실태에 대한 법원의 신뢰가 높아졌기 때문이다. 즉, '불량한 결정'이 나올 가능성이 대폭 낮아졌다는 뜻이다.

새로운 개혁을 하지 않고 익숙한 것에 의존하려는 관성에 갇혀버리기 때문이다." 김철용, 2024, 81쪽.

17) 김용섭/신봉기/김광수/이희정, 판례교재 행정법, 3판, 법문사, 2014, 70-71쪽.

18) 대법원 1995. 9. 26. 선고 95누606 판결; 대법원 1996. 1. 26. 선고 95누16168 판결. 박균성, 행정법론(상), 박영사, 2013, 51쪽. 유사사례에 대한 평석으로 김용섭/신봉기/김광수/이희정, 위의 책, 66-67쪽. 원심은 취소처분을 취소했으나 대법원은 청구를 기각하였다.

7.2. 공익의 원칙, 평등의 원칙

7.2.1. 공익의 원칙

공익의 원칙이란 행정기관이 행정활동을 공익에 맞게 해야 한다는 것을 말한다.[19] 공익은 우리 사회의 다원적 이익을 대표하는 국회에서 소수자의 이익도 포함하여 형량과 조정에 의하여 법률의 형식으로 구체화되는 것이 원칙이다.[20] 다만, 무엇이 공익인지가 법률상 명확하지 않은 경우 행정기관은 그 내용을 구체화할 권한이 있는 것으로 해석되고 있다. 또한 법률상 요건이 명시되어 있지 않더라도 행정은 공익이라는 '숨은 요건'을 끌어들여 예외적으로 허가거부 등의 판단을 내릴 수 있다.

【판례】 대법원 2003. 3. 28. 선고 2002두12113 판결 [공장설립(신설)승인신청거부처분취소]

산림훼손은 국토 및 자연의 유지와 수질 등 환경의 보전에 직접적으로 영향을 미치는 행위이므로, 법령이 규정하는 산림훼손 금지 또는 제한 지역에 해당하는 경우는 물론 금지 또는 제한 지역에 해당하지 않더라도 허가관청은 산림훼손허가신청 대상토지의 현상과 위치 및 주위의 상황 등을 고려하여 국토 및 자연의 유지와 환경의 보전 등 중대한 공익상 필요가 있다고 인정될 때에는 허가를 거부할 수 있고, 그 경우 법규에 명문의 근거가 없더라도 거부처분을 할 수 있는 것이므로(대법원 2000. 7. 7. 선고 99두66 판결, 2002. 10. 25. 선고 2002두6651 판결 등 참조), 공장설립의 승인관청은 산림의 형질변경을 수반하는 공장의 설립에 대해서는 그 형질변경이 국토 및 자연의 유지와 환경의 보전 등 **중대한 공익상의 필요**에 위배됨을 사유로 하여 그 공장설립을 승인하지 아니할 수 있는 것이다.

위의 판례를 자세히 분석해 보면 행정은 실정 법률에 규정이 없음에도 불구하고 공익상의 이유로 허가거부를 하면서 이를 정당화하기 위해 공익의 원칙을 끌어들인 것을 알 수 있다. 대법원은 이런 사안을 예전에는 기속재량으로 표현해왔는데, 이 개념의 사용이 점차 자제되면서, 학자들은 이를 거부재량이라고 달리 부르기도 한다. 대법원이 행정청의 거부재량을 인정한 사례로는 건축허가,[21] 건축신고의 수리(수리를 요하는 신고),[22] 토석채

19) 김철용, 행정법Ⅰ, 박영사, 2008, 53쪽.

20) 김철용, 위의 책, 54쪽.

취허가,[23] 산림형질변경허가,[24] 주유소설치허가,[25] 숙박업영업신고수리[26] 등이 있다.

행정상 법의 일반원칙은 성문법의 엄격한 적용 및 해석을 완화하는 기능을 한다고 이미 지적한 바 있는데, 공익의 원칙은 비례원칙 등과는 달리 행정청에게 유용한 도구개념의 성격이 강하다. 즉, 이 원칙을 매개로 행정청은 사안에 따라서는 성문법의 엄격한 적용에서 벗어날 수 있다. 만약 공익의 원칙이 없으면 행정청은 제정법의 허가요건만 충족하면 허가를 하여야 한다. 그렇게 되면 제정법의 불비로 환경파괴 등 공익 침해가 이루어지는 상황이 발생할 수 있다. 공익의 원칙은 따라서 제정법의 불비를 보완하는 역할을 한다. 다만, 이러한 판례의 입장에 대해서는 비판적 견해도 만만치 않다.[27] "행정청이 법에 근거가 없는 사유를 '공익'의 이름을 내세워 개발행위를 거부하는 것은 권한 남용으로서 위법하다"[28]는 반론이 대표적이다. 이 비판대로 법원이 실제로 법(률)에 근거가 없는 사유를 공익이라는 이름으로 포장한 뒤, 위와 같은 판결을 했다면 문제가 있다고 하겠다. 반면, 법률의 문언에서 그와 같은 결론을 지지할 수 있는 어떤 근거를 찾을 수 있는데도, 명시적 근거가 없다는 이유만으로 위와 같은 반론을 제기한다면 이는 지나친 자유주의적 해석이라 하겠다. 독일

21) 대법원 2006. 11. 9. 선고 2006두1227 판결.

22) 대법원 2019. 10. 31. 선고 2017두74320 판결.

23) 대법원 1992. 4. 10. 선고 91누7767 판결.

24) 대법원 2002. 10. 25. 선고 2002두6651 판결.

25) 대법원 1999. 4. 23. 선고 97누14378 판결.

26) 대법원 2017. 7. 11. 선고 2017두34087 판결.

27) 최선웅 교수는 "무엇보다도 실정법규정에 명문으로 중대한 공익상의 필요라는 것이 규정되어 있지도 아니함에도 불구하고 이를 기준으로 행정처분을 내리고 행정재판을 한다는 것 자체를 정당화하기 위해서는 단지 기존의 이론을 뛰어 넘는 한 차원 높은 근거부여가 필요하다. (…) 행정소송에서의 **중대한 공익상의 필요**라는 것을 행정법의 일반원칙으로 격상시켜서 검토할 만한 가치는 충분히 있다"고 평가한다. 최선웅, "행정소송에서의 기속재량", 행정법연구 제52호, 2018, 147쪽. 반면 이상덕 판사는 "거부사유로서 '중대한 공익상 필요'라는 아이디어는 1990년대에 처음 사용되기 시작하여 2000년대까지 많이 활용되었으나, 2010년대 이후로는 활용빈도가 급격히 떨어져 '소멸 단계'에 있다. 이 아이디어는 입법이 부실한 상황과 행정법 판례이론의 저발전 상태에서 치밀한 논리적 이성이 아니라 경험적 직관으로 도출되어 잠시 활용된 도구였을 뿐이다. (…) 따라서 이제는 법령에 명시되지 않은 '**중대한 공익상 필요**'라는 추상적 개념도구에 의존하는 것이 더 이상 필요하지도 않고 이론적으로 타당하지도 않다"고 반박한다." 이상덕, "수익적 행정처분의 거부사유인 '중대한 공익상 필요'에 관한 연구", 한국행정법학회 등 2025년 공동학술대회(행정재량에 대한 사법통제의 현황과 과제) 발표문, 48-49쪽.

28) 김남진, "'중대한 공익상 필요'와 법치행정의 실종", 법률신문, 2003. 8. 7.자.

행정법에는 '할 수 있다'는 재량규정(Kann -)과 '하여야 한다'는 기속규정(Muss -) 사이에 위치한 당위규정(Soll - Vorschrift)이 존재한다. 법문이 당위규정으로 되어 있으면, 원칙적으로 기속이지만, 예외적 상황, 즉 비전형적 상황에서는 다른 판단이 가능하다.[29] 우리 법에 는 그와 같은 (화법)조동사가 활용되지 않고 있으므로, 똑같은 결론을 내릴 수는 없다. 다만, 법률 문언을 전체적으로 해석할 때, 위에서 말한 '원칙적 기속'의 의미를 도출해낼 수 있다면 '공익방어적 기속재량행위'(거부재량) 개념을 인정해도 무방하다고 본다.

7.2.2. 평등의 원칙, 행정의 자기구속원칙과 '차별금지법'

"모든 국민은 법 앞에 평등하다." 행정법교과서들은 헌법 제11조로부터 평등(취급)원칙을 도출해낼 수 있다고 본다. 이 점을 「행정기본법」은 아예 명문으로 못박고 있다(제9조). 법률 앞에 평등이 아니라 법 앞에 평등이다.[30] 법 앞에 평등이라고 하였으므로 법적용상의 평등(입법자비구속설)만이 아니라 법내용상의 평등(입법자구속설)도 지켜져야 한다고 본다. 이중에서 행정법의 관심사는 법적용상의 평등이다.

법률의 유보 혹은 법률의 우위 하에 이루어지는 개별 행위 - 행정행위일 수도 있고 사실행위 일 수도 있다 - 가 평등원칙을 위반하는지 여부를 심사할 때는 헌법상의 차별금지만이 아니라 법률에 포함되어 있는 명시적인 차별금지는 물론 묵시적인 차별금지도 잘 검토하여 판단해야 한다.[31] 예를 들어 보자. 경제가 어려워지자 A시의 여러 곳에서 무허가 노점음식점들이 많이 생겼다. 시장은 이들 노점상을 단속하려고 한다(경우에 따라서는 행정상 강제집행절차의 개시도 생각해볼 수 있다). 그러나 행정력이 부족하여 하루에 일정한 지역 이상은 단속할 수 없다. 그러자 자주 단속의 대상이 된 A시의 B구역에서 노점상을 하는 갑이 "왜 우리만 못살게 구느냐, 이러한 행정은 평등원칙을 위배한 것이 아니냐"라고 반발했다. 갑의 주장은 타당한지 생각해 보자.

헌법 제11조가 말하는 평등은 상대적 평등을 뜻하며, 상대적 평등이란 "같은 것은 같게, 다른 것은 다르게" 취급하는 것을 말한다. 그리고 그 과정에서 자의가 배제되어야 한다. 자의란 무엇인가? 헌법에서는 이를 '합리적 기준'에 의하지 않은 차별이라고 말한

29) Maurer/Waldhoff, 149쪽(7장 11번).
30) 제5차 개정(1962년, 제3공화국 헌법) 때부터 이렇게 바뀌었다.
31) Ekkehart Stein, *Staatsrecht*, 402쪽.

다. 동일한 내용의 행정법규 위반행위자가 다수이고, 그러한 위반행위에 대한 대처가 재량에 맡겨져 있는 경우에도 특정인에게만 불이익한 처분을 하려면 이를 **정당화하는 특별한 사유**가 있어야 한다. 따라서 모든 노점상이 아니라 갑이 영업하는 지역만을 단속한 것이 자의에 따른 차별이 아니라, 그것을 정당화할 만한 특별한 사유 - 이 사유의 판단에서는 단속과 같은 개별 행위를 수권하는 법령의 해석이 중요할 것이다 - 에 기초한 것이면 평등원칙 위배가 아니라는 결론에 이르게 된다. 행정은 모든 위법상태를 동시에 제거할 수 없으며, 또한 모든 위법상태에 대하여 동일한 방식으로 대처해야 하는 것도 아니다. 반면 사안에 따라 다르게 판단하도록 한 기준(사항적 기준)이 아니라 불이익을 받는 자의 인적 사항(친척관계, 지인관계, 같은 단체 소속 등)에 관련된 차별 기준은 모두가 금지된다.[32)]

이처럼 행정법상 평등원칙은 재량행위에 대한 통제에서 특히 중요한 법리로 작용하지만, 그 외에 법률 및 법의 구속이 결여되어 있거나 충분하지 못한 영역에서도 그 진가를 발휘한다. 예컨대 A, B, C, D는 이미 보조금 지급을 받았는데, 사회적·경제적으로 동일한 처지에 있는 E의 보조금 지급신청은 행정관청이 거절했다고 하자. 그런데 E가 행정이 스스로 만든 '보조금 지급기준'(행정규칙)을 살펴보니 자신도 보조금을 지급받을 자격이 있는 것으로 나온다. 이 경우 E는 행정 스스로 만든 내부규정에 따르면 자신도 보조금을 받을 수 있는데, 자신에게만 보조금 지급을 거부한 것은 평등원칙에서 파생하는 원칙인 행정의 자기구속원칙에 위배된다고 주장할 수 있다.

공권력을 담당하는 행정청은 합리적 이유가 없는 한 모든 국민을 동등하게 처우해야 할 의무를 진다. 이 의무에 기초해서 동등한 처우를 하다 보면 그것이 관례가 된다. 그러면 이후의 유사사건에서도 역시 합리적 이유 없이는 확립된 행정관행을 무시하고 특정인을 차별하지 말아야 한다. 이것이 자기구속의 원칙이다. 헌법재판소는 "행정규칙이라도 재량권행사의 준칙으로서 그 정한 바에 따라 되풀이 시행되어 행정관행을 이루게 되면, 행정기관은 **평등의 원칙**이나 **신뢰보호의 원칙**에 따라 상대방에 대한 관계에서 그 규칙에 따라야 할 자기구속을 당하게 (…) 된다"[33)]고 판단했고, 대법원도

32) Ekkehart Stein, *Staatsrecht*, 402쪽.

33) 헌법재판소 2007. 8. 30. 선고 2004헌마670 결정. 같은 취지로 헌법재판소 1990. 9. 3. 선고 90헌마13 결정. 위 헌법재판소 결정들에서 피청구인들은 청구대상인 인사관리원칙이나 노동부예규가 "아무런 법적 구속력을 갖지 아니하는 것이므로 헌법재판소법 제68조 제1항 소정의 공권력의 행사"에 해당하지 않는다고 항변했다. 그러나 기본권은 고권적 작용뿐만 아니라 국가의 사실적 침해도 방어할 수 있으므로, 헌법소원의 대상성 여부는 사실적 침해까지 포함한 기본권 침해가능성 유무에 달려있지, 행정작용이 법적 구속력 있는 고권적 작용이냐(예컨대 법규명령의 제정) 아니면

행정의 자기구속의 원칙의 근거를 평등원칙과 함께 신뢰보호원칙에서 구한다.[34)]

자기구속이라는 말은 타자구속이라는 말의 반대이다. 국회가 만든 법률에 의해 행정이 구속되는 것을 타자구속이라고 하고, 행정이 스스로 만든 규칙과 관행에 구속되는 것을 자기구속이라고 한다. 자기구속이 되는 이유는 되풀이 시행된 관례를 따르는 것이 평등원칙이나 신뢰보호원칙의 관점에서 타당하기 때문이다. 다만, 행정규칙과 관례가 있다고 하더라도 행정의 법률적합성 원칙까지를 극복할 수는 없다고 보아야 한다. 즉, 행정규칙이 법에 반하고 그 행정규칙을 적용하는 행정실무도 또한 위법한 경우, 국민은 행정실무의 계속을 요구할 수 없다. 만약 이렇게 해석하지 않으면 행정은 법률의 내용을 그것에서 이탈하는 지속적인 행정실무의 전개를 통해 수정할 수 있기 때문이다. '**불법 앞에는 평등 없다**'(kein Gleichheit im Unrecht).[35)] 이미 프로이센 고등행정재판소는 법률을 잘못 해석한 행정실무는 행정관습법의 원천이 될 수 없음을 분명히 했다. 만약 이를 인정하면 행정의 자기교정 가능성을 박탈하게 될 것이기 때문이다.[36)]

예컨대 이런 사안이다. 甲은 A세관으로부터 세율 30%의 관세를 부과받았다. 이 관세는 법률규정에는 합치하지만, 다른 세관에서는 내부 지침에 따라 세율 20%로 과세하는 것이 일반적인 관행이다. 甲은 A세관장 乙을 상대로 위 과세처분의 위법을 주장할 수 있는가?[37)] 이 사안에서는 평등원칙과 행정의 법률 적합성 원칙이 충돌한다. 일본에서 실제로 발생했던 사례인데 사건을 담당했던 각 지역의 법원별로 각각 다른 결론이 나오기도 했지만, 주류적 입장은 '불법 앞에는 평등 없다'는 입장을 지지하였다.

【판례】 서울고법 1989. 2. 15. 선고 88구10178 제3특별부판결: 확정

위 공관보안구역이라는 것은 군사시설보호법이 정하는 군사시설보호구역에 해당하지 아니하여 아무런 법률상의 근거가 없는 것이므로 피고가 위 공관보안구역이라는 이유로 위 공관의 인접대지 소유자들에 대하여 건축허가를 하지 아니하거나 건축법규가 정하는 규제 이외에 다른 조건을 부쳐 건축을 허가한 것은 위법하다고 할 것

사실적인 작용(예컨대 행정규칙 제정)이냐에 따라 판정될 것은 아니다. 최진수, "행정규칙에 대한 헌법소원", 공법연구 제41집 제3호, 2013, 497쪽.

34) 대법원 2009. 12. 24. 선고 2009두7967 판결.

35) Sodan/Ziekow, *Grundkurs*, 511쪽(64장 7번).

36) Ernst Forsthoff, *Lehrbuch*, 147쪽 및 각주 7번.

37) 大橋洋一, 行政法, 有斐閣, 2002, 45-46쪽.

이고 따라서 **위법한 행정처분이 수차례에 걸쳐 반복적으로 행하여 졌다 하더라도 그것이 위법인 이상 행정관례 내지 행정준칙으로서 피고에 대하여 구속력을 갖는 것이라고 할 수는 없으므로** 피고가 종전과 달리 공관보안구역통제에 따른 조건을 붙이지 아니하고 다음에서 보는 바와 같이 건축법규에 적합하다 하여 이 사건 건축 허가처분을 한 것은 적법하다고 할 것이어서 원고의 위 주장은 그 이유없다.

자기구속의 원칙은 통상 개별 관청과 관련해서 문제가 되는 것이므로 행정청 전체를 아우르는 (내부) 구속력 있는 행정규칙이 존재하지 않는 한, 다른 관청의 규칙에 구속되지 않는다.[38] 한편, 자기구속의 원칙을 적용하려면 **행정 선례가 필요한가** 하는 문제에서 대법원은 이를 긍정한다.[39] 행정규칙의 최초 적용 시에도 이른바 예기관행(豫期慣行) 혹은 선취(先取)된 행정관행(die antizipierte Verwaltungspraxis)을 인정하여 자기구속의 원칙을 적용할 수 있을까? 자기구속의 논거를 평등원칙에서 찾는다면 대법원의 말마따나 이를 인정하기 어렵다. 평등원칙은 적어도 둘 이상의 비교가능한 사례를 전제로 하기 때문이다.[40] 반면, 자기구속의 논거를 신뢰보호원칙에서 찾는다면 선례불요설이 논리적이다. 행정규칙 자체를 선행조치(공적 견해의 표명)로 볼 수 있으므로, 그것에 반하는 후행처분은 자기구속의 원칙에 반한다는 설명이 가능하다. "독일에서도 1950년대까지는 자기구속법리의 적용에 관한 판결은 행정관행을 중시하였다. 그 주된 이유는 행정규칙이 법규범으로 받아들여지지 아니하였고 또한 행정규칙이 공표되지 아니하였기 때문이다. 그러나 1960년대에 들어오면서 자기구속법리의 적용에 관한 판결은 행정관행을 중시하는 것이 줄어들고 행정규칙에 표시된 의사표시가 중시되기 시작하면서 결국 판결이 행정관행을 포기하기에 이른다."[41]

자, 여기까지가 행정법교과서가 설명하는 평등원칙이다. 무언가 허전한가? 그렇다 매우 형식논리적인 설명이다. 사회적 법치국가를 지향하는 한, 자본주의의 모순과 한계를 행정법의 힘으로 지양할 수는 없지만 완화시킬 수 있다는 믿음 하에 실질적 평등을 행정법의 영역에서도 관철하려고 노력하는 한, 행정법의 이론과 실무는 어떤 역할을 할 수 있는지도 말해야 한다.

---

38) Ekkehart Stein, *Staatsrecht*, 402쪽.

39) 대법원 2009. 12. 24. 선고 2009두7967 판결.

40) Maurer/Waldhoff, 689쪽(24장 28번).

41) 김철용, 2024, 238 - 239쪽. 또한 Thomas Sauerland, *Die Verwaltungsvorschrift im System der Rechtsquellen*, Berlin, 2005, 195-196쪽.

첫째, 국가가 스스로 행하는 차별을 시정하도록 독려해야 한다. 입법이 그 역할을 할 수 있고, 행정과 사법도 이를 뒷받침할 수 있다. 예컨대 독일의 "군인 지위에 관한 법률"(군인법)은 이런 조항도 두고 있다. 우리도 이런 법률을 만들 수 있도록 주장하고 이론으로 뒷받침해야 한다.

> 【조문】 군인 지위에 관한 법률(Gesetz über die Rechtsstellung der Soldaten)
> 제3조(임용과 복무상의 원칙) 제1항 군인의 임용과 복무는 성별, 가문, **성적 지향**(sexuelle Identität), 혈통, 인종, 신앙, 세계관, 종교적 또는 정치적 견해, 출생지, 민족적 혹은 그 밖의 출신 등을 고려하지 않고 재능, 능력 및 업적에 따라야 이루어져야 한다.

둘째, 앞서 말한 사회 권력에 의한 불평등한 조치들을 견제하기 위해 국가 행정이 더욱더 적극적인 역할을 떠맡아야 한다. 이것을 위해 필요한 것이 차별금지법이다. 이 법률이 제정되면 그 집행을 행정이 담당해야 한다. 헌법의 평등권이 결국 '차별금지'이므로 이런 법률이 필요없다는 주장도 있지만, 행정법의 적극적 역할을 위해서는 꼭 필요한 법률이 바로 차별금지법이다.[42)]

7.3. 비례원칙

7.3.1. 의의와 연원

비례원칙은 독일 판례가 발전시킨 원칙으로서 적합성의 원칙, 필요성의 원칙, 상당성의 원칙(협의의 비례원칙) 등을 그 세부내용으로 한다. 적합성이니 필요성이니 하는 법리야 독일의 실무가 만들어낸 것이지만, 꼭 독일이 아니어도 어느 나라나 이런 법리를 갖고 있다. 자유주의 헌정국가라면 그 어떤 나라도 이런 사고를 배척할 수 없기 때문이다. 다만, 그 적용영역과 기능은 나라별로 다를 수 있다.

독일에서 비례원칙은 입법에 의해서 설정된 (행정)목적을 달성하기 위한 수단을 선택하는 행정(작용)을 통제하는 (경찰)행정법상의 법리로 발전했다. 비례원칙은 각 개인의

42) 자세한 내용은 후술하는 생각해보기/토론하기를 참고할 것.

모든 일상사를 적극적으로 규율하던 경찰국가가 법치국가로 변화되는 과정에서 나타난 법원칙으로, 원래 경찰권의 한계를 긋는 경찰법상의 일반원칙이었다("참새를 잡기 위해 대포를 쏘아서는 안 된다"). 그러다가 점차 확대되어 경찰법뿐만 아니라 규제행정 일반 및 급부행정에도 적용되고 있다. 예컨대 보조금의 교부는 동일한 목적이 대부(貸付)의 방법으로는 달성될 수 없을 때 비례원칙을 충족한다(과잉급부금지원칙). 그런데 독일 연방헌법재판소는 여기서 더 나아가 비례원칙을 입법자까지 구속하는 헌법상의 법원칙으로까지 승격시켰다.[43] 즉, 동 재판소는 법률의 합헌성이 아니라 **법률의 비례성을 심사**함으로써 입법자의 선택지를 대단히 축소시켜 버렸다. 그 결과 입법자가 '실정헌법'의 한계 내에서 제정한 법률조차도 위헌판정을 받을 가능성이 커지게 되었다. 이는 결국 입법자로부터 정치적·사회경제적 목적 설정의 권한을 박탈하는 것으로 귀결된다.[44] 이런 식으로 (신자유주의 시대) 법원 혹은 헌법재판소는 시장의 우월함을 확립하는 법적 규범의 불가침성을 보장하기 위해 헌법 안에서 '헌법의 수호자' 노릇을 하는 셈이다.[45]

독일 공법을 앵글로색슨의 보통법 전통에서 바라본 인도 법학자 싱은 비례원칙의 적용확대가 갖고 있는 이러한 정치적 의미를 정확히 짚어 냈다. 그는 의회입법에 대한 비례원칙의 적용은 영국에서는 생각할 수 없는 일이라고 지적했다. 개방적 헌법구조의 인정과 위헌입법판단에서 형량원리의 수용 그리고 이를 구체화한 입법에 대한 비례성 심사의 확대는 '의회주권'에 대해 제약적 요소로 작용한다고 비판한다.[46] 사실 의회주권이 지배하는 영국에서는 비례원칙이 의회법률에 적용될 여지는 전혀 없다. 나아가 영국에서는 의회법률에 대한 사법심사제도가 없기 때문에 '법의 지배' 원리는 입법에 대한 기준이 아니라 행정에 대한 기준이다.[47]

한편, 비례원칙의 적용에서 우리 대법원의 판결과 헌법재판소의 결정을 비교해보

43) 비례원칙을 경찰법 분야를 넘어 헌법원리로 고양시키는 시도는 이미 바이마르 공화국의 반의회주의적 이론과 실무를 통해 나타났다. Heinz Wagner, *Polizeirecht*, 2. Aufl. Berlin 1985, 95쪽. 독일 연방헌법재판소는 BVerfGE 19, 349에서 처음으로 비례원칙을 헌법적 원리로 끌어올렸다.

44) Ingeborg Maus, *Zur Aufklärung der Demokratietheorie: Rechts - und demokratische Überlegungen im Anschluß an Kant*, Suhrkamp Verlag, 1994, 324쪽.

45) 피에르 다르도 외, 정기헌 옮김, 내전, 대중혐오, 법치 - 신자유주의는 어떻게 지배하는가, 50쪽.

46) Mahendra Pal Singh, *German administrative law in common law perspective*, Springer - Verlag, 1985, 89쪽.

47) Christian Starck, "Verwaltungsermessen im modernen Staat - rechtsvergleichender Generalbericht", Martin Bullinger(Hg.), *Verwaltungsermessen im modernen Staat*, Nomos Verlagsgesellschaft, 1986, 19-20쪽.

면, 후자에서 다소 신중한 해석을 확인할 수 있다. 특히 후술하듯이 필요성의 원칙의 해석에서 그와 같은 미묘한 차이를 확인할 수 있다. 이것이 방금 말한 비판적 서술 같은 것을 어느 정도 의식한 것인지는 조금 더 분석이 필요하다. 다만, 전체적으로 볼 때, 비례원칙(대법원)이나 과잉금지원칙(헌재)이나 거기서 거기라는 인상을 준다.

7.3.2. 내용 및 적용영역

비례원칙은 세 부분 원칙으로 구성되어 있다. 「행정기본법」 제10조는 이를 명문화했다. 적합성, 필요성, 상당성의 원칙이다. 굳이 이런 형태로, 이런 문구로 조문화했어야 했는가 하는 의문은 남는다. 비례원칙을 「행정기본법」 제10조처럼 고착화하는 것에는 반대한다. 그 이유를 포함하여 세 부분 원칙을 간단히 풀어서 설명하면 다음과 같다.

첫째, 적합성의 원칙이다. 어떤 목적을 위하여 취해진 수단은 그 목적과의 관계상 유효하고 또한 적합한 것이어야 한다는 원칙이다.

둘째, 필요성의 원칙이다. 「행정기본법」 제10조 제2호도 그렇고, 교과서들도 이구동성으로 이를 **최소침해의 원칙**(Gebot des geringstmöglichen Eingriffs)으로 설명한다. 즉, 필요성의 원칙이란 어떤 목적을 달성하는데 덜 침해적인 방법이 있다면 그것을 선택하라는 원칙이다. 가장 부드러운 수단의 원칙으로 부르기도 한다.[48] 대법원도 이 점을 강조한다.[49] 그러나 필요성의 원칙을 자동적으로 최소침해 원칙과 동일시하는 해석이 타당한지는 의문이다. 만약 그렇다면 비례원칙은 최소국가, 규제를 최소화하는 국가를 정당화할 뿐이다. 비례원칙의 필요성은 헌법재판소도 밝히고 있듯이 유형화를 통하여 각기 다른 법적 효과를 부여할 수 있는 경우라면 일률적인 처리 대신 필요한 만큼의 규제를 하라는 것, 구체적 사안의 개별성과 특수성을 고려할 수 있는 가능성을 배제하지 말라는 의미이지,[50] 언제나 최소규제를 지향하라는 뜻

---

48) 김철용, 2024, 108쪽; Maurer/Waldhoff, 278쪽(10장 51번).

49) "비례의 원칙은 법치국가 원리에서 당연히 파생되는 헌법상의 기본원리로서, 모든 국가작용에 적용된다. 행정목적을 달성하기 위한 수단은 목적달성에 유효·적절하고, **가능한 한** 최소침해를 가져오는 것이어야 하며, 아울러 그 수단의 도입에 따른 침해가 의도하는 공익을 능가하여서는 안 된다." 대법원 2019. 7. 11. 선고 2017두38874 판결.

50) 공무원의 정치활동의 자유를 제한할 필요가 있다고 하더라도, 직종과 무관하게 공무원의 정치활동을 일률적으로 제한하는 것은 필요성 원칙에 반한다고 보아야 한다. 헌법재판소 2016. 3. 31. 선

은 아니다.[51] 그럼에도 불구하고 필요성의 원칙을 오로지 최소침해의 원칙으로만 해석하는 것은 행정법의 지나친 자유주의화라고 비판할 수 있다. 최소규제를 주장해야 할 영역이 있고 그렇지 않은 영역이 있음을 인정해야 한다.

독일의 대표적 기본권 교과서는 필요성 원칙의 적용이 헌법과 행정법에서 다르며, 행정법 내에서도 행정영역별로 다른 판단이 가능하다는 식으로 설명하는데 이는 ① 법률의 비례성을 심사함으로써 입법자의 선택지를 줄일 수 있다는 점, ② 비례원칙이 항상 최소규제를 의미하는 것은 아니라는 점을 환기시킨다. 즉, 그에 따르면 필요성 원칙을 입법에 적용하는 경우 '의심이 있을 때에는 입법자에게 유리하게' 해석해야 하지만, 동 원칙을 행정에 적용할 때에는 원칙적으로 상대방인 국민에게 유리한 방향으로 해석해야 하며, 항상 불확실성의 계기를 내포할 수밖에 없는 위험방지활동 등에만 그 예외를 인정할 수 있다고 한다.[52] 이러한 **'차등' 적용**은 입법자가 가진 평가특권의 존중, 규제를 통해 사회경제적 평등을 추구하는 민주주의적 입법자의 입법재량에 대한 존중, 국민안전과 관련한 법 집행작용에서 행정이 가진 재량에 대한 존중의 관점에서 보면 수용가능한 해석으로 볼 수 있는데, 우리 이론과 실무는 비례원칙의 적용에서 이러한 차이에 크게 주목하지 않는 것으로 보인다.

셋째, 상당성의 원칙이다. 목적달성을 위해 필요한 수단이라도 그 수단의 사용이 그것보다 더 큰 불이익을 초래하여서는 아니된다는 원칙이다. 필요성의 원칙이 목적과 수단 사이의 객관적 비례성을 따진다면, 상당성의 원칙은 목적과 수단 사이의 주관적 비례성을 검토한다. 앞에서도 든 예인데, 가령 동일한 도로교통법 위반사항에 대한 제재처분(운전면허취소처분)을 자가용으로 운전을 하는 사람(A)과 영업용으로 운전을 하는 사람(B)에게 각각 한 경우, 그 제재처분이 초래하는 불이익의 '의미'는 각각 다를 수 있다. 그러므로 동일한 처분이어도 그것이 A를 향한 것이냐 아니면 B를 향한 것이냐에 따라 비례원칙위반 여부의 판단이 달라질 수 있다. 이것이 주관적 비례성의 의미이다.

비례원칙이 적용되는 영역은 행정법 전반에 걸쳐 있지만, 동 원칙은 무엇보다도 재량권의 한계를 긋는 법 원칙으로서 재량통제의 기준으로 작동해왔다(예컨대 공무원

고 2015헌마688 결정 참고. 또한 헌법재판소 2000. 6. 1. 선고 99헌가11 · 12(병합) 결정 참고.

51) 김유환 교수는 필요성의 원칙을 설명하면서 위의 두 헌재 결정을 인용하지만, 위 두 결정의 맥락에 대해서는 별도로 설명하지 않는다. 김유환, 2024, 32쪽.

52) B. Pieroth/B. Schlink, *Grundrechte - Staatsrecht II*, C. F. Müller, 1995, 75쪽(옆번호 308번).

에 대한 징계처분의 위법판단 기준). 다만, 최근 독일학계는 기속행위에도 동 원칙을 적용하는 문제를 놓고 논쟁중이다.[53)]

7.4. 신뢰보호원칙

7.4.1. 의의, 연원, 근거

신뢰보호원칙은 행정기관의 일정한 (명시적·묵시적) 언동의 정당성 또는 존속성에 대한 사인의 보호가치 있는 신뢰가 형성되면, 행정청은 사후에 그 신뢰에 반하는 행정작용을 하지 못하거나(존속보호) 아니면 행정청을 믿고 행한 조치로 인해 상대방이 입은 손실을 보상해야 주어야 한다(보상보호)는 원칙을 말한다.[54)]

신뢰보호원칙의 적용에서 세 가지 핵심 질문은 다음과 같다. 어떠한 경우에 양자 사이에 신뢰관계가 형성되는가? 그러한 신뢰는 어떤 식으로 존중되어야 하는가? 신뢰관계의 존중을 내세우다보면 법치행정원리가 후퇴하지 않는가? 원래 법치행정의 관념에 따르면 행정은 법률에 적합해야 한다. 따라서 위법한 행정작용이 있으면 이에 대해서는 언제든지 취소할 수 있어야 한다. 그러나 이렇게 행정의 적법성 원리만 강조하다 보면 위법한 행정작용을 신뢰한 상대방의 이익은 쉽게 무시될 수 있다. 이것을 막아 보려고 등장한 것이 곧 신뢰보호 원칙이다. 반면, 신뢰보호원칙은 행정의 법률적합성 원칙과 충돌할 수 있다. 그래서 공법상의 신뢰보호를 둘러싸고 오랜시간 논의가 이어져 왔다. 필자는 이것이 아직 종결된 논의가 아니라고 생각한다. 특히 신뢰보호의 범위를 따지다보면 신뢰보호의 주장을 차단해야 할 영역도 존재한다고 본다.

신뢰보호원칙의 유래는 민법의 신의성실이다. 이것을 공법에도 적용할 수 있는가 하는 문제가 독일에서는 바이마르 공화국 시기 깊이 검토되었다. 이 쟁점은 널리 "행정법관계에 대한 사법규정의 적용"문제로도 설명할 수 있다. 오토 마이어는 행정법관계에 사법규정을 적용할 수는 없다고 보았다.[55)] 그는 공법규정의 흠결을 사법

---

53) Tristan Barczak, "Der gebundene Verwaltungsakt unter Verhältnismäßigkeitsvorbehalt", *VerwArch.* 105, 2014, 142쪽. Maurer/Waldhoff, 147쪽(7장 6번)에서 재인용.

54) 박정훈, 행정법의 체계와 방법론, 145쪽.

55) Ernst Forsthoff, *Lehrbuch*, 168쪽.

규정의 유추적용에 의하여 개선하고 보충하는 것은 허용되지 않으며, 공법과 사법 사이에 공통된 법제도는 존재하지 않는다고 단언했다.[56] 이런 마이어의 견해를 따르는 이들도 있었지만, 당시에도 학설과 판례의 대세는 마이어의 생각과는 달랐다. 행정법관계도 아주 다양해서, 이렇게 일률적으로 그 적용을 배제할 것은 아니라고 본 것이다.

민법의 법규(Rechtssätze)가 행정법에 들어오는 방식에는 크게 두 개의 길이 있다. 하나는 유추의 방식이고 다른 하나는 민법의 특정한 법규범을 일반적 법규, 즉 민법에만 적용되는 것이 아니라 행정법에도 직접 통용될 수 있는 법규로 보는 방식이다. 이 양자는 구분해야 한다. 왜냐하면 후자에서는 전체적으로 (모든) 법의 총론격에 해당하는 법규가 유추적용이 아니라 직접적용되기 때문이다. 바이마르 공화국 당시 라이히재판소는 **민법의 일반조항**이 그런 규정이라고 보아 행정법에도 이를 적용하려고 했다. 다만, 당시에도 이에 대해 의문을 제기하는 이들이 적지 않았다. 특히 프란츠 노이만은 일반조항의 득세를 바이마르 민주주의에 대한 사법부의 반격으로 해석했다.[57] 노이만은 자본가와 노동자가 모두 동등한 권리를 갖고 있다는 이념(Paritätsidee)이 현실에서 작동하는 한, 그리고 '집단민주주의'(kollektive Demokratie)[58]가 기능하고 있는 한, 일반조항이 사용자와 노동자의 이해관계를 조정하는 타협수단으로 남아 있을 수 있었지만, 이런 조건이 사라지면 일반조항은 독점자본가들이 신뢰할 수 있는 무기로 전환된다고 평가했다. 노이만은 이런 상황이 보수화된 법원의 재판을 통해 1930년부터 본격적으로 실현되었다고 보았다.[59]

아무튼, 다시 행정법으로 돌아와보면, **행정법에 신의성실의 원칙을 적용하는 문제**가 논란이 된 계기는 전쟁배상금으로 인해 발생한 초(超)인플레이션이었다. 이미 사법영역에서 라이히재판소는 가치절하된 마르크화의 가치보전을 위하여 독일 민법전 제242조의 '신의성실에 따른 급부'를 원용하는 청구들을 수용했다. 이로써 마르크화는 동일한 마르크화로 지급되어야 한다는 원칙이 포기되었고,[60] 조세수입의 확보가 시

56) Otto Mayer, *Deutsches Verwaltungsrecht*, Bd. Ⅰ, 3. Aufl., 117쪽.

57) 프란츠 노이만, 오동석 옮김, "독점자본주의에서 법의 지배", 민주법학 제9호, 1995, 259-261쪽. 원문은 Franz Neumann, *Die Herrschaft des Gesetzes*, 327-329쪽. 국순옥 교수는 사법부의 반격을 '바이마르 헌법 체제 하에서의 반혁명이론전략'의 관점에서 분석한다. 국순옥, "헌법재판의 본질과 기능론", 국순옥, 민주주의 헌법론, 336-343쪽.

58) 집단민주주의는 1929년대에 에른스트 프랭켈이 1919-1929년 사이 바이마르 공화국의 민주주의를 분석하기 위해 사용한 개념이다.

59) 프란츠 노이만, 오동석 옮김, 앞의 글, 264-265쪽. Franz Neumann, 앞의 책, 332-333쪽.

급했던 국가를 위해서 신의성실의 원칙을 공법상 채권·채무관계, 즉 조세채권·채무관계에도 적용할 수 있는가가 곧이어 다투어졌다. 이를 반대하는 이들의 논거는 대략 다음 세 가지였다. ① 이 원칙은 법적 거래(Rechtsverkehr)를 염두에 두고 만들어진 것이다. ② 이 원칙은 행정법의 특징인 엄격함 및 권위와 조화되기 어렵다. ③ 행정법에는 당사자 간의 내적 긴밀성이 결여되어 있는데, 이것이 있어야 법적 거래에 이 원칙을 적용하는 것이 비로소 정당화된다.[61] 이런 반론에도 불구하고 바이마르 당시 재판소는 이미 이 원칙의 적용을 명시적으로 선언했고 이런 판결은 전후에도 이어진다.[62]

포르스토프처럼 행정법에 신의성실원칙을 적용하는데 회의적이거나 제한적 해석을 시도하는 이들도 있었지만, 법원이 동 원칙을 수용하기에 이른 데에는 포르스토프 본인도 강조하듯이 그 사이 변화된 현실이 자리잡고 있다. '당사자 간의 내적 긴밀성 결여'가 신의성실원칙을 적용할 수 없는 이유라고 했는데, 이제는 국가와 상대방 간의 관계가 19세기 당시와 달리 훨씬 더 긴밀해졌으며, 복지국가 하에서 시민들은 점점 더 행정에 의존하게 되었다. 이러한 의존성은 이제까지는 경험하지 못한 정도의 책임과 부담을 행정에게 지우게 되고, 반대로 시민들은 더욱더 고양된 기대를 행정에게 갖게 된다는 것이다.[63]

이처럼 행정법상의 신뢰보호원칙의 연원이 민법상의 신의성실원칙이므로 신의성실설('신의칙설')은 오랫동안 신뢰보호원칙의 유력한 이론적 근거로 주장되어 왔다.[64] 신뢰보호원칙의 근거로는 그 밖에 법적 안정성설, 사회국가원리설, 기본권설이 있다. 특히 사회국가원리설에 의하면 현대국가에서 개인은 국가의 급부에 의존함이 없이는 인간다운 생활이 곤란하므로, 개인의 신뢰는 보호되어야 한다고 본다. 내용적으로 볼 때, 방금 본, 포르스토프가 말한 신의성실원칙이 행정법에도 적용되는 이유와 별반 다르지 않은 주장이다. 기본권설은 헌법상의 재산권보호 조항으로부터 신뢰보호원칙을 도출한다. 신뢰보호원칙의 역사적 전개를 생각하면 신의성실설이 타당하다. 사회국가원리설도 같은 취지이지만 신의성실의 의미를 사회국가적으로 보강하는 의미가

60) 프란츠 노이만, 오동석 옮김, 위의 글, 264쪽. Franz Neumann, 앞의 책, 332쪽.

61) Ernst Forsthoff, *Lehrbuch*, 169쪽.

62) Ernst Forsthoff, *Lehrbuch*, 168-170쪽.

63) Ernst Forsthoff, *Lehrbuch*, 169쪽.

64) 판례가 일부 사건에서 신의성실원칙을 설시하고 있는 점을 고려하여, 신뢰보호원칙과 별도로 신의성실원칙의 독자성을 인정하는 교과서도 있다. 김유환, 2024, 34-35쪽 참고. 그러나 신의성실원칙이 신뢰보호원칙을 포괄한다고 보는 게 타당하다고 생각한다. 김철용, 2024, 116쪽 각주 1번 참고.

있다.[65] 따라서 필자는 '**수정된 신의성실설**'에 해당하는 사회국가원리설을 지지한다. 양극화 문제가 심각해지는 오늘날의 신자유주의적 행정 현실에 비추어 볼 때 이렇게 보는 것이 신뢰보호원칙의 해석에도 유리하기 때문이다. 이 점은 후술한다.

7.4.2. 적용요건

신뢰보호원칙이 적용되기 위해서는 다음과 같은 요건이 충족되어야 한다.

첫째, 행정기관의 선행조치가 있어야 한다. 선행조치는 그것이 적극적인가 소극적인가, 명시적인가 묵시적인가를 불문한다. 선행조치에 해당하는 행정작용으로는 법령, 행정규칙, 행정계획, 처분, 확약, 행정지도 등이 포함된다는 게 다수의 견해이다.[66] 예컨대 행정청이 앞으로 조성하게 될 공업개발장려지구로 이전하면 세금을 감면해 주겠다는 "선전과 권고"를 했다고 하자. 이를 믿고 상대방이 그 지역으로 공장을 이전하였는데, 문제는 법적으로는 그 지역이 아직 공업단지로 지정되기 전이라는 것이었다. 이 경우 상대방은 조세감면을 해주지 않는 것은 행정의 말을 믿고 그대로 따른 자에 대한 신뢰에 반하는 것이라고 주장할 수 있을 것인데, 그러한 주장은 받아들여질까? 법원은 이 사안에서 당국의 선전과 권고는 신뢰보호의 적용을 받을 수 있는 선행조치라는 전제 아래 다음과 같이 판단하였다.

> 【판례】 대법원 1978. 4. 25. 선고 78누51 판결 [법인세부과처분취소]
>
> 논지는 본건 공업개발장려지구의 지정 이후에 동 지구 안으로 공장을 이전하여야 조세감면규제법 (구)제4조의4 및 (신)제4조의8에 의한 조세감면혜택을 받을 수 있고 동 지구의 지정 이전에 동 지구 안으로 공장을 이전한 경우는 위 조세감면혜택을 받을 수 없다는 취지이다. 그러나 이는 곧 정부 또는 지방행정당국의 시책에 빨리 호응·협력한 자에게는 혜택을 주지 않고 도리어 천천히 호응한 자에게만 혜택을 준다는 모순된 논리라 할 것이며 **법의 형평의 이념에도 어긋난다** 할 것이다. 따라서 본건 공업단지가 정식으로 건설부장관에 의하여 개발장려지구로 지정되기 이전에 이미 대전시 당국의 선전과 권고에 호응하여 동 지구 안으로 공장을 이전하여 사업 개시한 원고의 본소 청구를 인용한 원심판결은 정당하(다).[67]

---

65) 신뢰보호원칙을 사회국가의 관점에서 검토한 것으로는 다음을 참고할 것. J. Mainka, *Vertrauensschutz im öffentlichen Recht*, Diss. jur., Bonn, 1963.

66) 김철용, 2024, 111쪽.

67) 이 판례는 '신의성실' 혹은 '신뢰보호'라는 표현 대신에 "법의 형평의 이념"에 어긋난다고 말하고 있

학설은 “행정기관의 선행조치”라 하지만, 판례는 “선행조치”라는 말 대신 “**공적인 견해표명**”이라는 표현을 사용하고 있다. 그러면서 국민이 신뢰를 갖게 될 일체의 조치가 신뢰보호의 대상이 되는 것이 아니라, ‘공적인 견해 표명’만이 신뢰보호의 대상이 되는 행정기관의 조치라고 말한다. 이는 신뢰보호원칙이 적용될 수 있는 행정의 조치를 학설에서 말하는 것보다 한정하겠다는 취지인 것으로 판단된다. 신뢰보호원칙의 확대는 상대방에게는 법적 안정성을 주겠지만, 행정의 법률적합성 원칙에 비추어보면 적절히 견제되어야 하는 측면도 있으므로 이렇게 보는 것 같다. 따라서 판례식으로 말하면 신뢰보호의 첫 번째 요건은 “행정기관이 개인에 대하여 신뢰보호의 대상이 되는 공적인 견해표명을 하여야 한다”가 된다. 아무튼 어떠한 것을 ‘공적인 견해 표명’으로 볼 수 있는지가 신뢰보호원칙의 적용과 관련하여 자주 문제가 되고 있고 판례도 이 부분에 집중되어 있다.

둘째, 선행조치에 대한 상대방의 신뢰가 보호가치 있는 것이어야 한다. 상대방이 그 선행조치의 위법성을 알았거나 과실로 알지 못한 경우, 상대방이 교활한 방법으로 속이거나 혹은 협박을 하거나 뇌물을 주고 행정처분을 받아 낸 경우, 중요한 사항을 부정확하게 혹은 적당히 신고하여 행정처분을 받은 경우 등에는 보호가치가 없다.[68]

셋째, 상대방인 국민이 행정기관의 선행조치에 대한 신뢰에 의거하여 투자계획을 세운다든가 영업준비를 하는 등 **어떠한 조치**를 하여야 한다. 위의 사례에서 상대방은 공업단지로 자신의 공장을 옮겼다. 이것을 상대방의 조치라고 한다. 그런 정도도 하지 않은 사람을 보호해 줄 필요는 없는 것이다. 대법원은 원고가 전문시험기관인 제3자에게 의뢰한 시험결과보고서를 행정청에게 제출하여 제조품목허가를 받았는데, 그 후 시험자료의 조작 혐의가 있다는 이유로 제조품목허가가 취소된 사안에서 당사자의 사실은폐나 기타 사위의 방법에 의한 신청행위가 제3자를 통하여 소극적으로 이루어진 경우에도 보호가치 있는 신뢰가 없다고 보았다.[69] 보호가치 있는 신뢰의 유무 판단에서 제3자의 귀책사유도 고려한다. 판례대로라면 ‘선행조치에 대한 상

지만, 그 실질은 신뢰보호위반을 지적하는 데 있다. 그 점에서 1978년의 위 판결은 신뢰보호원칙에 관한 최초 판례로 인정되고 있다. 박정훈, 행정법의 체계와 방법론, 151쪽.

68) 참고로 독일 연방행정절차법 제48조 제2항에서는 ① 행정행위의 하자가 수익자의 책임에 기인하는 경우와 ② 수익자가 행정행위 등의 위법성을 알았거나 중대한 과실로 알지 못한 경우에는 그 행정행위 등에 대한 신뢰는 보호받을 가치가 없다고 규정하고 있다.

69) 대법원 2008. 11. 13. 선고 2008두8628 판결.

대방의 신뢰'는 '선행조치에 대한 관계인의 신뢰'로 확장된다.

넷째, 행정기관의 선행조치와 이를 신뢰하고 그 신뢰에 의거한 상대방 국민의 조치 사이에 인과관계가 있어야 한다. 즉, 상대방의 행동이 행정청의 언동에 대한 신뢰에 기인한 것임이 입증되어야 한다. 인과관계가 없다면 사인의 조치는 단지 우연일 뿐 보호받아야 할 이유가 없다.

다섯째, 선행조치에 반하는 행정기관의 처분 등 후행행위가 있어야 한다. 즉, 행정청이 선행조치에 반하는 후행 행정작용을 하였거나, 행정청이 선행조치에 의하여 약속한 행위를 하지 않음으로써 사인의 권익이 침해된 경우여야 한다.

여섯째, 선행조치에 따른 후행행위를 행함으로 인하여 공익 또는 제3자의 정당한 이익을 현저히 해할 우려가 있는 경우가 아니어야 한다. 이는 공익과 사익의 형량이라고 할 수 있다. 비교적 최근에 판례가 추가한 요건이다.[70] 이 요건을 두고 학설은 신뢰보호원칙 성립의 '소극적' 요건으로 보기도 하고 신뢰보호원칙의 한계문제로 보기도 한다. 전자로 보면 형량의 결과 공익이 우월한 경우 아예 신뢰보호가 성립되지 않지만, 후자로 보면 신뢰보호의 필요성은 인정되나 공익상의 이유로 이를 구제해 줄 수 없는 경우에 해당하므로 예컨대 존속보호는 인정되지 않지만 보상보호 등은 고려될 수 있을 것이다.[71] 신뢰보호원칙 성립의 소극적 요건으로 보건, 아니면 동 원칙의 한계문제로 보건, 중요한 것은 이 요소를 매개로 해서 신뢰보호원칙의 자유주의적 해석에 일정한 제동을 걸 수 있다는 사실이다. 신뢰보호를 주장하는 자 중에는 사회보장급여를 수급해야 하는 처지에 있는 사회경제적 약자도 있지만, 규제행정권력에 쉽게 접근하여 로비를 할 수 있는 대자본의 시장권력자도 있다. 행정은 전자의 처지를 고려하는 '유연한' 법적용과 함께 후자의 시장권력을 적절히 견제하는 엄격한 법집행을 동시에 해야 하는 어려운 임무를 안고 있다. 공익 또는 제3자의 이익과의 정당한 형량이라는 요소는 그 점에서 사회적 법치국가의 실현과 관련하여 행정에게 중요한 도구를 제공한다.[72] 신뢰보호원칙의 이론적 근거로서의 사회국가원리설은 행정에게 그러한 역할을 감당할 것을 요구한다. 한편, 최근 대법원은 '사회보장급부지급취소와 신뢰보호' 문제에서 점차 적극적인 판단을 내리고 있는데,[73] 대법원의 이러한 입장에 대해서는 찬반양론이 대립하고 있다.[74]

---

70) 대법원 1998. 11. 13. 선고 98두7343 판결, 대법원 2005. 7. 8. 선고 2005두3165 판결.

71) 김용섭/신봉기/김광수/이희정, 앞의 책, 57쪽.

72) Heiko Faber, *Verwaltungsrecht*, 422쪽 참고.

73) 대법원 2014. 7. 24. 선고 2013두27159 판결, 대법원 2014. 4. 10. 선고 2011두31697 판결,

7.4.3. 적용영역

신뢰보호원칙이 적용되는 예로 대표적인 것은 위법한 수익적 행정행위의 취소제한과 적법한 행정행위의 철회제한 등을 들 수 있다(실권의 법리를 포함).[75] 자세한 내용은 행정행위의 직권취소 및 철회 파트에서 다루기로 한다. 그 밖에 확약, 행정계획의 변경 등에서 신뢰보호는 중요한 논거로 제시된다.

앞의 공장이전 사례에서처럼 행정청이 미리 일정한 혜택을 약속하는 것을 확약이라고 하는데, 행정청은 신뢰보호원칙에 따라 스스로 한 약속에 자기구속된다. 다만, 다수설은 확약의 구속력은 불완전하다고 본다. 「행정절차법」 제40조의2 제4항도 "확약을 한 후에 확약의 내용을 이행할 수 없을 정도로 법령등이나 사정이 변경된 경우", 행정청은 "확약에 기속되지 아니한다"고 규정한다. 확약의 구속력은 인정하지만 그것이 완전한 것은 아님을 인정한 셈이다(14.3.2. 참고). 또한 공장이전 사례를 조금 변형해서 공장지역 설치계획이 폐지되거나 변경되어 당해 지역으로 이전한 상대방이 혜택을 받지 못하게 되었다고 했을 때 행정청의 계획을 믿고 투자를 한 상대방은 어떻게 될 것인가도 문제가 될 수 있다. 이것이 행정계획의 변경과 계획보장청구권의 문제이다(19.3.2. 참고).

대법원 2014. 10. 27. 선고 2012두17186 판결. 반면 소극적인 판결로는 대법원 2004. 12. 10. 선고 2004두10807 판결 참고. '2004두10897 판결'에 대한 비판적 논평으로는 다음을 참고할 것. 이상덕, "산재보험 영역에서 과오급 보험급여 환수의 법적 문제: 수익적 행정행위 직권취소 제한의 법리와 관련하여", 사법논집 제57집, 2013, 123-174쪽.

74) 대법원의 최근 판결례들을 긍정적으로 평가하는 것으로는 유해용, "수익적 행정처분의 취소 제한", 신영철대법관 퇴임기념논문집, 2015, 1050-1119쪽; 김길량, "사회보장행정 영역에서의 수익적 행정행위 취소 제한에 관한 이익형량의 모습", 대법원 판례해설 제111호, 2017, 325-341쪽. 반면, 신뢰보호를 적극적으로 고려하는 판례의 입장을 비판하는 것으로는 김중권, "사회보장급부지급취소처분과 환수처분간의 관계 - 대법원 2017. 3. 30. 선고 2015두43971 판결 - ", 법조 67권 4호, 2018, 341-365쪽.

75) 독일 연방행정절차법 제48조, 제49조는 이를 자세히 규율한다. 제48조 제4항은 실권의 법리를 다음과 같이 규정한다. "행정청이 위법한 행정행위의 취소를 정당화하는 사유를 인식한 경우, 취소는 그것을 인식한 시점부터 1년 이내에만 할 수 있다. 이 규정은 위 제2항 제3문 제1호의 경우에는 적용되지 않는다." 제2항 제3문은 보호가치가 없는 신뢰에 대해 규정하는 데, 그 중 제1호는 사기, 협박, 매수를 통해 행정행위를 발급받은 경우를 말한다.

더공부해보기/생각해보기/토론하기

1. 누군가가 "상대방과 거래를 할 때에는 신의가 있어야 한다"고 말하거나, "어느 사회에나 범죄는 일어나기 마련이다"라고 말하면 이에 대해 이의를 제기하기 힘들다. 너무나 맞는 말이기 때문이다. 그래서 법학자들은 "약속은 지켜져야 한다는 원칙은 보편적인 법원칙이다"라고 쉽게 말해버리곤 한다. 그러나 과연 그런가?

본문에서도 보았듯이 '보편적' 법원칙처럼 보이지만, 그런 원칙의 등장에는 늘 역사적 맥락이 있다. '약속은 지켜져야 한다'라는 원칙을 만들어낸 이들은 중세 교회법학자들이다. 기독교인의 행위는 사실 언제나 진리에 기반을 두고 있어야 한다. 기독교 신자는 자신이 말한 것을 충실히 이행해야 할 의무가 있으며, 약속을 하고 난 후 이를 지키지 않은 자는 진리에 위배되는 행동을 한 것으로 간주된다. 이는 곧 자신의 이웃을 기만한 것이자 도덕적인 죄악을 저지른 것이다. 자신이 내뱉은 말을 지키는 일은 처음에는 교부들의 판례와 성서에 근거한 도덕적 규칙이었다. 이 도덕적 규칙이 법적 의무로 무르익은 것은 13세기의 일이었다. 1212년, 그라티아누스 법령집(Decretum Gratiani)의 『표준주석서』(*Glossa Ordinaria*)는 단순한 합의사항들을 지켜야 할 의무에 법적 구속력을 부여했고 거기에 소권(訴權)을 덧붙였다. 로마법의 후기 주석학파는 이 원칙을 최종적으로 채택했다.[76] 이런 변화의 중심에는 중세사회에서 근대사회로의 이행이 있다. 새로운 시장의 개척, 이방인과의 교역은 신뢰가 없이는 불가능했다.

범죄에 대해서도 유사한 얘기를 할 수 있다. 고대 로마법은 광의의 절도죄를 furtum이라고 표현했다. 여기에는 협의의 절도죄뿐만 아니라 횡령죄, 사기죄가 모두 포함되었다. 중세에도 마찬가지였다. 이 세 개를 구분하기 시작한 것은 19세기 들어와서인데, 이때는 근대형법이 제정되고 죄형법정주의가 강조되었던 시기이다.[77] 무엇이 범죄인가는 사회와 역사가 만든다. 본문에서도 지적했듯이 공법상 신뢰보호원칙의 등장에도 이런 역사적 맥락이 있다.

모든 법리의 형성과 발전에는 역사가 있다. 가령 노동자계급이 의회에 본격 진출하면서 귀족과 부르주아 계급이 수적으로 소수자가 되기 시작하자 소수자보호원칙이 다수결의 원칙 혹은 "다수의 폭정"에 맞서는 공법상의 원리로 등장하는 식이다.[78]

---

76) 알랭 쉬피오, 박제성 옮김, 법률적 인간의 출현, 글항아리, 2015, 163쪽.

77) Uwe Wesel, *Fast alles, was recht ist. Jura für Nicht-Juristen*, 197쪽.

78) 소수자보호원칙의 헌법적 맥락에 관해서는 필자의 다음 글을 참고할 것. 이계수, "헌법의 개념", 민

소수자보호를 처음 정치철학적으로 본격 논의한 사람이 J. S. 밀이다. 그는 토크빌이 『미국의 민주주의』 제1권 제15장에서 제시한 '다수의 폭정'(the tyranny of the majority)이라는 개념을 이어받아 『자유론』의 화두로 삼았다.[79] 밀이 이 책을 출간했던 1859년 당시 영국의 상황은 다수결원칙의 '민주주의'가 형성되던 시기였다. 경제적으로는 산업혁명에 의해 자본가와 노동자 계급이 등장하고 정치적으로는 1832년의 제1차 선거법 개정으로 선거권이 자본가에까지 확대되었지만, 여전히 선거권을 인정받지 못했던 도시노동자들이 선거권 쟁취를 위한 차티스트 운동을 전개하던 때였다. 밀은 다가오는 대중민주주의 혹은 다수대중의 독재에 대한 두려움을 안고 이 책을 썼다.[80] 법리가 가진 이러한 정치성 혹은 역사적 맥락을 놓치지 않고 간파해낼 수 있다면 공법, 행정법 공부도 훨씬 다이나믹해질 것이다.

2. 레옹 뒤기가 말한 객관법과 주관적 권리는 프랑스법은 물론이고 독일법에서도 널리 공유되고 있는 구분이다. 이 개념들과 연결되어 있는 독일 법치국가 혹은 주관적 권리(보호)국가의 역사에 대해 토론해보자.[81]

본문의 각주에서 부연설명한 레옹 뒤기의 객관법 및 주관적 권리에 관한 설명은 독일법의 법과 권리에도 그대로 타당한다. 독일어 Recht는 우리말로는 법 혹은 권리로 번역가능하다. 이 단어가 objektiv라는 형용사와 결합하여 객관적 법(objektives Recht) 혹은 그냥 법이라는 의미로 쓰이게 될 때에는 법규(Rechtssätze)를 일컫는 개념으로 이해된다. 객관적 법 혹은 객관법은 "법적 의무를 근거짓고, 경우에 따라서는 이에 상응하는 (주관적) 권리(subjektives Recht)를 발생시킨다."[82] 반면 이 단어가 subjektiv라는 형용사와 결합하면 주관적 권리 혹은 그냥 권리라는 의미로 쓰이게 된다. 독일어 개념 Recht를 우리말로 번역할 때에는 이러한 의미 차이에 주의할 필요가 있다. 예컨대 Rechtsstaat는 법치국가로 번역되는데, 여기서 Recht는 객관적 법과 주관적 권리의 의미를 모두 포괄하고 있다. Recht가 후자의 의미로 이

주법학 제12호 1997, 432-433쪽.

79) 존 스튜어트 밀, 김형철 옮김, 자유론, 서광사, 2008, 21-22쪽.

80) 이 두려움이 20세기 공법학에서 어떻게 표출되었는지를 볼려면 칼 슈미트의 헌법이론을 검토하면 된다. 그의 정치-헌법론을 '반(反)다수결원리'의 관점에서 해독하면 기본권, 제도적 보장론, 민주주의에 관한 다수의 통찰을 얻을 수 있다.

81) 주관적 법치국가, 객관적 법치국가라는 용어를 사용하는 예도 있다. 정호경, "기본권의 관점에서 본 독일 행정소송제도의 기능-특히 법치국가원리의 관점에서-", 공법연구 제39집 제2호, 2010, 571쪽 이하. 그러나 필자는 주관적 권리(보호)국가, 객관적 법의 국가라는 표현이 타당하다고 생각한다.

82) Maurer/Waldhoff, 178쪽(8장 3번).

해될 때 Rechtsstaat는 주관적 권리보호의 국가가 된다. 예링의 명저인 『Der Kampf ums Recht』는 흔히 권리를 위한 투쟁으로 번역되지만 이것은 법을 위한 투쟁이라고 번역해도 무방하다. 예링이 이 저서에 주장한 것도 이런 것이다. 샤일록과 같은 이기주의적 개인의 권리 투쟁이 결국 법을 발전시킨다.

한편, 헌법학에서는 기본권의 객관법적 효력을 이야기한다. 기본권에 해당하는 독일어는 Grundrecht인데 여기서 Recht는 일차적으로 권리이지만, 그러나 동시에 혹은 이차적으로는 객관법적 효력을 갖는 것이기도 하다는 것이 이른바 기본권의 이중적 효력론의 핵심이다. 현행 독일 헌법 제1조 제3항이 "Die nachfolgenden Grund**rechte** binden Gesetzgebung, vollziehende Gewalt und Rechtsprechung als unmittelbar geltendes **Recht**."(이하의 기본권은 직접 적용되는 법으로서 입법, 집행권 및 재판을 구속한다)고 할 때도, 앞의 Grundrechte는 (기본적) 권리를 그리고 뒤의 geltendes Recht는 객관적 법을 지칭한다고 보아야 한다. 예컨대 국가는 생명, 건강, 재산을 지키고, 필요한 보호규정을 집행해야 할 의무가 있는데, 독일 헌법 제2조 제2항과 제14조는 주관적 권리로서의 기본권만이 아니라 국가의 기본권보호라는 객관적 법의 근거가 되는 것이다. 기본권의 이중적 효력론을 다른 각도에서 해석해 보면, 기본권은 일차적으로 주관적 권리이지만, 그렇다고 권리로서의 주관성만을 강조하면 공동체의 기초가 되는 객관적 법질서 자체가 훼손될 수 있으므로 그러한 점에 유의하는 기본권 보장이 필요하다는 식의 설명도 가능하다. 예컨대 재산권과 같은 경제적 기본권의 행사가 개인들의 주관적인 권리만을 과도하게 보호하는 경우에는 사회적 시장경제질서는 불가능해질 수 있다. 레옹 뒤기가 '주관적 권리의 존재를 부정하고 존재하는 것은 객관법 뿐이라고 한 것도 방금 설명한 부분과 연관되어 있다.

3. 인권보장법으로서의 행정법의 역할을 차별금지법 사례를 통해 설명해보자.

일단 용어 정리부터 해보자. 기본권과 인권 개념을 구분하지 못하는 경우가 많다. 그리고 사실 양자를 구분하는 일이 쉬운 것은 아니다. 기본권은 제도화된 인권이고, 인권은 제도화 여부와 관계없이 기본권과 같은 실정법령을 지도하는 보편적 규범으로 이해하는 경우도 많다. 그러나 이런 이해는 어딘가 모호하고 혼란을 가져올 수 있다. 일단 현행 헌법과 실정법률을 기준으로 양자를 구분해보자. 우선 기본권이라는 말은 독일 헌법에서 유래한다. 물론 영어에도 fundamental right라는 말이 있지만 독일어 Grundrecht가 기본권에 딱 들어맞는 말이다. 우리 헌법에는 기본권이라는 표현 자체가 없지만, 일반적으로 헌법전에 보장되어 있는 권리를 기본권이라고 한다. 이 기본권의 가장 큰 특징이 바로 대 국가적 권리성이다. 즉, 국가 대 국민의 관계에서 주장/행사할 수 있는 권리가 기본권이다. 국가의 영역을 벗어나면 기본권의 효력이 문제가 된다(기본권의 대 사인적 효력 혹은 기본권의 제3자적 효력).

반면 인권은 이와 달리 국가 대 국민의 관계에 한정되지 않는다. 인권은 국가는 물론 국가 외의 권력들, 즉 사회권력, 기업권력에 대해서도 주장할 수 있는 권리이고, 그 점에서 보편적인 권리라 할 수 있다. 우리 헌법 제10조의 '기본적 인권'도 바로 이러한 의미로 이해해야 한다. 인권으로서의 이러한 면모는 「국가인권위원회법」 제2조 1호의 "인권" 정의에도 잘 나타나 있다. 그에 따르면 인권이란 "「대한민국헌법」 및 법률에서 보장하거나 대한민국이 가입·비준한 국제인권조약 및 국제관습법에서 인정하는 인간으로서의 존엄과 가치 및 자유와 권리를" 말한다. 이 정의에서 주목할 부분은 바로 "법률에서 보장하거나"라고 한 부분이다.

기본권의 대 사인적 효력 혹은 제3자적 효력이라는 법리가 있다. 이것은 대 국가적 권리인 기본권을 사인, 즉 국가가 아닌 기업이나 회사에 대해서도 주장할 수 있는가 하는 논의이다. 그런데 사실 기본권의 제3자적 효력이 논쟁이 되는 때는 의외로 적다. 왜 그런가? 예컨대 양심의 자유를 국가 대 국민의 관계만이 아니라 개인 대 개인의 관계에도 적용해야 하는 사안이 발생한다면, 즉 그런 것이 특별히 문제가 되는 경우라면 국회, 즉 입법자가 법률을 제정해서 이를 해결할 수 있기 때문이다. 대표적인 것이 「근로기준법」이다. 「국가인권위원회법」도 마찬가지다. 그래서 「국가인권위원회법」은 인권을 정의하면서 "법률에서 보장하거나"라고 말하고 있는 것이다. 대의기구이자 입법자인 국회가 개인과 개인 사이의 양심의 자유, 차별의 문제를 법률로 규율하면 기본권의 제3자적 효력 같은 것은 따질 것도 없이 사인이라도 기업과 같은 권력자들은 다른 사인(노동자)을 차별해서는 안 되는 법적 의무를 지게 되고, 이것의 반대결과로서 상대방은 당연히 자신의 인권을 기업에 대해서도 주장할 수 있게 되는 것이다.

물론 이런 법률을 만드는 과정에서 ① 그와 같은 법률을 만드는 것이 헌법의 취지에 부합하는가 하는 헌법 논쟁이 발생할 수 있고(국가는 사인 간의 관계에 개입할 수 있는가?), ② 현실적으로 이런 법률을 만들어낼 수 있는가 하는 현실 정치의 문제가 남는다(보편적 차별금지법 제정 논쟁). 그러므로 기본권은 대 국가적 권리이므로, 혹은 기본권의 대 사인적 효력은 아주 예외적으로, 그것도 간접적으로만 인정될 수 있으므로 차별금지라는 헌법상의 평등권을 사인 간의 관계에 적용하기는 어렵다고 말하는 것은 문제의 본질을 제대로 파악하지 못한 것이다. 기본권의 제3자적 효력 혹은 사인 간의 효력론은 사인이 다른 사인의 인권을 침해하거나 차별하는 것을 막는 법률들이 없을 때 국가와 국민을 규율하는 기본권이 국회의 입법을 기다리지 않고 (법원의 판단만으로) 직접 사인 간에도 적용될 수 있는가? 하는 문제에 관계되는 이론일 뿐, 국회가 인권보장을 위해, 모든 사회적 관계에서 차별금지를 관철시키기 위해 사인 상호 간의 관계를 법률로 규제하는 것을 막는 이론이 절대 아니다.

그리고 사실 기본권의 제3자적 효력론은 우리의 재판실무에서는 거의 쓸모 없는 이론이다. 기본권을 고려하지 않은 민사판결에 대해 헌법소원을 제기할 수 없기 때문이다.[83] 이런 국적불명 - 사실은 독일이론이다 - 의 이론을 가져와서 차별금지법 반대논리를 그럴 듯하게 펼치는 것은 이론적 사기라고 주장하고 싶다. 그래서 "아니 헌법에 평등권이 있고, 그것의 본질이 차별금지인데 왜 차별금지법을 만든다고 난리인가?"라고 말하면, "차별금지를 국가와의 관계에 한정하지 않고 모든 사회영역으로 확산하기 위해 차별금지법이 필요하다"라고 말해야 한다. 이 차별금지법이야 말로 사회적 법치국가를 실현하는 가장 중요한 행정법률 중 하나가 될 것이다.

4. 신뢰보호원칙의 한계로서 '신뢰보호원칙과 행정법규의 소급효금지' 문제를 진정소급효와 부진정소급효로 나누어 살펴보고, 아울러 형벌불소급원칙의 한계에 대해서도 알아보자.

1. 근대 법치국가에서 소급효금지원칙은 매우 중요한 의미를 갖는다. 법치국가 이념은 국가권력의 행사로부터 시민적 자유를 보장하기 위해 탄생했고, 소급효금지원칙은 그 법치국가의 중요한 한 요소이다. 소급효금지는 형벌에서 특히 중요하나 행정법상 제재가 부과되어야 하는 경우에도 의미 있게 검토된다. 그런데 어떤 원칙이든 그것이 적용될 수 있는 조건이 있다. 그 조건이 달라지면 원칙에 대한 예외도 인정된다. 예컨대 국가권력 자체 혹은 국가권력과 동일시할 수 있는 사람에 대해서는 이 원칙이 적용될 수 없다. 형벌불소급원칙은 국가권력의 자의적 행사로부터 국민을 보호하는 법원리이지, 국가권력 혹은 퇴임한 국가(권력)의 담지자(Träger des Staates)의 불법을 면책시켜 주는 법원리는 아니기 때문이다.[84]

행정법의 영역에서도 소급효금지원칙은 인정되지만 미래형성작용으로서의 행정의 기능을 담보하려면 법리의 일정한 제약이 가해져야 한다. 그래서 등장한 것이 이른바 진정소급효와 부진정소급효를 구분하는 법리이다. 그에 따르면 소급효금지는 원칙적으로 이미 과거에 완성된 사실 또는 법률관계를 규율의 대상으로 하는 진정소급효에만 적용된다. 이미 과거에 시작하였지만 아직 완성되지 않고 진행과정에 있는 사실 또는 법률관계를 규율의 대상으로 하는 부진정소급효의 경우에는 당사자의 신뢰보호보다 입법자의 입법형성권이 우선한다. 기존의 판례도 이러한 입장을 견지해왔다.[85]

---

83) 자세한 것은 11장 생각해보기 5번을 참고할 것.

84) 반야 아드레아스 벨케, 한상훈 옮김, "소급효금지원칙의 의의와 한계", 민주법학 제10호, 1996, 130-133쪽. 그 점에서 탄핵당한 권력자에게 일반국민과 똑같은 혹은 경우에 따라서는 더 강화된 '인권'을 보장하는 것은 문제가 있다.

그러나 2000년대 이후 대법원은 이러한 원칙적인 입장에서 선회하여 "새로운 법령에 의한 신뢰이익의 침해는 새로운 법령이 과거의 사실 또는 법률관계에 소급 적용되는 경우에 한하여 문제되는 것은 아니고, 과거에 발생하였지만 완성되지 않고 진행 중인 사실 또는 법률관계 등을 새로운 법령이 규율함으로써 종전에 시행되던 법령의 존속에 대한 신뢰이익을 침해하게 되는 경우에도 신뢰보호의 원칙이 적용될 수 있다"고 하였다.[86] 이러한 입장 변화가 행정의 입법재량(입법형성권)보다 신뢰보호를 더 강조하는 이른바 신뢰보호원칙의 자유주의적 확장을 의미하는 것인지는 검토가 필요하다.

갑이 공무원의 지위 혹은 직업수행과 관련한 시험에 응시한 뒤에 제정되거나 개정된 강화된 시험규정에 의거하여 시험의 효력을 부정하는 경우라면 이는 '기득권'의 침해로 허용될 수 없다고 보아야 할 것이다.[87] 그런데 '2003두12899' 사건에서는 시험 응시 전 규정을 변경해서 문제가 되었다. 이러한 부진정 소급변경에도 신뢰보호원칙을 앞세운다면 행정의 미래형성적 공익작용은 저해되는 것이 아닌가 하는 의문이 있다. 또한 행정의 입법재량이 아니라 국회 입법자의 입법형성권(입법재량)이 문제되는 사안이라면, 즉 시험방법의 변경을 행정부가 아니라 국회가 법률로서 명시적으로 지시한 경우에도 위 대법원 전원합의체 판결과 같은 결론을 내릴 수 있을까? 프로이센 고등행정재판소는 **법규의 소급효를 명하는 권리는 제한되지 않는 국가의 주권에서 도출되는 권한이므로** 게마인데의 조례로 소급효 입법을 할 수는 없다고 하였다.[88] 포르스토프는 위 판결의 논리로부터 **파생적 형식의 입법에는 소급효를 발령할 권한을 부여할 수 없다는** 결론을 도출해낸다.[89] 위의 대법원판결의 평석에서도 함께 검토해 볼 논점이라고 생각한다.

2. 참고로 '대법원 2006. 11. 16. 선고 2003두12899 전원합의체 판결'의 사실관계는 다음과 같다. 변리사시험을 원래는 선발 예정인원 범위 안에서 합격자를 결정하던 상대평가 방식으로 치르고 있었는데, 당시 규제개혁위원회가 전문자격사 선발인원을 확대해야 한다고 하자, 2002년 1월 변리사법 시행령이 개정되었다. 특허청장은 일정 수준 이상의 점수를 얻으면 인원 수 제한없이 모두 합격시키는 절대평

85) 헌재 1989. 3. 17. 선고 88헌마1 결정, 헌재 1995. 10. 26. 선고 94헌바12 결정, 헌재 1996. 2. 16. 선고 96헌가2 결정; 대법원 1989. 7. 11. 선고 87누1123 판결.

86) 대법원 2006. 11. 16. 선고 2003두12899 전원합의체 판결; 대법원 2007. 10. 29. 선고 2005두4649 전원합의체 판결에서도 이러한 입장이 그대로 유지되고 있다.

87) Ernst Forsthoff, *Lehrbuch*, 152-153쪽.

88) Urteil vom 27. November 1906, Bd. 49, S. 101.

89) Ernst Forsthoff, *Lehrbuch*, 154쪽.

가제로 바꾸어 공고까지 냈다. 그러나 2002년 3월 변리사시험 1차 시험을 다시 상대평가제로 전환한다는 내용으로 변리사법 시행령이 개정됐고, 같은해 5월 실시된 변리사시험 1차 시험은 상대평가제로 실시되었다. A 등은 매 과목 40점, 전 과목 평균 60점 이상을 득점했지만 '급작스럽게 절대평가제에서 상대평가제로 전환되는 바람에 불합격처분을 받은 것은 불합리하다'며 불합격처분 취소소송을 내어 대법원에서 승소판결을 받고 추가합격했다. A 등은 이후 "특허청의 직무상 과실로 인해 겪은 정신적 고통에 대한 손해배상금 1,000만 원씩을 지급하라"며 국가배상소송을 냈지만 이 소송에서는 최종 패소했다.[90]

90) 대법원 2013. 4. 26. 선고 2011다14428 판결. 취소소송에서 처분의 위법을 인정받아 원고승소해도 후소인 국가배상소송에서 당연히 승소할 수 있는 것은 아니다.

08

법률의 유보

8.1. 법치행정원리와 법률의 유보

8.1.1. '주관적 권리국가'와 법률의 유보의 정치적 의미

독일식 법치국가(Rechtsstaat)를 비영어권에서는 종종 (주관적) 권리국가(The Rights State)로 번역하기도 한다.[1] 이 권리국가가 보호하는 권리는 자본가 계급의 자유와 재산이었다. 이러한 사실은 법치국가 혹은 권리국가가 언제나 노동자계급의 투쟁을 억압하는 기능을 기쁘게 수행해왔다는 사실에서도 확인할 수 있다.[2]

법치국가 혹은 권리국가의 원리를 19세기 말 독일의 오토 마이어(1846-1924)는 법치행정원리로 구체화하고, 그 내용을 3요소로 세분화했다. 그것이 법률의 유보, 법률의 법규창조력, 법률의 유보이다. 이 중에서 독일 행정법과 이를 계승한 일본과 한국 행정법에서는 전통적으로 법률의 유보가 핵심 역할을 수행했다. 다만, 최근에는 「행정절차법」과 같은 행정 전반에 통용되는 절차적 규범이 하나 둘 생겨나면서 법률의 우위원칙의 중요성도 강조되고 있다.

행정법은 행정을 규율하는 법이라고 했다. 그러나 앞에서도 보았듯이 모든 행정활동이 법에 의해 규율되는 것은 아니다. 규율된다고 하더라도 세세한 부분까지 법률이 모두 정할 수 있는 것도 아니다(규율의 밀도, 명확성의 원칙). 규율의 범위와 규율의

1) 대표적으로 Michael Hardt/Antonio Negri, *Labor of Dyonisus: The Critique of the State - Form*, University of Minnesota Press, 1994, 71쪽 이하.

2) Michael Hardt/Antonio Negri, 위의 책, 72쪽.

밀도를 설명할 때 법률의 유보론이 동원된다. 법률의 법규창조력이란 법규를 창조하는 것은 법률의 전권(專權)에 속한다는 뜻이다. 즉, 의회가 만든 법률만이 법규를 창조할 수 있다. 이때 법규란 국민의 권리·의무에 관계있는 법규범으로 이해되었다.[3] 결국 법률의 법규창조력이란, 다른 말로 국민의 대표로 구성되는 의회가 만든 법률만이 국민의 자유·권리를 제한·침해할 수 있는 힘을 가진다고 풀어 쓸 수 있다. 그러므로 행정부의 위임입법(대통령령, 부령 등)은 의회의 위임하에 보충적으로만 국민의 자유·권리에 대해 규율할 수 있다. 국민으로부터 직접 그 권한을 위임받은 의회는 행정, 사법 등 다른 국가작용보다 우월하다. 이것을 의회의 우위라고 하는데, 법률의 우위는 바로 이 의회의 우위의 한 내용이다. 법률의 우위의 결과 행정과 사법은 법률에 위반할 수 없다**(법률에 위반하는 행위 금지)**. 법률의 집행은 주로 행정이 담당하므로 이 원칙은 행정작용에서 특히 중요하다.

법률의 유보란 행정은 법률에 의해 수권되어 있는 경우에만 활동을 할 수 있다는 원칙을 말한다**(법률 없이는 행위 금지)**.[4] 행정활동을 수권하는 규범을 수권규범 혹은 근거규범이라고 하여 조직규범과는 구분하는 것이 일반적이다. 법률의 우위원칙이 소극적으로 기존 법률의 침해를 금지하는 것이라면, 법률의 유보원칙은 적극적으로 행정기관이 행위를 할 수 있게 하는 법적 근거의 문제이다. 달리 말한다면, 법률의 우위원칙은 법의 단계질서의 문제이지만, 법률의 유보원칙은 입법과 행정 사이의 권한(배분)의 문제이다.[5]

제4강에서 실질설(적극설)은 행정을 다음과 같이 정의하였다. 행정이란 "법 아래서 법의 규제를 받으면서 현실 구체적으로 국가목적을 적극적으로 실현하는 것을 목표로 행해지는 전체로서 통일성을 갖는 계속적인 형성적 국가 활동"이다. 이 정의에 법률의 우위 원칙은 명확히 표현되고 있다("법 아래서"). 그러나 법률의 유보 원칙이 표현된 것인지는 분명하지 않으나 "법의 규제를 받으면서"(혹은 "법의 구속을 받으면서")라는 부분이 이를 표현한 것으로 볼 수 있다. "법의 규제"를 받는다는 것은 법(=법률)이 없으면(=법률에 그 근거가 없으면) 뒤에 서술된 행정의 활동, 즉 "현실 구체

3) 지금도 우리의 다수설은 법규 개념을 "국민의 권리·의무관계에 직접 구속력을 갖는 일반적·추상적 규율"로 정의하고 있다. 정하중/김광수, 2023, 26쪽. 법규의 의미에 관해서는 이미 1.2.1.에서 간략히 설명하였다.

4) Maurer/Waldhoff, 127쪽(6장/3번).

5) 홍정선, 행정법원론(상), 박영사, 2011, 50-51쪽.

적으로 국가목적을 적극적으로 실현하는 것을 목표로 행해지는 전체로서 통일성을 갖는 계속적인 형성적 국가 활동"은 불가능하다는 것을 의미한다. 법의 규제를 받지 않고, 즉 법률로부터 수권받지도 않고 행정이 독자의 판단으로 자유롭게 형성적 국가 활동을 계속적으로 해나갈 수 있는 것은 아니라는 말이다.

법률의 유보의 원형은 침해유보설이다. 법률의 유보를 풀어쓰면 법률에 의한 권리의 유보가 된다. 이것을 다시 풀어쓰면 국민의 권리는 오직 법률에 의하여 혹은 법률에 근거하여서만 '제한'될 수 있다는 의미이다. 오토 마이어가 행정의 법률적합성, 즉 법치행정원리의 구성요소로 법률의 유보(Vorbehalt des Gesetzes)를 말했을 때도 이런 의미였다. 법률은 국민이 선출한 대표로 구성되는 국회가 제정하므로 법률은 국민의 자기 동의와 동일시된다. 따라서 법률의 수권이 있다는 말은 국민의 동의를 받았다는 말이 되는 것이고, 그런 동의가 있기 때문에 행정권은 국민의 자유와 재산을 침해할 수 있게 된다. 이것이 침해유보설의 골자이다.

그런데 전통적인 침해유보설은 자유와 재산을 부르주아적 영업의 자유와 재산으로 한정하였기 때문에, 법률의 유보 원칙이 갖는 자유 보장도 아주 제한된 범위에서만 작동하였다. 이후 자유와 재산 개념이 일반적인 행동의 자유와 재산적 가치를 가진 모든 법익으로 확대되었지만, 이로 인해 침해유보설의 자유주의적 성격이 근본적으로 바뀐 것은 아니다. 즉, 침해유보설은 법률의 유보의 범위를 자유와 재산에 대한 침해로 한정한다는 점에서 급부행정이 중요시되는 사회국가·복지국가에 부응하지 못한다.[6] 또한 법률의 유보의 범위를 침해적 행정'작용'에 국한한다는 점에서 행정조직과 행정절차에 대한 민주적 통제에 미흡한 측면을 보인다.[7]

이 점을 염두에 둔다면 법률의 유보 원칙이란 이제 다음과 같이 재정의될 수 있다. 행정은 의회가 만든 **법률에 직접 근거하거나**, 아니면 그 **법률의 위임을 받아** 제정된 법규명령 또는 조례에 근거해서만 행정조직을 설립할 수 있고, 행정절차를 진행할 수 있으며, 행정결정을 내릴 수 있다.[8] 법률의 유보원칙은 모든 종류의 행정활

6) 이를 보완하는 학설이 급부행정유보설이다.

7) 이를 보완하는 학설이 중요사항유보설이고 그것의 구체화가 제도적 법률유보이다.

8) 법률유보원칙에서 말하는 법률에는 형식적 법률뿐만 아니라 법률의 위임을 받거나 법률을 집행하기위하여 제정하는 법규명령도 포함된다. 헌법재판소 2005. 3. 31. 선고 2003헌마87 결정; 헌법재판소 2020. 3. 26. 선고 2019헌마212 결정 등. 독일에서는 이를 별도로 법규유보(Rechtssatzvorbehalt)라고 표현하기도 한다. 다만, 최근에는, 법률의 형식을 띈 것 외에 다른 형식들, 즉 법규명령이나 조례도 '법률'에 포함될 수 있음을 당연시해온 '전통적 견해'에 이의를 제기하면서, 규율되는 사안의 중요성

동에 타당하므로, 그 행정활동이 침해조치인가, 계획조치인가, 급부조치인가, 조직조치인가를 묻지 않는다.

자, 여기까지가 교과서적인 설명이다. 그런데 추가적인 설명이 필요한 근본적인 질문이 하나 남았다. 오토 마이어는 입헌군주제 시대의 이론가였다. 그가 독일 행정법론을 전개할 당시에는 기본권이 제국헌법 상 보장되지도 않았던 시기였다.[9] 입법권은 제국의회가 가지고 있었지만 그 입법권은 민주주의 헌법 하의 입법권에 미치지 못했다. 게다가 독일제국의 2/3를 차지하며, 실질적으로도 독일제국의 핵심이었던 프로이센국은 1차 대전이 끝날 때까지 1850년의 흠정헌법을 그대로 유지하고 있었다. 이 프로이센 헌법에 따르면 입법권은 의회와 군주가 공동으로 행사하게 되어 있었다. 이런 시대적 한계 상황에서 오토 마이어는 어떻게 하든 국민, 즉 부르주아 계급의 자유와 재산을 국가의 침해로부터 지켜내는데 행정법이 역할을 해야 한다고 생각했다. 이런 맥락에서 그는 법치국가의 내용으로 법률의 법규창조력과 법률의 유보 원칙을 전면에 내걸게 되었던 것이다.

그러나 이제는 그런 시대가 아니다. 헌법에 기본권 규정이 들어오고, (연방) 의회는 유일한 입법자로서 그 민주주의적 정당성을 확보했다. 그런데도 오토 마이어 식의 법률의 유보니, 법률의 법규창조력이니 하는 걸 금과옥조처럼 내세워야 하는가? 이제는 이런 질문을 던져야 할 때가 되었다.[10]

8.1.2. 법률의 유보에서 "법률"의 의미

전통적인 침해유보설은 '법률의 유보'에서 "법률"이란 행정작용의 **근거규범**이라고 말했다. 그러나 중요사항유보설(본질성설)은 "법률"이란 행정작용의 근거규범만이 아니라 일정한 경우에는 조직규범까지를 포괄한다고 본다.[11] 다만, 그럼에도 불구하고 여전히 중요한 것은 근거규범이다. 그렇다면 행정작용의 근거규범(근거법률)은 '아무'

에 따라 전적으로 형식적 법률만이 이 원칙을 충족하는 경우와 법규명령으로도 충분한 경우를 세밀하게 나누어야 한다는 견해가 '재차' 유력해지고 있다. Maurer/Waldhoff, 130쪽(6장 9번).

9) 개별 영방국가(Land)의 헌법들은 기본권 조항을 두고 있었다.

10) 자세한 사항은 더공부해보기/생각해보기/토론하기로 넘긴다.

11) 예컨대 총리의 통할(統轄) 하에 있는 계층(階層)구조로부터 독립한 행정조직을 설립하는 것 외에 행정이 종래부터 갖고 있던 권한을 공사(公私)협력 조직에 맡기는 경우라든가 특정한 이해관계가 있는 그룹의 영향을 받기 쉬운 조직을 설립하는 경우에는 법률의 근거가 필요하다.

법률이면 되는 것일까? 헌법'법률'(Verfassungsgestz)이 행정작용의 근거규범이 되는가? 민법은 혹은 형법은 행정작용의 근거규범이 되는가? 이것은 법률의 유보에서 말하는 법률의 자격(Qualifikation)을 묻는 질문이다.

가령 독일에서는 경찰이 침해행위를 하는 경우, 특히 인질의 생명을 구하기 위해서, 필요하다면 독일 형법 제32조, 34조(정당방위, 긴급구조)에 근거하여, 인질범을 사망에 이르게 하는 총기사용을 할 수 있는지가 논란이 되었다. 다수견해는 이를 부정하였다. 위 형법조문들은 행정에게 수권하는 규정이 아니라, 국가-시민 사이에서 형법상 책임관계를 규율하는 규정에 불과한데도, 그것들을 수권조항으로 끌어들이게 되면, 법률의 유보를 통하여 행정을 구속하고 제한하려는 취지가 잠탈(潛脫)될 수 있다고 보기 때문이다.[12]

우리의 경우 '주민등록 지문정보 데이터베이스 사건'을 예로 들 수 있다. 우리나라 사람들은 누구든지 태어나 출생신고를 마치게 되면 곧바로 주민등록번호를 부여받고, 만17세가 되면 주민등록증을 발급받는다. 주민등록증을 발급받을 때에는 주민등록발급신청서를 작성하게 되는데, 그 신청서에는 열 손가락 지문을 모두 찍게 되어 있다. 이렇게 해서 최초로 지문이 국가기관에 의해 채집된다. 주민등록증 발급과 지문채취가 무슨 상관이 있는지 의문이지만, 더욱 문제인 것은 시장 등 주민등록발급기관이 주민등록발급신청서를 관할 파출소장에게 송부하도록 되어 있는 점이다. 이렇게 해서 경찰로 넘어간 지문정보는 경찰청 중앙컴퓨터에 보관·전산화되어 범죄수사 목적에 이용되고 있다. 경찰이 전 국민의 지문을 확보하고 있는 것이 범죄수사에 얼마나 도움이 되는가 하는 점은 논란거리이다. 범죄수사에서 가장 중요한 것은 지문이 아니라 철저한 초동수사라는 지적도 있거니와, 어쨌건 이런 식의 개인정보 수집·관리는 모든 국민이 가진 개인정보자기결정권을 침해하는 것이 되어 법률의 근거를 요한다.

여기서 주민등록발급기관의 지문채취의 법적 근거로 그리고 경찰이 국민 개개인의 지문정보를 보관·전산화·이용하는 행위의 근거규범으로 제시된 것이 「주민등록법」 제24조 제2항이다. 이에 따르면 "주민등록증에는 성명, 사진, 주민등록번호, 주소, 지문, 발행일, 주민등록기관을 수록한다."[13] 이 규정이 **지문채취의 법적 근거**는

---

12) Maurer/Waldhoff, 135쪽(6장 17번). 현행법 하에서의 논의로는 우선 다음을 참고할 것. 김태명, "정당방위 상황에서의 경찰관의 총기사용의 요건과 한계", 경찰법연구 제6권 제1호, 2008, 4쪽 이하.

13) 1999년 5월에 「주민등록법」을 개정하면서 비로소 위와 같은 규정을 두었다. 그러나 이전에는 지문채취의 근거가 법률에 명시되어 있지 않았다.

물론 **경찰청장에 의한 지문정보 보관행위의 근거규범**이 될 수 있는지가 '헌재 2005. 5. 26. 선고 99헌마513, 2004헌마190(병합) 결정'에서 다투어졌다. 만약 이것이 긍정된다면 현재의 주민등록증 발급과 지문채취, 동 지문의 경찰청 송부(送付), 경찰청에 의한 동 지문의 보관·이용이라는 실무는 법률의 유보원칙에 부합하는 것이 된다(다수의견). 이 점이 우리 사회에서는 한동안 논란이 되었는데, 지문채취에 반대하는 시민단체들 그리고 위 결정에서 반대의견을 낸 헌법재판관 3인은 위 규정이 주민등록증에 지문정보를 수록하는 것에 대한 근거규정은 될 수 있어도 열 손가락 지문채취 및 경찰청장에 의한 지문원지(原紙)의 수집·보관의 법률적 근거는 될 수 없다고 보았다.[14] 이런 논쟁이 잘 보여주듯이 어떠한 법률규정을 당해 행정작용의 근거규정 혹은 수권규정으로 볼 것인가 하는 점은 매우 중요하다.

또 다른 예를 들어 보자. 집회·시위와 관련하여 흔히 문제가 되는 것이 집회를 개최할 때 발생하는 소음이다. 집회소음은 그 주변지역의 제3자에게 심각한 피해를 주므로 규제해야 한다는 주장이 예전부터 꾸준히 제기되어 왔다. 결국 2004년 1월에 「집회 및 시위에 관한 법률」을 개정하여 집회를 개최할 때 확성기 등의 사용을 규제할 수 있도록 했다(동법 제12조의3과 동법 시행령 제8조의3). 그런데 집회소음을 규제를 해야 한다고 주장해온 이들은 '집시법'이 개정되기 전부터 어떤 식으로든 규제의 법적 근거를 찾아내려고 했다. 그래서 제시했던 법이 「소음·진동관리법」이었다.

이 법률은 생활소음, 이동소음 등에 대해 규제하고 있으므로 위 법률의 해당 조항을 집회·시위로 인한 소음의 규제근거로 삼자는 주장이다. 그러나 이러한 주장은 문제가 있다. 집회·시위로 인한 소음은 헌법상의 기본권인 집회의 자유를 행사하는 데 있어서 필수적으로 수반되는 소음이므로 생활소음 등과 같은 유형의 소음으로 볼 수 없다. 그렇다면 「소음·진동관리법」은 공법, 특히 경찰행정법의 일종이기는 하지만, 집회 등의 소음을 규제할 수 있는 근거법률은 되지 못한다고 보아야 한다.

---

14) 헌법재판소는 2024년 4월 25일의 2020헌마542 결정에서 주민등록증 발급 신청서에 열 손가락의 지문을 찍게 하고 경찰이 이를 보관해 범죄수사에 활용하도록 규정한 현행 법령이 헌법에 어긋나지 않음을 다시 한번 확인했다. 또한 "지문정보는 개인의 동일성을 확인하는 하나의 징표일 뿐, 인격적·신체적·사회적·경제적 평가가 가능한 내용이 담겨있지 않아 민감 정보로 볼 수 없다"고 한 2015년 5월 28일의 2011헌마731 결정도 재확인했다. 이 결정에 대한 비판적 평석으로는 다음을 참고할 것. 이희훈, "우리나라 주민등록법령상 지문날인제도의 쟁점 및 개선 방향 – 헌법재판소 2024. 4. 25. 2020헌마542 결정의 평석을 겸하여 –", 일감법학 제58호, 2024, 185-212쪽.

이런 사례는 실무에서 의외로 빈번히 발생한다. 예컨대 2023년 6월 대구에서 퀴어문화축제가 진행될 때 시장 A는 위 축제가 '도로점용허가를 받지 않은' 위법한 행사라고 주장하며 축제해산을 위한 행정대집행권을 행사했다. 이와 관련한 분쟁에서 법제처는 집회·시위를 위한 단순한 도로사용은 「집회 및 시위에 관한 법률」이 적용되므로 도로 사용의 금지 또는 제한 권한은 관할경찰관서장에게 있으나, 집회·시위 시 도로상에 공작물·물건 등 시설물을 설치하는 것은 「도로법」상 도로점용에 해당되므로 도로관리청의 점용허가 대상이라고 해석했다. 그러나 이러한 해석은 매우 기교적이다. 집회·시위의 자유는 집회·시위 방법의 자유이기도 하므로 퀴어축제를 하면서 도로에 연단 등을 일시적으로 설치하는 것은 당연히 집회방법이라고 보아야 한다. 따라서 위 축제는 이런 부분까지 포함하여 「집회 및 시위에 관한 법률」의 적용대상으로 보아야 한다. 지하철 역사 안에서 침묵시위를 하는 장애인 활동가들을 '집시법'이 아니라 「철도안전법」을 적용해 강제해산 및 체포하는 행위에 대해서도 마찬가지 논리가 적용되어야 한다.

8.2. 법률의 유보론의 전개

8.2.1. 침익행정과 급부행정의 구별

행정을 분류하는 방식은 여러 가지가 있지만, 임무·목적에 따른 분류와 법적 효과에 따른 분류, 법형식에 따른 분류가 중요하다. 행정은 우선 그 임무·목적에 따라 질서행정과 급부행정, **사회기반조성행정**으로 나눌 수 있다.[15] 질서행정은 공공의 안전과 질서를 위협하는 위험을 방지함으로써 공공의 안전과 질서를 유지하는데 복무하는 행정을 말한다. 도로교통의 규율, 영업활동의 통제, 전염병대책(방역)이 이에 속한다.[16] 과거에는 질서행정=경찰로 이해되기도 했으나, 2차 대전 이후(특히 독일)의 비경찰화·탈경찰화(Entpolizeilichung) 흐름에 따라 경찰영역이 대폭 축소되면서 양자는 구분된다. 현재는 전염병대책과 같은 전문분야는 보건위생경찰(Gesundheitspolizei)

15) Heiko Faber, *Verwaltungsrecht*, 347쪽.

16) Maurer/Waldhoff, 6쪽(1장 15번).

이 아니라 질서행정을 담당하는 보건위생행정이 맡는다.[17]

급부행정은 개인을 콕 집어서 지원하거나(생활보호, 장학금지급), 공공시설(교통업체, 수도·전기·가스공급업체, 영유아원, 학교, 병원 등)을 설립·운영함으로써 시민의 생존조건을 보장하고 개선하는 행정을 말한다.[18] 이상의 양대 영역 외에 사회기반조성행정을 새롭게 추가할 수 있다. 사실, 사회기반조성행정 혹은 사회기반시설행정은 오늘날 가장 중요한 행정(법)영역이 되고 있지만, 이에 대한 행정법학의 대응은 아직 충분하지 않다. 반면, 최근 주류 행정법학의 관심은 이른바 '**보장행정**'(Gewährleistungsverwaltung)에 가 있다. 보장행정은 급부행정과 달리 국가가 직접 시민에게 급부를 제공하는 것이 아니라 타인, 특히 사경제 쪽이 급부를 제공하도록 보장하는 행정을 말한다.[19] 또한 보장행정을 행정의 중심에 두는 국가를 보장국가라고 한다. 1990년대 이후 제3의 길에서 주장된 조성국가(Enabling State)의 독일식 버전이 보장국가(Gewährleistungsstaat)이다. 이 국가는 공공복지를 실현하는 국가의 책임은 여전히 고수하지만, 이를 자신의 수단으로 직접 이행하는 것은 부분적으로 포기하고 사회의 제 행위자가 이를 하도록 한 뒤, 이것이 제대로 기능하지 않을 때에 비로소 활동을 시작하는 국가를 말한다.[20] 보장행정, 보장국가라는 개념이 사영화(민영화)와 관련되어 있음은 쉽게 짐작할 수 있다.[21] 사견으로는 보장행정의 법리가 아무리 정교하다고 하더라도, 그 본색은 국가의 책임을 방기하는 신자유주의적 행정법해석이라고 생각한다. 게다가 전후 급부행정을 차곡차곡 구축해온 독일과 달리 제대로 된 급부행정, 생존배려가 갖추어지지도 않은 한국에 이런 논리를 가져오는 것은 타당하지 않다.

한편, 행정을 상대방에 대한 법적 효과를 기준으로 나누면 침익행정과 수익행정으로 구분할 수 있다. 침익행정은 국민 또는 주민에게 새로운 의무를 부과하거나 이미 부여된 권리·이익을 박탈·제한하는 행정을 말한다.[22] 수익행정은 국민 또는 주민에게 권리·이익을 부여하는 등 사인에게 이익이 되는 행정을 말한다. 양자가 중첩

17) Lisken/Denninger, *Handbuch des Polizeirechts*, 3. Aufl., C. H. Beck, 2001, 26-38쪽.

18) Maurer/Waldhoff, 7쪽(1장 16번).

19) Maurer/Waldhoff, 8쪽(1장 18번).

20) 이계수, "메르스와 법 – 전염병의 법률학", 민주법학 제58호, 2015, 258쪽.

21) 정남철, "생존배려영역에서의 민영화와 보장책임 – 특히 보장책임의 실현가능성을 중심으로 –", 법조 65권 6호, 2016, 173-227쪽 참고.

22) 여기서 더 나아가 권리·이익의 부여를 거부(거부행위)하는 행정, 즉 '불이익행정' 혹은 '부담적 행정'과 침익행정은 구분해야 함은 이미 살펴보았다(1.2.1.).

되면 복효적 행정이라고 한다. 침익행정과 수익행정의 구분은 행정법 전반에 걸쳐 법 해석상 중요한 관점을 제공한다. 예컨대 침익적 행정행위의 경우에는 원칙적으로 그것의 취소·철회가 자유롭게 이루어지지만, 수익적 행정행위에서는 그렇지 않다는 점,[23] 소급효금지란 상대방에게 불이익한 소급효를 금지하는 것이지 유익한 소급효까지 금지하는 것은 아니라는 점 그리고 유추해석(Analogie)도 그 해석의 결과 상대방에게 유리하면 가능하다는 점(analogia in bonam partem) 같은 것들을 생각해 볼 수 있다. 이런 식의 목적론적 해석이 행정법에서 두드러지는 이유는 무엇일까? 입법자가 항상 규제대상행위의 성질을 고려한 후 조문의 문언(文言)을 선택하는 것은 아니므로 해석자는 조문 해석에서 사후적으로라도 목적론적 해석을 시도하게 된다. 이 경우 해석의 초점은 어떠한 행정작용이 시민에게 미치는 영향에 맞춰질 '개연성이 높다'(probable). 법 해석 시 행정작용의 상대방에 대한 법적 효과에 주목하는 것은 자유주의 행정법학의 특징이기도 하다. 다만, **침익적 행정작용에 대한 유추해석금지**와 관련해서는 다음과 같은 추가적 논평이 필요하다.

형법에서는 유추해석금지가 철칙이다. '법률이 없으면 형벌도 없다'는 원칙은 행정법에서도 지켜져야 한다. 따라서 행정형법 및 공무원형법(Dienststrafrecht)에서 행위자에게 불리한 유추적용은 허용되지 않는다. 여기서 더 나아가 법률이 명시적으로 침해권한(Eingriffsrechte)을 부여하지 않는 한, 국가는 유추의 방식으로도 이를 행사할 수 없는 것일까? 그렇다고 보는 견해도 있다(안쉬츠).[24] 그러나 이렇게까지 일반화할 일은 아니다. 가령 일반적 규정에서 벗어난 특별한 침해권한을 유추의 방식으로 확대하는 것은 허용되지 않는다고 보는 게 맞다. 그러나 이것은 행정법의 특수성이 이것을 금지하기 때문이 아니다. 유추에 의한 확장은 예외없이 금지된다는 논리상의 이유 때문이다. 그러나 통상의 법규정(eine allgemeine Regel)에서 구성요건의 문언만 보면 A라는 결론을 내릴 수 없으나 그 의미를 해석해보면 그와 같은 결론이 가능하다면 달리 판단해야 한다. 즉, 이런 경우에는 그 규정이 사적 영역 침해를 규율해도 유추가 허용된다고 보아야 한다.[25] 안쉬츠의 견해와 달리 침익적 행정작용에도 유추해석의 가능성을 인정하는 포르스토프의 견해는 행정법의 자유주의적 해석에 일

23) 다만 후술하듯이 필자는 이런 이분법적 접근에 비판적이다. 자세한 것은 18.2.에서 다룬다.

24) Gerhard Anschütz, "Lücken in den Verfassungs- und Verwaltungsgesetzen", *VerwArch*. 14, 1906, 315ff, 특히 329ff.

25) Ernst Forsthoff, *Lehrbuch*, 167쪽.

정한 제동을 건다는 점에서 매우 흥미롭다(7.2.1. 참고).

한편, 행정의 분류와 관련하여 자주 침익행정과 급부행정을 대립적 개념으로 설명하는데, 정확한 것은 아니다. 침익행정은 행정을 법적 효과의 면에서 포착한 것이고, 급부행정은 앞에서도 보았듯이, 행정을 그 임무·목적의 관점에 따라 분류한 것이기 때문이다. 급부행정의 경우, 그 법적 효과는 통상 수익적이나 그렇지 않은 경우도 존재한다. 즉, 급부행정 중에는 상대방에게 수익적 효과와 함께 침익적 효과를 동시에 발생시키는 것도 있다. 예컨대 사용강제를 동반하는 상수도공급을 생각해보라. 이것은 상대방에게 수익적 효과와 함께 침익적 효과도 발생시킨다. 유리한 이자율의 주택금융대출을 계속 받으려면 1가구 1주택을 유지해야 한다는 침익적 조건을 건다면 대출이라는 급부행정은 주택법'질서'를 유지하는 규제수단으로도 기능한다.[26]

이처럼 엄밀하게 말하면 침익행정과 급부행정은 정확한 대립개념이 아니지만, 오래전부터 양자는 행정법의 양대 영역처럼 구분되어 왔다. 이것은 급부행정이라는 새로운 범주가 마치 침익행정이라는 근대적 행정에 대립되는 현대적 행정처럼 부각되었기 때문이다.

> 행정법학의 전통적인 관심사는 사람들의 일상생활에 규제적으로 개입하고, 국민들의 개별적 권리에 간섭을 하는 질서행정에 집중되어 있었다. 그런데 포르스토프(1902-1974)는 그것과 별도로 **생존배려**(Daseinsvorsorge)를 위한 **급부행정**을 체계적으로 개념화했다.[27] 그는 생존배려란 현대의 대중적 생활양식에 따라 살아가야 하는 사람들에게 생활에 필수적인 제 급부를 제공하는 것이라고 정의하면서, 수도, 가스, 전기 외에 우편, 전신, 전화, 보건위생상의 보호를 제공하는 것, 노령, 폐질, 질병, 실업에 대비케 하는 것 외에 모든 종류의 교통기관의 급부를 생존배려의 임무로 들었다.[28] 포르스토프 이후로 행정은 흔히 침익행정과 급부행정으로 양분된다. 그런데 포르스토프가 이러한 새로운 영역을 이론적으로 구분한 것은 우연이 아니다.
>
> 이미 철학자 야스퍼스는 1931년에 "현존재 배려"(Daseinsfürsorge)라는 말을 썼고 포르스토프도 이 개념을 알고 있었다. 그러나 그보다 더 중요한 사실은 독일 자본주의 국가의 특성이다. 독일에서는 아담 스미스 류의 자유주의적 방임주의가 대

---

26) 급부행정의 이러한 수단적 측면이 급부행정에도 법률의 유보를 요구하는 견해(급부행정유보설)를 정당화한다.

27) "나는 급부행정의 기능을 통합하는 지도이념으로 생존배려 개념을 제안했다. 세월이 흐른 지금 이 개념은 일반적으로 수용되었다." Ernst Forsthoff, *Lehrbuch*, 370쪽.

28) Ernst Forsthoff, *Verwaltung als Leistunsträger*, 1938, 7쪽.

세였던 적이 없었다. "신민과 시민의 삶에 국가가 가부장적-생존배려적으로 개입해 들어가는 것은 독일 국가사상의 일관된 흐름이라고 보아야 할 것이다."[29] 이것에 저항했던 것이 바이마르 공화국을 전후하여 19세기 말과 20세기 초반에 활동한 독일의 자유주의-법실증주의자들이었는데, 칼 슈미트 등은 이들에 맞서 재차 독일의 국가성을 강조했다. 포르스토프는 칼 슈미트의 제자로서 독일 관료주의로 대표되는 독일의 국가성을 행정법에서도 구현하려고 했던 사람이다.[30] 포르스토프는 급부행정론을 통해 자유주의 행정법학과는 다른 행정법학을 제시하려고 하였다. 행정행위와 그에 대한 취소소송 중심으로 돌아가는 행정법학이 아니라 무언가 적극적으로 서비스를-제11장에서 다시 살펴보겠지만, 프랑스 행정법에서는 이를 **공역무**(役務)라고 표현한다-제공하는 것, 즉 생존을 배려하는 행정의 행위에 초점을 맞추는 행정법학을 구상했다.[31] 그 과정에서 행정의 독자성, 이니셔티브를 지나치게 강조하기도 했다.[32] 가령 이런 식이다. "행정이 자유와 소유권과 같은 개인의 권리를 침해하는 경우에만 (행정의) 법규 구속성(Rechtssatzgebundenheit)이 필요하다." 반면, 생존배려를 조직/실행할 때에 "행정은 통상 법규가 명하는 바가 아니라 자기자신의 이니셔티브에 따른다."[33] 포르스토프는 이로써 급부행정의 중요 영역이 예나지금이나 변함없이 행정법의 규율 범위 밖에 놓여 있음을 인정한 셈이다.[34]

아무튼 포르스토프 행정법학에 의해 침익행정과 급부행정의 이분법이 확립되었지만, 모든 행정현실을 이 둘만으로 전부 파악하는 것은 불가능하다. 여기서 **하이코 파버**(Heiko Faber)가 사회기반조성행정(Infrastrukturverwaltung)이라는 세 번째 개념을 통해 행정법의 새로운 지평을 열어보려고 했으나,[35] 이는 독일학계에서도 제대로 수용되지 못했다.[36] 이것은 한국 행정법학계는 시도조차 하지 않은 관점인데, 필자는 향후 이런 방향으로의 이론적 도전이 필요하다고 생각한다.

---

29) Michael Stolleis, "Verwaltungswissenschaft in der Bundesrepublik Deutschland", 245쪽.

30) 자세한 것은 이계수, 의회주의와 행정법, 188쪽 이하.

31) Uwe Wesel, *Fast alles, was recht ist. Jura für Nicht-Juristen*, 257-258쪽 참고.

32) 그의 이러한 태도는 후기에 이르러 다소 완화된다. 가령 직권철회 자유의 원칙에서 후퇴하여 철회권행사에 제한을 두었고(18.2.2.), 행정상 강제집행을 위한 법적 권원(Titel)은 이미 명령을 발하는 행정행위에 들어 있다고 보는 오토 마이어 류의 통설도 수정했다(21.1.1.).

33) Ernst Forsthoff, *Verwaltung als Leistunsträger*, 15쪽.

34) Heiko Faber, *Verwaltungsrecht*, 34쪽. "거의 통설적 견해에 의하면(nach ganz überwiegender Auffassung) 생존배려는, 그로부터 특정한 법적 효과, 즉 시민의 급부청구권을 도출해낼 수 있는 법개념이 아니다." Maurer/Waldhoff, 7쪽(1장 17번).

35) Heiko Faber, *Verwaltungsrecht*, 291쪽 이하.

36) Thomas Groß, "Die Beziehungen zwischen dem Allgemeinen und dem Besonderen Verwaltungsrecht", 76쪽.

행정은 또한 그 법형식을 기준으로 공법 형식의 행정과 사법 형식의 행정으로도 나눌 수 있다. 전통적으로는 공법형식의 행정이 일반적으로 동원되었다. 공법형식 중 고권적 행위를 통한 권력행정 외에도 공법상 계약과 같은 단순공행정(schlichte Hoheitsverwaltung)도 오래전부터 이용되었다. 다른 하나는 사법 형식의 행정이다. 특히 생존배려의 영역에서 국가 등이 사법 형식으로 행정 임무를 수행할 때는 행정사법(行政私法)이라는 법리를 적용하기도 하다. 그런데 사법형식의 행정에서 가장 주목할 분야는 **조달계약**(Beschaffungsverträge)이다. 이 영역에 대해서는 평등권 등 기본권을 통한 통제가 이론적으로 가능은 하지만,[37] 우리의 법실무에서는 이런 행정사법적 통제가 사실상 작동하지 않는다.[38]

조달계약에서 아주 중요한 부분이 무기구매계약(공공조달계약)이다. 이런 조달행정업무를 사법형식으로 수행하면서 공법적 통제를 배제하고 있는 것은 – 조달계약을 규율하는 독일의 실정법령으로는 경쟁제한금지법(GWB) 제97조 이하, 공공조달법(VgV), 건설공사공공조달계약법 A편(VOB/A, 한계가격공공조달규정(UVgO)) 등이 있다. 이들 법령에 의거 '사법적(私法的)으로 규율되어 있는 행정절차'에 대해서는 직접적용이든 유추적용이든 행정절차법이 적용되지 않는다[39] – 전쟁과 도시 재개발이라는 두 개의 '파괴적 건설'을 통해 공황을 극복하려는 자본주의와 그것을 규범적으로 뒷받침하는 자본주의 행정법의 본질을 잘 보여준다.[40]

조달행정이 사무용품을 구매한다든가 시청사의 소규모 수리에 그친다면야 공법적 규율을 배제하고 오로지 사법으로만 문제 해결을 해도 큰 무리는 없을 것이다. 그래서 조달행정을 과거에는 "국고상의 보조적 거래"(fiskalische Hilfsgeschäften)라고도 불렀다. 그런데 조달이 국공립 대학병원을 짓는다든가, 공군비행기를 구매하는 것과 같은 대형프로젝트로 발전하고 있는데도 이런 논리를 반복해도 되는 것인가? 공공계약에 대하여 사적 자치와 계약의 자유를 제한해야 한다고 한, 대법원전원합의체 판결의 반대의견이 오히려 타당하지 않은가? 공공구매는 이미 중요한 국민경제 영역을 형성할 뿐 아니라, 경제정책적, 구조조정정책적, 사회정치적 목적과도 깊이 연계되어 있다. 또한 공공구매의 '계약당사자'가 되느냐 마느냐는 다수의 개인기업에게 죽고사는 문제이기도 하다.[41] 이런 상황인데도 예전의 법리를 고집해야 하는가? 적어도, 무기

37) Sodan/Ziekow, *Grundkurs*, 526쪽(67장 21번).
38) 이 점은 행정사법 파트에서 다시 설명할 것이다(11장 생각해보기 5번).
39) Sodan/Ziekow, *Grundkurs*, 526쪽(67장 21번).
40) Heiko Faber, *Verwaltungsrecht*, 22쪽 참고.

구매와 같은 대형프로젝트를 어떻게 행정법적으로 통제할 것인가 – 예컨대 2단계이론의 적용 – 에 대해 고민하는 것은 이론가와 실무가 모두의 과제라고 하겠다.[42]

【판례】 대법원 2017. 12. 21. 선고 2012다74076 전원합의체 판결 [부당이득금반환 등]

[다수의견] 국가를 당사자로 하는 계약이나 공공기관의 운영에 관한 법률의 적용 대상인 공기업이 일방 당사자가 되는 계약(이하 편의상 '공공계약'이라 한다)은 국가 또는 공기업(이하 '국가 등'이라 한다)이 사경제의 주체로서 상대방과 대등한 지위에서 체결하는 사법(사법)상의 계약으로서 (…) 사적 자치와 계약자유의 원칙을 비롯한 사법의 원리가 원칙적으로 적용된다. (…)

[대법관 고영한, 대법관 김재형의 반대의견] 국가계약법령은 물가변동이나 환율변동에 따른 계약금액 조정의 요건과 효과에 관하여 명확한 규정을 두고 있다. 공공계약 체결 후 계약금액을 구성하는 각종 품목 등의 가격이 물가변동이나 환율변동으로 급격하게 상승하면, 상대방이 경제적 어려움으로 계약의 이행을 중단 · 포기하여 계약의 목적을 달성할 수 없거나 계약을 부실하게 이행할 우려가 있다. 반면 물가변동이나 환율변동으로 위와 같은 품목 등의 가격이 급격하게 하락하면, 세금을 재원으로 하는 공공계약의 특성상 국가나 공공기관의 예산이 불필요하게 과다 집행될 수 있다. 물가변동이나 환율변동으로 인해 계약을 통해서 달성하고자 하는 목적이 좌절되거나 더 큰 사회적 비용이 들지 않도록 하고 적정 예산이 집행되도록 하려는 공익적 목적을 달성하기 위하여 계약담당공무원에게 계약 체결 후 일정 기간이 지난 시점에서 계약금액을 구성하는 각종 품목 등의 가격 변동을 반영하여 계약금액을 조정하는 의무를 부과하는 규정이 도입된 것이다.

공공계약을 체결할 당시에 약정으로 물가변동이나 환율변동으로 인한 위험을 미리 배분하는 것이 효율적인 경우도 있을 수 있다. **그러나 국가계약법 제19조는 그러한 약정을 허용하는 것보다 조정을 강제하는 것이 바람직하다는 입법적 선택을 한 것이다. 이러한 입법이 헌법에 반한다거나 감당할 수 없이 부당한 극히 예외적인 상황이 아니라면 국가와 그 상대방은 이에 따라야 한다.** (…) **이러한 규정은 공공계약에 대하여 사적 자치와 계약 자유의 원칙을 제한하는 것으로서 강행규정 또는 효력규정에 해당한다.** 따라서 공공계약의 당사자인 국가와 그 상대방은 공공계약 체결 이후 물가변동이나 환율변동에 따른 손실의 위험을 공정하고 형평에 맞게 배분하기 위하여 계약금액을 조정하여야 하고, 이를 배제하는 약정은 효력이 없다.[43]

---

41) Maurer/Waldhoff, 51쪽(3장 21번).

42) 2단계이론에 대해서는 19.1.3.을 참고할 것.

43) 그러나 이 판결의 원심은 물가변동 등에 의한 계약금액 조정을 규정하고 있는 「국가계약법」 제19

다만, 조달행정업무를 사법형식으로 수행하면서 공법적 통제를 배제하고 있는 것, 공공계약을 사법상 계약으로 보는 판례의 입장을 비판한 이상의 설명에도 추가적인 '성찰'은 필요하다. 이미 제1장(1.1.1.)에서 민법(사법)과 행정법(공법)을 대립적으로 보지 말 것을 주문했다. 그런 논리와 위의 비판은 맞지 않는 면이 있다. 그래서 이런 추가적인 질문을 해볼 수 있다. 공공계약을 사법상 계약으로 보는 것과 공법상 계약으로 보는 것 사이의 실질적인 차이는 무엇인가? 그것을 사법상 계약으로 보는 것이 조달행정의 민주주의적－법치주의적 통제에 반드시 역행하는가? 민법의 계약법법리와 법제도 얼마든지 혁신할 수 있는 것 아닌가?[44] 앞서 소개한 사회적 임대차법을 상기할 때, 그와 같은 사회적 민법전과 그것의 해석이 민법의 주류가 된다면 사법상 계약인지 공법상 계약인지를 논쟁하는 것은 특별한 의미가 없는 것 아닌가? 민법과 행정법학자들이 공동으로 노력해야 하는 것은 공공계약의 내용형성이지 그것이 사법상 계약인지 공법상 계약인지를 따지는 일이 될 필요는 없는 것 아닌가? 그래서 어쩌면 이 쟁점에서도 공법학자들은 '공법성'에 대한 선험적 판단에서 출발함으로써 공공계약의 내용적 실체를 들여다보는데 실패하고 있는지도 모르겠다.

8.2.2. 법률적 근거를 필요로 하는 행정작용의 범위

침익행정과 급부행정의 구별은 법률의 유보원칙의 적용범위와 관련한 논쟁에서도 중요한 준거점이 된다. 법률의 유보원칙의 적용범위란 법률적 근거를 필요로 하는 행정작용의 범위를 어디까지로 볼 것인가 하는 문제이다. 이에 관해서는 전통적으로 침해유보설, 급부행정유보설, 전부유보설 등이 주장되어 왔고, 최근에는 중요사항유보설(본질성설)이 통설·판례로 자리잡았다.

앞에서 본 예들인 강제적인 지문채취, 소음규제 등은 모두 상대방인 국민의 자유

조는 강행법규에 해당하므로 이를 배제하는 특약은 「국가계약법 시행령」 제4조 등을 위반하여 "계약상대자의 계약상 이익을 부당하게 제한하는 특약 또는 조건"이므로 효력이 없다고 판시하였다. 서울고등법원 2014. 10. 30. 선고 2014나2006945 판결. 또한 김용욱, "위법한 조달계약의 효력과 강행규정", 경희법학 제55권 제4호, 2020, 146쪽 이하 참고.

44) 계약법의 혁신에 관한 논의로는 吉田邦彦. 民法学と公共政策講義録, 信山社, 2018, 127쪽 이하. 특히 관계적 계약이론에 관해서는 다음 논문을 참고할 것. 김현수, "미국에서의 관계적 계약이론－Ian Macneil 이론의 학설사적 지위와 논지를 중심으로－", 재산법연구 제32권 제4호, 2016, 151-178쪽.

와 재산을 침해하는 행정활동, 즉 침익행정의 예들에 해당한다. 침해유보설은 이처럼 행정작용이 침익적 효과를 발휘하면 법률의 근거가 필요하다고 보는 견해이다. 반면 급부행정유보설은 법률의 유보원칙이 자유와 재산에 대한 침해뿐만 아니라 급부행정 전반에 확대·적용되어야 한다고 본다. 오늘날 국민들은 행정이 하는 급부행정활동에 매우 의존적이다. 침익과 급부는 상호 의존적인 관계(Interdependenz)에 있다.[45] 그런데 급부행정작용만 아무런 법적 근거 없이 행해질 수 있다고 보는 것은 타당하지 않다는 주장이다. 포르스토프는 급부행정론을 주장하면서 급부행정에서는 권리보호가 아니라 배분참여가 중요하다고 했지만, 이 설을 주장하는 사람들은 행정에 의하여 제공되는 급부를 공평하게 얻는 것(Teilhabe, 배분참여)도 중요한 권리이므로 그 권리보호를 위한 법률적 근거가 필요하다고 본다. 자유란 비단 국가적 침해의 부재(freedom from)만을 의미하는 것이 아니라 국가적 급부에 대한 배분참여(freedom to)를 의미한다.[46] 따라서 배분참여의 거절은 개인에 대해 전통적인 침해행위보다 가혹한 결과를 낳을 수 있다.

그런데 사실 급부행정 영역 전반에 걸쳐 법률의 근거를 마련하기가 현실적으로 쉬운 일은 아니므로 법률의 근거가 없더라도 국회의 예산안의결을 통한 예산배정만으로 급부행정의 집행이 가능한가 하는 논쟁이 생겨났다. 특히 자원지금 행정에서 법률의 근거 없는 지원가능성이 다투어졌다. 독일의 연방행정법원의 판례 및 일부학설에 따라 우리나라에서도 이를 긍정하는 견해가 있다.[47]

독일에서는 예산을 (형식적) 법률로 확정한다(기본법 제110조 제2항).[48] 독일 연방행정법원은 시민이 금전 지급을 청구하려면 법률상의 근거가 필요하지만, 이때 말하는 법률에는 필요한 재원을 배정하는 예산법률처럼, 꼭 실질적 법률이 아니어도 국회의 의사표현방식의 하나인 형식적 법률로 충분하다고 보았다.[49] 다만, 제3자의 기본권

45) 파버에 따르면 독일 연방행정법원은 1950년대에 이미 이러한 점을 지적하였다고 한다. BVerwGE 6, 282ff., 288. Heiko Faber, *Verwaltungsrecht*, 97쪽에서 재인용.

46) 김남진, 행정법의 기본문제, 1991(4판), 법문사, 41쪽.

47) 그러나 독일의 다수설은 원칙적으로 법률의 근거가 필요하다고 본다. Maurer/Waldhoff, 136쪽(6장 20번). 김철용 교수는 예산을 급부 행정작용의 근거규범으로 볼 수밖에 없다는 견해를 피력한다. 김철용, 2024, 77쪽.

48) 독일의 예산 법률은 실질적 의미의 법률은 아니지만(국민을 구속하는 외부효가 없으므로), 국회가 의결하므로 형식적 의미의 법률이라고 한다. Ekkehart Stein, *Staatsrecht*, 89쪽.

49) BVerwGE 6, 282ff(287), 18, 352ff.(353), BVerwG NJW 1977, 1838f., BVerwGE 58,

영역을 침해하는 경우에는 예외적으로 법률의 근거가 필요하다는 식으로 제한적인 해석을 추가한 판결도 있다.[50] 우리 학설에도 이를 따르는 견해가 있다. 그에 의하면 적어도 **수급자 또는 경쟁자에게 침해적 효과를 가져온다거나 사회형성적 조치에 해당하는 자금조성**에는 법률의 수권이 필요하다.[51] 행정청은 법률의 근거 없이도 기업에 재정지원을 할 수 있다고 생각하고 재정지원을 하려고 하겠지만 이렇게 되면 자금지원을 받게 될 기업과 경쟁관계에 있는 기업이 불안할 수 있고, 또한 실제로 법률의 근거 없이 자의적으로 자금지원행정이 이루어지게 되면 경쟁기업은 불공정한 취급을 받게 되지 않을까 우려하는 것이다.

그러나 굵은 글씨로 표기한 부분은 행정법의 개인주의적–자유주의적 해석의 한 전형을 보여준다. 급부행정에 대한 민주적 통제의 관점이 아니라 제3자에 대한 영향이라는 관점에서 법률의 유보 문제를 이해하기 때문이다. "사회형성적 조치에 해당하는 자금조성"의 의미도 모호하다. 이 해석에 따른다고 해도 금전적인 지급을 대상으로 하지 않는 급부행정에 대해서는 어떻게 대처할 것인가 하는 문제는 미해결인 채로 남는다.[52] 자본주의 국가의 재정지출과 의회통제라는 아주 중요한 쟁점이 법적 토론의 영역에서 빗겨나 있는 것이다.

그래서 이러한 해석에 반대하는 견해도 유력하다. 반대설의 주장은 이러하다. 국회의결에 의한 예산배정의 경우는 단지 종목별 예산책정이 있을 뿐이지 자금지원 의 지급대상, 목적, 조건과 범위가 규율되지 않아 이런 사항들은 결국 당해 중앙관서의 장이나 행정기관의 재량에 의하여 결정될 수밖에 없다. 이러한 상황은 헌법의 기본원리인 민주주의 및 법치주의 원리와 합치되지 않는다. 자금지원 행정에서도 원칙적으로 법률유보가 이루어져야 하며 국가의 사회적·문화적·경제적 목적실현을 위한 재정 수단의 배분은 관련 국민이 충분히 예견할 수 있도록 법률에 의해 규율되어야 한다.[53]

다만, 국가의 재정지원은 그 성질상 경제 상황에 따른 탄력적 대응을 필요로 하므로, 보조금 제도 등을 법 규정으로 묶어두는 것이 현실적으로 가능한가 하는 점은 생각해봐야 하고, 법적 규율이 이루어진다고 해도, 그 규율의 밀도는 매우 낮을 가

45ff(48f). Heiko Faber, *Verwaltungsrecht*, 98쪽에서 재인용.

50) BVerwGE 90, 112(126). Maurer/Waldhoff, 136쪽(6장 20번).

51) 박균성, 행정법론(상), 박영사, 2013, 26쪽 참고.

52) Heiko Faber, *Verwaltungsrecht*, 98쪽.

53) 정하중/김광수, 2023, 1169-1170쪽; Maurer/Waldhoff, 136-137쪽(6장 21번).

능성을 간과할 수 없다.[54] 그래서 이제 논의는 급부행정에도 법률적 근거가 필요한가 하는 문제에서 급부행정의 규율밀도를 어느 정도로 높일 수 있는가 하는 문제로 넘어가게 된다. 이 문제는 다음 장에서 살펴보게 될 위임의 명확성과 연결된다.

【판례】 헌법재판소 1997. 12. 24. 선고 95헌마390 결정 [의료보험법 제31조 제2항 위헌확인]

위임입법에 있어서 위임의 구체성·명확성의 요구 정도는 규제대상의 종류와 성격에 따라서 달라진다. 즉 급부행정 영역에서는 기본권침해 영역보다는 구체성의 요구가 다소 약화되어도 무방하다고 해석되며 다양한 사실관계를 규율하거나 사실관계가 수시로 변화될 것이 예상될 때에는 위임의 명확성의 요건이 완화된다. 뿐만 아니라 위임조항에서 위임의 구체적 범위를 명확히 규정하고 있지 않다고 하더라도 당해 법률의 전반적 체계와 관련규정에 비추어 위임조항의 내재적인 위임의 범위나 한계를 객관적으로 분명히 확정할 수 있다면 이를 일반적이고 포괄적인 백지위임에 해당하는 것으로 볼 수 없다.[55]

한편, 독일에서 라인강의 기적이 얘기되던 시기, 급부행정에도 법률의 근거가 필요한가 하는 논의가 진행되는 한편에, 그와 동시에 민주주의적 법률유보의 관점에서 **전부유보설**이 예쉬(D. Jesch) 등에 의해 주장되었다.[56] 1950년대면 아직은 나치스 독재정권에 대한 '뼈아픈' 기억이 생생하던 시기였다. 전부유보설은 지금도 효력이 있는 1920년 오스트리아 연방헌법 제18조 제1항에서 연유한다는 주장도 있다. 동 조항에 의하면 "모든 국가권력은 오로지 법률의 근거하에서만 행사되어야 한다."[57] 전부유보설을 곧이곧대로 적용하면 행정지도도 법률의 근거가 있어야 할 수 있다는

---

54) Heiko Faber, *Verwaltungsrecht*, 43쪽. 또한 최우용, "민간투자법의 주요 쟁점 - 헌법재판소 결정과 대법원 판례를 소재로 하여 - ", 공법학연구 제19권 제1호, 2018, 369-399쪽 참고.

55) '사회국가를 표방한' 국가에서는 사회보장 행정의 관료주의가 심화할 것임이 충분히 예견된다. 현실이 이러하다면 사회보장 행정 영역에서의 법률의 유보와 관련한 해석에서 만연히 '급부행정 영역에서는 위임의 명확성의 요건이 완화된다'는 식으로 판단하는 판례의 태도가 옳은지는 검토가 필요하다.

56) Dieterich Jesch, *Gesetz und Verwaltung*, Tübingen, 1961, 204-205쪽; Hans Heinrich Rupp, *Grundfragen der heutigen Verwaltungsrechtslehre*, 2. Aufl., Tübingen, 1991, 113쪽 이하(초판은 1965년). 일본 행정법학에서도 이 시기 이미 전부유보설이 등장하였다. 高田敏, "オーストリアにおける「法律による行政」とわが国における問題点(1)", *広大政経論叢* 13권 56호, 1964, 166쪽.

57) Heiko Faber, *Verwaltungsrecht*, 97쪽. 파버는 이 조항이 순수법학자 켈젠(H. Kelsen)의 영향 아래 탄생한 것이 분명하다고 지적한다.

얘기가 된다. 실제로 행정처분에 대한 법적 근거를 바탕으로 행정지도를 하는 경우도 있지만(처분대체적 행정지도),[58] 통상은 법적 근거 없이 이루어지는 것이 행정지도이다. 그 점에서 규제적 행정지도의 경우 법적 근거가 필요하다고 보는 일부 견해는 전부유보설의 취지에 충실한 해석이라고 하겠다.

다만, 전부유보설이라고 해서 법률이 없으면 행정이 아무 것도 못한다는 의미는 아니다. 법률의 유보라는 것은 어디까지나 정상상황(Normalfälle)을 상정한 것이지, 급박하게 나타난 비상상황(Notfälle), 예컨대 자연재해라든가, 경기(景氣)위기의 경우에도 미리 법률적 수권을 요구하는 것은 아니다. 만약 이렇게 해석하지 않는다면 당장에 필요한 긴급지원도 할 수 없게 되기 때문이다. 이런 것은 일종의 행정의 긴급권한이라고 할 수 있고, 마치 법률적 근거 없이도 할 수 있는 즉시강제에 비견될 수 있다.[59] 그렇기는 하지만, 전부유보설은 어쨌건 정상상황에서는 법률의 근거를 두고 행정을 실행해야 한다고 요구하고 있으므로, 이 이론 대로라면 입법부는 과중한 부담을 지게된다. 실제로 전후 독일 연방의회는 외부적 요구, 스스로의 발의(Initiativ)로 모든 사회관계를 법률로 규율하는 데 적극적이었고, 그 과정에서 특별권력관계의 해체와 형집행법의 정비 등 성과도 냈지만, "법률의 홍수"를 초래했다는 비판도 받았다. 법률이 너무 많고 사회의 자율적인 부분까지 파고든다는 비판은 이데올로기적으로 편향된 면이 있기는 하지만, 많은 입법이 행해지면서 그 내용이 개괄적이고 규율의 밀도도 낮은 법률이 양산된 점도 부정하기는 어렵다. 나아가, 법률을 만드는 의회는 선이고, 이를 집행하는 행정은 악이라는 이분법도 성립하지 않는다. 의회의 다수파란 결국 '사회적 강자에게 이익을 주는 법률을 만드는 자들'이라는 일각의 비판을 생각하면, 행정을 불신만 할 것은 아니다. 그래서 직선제 대통령제 하의 그것처럼 독자적인 민주주의적 정당성과 책임 아래 활동하는 행정을 상정하고, 행정에게도 스스로 일정 사항은 규율할 수 있는 권한을 주자는 주장까지 나왔다(이른바 행정유보론).

여기서 전부유보설의 민주주의적 요청을 살리되, 의회의 부담을 줄이면서도, 행정에 대해서도 일정한 활동의 여지를 주기 위한 타협으로 중요사항유보설이 독일 연방헌법재판소의 판례에 의해 개발되었다. 이 설은 행정활동 중 국가와 국민에게 중요하고/불가결하고 본질적인 사항들은 반드시 의회가 정한 근거규범을 필요로 한다

58) 김유환, 2024, 279쪽.

59) Maurer/Waldhoff, 137쪽(6장 22번).

는 견해이다. 중요사항은 반드시 의회가 직접 결정하여야 한다는 점에서 의회유보(Parlamentsvorbehalt)와도 연결된다.[60] 근거규범이 필요한 것은 중요사항에 한정되므로 중요하지 않은 사항은 행정에 맡길 수 있다.

침해유보설 이래 법률유보의 범위에 관한 학설은 대체로 근거규범이 되는 법률이 필요한 행정활동의 영역을 확대하는 방향으로 전개되어 왔다. 그러나 중요사항유보설은 확대지향이 아니라 중요사항인가 아닌가라는 방식을 채택하여, **문제를 해결하는 관점을 변경하였다**. 그리하여 이 학설은 ① (전통적인 침해유보설을 폐기하는 것이 아니라 이것을 그대로 계승하면서 법률의 유보범위를 확대하고 구체화하므로) 법률유보론의 기본권 보장적 기능을 유지하면서도, ② 본질적인 것이 무엇인가에 대한 판단을 사안별로 진행함으로써 의회와 행정 간의 적절한 기능 및 권한분배가 가능하도록 조율한다. 또한 ③ "중요사항유보설의 적용영역은 원칙적으로 국가－시민의 관계에 국한되어 있지만, 행정조직에 대한 규율, 특히 권한(Zuständigkeit)에 관한 규정이 시민의 (기본권과) 관련되는 한에서는 조직영역에서도 법률유보를 지지하는 논거로서 적용될 수 있다."[61] 예컨대 대학 총학장의 선출방식, 대학평의회의 권한 등 공법인으로서의 대학의 의사결정구조를 어떻게 할 것인가? 이것은 1차적으로는 조직규범의 문제이지만 교수의 학문의 자유, 학생의 교육의 자유와 밀접히 관련될 수밖에 없으므로, 이러한 사항도 중요사항으로서 법률로 유보되어야 한다고 말한다. ④ 앞에서 계속 언급한 규율의 밀도와 관련해서도 규율될 사항의 중요성에 따라 달리 취급한다. 이 이론을 '개발하고' 명칭까지 붙인 독일 연방헌법재판소는 '중요하다는 것'은 "기본권 실현을 위해 중요한 것/불가결한 것"을 말한다고 반복해서 설시해왔다.[62] 동 법원은 '**기본권 실현에 중요한**'의 의미를 밝히기 위해 기본권담지자인 개별 시민의 이익을 중심에 놓지만, 때로는 그 이익과도 대립하는 일반의 이익도 고려한다. 따라서 "중요사항"이라는 개념은 확정적이지 않은, 일종의 슬라이드공식(Gleitformel)에 해당한다고 하며, 규율될 사항이 중요하면 중요할수록 규율밀도는 높아져야 한다고 본다.[63]

우리 학계도 이 학설을 전폭적으로 수용하였다. 실무에서는 헌법재판소가 먼저 이 견해를 수용했고,[64] 대법원도 이를 따르고 있다.[65] 법원이라고 해서 이런 견해를 배

---

60) 법률의 유보와 의회유보의 차이에 대해서는 더공부해보기/생각해보기/토론하기 2번을 참고할 것.

61) Maurer/Waldhoff, 600쪽(21장 66번).

62) Maurer/Waldhoff, 132쪽(6장 12번)

63) Maurer/Waldhoff, 133쪽(6장 14번).

척할 이유는 없기 때문이다. 이 학설에 입각한다면 법원은 각 행정분야의 내용 및 기능과 국민의 기본권 관련성을 고려하되, 무엇이 중요한 사항인가에 대한 개별·구체적인 판단을 통해 법률의 근거 없이 활동하는 행정의 손을 들어 주거나 혹은 법률의 근거 없는 행정활동의 위법성을 주장하는 상대방의 손을 들어 줌으로써 법해석자로서의 자신들의 권위를 부각시킬 수 있을 것이기 때문이다.[66)]

【판례】 대법원 2020. 9. 3. 선고 2016두32992 전원합의체 판결 [법외노조통보처분취소]

오늘날의 법률유보원칙은 단순히 행정작용이 법률에 근거를 두기만 하면 충분한 것이 아니라, 국가공동체와 그 구성원에게 기본적이고도 중요한 의미를 갖는 영역, 특히 **국민의 기본권 실현에 관련된 영역에 있어서는 행정에 맡길 것이 아니고 국민의 대표자인 입법자 스스로 그 본질적 사항에 대하여 결정하여야 한다**는 요구, 즉 의회유보원칙까지 내포하는 것으로 이해되고 있다. 여기서 어떠한 사안이 국회가 형식적 법률로 스스로 규정하여야 하는 본질적 사항에 해당되는지는, 구체적 사례에서 관련된 이익 내지 가치의 중요성, 규제 또는 침해의 정도와 방법 등을 고려하여 개별적으로 결정하여야 하지만, 규율대상이 국민의 기본권과 관련한 중요성을 가질수록 그리고 그에 관한 공개적 토론의 필요성 또는 상충하는 이익 사이의 조정 필요성이 클수록, 그것이 국회의 법률에 의하여 직접 규율될 필요성은 더 증대된다. 따라서 국민의 권리·의무에 관한 기본적이고 본질적인 사항은 국회가 정하여야 하고, 헌법상 보장된 국민의 자유나 권리를 제한할 때에는 적어도 그 제한의 본질적인 사항에 관하여 국회가 법률로써 스스로 규율하여야 한다.

법률의 유보원칙의 적용범위에 관한 학설 중에는 일본 행정법학자들이 주장한 권력행정유보설도 있다. 이 학설은 행정활동이 침해적인가 수익적인가를 불문하고 행정권이 '권력적'으로 국민의 권리·의무에 대해 결정하는 한 법률의 근거가 필요하다고 본다. 행정법에서 권력적이라는 말은 행정이 국민의 위에 서서 일방적으로 결정한다는 의미이다. 국민연금에 가입하라는 결정을 생각해 보자. 국민연금에 가입하면 나중에 사회보장 혜택을 볼 수 있다. 따라서 그 결정 자체를 반드시 침익적이라고 볼 수는 없다. 그러나 의무가입대상자인 상대방은 좋든 싫든 무조건 행정의 결정을

---

64) 헌법재판소 1999. 5. 27. 선고 98헌바70 결정.

65) 대법원 2020. 9. 3. 선고 2016두32992 전원합의체 판결.

66) Heiko Faber, *Verwaltungsrecht*, 44쪽 참고.

따라야 한다(「국민연금법」 제6조 이하 참조). 공법상 계약과 같이 합의 혹은 협상을 통한 법률관계의 형성도 가능하지만, 대체로 행정은 일방적으로 위와 같은 결정을 한다. 이런 경우를 권력적이라고 하며, 그러한 행정활동에는 반드시 법률의 근거가 필요하다는 학설이 권력행정유보설이다.

8.2.3. 특별권력관계론의 해체

법률의 유보원칙의 적용범위와 관련하여 논쟁이 되어 온 개별 영역이 많이 있지만 그 중에서도 중요한 것이 바로 일반권력관계와 대비되는 특별권력관계이다. 독일에서 특별권력관계에 대한 비판은 2차 대전 이후 곧바로 제기되었고,[67] 1972년의 연방헌법재판소의 판결은 특별권력관계론의 해체를 향한 결정적인 쐐기를 박았다.[68] 동 재판소에 따르면 기본권에 관련된 모든 사항(기본권을 직접 침해하는 경우, 행정의 상대방에게 수익과 부담을 동시에 주는 경우, 행정의 상대방에게는 수익을 부여하고 제3자에게는 부담을 주는 경우)에는 예외 없이 법률의 유보원칙이 적용된다. 특히 종래 법치주의와 기본권의 적용이 배제되고 있던 특별권력관계에도 법률의 유보가 관철되어야 한다고 보았다('수용자 판결').

> 【판례】 기본법 제1조 제3항은 기본권이 입법, 집행, 사법을 직접 구속한다고 선언하고 있다. 그런데 만약 형집행의 과정에서 기본권이 자의적으로 혹은 재량에 따라 제한될 수 있다고 한다면 국가권력은 기본권에 의해 구속된다는 이념과 맞지 않게 된다. 기본권제한은 그 제한이 기본법의 가치질서에 부합하는 공동체적 목적의 실현을 위해 불가피하고, 또한 이 제한이 헌법이 예정한 형식에 맞게 이루어질 때에만 이루어질 수 있다. 즉, 수용자의 기본권은 오직 법률에 의해서만 혹은 법률에 근거해서만(durch oder aufgrund eines Gesetzes) 제한될 수 있다.[69]

특별권력관계라는 말을 오늘날 우리가 이해하는 뜻으로 만들어 낸 사람은 라반트

---

67) 1956년 국법학자대회에서 울레의 발표(Ule, VVDStRL 15, 1957, 133쪽), 그리고 1964년 국법학자대회에서 학교와 관련하여 에버스(Evers)와 푸스(Fuß)가 한 발표 및 토론. VVDStRL 23, 1966.

68) Maurer/Waldhoff, 198쪽(8장 31번). 우리나라에서도 특별권력관계 부정론이 1960년 초부터 나왔다. 그동안 특별권력관계를 특별행정법관계로 바꾸어 부르고 조금 다르게 이해하는 방식 등으로 이런 '권력관계'의 명맥을 유지해왔으나 오늘날에는 부정론이 대세가 되고 있다. 김철용, 2024, 83-84쪽.

69) BVerfGE 33, 1(18).

와 오토 마이어였다. 제3장에서 행정행위의 개념에 대해서 간단히 살펴본 일이 있다(3.2.1.). 그때 행정행위의 개념요소 중에 "외부에 대한 직접적인 법적 효력"이라는 부분이 중요하다는 것을 지적한 바 있다. 오토 마이어는 어떠한 행정작용은 외부에 대해 아무런 법적 효력을 미치지 않는다고 하며, 특별권력관계 내부에서의 행정작용을 그 대표적인 예로 들었다. 그가 생각한 특별권력관계 영역은 군대, 공무원, 학교 그리고 수용시설 등이었다. 이러한 영역에서는 행정의 법률적합성의 원칙이 통하지 않으며, 기본권은 정지되고, 모든 것이 행정내부의 규정에 의해 규율되며, 처분에 대한 법원의 심사는 허용되지 않는다.

오토 마이어의 특별권력관계론은 기본법이 제정된 1949년 이후 구시대의 유물이 되었다. 그러한 논리는 법치국가원리, 기본권의 직접적 효력(기본법 제1조 제3항), 그리고 공권력에 의해 권리가 침해되었다고 다투는 자는 어떤 경우에도 소송상의 구제수단을 보장받는다고 규정한 독일 기본법 제19조 제4항에 정면으로 배치되기 때문이다. 그럼에도 불구하고 독일의 행정법원들은 앞에서 본 연방헌법재판소의 판결이 내려진 1972년까지 20년 넘게 특별권력관계론에 따른 판단을 고수해왔다. 그러나 수용자 판결을 계기로 기존의 특별권력관계들은 제복 입은 시민(군인), 이동의 자유가 제한되는 시민(수용자), 책가방을 멘 시민(학생), 관공서에서 근무하는 시민(공무원)과 국가의 관계로 전환되기 시작했다. 그에 맞춰 법원의 통제에서 배제되던 기존의 공무원 관계 등은 이제 사법심사의 대상이 되고 있다.

【사례】 육군3사관학교 학칙의 하위문서인 '사관생도 행정예규' 제12조에 의하면 "생도는 음주를 할 수 없다. 단, 부득이한 부모님 상/기일 등으로 본인이 음주를 하여야 할 경우 훈육대장의 승인을 받아야 한다"라고 규정하고 있다(금주조항). 이 금주조항은 법률의 유보원칙에 따를 때 어떠한 문제점이 있는가?[70]

수용자 판결은 법률의 유보원리에서의 중요한 돌파구였고, 곧바로 학교영역에 영향을 미쳤다. 그리고 그 곳에서 중요사항유보설이라는 새로운 흐름이 만들어졌다.[71]

---

70) 대법원 2018. 8. 30. 선고 2016두60591 판결.

71) Maurer/Waldhoff, 139쪽(6장 24번).

8.2.4. 학교행정영역에서의 법률유보의 확대

1972년에 독일 연방헌법재판소는 수용자 판결에 이어 또 하나의 중요 판결을 내놓았다. 이른바 '대학입학정원'(numerus clausus) 판결이다.[72] 우리나라와 달리 대학이 대부분 주립대학인 독일에서 대학행정은 전형적인 급부행정으로 이해되어 왔다. 대학교육은 무상이며, 이를 위해 필요한 재원은 국가와 각 주가 분담하고 있다. 우리와 마찬가지로 인기 학과는 있기 마련인데, 1960년대의 경우 의과대학에 많은 지원자가 몰렸다. 그래서 함부르크주에서는 능력원칙에 따라 60%를 뽑고 연공(年功)원칙에 따라 40%를 뽑는 식으로 정원제한을 했고, 바이에른주에서는 바이에른주 출신 학생을 우대하는 기준을 세우기도 했다. 이 주들은 의과대학의 입학자격기준 선정을 대학당국과 주교육부장관에게 각각 맡기고 있었는데, 이러한 사항을 규정한 주대학법이 각각 함부르크 주행정법원과 바이에른 주행정법원에 의해 연방헌법재판소에 위헌제청되었다. 이미 지적한 것처럼 독일의 경우 대학교육이 사실상 국가(연방과 주)에 의해 독점되어 있다. 이런 상황에서는 교육시설에 참여(Teilhabe)하는 것이 의사라는 직업의 전제조건이 될 수밖에 없는데, 의과대학입학이 거부된 자에게는 의사가 될 길이 달리 없어 직업의 자유를 침해당한 것이 된다. 그런데도 이런 법적 효과의 발생이 급부행정이라는 이유로 법적 근거도 없이 이루어지는 것은 헌법에 위반되는 것이 아니냐 하는 것이 위헌제청이유였다.

연방헌법재판소는 다음과 같이 판시하였다. 대학입학의 경우에도 법률의 유보원칙이 그대로 적용되며, 따라서 기본권의 제한은 법률에 근거해서만 이루어질 수 있다. 함부르크 주대학법은 정원제한의 가능성을 일반적으로 규정하고 있기는 하지만, 그 구체적인 사항에 대해서는 전혀 규율하고 있지 않다. 그 대신 어떤 기준으로 학생을 선발할 것인지를 대학당국에 전적으로 위임하고 있는데, 이는 위헌이다. 입법자가 모든 개별 사항을 규율해야 하는 것은 아니지만 본질적인 사항, 중요한 사항만큼은 그가 규율해야 한다. **어떤 기준으로 학생을 선발할 것인지에 대한 아주 기본적인 지침**이 그러한 중요사항에 해당된다. 그래서 대학입학자격시험(Abitur) 점수가 중요한 기준인지, 아니면 다른 어떤 기준들이 중요한지, 아니면 아주 단순하게 추첨으로 학생을 선발할지에 대해 입법자가 그 방침을 설정해 주어야 한다는 것이다. 이렇게 해서 중요사항유보설(본질성설)이 탄생했다. 이 판결은 이후 특별권력관계의 영역, 특히 학교영역에서 행

72) BVerfGE 33, 303.

정은 어떠한 자유로운 활동여지를 갖는가라는 질문에 대해서도 일종의 지침이 되었다.

87년 민주화 이후의 우리나라와 유사하게 독일에서는 68혁명의 영향으로 1970년대에 학교 민주화 운동이 활발했다. 그 한 내용이 전통적으로 교육부장관과 교육감 그리고 학교장의 자율적인 명령·징계권의 대상이었던 학교행정을 법률로 통제하는 것이었다. 운동의 결과 교육내용 및 교육목표, 교과목록, 학교의 조직상 기본구조(학교종류, 교육과정, 학부모와 학생의 공동결정권 등), 학생의 법적 지위(입학, 정학, 시험, 유급 등) 및 징계조치 등이 법률로 규율해야 할 중요사항으로 널리 포섭되기에 이르렀다. 실제로 판례가 인정한 중요사항에는 징계조치로서의 정학, 학업능력에 따른 퇴학, 성교육수업의 확정(도입·시행), 필수외국어과목의 확정, 학교 내에서의 정치광고 등이 있다.[73] 물론 자세한 사항은 행정에 위임할 수 있다.

【사례】 공립고등학교 학생 S는 학교 내부의 사정을 비판적으로 묘사한 학생신문을 만들었다. 교장이 학생신문의 발간을 금지하였다. S는 이 금지가 적법한지 알고자 한다. 조치의 적법성은 당해 금지가 형식적 법률 혹은 형식적 법률에 근거하여 발령된 법규명령에 기초해 있고, 나아가 기본법 제5조 제1항(표현의 자유 등)에 합치할 때에만 인정된다. 당해 금지는 행정법원에 의해 심사될 수 있다(기본법 제19조 제4항).[74]

연방헌법재판소에서 다투어진 또 다른 교육 관련 사례는 이른바 '성교육수업 사건'이다. 이번에도 함부르크주가 관련되었다.[75] 사안을 간단히 소개하면 다음과 같다. 공립학교에 성교육수업을 도입·시행하는 문제와 관련하여 위헌법률심판이 제청되었다. 위헌법률심판의 대상은 함부르크주 학교법(1966년)과 교육내용 및 목표의 설정을 관할관청에 위임한 함부르크주 학교기본법(1973년)상의 두 조항이었다. 1968년의 (각주 문화부장관들의 회의체인) 문화부장관회의의 권고사항에 따라 1970년에 함부르크주 교육청은 학교에서의 성교육수업에 관한 지침을 내려보냈다. 그 지침에는 인간의 생식과 관련된 지식을 전달하는 수업에 대한 보충으로 성교육수업을 일종의 통합교과목으로 시행해야 한다고 되어 있었다. 이에 연방헌법재판소는 함부르크주 학교법의 규정이 성교

73) Maurer/Waldhoff, 141쪽(6장 27번).

74) Maurer/Waldhoff, 199쪽(8장 32번).

75) 그 밖에 헌법소원도 3개가 제기되어 이들이 병합 심리되었다. 헌법소원은 바덴-뷔르템베르크주의 한 학교에 다니는 학생의 부모가 자기 자식에게는 성교육을 시키지 말아 달라고 법원에 청구했으나 거부당하자 이에 불복한 것이었다. 헌법소원은 각하되었다.

육수업의 도입을 교육청의 지침에 맡기도록 하는 한 위헌이라고 선언했다.[76]

이 사안에서도 연방헌법재판소는 성교육수업이 교육부나 교육청 등 학교당국의 명령만으로 도입될 수 없으며 의회법률이 필요하다고 했는데, 그 이유는 성교육수업이 부모의 교육권을 본질적으로 침해하기 때문이라고 했다. 동 법원은 그러면서 여자와 남자의 생리가 아니라, 성과 관련하여 여자와 남자 간에 일어날 수 있는 일 혹은 동성 간에 일어날 수 있는 일이 교실에서 가르쳐진다면 이는 교육과 관련한 본질적인 사항을 건드린다고 보았다. 이런 것을 설명하는 데 일정한 윤리적 평가가 빠질 수 없는데, 그것을 부모의 동의 없이 그리고 의회의 결정 없이 실시할 수는 없다고 평가했기 때문이다.[77]

지금으로부터 약 50년 전인 1977년에 나온 이 판결은 현재의 '학교수업'에도 중요한 지침을 제시한다. 특히 교육종사자들도 AI수업보다도 페미니즘수업이 더 절실하다고 얘기하는 현실에서, 성교육수업의 실시는 교육법령의 문제를 넘어 민주공화국의 시민교육과 학습권이라는 헌법적 쟁점으로 다루어야 할 사항이라고 하겠다. 한편, 수학능력시험의 출제방향을 대통령의 말 한마디('킬러문항배제')에 바꾸어버리는 행태도 결국은 "입학전형 자료로 활용하기" 위한 "시험"을 대통령령으로 정하도록 한 「고등교육법」 제34조 제3항과 연결된다. 이런 '백지위임'이 중요사항유보설의 관점에서 허용될 수 있는지도 아울러 검토가 필요하다.

더공부해보기/생각해보기/토론하기

1. '법률유보'와 '법률의 유보'는 같은 개념인가? 법률의 유보와 헌법 제37조 제2항은 어떤 관계가 있는가? 또한 헌법 제37조 제2항의 조문을 꼼꼼하게 읽고 그 문제점을 「국가보안법」 및 「지방자치법」 제28조 제1항 단서와 관련해서도 검토해보자.

먼저 헌법(학)에서 말하는 법률유보(Gesetzesvorbehalt)와 행정법(학)에서 말하

76) BVerfGE 47, 46.

77) Uwe Wesel, Fast alles, was recht ist: Jura für Nichtjuristen, 271쪽. 또한 독일의 학교법 사안에 관한 전반적인 검토로는 다음을 참고할 것. 최정일, "학교관계와 법률유보 - 독일의 경우를 중심으로 - ", 토지공법연구 제66집, 2014, 455-494쪽.

는 법률의 유보(Vorbehalt des Gesetzes)가 같은 개념인지 아닌지부터 생각해보자. 혹자는 법률유보와 법률의 유보는 다른 개념 혹은 용어라고 설명하기도 한다.[78] 그러나 행정법교과서도 과거 법률의 유보라고 하던 것을 그냥 법률유보라고 표기하는 예가 적지 않다.[79] 반면, 독일에서는 굳이 Gesetzesvorbehalt와 Vorbehalt des Gesetzes를 구분한다. 전자는 헌법에 이미 구현되어 있지만 후자는 행정법 영역에서 발전한 불문의 법치국가원칙으로 본다. 양자는 성격이 다르므로 혼동해서는 안 된다고 설명한다.[80] 전자는 개개의 기본권에 부가되며, 어떤 조건 하에서 당해 기본권이 법률에 의해 제한될 수 있는가를 지시한다(이른바 개별적 법률유보). 반면 후자는 기본권 이론으로 설명하자면 일종의 일반적 법률유보에 해당한다. 그런데 독일 헌법에는 후자가 없으므로 오토 마이어가 주장하고 정리한 – 19세기 독일의 입헌군주제에서 유래하는 **특수 독일적 법 원칙**인[81] – Vorbehalt des Gesetzes, 즉 법률의 유보가 일종의 불문법처럼 후자의 역할을 (부분적으로) 수행하면서 여전히 유용한 원칙처럼 '대접'받고 있다. 일본의 상황도 유사하다.

그렇다면 우리도 똑같이 양자를 구분해야 한다고 말해야 할까? 필자는 아니라고 생각한다. 왜냐하면 한국 헌법에는 독일이나 일본국 헌법에는 없는 제37조 제2항이 있기 때문이다. "국민의 모든 자유와 권리는 국가안전보장·질서유지 또는 공공복리를 위하여 필요한 경우에 한하여 법률로써 제한할 수 있으며, 제한하는 경우에도 자유와 권리의 본질적인 내용을 침해할 수 없다." 이것을 일반적 법률유보 조항이라고 한다. 이 조항은 오토 마이어가 말한 침해유보설을 이미 충분히 커버한다. 따라서 현행 헌법 하에서는 별도로 '법률의 유보'라는 개념을 인정할 필요가 없다. 아니면 헌법 제37조 제2항을 삭제해야 한다. 둘 중에 하나만 있으면 된다.

일본이나 독일 공법학의 상황은 다르다. 그에 따르면 헌법에서 말하는 법률유보는 개별적 법률유보를 지칭하는 것으로 이해되고 있다. 현행 헌법 제37조 제2항과 같은 조항 대신에 일본국 헌법이나 독일 헌법에는 각각 "모든 국민은 개인으로서 존중된다. 생명, 자유 및 행복 추구에 대한 국민의 권리에 관해서는 공공의 복지에 반하지 않는 한 입법 기타 국정상 최대의 존중을 필요로 한다"[82]는 조항이나 "누구든지 타인의 권리를 침해하지 않고 헌법질서나 도덕률에 반하지 않는 한, 자신의 인격을 자유로이 발현할 권리를 갖는다."[83]는 조항만 존재하기 때문이다. 반면, 법률의 유

---

78) 홍정선, 행정법원론(상), 박영사, 2011, 52쪽 각주 2번 참고.

79) 예컨대 김유환, 2024, 19쪽.

80) Ekkehart Stein, *Staatsrecht*, 166쪽.

81) Ekkehart Stein, *Staatsrecht*, 9. Aufl., 1984, 13쪽 참고. 15판(1995)에서는 이 부분이 삭제되어 있다.

82) 일본국 헌법 제13조.

83) 독일 기본법 제2조 제1항.

보는 헌법에 개별적 법률유보 규정이 없어도 법률로/법률에 의하여(durch Gesetz) 또는 법률에 근거하여(aufgrund eines Gesetzes) 국민의 자유 · 재산을 침해할 수 있다는 의미로 이해된다. 따라서 일본과 독일에서는 행정법에서 말하는 법률의 유보와 헌법상의 법률유보가 동일한 개념이 아니다. 그렇다면 독일과 일본에서 양자를 다르게 보고 있으니 우리도 그렇게 해석해야 하는 것일까? 만약 이를 긍정한다면 나는 헌법 제37조 제2항을 개정해야 한다고 생각한다. 사실 위 조항이 없어도 우리도 독일 공법학이 발전시켜온 법률의 유보 개념에 의거하여 국민의 "국민의 모든 자유와 권리"는 "**법률로써**"(법률에 의하여+법률에 근거하여) 제한할 수 있다. 그런데 굳이 제37조 제2항을 둘 필요가 있을까?

게다가 이 조문을 꼼꼼히 읽어보면 또 다른 문제를 발견할 수 있다. 국순옥 교수는 제37조 제2항의 기본권 제한 사유 중 "국가안전보장"을 특히 문제삼는다. 국가안전보장은 국가의 존립목적이며 당연히 전제되어 있는 사유인데 이를 헌법에 명문으로 집어넣어 기본권 제한사유로 삼으면 사실상 기본권은 남아나지 않는다고 보기 때문이다. 국민의 모든 자유와 권리를 질서유지, 공공복리를 위하여 필요한 경우에 한하여 법률로써 제한할 수 있어야 한다. 그러나 국가안전보장을 위해서도 기본권을 당연히 제한할 수 있다고 말해도 되는가? 아직도 폐지되지 않고 남아 있는 국가보안법을 생각해보라.

나아가 헌법 제37조 제2항은 앞서도 보았듯이(6.1.2.) 「지방자치법」 제28조 제1항 단서의 위헌논의를 차단하는 중요한 논거로 동원되기도 한다. 지방자치에서 본질적인 부분이 자치입법권이다. 그 자치권을 부정하거나 제약하는데 동원되는 논리가 헌법 제37조 제2항이라면 이 조항의 폐지 혹은 개정을 진지하게 고민해보아야 한다.

2. 우리의 일상을 강제하는 국가행정 중에는 반드시 법률의 근거가 있어야 할 것으로 보이지만, 아직까지 법률 없이 행해지는 것들이 여전히 많다. 신원조사제도, 성별정정 법원실무의 예를 통해 이 문제를 부각해보자. 또한 많은 비판과 권고에도 불구하고 이 사안들의 법률적 근거가 만들어지지 않는 이유도 아울러 생각해보자.

1. 먼저 신원조사제도이다. 공무원 임용과 관련한 신원조사는 국가안전과 관련된 인사보안 정보활동이다. 이런 조사는 과거나 지금이나 국민의 기본권과 관련하여 아주 중요했지만, 오늘날에는 그 중요성이 더욱더 커졌다. 이런 제도를 시행하는 것이 민주주의적 법치국가원리에 맞는가 하는 근본적인 의문을 가져야 한다. 또한 제도의 시행을 잠정적으로 인정한다고 하더라도, 신원조사와 관련한 중요사항은 반드시 법률로 정해야 하는 것 아닌가 하는 문제의식을 가져야 한다. 현재 이 제도의 운용실

태를 보면 법률에서 주요한 내용을 정하고 있지 않고 대통령령인 「보안업무규정」과 대통령훈령인 「보안업무규정 시행규칙」이 이를 정하고 있을 뿐이다.

국가정보원이 실시하는 신원조사와 관련하여 국가인권위원회는 2005과 2018년, 두 번에 걸쳐 국회의장, 국정원장, 행정자치부장관 등에게 관련 법령의 개선을 권고하였다. 국회는 2018년 2월 신원조사기본법안을 발의하였으나, 동법안은 21대 국회의 임기만료로 자동 폐기되었다.

참고로 **국가인권위원회의 '보안업무규정에 따른 신원조사제도 개선 권고**'(2005년)는 국회의장 및 국가정보원장에게 다음과 같은 사항을 권고했다. ① 신원조사에 대한 명확한 법률적 근거를 마련하되, ② 국가안전보장 등을 위해 꼭 필요한 사람들에 대해서만 신원조사를 실시하도록 조사대상자를 한정하고, ③ 조사항목 또한 조사의 목적을 위해 일반적 예측 및 객관적 판단이 가능하도록 조정하며, ④ 배후사상관계 등 연좌제 금지에 위반되는 항목은 삭제하여야 한다. 또한 국회의장 및 행정자치부 장관에게 신원조사대상자의 열람권 및 정정청구권 등이 보장되도록 「공공기관의 개인정보보호에 관한 법률」 제3조 제2항을 개정할 것.

2. 다음은 성별정정 관련 법원의 실무이다. 이와 관련해서도 아직까지 법률적 근거는 마련되지 않았다. 그런데 일부 법원에서는 대법원 예규인 '성전환자의 성별정정 허가신청사건 등 사무처리지침'(이하 사무처리지침이라 함)에 따라 성별정정 신청인에게 성확정(성전환) 수술을 받았음을 증명하는 서류제출을 요구해왔다. 대법원의 성별정정 허가 기준은 그간 3차례의 전원합의체 결정을 거쳐 변화해왔다. 특히 제3차에 해당하는 '대법원 2022. 11. 24.자 2020스616 전원합의체 결정'에서는 성전환 수술을 언급하지 않고, 외부성기 성형이 꼭 필요하다고 전제하지도 않는다. 성별정정 업무와 관련한 대법원의 해석이 바뀐 이상, 대법원 예규는 성별정정 허가를 결정하는 기준으로서 더 이상 타당하지 않으므로 대법원은 위 예규를 폐지하고 새로운 기준을 만들어야 할 것이다. 나아가 "법률이 아닌 사무처리지침이 기본권 제한 기준으로 작용하는 건 법률유보원칙에(도) 반하므로"[84] 국회는 관련 법률을 제정해야 한다.

3. 그런데 위 신원조사제도나 성별정정 관련 법원 실무의 규범적 근거로서 법률이 만들어지지 않는 이유는 무엇일까? 하나는 국가안보와 관련된 사안이고, 다른 하나는 이른바 '문화투쟁/인정투쟁'과 관련된 사안이다. 이 두 영역에 가급적 개입하지 않으려는 국회입법자의 소극적 태도가 법률제정의 지체를 가져오고 있는 것이 아닌가라는 평가를 해본다.

84) 청주지방법원 영동지원 신윤주 판사, 2024. 4. 3.자 2023호기1034, 2023호기1037 결정.

3. 독일에서 1972년에 '수용자 판결'이 나오게 된 과정을 살펴보고, 현행 독일의 행형법과 교도소 행정에 대해 알아보자.

1. 지금으로부터 약 60년 전인 1967년 독일의 '첼레'라는 도시에서 이야기는 시작된다. 첼레 교도소의 간수장이 수용자들의 편지를 통제하고 있었는데, 어느 날 그는 한 통의 편지를 읽고, 그 편지를 발송하지 않기로 결정했다. 수용자인 P씨는 하노버에 있는 수용자 지원단체에 보내는 편지에서 교도소장을 경멸하는 말과 교도소장의 교체이유를 나열하였고, 성탄절 선물이 담긴 소포를 착복한 교도관들의 행태를 고발하고 있었다. 그 밖에 교도소장 이임식에서의 니더작센주 검찰총장의 훈시내용도 포함되어 있었다.

교도소 당국은 편지 내용이 교도관들의 명예를 훼손하고 있으며, 수용자 개인과는 관련이 없는 교도소 내 일들을 담고 있다는 이유를 들어 편지 발송을 보류했다. P씨는 니더작센주 검찰총장에게 이의신청을 하고 주(州) 행정법원에 행정소송을 제기했으나 둘 다 패소했다. 그래서 마지막으로 연방헌법재판소에 헌법소원을 제기하였다. 여기서 그는 승소했으며, 니더작센주 행정법원의 결정은 파기되었다. 연방헌법재판소는 편지를 발송하지 않은 것이 헌법상 표현의 자유를 침해했다고 판단했다.

니더작센주 행정법원의 결정이유는 다음과 같았다. P씨는 형사구금시설의 수용자이고, 따라서 기본권의 행사가 자동적으로 제한 또는 완전 정지된다. 이런 결론은 구금형의 목적과 수용소 관계의 본질상 당연한 것이다. 따라서 교도소측은 수용자의 편지를 통제, 즉 검열한 뒤 그것이 수용소 내 안전과 질서에 위반된다고 생각되는 경우에는 이를 압류할 권한이 있다. 이러한 업무의 처리를 위해 주 법무부장관이 발령한 근무규칙(Dienstanordnung)이 있다. 이 직무명령에 따라 교도소장은 일을 처리했으므로 그는 합법적으로 편지를 검열·압류한 것이다. 그러나 연방헌법재판소의 견해는 달랐다. 독일 헌법 제104조가 구금형을 인정하고 있으므로 수용시설 내에서는 이전의 자유가 제한될 수 있다. 그러나 이 규정이 있다고 해서 수용자의 다른 기본권들의 제한을 당연한 것으로 보아서는 안 된다. 모든 국민에게 적용되는 원칙, 즉 기본권은 제한될 수 있으나 오직 법률로써만 제한될 수 있다는 원칙을 여기서도 지켜야 한다. 이것이 바로 법률의 유보원칙이다. 물론 수용자의 표현의 자유를 제한하고 그들의 편지를 압류시킬 수 있는 사유들도 있을 수 있다. 탈옥과 관련된 사안들이 그 예이다. 그 경우에도 법률로 그 사유를 직접 정하거나 아니면 적어도 법률에 그 근거가 있어야 한다는 점은 변함이 없다. 그러나 당시에는 현재와 같은 행형법(Strafvollzugsgesetz)이 없었다.[85] 그러므로 법률의 근거 없이 장관이 발령한 근무규칙만으로는 수용자의

85) 정식명칭은 Gesetz über den Vollzug der Freiheitsstrafe und der freiheitsentziehenden Maßregeln der Besserung und Sicherung, 즉 자유형 및 자유박탈을 수반하는 개선 및 보안

통신의 자유를 제한할 수 없다는 것이다.

결국 P씨의 편지는 하노버에 있는 지원단체에 늦었지만 전달되었고, 연방헌법재판소의 판결이 있은 후 5년 뒤 연방의회는 행형법을 제정했다. 그래서 이제는 수용자의 기본권제한의 사유 등 모든 중요 사항이 법률에 규정되어 있다.

2. 독일 연방행형법의 기본원칙은 존엄성 원칙, 동일화 원칙(Angleichungsgrundsatz)이다. 이 중에서 위 사례와 밀접하게 연결되는 것이 바로 동일화 원칙이다.[86] 연방행형법 제3조 제1항은 "교정(矯正)생활은 가능한 한 보편적 생활상태와 같게끔 조율되어야 한다"(Das Leben im Vollzug soll **den allgemeinen Lebensverhältnissen** soweit als möglich angeglichen werden)고 규정한다. 이 원칙에 정확히 반대되는 원칙이 바로 열등처우 원칙이다. 열등처우 원칙(the principle of the less eligibility)은 일부 국가의 교정문화에 의식적·무의식적으로 여전히 산재해 있으므로, 동일화 원칙은 중대한 실천적 의미가 있다. 그 의미를 살려 1972년 연방헌법재판소는 교도소 수용자니까 편지도 함부로 쓸 수 없고, 교도소 생활 자체도 철저하게 통제한다는 발상에 맞서 교정시설 내에서 이전의 자유가 제한된다고 해서 이것을 기화로 "다른 기본권들의 제한을 당연한 것으로 보아서는 안 된다. 모든 국민에게 적용되는 원칙, 즉 기본권은 제한될 수 있으나 오직 법률에 근거해서만 제한될 수 있다는 원칙을 여기서도 지켜야 한다"고 말했던 것이다.

'열등처우'는 원래 사회복지의 영역에서 주장되었던 원칙이다. 19세기 당시 국가와 부르주아 시민사회는 (빈민) 노역소(workhouse) 수용자에게 외부사회의 생활수준보다 열등한 처우를 하지 않으면, 최하층 계급이 차라리 노역소 수용을 선택하지 않을까 우려했다.[87] 또한 열등처우 원칙을 교정시설 수용자에게도 적용해야 한다는 주장이 20세기 전반까지만 해도 만만치 않은 지지를 얻고 있었다. 하지만 이에 대해서는 "룸펜이 토굴 속에서 생활한다고 하여 수용자에게 이불을 주지 말라는 법은 없다"는 반론이 제기되었고, 같은 맥락에서 "수용자에게도 칼로리와 영양을 갖춘 식사를 충분히 제공해야 한다"는 주장이 점차 설득력을 얻었다. 이런 대립은 「UN 피구금자 처우에 관한 최저기준규칙」(1955년)이나 위 규칙 이후 제정된 「유럽교정시설규칙」이 동일화 원칙을 선언함으로써 후자 쪽에 무게가 실리는 쪽으로 해소되었다.

처분의 집행에 관한 법률이다. 줄여서 행형법(Strafvollzugsgesetz)이라고 한다. 이 독일 법률에 대응하는 현행법률은 「형의 집행 및 수용자의 처우에 관한 법률」이다.

86) Angleichungsgrundsatz를 형사정책학자들은 '정상성의 원칙'이라고 번역하기도 한다. 김형주, "핀란드에서 구금 방식의 전환과 함의 – 1975년–2015년, 감옥법 개정을 중심으로–", 형사정책 제31권 1호, 2019, 259, 271쪽.

87) workhouse는 흔히 구빈원이라고 번역되지만 실질은 빈민감옥이다.

교정시설 수용자에게 외부사회의 생활수준에 근접한 생활여건을 제공해야 하는 근거로 다음의 두 가지가 거론되었다. 첫째, 교정시설 수용은 그 자체가 형벌이고 제재이므로, 수용 외의 추가적 생활처우가 또 다른 징벌로 기능해서는 안 된다. 둘째, 수용자의 사회복귀를 준비하려면 교정시설 내 생활이 외부사회의 생활과 유사해야 한다. 전자가 동일화 원칙의 규범적 근거라면 후자는 동 원칙의 목적론적 근거라고 할 수 있다.[88] 1972년 연방헌법재판소의 수용자 판결은 이러한 국제규범의 영향도 받은 것으로 평가할 수 있다.

4. 본문에서는 '법원은 무엇이 중요한 사항인가에 대한 개별·구체적인 판단을 통해 행정의 손을 들어 주거나 아니면 상대방의 손을 들어 줌으로써 법해석자로서의 자신들의 권위를 부각시킬 수 있으므로' 중요사항유보설을 지지한다고 설명했다. 실제로 그러한가? 그렇다면 중요사항유보설은 법원에게 너무 많은 권한을 부여하는 이론이 아닐까? 중요사항유보설의 장단점에 관해 토론해보자.

1. 중요사항유보설을 비판하는 이들은 실제로 이 학설이 지나치게 일반적이고 불명확하다는 점을 지적한다. 그러나 본문에서도 밝혔듯이, "전통적인 침해유보설을 폐기하는 것이 아니라 이것을 그대로 계승하면서 법률의 유보범위를 확대하고 구체화하므로,"[89] 이런 비판은 과도한 측면이 있다. 그럼에도 불구하고 "기본권 실현을 위해 중요한 것"이 무엇인가 하는 점을 판단함에 있어 법원의 판단여지가 넓은 것은 부인할 수 없다.

중요사항유보설의 관점이 독일 연방헌법재판소에 의해 막 제시되고 있던 때 나왔던 '칼카르 판결'[90](1978)이 이 점을 잘 보여준다. 독일 연방정부는 네덜란드 접경지인 노르트라인-베스트팔렌주의 칼카르(Kalkar) 지역에 원자로의 형태를 '고속 증식로(增殖爐)'로 하는 원자력발전소 건설에 대한 제1차 부분허가를 해주었다. 인근주민들은 이 발전소가 새로운 형태의 원자력발전소이므로 어떤 위험을 발생시킬지 모른다고 항의하면서 허가에 반대하는 소송을 제기하였다. 그러자 노르트라인-베스트팔렌주 행정법원은 심리를 중단하고 연방헌법재판소에 원자력법 제7조 제1항 및 제2항의 위헌 여부를 제청하였다. 주 행정법원은 이런 형태의 반응기 건설에 대한 허가를 입법자의 명시적 결정과 법률상의 구체적 기준도 없는 상태에서 행정이 마음대로 할 수 있도록 원자력법상의 규정들이 허용하고 있다면, 이들 법규정은 민주주의 원칙과 권력분립 그리고 법치국가원리에 위배된다고 보았다. 그러나 헌법재판소는 위 규정의 위헌성을 부정하였다.

88) 大谷彬矩, 刑務所の生活水準と行刑理論, 日本評論社, 2021, 34쪽.
89) Maurer/Waldhoff, 132쪽(6장 13번).
90) BVerfGE 49, 89ff.

이 판결이 중요사항유보설이 막 등장하던 시기에 선고되었다는 사실을 감안하더라도, 국민의 생명권, 건강권과 관련하여 무엇이 본질적인 사항이고 무엇이 비본질적인 사항인지가 명확하지 않다는 점은 어쨌든 부인하기 힘들다. 그 사이 독일 연방헌법재판소가 양자를 구분할 '적용가능한 기준'(operationable Kriterien)을 개발했다는 말도 아직은 없다.[91)]

나아가 악마는 디테일에 있다는 말도 있다. 비본질적인 것으로 생각해서 행정부가 규율하도록 위임한 것이 사실은 더 '중요'할 수도 있다.[92)] 유럽법이 개별 유연연합 회원국가의 입법에 미치는 영향, 각종 자유무역협정(한미 FTA 등)이 일국 의회의 입법 권한을 '본질적'으로 침해하는 문제도 심각하다. 또한 금융시장 규제에서 일국 의회가 행사할 수 있는 권한의 한계 문제 - 금융당국에 의한 규제 실무에서 중요한 것은 **국제결제은행**(Bank for International Settlement, BIS)의 기준에 따른 **자기자본비율**이고 개별 국민국가의 국회가 정하는 기준이 아니다. 은행법의 핵심개념이 "자기자본"인데 동법은 이를 다음과 같이 정의한다. "자기자본이란 국제결제은행의 기준에 따른 기본자본과 보완자본의 합계액을 말한다"(「은행법」 제2조 제1항 제5호).[93)] 또한 국제회계기준(International Financial Reporting Standards, IFRS)을 앞세워 무디스(Moody's)와 같은 국제대형신용평가사가 행사하는 영향력도 생각해보라. 국제회계기준이란 자본시장 자유화에 따라 국제회계기준위원회(IASC)가 기업의 회계처리와 재무제표에 대한 국제적 통일성을 높이기 위해 마련해 공표하는 회계기준을 말한다. 국제회계기준 또는 국제재무보고기준이라고도 한다.[94)] '자본이 만들어내는' 이런 국제적 가이드라인의 지배는 ESG와 같은 '당의'(糖衣)를 입고 정당화된다 - 등을 생각하면 '본질적인 것'을 의회가 결정한다는 말이 얼마나 허망한지를 실감하게 된다.[95)]

2. 그럼에도 불구하고 일정한 사항은 형식적 법률에 의해서만 결정되어야 한다는 요청이 갖는 의회주의적 - 민주주의적 측면을 완전히 무시할 수는 없다. 어떤 사항을 법률로 규율하자면 의회 내에서 토론도 거쳐야 하고, 늦어도 법률 초안이 제시되는 시점부터는 그 내용이 일반에 공개되어 여론형성의 기회도 갖게 될 것이기 때문이

---

91) Ekkehart Stein, *Staatsrecht*, 167쪽.

92) Heiko Faber, *Verwaltungsrecht*, 44쪽.

93) 국제결제은행(BIS)에 대판 비판으로는 다음을 참고할 것. 아담 레보어, 임수강 옮김, 바젤탑 - 국제결제은행(BIS)의 역사, 금융으로 쌓은 바벨탑, 더늠, 2022.

94) 금융감독원은 2007년 3월 국제회계기준을 의무적으로 도입하도록 하는 '국제회계기준 도입 로드맵'을 발표하였다. 이후 「주식회사 등의 외부감사에 관한 법률」이 개정되어(2009. 2. 3. 법률 제9408호) 의무적용의 법적 근거가 마련되었다. 2011년부터는 한국채택 국제회계기준(K - IFRS)이 모든 상장기업에 적용되고 있다.

95) 이원우, "21세기 행정환경의 변화와 행정법학방법론의 과제", 행정법연구 제48호, 2017, 87쪽 참고.

다. 이렇게 해서, 대통령과 행정부가 주도하는 관료주의적 정부운영은 법률제정이라는 과정을 통한 여론형성을 매개로 어느 정도 제동이 걸릴 수 있다.

그래서 의회법률이 정한 요건과 효과라는 실체법의 측면에 주목했던 전통적인 견해들(침해유보설 등)과 달리 중요사항유보설은 법률제정절차의 특질이라는 절차법의 측면에 착안한 학설이라는 평가를 받기도 한다. 의회소수파도 포함한 공개회의에서의 공방을 통해 법안이 논의되고, 그것이 매스컴을 통한 여론을 통해 환기되며, 그러한 공개적인 법률제정절차 속에서 기본정책을 결정해간다는 관점을 부각하기 때문이다.[96] 물론 칼 슈미트라면 의회에서 이루어지는 이러한 공개와 토론조차도 비판적으로 바라보겠지만 말이다.[97]

3. 방향이 조금 다른 이야기이긴 하지만, 이번에는 각국의 시민사회단체가 미국 정부의 직접적인 지원 혹은 간접적 지원을 받아 활동하는 사례도 '문제적'으로 들여다볼 필요가 있다. 예컨대 한국을 비롯한, 대만, 필리핀 등 1980년대 후반 민주화를 이룬 아시아 국가들에게는 미국 국제개발처(United States Agency for International Development, USAID)는 물론 미국민주주의재단(National Endowment for Democracy, NED)이 큰 영향을 미친 것으로 알려져 있다. 정부 내 기구이기는 하지만 USAID와 NED는 각기 다른 조직적 연관을 가지고 있다.[98] 개별 국민국가 의회의 결정을 비정부적 국제기구나 국제신용평가사들이 좌지우지하고, 반대로 과거 소비에트 연방에 속했던 동유럽국가들, 아프리카와 아시아 국가들에서 활동하는 각국 시민단체들을 미국 정부기관이 '사실상' 관리하는 현실에서 우리는 주권국가의 정책결정 프로세스에서 과연 민주주의는 실제로 작동하고 있는 것인지 심각하게 질문해보아야 한다.

---

96) 宇賀克也/大橋洋一/高橋滋(編), 対話で学ぶ行政法, 有斐閣, 2003, 41쪽.

97) 칼 슈미트, 나종석 옮김, 현대 의회주의의 정신사적 상황, 길, 2012, 제2장.

98) USAID는 국무부 산하 기구이며 국무부의 대외공작 외곽기구인데 반해, NED는 CIA의 공개적 대외 공작기구라고 한다. 자세히는 다음 글을 참고할 것. 권영숙, "제국의 숙정, 혹은 정화(The Empire Purge) - 미국의 soft power의 자진 해소, 그리고 전지구 시민사회의 허상 - ", 전망과 실천(웹진), 2025년 2월 15일자.

09

법적 규율의 밀도(1) - '법규명령의 지배'와 그에 대한 통제

9.1. 자본주의국가와 행정입법

9.1.1. 행정입법 '현상'의 헌정사적, 정치적 의의

법률의 유보 원칙에도 불구하고 현실에서는 법률의 지배가 아니라 '법규명령의 지배'라고 할 정도로 행정입법권이 확대되고 있다(입법권에 대한 행정권의 사실상의 우위).[1] 행정권 강화의 일환으로 행정입법권이 확대되기 시작한 것은 대체로 1차 대전을 전후한 때였다. 프랑스, 독일, 미국, 영국 할 것 없이 그 양상은 크게 다르지 않았다.

특히 **전시 자본주의 경제**는 행정입법만이 아니라 행정법 전반에도 큰 영향을 미쳤다. 그로부터 100년이 넘는 시간이 흘렀고, 그 사이 행정입법권의 발령을 정당화하는 헌법 규정도 만들어졌다.[2] 그 중에서도 프랑스의 행정입법은 단연 독보적이다. 우리나라의 행정입법과 달리 프랑스의 행정입법은 그 범위도 훨씬 넓고, 그 형식도 다양해서, 양자는 질적 차이가 있다고 할 수 있을 정도다. 법률종속명령으로서의 행정입법 외에 법률과는 독자적으로 발하여지고 있는 독립명령(règlement autonome)과 국회의 수권법에 기하여 제정되는 법률명령(ordonnance)이 행정입법의 일반적 법제

---

1) 2022년 출범한 소수파 정권인 윤석열 정부가 행하는 이른바 '시행령 통치'에 대한 비판과 그에 대한 대응방안을 연구한 것으로는 다음 논문을 참고할 것. 서동욱, "시행령 통치의 실효적 견제를 위한 추상적 규범통제 필요성 검토", 동아법학 제100호, 2023, 173-203쪽.

2) 물론 프랑스의 법률명령(décret-loi)처럼 헌법이 아니라 입법관행에 의해 생성된 행정입법도 있다. 김동희, "프랑스 행정법상의 행정행위의 관념에 대한 일고", 서울대학교법학 46권 2호, 2006, 256쪽.

로 인정되고 있다.[3] 또한 이들 행정입법은 프랑스 헌법 제16조에 기하여 발하여지는 일부 입법 조치를 제외하고는 그 어느 것이나 행정행위로서 월권(越權)소송 등 사법적 통제의 대상이 된다. 그 점에서 개별처분과 기본적으로 공통성이 있다.[4]

프랑스에서 이토록 다양한 행정입법 - '즉, 법률과의 관계에서 파생적·종속적 지위에 있는 전통적인 행정입법 외에 제3공화국 및 제4공화국에서 행정 내지는 헌법적 관행으로 형성되고 발전된 법률대위명령 또는 그와 유사한 행정입법'[5] - 이 생성된 까닭은 프랑스 헌정사와 떼어놓고는 설명할 수 없다. 그 역사를 여기서 제대로 정리하기는 어렵다.[6] 다만, 1870년대 이후 프로이센-독일과 프랑스 제3공화국(1875-1940)의 헌정사를 간략히 비교할 수는 있다. 독일의 부르주아 계급은 국왕권력을 '퇴출'시키지도 제어하지도 못했으므로, 그들에게 '행정'입법은 늘 경계의 대상이었다. 반면, 제3공화국 시기 프랑스의 경우는 상황이 달랐다. 1870년 보불전쟁의 패배 이후 약 20년 간의 정치적 혼란 뒤, 1890년대에 이르러 프랑스에서는 **부르주아-자본가 계급의 '민주적 공화정'**(의원내각제)이 확립된다. 다만, 그 공화정 내부의 부르주아 계급은 급진파와 온건파로 나뉘어, 사회주의파에 맞서, 서로 다른 사회계층의 지지를 얻어가면서 연합하여 정치적 헤게모니를 장악해갔다.[7]

정부가 의회의 집행기관으로 기능하는 의회제 공화국은 처음으로 자유주의 이념의 내적 논리와 부르주아계급의 사회적 이익상황에 딱들어 맞는 모습을 보여주었다. 그러나 19세기 내내 수공업자, 직인(職人) 대중의 대표가 점점 더 많이 의회에 진출하자 인민주권원리는 부르주아지 자신에게 위협으로 바뀌기 시작했다. 그러자 이제는 집행권이 부르주아지에게 하나의 권력요소(Machtfaktor)로 보이기 시작했다. 부르주아계급은 그들이 이 권력요소의 도움을 받는다면 민주주의가 가진 위험을 통제하는데 성공

---

3) 이외에도 대통령이 헌법 제16조상의 비상대권 또는 동 제11조에 따른 국민투표에서 채택된 법률에 기하여 발하는 행정입법도 있다. 이들도 법률과는 독자적으로 발하여지는 것이라는 점에서는 독립명령 또는 법률대위명령의 성질을 갖는다. 김동희, 위의 논문, 253쪽.

4) 김동희, 위의 논문, 253쪽.

5) 김동희, 위의 논문, 254쪽.

6) 19세기 프랑스와 독일의 헌정사 및 그것들이 각국 행정법(학)에 미친 영향에 관해서는 제11장을 참고하기 바란다.

7) 天野和夫 外(編), マルクス主義法学講座④-国家·法の歴史理論, 112쪽 참고. 1885-1914년 시기 프랑스 제3공화정을 사회공화국의 관점에서 연구한 것으로 노서경, 의회의 조레스, 당의 조레스, 노동자의 조레스-프랑스 제3공화정, 1815-1914, 마농지, 2022.

할 수 있으리라고 생각했다. 사회주의 제정당이 의회내 다수파를 형성함으로써 정부를 장악할 수 있다는 사실을 당분간은 두려워할 필요가 없었기에, 집행부의 독립성(자율성)을 강조하고 의회의 통제수단 혹은 통제능력(Kontrollmöglichkeiten)을 제한하는 것이 (부르주아의 지배를 관철하는데) 관건이었다. 따라서 의회나 국민의 의사에서 가능한 한 독립한, 강력한 집행부의 수립이라는 요청이 기존의 지배관계의 유지에 초점을 맞춘 모든 우파적 강령의 본질적 구성요소가 된 것은 결코 우연이 아니었다.[8)]

이러한 역동적인 정치과정은 프로이센-독일과 달리 프랑스 제3공화국에서 고전적 형태로 나타났고 이것은 양국의 입법실무와 행정법 문화가 다르게 생성되는 토양을 제공했다.

그 역동성을 취약성으로 이해하는 견해도 있지만,[9)] '다수 정파로의 분립 및 대립 상태로 인한 입법불능 혹은 정체(停滯)를 또다른 선출권력인 대통령의 행정명령이 부분적으로 보완했다'[10)]는 점에서 적어도 독일과는 다른 정치적 지형(poltical terrain) 하에서 프랑스 행정입법의 역사가 전개되고 있었다는 사실을 확인할 수 있다. 여기에 제국주의 프랑스의 식민지 관리수단으로서의 행정입법의 역할도 빼놓을 수 없다.[11)] 그런데도 행정입법의 필요성과 증가이유를 설명하는 교과서들을 보면 이런 헌정사적 차이를 사상(捨象)하고, 하나같이 (행정의) 전문화 및 복잡화 그리고 사회의 급격한 변화로 인해 행정입법의 필요성이 증대되고 있다는 식의 서술로 일관한다.

법사회학자들에 따르면 '근대는 변화가 빠른 시대이고 그래서 신속한 입법적 대응이 필요하다'는 식의 논리는 다분히 과장된 것이라고 한다. 어느 시대나 행정은 전문가에 의해서 처리되었고 복잡했다. 사회의 변화는 정도의 차이가 있을지언정 어느

---

8) Reinhard Kühnl, Formen bürgerlicher Herrschaft, 35쪽. 본문에 등장하는 부르주아지 혹은 부르주아계급은 독일어 das Bürgertum를 번역한 것이다. 의미는 같다. 문장의 리듬을 생각해서 이 두 단어를 돌아가며 사용했다.

9) 권영성 교수는 프랑스 제3공화국하에서의 의원내각제를 실패한 체제로 규정하였다. 권영성, 헌법학원론, 법문사, 2009, 765쪽.

10) Georges Vedel, Pierre Delvolvé, *Droit administratif*, Presses universitaires de France, 1990, 341쪽 참고. 김동희, 앞의 논문, 256쪽.

11) 콩세유데타는 Babin 판결(1904. 5. 4.)과 Labonne 판결(1919. 8. 8.)에서 행정권의 독자적인 행정입법권을 인정했다. 특히 라본느 판결에서는 대통령의 행정명령을 독립명령(règlement autonome)으로 인정했다. 또한 대통령은 해외식민지 및 해외영토에 대해서도 독립명령을 발할 수 있는 권한을 가지고 있었으나, 이 권한은 콩세유데타가 인정한 독립명령과 달리 명문의 법적 근거-1854. 5. 3.의 상원결의(senatus-consulte)-에 의거한 것이었다. 김동희, 위의 논문, 255-256쪽.

시대에나 있었다. 그렇다면 행정입법을 정당화하는 위의 교과서적 설명은 너무 일면적이고 비과학적이다.

나아가, 행정입법의 등장을 이처럼 가치중립적이고 법기술적인 관점에서 파악한다면, 행정입법에 대한 대응도 제대로 할 수 없다. 실제로는 위와 같은 이유 때문이 아니라 의회가 정치적으로 민감한 문제에 대한 결정을 행정부에 넘기기 때문에 행정입법이 늘어나는 측면도 있다.[12] 전문화, 복잡화 얘기만 해서는 이런 **'책임회피의 정치'**를 포착해내기 어렵다.[13] 과연 의회가 갖고 있는 법률제정능력의 한계 때문에 행정입법이 필요한 것일까? 그럴 수도 있겠지만 아닐 수도 있다. 양대 정당중심의 정치가 고착되어 있는 나라가 있다고 가정해보자. 이 경우 양당은 정책수립과 입법적 대응에서 늘 선거와 여론을 의식한다. 총유효투표의 1% 안팎의 표차이로 정치권력의 향배가 판가름나는 경우도 왕왕 발생한다. 상황이 이렇다보니 경쟁당사자인 각 정당은 유권자들의 표를 의식한 나머지 정치적 위험부담이 큰 현안일수록 이에 대한 정치적 결단을 가능한 한 회피하거나 지연하려고 한다.[14] 결과적으로 **'중요사항'** 마저도 법률로 규율하지 않거나 혹은 규율하더라도 대강(大綱)만 정하고, 나머지는 대통령령이나 부령 등에서 정하는 경우가 발생하는 것이다. 물론 법률에 대한 '책임'으로부터 집권여당이 자유로울 수는 없겠지만, (숨어 있는) 중요쟁점에 관한 결정을 행정입법에 넘김으로써 그들은 당장의 정치적 공세로부터 '한발' 물러서 있을 수 있게 된다. 이러한 "정치적 병리현상"[15]이 심한 곳에서는 행정입법의 중요성이 점점 더 커진다. 행정입법자들은 법률이 정한 내용을 비로소 구체화하거나 경우에 따라서

12) 베델/델볼베는 제3공화정 당시 국민에 인기가 없는 조치들을 정부의 책임으로 전가하고자 하는 의원들의 욕구도 행정입법 증대에 한몫 했다고 적고 있다. Georges Vedel, Pierre Delvolvé, 앞의 책, 341쪽. 김동희, 앞의 논문, 256쪽에서 재인용.

13) 국가정책결정에서의 책임회피는 의회와 행정부 관계에서 뿐만 아니라 행정부와 사법부 관계에서도 나타난다. 생수시판금지고시의 위헌성이 다투어진 '대법원 1994. 3. 8. 선고 92누1728 판결'이 그 좋은 예이다. 홍준형 교수는 이 사건을 평석하면서 "주무부서인 보건사회부가 내렸어야 할 생수판매규제정책의 방향전환에 대한 결정이 사법적 결정에 의해 대체되었다"고 지적하였다. 그는 이 사건을 통해 "권력분립원리의 역동적 측면을 엿볼 수 있다"고 평가한다. 홍준형, 판례행정법, 두성사, 1999, 37쪽. 그러나 다르게 볼 여지도 있다. 행정부가 책임있는 결정을 미루고 있는 사이(소극적 결정), 기업 혹은 이익집단이 사법의 결정을 타고 적극적 정책결정을 한 사례로 위 사안을 해석할 수도 있다.

14) 국순옥, "헌법재판의 본질과 기능", 국순옥, 민주주의 헌법론, 2015, 358쪽 참고.

15) 국순옥, 위의 논문, 359쪽.

는 법률이 정한 원칙을 대폭적으로 수정할 단서와 예외의 내용을 채우는 과정을 통해 실질적인 입법자로 등장하기도 하는 것이다. 이것은 정치를 배제하고 행정의 차원에서만 사안을 다루려고 하는 관료주의 국가의 한 특징을 보여준다.

9.1.2. 일상화된 예외상태와 시행령 통치

엥겔스는 프랑스 제3공화정을 '민주적 공화정'이라고 평가하면서, 이 체제가 '부르주아 지배의 수미일관한 형태', '부르주아 지배의 최고의 국가형태'라고 지적했다.[16] 이 평가에 부합하게, 제3공화국 헌법(1875년 2월 15일 법률 제1조)은 법률의 제정, 즉 일반의사의 표명을 양원제 의회에 독점시켰다. 일반의사로서의 법률은 사물의 성질상 입법에 친숙한 사항 모두에 미치므로 의회 외의 기관, 특히 행정권은 특정한 사항에 대해 법률에 의해 특별히 위임받은 경우가 아니라면 입법에 관여할 수 없다. 제3공화국 헌법은 입법권의 독점이라는 사상에 충실하고자 했다.[17] 그러나 이런 설명은 어디까지나 원론적-이념형적인 것이고, 앞에서도 간략히 언급한 제3공화국의 역동적인 정치과정은 이미 여러 형태의 '새로운' 행정입법을 생성해내고 있었는데,[18] 1차 대전은 이 분야에서도 기존의 틀을 훨씬 뛰어넘는 행정입법이 등장하는 계기로 작용했다.

즉, 대전 중 의회는 프랑스 공화주의 사상 처음으로 정부의 데크레에 의한 '법률' 제정을 허용하였다. **데크레-르와**(décret-loi)라고 불린 이 행정입법형식은 조르주 클레망소(Georges Clemenceau)의 권위에 기초하여, 또한 의회의 추인을 조건으로 하여 예외적으로만 인정된 것이지만, 1934년 이후로는 그 예외적 성격을 상실하여 인민전선정부(1936-1940) 시기를 제외하면 입법의 일상적 방식이 되었다. 공화주의를 회복한 제4공화국 시기에는 데크레-르와가 재차 예외적 존재가 되었지만, 제5공화국 이후 다시금 본래적인 입법형식의 하나로 정착하였다.[19] 위에서 말한 오르도낭스(ordonnance), 즉 법률명령이 바로 이 데크레-르와를 명문화한 것이다. 전시 자본주의 체제 하에서 임시적으로 허용되기 시작했던 데크레-르와와 같은 형식의 행정입

---

16) 天野和夫 外(編), 앞의 책, 108쪽.
17) 天野和夫 外(編), 위의 책, 409쪽.
18) 자세한 것은 김동희, 앞의 논문, 255-256쪽 참고.
19) 天野和夫 外(編), 앞의 책, 410쪽. 한편, 조르주 클레망소는 급진공화파의 상징적 인물이다. 두 번에 걸쳐(1906-1909, 1917-1920) 수상으로 재임했다.

법이 프랑스에서는 2차 대전 이후에도 살아남았다. 이것을 단지 프랑스적 특수성이라 볼 것인가? 오히려 나치스 독일의 수권법을 거치며 프랑스식 행정입법을 인정하지 않으려는 독일이 특수한 사례라고 보는 것이 옳을 것이다(독일 기본법 제80조 제1항 참고).

1940년에 발터 벤야민은 역사의 개념을 정리한 테제에서, "우리 삶을 규정하는 예외상태(Ausnahmezustand), 이것이 원칙이 되었다"고 썼다(제8테제).[20] 이러한 진단은 확실히 기술적(技術的) 의미에서 적확한 것이었다. 히틀러가 1933년 2월 28일 독일에 선포한 예외상태는 이후 한 번도 해제되지 않았다. 뿐만 아니라 1960년대 말 1970년대 초의 긴급사태 동안 거의 대부분의 유럽 국가들이 예외적 조치들을 동원하였다. (911 이후 미국은) 민간인들을 처단할 전권을 군사법원으로 넘겨버리고 시민적 자유들을 현격히 제한했다. 그러나 벤야민의 진술은 그 이상의 포괄적인 의미를 갖는다. 그 '진술'은 현재의 우리와도 관련되는 일종의 예언적 성격을 갖는다. 그래서 우리는 (기술적인 의미에서 그 선포가 항상 동반되지는 않는다고 하더라도) 영구적 예외상태를 의도적으로 만들어내는 것이 그 사이 이른바 민주국가를 포함하여 작금의 국가들에서 일반적인 관행의 하나로 자리잡았다고 말할 수 있다.[21] 이 말을 행정입법에 적용하면, 이제는 데크레－르와와 같은 행정입법이 존재하든 하지 않든, 행정부의 명령이 실질적으로 법률과 같은 역할과 효력을 갖게 되는 것이 일반적인 관행의 하나로 자리잡았다고 말할 수 있다(이른바 '시행령통치'). 예외상태는 재삼재사 현대 정치에서 통치의 지배적인 패러다임이다. 임시적이고 예외적인 조치에서 정상적인 통치기술로의 이러한 이동은 우리 눈앞에서 막 민주주의적 헌법의 의미와 본질을 근본적으로 변경시키고 있는 참이다.[22]

이런 설명이 다소 추상적으로 들릴 것 같아 구체적인 예를 하나 들어보려고 한다. 「주택공급에 관한 규칙」이라는 명칭의 국토교통'부령'이 있다. 줄여서 '**주택공급규칙**'이라고 한다. 처음 제정된 것은 1978년이다.[23] 인간의 삶에 가장 중요한 세 가지인

---

20) 발터 벤야민, "역사의 개념에 대하여", 발터 벤야민, 최성만 옮김, 역사의 개념에 대하여/폭력비판을 위하여/초현실주의 외, 도서출판 길, 2008, 336-337쪽(번역은 필자 수정).

21) Giorgio Agamben, "Der Gewahrsam: Ausnahmezustand als Weltordnung", *Frankfurter Allgemeine Zeitung*, 2003. 4. 19.자, 33쪽. 더 자세한 것은 조르조 아감벤, 김항 옮김, 예외상태, 새물결, 2009 참고.

22) Giorgio Agamben, 위의 기고문, 같은 곳. 더 자세한 것은 조르조 아감벤, 김항 옮김, 예외상태, 새물결, 2009 참고.

23) 당시 모법은 「주택건설촉진법」 제32조였다. 현재는 「주택법」 제54조 등이 이 규칙의 모법이다.

의, 식, 주 중 주를 담당하는 시행규칙이다. 먹고 입는 것을 어느 정도 해결한 우리 사회가 여전히 결핍으로 생각하는 것이 주택이다. 이 중요한 영역을 실질적으로 통제할 힘을 국토부 관료들에게 사실상 온전히 넘겨주는 행정입법이 바로 「주택공급에 관한 규칙」이다. '주택공급규칙'은 헌법재판소 출범 초기부터 계속해서 위헌소송(헌법소원)의 대상이 되어왔다. 그런데 그 소송에서의 관심사는 개별적 불평등의 시정이었지, 주택공급규칙 자체에 대한 근본적인 질문은 아니었다. 나아가 주택공급규칙이 한국 사회의 '정상가족' 프레임을 공고히하며, 중산층의 부와 권력을 세습하는 데 어떠한 역할을 했는지를 들여다볼 생각은 하지 않았다. 일례로 한국의 국가관료는 주택청약제도, 신혼부부 특별공급과 같은 정책을 통해 '정상가족'에게 각종 혜택을 부여하는 정책을 시행해왔다(「주택공급에 관한 규칙」 제41조 제1항 참조).[24]

한국의 주택정책은 국회의 개입과 국민의 통제가 배제된 채 관료들의 책상 위에서 공급위주로 그때그때 임기응변적으로 만들어져 왔다. 이것을 가능하게 한 것도 바로 '주택공급규칙'이었다. 주택(공급)과 같은 중요한 복지국가 시스템을 앞으로도 관료들의 손에 계속 맡겨둘 것인가? 최근에는 「주택법」 외에 「주거기본법」이 제정되어(2015. 6. 22.) "주거정책의 기본원칙"(제3조)을 제시하고 있지만, 이 기본원칙도 주거비와 주택공급에 맞춰져 있는 한계를 보이고 있으므로 국회입법을 통한 새로운 프레임짜기는 더더욱 중요한 과제가 되고 있다. 주택정책은 공급중심으로 전개될 수도 있지만, 수요통제 및 주택배분 중심으로 전개될 수도 있다. 국민의 주거권 요구를 수용하여 국회가 이 중요한 사안에서 주도권을 행사하지 못한다면 우리 사회는 1970년대 이래 관료들이 주도해온 주택공급정책의 패러다임에서 벗어날 수 없을 것이다.[25] 나아가 한국처럼 행정부 독재가 쉽게 등장할 수 있는 대통령제 국가에서 이런 현실을 그대로 방치하는 것에 대해서도 깊은 성찰이 필요하다. 그래서 아감벤의 말마따나 이러한 행정부 독재가 예외가 아니라 정상상태로 정착하고 있다면, 그것에 대한 대응도 '정상적'으로 이루어져야 한다. 행정입법에 대한 프랑스식 월권(越權)소송, 즉 항고소송은 프랑스식 예외가 아니라 보편적 법제로 자리잡아야 한다.[26]

---

24) 정상가족 프레임에 대한 비판으로는 다음 문헌을 참고할 것. 김희경, 이상한 정상가족, 동아시아, 2022.

25) 이와 반대되는 방향을 보여주는 것이 베를린의 주택 사회화 운동이다. 이와 관련해서는 필자의 다음 책자를 참고하기 바란다. 이계수, 반란의 도시, 베를린, 2023.

26) 프랑스법상의 행정입법을 통제법리에 대해서는 다음을 참고할 것. 오승규, "프랑스의 행정입법 통제에 관한 고찰", 유럽헌법연구 제18호, 2015, 49-68쪽 참고.

9.2. 법률의 유보와 위임입법의 한계론

9.2.1. 중요사항유보설과 법적 규율의 밀도

앞서 중요사항유보설을 설명했을 때 무엇이 본질적인 사항이어서 법률에 의해 규율되어야 하는가가 가장 쟁점이 된다고 하였다. 독일의 학설에 따르면 이때 본질적 사항에 대한 판단, 즉 어떠한 것이 구체적·세부적 사항에 이르기까지 법률에 의해 규율되어야 할 본질적인 사항이고, 어떤 것이 행정입법(법규명령)의 제정자가 규율하도록 맡겨 둘 사항이며, 또 어떤 것이 전혀 법률에 의한 규율을 필요로 하지 않는 사항인가는 당해 사항에 대한 규율이 국민 일반이나 당사자 개인에 대하여 가지는 의미나 중요성에 따라 내려진다.

다시, 교육행정에 대한 법적 규율문제를 생각해 보자. 교육행정은 기본적으로 급부행정의 면모를 갖고 있으나 침익행정의 측면도 갖고 있다. 침해유보설에 따르면 급부행정(교과과정의 결정, 수업방식의 선정 등) 부분에 대해서는 법적 규율이 필요 없지만, 급부행정유보설에 의하면 이 부분에 대해서도 법률의 근거가 필요하다.

그러나 중요사항유보설은 학교행정은 그것이 침익행정이든 급부행정이든 일단은 법적 규율의 대상이 될 수 있다고 말한다. 다만, 그 경우에도 모든 사안을 법률로 규율해야 하는 것은 아니고 국민의 권리, 특히 기본권과 관련하여 중요한 부분만이 법률로 규율될 뿐이다. 입학, 퇴학, 시험, 진급 등 학생의 법적 지위와 관련된 것은 학생의 권리에 중요한 의미가 있으므로 법률에 의해 규율되어야 하며, 성교육수업 판결을 통해서 알 수 있듯이 교과과정도 그것이 학부모의 교육권 등과 관련하여 중요한 사항이면 법률에 의해 기본적 내용이 규율되어야 한다.

이처럼 중요사항유보설은 행정작용의 내용 및 목적과 관련 없이 어떠한 사항은 반드시 의회입법자에 의해 규율되어야 한다는 사실을 강조한다. 그와 동시에 이 학설은 또 하나의 중요한 제한을 붙이고 있는데, 바로 **규율의 밀도**(Regelungsdichte)이다.[27] 의회는 수권규범인 법률을 제정해야 할 뿐만 아니라 사안에 따라서는 자신의

27) 행정법학에서는 세부적인 부분에까지 규율이 미치고 있는가 하는 점을 규율의 밀도(Regelungsdichte)로 설명한다. 그러나 독일 법사회학 교과서는 이것을 규율의 심도(Regelungstiefe)로 표현한다. 반면, Regelungsdichte, 즉 행정법 교과서들이 규율밀도로 번역하는 것은 규율되는 분야가 얼마나 많은가(die Menge der Bereiche)를 표현하는 용어라고 한다. Hubert Rottleuthner, *Einführung in die*

규율의무를 다했다고 말할 수 있을 정도로 사안을 촘촘히 규율해야 한다. 즉, 당해 사항이 국민 일반이나 당사자 개인에 대하여 가지는 의미나 중요성이 커지면 커질수록 그 사항에 대해서는 입법자가 구체적이고 세부적인 사항까지 규율해야 한다. 구체적으로 ① 법률규정이 중요한 요건을 대통령령 등에 위임한 경우는 물론이고(법규명령의 한계 문제), ② 법률로 규정은 하였지만 그 요건을 추상적으로 정하여 행정이 법규명령의 제정과정에서 지나치게 광범위한 '재량'을 행사할 수 있게 하고 있는 경우에도(명확성의 원칙 위반 문제) 법률유보 위반이 된다.[28]

규율의 밀도에 관한 한국법에서의 이와 같은 논의를 미국법은 **백지위임금지 법리**로 설명한다. 미국에서는 법규명령만이 아니라 법률이 인허가와 관련하여 폭넓은 재량규정을 둔 경우에도 백지위임금지 법리에 따라 수권법률의 위헌 여부를 판단한다. 국회의 입법권한을 행정에 위임하는 데는 한계가 있다는 관점을 행정입법만이 아니고 그 밖의 행정의 행위형식에도 적용하고 있다.[29] 미국식 백지위임금지 법리는 행위형식과 무관하게 적용되므로,[30] 의회가 자기의 의무인 규율책임을 다했다고 할 정도로 밀도 있게 법적 규율을 하였는가 하는 문제는 법규명령에서는 물론이고, 우리식으로 말하면 재량행위에서도 검토된다. 따라서 의회는 법률에 불확정개념이나 일반조항을 사용할 수도 있고, 행정청에 재량권도 부여할 수는 있으나, 백지위임에 이를 정도의 수권을 해서는 안 된다. 법적 규율의 밀도의 관점에서 법규명령의 한계를 먼저 다루고, 다음 장에서는 역시 이 쟁점을 행정재량의 측면에서 검토하겠다.

9.2.2. 수권법률의 합헌성·수임명령의 적법성 및 그 법적 효과

교과서들은 통상 법규명령의 한계라는 제목 아래, 법규명령은 국회입법원칙의 예외이므로 법률에서 법규명령에 위임을 해줄 때도 일정한 한계를 잘 지켜야 한다는 의미로 이를 설명한다. 그런데 법규명령의 한계라고 하면 논리적으로 위임을 받은 법규명령이 국회입법원칙을 훼손하는 행정입법을 하는 경우도 포함하는 것이 맞다.

Rechtssoziologie, Wissenschaftliche Buchgesellschaft, 1987, 138쪽. 우리말 어감상으로도 규율의 밀도보다는 규율의 심도(深度) 혹은 강도(强度)가 더 적합하다고 생각하지만, 이미 규율의 밀도라는 말이 정착해 있으므로, 이하에서도 규율의 밀도/규율밀도로 번역하였다.

28) 김철용, 2024, 80쪽; Maurer/Waldhoff, 133-134쪽(6장 15번).

29) 후술하듯이 미국법에는 독일식 행정행위 개념이 없다(13.1.2.).

30) 宇賀克也/大橋洋一/高橋滋(編), 対話で学ぶ行政法, 有斐閣, 2003, 44쪽.

그래서 정확히 따지면 전자는 수권법률 자체의 한계, 즉 국회가 행정부에 입법권을 위임하는 법률인 수권법률을 제정할 때 지켜야 할 한계이고(**수권법률의 한계**), 후자는 위임을 받은 법규명령의 한계, 즉 수임자인 행정부가 법규명령을 제정할 때 지켜야 할 한계이다(**수임명령의 한계**).[31]

전자의 한계를 넘는 경우에는 주로 위헌·무효가 문제가 되므로 이를 수권법률의 합헌성 문제라 하고, 후자의 한계를 넘는 경우에는 주로 위법·무효가 문제가 되므로 이를 수임명령의 적법성 문제라고 한다. 따라서 수권법률의 합헌성 문제와 수임명령의 적법성 문제는 구별해서 논할 수 있다. 예컨대 수임명령의 내용이 헌법에 위반된다고 하여 적법하게 입법권을 위임한 수권법률까지 당연히 위헌으로 되는 것은 아니다.

그러나 대다수 교과서는 이 점을 명확히 하지 않은 채 수권법률의 위헌성과 수임명령의 위법성을 뭉뚱그려 법규명령의 한계로만 논한다. 이는 실제로 수권법률의 한계인지 수임명령의 한계인지가 분명하지 않은 사례가 많기 때문이기도 하다. 물론 아래에 소개할 '2011두30878 전원합의체 판결'의 사례에서처럼 법률이 "제1항 제11호에 따른 중대한 교통사고와 빈번한 교통사고의 범위는 대통령령으로 정한다"고 규정하고 있는데도, 시행령이 "사고의 범위"를 법률의 취지에 반하여 구체화한 경우라면 수임명령의 한계로 사안을 처리하는 데 문제는 없을 것이다. 그러나 그렇지 않고 법률이 포괄적인 위임을 한 게 문제인지, 아니면 시행령이나 시행규칙이 이를 구체화하는 과정에서 그 한계를 넘은 것인지가 명확하지 않은 사례도 적지 않다.[32] 이하에서는 법규명령의 한계에 관한 두 쟁점을 차례로 살펴본다.

먼저 수권법률의 합헌성이다. 행정입법의 필요성은 인정하더라도 행정입법을 무한정 허용하면 국회의 임무 방기, 행정부(관료) 권한의 확대로 이어지고 이는 결국 삼권분립 원칙에도 반하게 된다. 어떤 경우에 이런 문제가 발생하는가를 따지는 것이 수권법률의 한계론이다.

이것을 검토하려면 헌법 제75조에서 출발해야 한다. 동조는 "대통령은 법률에서 구체적으로 범위를 정하여 위임받은 사항에 관하여 대통령령을 발할 수 있다"고 규정

31) 김철용, 2024, 213쪽.

32) 실무적으로는 수권법률의 한계는 위헌법률심판에서 주로 논의가 될 것이고, 수임명령의 한계는 행정재판에서 다투어질 것이다. 그러므로 수권법률의 한계인지, 수임명령의 한계인지가 분명하지 않은 경우, 이 문제를 수임명령의 한계로 접근하는 것은 법원이 이 사건에 대한 판단권을 가질 수 있다는 의미가 된다.

한다. 이를 포괄적 위임 금지, "일반적 포괄적 백지위임"[33] 금지라고 한다. 여기서 "구체적"은 **규율대상을 특정**하는 의미로, 규율대상이 추상적이어서는 아니 된다는 뜻이다. "범위를 정하여"라는 것은 수권의 양적 제한을 의미하는 것으로 위임의 기준은 **명확해야** 한다는 뜻이다.[34] 그러나 이것은 일단 대체로 그렇다는 것이고 개별 사안별로 이 내용을 구체화해야 한다. 즉, 판례는 어떤 경우에 규율대상이 특정된 것으로 볼 것인가, 어떤 경우에 명확성 원칙을 충족한 것으로 볼 것인가를 개별적으로 판정해야 한다고 한다. 이와 관련하여 헌법재판소가 제시하는 기준은 크게 두 가지이다.

첫째, 다음의 척도에 따라 대상의 특정성과 기준의 명확성을 판단한다. ① 누구라도 수권법률 그 자체로부터 위임입법에 규율될 대강의 내용을 구체적으로 예측할 수 있는가 여부에 따라 대상의 특정성과 기준의 명확성을 판단한다(이른바 예측가능성 공식). ② 위임의 명확성은 수권규정으로부터 분명하게 드러나야 하는 것이 아니라 법률 전체의 해석을 통하여 규명될 수 있는 것으로 충분하다. ③ 위임의 구체성과 명확성은 규율대상의 종류와 성격에 따라 달라질 수 있다. 예컨대 국민의 기본권이 직접적으로 제한되거나 침해될 소지가 있는 영역에서는 급부행정의 영역에서보다 위임의 요건과 범위가 더욱더 엄격히 제한적으로 규정되어야 한다.[35]

예측가능성(Vorsehbarkeit) **공식**은 독일 연방헌법재판소가 발전시킨 것이다. 독일 기본법 제80조 제1항은 입법자가 수권의 내용, 목적 및 범위를 법률에 규정할 것을 요구하고 있다. 그러나 연방헌법재판소는 이미 1958년 11월 12일 결정('가격통제판결')[36]에서 수권의 내용, 목적, 범위가 법률의 조문에 명문으로 규정될 필요는 없고, 해석에 의해 도출될 수 있으면 충분하다고 판시하여, 기본법상의 요건을 완화하였다. 이후 이 판결은 수권규범은 그것이 지나치게 모호해서 "어떤 경우에 어떤 목적을 갖고 그 수권규범이 사용될 것인가 그리고 그 수권에 기하여 발령되는 명령이 어떠한 내용을 가질 수 있는가를 전혀 예측할 수 없는" 경우에만 무효라는 공식으로 발전하였다.[37] 나아가 이 공식은 재량수권에 대한 판단에까지 적용되었다.[38]

---

33) 헌법재판소 1997. 12. 24. 선고 95헌마390 결정.

34) 김동희/최계영, 2023, 147쪽.

35) 김철용, 2024, 213-214쪽. 다만, ③과 같이 해석하면 중요사항유보설의 의의는 다시 반감되는 것이 아닌가 하는 의문이 든다.

36) BVerfGE 8, 274(307).

37) Ekkehart Stein, *Staatsrecht*, 162쪽.

38) Heiko Faber, *Verwaltungsrecht*, 43쪽. 그 점에서 독일법에도 미국식 백지위임의 법리가 정착해

둘째, 중요사항유보설의 입장에서 이해되는 법률유보원칙이 지켜지고 있느냐 여부를 검토한다. 즉, 수권법률이 본질적 사항을 규율하고 있느냐 여부, 그 법률이 국회가 그 의무로서 규율책무를 다했다고 할 정도의 규율밀도를 갖고 있느냐 여부이다. 헌법재판소는 이 기준에 의하여 방송수신료를 이사회의 심의·결정 및 공보처장관의 승인을 얻어 공사가 부과·징수하도록 규정하고 있던 구 「한국방송공사법」 제36조 제1항에 대해 헌법불합치결정을 내렸다. 동 재판소는 수신료 금액의 결정은 수신료에 관한 본질적이고 중요한 사항인데도 국회의 결정 혹은 관여를 배제한 채 한국방송공사로 하여금 금액을 결정하도록 맡기고 있어 법률유보원칙에 어긋난다고 보았다.[39)]

수권 법률의 한계로는 이상의 일반적 한계 외에 특별한 한계들이 있다.

첫째, 국회 전속적 법률사항의 위임 문제이다. 헌법이 명문으로 '법률로' 정하도록 규정한 사항,[40)] 즉 전속적 법률사항을 법규명령(위임명령)에 위임할 수 있는가 하는 쟁점이다. 전속적 법률사항이라고 해서 그에 관한 '모든' 것을 법률로 정해야 하는 것은 아니라고 설명하는 견해도 있으나, 전속적 법률사항이라고 하면서 이를 다시 일정한 범위에서 행정입법에 위임할 수 있다고 하는 것은 이해하기 어렵다. 학설들이 실무적 필요성(세법상 법규명령의 한계가 준수되지 않는 경우가 많다)만을 염두에 두고 헌법의 명문 규정마저 무시하는 해석을 한 것이 아닌가 하는 의문이 든다.

둘째, 처벌규정의 위임 문제이다. 처벌규정은 범죄의 구성요건 부분과 벌칙 부분으로 나뉘는데, 전자를 위임할 때는 그 구체적 기준을 제시하여야 하며, 후자를 위임할 때는 법률이 그 상한을 정하여 위임할 수 있다고 본다.

셋째, 재위임의 문제가 있다. 그러나 이것은 수권법률의 한계가 아니라 수임명령의 한계이다. 법률에 의하여 위임된 입법권의 전부 또는 일부를 다시 위임하는 것이 허용되는가 하는 문제이기 때문이다. 헌법 제95조가 "국무총리 또는 행정각부의 장은 소관사무에 관하여 법률이나 대통령의 위임 또는 직권으로 총리령 또는 부령을 발할 수 있다"고 규정하므로 재위임 자체는 허용되는 것으로 본다. 다만, 제75조처럼 "구체적으로 범위를 정하여"라는 제한 규정은 없지만 전면적 재위임은 허용되지 않는다.

있다고 평가할 수 있다.

39) 헌법재판소 1999. 5. 27. 선고 98헌바70 결정.

40) "대한민국의 국민이 되는 요건은 법률로 정한다"(2조 1항), "모든 국민의 재산권은 보장된다. 그 내용과 한계는 법률로 정한다"(23조 1항), "조세의 종목과 세율은 법률로 정한다"(59조) 등.

다음은 수임명령의 적법성 문제이다. 수임자인 행정부가 법규명령을 제정할 때 지켜야 할 한계에 관하여는 헌법에 아무런 규정이 없다. 그러나 수임명령은 헌법 제75조의 규정상 수권의 존재를 전제로 한다고 보아야 한다. 즉 ① 수권법률 자체가 존재하지 아니하거나 수권법률은 존재하지만 수임명령이 수권법률에서 정한 수권대상 이외의 사항을 규정한 경우, ② 수임명령이 수권법률이 규정한 수권의 취지와 내용에 위반되거나 수권의 범위를 넘거나 벗어난 경우, ③ 수임명령이 수권법률에서 이미 전제로 하고 있는 사항에 대하여 어떤 한정이나 제한을 가하는 경우(예컨대 모법에서는 재량사항으로 되어 있는 것을 수임명령에서는 기속행위로 규정하는 경우) 등은 수임명령의 한계를 넘는 것으로서 그 수임명령은 위법·무효가 된다.[41] 이것은 앞에서 법률과 자치조례의 충돌문제를 검토할 때 살펴본 법률선점론과 유사하다. 다만, 전자에서는 수정 법률선점론 등을 통해 자치조례에 유리한 방향의 해석을 추구하는 게 타당한 반면, 법률과 수임명령의 관계는 반드시 그렇게 볼 것은 아니다.

【판례】 대법원 2012. 12. 20. 선고 2011두30878 전원합의체 판결 [화물자동차운행정지처분취소])

법률이 특정 사안과 관련하여 시행령에 위임을 한 경우 시행령이 위임의 한계를 준수하고 있는지를 판단할 때는 당해 법률 규정의 입법 목적과 규정 내용, 규정의 체계, 다른 규정과의 관계 등을 종합적으로 살펴야 한다. 법률의 위임 규정 자체가 그 의미 내용을 정확하게 알 수 있는 용어를 사용하여 위임의 한계를 분명히 하고 있는데도 **시행령이 그 문언적 의미의 한계를 벗어났다든지, 위임 규정에서 사용하고 있는 용어의 의미를 넘어 그 범위를 확장하거나 축소함으로써** 위임 내용을 구체화하는 단계를 벗어나 새로운 입법을 한 것으로 평가할 수 있다면, 이는 위임의 한계를 일탈한 것으로서 허용되지 않는다.

①의 경우처럼 수권법률이 존재하지 않는데 행정부가 행정입법으로 법규명령을 제정한다는 것은 얼핏보면 있을 수 없는 것처럼 생각되지만 프랑스법의 예처럼 제도설계에 따라서는 가능할 수도 있다. 다만, 현행법상으로 ①은 위법·무효에 해당한다. 그러나 이런 일이 예전에는 왕왕 있었다. 모법인 수권법률이 존재하지 않는 「위수령」(衛戍令)의 경우가 대표적이었다.[42] 지금은 이런 일이 완전히 없어졌을까? 반드시 그

41) 김철용, 2024, 216쪽.

42) 위수령은 2018. 9. 11. 폐지되었다.

렇다고 할 수는 없다. 국회 입법과정에서 타협으로 법률에 "등"을 집어 넣었을 때, 이 "등"을 과도하게 확장해석하여 수권대상 이외의 사항을 규정하는 사례는 지금도 계속되고 있기 때문이다(시행령 통치). 또한 ③과 같은 상황은 규범체계에서의 일종의 하극상에 해당한다. 한편 ②에서 적시하고 있는 사항은 행정입법 제정상의 형성의 자유(Gestaltungsfreiheit)의 한계로 이해할 수 있다. 즉, 그러한 자유도 재량행위의 한계에서와 유사하게 수권의 취지와 내용에 위반되거나 수권의 범위를 넘거나 벗어나서는 안 된다.[43] 그 밖에 수임명령의 내용이 헌법에 위반되어서는 안 된다는 당연한 한계가 있다. 수임명령의 내용이 헌법에 위반되면 그 수임명령은 무효가 된다.[44]

앞에서 이미 수권법률의 한계를 넘으면 주로 위헌·무효가 문제가 되고, 수임명령의 한계를 넘으면 주로 위법·무효가 문제가 된다고 했으므로 법규명령이 이처럼 하자가 있으면 원칙적으로 무효가 된다는 것이 우리나라의 통설이다. 판례도 무효로 보지만 이때의 무효는 당해 사건에 한정되는 **상대적 무효**로 보아야 할 것이다. 현행 헌법상 법원의 명령·규칙심사는 그것이 재판의 전제가 된 때에만 가능하므로(구체적 규범통제), 법원이 명령·규칙을 무효라고 일반적으로 선언하는 것은 법원의 법규심사 및 적용권한의 한계를 넘기 때문이다.[45] 따라서 판사는 재판시 적용할 법규명령을 심사한뒤, 그것의 위법성을 확인하면, 이를 무효로 보고, 당해 사건에 해당조항의 적용을 거부할 수 있을 뿐이다. 행정공무원의 경우는 어떠한가? 행정공무원도 법령준수의무가 있으므로 법령의 위법 여부를 심사해야 하고, 그 결과 그가 직무집행상 적용해야 할 법규명령의 해당조항이 위법하다고 판단되면 그것을 적용하지 않을 권한을 갖는다고 보아야 한다.[46] 다만, 앞에서 보았듯이(6.2.4.) 이를 아무 조건 없이 인정할 수는 없고 상급기관에 법규범의 위법성을 문의하는 절차를 거칠 것을 전제로 해야 할 것이다. 물론 위법성이 명백한 경우라면 그러한 절차 없이도 곧바로 적용배제권을 행사할 수 있다고 보아야 한다.

---

43) 다만, 행정'입법'은 법률의 수권 범위 내에서 이루어지는 실질적 입법에 해당하여 행정입법자에게도 입법자에게 인정되는 것과 같은 류의 형성의 자유가 인정되므로, ②의 문제를 재량행위의 한계와 동일한 차원에서 논의하는 것은 타당하지 않다고 보는 견해도 있다. Heiko Faber, *Verwaltungsrecht*, 350쪽 참고.

44) 최광율, "농지전용에 관한 위임명령의 한계", 행정판례연구 제7권, 15쪽 이하. 김철용, 2024, 216쪽.

45) 김철용, 2024, 219쪽.

46) 강병연, "행정공무원의 법령심사·배제권에 대한 고찰", 59, 62쪽은 적용배제권을 권리(권한)일 뿐 아니라 의무이기도 하다고 설명한다. 권한은 권리와 달리 (국민 혹은 공공의 이익을 위한) 의무개념을 이미 포함하므로 "적용을 배제할 권한"이라는 표현으로 충분하다고 생각한다.

한편, 법규명령이 하자가 있으면 상대적 무효로 보는 판례의 입장을 그대로 따르면 하자 있는 법규명령은 원고 이외의 자에게는 여전히 위법·유효한 상태라고 보아야 한다.[47] "행정소송에 대한 대법원판결에 의하여 명령·규칙이 헌법 또는 법률에 위반된다는 것이 확정된 경우" 대법원으로 하여금 "지체없이 그 사유를 행정안전부장관에게 통보"하도록 한 「행정소송법」 제6조 제1항의 취지도 '상대적 무효설'의 관점에서 보면 이해가 된다. 위법이라는 판단이 확정되어도 해당 법규명령의 조항은 당해 사건에 한정하여 무효이므로, 이 조항이 더 이상 적용되지 않게 하려면 법규명령의 적용배제권(나아가 적용배제의무)을 행사하도록 행정공무원에게 촉구해야 하기 때문이다.

9.3. 법규명령에 대한 통제

9.3.1. 법규명령에 대한 통제의 유형

이상 살펴본 법규명령의 한계론은 결국 법규명령의 통제론과 연결된다. 예컨대 수권법률의 한계를 실체법적인 기준을 중심으로 따져 나간다면 국회가 자신의 입법권을 안이하게 행정권에게 넘겨주는 일은 줄어들 것이다. 수권법률에서 수임명령으로 정할 사항을 분명하게 설정하는 것은 '행정입법' 제정에서 행정기관이 행사하는 재량 혹은 '형성의 자유'를 통제하는 기능을 하는 셈이다.

법규명령에 대한 통제는 그 통제기준에 따라 실체법적 기준에 의한 통제와 절차법적 통제로 나누어 볼 수 있다. 실체법적 기준에 의한 통제란 법규명령의 내용에 대한 심사를 의미하고, 사법심사가 대표적이다. 그러나 내용에 대한 (사법)심사도 중요하지만 그에 못지않게 법규명령 제정 등에 대한 **절차법적 통제**도 중요하다. 미국법이 이런 방향에 서 있다. 미국 연방대법원은 수권규정이 포괄적이고 일반적이라고 하여 수권법률을 위헌으로 선언하는 데 인색하다.[48] 반면 동 법원은 법규명령 제정시의 시민참여를 강조함으로써 위임입법에 대한 절차적 통제의 중요성을 강조하고 있다.

---

47) 강병연, 위의 논문, 62쪽 참고.

48) 미국 법원도 우리처럼 수권법률 자체가 위헌(unconstitutional on its face)인 경우와 법률의 적용방식이 위헌(as - applied unconstitutional)인 경우를 구분하지만, 전자는 통상 인정하지 않는다. 이런 취지를 분명히 한 최근의 연방대법원 판결로는 Biden v. Nebraska, 600 U.S. 477 (2023).

우리나라에도 법규명령제정에 대한 일련의 절차적 통제가 존재한다. 예컨대 대통령령·총리령·부령 모두 사전에 법제처의 심사를 거쳐야 하고(「정부조직법」 제23조 제1항),[49] 대통령령은 국무회의의 심의(「헌법」 제89조 제3호)도 거쳐야 한다. 또한 대통령령 등을 제정(개정 또는 폐지도 동일하다)하고자 하면 당해 입법안을 마련한 행정청은 원칙적으로 이를 모두 예고하여야 한다(「행정절차법」 제41조 제1항). 대통령령 등이 입법 예고되면 누구라도 그에 대해 의견을 제출할 수 있으며, 행정청은 특별한 사유가 없는 한 이를 존중하여 처리하여야 한다(「행정절차법」 제44조 제1항, 제3항). 그러나 행정부 내부의 자체적인 검증을 의미하는 위와 같은 절차들이 법규명령에 대한 통제에 실효적인지는 의문이다. 또한 행정입법 예고절차에 대한 국민들의 참여는 대단히 저조하다.[50] 의견을 제출하더라도 최종적인 결정은 행정청이 내리는 현실도 이러한 참여저조에 일조하는 것으로 보인다.

따라서 법규명령에 대한 절차법적 통제가 실효적이 되려면 법규명령 제정 과정에서 이루어지는 개입 자체가 하나의 중요한 정치적·법적 결정이 되도록 만들 필요가 있다. 이러한 맥락에서 검토해볼 만한 외국의 입법례로 의회에 의한 직접통제제도가 있다. 이 제도는 의회가 원칙적인 입법권자라는 사실을 상기시킨다. 오늘날 의회는 입법을 '독점'하고 있지는 않지만, 여전히 입법에서 중심자적 지위를 차지하고 있다.[51] 의회는 예나지금이나 자신이 제시한 구체적인 수권범위가 법규명령의 제정과정에서 지켜지고 있는지를 통제할 1차적 책무를 지고 있다.

의회에 의한 직접통제의 일반적인 방법은 동의권의 유보(Zustimmungsvorbehalt) 또는 의회 제출절차(laying procedure)이다. 이 제도는 영국에서 가장 보편적으로 채용되고 있으며, 미국(수개의 주)과 독일 등에서도 그 예를 찾을 수 있다. 의회 제출절차에는 승인형 절차(affirmative resolution procedure)와 부인형 혹은 불승인형 절차(negative resolution procedure)가 있다.

행정의 민주화 정도는 행정이 의회에 얼마나 의존하느냐에 달려있다. 의회가 행정에 대해 자신의 의사를 관철하는 길은 생각해 보면 현재의 모습보다 더 다양할 수 있다(물론 대통령제와 내각책임제 등 통치구조상의 차이도 고려해야 할 것이다). 꼭 법률 제

49) "국무회의에 상정될 법령안·조약안과 총리령안 및 부령안의 심사와 그 밖에 법제에 관한 사무를 전문적으로 관장하기 위하여 국무총리 소속으로 법제처를 둔다."

50) 통계자료에 의하면 법령 1건 당 평균 1건도 안 되는 의견만이 제출된다. 곽노현, "참여행정체계 구축을 위한 시민참여법제의 개관과 구상", 행정법연구 제18호, 2007, 233쪽.

51) 헌재 2006. 12. 28. 선고 2005헌바59 결정 참고.

정이 아니더라도 위와 같은 승인 혹은 의회결의절차, 나아가 단순 의회 결의와 같은 법률 하위적 의사표시에 행정부가 구속되게 하는 방법도 생각해 볼 수 있다.[52] 그런데 현행 「국회법」에는 이와 같은 장치가 마련되어 있지 않다. 다만 대통령령, 총리령, 부령 등의 단순 제출절차(bare laying procedure)를 규정한 동법 제98조의2가 있을 뿐이다.[53] 논자에 따라서는 이것이 국회의 직접적 통제제도를 마련하기 위한 중요한 진전이라고 하나, 과연 그럴지는 의문이다. 실제로 이 개정이 중요한 계기가 될 수 있으려면 승인형 혹은 불승인형 절차로 이행하기 위한 국회의 입법역량 강화사업(예컨대 입법조사처의 인적·물적 역량 강화)도 동시에 추진되어야 한다.

9.3.2. 법규명령에 대한 사법적(司法的) 통제

그러나 행정법학자들은 행정입법에 대한 국회 통제나 민중적 통제에는 큰 관심이 없고, 주로 사법적 통제에 논의를 집중한다. 법규명령 제정에 시민이 참여할 수 있는 법 제도적 장치가 사실상 존재하지 않는다면 이해관계인인 국민으로서는 법원이나 헌법재판소에 제소하는 것이 그나마 선택지일수는 있다. 그렇다고 해서 행정법학이 이 문제에만 관심을 가질 것은 아니다. 사법적 통제에는 통상의 행정재판 외에 추상적·구체적 규범통제제도, 헌법소원 등이 이용될 수 있다. 차례로 살펴보자.

우선 법규명령은 그 자체로 취소소송(행정소송)의 대상이 되지 않는다. 다만, 법규명령이 "집행행위의 개입 없이 직접 구체적으로 국민의 권리·의무관계에 영향을 미치는 경우", 즉 이른바 '**처분적**' **명령**인 경우에는 예외적으로 취소소송의 대상이 된다는 것이 학설 및 판례이다. 다만, 최근에는 이러한 제한 없이 법규명령(행정입법)에 대한 취소소송을 인정하자는 견해도 제기되고 있다.[54] 법규명령과 같은 행정입법도 행정소송(미국, 프랑스, 영국 등과 같이 취소소송, 또는 독일과 같이 규범폐지소송)의 대상이 되도록 「행정소송법」을 개정하자는 논의도 있다.

---

52) Heiko Faber, *Verwaltungsrecht*, 42쪽.

53) 1997. 1. 13 개정. 제정·개정 이유문은 다음과 같다. "의원의 대정부질문 시간을 확대하고, 대통령령등 행정입법의 제정 및 개정시 이의 국회 송부를 의무화함으로써 국회의 대정부통제기능을 강화하며, 복수상임위원제를 새로 도입함으로써 다양한 국민여론을 국정에 반영하도록 하고, 의사정족수의 완화 등을 통하여 원활한 국회의 운영을 도모하려는 것임."

54) 박정훈, "행정입법에 대한 사법심사", 특별법연구 제7권, 2005, 23쪽 아래.

그러나 이런 견해들은 아직은 일부의 해석론 혹은 입법론에 불과하므로 법규명령을 재판상 다투자면 통상 구체적 규범통제제도를 이용해야 한다. 헌법 제107조 제2항에 의하여 법원은 "명령·규칙 또는 처분이 헌법이나 법률에 위반되는 여부가 재판의 전제가 된 경우" 이를 심사할 권한이 있다. 여기서 말하는 명령은 법규명령을 말하며, 자치법규인 조례와 규칙을 포함한다. 그리고 규칙은 중앙선거관리위원회 규칙, 대법원규칙, 국회규칙 등 법규명령인 규칙을 말한다. 행정규칙 중 법규적 성질을 갖는 법령보충규칙도 여기서 말하는 명령·규칙에 포함된다.[55] 구체적 규범통제 하에서는 법규명령의 위헌·위법 여부는 직접 다투어지는 것이 아니라 구체적 사건의 재판을 위한 선결문제로서 다루어진다.

한편 법규명령은 헌법소원의 대상이 될 수도 있다.[56] 즉, 당해 법규명령이 구체적 집행절차를 매개로 하지 않고 직접적으로 그리고 현재적으로 국민의 기본권을 침해하는 경우 그리고 그 명령을 직접 다투는 구제제도가 없는 경우에는 – 헌법소원은 기존의 구제제도에 대한 보충적인 구제제도이므로 – 헌법소원의 대상이 된다고 본다. 다만, 대법원도 법규 자체의 처분성을 인정하는 편이어서, 대법원이 처분성을 인정하여 항고소송을 인정하는 범위만큼 헌법소원의 보충성 원칙은 충족되지 않아 헌법소원이 불가능해지므로 법규명령에 대한 헌법소원의 가능성은 법원의 태도에 따라 유동적일 수 있다.[57] 따라서 대법원이 어떤 경우에 명령·규칙에 대해 처분성을 인정하는지를 정확히 따져볼 필요가 있다.

이와 관련하여 일부 교재에서는 조금 복잡하게 논의를 전개하고 있으나,[58] 구체적인 규범통제의 대상이 되는 명령을 크게 처분적 법규명령과 (자기) 집행적 법규명령으로 구분한 뒤, 전자에 대해서만 항고소송의 대상이 된다고 해석하는 것이 타당하다.[59] 그렇게 하는 것이 직접적 규범통제를 인정하지 않는 현행법의 해석에도 맞고, 집행적 법규명령에 대한 헌법소원을 인정하는 헌법재판소의 입장과도 배치되지 않는다.[60]

여기서 집행적 법규명령이란 일반적·추상적인 규율임에도 불구하고 집행행위의

55) 박균성, 2021, 144쪽.
56) 헌재 1990. 10. 15. 선고 89헌마178 결정. 이러한 해석은 이후에도 이어졌다.
57) 김유환, 2024, 124쪽.
58) 대표적으로 박균성, 2021, 146-147쪽.
59) 김유환, 2023, 120. 정하중/김광수, 2023, 131쪽.
60) 정하중/김광수, 2023, 131쪽.

매개 없이 직접 개인의 권리와 의무를 규율하는 법규명령이다. 당구장 업소에 18세 미만의 청소년 출입을 금지하는 법규명령이 그 예이다. 반면, 처분적 법규명령은 외관은 법규명령의 형태를 갖고 있으나 내용은 개별적·구체적 규율로서 행정행위의 성격을 지닌 법규명령이다.[61] 대법원은 1996년 두밀분교 폐지조례 사건에서의 조례에 대한 항고소송 대상성을 인정함으로써 '처분적 조례'라는 개념을 등장시켰고,[62] 2003년에는 보건복지부장관의 약가고시의 처분성을 인정하였다.[63]

더공부해보기/생각해보기/토론하기

1. 전쟁과 자본주의의 상관관계를 설명하고, 전시자본주의, 특히 1차 대전이 행정법의 발전에 어떤 영향을 주었는지를 토론해보자.

데이비드 하비는 『반란의 도시』에서 도시공간의 형성을 군비지출과 함께 자본주의 잉여생산물을 흡수하는 역할을 떠맡는 양대 요소로 보고 있다. 양자는 이른바 '창조적' 파괴를 통해 잉여생산물을 소진시킨다는 점에서 공통적이다.[64] 공황이나 경제위기, 경기침체 국면에서 전쟁에 의한 '특수'(特需)는 이윤율 저하 경향을 상쇄한다.[65] 도시재개발도 마찬가지다. 한마디로 자본주의를 계속 굴러가게 만드는 것이 전쟁과 도시재개발이라는 얘기다.

전쟁과 자본주의의 관계는 일찍이 **베르너 좀바르트**가 전쟁 사회학의 고전인 『**전쟁과 자본주의**』에서 분석한 바 있다.[66] 좀바르트는 근대 군대의 발생에서 18세기말에 이르

61) 정하중/김광수, 2023, 131쪽 각주 6번.

62) 대법원 1996. 9. 20. 선고 95누8003 판결.

63) 대법원 2003. 10. 9.자 2003무23 결정, 대법원 2006. 9. 22. 선고 2005두2506 판결. 대법원 판례의 설시만 보면 대법원이 처분적 법규명령만이 아니고 자기집행적 법규명령까지도 처분성을 인정하는 듯이 보인다. 그러나 지금까지 대법원 판례에 의해 처분성이 인정된 법규명령은 모두 처분적 법규명령에 해당하는 것이라고 한다. 이원우, "행정입법에 대한 사법적 통제방식의 쟁점", 행정법연구 제25호, 2009, 19쪽.

64) 데이비드 하비, 한상연 옮김, 반란의 도시, 28-31쪽; 데이비드 하비, "도시에 대한 권리", 뉴레프트리뷰 2, 도서출판 길, 2010, 330쪽.

65) "자본주의적 생산양식이 발전해나감에 따라 사회적 노동생산력의 발전은 한편으로는 이윤율의 지속적인 저하 경향으로, 다른 한편으로는 획득되는 (…) 이윤의 절대량의 끊임없는 증가로 나타난다." 카를 마르크스, 강신준 옮김, 자본 Ⅲ-1, 도서출판 길, 2010, 297쪽.

기까지 전쟁이 키워온 자본주의 경제의 실상을 추적한다. 그는 이렇게 주장한다. 전쟁 없이 자본주의는 없었다. 군수(軍需)에 의한 재정 확대는 자본 형성을 촉진하고, 상비군의 증강은 농업, 유통, 무역에 영향을 주고, 무기의 근대화는 제철과 기계제작, 조선, 섬유산업의 성장을 가져왔다. 그리고 군대의 '지도와 행동의 분업화'가 대량 생산과 획일적 인간까지 만들어냈다. 전쟁은 자본주의의 조직을 단지 파괴하고, 자본주의의 발전을 단지 가로 막은게 아니다. 전쟁은 자본주의의 발전을 촉진하기도 했다. 아니 오히려 전쟁은 그 발전을 처음으로 가능하게 했다고 해야 할 것이다.

전쟁과 행정법 간에도 상관관계가 있다. 1차 대전은 독일 행정법을 근본적으로 변화시켰다. 당장에 전쟁수행에 필요한 모든 물자, 특히 경제적 자원을 동원해야 하므로 이는 재화분배체계에 국가가 포괄적으로 개입하는 사태를 낳았다. 이로써 새로운 (법)질서가 만들어지기 시작했다. 이제 옛질서로 돌아갈 수는 없다. 바이마르 헌법은 부르주아적 법치국가와의 결별하지는 않았지만, 사회질서의 자율성을 믿는 태도를 누그러뜨리고 각종 사회정책적 보호조항들을 새롭게 도입했다.[67] 그리고 이 시기 생존배려를 위한 급부행정론이 본격적으로 등장했다.[68] 전사자와 전쟁에서 돌아온 상이군인에 대한 급부행정을 실시하려면 법이 필요했고, 전쟁 이후에는 - 특히 패전국인 독일의 사례가 보여주듯이 - 주택부족에 대처하기 위한 주택 강제 배정도 이루어져야 했다.[69] 미국에서도 1차 대전을 전후하여 행정의 기능과 행정법규가 급격히 증가하였다. 독립규제위원회가 본격적으로 등장하여 경제 - 사회 규제를 담당하기 시작했던 때도 이 시기이다.

전시자본주의는 행정법의 패러다임을 바꾸었다. 본문에서도 보았듯이 행정부가 예외상태의 입법자로서 입법권을 장악하는 일도 필요하고, 전쟁을 준비하기 위한 통제경제 경제도 실시해야 한다. 특히 이 후자는 행정법적 개입 없이는 불가능하다. 1차 대전은 바로 그점에서 행정법의 발전과 전개에서 하나의 획기적인 전기(轉機)가 되었다. 예컨대 한국 공법 해석에도 강한 영향력을 행사하고 있는 독일의 손실보상법도 1차 대전을 기점으로 이른바 '고전적 수용의 붕괴'가 일어나면서 큰 변화에 직면했다는 것은 익히 알려져 있다.[70]

---

66) 베르너 좀바르트, 이상률 옮김, 전쟁과 자본주의, 문예출판사, 2019.

67) Ernst Forsthoff, *Lehrbuch*, 63쪽.

68) 자세한 것은 8.2.1. 참고.

69) 1차 대전 이후 바이마르 공화국 시기 독일의 주택정책에 관해서는 우선 다음을 참고할 것. 문수현, 주택, 시장보다 국가 - 독일 주택정책 150년, 이음, 107-170쪽.

70) 1874년의 프로이센 토지수용법(Gesetz über Enteignung und Beschränkung von Grundeigentum) 등이 구축한 '고전적 수용' 개념과 이것의 붕괴에 관해서는 후술한다(24.1.2.). "수용개념의 붕괴"는 칼 슈미트의 논문 제목이기도 하다. Carl Schmitt, "Die Auflösung des Enteignungsbegriffs", in

2. 포괄적 수권법률의 전형적인 예로 통상 나치스 독일의 수권법을 든다.[71] 그러나 독일에서 수권법은 이미 1차 대전 초기부터 등장하였다. 나치스 수권법은 예외적이고 초'헌법률'(Verfassungsgesetz)적인 입법이기는 하지만, 수권법 그 자체는 19세기적 입헌주의를 20세기적 형태로 변환하는 매개적 존재였다. 그 역사에 대해 간략히 살펴보자.

1. 포괄적 수권법률의 전형적인 예는 1933년 나치스가 정권을 잡은 뒤 제정한 이른바 수권법(授權法)이다. 1933년 1월 30일 힌덴부르크 대통령은 라이히수상으로 아돌프 히틀러를 임명하였다(히틀러 정부의 성립). 히틀러와 나치당은 여러 권력적 모략과 테러수단으로 반대파를 탄압하고, 3월 5일의 제국의회 선거에서 제1당의 지위를 확보했다. 3월 23일에 드디어 이른바 '수권법'을 만들어냈다. 수권법은 바이마르 의회제민주주의에 조종(弔鐘)을 울렸다. 독재제의 기초법이라 불리는 이 법률의 - 정식명칭은 '민족 및 라이히의 위기 극복을 위한 법률'(Gesetz zur Behebung der Not von Volk und Reich) - 전문은 다음과 같다.

제1조 라이히 법률은 라이히 헌법이 규정하는 절차 이외에 라이히 정부(Reichsregierung)에 의해서도 의결될 수 있다. 라이히 헌법 제85조 제2항 및 제87조[72]가 말하는 법률에 대해서도 마찬가지이다.

제2조 라이히 정부에 의해 의결된 법률은 라이히 의회 및 라이히 참의원 제도 자체를 대상으로 하지 않는 한, 라이히 헌법을 위반할 수 있다. 그러나 라이히 대통령의 권한(die Rechte)은 건드릴 수 없다.

제3조 라이히 정부에 의해 의결된 라이히 법률은 라이히 수상에 의해 서명되고 관보로 공포된다. 이 법률은 별도의 규정이 없는 한 공포일 다음 날부터 효력을 발생한다. 헌법 제68조 내지 제77조[73]는 라이히 정부에 의해 의결된 법률에는 적용되지 아니한다.

제4조 라이히의 입법사항에 관련되는 라이히와 외국과의 조약은 입법에 참여하는 기관들의 동의를 요하지 않는다. 라이히 정부는 이러한 조약 시행에 필요한 규정을 만들 수 있다.

제5조 이 법률은 공포일로부터 효력을 발생한다. 1937년 4월 1일로 효력을 상

Verfassungsrechtliche Aufsätze aus den Jahren 1924-1954, Berlin, 1958, 110-123쪽.

71) 군국주의 일본의 '국가총동원법'(1938년)도 전형적인 포괄적 수권법률에 해당한다.

72) 예산의 결정 및 국채의 발행, 라이히의 부담에 의한 담보의 인수에 관한 조항이다.

73) 법률제정절차에 관한 규정이다.

실한다. 또한 현재의 라이히 정부가 다른 라이히 정부에 의해 교체된 경우에도 효력을 상실한다.

나치스 수권법의 구조는 1차 대전 당시의 수권법(1914년 8월 4일), 또는 대전 후의 인플레이션과 정치적 격동에 대처하기 위해 제정된 1923년의 두 개의 수권법(10월 13일과 12월 8일)과 비교할 때 다음 세 가지 점에서 크게 다르다. ① 정부에 명령제정권뿐만 아니라 바이마르 헌법에 예정된 모든 형식적 의미의 법률을 제정·공포할 권한이 부여된다. ② 정부가 법률제정권을 행사하는 경우 헌법률(Verfassungsgesetz)을 포함하여 기존의 헌법규범을 위반할 수 있다. ③ 정부에 대한 수권이 양적으로나 내용적으로 무한정하게 인정된다. 더욱이 동법 제5조에 의하여 정해진 유효기간은 1937년 1월 30일의 법률 및 1939년 1월 30일의 법률에 의하여 각각 연장되었다. 1943년 5월 10일의 '총통포고'(Erlaß des Führers)로 그 효력은 무기한이 되었다. 결국 이 '전권위임법(全權委任法)'은 제3제국 내내 계속 유효하였던 것이다. 이렇게 입법과 행정의 전권을 장악한 히틀러 정권은 폭력적 수단을 합법성의 외피로 감싸면서, 2년도 채 못 되는 기간에 전체주의적 지배체제를 완성하는데 성공했다.[74)]

2. 1914년 독일은 대전에 돌입했다. 이 대전은 역사단계로는 총력전의 성격을 갖고 있었다. 경제력이 결정적인 전쟁이기도 했다. 독일의 지배층이 이 전쟁의 성격을 제대로 파악할 수 있었는지와 무관하게 전쟁수행 그 자체는 국가와 경제의 새로운 편성을 강제하였다. 8월 4일 제국의회는 사회민주당의 찬성을 포함한 다수결로 전쟁경제 지도를 위한 16건의 법률을 가결하였다. 그 중 '전시연방참의원에 (…) 경제적 조치 권한을 부여하는 법률'(Gesetz über die Ermächtigung des Bundesrats zu wirtschaftlichen Maßnahmen und über die Verlängerung der Fristen des Wechsel- und Scheckrechts im Falle kriegerischer Ereignisse)은 소위 수권법(Ermächtigungsgesetz)으로서 전시경제법의 기초가 되었다. 수권법에 근거하여 제정된 다수의 경제통제법령은 사적 소유형태를 대폭 수정하였다. 특히 중요한 법령으로는 1915년 6월 24일자의 '군수물자확보에 관한 포고'(확보령, Bekanntmachung über die Sicherstellung von Kriegsbedarf)와 1915년 2월 9일의 '비축증대에 관한 포고'(비축령, Bekanntmachung über die Vorratserhebungen)이다. 확보령과 비축령의 공동적용으로 전쟁 수행에 필요한 일체의 자원을 강제적으로 동원하는 구조가 만들어졌다. 그 점에서 "그때까지 입헌국가에 알려지지 않았던 방법"[75)]으로 사적

74) 天野和夫 外(編), マルクス主義法学講座④ - 国家·法の歴史理論, 341-342쪽.

75) Ernst Heymnn, *Die Rechtsformen der militärischen Kriegswirtschaft als Grundlage des neuen deutschen Industrierechts,* 1921, 53쪽. 天野和夫 外(編), 위의 책, 307쪽에서 재인용.

소유권에 대한 국가의 간섭이 이루어졌다. 물론 이것은 계약자유의 제한, 가격통제, 강제 신디케이트(제품의 공동판매에 관한 독점형태의 하나) 등 국가에 의한 경제지도라는 전체 시스템 중 한 부분이었다. 전체 시스템의 기초가 되는 국가계획(die staatliche Planung)이 등장하고, 생산통제, 노동통제(임금통제)가 전개되었다. 이리하여 긴급상태(Notstand)를 근거로 한 '전시사회주의'라 불리는 국가와 경제의 재편성이 진행되었다. 이 진행을 매개·촉진하는 정책수단인 제 법령은 시민법질서의 외부에서 그 질서를 부정하는 존재로서 나타났다.[76]

3. 군대의 해외파병 문제를 의회유보의 관점에서 설명해 보자. 예컨대 파병안 동의시 국회는 어느 범위까지 스스로 결정해야 할까? 혹은 국회는 실제로 해외파병과 같은 국가안보와 관련된 사안에서 실질적인 결정자 역할을 하고 있는가? 국가안보와 관련된 법해석론과 실무는 쁘띠 부르주아지의 법으로서의 행정법의 한계를 보여주는 것이 아닌지 토론해보자.

의회유보란 공동체를 위해 실질적 중요성을 갖는 모든 사항은 직접적인 의회의 동의를 필요로 하며 다른 국가기관의 결정권에 맡겨져서는 안 된다는 원칙을 말한다. 의회유보이론에 따르면 국회의 동의를 받아야 할 사항은 반드시 법률에 한정되지 않고 "(구속적인) 의회의 결의"에까지 미친다.[77] 예컨대 의회만이 군대의 해외파병에 대해 최종적인 결정권을 행사할 수 있으며, 해외파병결정을 내릴 경우 의회는 적어도 파병기간, 파병되는 부대의 규모, 파병부대의 임무·성격(전투부대를 보낼 것인지 여부) 등에 대해 반드시 스스로 결정해야 한다.

그러나 비교법적인 연구에 의하면 어느 나라나 할 것 없이 해외파병에 대한 동의권은 형식적인 것에 그치고 있다. 예컨대 영국의 경우 파병결정에서의 실질적인 의회참여는 존재하지 않는다. 파병결정을 내릴 권한은 사실상 정부에게만 속해 있다. 이러한 권한독점을 헌법적으로 정당화하는 장치가 대권행위(royal prerogative)라는 전통적인 법논리이다. 영국 의회가 파병에 대해 결정을 할 수 있을 것인가는 행정부의 선의에 달려 있다. 의회는 일반적인 파병동의권한을 갖고 있지 않으며 사안별로 그것도 행정부가 의회의 결정을 구하는 경우에만 동의권을 행사할 수 있다.

해외파병보다 더 내밀한 외교, 국방, 국가안보 영역으로 시선을 옮겨보면 상황은 더욱 심각하다. 입법적 통제는 물론이고 사법적 통제도 작동하지 않거나 작동하더라도 형식적인 것에 그친다. 「행정절차법」은 "국가안전보장·국방·외교 또는 통일에

76) 天野和夫 外(編), 위의 책, 304-308쪽.

77) Maurer/Waldhoff, 130쪽(6장 9번).

관한 사항 중 행정절차를 거칠 경우 국가의 중대한 이익을 현저히 해칠 우려가 있는 사항"(제3조 제1항 제7호)은 동법이 적용되지 않는다고 명시했다. 이것은 하나의 예시일 뿐이다. 이 영역에 이르면 가히 행정법은 멈춘다고 말할 수 있다.[78]

78) 이계수, "국방에 대한 민주주의적 통제", 민주법학 제32호, 2006, 23 - 54쪽. 아울러, 이계수, 군사안보법 연구, 울산대학교출판부, 2007, 79 - 117쪽 참고.

10

법적 규율의 밀도(2) - 재량과 판단여지

10.1. 재량의 이해

10.1.1. 재량문제의 체계적 이해

법적 규율의 밀도와 관련한 두 번째 쟁점은 재량이다. 법률은 행정에게 '결정의 여지'(Entscheidungsspielraum)[1]를 전혀 남겨두지 않을 때도 있고(=행정은 특정한 법효과를 취해야 한다), 비교적 적은 정도의 결정의 여지를 부여할 때도 있으며(=법규정에 Sollen이라고 표현되어 있으면 행정은 비전형적 사정이 존재하지 않는 한 입법자가 규정한 법효과를 선택해야 한다[2]), 비교적 큰 결정의 여지를 부여할 때도 있다.[3] 다만, 이러한 수권은 법규명령에서와 마찬가지로 법치국가원리 - 명확성, 예측가능성의 원칙 등 - 에 반하지 않아야 한다.

【판례】 헌법재판소 2007. 10. 4. 선고 2006헌바91 전원재판부 [구택지개발촉진법위헌소원]

모든 법률은 법치국가적 법적 안정성의 관점에서 행정과 사법에 의한 법적용의 기준으로서 명확해야 한다. 그러나 오늘날의 행정은 질적·양적으로 확대·다양화되어 있어서 행위 여부 또는 행위의 내용에 관하여 행정청에 일정한 한도의 독자적 판단권을 인정하는 것이 공익의 적정한 실현을 위하여 요청되기도 한다. 그에 따라 **법률은 행정행위의 요건을 규정함에 있어 추상적·불확정적 개념을 사용하거나, 행**

1) 우리 판례의 표현으로는 "일정한 한도의 독자적 판단권"에 해당하는 개념이다.
2) Sollen 규정에 대해서는 후술한다.
3) Sodan/Ziekow, *Grundkurs*, 536쪽(69장 2번).

정청에 재량권을 부여하고 있는 경우가 적지 않다.

법률이 행정부에 대한 수권을 내용으로 하는 것이라면 수권의 목적, 내용 및 범위를 명확하게 규정함으로써 행정청의 자의적인 법적용을 배제할 수 있는 객관적인 기준을 제시하고, 국민으로 하여금 행정청의 행위를 어느 정도 **예견할 수 있도록 하여야 할 것이다**(헌재 2004. 7. 15. 2002헌바47, 판례집 16-2상, 43 참조). 다만, 그 규율대상이 지극히 다양하거나 수시로 변화하는 성질의 것이어서 입법기술상 일의적으로 규정할 수 없는 경우에는 이와 같은 예측가능성의 정도가 완화된다 할 것이고, 또 예측가능한지 여부는 그 규정의 문언만으로 판단할 것이 아니라 관련조항을 유기적 · 체계적으로 판단하여야 한다.

재량은 법의 모든 영역에서 등장한다. 헌법(학)에서는 '입법재량'[4]이라는 말도 쓴다. 법원의 활동은 법을 발견하는 것이라고 하지만, 실제론는 사법재량이 행사된다. 라딘(M. J. Radin)의 말을 인용하자면 "만약 논리적이고 분석적인 규칙을 적용해 판사들의 손을 묶어두지 않으면, 판사들은 법을 적용하는데 있어서 개인적 재량권을 가지게 될 것이라는 것이 전통적 견해다. (…) 정부는 제한되어야 할 리바이어던이다. 그러나 (…) 판사는 훨씬 더 제한될 필요가 있다."[5] 이런 비판적 코멘트만 보아도 알 수 있듯이 재량은 행정행위(행정처분)의 전매특허가 아니다. 그렇긴 해도 재량이라 하면 대체로 행정법의 문제로 본다.

앞부분에서 정리한 행정의 개념을 다시 상기해 보면 행정이란 "법 아래서 법의 구속을 받으면서 일체의 국가목적을 현실적·구체적으로 실현하기 위하여 통일적으로 수행되는 계속적 형성활동"이다. 이 정의의 첫 부분에서 밝히고 있듯이 행정은 법률에 엄격히 구속되어야 한다. 이것이 일단은 행정법의 출발점이다. 사실 정당·적법하게 행동하려면 오로지 하나의 결정만을 행정청이 내려야 하는 사례도 많이 있다. 그러나 행정이 법의 구속을 받는다고 하여 언제나 시계의 기계장치처럼 일처리를 하는 것은 아니며, 또한 그래서도 안 된다.

그 이유는 간단하다. 만약 항상 그런 일만 일어난다면 국가목적을 현실적·구체적으로 실현하기 위한 통일적·계속적 형성활동은 가능하지 않기 때문이다. 행정청에 정책적·행

4) 입법자의 형성의 자유 혹은 "입법자의 형성재량"(헌재 1994. 7. 29. 선고 92헌바49, 52 결정)이라고도 한다.

5) 호세 마리아 마라발, "정치적 무기로서의 법의 지배", 아담 쉐보르스키 · 호세 마리아 마라발 외 지음, 안규남 · 송호창 외 옮김, 민주주의와 법의 지배, 후마니타스, 2008, 434쪽 각주 11번.

정적 판단권, 즉 재량이 있기 때문에 행정은 자신의 활동, 즉 '사회형성활동'을 할 수 있다. 그래서 "행정법의 진수는 재량"(다나카 지로)이라든가 "**법치국가 행정법의 핵심개념**(Schlüsselbegriff)은 재량"[6]이라는 말도 나온다. 확실히 행정의 사회형성적 활동, 공익실현 작용은 행정에게 재량을 인정할 수 있는 필요조건은 된다(물론 충분조건은 아니다).

행정법에서 재량은 행정행위에서 주로 논의되지만, 원래는 행정법 전반에 걸쳐 있는 문제이다. 행정입법과 재량, 권력적 사실행위와 재량, 행정계약과 재량, 구속적 행정계획과 재량(계획재량) 등을 쟁점으로 다룰 수 있다. 행정행위는 행정활동의 중요한 부분이기는 하나 그 전부는 아니다. 즉, 행정행위 외에도 법규명령의 증대에 수반하는 행정입법상의 재량 문제가 존재한다. 권력적 사실행위[7]와 공법상 계약[8] 등에서의 행정재량 통제법리는 행정행위에서의 그것과 다른 측면이 있다고 해도 역시 그 중요성을 부정할 수 없다. 구속적·비구속적 행정계획도 마찬가지이다. 따라서 재량의 문제, 재량에 대한 통제 문제는 행정법 전체를 관통하지만, 재량론의 핵심은 역시 재량행위론에 있다. 행정법의 관점에서 볼 때 행정이 법을 집행하고 해석하는 가장 대표적인 방식이 행정행위이기 때문이다.

10.1.2. 법률로부터의 해방과 구속을 반복해온 행정 - 독일 재량행위론의 역사

재량행위의 문제는 행정에 대한 불신과 법관에 대한 (대단한) 신뢰라는 두 요소에 의해 영향을 받아왔다. 이 절에서는 이 점을 독일 재량행위론의 역사를 통해 개관해 보려고 한다. 재량개념을 둘러싼 긴 역사는 이것에 대한 이해가 행정부의 권력과 사법권력 간의 관계 그리고 궁극적으로는 자본주의 발전단계에 따라 변화해왔음을 보여준다.[9] 다만 이 경우의 '발전' 혹은 '변화'를 재량의 축소 혹은 재량통제의 강화라는 한 방향 운동으로 보는 것은 단순한 생각이다. 재량행위론은 정-반-합의 변증법적 발전을 지속해온 것이 아니라 차라리 **오르락내리락하는 커브 곡선**을 그어 왔다("Die Fieberkurve der Ermessenslehre"[10]). 때로는 행정재량이 폭넓게 인정되다가 때로는

---

6) Heiko Faber, *Verwaltungsrecht*, 100쪽.

7) 예컨대 경찰관이 행하는 즉시강제, 대집행 실행과 재량권 행사를 생각해 보라.

8) 예컨대 국가와 지방자치단체의 행정이 확실한 '갑'의 지위에 있는 경우 그들이 행사하는 계약체결 및 내용형성에서의 재량을 생각해보라.

9) Friedhelm Hase/Karl-Heinz Ladeur, *Verfasssungsgerichtsbarkeit und politisches System - Studien zum Rechtsstaatsproblem*, Frankfurt a. M. 1980, 152쪽.

재량통제가 강화되었다는 뜻이다. 하이코 파버에 의하면 독일에서 재량은 1808년에 프로이센에서 탄생했다고 보면 틀리지 않는데, 그 이전에도 그렇고 그 이후로도 그렇고, 재량의 이론과 실무는 행정재량에 우호적이었다가 이를 통제하는 식의 반복을 되풀이했다. 파버가 정리한 독일 재량이론의 역사를 1800년대부터 1970년대까지 시기를 중심으로 간단히 정리해보자.[11)]

① 절대주의 시기에 영방군주들은 자유롭게 결정권을 행사했다. 절대주의라는 말 자체가 '법으로부터 해방되어 있다'(legibus absolutus)는 의미이다(↑).

② 여전히 절대주의 시기였던 1797년에 프로이센국은 옛 폴란드 땅의 일부를 동프로이센으로 병합했다(폴란드 분할). 이 지역에서 처음으로 사법과 행정을 분리하는 정책실험을 했다. 이를 통해 행정조치에 대항하는 소송도 일반법원이 전적으로 관할권을 갖게 했다. 이런 '개혁'은 이후 프로이센의 나머지 영토에도 확대되었다(↓).

③ 그런데 1808년 12월 26일자 칙령(Verordnung)에 의거 경찰처분에 대한 일반법원의 관할은 재차 (실제로는 경미하게, 이론적으로는 심각하게) 제한되었다. 법원을 통한 권리구제는 "법률의 명시적 규정"(ausdrückliche Disposition der Gesetze) 혹은 특별한 법적 권원(Rechtstitel)을 침해했을 경우에만 주어졌다(칙령 제38조). 반면, 소송이 자유와 재산에 기초하여 제기된다면, 법원은 "공익상의 필요성에 관한 심리" 권한이 없었다(칙령 제40조).[12)] 이 칙령의 해당조항 초안을 작성한 칼-페르디난트 프리제는 이와 관련하여 다음과 같이 썼다.

> 경찰(당시는=내무행정)은 법률규정에 반하여 행위하여서는 안 되지만, "완전히 독자의 재량으로 행위한다든지 혹은 현장에서 규정을 발령한다든지하는 경우도 적지 않다. 그 점에서 어느 정도 입법적 권력과 경찰행정은 분리하기 힘들다."[13)]

프리제는 예나와 아우어슈테트에서의 프로이센의 파멸적인 패배로부터 교훈을 끌어낼려고 했던 개혁파에 속했다. 이 그룹은 주로 관료들, 특히 '행정재판관들'(Verwaltungsjuristen)

---

10) Heiko Faber, *Verwaltungsrecht*, 104쪽.

11) Heiko Faber, *Verwaltungsrecht*, 100-104쪽(①-⑥까지의 설명이 이에 해당한다. ⑦-⑧은 필자가 추가한 것이다). 특히 104쪽의 도표를 참고할 것.

12) 이 제40조는 말하자면 재량불심리원칙을 표명한 것으로 볼 수 있다.

13) Loening, Gerichte und Verwaltungsbehörden in Brandenburg-Preußen, 1914, 132-133쪽 수록. Heiko Faber, *Verwaltungsrecht*, 100쪽에서 재인용.

의 느슨한 결합체였다. 반면, 그들의 반대파인 복고파들은 대다수가 귀족적인 '법원판사들'(Justizjuristen)이었다. 이로부터 재량개념을 강조하는 숨은 의미가 무엇이었는지를 간파해낼 수 있다. 이 개념의 이면에는 복고적인 사법에 맞서 관료주의의 개혁적 시도를 수호한다는 의도가 깔려있었다. 슈타인, 하르덴베르크 그리고 클라우제비츠 같은 개혁가들은 시대를 몇십 년은 앞선 자들이었다. 1820년대에 그들은 복고파들에 의해 밀려났다. 이렇게 되자, 이번에는 법원이 부르주아적 시민계급의 중심으로 등장했다. 복고시대였던 1842년 5월 11일자 법률이 경찰처분에 대한 통제권을 법원에게서 완전히 박탈한 것도 이런 맥락이다. 이것은 이후로도 오랫동안 영향을 미친, 반동세력이 거둔 하나의 승리였다(↑).

④ 그러나 이런 흐름에 반대하는 새로운 움직임이 곧바로 생겨났다. 19세기 중후반에 걸쳐 프로이센에서 행정재판이 완전히 제도화되고, 그와 동시에 재량(Ermessenspielräume)에 대한 재판적 통제를 둘러싼 논쟁이 시작되었다. 오토 배어(Otto Bähr)는 "공공복리를 위한 필요"(Notwendigkeith für das öffentliche Wohl) 같은 개념은 행정청의 해석에 맡기면서도, 재판을 통해 다툴 수 있는 개념("기술적" 및 "특수법률적" 개념)을 인정했다.[14] 프로이센 행정재판제도의 아버지라 평가받는 그나이스트는 법률, 재량 및 (재판적으로 심사가능한) 기술적(技術的) 규정(Massbestimmungen)을 구분했다.[15] 행정재판소는 재량개념으로 이해되어온 개괄조항을 점점 더 전면적으로 심사하는 쪽으로 나아갔다. 이러한 움직임은 1945년 이후 나치스 시대에 대한 반작용으로 행정결정에 대한 사법심사가 재차 아주 중요한 가치를 획득하기까지 지속되었고, 패전과 서독일 공화국이 수립되던 그 시점에 비로소 완결되었다(1850-1949년). 처음에 재량개념으로 보았다가 이후 전면적으로 사법심사의 대상이 되는 법개념으로 재평가된 개괄조항을 '불확정(법)개념'으로 새롭게 명명하고 이를 통제해야 한다고 주장하기 시작한 것도 이 시기(1945-1949)였다.[16] 19세기 당시 부르주아 계급은 그들이 결국 장악하지 못한 행정을 입법, 사법을 통해 통제해야 한다는 생각은 했지만, 19세기의 마지막 30년 시기에 새로 부상했던 노동자계급 운동으로부터도 자신들의 기득권, 이익상황(Besitzstände)을 아울러 지켜야 한다는 마음에 공공의 안전 등에 대한 판단권을 프로이센 관료계급이 재량껏 판단하도록 용인했다. 그러다 나치스 정권을 맞았다. 전후에 개괄조항도 '법개념'으로 보아 재판의 통제대상으로 삼아야 한다는 쪽으로 태도전

---

14) Otto Bähr, *Rechtsstaat*, 1864, 60 - 61쪽.

15) Rudolf v. Gneist, *Rechtsstaat*, 2. Aufl., 1879, 48, 272쪽.

16) 하이코 파버는 한스 페터스가 이 개념의 최초 사용자로 평가한다. Hans Peters, *Lehrbuch*, 1949, 92쪽.

환을 한 것은 어쩌면 당연했다. 나치스 정권 시기 독일의 '집행부'가 무소불위로 행사했던 막강한 권력에 대한 견제 및 반작용은 불가피했다(↓).

⑤ 1950년대 중반 이후에는 바이마르 공화국 당시 발터 옐리네크에 의해 그 맹아가 보였던 불확정(법)개념에 기대어 재량을 다시 (법률)요건 부분으로까지 확장하기 시작했다.[17] 이것이 불확정(법)개념에 대한 '판단여지설'이다. 판단여지설은 1955년에 바호프가 처음 제기하였다. 울레(대체가능성설)와 볼프(평가특권설)가 곧 이어 유사한 학설을 내놓았다.[18] 판단여지설은 전후 독일의 사회변화에 대응하여 행정이 적절히 '사회형성적 활동'을 해나가려면 - 그것을 재량이라 부르든 판단여지라 부르든 - 행정에게 최종적인 정책적·행정적 해석 및 판단권을 부여할 수밖에 없는 영역(초기사례로는 시험·평가위원회의 시험결정들)이 있음을 인정해야 한다는 인식을 반영한다. 정치적으로는 아데나워 정권의 행정부가 전후 약 10년 간의 수세기에서 벗어나 권력과 명예를 회복했음을 보여주는 징표로 해석되었다(↑).

⑥ 그러자 1960년대 중반에는 이에 반발하여 불확정개념의 적용만이 아니라 명시적인 재량권의 사용도 법의 실현이므로 전면적 사법통제의 대상이 되어야 한다는 견해가 제시되었다.[19] 그러나 이 견해는 지지를 얻지 못했다(↓).

⑦ 1990년대 이후 학설과 판례는 판단여지설에 또 다시 제동을 걸어 아주 예외적으로만 행정의 판단여지를 인정하는 쪽으로 나아가고 있다. 연방행정법원은 처음엔 불확정개념을 심사하는 것은 제한된다고 보았으나, 곧 예외적인 경우를 제외하면 불확정개념도 법원에 의해 전면적으로 심사되어야 한다, 즉 행정은 판단여지를 갖지 못한다는 견해를 취하기에 이르렀다. 예외는 특별한 근거에 의해 정당화되어야 하며, 또한 동시에 해당 법률 규정으로부터 도출해낼 수 있어야 한다고 본다. 연방헌법재판소도 이런 노선을 따르고 있으며, 나아가 기본권 제한과 관련해서는 예외의 한계를 더욱더 좁게 설정하고 있음은 이미 살펴보았다(2.3.1.).[20] 1990년대 이후 이들 법원이 그나마 제한적

---

17) 옐리네크는 불확정개념의 한계 안에서의 행정의 자유로운 개념형성의 자유를 재량으로 보았다. 이은상, "독일 재량행위 이론의 형성에 관한 연구", 난송회(엮음), 행정법학의 도전과 과제, 경인문화사, 2023, 95쪽.

18) Maurer/Waldhoff, 157쪽(7장 31번).

19) Hans Heinrich Rupp, *Grundfragen der heutigen Verwaltungsrechtslehre*, Tübingen, 1965, 206쪽 이하.

20) Maurer/Waldhoff, 160-161쪽(7장 35-36번). 정하중/김광수, 2023, 177쪽 참고. 독일 연방헌법재판소는 1990년 11. 27일 판결에서 외설적 소설을 청소년에게 유해하다고 판정한 청소년유해도서심사

으로 인정된 행정청의 판단여지를 축소하고 있는 것은 재량이론의 사회적 맥락(신자유주의하에서 행정규제 권력의 축소 및 약화)을 이해할 수 있게 한다(↓).

⑧ 판단여지가 인정되는 영역을 축소하고, 불확정개념에 대한 행정의 최종결정권도 부정하는 흐름(특히 연방헌법재판소)에 맞서 연방행정법원이 규정재량(Regulierungsermessen) 개념을 통해 재량을 다시 확대하려는 움직임을 보이고 있다. 규정(規定)재량은 2007년에 연방행정법원이 처음으로 사용한 개념이다.[21] 그런데 이 재량이 논의되는 영역은 보장행정(Gewährleistungsverwaltung)/규정행정(Regulierungsverwaltung)이다. 구체적으로 전기, 가스, 전기통신, 우편, 철도 등의 네트워크 산업의 급부행정이 '민영화'된 이후, 사적 주체가 하는 서비스 공급이 제대로 이루어지도록 보증'만'하는 국가(보장국가)와 그의 행정에 대해서는 이미 비판적으로 검토한 바 있다(8.2.1.)(↑).[22]

10.1.3. 재량행위론의 비교법적 시각

독일의 역사를 통해 재량의 문제는 행정과 사법 간의 역사적·정치적 갈등 관계의 양상을 드러내는 예로 이해할 수 있었다.[23] 그러니 영국과 프랑스 그리고 같은 독일어권이라고 하더라도 독일과 오스트리아 그리고 스위스가 각각 다른 재량이론을 발전시킨 것은 어쩌면 당연하다. 행정의 결정을 심사할 수 있는 법원의 조직적·인적 역량도 재량론에 영향을 미친다. 1950년대 중반에 판단여지설이 등장한 것도 당시 법원의 제한된 역량과 무관하지 않다.

위원회의 판정은 청소년 보호라는 공익과 출판사의 예술의 자유라는 법익을 충분히 형량하지 않은 위법이 있다고 하여 취소하였다. 1991. 4. 17일 판결에서는 국가시험에서 시험결정에 관한 행정청의 판단여지를 수험생의 직업의 자유에 관련시켜 제한하였다. 시험평가영역에서 판단여지를 인정하던 초기의 입장이 1990년대 이후 변화하는 양상에 대해서는 Maurer/Waldhoff, 164-165쪽(7장 43번).

21) Regulierungsermessen을 일본 행정법학자들은 규정재량이라고 번역하지만, 한국 연구자들은 이를 규제재량이라 옮긴다. '규제재량'이라고 번역하면, 행정 일반의 재량을 지칭하는 용어로 오해되기 쉽다. 왜냐하면 행정의 본연의 역할은 원래가 규제이기 때문이다. 예컨대 김철용, 2024, 50쪽은 규제행정을 질서행정과 거의 같은 개념으로 사용하면서 이 행정을 급부행정과 대비시킨다.

22) 이런 행정에 포괄적인 재량을 인정하고 법원의 통제밀도를 축소하기 위해 별도로 '규정재량'이라는 개념을 도입하려고 한다면 이에 대해서는 부정적인 평가를 할 수밖에 없다. 규정재량은 독일에서도 아직은 제대로 그 구조와 내용이 확정되지 않은, 논쟁중인 개념이다. 이에 관한 소개글로는 다음을 참고할 것. 문병효, "규제재량과 행정법원의 통제", 공법학연구 15권 1호, 2014, 207-241쪽.

23) Heiko Faber, *Verwaltungsrecht*, 95-98쪽. 또한 Christian Starck, "Verwaltungsermessen im modernen Staat: rechtsvergleichender Generalbericht", 16쪽.

따라서 예컨대 재량행위는 법효과에만 인정되므로 법률요건 부분에 대한 행정의 해석·판단(그것이 비록 불확정의 개념으로 구성되어 있다고 하더라도)은 아주 예외적인 경우를 제외하고는 전면적으로 사법심사의 대상이 되어야 한다는 식의 특수 독일적 이론을 재량행위에 관한 보편적인 견해라고 말하기는 곤란하다. 우리 법원만 하더라도 요건부분의 불확정개념에 대한 판단여지와 효과부분의 재량을 구별하지 않으며, 양자 모두 사법통제가 미칠 수 없는 행정청의 고유한 판단·결정 영역으로 보고 있다.

> 【판례】대법원 2020. 7. 9. 선고 2017두39785 판결 [개발행위불허가처분취소]
>
> 군사기지법 규정들의 문언, 체제, 형식과 군사기지 및 군사시설을 보호하고 군사작전을 원활히 수행하기 위하여 필요한 사항을 규정함으로써 국가안전보장에 이바지하려는 군사기지법의 목적(법 제1조) 등을 종합하여 보면, 협의 요청의 대상인 행위가 군사작전에 지장을 초래하거나 초래할 우려가 있는지, 그러한 지장이나 우려를 해소할 수 있는지, 항공등화의 명료한 인지를 방해하거나 항공등화로 오인될 우려가 있는지 등은 해당 부대의 임무, 작전계획, 군사기지 및 군사시설의 유형과 특성, 주변환경, 지역주민의 안전에 미치는 영향 등을 종합적으로 고려하여 행하는 고도의 전문적·군사적 판단 사항으로서, 그에 관해서는 국방부장관 또는 관할부대장 등에게 재량권이 부여되어 있다고 보아야 한다.

그래서 재량행위 뒤에는 자본주의 국가에 대한 이해가 숨어 있다고 말해야 한다. 독일 행정법과 미국 행정법을 비교했던 제2장의 설명을 상기해보자. 전통적으로 국가가 강했던 독일에서는 강한 국가(행정부)와 약한 경제사회·시민사회(사법부)가 맞붙었다. 오랜 기간 행정부가 압도했고 아주 가끔 사법부가 행정부를 통제했다. 이 상황을 타개(打開)하기 위해 경제사회·시민사회는 국가와의 싸움을 이어갔다. 그 결과물이 이제는 강한 국가 대 강한 '시민사회'를 넘어, 약한 국가 대 강한 '경제사회'로 귀결되는 양상이다. 재량을 둘러싼 개념 이해 상의 차이, 재량과 판단여지를 구분하는 일, 재량통제법리의 발전 등은 이 역사 속에서 나왔다.

미국 행정법에서는 이렇게까지 세세한 재량심사법리가 발전하지 않았다. 독일처럼 강한 국가는 없었다. 법원은 재량적 판단의 절차적 공정성을 심사하면 그만이다. 심지어 사실인정 부분까지도 실질적 증거 기준(substantial evidence standard)에 의거 행정의 독자적 판단권을 존중한다.[24] 대개 법규의 해석과 적용은 사실관계의 확정(사실인정) – 법규 내용의 해

24) 임성훈, "불확정법개념의 해석·적용에 대한 사법심사에 관한 연구 - 미국법과 독일법의 비교를 중심

석–확정된 사실관계를 법규의 규정 내용에 포섭–포섭된 결과에 따라 법률효과를 결정하거나 선택이라는 네 단계를 거친다.[25] 이 중에서 사실인정에 대해서는 대체로 재량을 인정하지 않는데, 미국 행정법은 이 점에서도 독일 행정법과 다르다.

물론 미국 행정법의 재량심사법리가 늘 일정했던 것은 아니다. 미국에서도 과학(과학적 재량)에 기초한 행정결정을 심사할 때 법원의 역할은 무엇인가 하는 문제가 널리 국내정치의 흐름에 강하게 영향을 받았다. 1970년대의 사회전반에 걸친 적극적이고 친환경적인 태도는 1980년대로 들어서며 친기업적이고 반규제적인 정치에 패배했고, 법원의 심사원리도 마찬가지 길을 걸었다.[26]

10.2. 기속행위와 재량행위, 판단여지

10.2.1. 재량행위의 개념

독일 재량이론의 역사를 살펴보았지만, 우리의 이론과 실무는 사실 독일의 재량론을 일찌감치 받아들인 20세기 초 일본의 재량학설에서 크게 벗어나지 못하고 있다. 독일 행정법학이 재량행위와 기속행위의 구별 문제에 본격적으로 뛰어든 것은 19세기 후반 독일, 오스트리아 등 대륙법계 국가들에서 행정재판소가 설치되기 시작할 때부터이다. 특히 1875년에 제정된 오스트리아 행정재판소법 제3조 제e호는 "행정관청이 자유재량으로 처리할 수 있는 권한이 있는 사항"(in denen und insoweit die Verwaltungsbehörde nach freiem Ermessen vorzugehen berechtigt waren)에 대해 행정재판소의 관할을 배제하였다. 당시 남독일의 뷔템베르크, 바이에른, 바덴 공국 등의 행정재판소법에도 같은 취지의 조항이 있었다.[27]

이것을 **재량불심리의 원칙** 혹은 법제라고 한다. 재량행위면 행정소송의 대상이 되

으로 - ", 난송회(엮음), 행정법학의 도전과 과제, 경인문화사, 2023, 87-88쪽.

25) 김유환, 2024, 148쪽.

26) Sheila Jasanoff, *Science at the Bar*, 71쪽; 쉴라 재서너프, 박상준 옮김, 법정에 선 과학, 117쪽.

27) 정하중/김광수, 2023, 165-166쪽. 이것을 행정소송제도에서의 남독일형이라고 부른다. 행정소송에서의 개괄주의를 취하면서 재량행위는 행정법원의 통제대상에서 제외했다. 반면 프로이센 북독일형은 행정소송에서의 열기주의를 취했으므로 특별히 이러한 조항이 필요없었다.

지 않는다는 의미다. 기속행위는 법에 엄격하게 기속되고(합법성의 문제, 법적용의 문제), 법에 위반하면 위법행위가 되며, 법의 해석·적용을 임무로 하는 법원의 심사대상이 된다. 그러나 재량행위는 법에 의하여 공익실현을 위한 판단의 여지가 처음부터 행정청에게 부여되고 있으므로 행정의 판단과 결정은 행정의 고유한 자기권한 행사이며(합목적성의 문제), 재량을 그르쳐도 부당행위가 될 뿐이어서(법적용의 문제가 아닌 부당문제), 행정부 자체의 통제(행정심판)는 별론으로 하고 그 판단과 결정이 법원의 심사대상은 되지 아니하였다. 그런데 부르주아 시민계급의 입장에서는 이런 영역을 가능한한 줄이고 싶었을 것이므로, 그 (이론적) 노력의 결과물이 요건재량설과 효과재량설의 대립으로 나타났다고 평가할 수 있다.

요건재량설(Theorie zum Tatbestandsermessen)은 재량이란 행정행위의 요건에 관한 사실인정과 인정사실의 요건 해당 여부에 관한 판단에만 인정되며, 그 인정 여부는 당해 행정법규의 문언에 의하여 판정해야 한다는 견해이다. 법률효과에 대해서는 재량을 인정하지 않는다.[28] 반면 효과재량설은 재량이란 법률요건의 해석과 적용이 아니라 법률효과(행위)의 선택(작위·부작위 간의 선택 혹은 복수 행위 사이의 선택)에 관해서만 인정될 수 있다고 본다.[29] 작위·부작위 사이의 선택을 **결정재량**이라고 하고 복수 행위 사이의 선택을 **선택재량**이라고 한다. 효과재량설은 요건규정에 불확정한 개념이 다수 사용되고 있는 현대 행정법규의 현실에서 재량의 범위를 대폭 축소했다는 평가를 받는다. 반면, 요건재량설은 요건 부분의 해석을 일반적으로 행정의 재량이라고 함으로써 법원의 통제 영역을 좁혔다는 반론에 직면했다.[30]

독일권에서의 두 학설의 대립은 일본 행정법학에서 조금 변형된 형태로 재현되었다. 그런데 이 대립은 어느 일방의 결정적 승리로 끝나지 않았으므로 – 독일에서도 그러하지만 특히 일본에서는 더더욱 그러하다. 다만 독일 행정법학은 전후 요건재량을 대폭 삭제하는 방향으로 나아갔음은 이미 살펴보았다 – 일본과 한국에서 재량은 요건과 효과를 모두 포괄하는 개념으로 정착하였다. 즉, 우리 교과서 상의 전통적 설명에 따르면 재량행위란 행정법규가 행정행위를 규율할 때 행정청에게 정책적·행정적 판단의 여지를 전속적으로 부여하고 있는 경우 행정청이 행하는 행정행위라고 하며, 재량행위에서 재량은 요건재량으로 나타나거나 혹은 효과재량으로 나타난다고 한다.

28) 김철용, 2024, 275쪽.
29) 박윤흔, 최신행정법강의(상), 2004, 340쪽.
30) 박윤흔, 위의 책, 339쪽 참고.

행정법규가 행정청에게 수권을 할 경우 가장 단순한 구조는, 예컨대 「도로교통법」 제93조 제1항 본문과 같이 "지방경찰청장은 운전면허를 받은 사람이 다음 각 호의 어느 하나에 해당하는 때에는 행정안전부령이 정하는 기준에 의하여 운전면허를 취소하거나 1년 이내의 범위에서 운전면허의 효력을 정지시킬 수 있다"라는 형식이다. 여기서 말하는 "다음 각 호의 어느 하나에 해당하는 때"가 (구성)요건이고, "운전면허를 취소하거나 1년 이내의 범위에서 운전면허의 효력을 정지시킬 수 있다"라는 부분이 (법률)효과이다. 법조문은 거의 예외없이 구성요건과 법률효과, 이렇게 두 부분으로 되어 있다. 그래서 (구성)요건의 인정에 재량이 인정되면 이를 요건재량이라 하고, (법률)효과의 결정과 선택에 재량이 인정되면 이를 효과재량이라고 한다.

한편, 재량이란 곧 행정행위에서의 재량(재량행위)이라고 생각해온 전통적 견해는 재량이 나타나는 방식에 대한 이해에도 영향을 미쳐 재량이란 그저 요건재량, 효과재량으로만 논의할 수 있는 것으로 보았다. 그러나 재량이 행정계획이나 행정입법에서도 그리고 사실행위에서도 나타날 수 있다는 점을 고려하면 재량을 요건재량과 효과재량으로만 구분하기는 어렵다. 즉, 재량의 문제를 행정법 전반으로 확대하게 되면 재량이 문제가 될 수 있는 측면도 확대될 수 있다. 그래서 일부 견해는 재량행위를 넓게 파악하여 "재량행위란 행정법규가 행위의 요건, 절차, 효과의 결정, 행위의 시기 및 형식 등의 결정에 있어서 행정청에게 정책적·행정적 판단의 여지를 전속적으로 부여하고 있는 경우에 행정청이 행하는 행위이다."[31] 행정행위를 할 때 어떤 절차를 거쳐 그것을 할 것인가도 재량이고, 이를 절차재량으로 표현할 수 있다는 얘기다.[32]

다만, 재량행위 개념을 이렇게 넓게 파악하게 되면 최근 우리 행정법학자들이 강조하는 「행정절차법」의 엄격적용이라든가, 절차하자의 판단에 어떤 영향을 미칠지도 함께 고민해 보아야 한다. 일례로 "행정청이 필요하다고 인정하는 경우" 청문의 실시 여부는 원칙적으로 행정청의 재량에 속한다(「행정절차법」 제22조 제1항 제2호)고 해석하게 되면, 청문을 하지 않은 것이 위법하다는 판단을 받을 가능성은 그만큼 낮아지고, 이는 절차적 하자의 독자적 위법성을 강조하는 법리와 잘 들어맞지 않는 문제가 생긴다. 앞에서도 여러번 강조했듯이 미국법은 절차적 적법성을 강조하므로, 절차문제를 재량으로 보아야, 법원이 절차하자를 이유로 행정의 판단을 취소할 것인지 여부를 최종적으로 '재량껏' 판정하는데도 유

31) 김철용, 2024, 268쪽. 이것은 독일식 행정행위 개념이 존재하지 않는 미국 행정법의 재량개념에 친숙한 재량행위 개념으로 평가할 수 있다.

32) 稲葉馨/人見剛/村上裕章/前田雅子, 行政法, 제2판, 有斐閣, 2010, 104쪽.

리하다. 특히 기존의 미국 법원이 행정의 결정에 대해 겸양적 해석(Chevron deference)을 해왔으므로 여기에 위와 같은 재량개념이 일조한 것은 아닌지도 검토가 필요하다.

10.2.2. 기속행위와 재량행위를 구분하는 기준

기속행위와 재량행위를 구별하는 기준과 관련하여 요건재량설과 효과재량설은 원래 독일과 오스트리아의 학설로 출발을 했지만, 우리 교과서에 실려 있는 이론들은 20세기 초의 일본 학설에서 유래한다. 요건재량설은 사사키 소우이치(佐佐木惣一)로 대표되는 교토학파가 그리고 효과재량설은 미노베 타쯔키치(美濃部達吉)로 대표되는 도쿄학파가 주장했다. 사사키 교수는 실정법이 공익에 대해 규정한다면, 행정부는 공익실현기관이므로 요건에 대한 해석에서 재량이 인정될 수 있다고 보았다.[33] 반면 미노베 교수는 행정권의 전단(專斷)에 의한 '천연(天然)의 자유'의 침해를 방지하려는 것이 법률의 유보의 취지이고, 침해의 근거법의 요건에 대해서는 행정재량이 인정되지 않는다고 보았다.[34] 미노베 교수의 견해는 자유주의 행정법학의 한 전형을 보여준다.

당시 일본 판례는 대체로 효과재량설에 입각하고 있었고 2차 대전 이후에도 이러한 경향은 이어졌다. 그러나 점차 법원은 요건의 인정에도 재량이 있다는 것을 다시 인정하게 되었다. 일례로 최고재판소는 **외국인의 체류허가**에 대한 법무부장관의 재량권 행사와 관련된 사안에서 "체류기간의 갱신이 적당하다고 인정하기에 충분한 상당한 이유"가 있는지 여부에 대한 판단의 경우 "그 판단이 전적으로 사실의 기초를 흠결하거나 사회통념상 현저하게 타당성을 흠결한 것이 명백한 경우에 한하여" 재량권의 범위 일탈 혹은 남용으로 위법하게 된다고 판시하였다.[35] 이는 명백히 법무부장관에게 요건의 존부에 관한 고유한 인정권, 즉 요건재량을 승인한 취지로 해석된다.[36] 요건재량설의 부분적 부활 혹은 효과재량설의 부분적 수정은 독일에서의 판단여지설이 그러했듯이, 전후 급속한 경제성장을 한 일본 사회를 뒷받침한 관료권력에 대한 법원의 '일정한' 인정이라고 평가해야 할 것이다. 우리 대법원도 "당해 행위의 근거가 된 법규의 체제·형식과 그 문언, 당해 행위가 속하는 행정 분야의 주된 목적과 특성, 당해

---

33) 佐佐木惣一, "行政機関の自由裁量", 法と経済 1巻 1号, 1933, 20, 30-33쪽.
34) 美濃部達吉, 行政裁判法, 1929, 152쪽.
35) 최고재판소 1978년 10월 4일 대법정 판결.
36) 塩野宏, 서원우/오세탁 공역, 일본행정법론, 법문사, 1996, 103쪽.

행위 자체의 개별적 성질과 유형 등을 모두 고려하여 판단하여야" 한다고 하여 효과재량설을 기본축으로 하면서도 요건재량도 인정할 수 있는 여지를 열어두고 있다.

한편 여전히 일부 교과서는 국민의 권리를 제한하거나 의무를 부과하는 행위인 경우에는 기속행위이며, 반면 권리나 이익을 부여하는 행위인 경우에는 재량행위에 해당한다는 설명을 내놓는다.[37] 이런 견해도 '효과재량설'이라고 부르는 경우가 있다. 그러나 개인에 대한 행정행위의 법적 효과를 기준으로 기속행위, 재량행위로 분류하는 방법은 '효과재량설'이라고 하기보다는 오히려 행정행위를 그 성질에 따라 분류하는 성질설이라고 보는 것이 적합할 것이라는 비판이 있다.[38]

판단여지설은 요건재량설의 '부분적 부활'로 평가할 수 있으므로 - 전면적으로 요건재량을 인정한 것은 아니므로 - 재량은 법률효과의 선택에만 있다는 효과재량설을 기본적으로 승인하는 바탕 위에서 특정한 사안과 관련한 요건해석에 재량을 인정하는 학설이라고 설명할 수 있다. 그래서 '**판단여지설**'은 일종의 변형된 효과재량설로 볼 수 있다. 왜냐하면 이 학설은 행정행위의 재량은 요건에 대한 해석·판단이 아니라 효과의 선택에만 인정된다는 입장을 유지하여, 요건이 불확정개념(예 : '공공의 안녕과 질서', '중대한 사유', '식품의 안전', '환경의 보전' 등)으로 되어 있는 경우라도 일단 재량은 인정될 수 없지만, '극히 제한된 일정한 경우에는' 요건에 대한 판단에서 법원은 자신의 판단보다 행정청의 판단을 우선시킬 수 있다고 보기 때문이다. 우리 대법원은 법률상 처분의 요건에 불확정개념을 사용하고 있는 경우에도 판단여지라는 개념을 인정하지 않고 이를 재량개념으로 일원화하고 있다는 것은 앞에서도 지적하였다.

10.2.3. 재량하자이론

행정에게 재량이 있다고 해서 행정이 자기 마음대로 모든 것을 할 수 있는 것은 아니다. 재량을 행사할 때에도 지켜야 할 일정한 룰이 있다. 이미 살펴본 비례원칙 등이 그런 것이다. 그럼에도 불구하고 재량규정이 있을 때 행정은 '상당한' 결정의 여지를 갖고 있다.

예컨대 무허가건축물에 대한 처리에서 '만약에' 행정이 재량을 갖고 있다고 본다면 (후술하는 생각해보기에서 살펴보겠지만, 이와 관련해서는 다른 견해도 있다), 이는 달리 말해 행정은 철거와 방치 중에서 어느 한쪽으로 재량적 판단을 할 수 있다는 뜻이며, 어떤

37) 대표적으로 김동희/최계영, 2023, 269쪽.

38) 정하중/김광수, 2023, 169쪽.

판단을 할 것인가는 그 건축법규 위반이 어느 정도 심한가(비례원칙), 그와 유사한 사례를 이전에 어떻게 처리했는가(평등원칙)에 달려 있다. 방치하지 않겠다는 판단을 내린 경우에도 「건축법」처럼 대집행과 이행강제금을 모두 규정하고 있는 경우에 대집행 대신에 이행강제금을 부과하는 일종의 선택재량이 인정되기도 하지만,[39] 하여간 행정은 사안의 처리에서 상당한 결정의 여지를 갖게 되고 그에 상응하여 행정법원의 권한은 제한된다. 행정법원은 행정관청이 결정의 여지를 넘어섰는가(이를 통상 재량의 일탈문제라고 한다) 그리고 만약 이를 넘어서지 않았다면 그 '여지' 내에서 **형식적으로 정당하게 판단했는가**(이를 통상 재량의 남용문제라고 한다)에 대해서만 심사할 수 있다. 형식적으로 정당하게 판단했다는 말은 행정이 여러 가능성 중에서 어떤 하나를 선택했을 때 그 선택이 실질적 근거가 있다는 것, 즉 자의적으로 판단한 것이 아니며, 개인적 혹은 정치적 호의 또는 반감에 근거해서 그런 선택을 한 것이 아니라는 의미로 새기면 된다. 반대로 만약 자의적으로 판단했다면 재량은 하자있는 것이 되고(재량하자) 위법하다.

재량하자의 예들은 학설과 판례에 의해 구체적으로 유형화되어 있다.[40] 예컨대 ① 재량의 일탈(행정청이 재량조항에 정해진 법 효과를 넘는 결정과 선택을 할 경우 인정), ② 재량의 잘못된 사용·남용(재량조항이 허용하는 목적을 준수하지 않거나, 재량행사시 중요하게 고려해야 할 점을 충분히 고려하지 않는 것),[41] ③ 사실오인(행정행위는 행정청이 근거법규, 관련법규를 잘못 해석하거나 적용할 때만이 아니라, 행정 결정을 하면서 중요한 사실에 대한 불충분한 조사 혹은 하자 있는 **평가**를 내릴 때에도 위법해진다. 왜냐하면 행정청이 잘못된 사실관계에서 출발하면 위법한 결론에 이르게 되기 때문이다. 행정행위의 위법성에서 바로 이 '사실적인 측면'이 매우 중요하며, 자주 이 부분이 핵심 문제가 된다.[42] 재량권의 행사도 사실관계에 대한 부정확한 인식에 기초한 것이라면 위법해진다[43]), ④ 재량권의 불행사, ⑤ 기본

---

39) 김동희/최계영, 2023, 457쪽.

40) 독일 행정법에서 이것을 처음으로 체계적으로 유형화한 이는 발터 옐리네크이다. 옐리네크는 민사소송법의 하자유형론과 기존의 공법학자들이 산발적으로 논한 재량하자의 유형을 먼저 6가지로 정리를 한 후, 자신의 독창적인 견해를 덧붙혀 재량하자의 9가지 유형을 정리하였다. Walter Jellinek, *Gesetz, Gesetzesanwendung und Zweckmäßigkeitserwägung*, 1913, 331-349쪽; 이은상, 독일 재량행위 이론의 형성에 관한 연구 - 요건재량이론에서 효과재량이론으로의 변천을 중심으로 - , 서울대학교 법학과 박사학위논문, 2014, 136쪽에서 재인용.

41) Maurer/Waldhoff, 153쪽(7장 22번).

42) Maurer/Waldhoff, 261쪽(10장 3번).

43) 김유환, 2024, 156쪽. 다만, 포르스토프는 '사실오인'이 아니라 "고려해야 할 사실에 대한 평가"라는 말을 쓴다.

권 및 행정상 법의 일반원칙 위반 등은 재량하자를 판단하는 기준들이다. 포르스토프는 ①②③의 유형 외에 더 이상의 체계화는 별 의미가 없다고 한다.[44] 딱 부러지게 말은 안 했지만 나는 그가 ⑤번 같은 사유(특히 법의 일반원칙)를 재량하자의 판단기준으로 수용하는 것에 거부감을 느꼈을 것이라고 생각한다.

아무튼 행정에게 재량이 부여되어 있는 이유는 행정이 법적용·집행을 함에 있어서 가장 적정하게(optimal) 행동하도록 하기 위해서이다. 따라서 행정에게 주어진 재량은 그것이 자유재량인 것처럼 보이더라도 언제나 '의무에 구속되는'(pflichtgebunden) 재량, '**의무에 적합한/합당한 재량**'[45]으로 이해된다. 이때 의무는 공무원의 직무의무를 지칭하는 것이 아니다. 직무의무는 공무원관계 내부의무이지 대외적 의무가 아니기 때문이다. 재량이 의무에 구속된다는 것은 행정이 재량권을 임의대로(nach Belieben) 혹은 자의적(nach Willkür)으로 행사하면 안 된다는 의미이다. 임의대로라는 말은 객관적 목적과의 상관성을 고려하지 않고 오로지 주관적 고려에 따라 행동하는 것을 말한다. 한마디로 자기 마음대로 처리하는 것을 말한다. 자의적으로라는 말은 '당해 사안에서 고려하면 안 되는 목적에 따른 행동'(Handeln aus sachfremden Motiven)을 말한다.[46]

또한 경우에 따라서는 행정의 결정·선택권이 완전히 소멸하고, 행정은 오로지 하나의 결정·선택만을 해야 할 때도 있는데, 이것을 행정법학에서는 '재량권의 영으로의 수축'이라고 한다. 앞의 무허가건축물사례를 다시 상기해보면, 의무의 불이행을 방치하는 것이 생명·신체에 대한 중대한 침해를 야기하는 것과 같은 예외적인 경우에는, 그 구체적 사정과의 관련에서 대집행 여부에 대한 재량권은 오직 대집행을 해야만 하는 의무로 수축될 수 있다.[47] **재량권의 영으로의 수축**은 특히 중요한 법익(생명·신체의 자유 등)에 대한 침해가 절박한 상황에 있을 때 인정되지만, 반드시 그런 사유에만 한정되지는 않는다. 이 쟁점은 국가의 규제 권한 불행사(부작위)에 대한 손해배상책임을 다루는 국가배상법 파트에서도 다시 등장한다.

---

44) Ernst Forsthoff, *Lehrbuch*, 99쪽.

45) 1931년 프로이센 경찰법(PrPVG)은 전후 서독 각 주 경찰법의 모범이 된 법률인데, 동법 제14조는 다음과 같이 규정하고 있다. "경찰행정청의 현행법의 범위 내에서 **의무에 합당한 재량에 따라**(die nach pflichtmäßigem Ermessen), 공공의 안전 혹은 질서를 위협하는, 일반대중이나 개인에 대한 위험을 방지하기 위해 필요한 조치를 취하여야 한다." 이른바 경찰권 발동을 위한 개괄적 수권조항(일반조항)의 모델이 되는 조문이다.

46) Ernst Forsthoff, *Lehrbuch*, 97쪽.

47) 김동희/최계영, 2023, 457쪽. 2022년 10월 29일의 이태원 참사 사례를 생각해 볼 것.

10.2.4. 재량불심리 원칙의 극복과 재량행위에 대한 심사방식

앞에서 말했던, 재량행위를 처음부터 법원의 심사대상에서 제외하는 재량불심리의 원칙은 이미 극복되었다. 2차 대전 이후 행정소송에서의 개괄주의가 채택된 결과이기도 하고, 재량하자론의 영향이기도 하다. 재량행위라도 그것의 남용과 일탈이 있는 경우에는 재량하자의 문제를 발생시켜 사법심사의 대상이 된다고 보는 것이 재량하자론의 핵심이다. 한편 "재량하자"라는 말을 오해하면 안 된다. 재량하자는 행정청이 **법적인** 구속을 지키지 않을 때에만 인정된다. 사법심사의 대상이 된다는 말도 그런 뜻이다. 따라서 행정청의 결정이 합목적적이지 않다든가, 다른 결정을 내리는 것이 더 의미 있거나 나았을 거라는 지적은 합법성과는 무관하다. 그런 이의제기는 법적으로는 의미가 없고 따라서 행정법원의 통제대상이 아니다.[48]

아무튼, 이제 재량행위도 행정소송으로 다툴 수 있으므로, 기속행위와 재량행위를 구분할 실익은 더 이상 없는 것일까? 그렇지는 않다. 기속행위든 재량행위든 법원의 심사대상이 될 수 있지만, 양자는 재판의 본안(本案)에서 그 심사의 방법과 강도(强度), 입증책임에서 차이가 난다.

【판례】 대법원 2001. 2. 9. 선고 98두17593 판결[건축물용도변경신청거부처분취소]

행정행위가 그 재량성의 유무 및 범위와 관련하여 이른바 기속행위 내지 기속재량행위와 재량행위 내지 자유재량행위로 구분된다고 할 때, 그 구분은 당해 행위의 근거가 된 법규의 체재·형식과 그 문언, 당해 행위가 속하는 행정 분야의 주된 목적과 특성, 당해 행위 자체의 개별적 성질과 유형 등을 모두 고려하여 판단하여야 하고, 이렇게 구분되는 양자에 대한 사법심사는, 전자의 경우 그 법규에 대한 원칙적인 기속성으로 인하여 법원이 사실인정과 관련 법규의 해석·적용을 통하여 일정한 결론을 도출한 후 그 결론에 비추어 행정청이 한 판단의 적법 여부를 독자의 입장에서 판정하는 방식에 의하게 되나, 후자의 경우 행정청의 재량에 기한 공익판단의 여지를 감안하여 법원은 독자의 결론을 도출함이 없이 당해 행위에 재량권의 일탈·남용이 있는지 여부만을 심사하게 되고, 이러한 재량권의 일탈·남용 여부에 대한 심사는 사실오인, 비례·평등의 원칙 위배, 당해 행위의 목적 위반이나 동기의 부정 유무 등을 그 판단 대상으로 한다.

48) Maurer/Waldhoff, 152쪽(7장 18번).

위 판결에서 대법원은 재량행위에 대해서는 이른바 **판단대치방식의 심사**(판단대치심사)를 완전히 배제한다. 또한 이러한 태도의 연장선상에서, 재량권을 일탈한 과징금 납부명령의 경우 법원 스스로 어느 정도가 재량권의 범위 안에 드는 것인지 판단하여 초과되는 부분만을 취소할 수는 없고 과징금부과처분 전부를 취소할 수밖에 없다고 한다.[49] 재량행위의 성질상 일면 타당한 설시로 보이기는 하나, 이런 결론이 언제나 타당한가 하는 의문은 든다. 사법심사의 결과 행정청의 판단과 법원의 판단이 다르더라도, 재량행위이기 때문에 행정청의 판단을 법원의 판단으로 대치(代置)하는 일은 항상 부정된다는 게 말이 되는가?

공무원이 파면이라는 징계처분을 받고 이의 취소를 구하는 소를 제기한 사례를 생각해보자. 이 경우 법원은 대립하는 양 당사자로부터 제출된 주장·증거 등을 충분히 참작하여 어느 한쪽에 기울어짐이 없는 공평한 입장에서 "독자의 결론"을 내릴 수 있어야 한다. 그렇지 않고 법원이 오로지 "독자의 결론을 도출함이 없이 당해 행위에 재량권의 일탈·남용이 있는지 여부"만을 판단해야 한다면 법원 판결 이후 행정부가 법원이 생각한 '독자의 결론'과는 다르게 이번에는 경징계로 사안을 마무리하거나 징계 자체를 아예 안하고 불문경고로 끝내는 일도 얼마든지 일어날 수 있다.[50] 이런 일을 막으려면 재량행위라도 "법원이 사실인정과 관련 법규의 해석·적용을 통하여 일정한 결론을 도출"할 수 있는 사안이 존재할 수 있음을 인정해야 한다.

더공부해보기/생각해보기/토론하기

1. A시의 시장 갑은 동절기를 앞두고 관할 내에 위치한 H호텔이 설치한 위법한 카페 테라스 건축물과 도시빈민이 거주하는 무허가건축물에 대한 대집행 실시 여부를 각각 저울질하고 있다. 「행정대집행법」 제2조를 중심에 놓고 갑이 내려야 할 적법한 판단에 대해 생각해보자.

    1. 「행정대집행법」 제2조에 따르면 대체적 작위의무를 행위자가 이행하지 않을

49) 대법원 2009. 6. 23. 선고 2007두18062 판결.

50) 실제로 공무원 징계사례 등에서 왕왕 일어나는 일이다. 이 문제는 취소판결의 효력으로서의 기속력 문제와도 연결되어 있다.

때 행정청은 대집행의 실시 여부를 고려하게 되는데, "다른 수단으로써 그 이행을 확보하기 곤란하고 또한 그 불이행을 방치함이 심히 공익을 해할 것으로 인정될 때" 라는 요건규정과 행정청은 "스스로 의무자가 하여야 할 행위를 하거나 또는 제삼자로 하여금 이를 하게 하여 그 비용을 의무자로부터 징수할 수 있다"고 규정한 효과규정의 해석을 두고 학설 대립이 있다. 즉, 이 경우 위의 요건규정이 충족될 경우, 대집행을 할 것인지 여부는 재량에 맡겨져 있는지가 다투어지는데 재량적 판단을 인정하는 견해와 이를 부인하는 견해로 학설이 갈리고 있다. 전자에 따르면 행정청은 대집행을 할 수 있다고 규정하고 있으므로 대집행의 요건이 충족된 경우에도 행정청은 대집행을 할 것인지 여부에 대한 재량적 판단을 할 수 있다고 본다.[51] 반면, 후자에 따르면 의무의 불이행을 방치함이 '심히 공익을 해할 것으로 인정'되는 이상 대집행을 하도록 법이 정하고 있으므로 행정청은 대집행을 행할 의무를 진다고 본다.[52]

2. 두 견해 중 판례가 어느 입장을 취하는가는 명확하지 않다. 다만, 대법원 판결 중에는 주장·입증책임과 관련하여 다음과 같이 판단한 것이 있으므로 판단에 단서를 찾을 수 있다. 즉, "건축법에 위반하여 건축한 것이어서 철거의무가 있는 건물이라 하더라도 그 철거의무를 대집행하기 위한 계고처분을 하려면 다른 방법으로는 이행의 확보가 어렵고 불이행을 방치함이 심히 공익을 해하는 것으로 인정될 때에 한하여 허용되고 **이러한 요건의 주장·입증책임은 처분 행정청에** 있다"고 판시하고 있다.[53] 그런데 후술하듯이 판례는 재량행위의 주장·입증책임과 관련하여 "처분이 그 재량권의 한계를 벗어난 것이어서 위법하다는 점(재량권 일탈·남용)은 그 처분의 효력을 다투는 자가 이를 주장·입증하여야 하고",[54] 처분청이 그 재량권의 행사가 정당한 것이었다는 점까지 이를 주장·입증할 필요가 없다고 한다.[55] 판례의 이런 해석을 이 사안에 대입하면, 의무의 불이행을 방치함이 '심히 공익을 해할 것으로 인정'되는 이상 대집행을 할 것인지 여부는 재량행위가 아니라 기속행위라고 해석하는 것이 논리적이다. 재량행위와 달리 기속행위에서는 처분요건의 주장·입증책임을 처분청이 지기 때문이다.

따라서 필자는 행정대집행의 실시 여부에 대한 판단은 기속행위라고 본다. 다만, 이때의 기속은 앞에서 말한 당위규정(Soll - Vorschrift)으로서의 '원칙적 기속' 혹은

---

51) 김동희/최계영, 2023, 457쪽.

52) 김남진/김연태, 행정법Ⅰ, 2023, 578쪽.

53) 대법원 1996. 10. 11. 선고 96누8086 판결. 같은 취지의 선행 판결로는 '대법원 1974. 10. 25. 선고 74누122 판결' 참조.

54) 대법원 2019. 1. 10. 선고 2017두43319 판결, 대법원 2021. 6. 30. 선고 2021두35681 판결 등.

55) 대법원 1987. 12. 8. 선고 87누861 판결, 대법원 2017. 10. 12. 선고 2017두48956 판결 등.

기속재량으로 보고, 예외적 상황, 즉 비전형적 상황에서는 다른 판단이 가능하다고 해석해야 할 것이다. 이렇게 보면 H호텔 야외 테라스 철거사례에서 행정청은 대집행 의무를 지지만, 동절기 직전(11월 말)에 주거공간을 떠나야 하는 철거민의 상황과 같은 비전형적 상황을 전혀 고려하지 않고 곧바로 무허가건축물을 철거하는 것은 그 자체가 위법하다고 판단할 수 있을 것이다.[56)]

2. 오늘날 행정법교과서에 등장하는 학설과 이론은 (판례의 영향을 받아) 무슨 문제가 되었건 절충설 혹은 종합설로 귀결되는 경우가 많다. 재량행위와 기속행위를 나누는 기준에 관한 설명에서도 마찬가지다. 아래의 설명을 읽고, 이러한 서술 태도가 어떤 문제점을 안고 있는지 토론해보자.

1. "최근 우리나라의 재량행위와 기속행위의 구별기준에 관한 학설의 일반적 경향은 일률적인 기준설정보다 행정법규의 규정방식, 그 취지 · 목적 및 행정행위의 성질, 법적 구제의 필요성 정도, 행정의 정책적 · 전문적 판단의 정도 등을 함께 고려하여 개별적으로 판별하려고 한다.

이에 의하면 재량행위와 기속행위의 구별은 일률적으로 판별할 수 없지만 개괄적으로는 다음과 같이 정리할 수 있다. ① 행정법규가 행정행위의 요건, 내용, 절차 등에 관하여 일의적(一義的) 규정을 두고 있는 경우에는 그 행정행위의 성질 여하에 관계없이 기속행위이다. ② 행정법규가 행정행위의 요건을 정함에 있어 불확정개념을 사용하고 있는 경우에는 불확정개념은 원칙적으로 법개념이며 사법심사의 대상이 된다. 그러나 사실의 존부(存否)나 포섭에 있어 행정청의 전문적 · 기술적 판단을 존중하지 않으면 아니 될 경우에는 재량행위(혹은 판단여지)이다. ③ 행정법규가 행정청에게 법효과에 대한 선택의 여지를 남기고 있는 경우에는 행정법규의 문리적 표현('하여야 한다', '할 수 있다' 등), 행정행위의 성질, 효과, 헌법상의 기본권과의 관계 등에 따라 재량성 여부가 판단된다. ④ 절차, 시기, 형식의 선택은 원칙적으로 재량행위이다."[57)]

2. 기속행위와 재량행위의 구분이 어려운 문제이기는 해도 이론은 양자를 나누는

---

56) 서울특별시는 '동절기 강제철거 금지 원칙'을 마련하여 이행하고 있으며, 「도시개발법」 제38조 제2항은 도시개발사업에 있어 동절기에 주거용 건축물을 철거할 수 없도록 그 시기를 제한하거나 임시 거주시설을 마련하는 등의 조치를 할것을 조건으로 지방자치단체장이 건축물 · 장애물 등의 이전과 제거에 대한 허가를 할 수 있도록 규정하고 있다. 그러나 「행정대집행법」에는 관련 규정이 없다. 강제퇴거 · 강제철거 시 거주민 인권보호를 위한 의견표명 및 권고(국가인권위원회 2020. 12. 24.) 참고.

57) 김철용, 2024, 276-277쪽.

기준을 제시하는 노력을 계속해야 한다. 그렇게 하지 않으면 실무가 이 문제에 대한 판단에서 더 많은 권력을 갖게 된다. 행정재량개념이 명확하지 않으면 이에 관해 판단하는 **법관/판사의 재량**이 커지게 되는 것이다. 이러한 비판의 연장선상에서 추가적으로 다음과 같은 평가도 가능할 것이다. 즉, 기속행위와 재량행위의 구분은 행정권과 사법권의 배분문제라고 볼 수 있는데, 위의 종합설에는 그 점에 대한 인식이 잘 드러나지 않는다. 오로지 행정재량을 어떤 방식으로든지 통제해야 한다는 생각만을 강조하면 사법재량의 문제는 어떻게 할 것이며, 행정의 임무로서의 사회형성작용을 어떻게 정합적으로 설명할 수 있을까?

추가적으로 몇 가지 세부적인 비판점도 언급해본다. 우선 앞의 ②는 "사실의 존부(存否)나 포섭"에 관한 판단에도 재량을 인정할 수 있다고 한다. 사실의 존부와 사실의 평가에 해당하는 포섭은 구분해야 하지 않을까? 또한, 사실의 존부 판단에 쉽게 재량을 인정하면 과학적 '사실'이 충돌하는 행정재판(원자력발전소송) 등에서 원고가 법정에서 다투기가 쉽지 않게 된다. 그렇다면 행정청의 전문적 · 기술적 판단은 어디까지 존중해야 하는가? 이 점은 아래 3에서도 다시 살펴볼 것이다. ③은 "헌법상의 기본권과의 관계"에 따라 재량성 여부를 판단한다고 했는데, 기본권이 재량성 판단에 구체적으로 어떻게 작동할지가 설명되어 있지 않다. 누누이 강조하듯이 자유주의 행정법학은 자유권적 기본권을 중시하겠지만, 환경권 등 사회적 기본권도 재량 여부 판단에서 고려되는지는 위 기준만으로는 알 수 없다. 예컨대 위의 1번의 두 사례에 기본권을 대입하면 어떤 결론이 나오는가? ④의 절차재량의 '문제'에 관해서는 본문에서도 이미 지적하였다.

3. 판례에 따르면 기속행위의 경우에는 처분의 적법성에 대한 입증책임이 행정청에 있는 반면, 재량행위의 경우에는 재량의 일탈·남용에 대한 입증책임이 원고에게 있다고 한다. 원자력 발전소송(예컨대 원자로 설치허가처분취소소송)처럼 전문과학적 재량이 다투어지는 소송에서도 위와 같은 판례의 태도를 그대로 유지하면 어떤 문제가 발생하는가?

1. 재량권의 일탈 · 남용을 다투는 경우 법원은 이에 대한 입증책임을 일률적으로 원고에게 지운다. 그러나 이는 형평의 관점에서 문제이다. 판례는 처분의 적법성에 대한 입증책임은 처분청인 피고에게 있다고 보지만,[58] 재량처분의 적법성에 대한 입증책임은 처분청에게 지우지 않는다. 이와 관련하여 다음과 같은 비판이 있다.

"과연 통설 · 판례의 입장이 헌법을 비롯한 현행 행정실정법의 구조에 적합하냐에

58) 대법원 1983. 9. 13. 83누288 판결.

관하여 의문일 뿐만 아니라, 일률적으로 재량권 일탈 · 남용의 입증책임을 원고에게 지우는 통설 · 판례의 입장은 옳지 않다. 왜냐하면 재량판단의 기초자료에 대한 당사자의 접근은 용이하지 아니하므로 통설 · 판례의 입장은 재량처분에 대한 재판적 통제를 거의 형해화할 위험이 있기 때문이다. 오늘날 법치행정원리에 의하면 법률에 의한 행정청에 대한 재량권 부여는 행정청에 의한 적정한 재량권 행사를 전제로 하고 있다고 보아야 한다. 따라서 행정청이 의거하고 있는 판단과정에 불합리한 점이 있다거나 또는 재량기준의 합리성 및 재량기준에서 일탈하여 재량권을 남용하였다는 원고의 주장에 대하여 판단과정에 불합리한 점이 없다거나 또는 재량기준에서의 일탈이 객관적 이유가 있어 재량권 남용이 아니라는 것, 즉 기준적용의 합리성에 대한 주장 · 입증은 재량청에게 있다고 보아야 한다."[59]

2. 그러나 일본 최고재판소는 1992년 10월 29일 판결에서 기존 입장과 다른 판단을 한 바 있어 주목할 만하다. 사실의 개요는 다음과 같다. 시코쿠 전력주식회사는 이카타 초(伊方町)에 원자력발전소 설치를 계획하여 1972년 5월 8일 핵원료물질, 핵연료물질 및 원자로규제에 관한 법률(이하 규제법으로 약칭한다) 제23조에 의거하여 원자로 설치허가를 신청하였다. 관할 행정청은 1972년 11월 28일에 원자로 설치허가처분을 하였다. 이카타 초와 그 인근에 거주하는 원고 33명은 행정심판을 제기하였으나 기각당하여 이 사건 원자로의 안전심사에 실체적 · 절차적 위법이 있고, 그 결과 생명 · 신체 · 재산 등이 침해될 위험이 발생하고 있다고 주장하면서 원자로 설치허가처분의 취소를 구하는 소송을 제기하였다. 제1심과 항소심에서 청구가 기각당하자 원고 중에서 16인이 최고재판소에 상고하였으나 최고재판소는 전원일치로 상고를 기각하였다. 최고재판소의 판결이유 중 입증책임과 관련한 판시 내용은 다음과 같다.

"원자로시설의 안전성에 관한 판단의 적부가 다투어지는 원자로 설치허가처분의 취소소송에 있어서 법원의 심리 · 판단은 원자력위원회 혹은 원자로안전전문심사회의 전문기술적인 조사심의 및 판단을 근거로 하여 피고 행정청의 판단에 불합리한 점이 있는가 여부의 관점에서 행하여져야 하고, 현재의 과학기술수준에 비추어 이러한 조사심의에서 사용한 구체적 심사기준에 불합리한 점이 있거나, 당해 원자로시설이 이러한 구체적 심사기준에 적합하다고 한 원자력위원회 혹은 원자로안전전문심사회의 조사심의 및 판단과정에 간과하기 어려운 과오 · 결함이 있고, 피고 행정청의 판단이 이것에 의거하여 행하여졌다고 인정되는 경우에는 피고 행정청의 이러한 판단에는 불합리한 점이 있다고 하여, 전기(前記) 판단에 의거한 원자로 설치허가처분은 위법이라고 해석되어야 한다. (…) 원자로 설치허가처분에 대하여 상기의 취소소송에 있어서 당해 처분이 전기와 같은 성질을 가진다는 것을 감안하면, 피고 행정청이 행한 상기

59) 김철용, 2024, 746쪽.

판단에 불합리한 점이 있다는 것의 주장 · 입증책임은 본래 원고가 부담하여야 한다고 해석되지만, 당해 원자로시설의 안전심사에 관한 자료를 모두 피고 행정청측이 가지고 있다는 점 등을 고려하면 피고 행정청측에서 우선, 그가 의거한 전기의 구체적 심사기준 및 조사심의와 판단과정 등 피고 행정청의 판단에는 불합리한 점이 없다는 것을 상당한 근거, 자료에 의거하여 주장 · 입증할 필요가 있고, **피고 행정청이 이러한 주장 · 입증을 다하지 않은 경우에는 피고 행정청이 행한 상기 판단에 불합리한 점이 있다는 것이 사실상 추인된다고 하여야 한다.**"[60]

이 판결에 대해서는 "재량권행사의 불합리성의 판단에 관한 주장, 입증책임 자체는 원고에게 있다고 하면서도 원고의 주장 · 입증책임의 경감을 도모한 것으로 실질적으로는 증명도 완화를 통한 원고구제의 확대와 그 맥을 같이 한다고 평가된다"는 평석이 있다.[61]

60) 김창조, "항고소송에서의 입증책임", 법학논고 48집, 2014, 71-72쪽.

61) 김창조, 위의 논문, 72쪽.

찾아보기

ㄱ

(권력적) 사실행위 118
강행규정 297
강행법규 163
개괄수권조항 23
개괄조항 116
개발특별법 239
개인정보자기결정권 289
개인파산 197
개인회생 197
객관적 법 257, 279
겸양적 심사방법 73
겸양적 해석 62, 353
경과조치 27
경제와 사회 93
계몽절대주의 65
계획보장청구권 277
계획재량 156
계획확정결정 160
계획확정절차 160
고교 무상화 정책 139
공공신탁의 법리 133
공공조달계약 296
공권 5, 48, 91, 104, 114, 231
공동결정권 95, 174, 180, 308
공동체 50
공무원 94
공물 128
공물로서의 도시 128
공물법 4, 97
공물의 일반사용 128
공법상 계약 120
공법해석 투쟁 175
공역무 295
공용수용의 제한 132
공유수면매립(면허) 130, 250
공유자원의 자주적 관리 238
공익 6, 111, 155, 261, 359
공장법 82
공중위생(법) 69, 78, 152
공해방지조례 222
과실의 객관화 19
관념적 총자본가 78, 194

관료주의권력 13, 37
관행어업권 251
교원지위법 188
교회법 46
구빈법 82
국가경쟁력 38
국가와 사회의 동질화 184
국가의 사회적 의무성 183
국가인권위원회 33
국군파병결정 190
국제결제은행 144, 316
국제투자중재절차 139
국제회계기준 316
권력분립 63
권리국가 49, 285
규율의 밀도 325
규정재량 348
규제포획 107
그나이스트 346
기능적 권력분립 179
기능적 자치 211
기본권 114
기본권의 사회적 구속성 184
기본권의 이중적 효력 280
기본권의 제3자적 효력 281

ㄴ

난민비호 165
농업진흥지역 131

ㄷ

다이시 176, 258
단속법규 163
단체소송 59
당사자소송 120
대학입학정원 307
대항적 공론장 165
데크레-르와 322
도그마틱 23
독립규제위원회 69
독립명령 318
독일의 속도 83
독임제 14, 91
동일화 원칙 314

ㄹ

레옹 뒤기 257
루돌프 조옴 46

ㅁ

미래세대 존중주의 237
마르크스주의 정치경제학 192, 196
마을발전기금 226
민영교도소 125, 127
민중자치 227

ㅂ

바이마르공화국 103, 149, 199, 209, 255, 271
배분참여 299
백지위임금지 법리 326
백핏 규제 151
「법 앞에서」 133

법관법 22, 64, 209, 216, 254
법규 17
법령보충규칙 71, 180, 211
법령심사·배제권 242
법령준수의무 242
법률로써 18, 311
법률상 이익 111
법률선점론 222
법률안 서명의견서 56
법률의 비례성 심사 268
법률의 일반성 210
법률의 홍수 66, 232, 302
법의 계급성 22
법의 생산 27
법의 정신 177, 208
법정조언자의견서 108
법조경합 235
보장국가 153, 292
보장행정 292
보조금 지급기준 264
보호규범이론 111
복지자본주의 58
복지국가 51, 147, 273, 324
부당결부금지 255
부처특수주의 107
불법 앞에는 평등 없다 265
불확정개념 9, 57, 347
비교행정법 62
비권력적 행정작용 55
빈곤 145, 195

ㅅ

사립학교법 188
사법국가 79
사법적 집행방식 57
사법지배 189, 209
사법통치 167
사인에 의한 법집행 59
사회권 65
사회권력 187
사회기반시설 80
사회기반조성행정 291
사회기술체계 249
사회적 규제 152
사회적 민법(학) 7
사회적 법치국가 182, 194
사회적 시장경제 185
사회적 임대차법 6, 34, 298
상대방이론 111
생명정치 81
생태자연도등급조정처분 116
설립되고 가동 중에 있는 영업 80
성교육수업 사건 308
세무조사 85
세수예측 100
셰브론 독트린 73
소급효금지원칙 282
소수자보호원칙 278
소유적 개인주의 5, 105
수권법 338
수용자 판결 305
수정된 신의성실설 274
시험 관련 결정 103
신뢰보호원칙 144
신원조사 311
신의성실원칙 273
신자유주의 36

실권의 법리 277
실질적 증거심사 72
실질적 증거기준 349

ㅇ

『어떤 사회국가인가?』 198
『안나 카레니나』 145
에드워드 쿠크 168
에스핑앤더슨 58
엘리노어 오스트롬 231
영업의 자유 5
예방적 부작위소송 141
예산 99
예산편성권 99
예측가능성 공식 328
외국인노동자 137
원처분주의 120, 188
위법성 2단계설 159
위수령 331
위임금지 84
위헌법률심판 118
위험개념의 주관화 172
유럽연합법 83
유지청구 159
유추해석 293
의권의 유보 333
의회제출절차 333
이동 정의 249
이원적 연방제 68
이익형량 155, 259
인권(법) 48, 166
인권보장법 280
인사청문회 186
인허가의제 161
일반조항 116
일반행정법의 법전화 129
일반행정법론 32, 101
일조권 침해 158
입지결정 141
입헌주의 90
입회권자 133
UN 피구금자 처우에 관한 최저기준규칙 314

ㅈ

'주택 전용 금지법' 사례 184
자기구속의 원칙 264
자기자본비율 316
자기필요 35
『자본론』 192, 215
자연보호법 60
『자유론』 28, 279
자유주의 행정법의 고착화 129
재량권의 영으로의 수축 356
재량불심리의 원칙 350
재량하자 355
재무행정법 98
재정건전성 22
재정준칙 99
저공비행훈련 141
전시 자본주의 318
제3자의 소송참가 137
조종성헌존중주의 236
조합설립인가처분 119
존속보호 35
주관적-개인적 공권 5

주장·입증책임 359
주택공급규칙 323
중대한 공익상의 필요 261
중층적 소유관계 46
지역소멸 243
집중효 160
집행정지 120

ㅊ

『차라투스트라는 이렇게 말했다』 9
차별금지법 267, 282
참조영역 74, 105
책임회피의 정치 321
처분적 법률 149, 210
'처분적' 명령 334
체계 정합성 232
초과조례 220, 248
최소침해의 원칙 269
최저임금법 197
추가조례 220, 248
축출 자본주의 125
출입국관리법 138
침익행정 21
침해유보설 90

ㅋ

칼 슈미트 13, 149, 178, 210, 248
커먼로 1, 205
커먼즈 98, 128, 227
콩세유데타 2, 178

ㅌ

탈규제 152
테크노 봉건주의 7, 187
통치행위 189
특별권력관계론 94

ㅍ

판결비판 29
판단여지설 348
판덱텐-개념법학 1
판덱텐법학 51
판례법 22, 209, 216
평등권 104, 267, 281, 296
포르스토프 22, 148, 174, 193, 199, 273, 299
품위유지의무 96
프로이센 헌법분쟁 207
프롤레타리아트화 195

ㅎ

학교폭력 106, 121
합의제 92
해외파병 340
행위형식 55
행정선례 266
행정기본법 129, 259
행정유보론 302
행정입법 67
행정절차 64, 71
행정조사기본법 85
행정지도 229, 302

행정행위 110
행정행위의 하자론 76
헌법소원 118
헤르만 헬러 174, 182, 194
혁신자치체 221
형식적 법치국가 193
환경권 114
환경영향평가 47, 75, 114
횡단보도 설치행위 122

저자약력

이계수(李桂洙)

서울대학교 법과대학 공법학과 졸업
독일 튀빙겐대학교 법학부 박사과정수료(DAAD Stipendiat)
법학박사(서울대)
울산대학교 법학과 교수
북해도대학교, 베를린자유대학교 방문연구원
국가인권위원회 군 전문위원
서울시교육청 행정심판위원회 위원
국회입법지원위원
민주주의법학연구회회장
행정법이론실무학회회장
각종 국가시험 위원 등 역임

현재 건국대학교 법학전문대학원 교수

저서

군사안보법연구(울산대출판부, 2007)
행정법 I (방송통신대학교출판부, 2009, 공저)
탈핵학교(반비, 2014, 공저)
복수의 민주주의와 인권국가 구현 방안(패러다임북, 2020, 공저)
반란의 도시, 베를린(스리체어스, 2023)
자본주의와 행정법 (2)(박영사, 2025)

논문

"의회주의와 행정법 - 칼 슈미트 학설과 그에 대한 비판을 중심으로"(박사학위논문)
"＜지식의 고고학＞과 행정법학의 '에피스테메'"
"정부정책을 다투는 행정소송에서 법원의 역할"
"절차적 정의의 신자유주의적 변용 - 행정절차법의 입법사를 중심으로"
"도시민의 불복종과 도시법의 도전"
"빅토르 위고의 ＜레미제라블＞ 읽기 - ＜민주법학＞의 시선"
"법적 상상력과 공상의 사용법에 대하여 - 마사 누스바움의 ＜시적 정의＞의 경우"
"문학으로 읽는 인권 - 의의, 사례, 방법론" 외 다수

자본주의와 행정법 (1) — 비판 행정법 입문

초판발행	2025년 8월 30일
지은이	이계수
펴낸이	안종만 · 안상준
편 집	우석진
기획/마케팅	정성혁
표지디자인	BEN STORY
제 작	고철민 · 김원표
펴낸곳	(주) 박영사 서울특별시 금천구 가산디지털2로 53, 210호(가산동, 한라시그마밸리) 등록 1959. 3. 11. 제300-1959-1호(倫)
전 화	02)733-6771
f a x	02)736-4818
e-mail	pys@pybook.co.kr
homepage	www.pybook.co.kr
ISBN	979-11-303-2460-9 94360 979-11-303-2476-0 (세트)

정 가 27,000원